本書爲
中華人民共和國教育部青年基金項目 10YJC770065
陝西省教育廳專項科研計劃項目

宋會要輯稿·刑法（上）

馬泓波 點校

河南大學出版社

圖書在版編目(CIP)數據

宋會要輯稿·刑法/馬泓波點校. —鄭州：河南大學出版社,2011.10
ISBN 978-7-5649-0552-1

Ⅰ.①宋… Ⅱ.①徐…②馬… Ⅲ.①會要—中國—宋代 ②刑法—中國—宋代
Ⅳ.①D691.5 ②D924.02

中國版本圖書館 CIP 資料核字(2011)第 212242 號

點　　校/馬泓波　　責任編輯/陳廣勝　　裝幀設計/馬　龍

出版發行/河南大學出版社
地址：鄭州市鄭東新區商務外環中華大廈 2401 號　郵編：450046
網址：www.hupress.com　電話：0371—86059701(營銷部)
排　　版/鄭州市今日文教印製有限公司
印　　刷/河南省誠和印製有限公司
版　　次/2011 年 10 月第 1 版　　印　　張/27.875
印　　次/2011 年 10 月第 1 次印刷
開　　本/890mm×1240mm　1/32　　定　　價/70.00 圓
字　　數/692 千字

點校說明

宋會要是記錄宋代典章制度的政書。是有關宋代歷史的最原始、最豐富的資料彙編。宋會要原本已經遺失，存世的只有清人所輯宋會要輯稿。

關於宋會要的價值、宋會要與宋會要輯稿的關係、宋會要輯稿整理的意義、難度，在二〇〇一年出版的宋會要輯稿·崇儒點校說明中已有詳細說明。其原文如下：「宋會要本來就具有記事系統，材料豐富可靠，而又便於查閱之特點，可惜原書早已散佚，現在所能見到的，只是從永樂大典中零星輯出，未經徹底整理的殘稿，儘管它仍然是現存部頭最大的宋代官修本朝史事的典籍，但和原書相比，已經差別很大。整理此書與整理一般古籍，難度要大一些。首先是原書的編排體例已被打亂。永樂大典是一部大型類書，它的編排體例，是根據洪武正韻『用韻以統字，用字以系事』，在字下設事目，每一事目下按時序備錄諸書有關文字。所采宋會要的文字，多者整門，少者一兩句，皆按事目的需要節取，原書體例已被打亂。影印本宋會要輯稿，雖經前人依玉海所載慶曆國朝會要的二十一類類目加以歸併，類下也按照記事內容分門編入，但在分門別類方面，還存在不少問題，尚須作必要的調整；其次，稿本幾經轉抄，舛誤甚多。宋會要原書既佚，無本可校，永樂大典也存留極少，每條皆須遍查諸書進行他校。宋會要的記事往往較其他史籍偏詳，而且有些记事在現存其他史籍中不見記載，因而進行他校，也會受到限制。這些都是比校勘一般古籍困難之處，加以宋會要輯稿篇幅甚大，約近千萬言，因而決不是少數人短時間所能完成的。」（河南大學出版社，點校宋會要輯稿·崇儒說明，一至二頁。）

刑法作為宋會要輯稿（以下簡稱輯稿）的一類，也存在上述問題。而刑法中所記的約五十萬字的內容是研究宋代法制史必不可少的史料。將它與宋刑統、慶元條法事類等宋代法典相比，輯稿·刑法以年、月、日係事，對法律制定的背景、法律內容、法律執行等都有綜合記述，包含了大量的信息，從中即可看到宋代法律變化的軌跡，也可看出制度與實踐的關係以及宋代社會的一些現狀；將它與有刑法專篇的文獻通考·刑考、宋史·刑法志相比，輯稿·刑法有很多內容是後兩書所無，即使是三者都有的內容，輯稿·刑法所記往往也更詳細；將它與續資治通鉴長編（以下簡稱長編）、建炎以来繫年要錄（以下簡稱繫年要錄）這兩部史料豐富的編年體史書相比，它較長編資料集中又有長編所缺的徽宗、欽宗兩朝以及治平四年四月至熙寧三年三月及南宋的內容。它比繫年要錄記事詳細，同時又有高宗朝之外的內容。所以點校刑法對於宋代法制史研究有非常重要的意義。

為了實現宋會要輯稿的統一整理，現依崇儒的體例，對刑法的點校作如下說明：

一、探究門類的情況，但在點校中只作說明，不作改動

輯稿·刑法的門不等同于宋會要·刑法的門。兩者之間的關係大概有三種：其一、輯稿·刑法的門即宋會要·刑法的門。如輯稿·刑法的「矜貸」門可以肯定是宋會要·刑法的門。其二、本非宋會要·刑法的門，卻被後人加在了輯稿·刑法的門中。其三、本是宋會要·刑法的

門，輯稿·刑法現在卻不存在。所以要恢復宋會要·刑法的門，應從兩方面着手，一是以輯稿·刑法為基礎，剔除掉不是宋會要·刑法的門。二是依據其他線索補入輯稿·刑法沒有但實屬宋會要·刑法的門。這兩步工作的總和則應是宋會要·刑法的門。

對宋會要·刑法門的復原，陳智超先生在解開宋會要輯稿之謎一書中已作了一些研究。①其復原門為：

格令、定贓罪、禁約、禁採捕、金禁、亲决獄、矜貸、斷獄、配隶、勘獄、推勘、訴訟、田訟、獄空、冤獄、斷死罪、出入罪、省獄、检驗、訴理所、禁囚、枷制、兵令、復仇、守法。

由於陳先生着眼于整部宋會要，「刑法」只是其中一小部分，所以仍有一些可以補充和商榷的地方。主要表現為：一，所復原的刑法門中有的不是宋會要的門，可能是後人所加，這些門的條文應歸入其他門中。二，有的門雖是宋會要的門，但不屬刑法類，所以不應劃入。三，初步推測宋會要·刑法的門在內容多時還可能有子門，所以輯稿·刑法中的一些門應屬於宋會要·刑法某門的子門，而不應該為獨立的門。此外，還有門與條不相符、條文順序顛倒的情況。具體如下：

（一）宋會要·刑法中有「刑制」門②，「枷制」門應入「刑制」門

輯稿·刑法和永樂大典的殘本中都沒有「刑制」門，但從輯稿·刑法的小注和其他文獻記載來看，「刑制門」確實存在，且以記載有關刑罰的內容為主。理由如下：

1.「刑制門」理應存在

輯稿·刑法的兩個小注表明宋會要·刑法有「刑制」門：輯稿·刑法·禁約二之一四七的

小注為「立法見刑制」，即「禁約」門中此條立法的詳細內容在「刑制」門中；又有輯稿・刑法・訴訟三之三三的小注為「已而刑部看詳到條制，詳見刑制門。」即「訴訟」門中此條相關的內容可見「刑制」門。「禁約」、「訴訟」是宋會要的另兩門，這種以「詳見××門」、「見××門」等形式表示的小注，「是編者原注，是供查閱會要時使用的，意思是說，這一條文詳見或互見於另外一門中。既然如此，它所指的××門必然是宋會要的一門。」③由這兩個小注可知，「刑制」門確實存在。

2.「刑制門」應以刑罰為主要內容。

首先，由上面兩個注文對應的正文內容可以證明。第一個注的正文為：紹興三年十月十七日「欲乞自今二廣邊郡透漏生口、銅錢，應帥臣、監司、守倅、巡捕、當職官乞比犯人減等坐罪。詔依奏，令戶、刑部限三日立法申尚書省。」由此知，注文所指即是處罰官員的立法在「刑制」中。第二個注的正文為乾道「五年七月一日，大理寺丞魏欽緒言：『越訟之法，前後申嚴非不詳備，今有所訟至微而輒以上聞者，又有冒幸而伏闕者，則越訴之法，殆為虛設。欲望明詔有司，嚴立法制，庶幾人稍知畏。』詔送刑部看詳。」看詳是中央或上級司法機關根據以往的敕令或律例對案件所作的批示或簽署的意見，具有法律效力，是以後司法參考的依據，此處是對越訴者的懲罰。這

---

① 陳智超先生原文，見解開宋會要之謎的第十四章刑法類，二七〇至二七三頁。

② 陳智超先生只言「根據輯稿的小注及長編與建炎以來繫年要錄的注文，可知宋會要原有刑制門、特用刑制門等，均屬刑法類，現已遺失。其中的刑制門是刑法類中相當重要的一門」，沒有更具體的論述。見解開宋會要之謎的二七一頁。

③ 陳智超：解開宋會要之謎，社會科學文獻出版社，一九九五年五月，九九頁。

兩處都是刑罰的內容，可見宋會要・刑法「刑制」門中的一些條文與刑罰有關。

其次，從其他宋代所修文獻「刑制」門的記載也可推測宋會要「刑制」門是以刑罰為主旨。玉海、西漢會要、東漢會要中都有「刑制」門。它們都由宋人所修，既然是同時期之作，故有互相參考的可能。所以，可從這些「刑制」門的主旨來推測宋會要・刑法「刑制」門的主要內容。

玉海卷六七有「刑制」，其開篇為「漢書，先王制禮以崇敬，作刑以明威，刑罰威獄，以類天之震曜殺戮也。聖人因天討而作五刑。」可見，此书的刑制主要是刑罰的內容。

西漢會要卷六一刑法二「刑制」中記有夷三族、腰斬、磔、棄市、腐刑、髡鉗、完、城旦舂、鬼薪白粲、耐、罰作、盜械、頌繫、笞、棰等刑罰名稱及與此相關的臣僚奏議。

東漢會要卷三五刑法上中也有「刑制」。其內容分兩部分，一是刑罰的具體規定：腰斬、毆刀、殊死、蠶室、鬼薪白粲、亡命、右趾、髡鉗城旦舂、完城旦舂、輸作司寇、輸作左校、輸作右校、輸作若盧、耐、笞、棰、施刑、隸臣妾、女徒顧山、女子宮等。二為臣僚有關刑罰的奏議。

可見這三部書的「刑制」門都是刑罰的內容，所以宋會要的「刑制」門也可能如此。

此外，記載宋代典章制度較為完備的文獻通考的刑考中也有「刑制」，是关于刑罰的內容。

大辟詳覆法、折杖法、淩遲、有關是否實行肉刑的討論等。

如：

故由上可推知：宋會要・刑法的「刑制」門所記也應是有關刑罰的內容。

輯稿・刑法沒有有關刑罰的門，連極富宋代特色的「折杖法」也沒有專門記載。但從事物紀原所引宋會要條文來看，宋會要中原有折杖法。說明輯稿・刑法已失的折杖法的內容應包含在宋會要・刑法「刑制」門中。

3.「枷制」應入「刑制」門

「枷制」在輯稿・刑法六之七七至七九。「枷制」是刑罰工具枷的記載，涉及國初到高宗時枷的尺寸、重量、使用情況等，共十條。它應屬於「刑制」門。

（二）「禁採捕」、「金禁」應歸入「禁約」

1.宋會要・刑法中有「禁約門」

從長編的注「此據會要禁約篇追附」①知，宋會要・刑法確實有「禁約」門。由輯稿・刑法・禁約知，宋會要・刑法「禁約」門應是對官僚、百姓日常行為規範的記載，它的涉及面非常廣，包括禁殺耕牛、禁賭博、禁書、禁看謁、禁秘密集會、禁伐樹木等。

2.宋會要・刑法的「禁採捕」應歸入「禁約」門中

「禁採捕」三字，出現在輯稿・刑法二之一三五的正文中間，以上下文各空一格的書寫形式來表示「禁採捕」是門。但這個門是否是宋會要・刑法的門，尚需討論。從內容上看，「禁採捕」是禁止捕魚、鳥、蟲等行為的法律規定，它應是「禁約」內容中的一項。再從輯稿・刑法有關「禁採捕」的條文看，除了集中記於「禁採捕」外，還有一部分則按編年分散在「禁約」門中。所以有兩種可能，一是宋會要・刑法本無「禁採捕」門，輯稿・刑法「禁採捕」的內容應按編年寫入「禁約」中。二是在宋會要・刑法的「禁約」門下還有子門，即因為禁約的內容較多，故在其內部又按主題分有子門，在子門中依編年記事。從輯稿・刑法二之一〇九至一一一都是火禁的記載、一

① 長編卷一三三慶曆元年八月壬辰，三一六五頁。但所言爲「禁約篇」，不知是什麼原因。待考。

一一至一一三專記喫菜事魔教、一一三至一一五專記官員禁謁、一一五至一一六都是禁奢靡的內容來看，門中再分子門是有可能的。不過，這個結論只是推測，尚待證實。

此外，輯稿·刑法中表示「禁採捕」門的這三個字的書寫位置也不正確，造成了門與條內容的不相符。依「禁採捕」的標識，它包括輯稿·刑法二之一三五至二之一四六，但其中的內容與禁採捕無關，卻為開禧元年至嘉定十七年間「禁約」的內容，且與「禁約」門的其他時間相銜接。而真正的「禁採捕」的內容卻在輯稿·刑法二之一五九至二之一六一，包括建隆二年至紹興二十九年。所以應將表示門名的「禁採捕」三個字放在二之一五九第十行的空白處。

3. 宋會要·刑法中「金禁」不應當作為一門出現，而應屬於「禁約」門。

陳智超先生的「金禁」實際上是輯稿·刑法二之一六二的「禁造偽金」門、「詔禁市金」門、「禁服用金」門、「禁金出關」門的合稱。這四門各包含一條，共四條。從條的內容來看，它們與輯稿·刑法·禁約中的一些規定非常相似，所以推測這四條應歸入「禁約」中，如淳熙元年條入輯稿·刑法·禁約二之一一八，隆興元年條入輯稿·刑法·禁約二之一五六。

（三）宋會要·刑法「斷死罪」應入「冤獄」

輯稿·刑法四之九五有「斷死罪」，只淳熙四年一條，從內容上和時間上看都應歸入「冤獄」。

（四）宋會要·刑法「出入罪」應入「斷獄」

輯稿·刑法四之九五有「出入罪」，只有淳熙元年、六年兩條，從內容和時間上看，應入「斷獄」門。

（五）「復仇」應入「矜貸」門

陳智超先生的「復仇」即是指輯稿・刑法八之一中淳熙十四年之條，在輯稿・刑法中無門的標誌。天頭的按語為「應歸赦宥類」。從它的內容和記述方式來看，應屬「矜貸」門。

（六）「訴理所」門不應入宋會要・刑法

輯稿・職官三之七五至七七有「訴理所」門，出自永樂大典的一〇九四三卷。記事始于哲宗元祐元年，終於元符三年九月。在輯稿・職官三之七七有注為「國朝、中興、乾道會要無此門」，從條文的內容看，應出自續國朝會要，其他會要無此門，也是正常的，因為訴理所本是元祐元年初置，用以重新審理熙寧元年正月以後至元豐八年三月六日大赦前命官與諸色人等判罪案件中事涉冤抑者且予以申雪的機構，它理應屬於「職官」類。又因為它涉及法律內容，所以其中的一些條目也存在於輯稿・刑法中，如元祐二年二月十四日條、元符元年六月二十五日條在輯稿・刑法三之二〇、三之二一中也有相應的條，但它們出自於永樂大典的卷一三二二〇。這種情況符合宋會要的編修傳統，即各類間、門間有的條文會有些相似，但各有側重，彼此不能替代。所以「訴理所」不應當歸入宋會要・刑法中。

以上是對門的探討，由於這些結論尚待完善，故只做理論分析，對原文仍不做改動，以方便讀者與原書對照。

二、補入輯稿・刑法之遺文

刑法的原文中有一些空格，如刑法一之一四、刑法一之六四等有多處。有的地方在空格處以小字標注「原空」或「原缺」，表示正文缺字。從補遺的結果來看，有的空格數與實缺數一致，有的卻不一致。究其原因可能是書吏疏忽而致。所以在補充這些空缺時並不一定要嚴格遵守空格數的多少。

此外，還輯得三條輯稿・刑法所無的內容，以附錄的形式，附於本書後。

三、校訂文字

1. 證舊批之是、舍舊批之誤

輯稿・刑法的天頭和標題下原有各種批語，共二十八條。這些批語或對門的情況加以補充或調整，或對條的位置加以調整，或對條中文字加以修正。

對其正確的批語，加以利用，並用其他資料佐證。如刑法二之一四九頁二六行，「八月二十四日」條，闕年次。舊批云：「渭清按：此八月二十四日是紹興五年，此德音卷一萬三千二百二十田訟門引有，正作五年，可證。」檢繫年要録卷九十二紹興五年八月丙寅，舊批是，據補。

舊批有誤之處捨棄不用，並在校記中說明。如刑法二之一四六頁一四行，天頭舊批「以上續會要」，實應為寧宗會要。

2. 刪衍文

刑法三之八二頁二二行，「提刑司於一路選差」，「差」字後原衍「提刑司於一路選差」，据文意刪。

刑法二之四五頁一二行有兩「蓋」字，輯稿・刑法二之六〇頁一五、一六行有兩個「所有」，皆刪其中之一。

3. 補注脱句

刑法一之三頁一五行，「又有『不得慢易』之語」，原脱，據長編卷六十六景德四年七月己巳補。

刑法一之一四頁一四行,「宰臣富弼、韓琦編修」,原有小字注文「原空」,據長編卷三百九十一元祐元年十一月戊午補。

刑法一之三頁二一行,「王旦曰」原脱,據長編卷八七大中祥符九年五月戊辰條補。

刑法四之三一頁六行,「沙門島人遇赦不該移配」原脱,據長編卷四百六十八元祐六年十一月癸卯補。

4.注文誤作正文

刑法七之五頁六行,「一等降配」,疑「配」字下文字有脱。

刑法一之十頁一〇至一二行,「甲乙二人所犯略同」至「有幸不幸爾」原在「恐未副」下,為正文大字。據天頭舊批「甲乙二人至幸不幸爾應小注」改作小字注文。

5.正文誤作注文

刑法二之一四八頁二至三行,「以臣僚言置立粉壁之弊也」,原作小字注文,據文意改作大字正文。

6.補正人名之脱誤

刑法七之三八頁一〇行,「宰臣沈該等奏曰」,「沈」字原脱,據中興小紀卷三十八紹興二十八年春正月庚午及宋史卷二百一十三宰輔表第四補。

7.補正官名之脱誤

刑法一之五頁一三行,「章得象」原作「張得象」,據長編卷一百十三明道二年八月辛酉改。

刑法四之七四頁九行，「同知樞密院」，「同」字原脱，據長編卷一二五宝元二年十二月辛未、宋史卷一〇補。

刑法二之二四頁九行，「右司諫直集賢院韓琦言」，「右」原作「左」，據宋名臣奏議卷一〇一歷代名臣奏議卷一九一改。

8. 補正地名之脱誤

刑法五之二六頁一八行，「河東」，原脱，據長編卷三百三元豐元年四月丁未補。

刑法七之三六頁一六行，「泰州」，原作「奏州」，據繫年要録卷八十三紹興四年十二月己丑、宋史全文卷十九上紹興四年十二月己丑改。

9. 注地名之異

刑法二之二七頁五行「慈州」，長編卷一百五十一慶曆四年八月丙申作「黄州」。

10. 補正書名之脱誤

刑法一之八頁二二行，「疏義」，「疏」字原脱，據長編卷二百十四熙寧三年八月戊寅補。

刑法一之六頁四行，「新修祿令」，「祿」原作「録」，據玉海卷六十六改。

11. 補正年號之脱誤

刑法六之七七頁一三行，「景德四年」，「景德」原脱，據長編卷六七景德四年十二月辛酉、事物紀原卷十補。

12. 補正年之脱誤

刑法一之五八頁一〇行，「嘉泰元年二月十四日」，「嘉泰」原作「嘉慶」，據宋史卷三八改。

刑法一之一五頁二行，「三年閏十二月一日」，「三年」原脱，據長編卷四百十九元祐三年閏十二月癸卯補。

刑法三之三〇頁一二行，紹興三十二年八月二十三日、二十四日兩條，「三十二年」原作「三十年」，據繫年要録卷二〇〇改。

13. 補正月日之脱誤

刑法七一之一頁三行，太祖建隆三年七月二十五日，「二十五日」，原脱，據長編卷三建隆三年七月庚辰補。

刑法四之二一頁二二行，「六年」原作「六月」，據長編卷一百五十九慶曆六年七月乙酉、宋史卷二百一改。

刑法二之一九頁二〇行，「九日」原作「九月」，據長編卷一百十三明道二年「十月辛丑」改。

14. 注明年月日差異

刑法三之一九頁一〇至一一行，「嘉祐三年閏十二月七日」，此事，長編卷一百四十四在慶曆三年十月己未（二十五日）。

刑法三之五九頁六行，天禧三年「五月一日」，長編卷九十三天禧三年五月壬戌，即六日。

15. 正數字差誤

刑法三之四九頁九至十行，「小事十日」原作「小事十一日」，據長編卷二二太平興國六年三月己未、宋史卷一九九、文獻通考卷一六六、宋史全文卷三改。

16. 校數字差異

刑法四之九四頁二行，「廖九等六人」，「六人」，繫年要録卷六十三、宋史全文卷十八下皆作「五人」。

刑法三之一九頁一七行，「二十二」，長編卷三百五元豐三年六月丙午作「三十二」。

17. 刪增標題

刑法二之一三五頁九行，有標題「禁採捕」，包括二之一三五至二之一四六，然其中内容與禁採捕無關，為開禧元年至嘉定十七年間「禁約」的内容，而真正的「禁採捕」的内容卻在輯稿·刑法二之一五九至二之一六一，包括建隆二年至紹興二十九年。所以刪去一三五頁的「禁採捕」，而增補在一五九頁十行的空白處。

18. 正顛倒

刑法一之一一頁二七行，「重修編敕所」原作「重編修敕所」，據長編卷二百九十四元豐元年十一月戊子乙正。

刑法七之十九頁十八行，「其罪輕得免配行」，「輕得」原作「得輕」，據長編卷三百三十四元豐六年三月辛丑乙正。

19. 回改諱字

刑法二之一六二頁二行，「王玄義」原作「王元義」，據長編卷十二開寶四年十月己巳改。

20. 補、注殘文

刑法一之一四頁一四行，「宰臣富弼、韓琦編修」八字，原文作小字注文「原空」，據長編卷三九一元祐元年十一月戊午條補。

刑法一之四九頁十六行，「樞密院勅四卷、令二十四卷、格十六卷、申明二卷」，疑缺樞密院「式」。

凡例

為了實現宋會要輯稿的統一整理，現依照已經出版的宋會要輯稿·崇儒，制定以下凡例：

一、底本與參校範圍

以北平圖書館影印本徐松所輯宋會要原稿為底本（簡稱輯稿）。本校之外，主要參校前人所批校語及以下諸書：

1. 宋史　（元）脫脫等纂修，中華書局一九七七年點校本。
2. 續資治通鑒長編，簡稱長編　（宋）李燾，中華書局點校本。
3. 文獻通考，簡稱通考　（元）馬端臨，中華書局一九八六年影印本。
4. 建炎以來繫年要錄，簡稱繫年要錄　（宋）李心傳，文淵閣四庫全書本
5. 建炎以來朝野雜記，簡稱朝野雜記　（宋）李心傳，徐規點校，中華書局二〇〇〇年點校本。
6. 玉海　（宋）王應麟，江蘇古籍出版社一九八八年點校本。
7. 宋史全文　文淵閣四庫全書本，李之亮點校，黑龍江人民出版社二〇〇四年點校本。
8. 宋大詔令集　（宋）不著撰人，中華書局一九六二年點校本。

9. 宋刑統　（宋）竇儀，吳翊如點校，中華書局一九八四年點校本。
10. 慶元條法事類　（宋）謝深甫，戴建國點校，黑龍江人民出版社二〇〇二年點校本。
11. 宋朝諸臣奏議　（宋）趙汝愚，北京大學中國中古史研究中心校點整理，上海古籍出版社一九九九年點校本。
12. 中興小紀　（宋）熊克，顧吉辰、郭群一點校，福建人民出版社一九八五年點校本。
13. 太平治跡統類　（宋）彭百川，文淵閣四庫全書本。
14. 咸淳臨安志　（宋）潛說友，文淵閣四庫全書本。
15. 東都事略　（宋）王稱，文淵閣四庫全書本。
16. 宋太宗實錄　（宋）錢若水，甘肅人民出版社二〇〇五年點校本。
17. 事物紀原　（宋）高承，上海古籍出版社一九九〇年七月點校本。
18. 群書考索　（宋）章如愚，書目文獻出版社一九九二年五月。
19. 武經總要　（宋）曾公亮，解放軍出版社一九八八年八月。
20. 永樂大典　（明）解縉等編，中華書局一九八六年。

二、行款

1. 門名低八格，門名下用小字注明原在影印本之卷、頁，及永樂大典之卷數。
2. 每年開始專作一行頂格，其下加注干支及公元。

3.每條首行低兩格，編號置於第三格。

4.每段首行低兩格。

5.校改符號以國家出版事業管理局所頒校對符號及其用法為準。

三、分條、分段

同類同門之下，以年為單位分編條次，一年之內有一條，編號為1，有三條以上，編號即為1、2、3等。一日為一條，書「同日」者別作一條。輯稿為編年體例，一般是按年、月、日分條，但是也有按事類分條的情況，即將不同年代的同一類事集中在一起，這種情況高宗朝尤甚，刑法二的「禁約」門中最多。

一般一條即為一段，若一條中有數人上疏言同一事，或一人上疏論兩件以上事，都不分段；凡詔令、奏疏等皆不分段。

四、標點

1.逗號：使用時注意文義，避免把多重語句點成一句。凡遇月日，在「日」下加逗號。如「四日，」「七月八日，」之類。

2.句號：使用時須考慮上下文語氣，既要避免把緊相呼應的句子從中斷開，也應避免一逗到底，把無關的內容斷在一起。

3.頓號：用於並列名詞之間，一般可用逗號代替。

4.冒號與引號：凡文中有轉錄詔令、奏疏者用之，若引文中復有引文，則加雙引號。凡概述詔令、奏疏之意者，不用冒號、引號。引文末尾之標點，置於引號內。

5.專名線與書名線： 凡人名、字号、尊號、謚號等人稱，道、路、府、州、縣、城、鎮、寨等地名，宮殿等建築名，民族名，朝代名，年號等均標專名線，而泛指性的地名如「諸路」、「逐州」等，泛指性的「胡」、「夷」等不用。書名、篇章名、律令名、樂章名等，均標書名線。

6.分號： 能用句號、逗號者儘量不用分號，僅在全文緊接而並列明顯之處用之。

五、校勘與校記

1.校記序號以〔一〕、〔二〕、〔三〕等排列。序號置於有關詞語之下，校記依次低兩格置於本條之後。校記摘引文字只取可令人理解之詞語，勿需引用過長。

2.凡本校、他校有異文且影響文意而不能判定是非者，出異文校記； 能證明底本誤者，校改後出校記； 底本與他書或與本書他處有同事異文而差別不大，或底本不誤而他書誤者，均不出校記。凡有明顯訛誤與無他書可校者，可據上下文意進行理校，但須慎重，並於校記中說明理由。

3.文字處理： 凡影響文意的諱字及其他誤字如因諱「玄」而改作「元」等，改正之，字句顛倒者乙正之，並出校記； 凡底本中之文字筆劃錯誤而成他字者改之，並出校記，其中一般性的筆誤則改之而不出校記，如大—太，己—已—巳，人—入，日—曰之類； 底本中的異體字如「他」與「佗」等，不作校改； 通假字（如騷—搔，旨—指，徹—撤，幾—譏，塗—途，放—仿，閣—閤，閔—憫，升—勝，顧—雇，支—肢，刻—剋，丁寧—叮嚀，子細—仔細，沒—歿等）一般不作改動，如有改動，皆出挍記。凡原文有問題的文字，如果沒有確切依據，則不改原文，只在校記中說明當作何。

4.刪重補脫： 凡由誤抄而形成的衍文及脫漏字句，分別予以刪補，並出校記說明之。 底本有缺年次者，可據他書補入，依例出校。

5. 注文與舊批：底本有誤把正文作小注或將小注誤作正文者，須據底本體例改正出校。對於前人所批校語，凡不能説明問題及誤批者不用；批出原書之誤，經查證可靠者，作為校改根據之一使用。

目录

禁造僞金　開寶四年……（三六八）
詔禁市金　大中祥符元年……（三六九）
禁服用金　隆興元年……（三七〇）
禁金出關　淳熙元年……（三七一）

刑法三

定贓罪　序文，建隆二年至紹興三十一年……（三七二）
訴訟　乾德二年至嘉定十二年……（三八三）
田訟　乾德四年至隆興元年……（四二六）
勘獄　太平興國五年至嘉定十五年……（四三四）

刑法四

配隸　序文，建隆二年至嘉定十四年……（四九一）
斷獄　雍熙三年至乾道九年……（五七六）
獄空　序文，太平興國七年至嘉定十六年……（五九九）
冤獄　建隆二年至紹興二十六年……（六二一）
斷死罪　淳熙四年……（六二七）
出入罪　淳熙元年至六年……（六二八）

刑法五

親決獄　乾德四年至乾道九年……（六二九）
省獄　建隆二年至嘉定十四年……（六五二）

刑法六

檢驗　咸平三年至嘉定六年……（七〇〇）
矜貸　至道二年至嘉定八年……（七一一）
禁囚　序文，開寶二年至嘉定十六年……（七六六）
枷制　序文，淳化二年至紹興十二年……（八〇〇）

刑法七

軍制　建隆三年至紹興三十一年……（八〇四）

刑法八

刑法八　淳熙十四年……（八六二）
附錄：宋會要輯稿·刑法輯佚三條……（八六三）
後記……（八六四）

格令一

影印本刑法一之一至一〇
大典卷一九〇二六

國初用唐律、令、格、式外，又有元和刪定格後敕、太和新編後敕、開成詳定刑法總要格敕，後唐同光刑律統類、清泰編敕，後晉天福編敕〔一〕，周廣順續編敕、顯德刑統，皆參用焉。

〔一〕後晉天福編敕　「後晉」二字原脫，據文意補。

太祖　建隆四年（癸亥，九六三）

1. 二月五日，工部尚書、判大理寺竇儀言：「周刑統科條繁浩，或有未明，請別加詳定。」乃命儀與權大理少卿蘇曉、正奚嶼、丞張希讓〔一〕及刑部、大理寺法直官陳光又〔二〕、馮叔向等同撰集。凡削出令式宣敕一百九條〔三〕，增入制十五條〔四〕，又錄律內「餘條準此」者凡四十四條，附於名例之次，並目錄成三十卷。別取舊削出格、令、宣敕及後來續降要用者，凡一百六條，為編敕四卷。其釐革一司、一務、一州、一縣之類不在焉。至八月二日上之。詔並模印頒行。

〔一〕丞張希讓　「丞」原作「承」，據長編卷四乾德元年二月己卯、玉海卷六十六改；「張希讓」，長編卷四乾德元年二月己卯作「張希遜」。

〔二〕大理寺法直官陳光又　「陳光又」，長編卷四乾德元年二月己卯作「陳光乂」。

〔三〕凡削出令式宣勅一百九條　「式」原作「或」，據玉海卷六十六、文獻通考卷一百七十一上改。

〔四〕增入制十五條　「制」，玉海卷六十六、文獻通考卷一百七十一上皆作「制敕」。

乾德四年（丙寅，九六六）

1. 三月十八日，大理正高繼申言：「刑統敕律有錯誤、條貫未周者凡三事。云刑統職制律，準周顯德五年敕：受所監臨財〔一〕及乞取贓過百匹，奏取敕裁。伏緣準律：若是頻犯，及二人以上之物，仍合累併倍論。元敕無累倍之文，致斷案有取裁之語。今後犯者望依律，累倍過百匹，奏取敕裁。如累倍不過百匹，依律文處分。又刑統斷獄律有『八十』字誤作『十八』字，伏請下諸處，令法官檢尋刊正，仍修改大理寺印板。又刑統名例律：三品、五品、七品以上官，親屬犯罪，各有等第減贖。伏恐年代已深，不肖自恃先蔭，不畏刑章。今後犯罪之人身無官者，或使已亡祖父親屬之蔭減贖其罪，即須是已亡人曾任皇朝官〔二〕，據品秩得使。如有不曾任皇朝官者，須是前代有功惠，為時所推，歷官至三品以上者，乃得上請〔三〕。伏乞永為定制。」從之。

〔一〕受所監臨財　「財」，宋刑統卷十一作「贓」。

〔二〕曾任皇朝官　「任」原作「在」，據文獻通考卷一百七十一上及下文「如有不曾任皇朝官者」改。

〔三〕乃得上請　「乃」原作「亦」，據大學衍義補卷一百五、續通典卷一百十六改；長編卷七乾德四年三月乙酉作「方可」。

太宗　太平興國三年（戊寅，九七八）

1. 六月，詔有司取國初以來敕條纂為編敕頒行，凡十五卷，曰太平興國編敕。

端拱二年（己丑，九八九）

1. 十月，詔翰林學士宋白等詳定端拱以前詔敕。至淳化二年三月，白等上淳化編敕二十五卷，赦書、德音、目錄五卷。帝閱之，謂宰相曰〔一〕：「其間賞罰條目頗有重者，難於久行，宜命重加裁定〔二〕。」即詔翰林學士承旨蘇易簡，右諫議大夫〔三〕、知審刑院許驤，職方員外郎李範同別詳定。至五年八月二十一日，驤、範上重刪定淳化編敕三十卷。

〔一〕謂宰相曰　「謂」原作「調」，據玉海卷六十六改。
〔二〕宜命重加裁定　玉海卷六十六無「命」字。
〔三〕右諫議大夫　「右」，玉海卷六十六同；長編卷三十六淳化五年八月丁酉、資治通鑒後編卷十七皆作「左」。

至道元年（乙未，九九五）

1. 十二月十五日，權大理寺陳彭年言：「法寺於刑部寫到令式，皆題偽蜀廣政中校勘，兼列偽國官名銜，云奉敕付刑部。其帝號、國諱、假日、府縣、陵廟名悉是當時事。伏望重加校定改正，削去偽制。」詔直昭文館勾中正，直集賢院胡昭賜，直史館張復，秘閣校理吳淑、舒雅，崇文院檢討杜鎬於史館校勘，翰林學士承旨宋白、禮部侍郎兼秘書監賈黃中、史館修撰張佖詳定。

真宗　咸平元年（戊戌，九九八）

1. 十二月二十三日，給事中柴成務上刪定編敕、儀制敕〔一〕、赦書德音十三卷，詔鏤版頒行。

先是，二月詔戶部尚書張齊賢專知删定淳化後盡至道末續降宣勅，權判刑部李範、職方員外郎馬袞、同知審刑院劉元吉、權判大理寺尹玘、直集賢院趙安仁、監察御史王濟、大理寺丞劉去華同知删定。十一月，齊賢等上新勅。又詔成務與知制誥師頏，侍御史宗度，直秘閣潘慎修，直史館曾致堯、晁迥、楊嵎、張庶凝，史館檢討董元亨重詳定。至是，成務等上言：「自唐開元至周顯德，咸有格勅，並著簡編。國初重定刑統，止行編勅四卷。太宗朝遂增後敕為太平興國編勅十五卷〔二〕。淳化中又增後勅為淳化編勅三十卷。自淳化以後，宣勅至多，乃命有司別加删定，取刑部、大理寺、在京百司、諸路轉運司所受淳化編勅及續降宣勅萬八千五百五十五道，徧共披閱，凡勅文與刑統令式舊條重出者，及一時權宜非永制者，並删去之；其條貫禁法當於三司參酌者，委本部編次之。凡取八百五十六道為新删定編勅。其有止係一事，前後累勅者〔三〕，合而為一；本是一勅，條理數事者，各以類分取。其條目相因，不以年代為次，其間文繁意局者，量經制事理增損之；情輕法重者，取約束刑名削去之。凡成二百八十六道，準律分十一門〔四〕，並目録為十二卷〔五〕。又以儀制、車服等勅十六道別為一卷，附儀制令，違者如違令法，本條自有刑名者，依本條。又以續降勅書、德音九道別為一卷〔六〕，附淳化赦書合為四卷〔七〕。其釐革一州、一縣、一司、一務者，各還本司。令敕稱依法及行朝典勘斷，不定刑名者，並準律、令、格、式；無本條者，準違制敕，分故失及不躬親被受條區分。臣等重加詳定，衆議無殊，伏請鏤版頒下諸路，與律、令、格、式、刑統同行。」優詔褒答，從之。成務等加階勳。又請定諸司使至三班有罪當續條例。諸司使以上領遙郡者從本品，諸司使同六品，副使至內殿崇班同七品，閤門祇候、供奉言〔八〕、侍禁同八品，殿直內品同九品，奉職、借職同九品下。詔著於令。舊條，持仗行劫

〔九〕，得財不得財並處死。張齊賢以為太重，議貸不得財者，濟堅執，乃詔尚書省集議，卒用。成務等言：「強竊盜刑名比例文用一年半法，及配軍條例品官犯五流不得減贖，除名配流如法。臣等詳定，並可行用，欲編入敕史〔十〕。」詔諸司使臣至三班使臣所犯情重者奏裁，餘並從之。

〔一〕儀制敕　玉海卷六十六作「儀制車服敕」。
〔二〕太平興國編勅十五卷　「十五卷」原作「三十卷」，據玉海卷六十六、輯稿·刑法一之一太平興國三年六月條改。
〔三〕前後累勅者　「累」原作「格」，據長編卷四十三咸平元年十二月丙午、玉海卷六十六改。
〔四〕十一門　長編卷四十三咸平元年十二月丙午、玉海卷六十六作「十二門」。
〔五〕十二卷　長編卷四十三咸平元年十二月丙午、玉海卷六十六作「十一卷」。
〔六〕德音九道別為一卷　「九」原作「凡」，據長編卷四十三咸平元年十二月丙午、玉海卷六十六改。
〔七〕附淳化赦書合為四卷　「四卷」，玉海卷六十六同，長編卷四十三咸平元年十二月丙午作「一卷」。
〔八〕供奉言　「言」當作「官」。
〔九〕持仗行劫　「持仗行劫」原作「持伏行切」，據長編卷四十三咸平元年十二月丙午、宋史卷三百四改。
〔十〕欲編入敕史　「史」疑當作「文」或「中」。

二年（己亥，九九九）

1. 七月三十日，戶部使、右諫議大夫索湘上三司删定編勅六卷，詔頒行。先是，詔湘與鹽鐵使陳恕、度支使張雍、三部判官取三司咸平二年三月以前逐部宣敕，分二十四案為門删定，至是上之。

景德二年（乙巳，一〇〇五）

1. 八月十二日，詔：「諸州應新編敕後續降宣敕、劄子，並依三司所奏，但係條貫舊制置事件，仰當職官吏編錄為二簿，一付長吏收掌，一送法司行用，委逐路轉運使點檢。其轉運司亦依此例編錄。」

2. 九月十六日，三司上新編敕十五卷，請雕印頒行。從之。

3. 十月九日，三司鹽鐵副使林特上三司新編敕三十卷，詔依奏施行。先是，詔特與直史館、權判三司勾院陳堯咨，直史館、判度支勾院孫冕，審刑院詳議官李渭編錄，至是堯咨、冕、渭皆補外，續詔審刑院詳議官周寔、大理寺詳斷官彭愈、開封府兵曹參軍孫元方詳勘。及書成上之，特賜勳一轉，餘賜器帛有差。

三年（丙午，一〇〇六）

1. 正月七日〔一〕，右諫議大夫、權三司使丁謂上景德農田編勅〔二〕五卷，詔頒行。先是，詔謂與戶部副使崔端〔三〕，度支員外郎崔旴，鹽鐵判官樂黃目、張若谷〔四〕，戶部判官王曾取條貫戶稅敕文及四方所陳農田利害事同刪定，至是書成。旴前任度支判官〔五〕，嘗同編集，故亦預焉。

〔一〕正月七日　玉海同，長編卷六十一景德二年十月庚辰作「景德二年十月」。

〔二〕景德農田編勅　長編卷六十一景德二年十月庚辰作「景德農田敕」。

〔三〕崔端　「崔」原作「僅」，據長編卷六十一景德二年十月庚辰改。

〔四〕度支員外郎崔旴、鹽鐵判官樂黄目、張若谷　長編卷六十一景德二年十月庚辰作「鹽鐵判官張若谷、度支判官崔曙、樂黄目」。

〔五〕旴前任度支判官　「旴」，長編卷六十一景德二年十月庚辰作「曙」。

四年（丁未，一〇〇七）

1. 七月五日，帝謂宰臣等曰：「王濟上刑名敕五道，煩簡不等。朕嘗覽顯德中敕語，甚煩碎。蓋世宗嚴急，出於一時之意，既已頒下〔一〕，群臣無敢諫者。」又言〔二〕：「魏仁浦為相，嘗作敕草，云『不得有違』。堂吏白云『敕命一出，違則有刑，何假此言也？』仁浦是之。」王旦曰：「詔敕理宜簡當，近代亦傷於煩。」馮拯曰：「開寶中差諸州通判，敕『刑獄錢穀一一指揮』，又有『不得慢易』之語〔三〕，方今已簡略也。」

〔一〕既已頒下　「已」原作「以」，據長編卷六十六景德四年七月己巳改。

〔二〕又言　「又」原作「因」，據長編卷六十六景德四年七月己巳改。

〔三〕又有不得慢易之語　原脱，據長編卷六十六景德四年七月己巳補。

大中祥符二年（己酉，一〇〇九）

1. 十一月十九日，詔：「大理寺自今定奪公事，並具有無衝改律令及前後宣敕開坐以聞。」

六年（癸丑，一〇一三）

1. 正月八日，詔：「自今凡更定刑名，邊防、軍旅、茶鹽、酒稅等事並令中書、樞密院參議施行。」以上封者言二府命令互出或有差異故也〔一〕。

〔一〕以上封者言二府命令互出或有差異故也　原作小字注文今改作大字正文。

九年（丙辰，一〇一六）

1. 五月二十五日，帝謂輔臣曰：「法官每定群臣封奏，多引往年詔勅，云非有大益，無改舊章，所奏請不行。」王旦曰：「起請頻仍，則詔令有礙〔一〕，是以法官重於更改。」丁謂曰〔二〕：「近日，李溥起請私鬻茶鹽隨行贓仗全給與人充賞者，多稱假借他人物色，卻給元主，頗有情弊，望並納官〔三〕。法寺詳定，已從溥奏。」帝曰：「特從溥奏者，正是憚其不伏爾。下位有所見，當詳究而行之〔四〕。」

〔一〕詔令有礙　「礙」原作「司」，據長編卷八十七大中祥符九年五月戊辰改。
〔二〕丁謂曰　原脫，據長編卷八十七大中祥符九年五月戊辰補。
〔三〕望並納官　「納」原作「給」，據長編卷八十七大中祥符九年五月戊辰改。
〔四〕當詳究而行之　長編卷八十七大中祥符九年五月戊辰作「當詳究利害而行之」。

2. 九月二十一日，編勅所上删定編勅、儀制、赦書德音、目錄四十三卷〔一〕，詔鏤版頒行。先是，六年四月，判大理寺王曾等言：「得法直司狀稱，咸平元年編勅後來續降宣勅，條同無貫，檢坐失詳，望差官删定。」詔曾與翰林學士陳彭年，右諫議大夫慎從吉，知制誥盛度，太常博士仇象先、慎鍇，殿中丞閻允恭，大子洗馬韓允，大理寺臣趙廓、司徒昌運同詳定，止大中祥符六年終〔二〕。又以三司編敕條目煩重，亦令彭年等重詳定增損〔三〕。至是上之，彭年而下各加階勳。帝以彭年等所編詔勅删去繁文甚簡，然有本因起請，更相詰難衝改，前後特留一勅者，今悉删去，恐異日或須證驗，乃令錄所删敕一本，別付館閣，以備檢詳，不得行用。又命屯田員外郎王汝能、太常寺博士張宗象、太常寺奉禮郎謝絳充勘讀官。

〔一〕四十三卷　玉海卷六十六「翰林學士彭年等詳定新舊編勅並三司文卷續降宣勅，盡祥符七年六千二百二道千三百七十四條，分為三十卷，儀制、赦書德音別為十卷，目録二卷」，即共四十二卷。

〔二〕止大中祥符六年終　「祥」原作「詳」，據上下文及玉海卷六十六改。

〔三〕彭年等重詳定增損　「彭年」原作「彭言」，據本條下文「彭年」及玉海卷六十六、長編卷八十大中祥符六年四月庚辰改。

天禧元年（丁巳，一〇一七）

1. 六月七日，編勅所上條貫在京及三司勅共十二卷，詔頒行。

二年（戊午，一〇一八）

1. 十月十七日，右巡使王迎等言：「準詔依趙安仁所請重編定令式，伏緣諸處所供文字悉無倫貫，難以刊緝，望具仍舊。」從之。

四年（庚申，一〇二〇）

1. 正月十三日，知制誥呂夷簡言：「諸州續降宣勅，舊制，常令州縣纂次，今多墮墜不錄，望委提點刑獄官專切檢視。」奏可。

2. 二月九日，參知政事李迪等上一州一縣新編敕五十卷〔一〕。先是，元年七月，詔迪與翰林學士盛度、知制誥呂夷簡、審刑院詳議官尚霖〔二〕、司徒昌運同詳定，至是上之，並加階勳。

〔一〕五十卷　長編卷九十五天禧四年二月辛卯作「三十卷」。

〔二〕審刑院詳議官尚霖　「議」字原脱，據長編卷九十七天禧五年正月甲寅改。

3. 十一月十七日，宰臣李迪上刪定一司一務編勅三十卷，賜器幣有差〔一〕。

〔一〕賜器幣有差　原作小字注文，今改作大字正文。

仁宗　天聖元年〔一〕（癸亥，一〇二三）

1. 三月二十二日，大理寺言：「審刑院、大理寺今後定集起請刑名者〔二〕，望依大中小事公案給限，庶免留滯。」從之。

〔一〕仁宗天聖元年　「天」原作「大」，據長編卷一百天聖元年三月甲申改。

〔二〕定集起請刑名者　長編卷一百天聖元年三月甲申作「定奪公事」。

五年（丁卯，一〇二七）

1. 七月四日，提舉詳定編勅所言：「據編勅，衆官參詳前後宣勅內，只是約束一路或三兩州

軍事件，若一例編敕，未得允當。今欲令看詳不銷遍行天下宣敕類聚抄録，盡一開坐，都爲一卷。候將來詳定了畢，編敕所〔一〕於頭尾開説刪定行用因依，同編敕進呈。乞降中書門下看詳，只乞逐處都作散敕一道，降下刑部，令翻録，下逐路合要行用州軍施行。冀免差互，易爲檢斷。」從之。

〔一〕編敕所「敕」字原脱，據本條上文「編敕所」補。

七年（己巳，一〇二九）

1. 四月二十五日，詔：「審刑院、大理寺、刑部三司，自今參詳起請，改定條貫，當降敕行下者，並依編敕體式，簡當刪定，於奏議後面別項寫定，於降敕之際，止寫後語頒下。」

2. 五月十八日，詳定編敕所上刪修令三十卷〔一〕。詔與將來新編敕一處頒行。先是，詔參知政事呂夷簡等參定令文，乃命大理寺丞龐籍、大理評事宋郊爲修令官〔二〕，判大理寺趙廓、權少卿董希顔充詳定官。凡取唐令爲本，先舉見行者，因其舊文，參以新制定之。其今不行者，亦隨存焉。又取敕文内罪名輕簡者五百餘條，著於逐卷末，曰附令敕。至是上之。詔兩制與法官同再看詳，各賜器幣、轉階勳有差。

〔一〕上刪修令三十卷「上」原作「止」，據玉海卷六十六改。

〔二〕宋郊爲修令官「官」字原脱，據玉海卷六十六補。

3. 二十一日，翰林學士宋綬言：「準詔，以編敕官新修令三十卷，並編敕録出罪名輕簡者五百餘條爲附令敕，付兩制與刑法官看詳。內有添刪修改事件，並已刪正。望付中書門下施行。」從之。

4. 九月二十二日，詳定編敕所言：「準詔，新定編敕且未雕印，令寫錄降下諸轉運、發運司看詳行用，如內有未便事件，限一年內逐旋具實封聞奏。當所已寫錄到〔一〕海行編敕並目錄共三十卷〔二〕、赦書德音十二卷、令文三十卷，並依奏敕一道上進。」詔送大理寺收管，候將來一年內，如有修正未便事件了日，令本寺申舉，下崇文院雕印施行。

〔一〕當所已寫錄到　「當」疑當作「本」。

〔二〕三十卷　疑當作「十三卷」，參見下條「天聖編勅十三卷」。

十年（壬申，一〇三二）

1. 三月十六日，詔以天聖編勅十三卷、赦書德音十二卷、令文三十卷付崇文院鏤版施行。先是，五年五月，詔以大中祥符七年止天聖五年續降宣勅刪定，命宰臣呂夷簡、樞密院副使夏竦提舉管勾，翰林學士蔡齊、知制誥程琳、龍圖閣待制韓億〔一〕、燕肅，判大理寺趙廓同加詳定。又以權大理少卿董希顔爲詳定官，祕書丞王球、大理寺丞龐籍、張頌爲刪定官，依律分門爲十二卷。七年六月上之，各賜器幣，仍第進階勳。至是鏤板，又命權大理少卿崔有方、審刑院詳議官張度校勘。

〔一〕龍圖閣待制韓億　「待」原作「侍」，據宋史卷三百一十五改。

明道二年（癸酉，一〇三三）

1. 五月二十五日，詔曰：「王言爲命，著在格言。君舉必書，聞諸前史。蓋垂名於千古，思傳信於四方。儻成憲之頻更，則彝章之是紊。朝廷所降宣勅命令，不得妄乞更改删去。如實有未便，即委中書、樞密院逐旋取旨。所冀綱條克振，紀律章明，無朝令夕改之文，成草偃風行之化。更賴丞疑郎弼，中外藎臣，務罄忠勤，各宜遵守，共致熙寧之運，寬茲宵旰之尤。佈告邇遐，當體予意。」

2. 八月二十七日，權判吏部流内銓丁度言：「諸司見管一司一務編勅，先于天禧年差官編修行用，後來續降勅，望差兩制以上臣僚管勾看詳删定。」詔翰林學士章得象〔一〕、知制誥鄭向編定聞奏。向知州，以知制誥宋郊代〔二〕。

〔一〕章得象　原作「張得象」，據長編卷一百十三明道二年八月辛酉改。

〔二〕向知州，以知制誥宋郊代　原作小字注文，今改作大字正文。

景祐元年（甲戌，一〇三四）

1. 閏六月十九日，詔：「翰林侍讀學士范諷〔一〕、御史中丞韓億詳定奏取勅裁及配罪人等條貫，於理檢院置司，仍命審刑院詳議官齊廓同詳定。」二年六月九日上之。

〔一〕范諷　原作「范楓」，據長編卷一百十五景祐元年七月乙未改。

二年（乙亥，一〇三五）

1. 六月二十四日，翰林學士承旨章得象上一司一務編勅並目録四十四卷〔一〕，詔崇文院抄寫頒行。先是，詔以大中祥符八年〔二〕止明道二年所降宣敕，命判大理寺司徒昌運、判刑部李遜

與得象等同删定。

〔一〕一司一務編勅並目錄四十四卷　玉海卷六十六作「一司一務編勅、在京編勅並目録四十四卷」；長編卷一百十六景祐二年六月乙亥作「一司一務及在京編敕四十四卷」。

〔二〕大中祥符八年　「八年」原作「八月」，據玉海卷六十六改。

五年（戊寅，一〇三八）

1. 十月四日，審刑院、大理寺上減定諸色刺配刑名勅〔一〕五卷。詔依奏施行。先是，二年十一月十五日赦書：「應犯罪人條禁尚繁，配隸尤衆，離工鄉土〔二〕，奔迫道途，有惻朕懷，特申寬典。宜令審刑院、大理寺別減定諸色刺配刑名，委中書門下詳酌施行。」至是上之。

〔一〕減定諸色刺配刑名勅　「刺配」，長編卷一百十七景祐二年十一月乙未作「配隸」。

〔二〕離工鄉土　疑「工」字有误。

慶曆二年（壬午，一〇四二）

1. 九月二十一日，知開封事賈昌朝言：「檢會在府迎頒下令頗多，欲令檢法官類聚編次，以便檢閱。」從之。

四年（甲申，一〇四四）

1. 五月十二日，司勳員外郎呂紹寧請以見行編勅年月以後續降宣敕，令大理寺檢法官依律

門類分十二卷，以頒天下，庶便於檢閱，而無誤出入刑名。從之。

八年（戊子，一〇四八）

1. 四月二十八日，提舉管勾編敕宰臣賈昌朝、樞密副使吳育上刪定編敕、赦書德音、附令敕、目錄二十卷，詔崇文院鏤版頒行。先是，詔以天聖編勅止慶曆三年續降宣敕刪定。命屯田員外郎成奕，太常博士陳太素，國子監博士盧士宗，祕書丞郝居中、田諒，殿中丞張太初、劉述充刪定官，翰林學士張方平、侍讀學士宋祁、天章閣侍講曾公亮、權大理寺少卿錢象先充詳定官，昌朝、育提舉，至是上之。

2. 十一月二十五日，命觀文殿學士丁度、翰林學士錢明逸、翰林侍讀學士張錫同詳定一州一縣編勅，集賢校理田諒、館閣校勘賈章同刪定。

皇祐元年（己丑，一〇四九）

1. 十一月十一日，詔：「今後凡有上言乞更改條制者，令中書、樞密院審詳利害執奏。」

嘉祐二年（丁酉，一〇五七）

1. 十月三日〔一〕，三司使張方平上新修祿令〔二〕十卷，詔頒行。先是，元年九月，樞密使韓琦言：「內外文武官俸入添支，並將校請受，雖有品式，而每遇遷徙，須申有司檢堪中覆〔三〕，至有待報歲時不下者，請命近臣就三司編定。」命知制誥吳奎〔四〕、右司諫馬遵、殿中侍御史呂景初

爲編定官，太常博士張子諒、太常丞勾諶、大理寺丞張適爲删定官。至是上之。

〔一〕十月三日　玉海卷六十六作「十月甲辰朔」，即十月一日。

〔二〕三司使張方平上新修祿令　「祿」原作「錄」，據玉海卷六十六改。

〔三〕須申有司檢堪申覆　玉海卷六十六作「須由有司按勘申覆」。

〔四〕命知制誥吳奎　下此命時為「甲辰」日，見玉海卷六十六。

七年（壬寅，一〇六二）

1. 四月九日，提舉管勾編勅宰臣韓琦、曾公亮上删定編敕、赦書德音、附令勅、總例、目録二十卷〔一〕，詔編勅所鏤版頒行。先是，詔以慶曆編勅止嘉祐三年〔二〕續降宣勅删定，命都官員外郎張師顏、權大理少卿王惟熙、屯田員外郎宋迪、太常丞張宗易充删定官，龍圖閣直學士錢象先、盧士宗充詳定官〔三〕，琦、公亮提舉。至是上之。

〔一〕删定編敕赦書德音附令勅總例目録二十卷　玉海卷六十六作「三十卷」；長編卷一百九十六嘉祐七年四月壬午作「凡十二卷。其元降敕但行約束而不立刑名者，又析為續附，合帙凡五卷」；宋史卷一百八十作「嘉祐編敕十八卷，總例一卷」。

〔二〕慶曆編勅止嘉祐三年　「止」原作「上」，據玉海卷六十六改。

〔三〕詳定官　「詳」原作「祥」，據玉海卷六十六改。

八年（癸卯，一〇六三）

1. 四月十六日，編定禄令所〔一〕奏將諸道州軍至京程數分爲三卷，望頒降天下。從之。以

駟程爲名。

〔一〕編定祿令所 「祿」原作「錄」，據玉海卷六十六改。

英宗 治平二年（乙巳，一〇六五）

1. 六月十四日，提舉在京諸司庫務王珪、尚書都官郎中許遵上新編提舉司並三司額例一百三十冊，詔頒行，以在京諸司庫務條式爲名。以上國朝會要

治平四年（丁未，一〇六七）

1. 十月九日，神宗即位，未改元。審刑院、大理寺言：「知汀州周約起請，編敕内『諸軍年老病患揀充剩員中小分者，若願放停並聽從便。其雜犯軍人須及七十以上，或有篤疾，方許依此施行。若元犯情輕，即奏取指揮。』既云年及七十或身有篤疾依此施行，即不應更云若元犯情輕，即奏取指揮。檢會元起請係嘉祐六年閏八月樞密院劄子，應看驗諸軍人年老疾病不堪征役人數，有已係半分人，如後來更合減充半分、中小分者，若本人願要放停，並從情願。其雜犯軍人合減充小分願放停者，即須年及七十以上，或身負篤疾，即依此施行。未及此者，如元犯情輕即奏取指揮。顯是條敕時於劄子内節去『未及此者』四字，是致語意不貫，引用疑惑。寺司參詳依元劄子添入。」詔於編敕内「依此施行」字下添入「年未及七十或身無篤疾」一十字，仍仰刑部遍牒施行。

2. 十一月二十七日，詔：「羣牧判官劉航、比部員外郎崔台符編修羣牧司條貫，仍將唐令並本朝故事看詳，如有合行增損刪定事件，旋奏取旨。」

神宗 熙寧元年（戊申，一〇六八）

1. 二月六日，詔：「近年諸司奏辟官員，就本司編錄條例簿書文字，頗為煩冗。今後應係條貫體例，仰本司官依編敕分門逐時抄錄入冊，不得積留，別差辟官。如續降宣敕歲久數多，合行刪修，即依祖宗朝故事，奏朝廷差官修定。見今諸司有官編錄處，如替移，更不差填。」

2. 三月十六日，詔：「中書、樞密院及諸司編修條例諸般文字見未畢者，令本處官編纂，見修官並減罷與合入差遣〔一〕。」

〔一〕與合入差遣　「入」原作「人」，據文意改。

二年（己酉，一〇六九）

1. 五月十七日，中書門下言：「勘會嘉祐編敕〔一〕斷自三年以前，後來續降條貫已多，理須刪定。自來先置局，然後許眾人建言，而刪定須待眾人議論，然後可以加功，故常置局多年乃能成就。宜令內外官及諸色人言見行條貫有不便及約束未盡事件，其諸色人若在外，即許經所屬州府軍監等處投狀繳申中書。俟將來類聚已多，即置局刪定編修，則置局不須多年而編敕可成。仍曉示諸色人，所言如將來有可採錄施行，則量事酬賞，或隨材錄用。」從之。

〔一〕嘉祐編敕　「祐」原作「佑」，據文意改。

三年（庚戌，一〇七〇）

1. 五月二十一日〔一〕，群牧判官王誨上馬政條貫〔二〕，行之。

〔一〕二十一日　原脫，據長編卷二百十一熙寧三年五月「庚戌」補。

〔二〕馬政條貫　長編卷二百十一作「群牧司編敕十二卷」。

2. 七月二十二日〔一〕，詔編敕所：「見修續降宣敕及修嘉祐編敕，仰候修成一卷日，於逐條上鋪寫增損之意〔二〕，先赴中書門下看詳，候書成日同進呈〔三〕。」

〔一〕二十二日　長編卷二百十三熙寧三年七月庚戌小注作「此據會要三年七月二十一日所書增入」。

〔二〕鋪寫增損之意　「鋪」疑當作「補」。

〔三〕候書成日同進呈　「書」字原脫，據長編卷二百十三熙寧三年七月庚戌補。

3. 八月二十一日，中書門下言：「下項刑名，有義理未妥，欲並送編敕所詳議立法。

一、天下死刑大抵一歲幾及二千人，比之前代，其數殊多。自古殺人者死，以殺止殺也，不當曲減定法，以啓凶人僥倖之心。自來奏請貸死之例，頗有未盡理者，致失天下之平。至如彊刼盜，並有死法，其間情狀輕重有絕相遠者，使之一例抵死，良亦可哀。若據為從情輕之人〔一〕，特議貸命，別立刑等，如前代斬右趾之比，足以止惡而除害。自餘凶盜，殺之無赦。禁軍非在邊防屯戍而逃者，亦可更寬首身日限，以活壯夫之命，收其勇力之效。

一、徒流折杖之法，久來緣事立法，禁網加密，抵冒者殊甚。良民偶有違犯，便致杖脊，衆所醜棄，為終身之辱；愚頑之輩，雖坐此刑，其瘡不遇累旬而平，既平，則忘其痛楚，又無愧恥之心，豈肯遂便悛改所為？是不足以懲其惡也。若令詳定〔二〕徒流罪，情理不致巨蠹者，復古居作之法〔三〕。如遇赦降，止可次第減月日。彼良民則免毁傷肌膚，但苦使之思咎〔四〕而知悔，至歲滿則為完人，可以回心而自新；彼頑民則囚之徒官，經歷年歲，不能恣其狡惡，侵擾善良。庶幾來者懷懼而奸黨自衰。如此，則俗有恥格之期，官有給使之利。

一、刺配之法，大抵二百餘件，愚民冒犯，罕能知畏。使其骨肉離散，而道路死亡者甚衆。防送之卒，勞費尤苦。其間情理輕者，亦可復古徒流之坐移鄉之法，俟其再犯，然後決刺充軍。諸配軍並減就本處或與近地。凶頑之徒，自從舊法。所有編管之人，亦與迭送他所〔五〕，量立役作時限，不得髡鉗〔六〕。

一、令州縣考察士民有能孝悌力田為衆所知者，委鄉里耆宿與令佐保明，州給付身帖。偶有過犯，杖以下情輕可恕者，特議贖罰。如敢再犯，顯是故為，復行科決。

一、奏聽敕裁，條貫繁多〔七〕，致有淹延。刑部亦合重行删定。」從之。

〔一〕若據為從情輕之人　「情」字原脱，據長編卷二百十四熙寧三年八月戊寅、文獻通考卷一百六十七補。

〔二〕若令詳定　「令」原作「今」，據長編卷二百十四熙寧三年八月戊寅改。

〔三〕復古居作之法　「法」原作「心」，據長編卷二百十四熙寧三年八月戊寅、文獻通考卷一百六十七、宋史卷二百一改。

〔四〕但苦使之思咎　「使之」原作「之使」，據長編卷二百十四熙寧三年八月戊寅、文獻通考卷一百六十七、宋史卷二百一乙正。

〔五〕亦與迭送他所　「迭」原作「免」，據長編卷二百十四熙寧三年八月戊寅、文獻通考卷一百六十七、宋史卷二百一改。

〔六〕不得髡鉗　「鉗」原作「髫」，據長編卷二百十四熙寧三年八月戊寅、文獻通考卷一百六十七、宋史卷二百一改。

〔七〕條貫繁多　「條」字原脫，據長編卷二百十四熙寧三年八月戊寅、文獻通考卷一百六十七、宋史卷二百一補。

4. 十月十九日，詳定編敕所言：「嘉祐刪定編敕官以二年爲任，五年爲兩任。乞自今應刪定官，每月各修敕十條，送詳定官。如二年內了當，不計月日，並理爲任。如有拖滯，雖遇二年，亦理一任。」從之〔一〕。

〔一〕從之　原脫，據長編卷二百十六熙寧三年十月丙子補。

5. 十一月二十一日，樞密使〔一〕文彥博言：「臣聞刑平國用中典。自唐末至周，五代離亂，刑用重典，以救一時。故法律之外，輕罪或加於重，徒流或加至於死〔二〕，權宜行之以定國亂〔三〕，可也。然非律之意，不可以為平世常法。國家承平百年，當用中典，然因循用法，猶有重於舊律者。若偽造官文書印，律止於流二千里，今斷從絞〔四〕。又其甚者，因近者臣僚一時起請，凡偽造印記再犯皆不至死者，亦從絞坐。既云罪不至死，而復坐絞刑，是不應死而死，用刑之失中也。若以其累犯，責其不悛，即持杖強盜、贓滿五匹者死，若止於四匹，雖五七犯不至於絞，況持杖強盜，本法重於造印，則今之用法甚異律文。恭惟陛下仁覆萬邦，惟刑是恤，方詔法官講議刑典。欲乞檢詳自五代以來，於本朝見用刑名重於舊律，如偽造印之比者，以敕律參詳，裁定其當。所冀聖朝協用中典。」詔送編敕所。

〔一〕樞密使　原作「樞密院」，據長編卷二百十七熙寧三年十一月戊申、文獻通考卷一百六十七改。

〔二〕或加至於死　「加」字原脫，據長編卷二百十七熙寧三年十一月戊申、文獻通考卷一百六十七補。

〔三〕權宜行之以定國亂　「行」原作「從」，「亂」字原脫，據長編卷二百十七熙寧三年十一月戊申、文獻通考卷一百六十七改、補。

〔四〕今斷從絞　「從」原作「送」，據長編卷二百十七熙寧三年十一月戊申及本條下文改。

6. 十二月二十四日，命宰臣王安石提舉編修三司令式並勅文、諸司庫務歲計條例。翰林學士元絳，權三司使公事李肅之，權發遣三司鹽鐵副使傅堯俞〔一〕，權三司戶部副使張景憲，三司度支副使王靖、李壽朋〔二〕，集賢校理陳繹同詳定。右贊善大夫呂嘉問，光祿寺丞楊蟠，崇文院校書唐炯〔三〕，試祕省校書郎喬執中〔四〕，權許州觀察推官王覿〔五〕，著作佐郎李深、張端、趙蘊、周直儒〔六〕，均州軍事判官孫亶並充刪定官。

〔一〕傅堯俞　「俞」字原闕。天頭舊批：「渭清按：此並有缺文之誤。」據長編卷二百十八熙寧三年十二月庚辰補。

〔二〕李壽朋　長編卷二百十八熙寧三年十二月庚辰作「同修起居注李壽朋」，即其職任非三司度支副使。

〔三〕唐炯　長編卷二百十八熙寧三年十二月庚辰作「唐埛」。

〔四〕試祕省校書郎喬執中　長編卷二百十八熙寧三年十二月庚辰作「三司推勘公事喬執中」。

〔五〕權許州觀察推官王覿　「權」字原脱，據長編卷二百十八熙寧三年十二月庚辰補。

〔六〕著作佐郎李深、張端、趙蘊、周直儒　長編卷二百十八熙寧三年十二月庚辰作「檢法官李深，勾當公事張端，著作佐郎趙蘊、周直孺」。

四年（辛亥，一〇七一）

1. 二月五日，檢正中書戶房公事曾布言：「近以刑統刑名、義理多所未安，乞加刊定。準詔令臣看詳。今逐一條析，刑統疏義繁長鄙俚，及其間條約今所不行可以刪除外〔一〕，所駁疏義〔二〕乖繆舛錯凡百餘事，離爲三卷上進。」詔布更切看詳，刑統內如有未便事理，續具條析以聞。

〔一〕今所不行可以刪除外　「令」，長編卷二百十四熙寧三年八月戊寅作「令」。

〔二〕所駁疏義　「疏」字原脫，據長編卷二百十四熙寧三年八月戊寅補。

2. 十八日，中書門下言：「編勅所應刪條貫，如刪定官衆議有不同，即各具所見，令詳定官參詳〔一〕。如尚有未安，即申中書門下〔二〕。」從之。

〔一〕令詳定官參詳　「令」原作「今」，據長編卷二百二十熙寧四年二月甲戌改。

〔二〕即申中書門下　長編卷二百二十熙寧四年二月甲戌作「申中書裁下」。

3. 五月十八日，詔：「自今朝省及都水監、司農寺等處，凡下條貫，並令進奏院摹印，頒降諸路，仍每年給錢一千貫，充鏤版紙墨之費。」

4. 十二月十三日，侍御史知雜鄧綰言：「海行編敕逐官刪定將畢，所有諸路一州一縣敕，自慶曆年刪修，行用已久，欲望再行取索，重別論次，接續刪定。」從之。

五年（壬子，一〇七二）

1. 二月四日，大宗正司上編修條貫六卷〔一〕。先是，嘉祐〔二〕六年正月，詔魏王宮教授李田編次本司先降宣勅，成六卷。以田輒有刪改元旨〔三〕，乃命祕閣校理文同、王汾、陳睦看詳，續命大宗正丞張稚圭、李德芻，館閣校理〔四〕朱初平、陳侗、林希同編修，至是上之。

〔一〕編修條貫六卷　長編卷二百三十熙寧五年二月甲寅作「編修條例六卷」。

〔二〕嘉祐　原作「嘉佑」，據長編卷二百三十熙寧五年二月甲寅改。

〔三〕以田輒有刪改元旨　「田」字原脫，據長編卷二百三十熙寧五年二月甲寅補。

〔四〕館閣校理　「校理」，長編卷二百三十熙寧五年二月甲寅作「校勘」。

2. 四月二十六日，命集賢校理、檢正中書戶房公事章惇刪修都亭西駟條制〔一〕。夏人再朝貢三十餘年〔二〕，西駟條制前後重復〔三〕，未經刪定，至是令刊修。

〔一〕都亭西駟條制　「制」原作「貫」，據下文及長編卷二百三十二熙寧五年四月乙亥改。
〔二〕夏人再朝貢三十餘年　「再」，疑當作「不」，參見長編卷二百三十二熙寧五年四月乙亥「夏人久不朝」。
〔三〕西駟條制前後重復　長編卷二百三十二熙寧五年四月乙亥作「西驛條制重復雜亂」。

3. 十二月六日，審刑院沈立上新修本院條貫十卷、經例一卷〔一〕，詔遵行。

〔一〕新修本院條貫十卷經例一卷　長編卷二百四十一熙寧五年十二月庚辰作「新修審官西院敕十卷」。「修」原作「條」，據長編卷二百四十一熙寧五年十二月庚辰改。

六年（癸丑，一〇七三）

1. 八月七日，提舉編敕宰臣王安石上刪定編敕、赦書德音、附令敕、申明敕、目録共二十六卷〔一〕。詔編敕所鏤版，自七年正月一日頒行。先是，詔以嘉祐〔二〕四年已後續降宣敕刪定，命大理寺法直官劉賡、左班殿直張寀充檢詳官，刑房堂後官劉袞充對點官〔三〕，秘書丞虞太寧充刪定官〔四〕，權大理少卿朱溫其充編排官，翰林學士曾布〔五〕、龍圖閣待制鄧綰〔六〕、權知審刑院崔台符充詳定官，安石提舉。至是上之。安石賜銀絹各五百，仍降詔奬諭。曾布等九人〔七〕升任〔八〕、遷官、循資有差。

〔一〕二十六卷　長編卷二百四十七熙寧六年九月丁未作「二十七卷」。
〔二〕嘉祐　「祐」原作「佑」，據長編卷二百四十七熙寧六年九月丁未改。
〔三〕對點官　長編卷二百四十七熙寧六年九月丁未作「點對官」。

〔四〕秘書丞虞太寧充删定官　長編卷二百四十七熙寧六年九月丁未作「秘書丞胡瑗、太子中舍陳偲、大理寺丞張巨、光祿寺丞虞太寧充删定官」。

〔五〕曾布　原作「曾直」，據長編卷二百四十七熙寧六年九月丁未改。

〔六〕龍圖閣待制鄧綰　「待」原作「侍」，據長編卷二百四十七熙寧六年九月丁未改。

〔七〕曾布等九人　長編卷二百四十七熙寧六年九月丁未作「翰林學士、右正言曾布為起居舍人，工部郎中、龍圖閣待制鄧綰為兵部郎中，權知審刑院崔台符、權發遣大理寺少卿朱溫其等九人。」

〔八〕升任　「任」原作「仕」，據長編卷二百四十七熙寧六年九月丁未改。

2. 九月四日，以翰林學士曾布、權御史中丞鄧綰、司勳員外郎崔台符同詳定一路一州一縣一司一務勑。綰降黜，權御史中丞鄧潤甫代之。

七年（甲寅，一〇七四）

1. 七月二十一日，詔：「今後中書、樞密院諸房應創立或删改海行一司敕條貫，可並送刑法司〔一〕及編敕所詳定訖，方得擬進取旨頒行。」

〔一〕可並送刑法司　長編卷二百五十四熙寧七年七月丙辰無「刑」字。

2. 九月二日，命大宗正丞張敘、宋靖國與國子博士孫純同共編修宗室臣僚勑葬條。十年四月二日上之。詔以熙寧葬式〔一〕爲目。

〔一〕熙寧葬式　宋史卷二百四作「熙寧葬式五十五卷」。

3. 十月十四日，編勑所言：「删定諸上禁軍逃走情狀未明，因被盤問，不曾隱拒，即自首服，罪至死者，減一等。」初，大理寺檢法官劉賡以法寺近斷滄州兵士王信逃走。信名秀，被捕時即別通所隸州，比會問〔一〕，至無秀名者，方實招通，原情猶可矜。如鄆州成江已炙了字號，直稱素非黠者，用法漸寬〔二〕，恐未爲便。因賡之請，而詳修之。

〔一〕比會問　「比」原作「北」，據文意改。

〔二〕用法漸寬　「漸」原作「斬」，據文意改。

八年（乙卯，一〇七五）

1. 二月三日，司勳員外郎崔台符言：「準詔删修軍馬司敕〔一〕，勘會嘉祐編敕，時有樞密使田況提舉。今來置局，稽考舊例，即未有樞臣總領。伏緣軍政事重，上係國論。顧非臣等淺見寡聞敢顓筆削，欲望檢詳故事，特命典領。」詔樞密使陳昇之提舉。

〔一〕軍馬司敕　長編卷二百六十熙寧八年二月乙丑作「馬軍司敕」。

2. 五月十二日，詔：「諸功賞未經酬敍，逢格改者，新格賞輕，聽依立功時；若重，聽從重賞。詳定修入編勅。」

九年（丙辰，一〇七六）

1. 四月二十六日，詔中書戶房習學公事練亨甫等編定省府寺監公使例條貫。

2. 五月八日，詔：「中書堂後官、提點五房公事劉袞，堂後官周清、成州司理參軍王修、三班奉職陳景再行删定海行編勅。」

3. 六月十二日，詔：「自今應删立條貫，專委官詳定訖，中書、樞密院同進呈類聚，半年一次覆奏

頒行。事干急速，即臨時取旨。中書仍令都檢正、逐房檢正、監制勑庫官詳定。」

4. 二十四日，判司農寺熊本言：「乞取索本寺一司勑式，選官重行看詳修定。」詔只於本寺選屬官一員編修，令本寺提舉。

5. 八月十六日，樞密使吳充言：「檢會大中祥符五年十月赦書，應掌獄詳刑之官，累降詔條，務從欽恤。今後按鞫罪人，不得妄加逼迫，致有冤誣。其執法之官所定刑名，必先平允，內有情輕法重理合哀矜者，即仰審刑院、刑部、大理寺具事狀取旨，當議寬貸。治平四年九月詔：開封府、三司、殿前馬步軍司今後逐處所斷刑名，內有情輕法重，許用赦書，取旨寬貸。在京海行勑：諸犯流以上罪，若情重可爲懲戒及情理可矜者，並奏裁。竊詳赦書之意〔一〕，初無中外之別，衹緣立文有礙，遂致推擇未均。何則審刑院、大理寺、刑部等處，若非於法應奏，無繇取旨從寬。雖是命官、使官等合奏公案，若有情輕法重，方得應用赦書施行。其餘一無該及，後來在京刑獄官司亦得換以取旨，其爲德澤不爲不厚。然天下至廣，囹圄實繁，豈無情輕法重之人，而官吏苟避不應奏之罪，一切以重法繩之。恐未副朝廷欽慎仁憫之意。甲乙二人所犯略同，甲以於法該奏，法寺得引情輕法重取旨寬貸。乙以於法不該奏，遂獲全罪。殆非均當，有幸不幸爾〔二〕。欲今後天下罪人犯徒流罪或該編配者，情輕法重，並許本處具犯狀申提點刑獄司看詳，委是依得赦書即繳連以聞，所貴罪法相當，中外一體。如恐地遠淹繫，其川、廣、福建或乞委安撫、鈐轄司詳酌指揮，斷訖聞奏〔三〕。仍委中書、樞密院點檢。」詔送重修編敕所詳定以聞。本所看詳：「緣天下州郡日有該徒流及編配罪人，若更立情輕法重奏裁之法，不惟淹繫刑獄，兼恐案牘繁多，未敢立法，乞朝廷更賜指揮。」

〔一〕竊詳赦書之意　「意」原作「易」，據文意改。

〔二〕「甲乙二人所犯略同」至「有幸不幸爾」原在「恐未副」下，為大字正文。據天頭舊批：「甲乙二人至幸不幸爾應小注」改作小字注文，並據文意移至此處。

〔三〕斷訖聞奏　「聞」原作「問」，據上下文「繳連以聞」、「詳定以聞」改。

6. 九月二十五日，編修令式所上諸司勑式二十四卷〔一〕。詔頒行。先是，命官修式令，至是先成閤門擡賜式一、支賜式二、支贈式十五〔二〕、問疾澆奠支賜式一〔三〕、御廚食式三〔四〕、炭式二，上之。

〔一〕二十四卷　玉海卷六十六作「四十卷」。

〔二〕支贈式十五　玉海卷六十六作「賞賜贈式十五」。

〔三〕問疾澆奠支賜式一　「賜」原作「支」，據玉海卷六十六改。

〔四〕御廚食式三　玉海卷六十六作「御廚式三」。

7. 十二月二十日，中書門下言：「重修編勑所勘會熙寧編勑，時係兩制以上官詳定，宰相提舉。乞依例差官。」詔知制誥、權三司使公事沈括，知制誥、判司農寺熊本詳定。

8. 二十三日，中書門下言：「刑房狀：自來頒降條貫，或送刑部翻錄，或只是直付進奏院遍牒，蓋所總不一，関防未備，致其間有不曾修潤成文，及不言所入門目者，亦便行下。欲乞今後應係條貫，並付刑部翻錄或雕印施行，其進奏院雕印條並令住罷。」從之。

9. 二十四日，詔：「勘會熙寧八年司農寺編修常平等勑，未得允當，不可行用，已留中。後來曾委官重行修定，可就差本寺丞、簿編修，主判看詳。其常平勑令一處重行編定以聞。」

格令二

影印本刑法一之一一至二六
大典卷一九〇二七

十年(丁酉，一〇七七)

1. 正月二十七日，權御史中丞鄧潤甫言：「乞將應係不以赦降、去官原減條，令重修編勑所及司農寺擇其中可以删除者，先次詳定。」從之。

2. 二月二十七日，詳定編修諸司敕式所上所修敕令格式十二卷，詔頒行。翰林醫官院五、廣聖宮一、慶寧宮一、入內鑰匙庫一〔一〕、資善堂一、後苑東門藥庫一、提點軍器等庫一〔二〕，入內內侍省使臣差遣一〔三〕。

〔一〕入內鑰匙庫一　「入」，長編卷二百八十熙寧十年二月戊申作「大」。

〔二〕提點軍器等庫一　「一」字原脫，據長編卷二百八十熙寧十年二月戊申補。

〔三〕入內內侍省使臣差遣一　「一」字原脫，據長編卷二百八十熙寧十年二月戊申補。

3. 八月三日，館閣校勘范鏜上準詔修到貢舉勑式十一卷。詔頒行。

4. 十一月四日，詳定編修諸司敕式所上所修敕令格式三十卷。詔頒行。龍圖、天章、寶文閣四。延福宮一，起居院一，四方館一，玉牒所一，入內內侍省合同憑由司〔一〕二，翰林圖畫院二，提點內弓箭

南庫並內外庫二，後苑御弓箭庫一，入內內侍省使臣差遣四，內侍省使臣差遣三，御藥院二，在內宿直人席薦一。

〔一〕合同憑由司 「同」原作「用」，據長編卷二百八十五熙寧十年十一月辛亥改。

5. 十二月六日，詳定一司勑令所言：「準送下刑部勑二卷〔一〕，今將所修條並後來勑劄一處看詳。其間事係別司者，則悉歸本司；若兩司以上通行者，候將來修入在京通用勑；已有條式者，更不重載；文義未安者，就加損益；其後來聖旨劄子批送中書頒降者，悉名曰『勑』，樞密院頒降者〔二〕，悉名曰『宣』。共修成一卷，分九門，總六十三條。乞降勑命，以熙寧詳定尚書刑部勑為名。」從之。

〔一〕準送下刑部勑二卷 長編卷二百八十六熙寧十年十二月壬午作「準朝旨送下編到刑部敕二卷」。

〔二〕樞密院頒降者 「頒」原作「班」，據玉海卷六十六、長編卷二百八十六熙寧十年十二月壬午改。

元豐元年（戊午，一〇七八）

1. 三月二十三日，詳定諸司勑式所言：「今修定學士院、龍圖、天章、寶文閣等處敕令式，如得旨施行，後續降朝旨乞從本所詳定編入；見修內諸司令式，事干有司奉行者〔一〕，並分入諸司。」從之。

〔一〕事干有司奉行者 「干」原作「於」，據長編卷二百八十八元豐元年三月丁酉改。

2. 六月二十一日，詔：「司農寺見行條例繁複，致州縣未能通曉，引用差誤。昨令編修，已經歲時，未見修成。令丞吳雍、孫路，主簿閻令權罷其餘職事，專一刪修，限半年，仍月以所修成條例上中書。」

3. 七月十一日，判司農寺蔡確請令三局丞、簿不妨職事，兼删修本寺條例。從之。

4. 九月六日，删定在京當直所修成勅令式三卷〔一〕。乞以元豐新定在京人從敕令式〔二〕爲目頒降。從之。

〔一〕修成勅令式三卷 「勅令式」，長編卷二百九十二元豐元年九月丁丑作「勅式」。

〔二〕在京人從敕令式 「勅令式」，長編卷二百九十二元豐元年九月丁丑作「勅式」。

5. 十月四日，詔兵部以貢舉勅式内武舉勅條，再於諸處索文字，删類成武舉勅式以聞〔一〕。

〔一〕以聞 「聞」原作「間」，據長編卷二百九十三元豐元年十月乙巳改。

6. 十三日，御史中丞、判司農寺蔡確言：「常平舊敕多已衝改，免役等法素未編定，今除合删修爲敕外，所定約束，小者爲令，其名數、式樣之類爲式，乞以元豐司農敕令式爲目。」從之。

7. 十一月十八日，上批：「重修編敕所〔一〕修海行敕令未成書，已委官參定一司敕，不惟次序失倫，兼二書交舉，亦廣占官吏，去取難於照類，或致遺落要切事，或與海行敕令相妨，又成瑕典。人功廩賜，亦所宜惜。可令且併力修海行敕令，俟成書，以一司書勅相繼照會編修。」

〔一〕重修編敕所 原作「重編修敕所」，據長編卷二百九十四元豐元年十一月戊子改。

二年（己未，一〇七九）

1. 五月十二日，成都府等路茶場司〔一〕上茶法勅式，詔行之。先是，詔提舉成都府等茶場李稷編修，至是上之。乃詔歲增本司公使錢二百千。

〔一〕成都府等路茶場司 長編卷二百九十八元豐二年五月己卯作「提舉成都府等路茶場司」。

2. 六月二十四日，左諫議大夫安燾等上諸司敕式。上諭燾等曰：「設於此而逆彼之至曰格，設於此而使彼效之曰式，禁其未然之謂令，治其已然之謂敕，修書者要當知此。有典有則，貽厥子孫。今之格式令敕，即典則也。若其書全具〔一〕，政府總之，有司守之，斯無事矣。」

〔一〕若其書全具　「全」，長編卷二百九十八元豐二年六月辛酉作「完」。

3. 九月二十九日，司農寺上元豐司農敕令式十五卷，詔行之。先是，熙寧九年六月二十四日，判司農寺熊本言乞取索本寺一司敕式選官重行修定，詔令後本寺選屬官一員編修，令本寺提舉，至是上之。

三年（庚申，一〇八〇）

1. 三年二月二日〔一〕，詔同判司農寺〔二〕、太常博士周直孺〔三〕陞一任，丞、主簿〔四〕各減磨勘三年，仍賜銀絹。

〔一〕二月二日　「二日」二字原脱，據長編卷三百二元豐三年二月丙申補。

〔二〕詔同判司農寺　「詔」原作「設」，據長編卷三百二元豐三年二月丙申改；「同判」，長編卷三百二作「權同判」。

〔三〕太常博士周直孺　「周直孺」，長編卷三百二元豐三年二月丙申作「周直儒」。

〔四〕丞、主簿　「丞」原作「承」，據長編卷三百二元豐三年二月丙申改。

2. 五月十三日，詳定重修編敕所言：「見修敕、令與格、式兼行，其唐式二十卷，條目至繁，又古今事殊〔一〕，欲取事可海行及一路、一州、一縣在外一司條件照會編修，餘送詳定諸司敕式所。」從之。

〔一〕又古今事殊　「又」原作「文」，據長編卷三百四元豐三年五月乙亥改。

3. 十五日，詳定重修編敕所言：「奉詔月具功課以聞。緣參取衆議，研究義理，及照會抵捂、重復、遺畧，正是難立課程之時，乞免奏功課。」詔不許，仍令中書立式。

4. 六月十八日，武學上新修敕令格式，詔行之。

5. 八月九日，中書奏：「詳定重修編敕所修立告捕獲倉法給賞條，欲依所定。」上批：「不行，可並依舊給全賞。雖係案問〔一〕，亦全給。」時議者欲漸施倉法〔二〕，故修敕官先寬其告賞，自一百貫分等至三百貫，而按問者減半給之。中書以熟狀進，而上察其情，寢之。

〔一〕雖係案問　「係」原作「亦」，據長編卷三百七元豐三年八月己亥改。
〔二〕時議者欲漸施倉法　「施」，長編卷三百七元豐三年八月己亥作「弛」。

五年（壬戌，一〇八二）

1. 二月八日，寶文閣待制李承之、承議郎董唐臣上編修鹽法〔一〕，賜承之銀絹各五十，唐臣減磨勘一年。

〔一〕編修鹽法　「修」，長編卷三百二十三元豐五年二月庚申作「排」。

2. 四月三日，戶房檢正官吳雍、王震上都提舉市易司敕。

3. 九月十四日，詔：「應修明法式並尚書省議定，上中書省，速者先次施行，餘半年一頒。其樞密院並不隸六曹者，下刑部；緣功賞者，下司勳修立，還送尚書省議。」

4. 二十二日，入內供奉官馮宗道上景靈宮供奉敕令格式〔一〕六十卷。

〔一〕景靈宮供奉敕令格式　「宮」原作「官」，據長編卷三百二十九元豐五年九月辛丑改。

5. 十月十二日，詳定重修編敕所言：「準朝旨，六曹等處條貫送編敕所修定。乞自朝廷於官制見在屬官内選差六員爲刪定官。」從之。

6. 十二月十五日，尚書省上元豐五年下半年條貫，詔依簽改行下。上每進擬勅令，必簽貼改定，然後降出。其所指擿事理〔一〕，皆有司抵捂也。

〔一〕其所指擿事理　「擿」原作「擿」，據長編卷三百三十一元豐五年十二月辛酉改。

六年（癸亥，一〇八三）

1. 九月一日，詔：「内外官司見行敕律令格式，文有未便，於事理應改者，並申尚書省議奏。輒畫旨沖革者，徒一年。即而得旨，若一時處分應著為法，及應沖改者，隨所屬申中書省、樞密院奏審。」

七年（甲子，一〇八四）

1. 三月六日，詳定重修編敕書成。刪定官刑部侍郎崔台符、中書舍人王震各遷一官。前刪定官知制誥熊本，寶文閣待制李承之、李定賜銀、絹百。

2. 七月二十五日，御史黄降言：「朝廷修立敕令，多因舊文損益，其去取意義，則具載看詳卷，藏之有司，以備照使〔一〕。比者，官司議法，於敕令文意有疑者，或不檢會看詳卷，而私出己見，裁決可否。乞申飭官司，自今申明敕令及定奪疑議，並須檢會看詳卷，考其意義所歸。所貴法定於一，無敢輕重。本臺亦得以據文考察。」詔下刑部。刑部〔二〕言：「元豐敕令格式看詳卷共二百二十冊，難以頒降。乞自今官司定奪疑議，及申明敕令須看詳卷照用者，聽就所掌處抄録。」從之。

〔一〕以備照使　「使」，長編卷三百四十七元豐七年七月壬戌作「用」。

〔二〕刑部 原作「本部」，據長編卷三百四十七元豐七年七月壬戌改。

哲宗 元祐元年（丙寅，一〇八六）

1. 三月十二日，樞密院言修定諸將巡校例物條。

2. 二十五日，刑部修立到重祿條〔一〕。

〔一〕刑部修立到重祿條 「祿」原作「録」，據長編卷三百七十三元祐元年三月壬午改。

3. 同日，尚書省上所修吏部四選敕令格式，乞先次頒降。從之。

4. 二十七日，門下、中書外省修定起居郎、舍人、左右司員外郎蔭補條。從之。

5. 二十八日，戶部修定鄭、滑州捕盜賞錢法〔一〕。從之。

〔一〕鄭、滑州捕盜賞錢法 「法」字原脱，據長編卷三百七十三元祐元年三月乙酉補。

6. 四月二日，刑部言：「乞改六曹通用格，應檢舉催促文書，並郎官書押行下，所貴逐曹侍郎稍得日力點檢予奪文字。」從之。

7. 三日，禮部言：「太學、武學條，乞一處相照修立〔一〕，貴不致牴牾。」從之。

〔一〕乞一處相照修立 「乞」字原脱，「修」原作「條」，據長編卷三百七十四元祐元年四月庚寅補、改。

8. 六日，刑部言，立聚集生徒教授辭訟文書編配法及告獲賞格。從之。

9. 八日，門下、中書外省言：「取到戶部左右曹、度支、金部、倉部官制條例，並諸處關到及舊三司續降並奉行官制〔一〕後案卷、宣敕，共一萬五千六百餘件。除修敕令所〔二〕該載者已行删去，他司置局見編修者各牒送外〔三〕，其事理未便，體制未順，並係屬別曹合歸有司者，皆釐所析改正〔三〕，删除重複，補綴闕遺。修到敕令格式共一千六百一十二件，並删去一時指揮，共六百六十二册，並申明盡一一删〔五〕，乞先次頒行，以元豐尚書戶部度支金部倉部敕令格式為名。所有元豐七年六月終以前條貫已經删修者，更不施用。其七月以後條貫，自為後敕。」又言：「上供錢物，舊三司雖置吏拘催，然無總領，止據逐案関到上簿〔六〕。如有不至，遂相因循；歲月之久，官吏遷易，無以拘考。今戶部雖有分職〔七〕，度支主歲計〔八〕，金部以度支関到之數拘催，然漫無可考。本省昨取索所管〔九〕，類以成書，而諸案文簿無可為校〔十〕。已詢諸庫務，求訪舊籍，互相照驗修正，立為定例。若有不備事節，雖據所見，送本部看詳，緣事干諸路〔十〕，尚慮有未盡不同事。乞令本部取索點勘，如有未盡、不同事件，即補正添入。」並從之。

〔一〕奉行官制　「官」原作「言」，據長編卷三百七十四元祐元年四月乙未改。
〔二〕除修敕令所　長編卷三百七十四元祐元年四月乙未作「除海行敕令所」。
〔三〕他司置局見編修者各牒送外　「各」原作「名」，據長編卷三百七十四元祐元年四月乙未改。
〔四〕皆釐析改正　「析」原作「所」，據長編卷三百七十四元祐元年四月乙未改。
〔五〕並申明盡一一删　長編卷三百七十四元祐元年四月乙未作「並申明畫一一册」。
〔六〕止據逐案関到上簿　「簿」原作「案」，據長編卷三百七十四元祐元年四月乙未改。
〔七〕今戶部雖有分職　「今」原作「令」，據長編卷三百七十四元祐元年四月乙未改。
〔八〕度支主歲計　「主歲計」原作「部」，據長編卷三百七十四元祐元年四月乙未改。
〔九〕本省昨取索所管　「本」字原脫，據長編卷三百七十四元祐元年四月乙未補。
〔十〕而諸案文簿無可為校　「簿」原作「部」，據長編卷三百七十四元祐元年四月乙未改。
〔十一〕緣事干諸路　「干」原作「例其」，據長編卷三百七十四元祐元年四月乙未改。

10. 五月八日，詳定元豐勑令所〔一〕劉摯等言：「編修官差移不定，難得成書。杜紘曉習法令，欲留本局。」詔罷杜紘按察茶事。

〔一〕詳定元豐勑令所　「定」字原脫，據長編卷三百七十七元祐元年五月甲子補。

11. 十二日，詔試給事中兼侍講孫覺〔一〕、試祕書少監顧臨〔二〕、通直郎充崇政殿説書程頤，同國子監長貳看詳修立國子監、太學條制〔三〕。

〔一〕試給事中兼侍講孫覺　長編卷三百七十八元祐元年五月戊辰無「試」字。

〔二〕試祕書少監顧臨　長編卷三百七十八元祐元年五月戊辰無「試」字。

〔三〕太學條制　長編卷三百七十八元祐元年五月戊辰作「太學生條制」。

12. 十七日，詳定重修勑令所言：「應官吏民庶等，如見得見行條貫有未盡、未便合行更改或別有利害未經條約者，並許陳述。」從之。

13. 七月二十五日，門下省言：「刑房〔一〕修到不以去官赦降條，所留尚多，所刪尚少。竊謂當職官以職事隳曠〔二〕，雖去官不免，猶有可言。至於赦降大恩，與物更始，雖劫盜殺人亦蒙寬宥，豈可以一事差失，負罪終身？今欲更刪改存留。」從之。

〔一〕刑房　長編卷三百八十三元祐元年七月庚辰作「刑部」。

〔二〕竊謂當職官以職事隳曠　「竊」原作「切」，據長編卷三百八十三元祐元年七月庚辰改。

14. 八月十二日，三省言〔一〕：「中書、門下後省修成六曹條貫及看詳〔二〕，共三千六百九十四册，寺監在外；又據編修諸司敕式所修到敕令格式一千餘卷，其間條目苛密、牴牾難行者，不可勝數。欲下尚書六曹，委長貳〔三〕、郎官同共看詳。刪去本曹舊條已有及防禁太繁、難為遵守者，惟取紀綱大體切近事情者，留作本司法，限兩月以聞。」從之。

〔一〕三省言　「言」字原脫，據長編卷三百八十五元祐元年八月丁酉補。此內容實為司馬光所言，見長編卷三百八十五、傳家集卷五十五、歷代名臣奏議卷二百一。

〔二〕六曹條貫及看詳　長編卷三百八十五元祐元年八月丁酉、傳家集卷五十五、歷代名臣奏議卷二百一皆作「尚書六曹條貫」。

〔三〕長貳　「貳」原作「二」，據長編卷三百八十五元祐元年八月丁酉、傳家集卷五十五、歷代名臣奏議卷二百一改。

15. 同日，詔頒門下、中書後省修到度支大禮賞賜等敕令格式〔一〕。

〔一〕敕令格式　長編卷三百八十五元祐元年八月丁酉在「式」字後還有「並刪去共一百二十四冊」十字。

16. 十月二十一日，左右司言：「六曹及不隸六曹官司得旨施行〔一〕應立法者，自來立到條，本省議奏取旨施行。非緊切者，制敕庫房類聚，半年一次具冊〔二〕，取旨頒降，顯是重煩。欲今後申請〔三〕，並先行下。應立法者，候立到條幹罪賞者覆定申省〔四〕。有取會赴期不及者〔五〕，於後次入冊。」從之。

〔一〕得旨施行　長編卷三百九十元祐元年十月丙午作「得旨施行事」。

〔二〕半年一次具冊　「次」字原脫，據長編卷三百九十元祐元年十月丙午補。

〔三〕今後申請　長編卷三百九十元祐元年十月丙午作「今後申請事件」。

〔四〕覆定申省　「省」字下，長編卷三百九十元祐元年十月丙午還有「依限付制敕庫房看詳取會，改修類聚，半年一次，具冊取旨頒行」二十五字。

〔五〕不及者　「者」字下，長編卷三百九十還有「並在六月、十二月二十一日已後申前到者」十七字。

17. 十一月二日，刑部言：「大理寺請罷綱船告賞條。看詳嘉祐勅，初無告賞之文。熙寧勅唯立新錢綱告賞之法。欲依所請。」從之。

18. 四日，中書省言：「刑房斷例，嘉祐中宰臣富弼、韓琦編修〔一〕，今二十餘年。內有該載不盡者〔二〕，欲委官將續斷例及舊例策一處，看詳情理輕重去取，編修成策，取旨施行。」從之。

〔一〕宰臣富弼、韓琦編修　原有小字注文「原空」，據長編卷三百九十一元祐元年十一月戊午補。

〔二〕內有該載不盡者　「載」原作「在」，據長編卷三百九十一元祐元年十一月戊午改。

19. 六日，樞密院言：「諸路將兵那移赴闕人處，合依旨申樞密院外，若本處用舊條例差使，即不須申。其元豐將官勅、軍防令『差訖申樞密院』一節，欲刪去。」從之。

20. 十六日，太師文彥博言：「尚書省二十四司郎官遷改不定，往往未能周知本案事務。欲令左右司點檢勘當，定為式例，左右丞覆視。刑部尚書蘇頌熟知臺省典故，亦乞委之詳定。兼尚書省見裁減六曹寺監見在文字〔一〕，欲令蘇頌與左右司共同看詳結絶。」並從之。

〔一〕見在文字　長編卷三百九十一元祐元年十一月庚午作「迂枉文字」。

21. 二十八日，詔中書省編修刑房斷例，候編定付本省舍人看詳訖〔一〕，三省執政官詳定，取旨頒行。

〔一〕本省舍人看詳訖　「詳」原作「祥」，據長編卷三百九十二元祐元年十一月壬午改。

二年（丁卯，一〇八七）

1. 八月四日，詔：「創立改法，並先次施行，應修條者，類聚半年一進呈，以正條入冊頒行。若非海行法，即書所入門目，裁取繁文行下〔一〕，勿類奏〔二〕。六曹季輪郎官點檢，具事目申尚書省、樞密院，令左右司、丞旨司〔三〕看詳當否，不當甚者，取旨賞罰。」從樞密院言也。

〔一〕裁取繁文行下　長編卷四百四元祐二年八月癸未作「裁去繁文，行下所屬」。
〔二〕勿類奏　「勿」，長編卷四百四元祐二年八月癸未作「仍」。
〔三〕丞旨司　「司」原作「同」，據長編卷四百四元祐二年八月癸未改。

2. 二十四日，詔門下、中書後省修立司封考功格式，先次施行。

3. 十二月二十四日〔一〕，詳定重修敕令書成，以元祐詳定敕令式為名頒行。先是元年三月〔二〕二十四日，詔御史中丞劉摯、右正言王覿〔三〕、刑部郎中杜紘〔四〕，將元豐敕令格式重行刊修。至是上之。修書官光祿大夫、吏部尚書蘇頌，朝散郎、試大理卿杜紘，奉議郎、試侍御史王覿，朝散郎王朋年〔五〕，朝奉郎宋湜、祝康，奉議郎王叔憲，宣義郎石諤、李世南〔六〕，承務郎錢益〔七〕，各遷一官；蔡州觀察推官晁端禮〔八〕循一資；宣義郎張益減磨勘一年；奉議郎陳兟〔九〕、承奉郎劉公噩減磨勘二年。

〔一〕十二月二十四日　玉海卷六十六同；長編卷四百八記書成推恩在三年「二月乙未」即十八日，長編卷四百十九元祐三年閏十二月癸卯朔「诏颁元祐敕令格式。」
〔二〕元年三月　「元」原作「六」，據玉海卷六十六、長編卷三百七十三元祐元年三月己卯改。
〔三〕右正言王覿　原作小字注文「原空」，據長編卷三百七十三元祐元年三月己卯、文獻通考卷一百六十七補。
〔四〕刑部郎中杜紘　「杜紘」原作「杜紞」，據長編卷三百七十三元祐元年三月己卯改。
〔五〕朝散郎王朋年　「朝散郎」原作「散朝郎」，據長編卷四百八元祐三年二月己未乙正。「王朋年」，長編卷四百八元祐三年二月乙未作「王彭年」。

〔六〕宣義郎石譓、李世南　「宣義郎」，長編卷四百八元祐三年二月乙未作「宣德郎」。
〔七〕承務郎錢益　「錢益」，長編卷四百八元祐三年二月乙未作「錢蓋」。
〔八〕蔡州觀察推官晁端禮　「州」字下原衍「一」，據長編卷四百八元祐三年二月乙未刪；「推官晁端禮」，長編卷四百八元祐三年二月乙未作「判官晁端德」。
〔九〕奉議郎陳⿰牜先　「陳⿰牜先」，長編卷四百八元祐三年二月乙未作「陳猰」。

三年（戊辰，一〇八八）〔一〕

1. 閏十二月一日，尚書省言：「初，官制未行，凡定功賞之類，皆朝廷詳酌之。自行官制，先從六曹用例擬定。其一事數例，輕重不同，合具例取裁，或事與例等，不當輒加增損〔二〕。或功狀微小，輒引優例，並當分別事理〔三〕，等第立法。今以舊條增修〔四〕，凡事與例同而輒增損漏落者，杖八十。內事理重，已施行者〔五〕，徒二年。如數例重輕不同，或無例而比類他例者，並具例勘當，擬定奏裁。」從之，仍增三省、樞密院相干事，並同取旨。

〔一〕三年　原脫，據長編卷四百十九元祐三年閏十二月癸卯補。
〔二〕不當輒加增損　「不當」二字原脫，據長編卷四百十九元祐三年閏十二月癸卯補。
〔三〕並當分別事理　「理」字下，長編卷四百十九元祐三年閏十二月癸卯還有「輕重及已未施行」七字。
〔四〕今以舊條增修　「條」，長編卷四百十九元祐三年閏十二月癸卯作「條例」。
〔五〕已施行者　「已」原作「他」，據長編卷四百十九元祐三年閏十二月癸卯改。

四年（己巳，一〇八九）

1. 六月十六日，詔范育、穆衍，限一月看詳舊三司榷貨務〔一〕已行之法，宜於今者〔二〕，與戶部參酌著為令。

〔一〕榷貨務　「榷」原作「權」，據長編卷四百二十九元祐四年六月丙午改。

〔二〕宜於今者　「今」原作「令」，據長編卷四百二十九元祐四年六月丙午改。

2. 八月六日，詔：「自今應修條，除法意小有不足當修補外，其更易增損，並須類聚申尚書省，候得指揮，方許編修。其尚書省所修條，先經左右司看詳，執政官筆削，方許更改。」

五年（庚午，一〇九〇）

1. 正月二十三日，戶部言：「諸路綱運到京〔一〕，例皆少欠。元豐公式令：諸州解發金銀錢帛，通判廳置簿，每半年具解發物數目及管押附載人姓名，實封申尚書省。元祐敕〔二〕誤有刪去，合重修立。」從之。

〔一〕諸路綱運到京　長編卷四百三十七元祐五年正月己丑作「諸路起發正綱及附搭官錢到京」。

〔二〕元祐敕　「祐」原作「佑」，據長編卷四百三十七元祐五年正月己丑改。

六年（辛未，一〇九一）

1. 五月十二日，尚書省立監臨主司受乞役人財物枉法者罪賞法〔一〕。從之。

〔一〕尚書省立監臨主司受乞役人財物枉法者罪賞法　「役」，長編卷四百五十八元祐六年五月庚午作「投」。其具體內容為「監臨主司受乞投人財物者，許人告，枉法、杖罪賞錢十貫，徒罪二十貫，流罪三十貫。不枉法者減半。杖罪主典勒停，永不收敘。徒罪仍鄰州編管。」

2. 同日，刑部言：「一路等條〔一〕有不以去官、赦降原減條，合行刪去。如樞密院奏請鳳翔揀中保寧兵士投換及改敕擅投〔二〕，中書省請熙河蘭岷路蕃部司公使錢輒支用〔三〕，坐倉收糴諸軍糧不取軍人情願者〔四〕，皆不以去官、赦降原減，並合刪去。」從之。

〔一〕一路等條　「條」原作「修」，據長編卷四百五十八元祐六年五月庚午改。

〔二〕此事，長編卷四百五十八元祐六年五月庚午記在「熙寧八年九月」。

〔三〕此事，長編卷四百五十八元祐六年五月庚午記在「元豐四年」。

〔四〕坐倉收糴諸軍糧不取軍人情願者　「收」字原脫，據長編卷四百五十八元祐六年五月庚午補。且此事在「元豐六年五月」。

3. 二十九日，尚書省言：「門下、中書後省詳定諸司庫務條貫，刪成勅令格式共二百六冊，各冠以『元祐』〔一〕為名。」從之。

〔一〕元祐　「祐」原作「佑」，據長編卷四百五十八元祐六年五月丁亥改。

4. 八月十七日，河北路都轉運司言：「一路等條有不以去官赦降原減係條太重者，如黃河諸埽修護隄道，不得侵掘民田等罪，雖該德音降赦，並不原減。黃河隄岸不至危急，妄有句集人夫，並科違制罪〔一〕，不以赦降去官原免。其不原減原免之文，並乞刪去。」從之。

〔一〕並科違制罪　「制」原作「治」，據長編卷四百六十四元祐六年八月甲辰改。

八年（癸酉，一〇九三）

1. 六月十六日，門下、中書後省言：「準朝旨，編修在京通用條貫，取到在京諸司條件，收為一書〔一〕。除係海行一路、一州、一縣及省曹寺監庫務法，皆析出関送所屬，內一時指揮不可為永法者，且合存留依舊外，共修成勅令格式若干冊。所有元祐三年十月終以前條貫已經刪修收藏者，更不施行。

其十一月一日以後續降，自為後敕。及雖在上件月日已前，若不經本省去取並已行關送者，並合依舊施行。仍乞隨敕令格式各〔二〕冠以元祐為名〔三〕。」從之。

〔一〕收為一書　「收」，長編卷四百八十四元祐八年六月壬戌作「修」。

〔二〕仍乞隨敕令格式各　「各」，長編卷四百八十四元祐八年六月壬戌作「名」。

〔三〕冠以元祐為名　「祐」原作「佑」，據長編卷四百八十四元祐八年六月壬戌改。

2. 二十日，刑部言：「修立到司門條，內陳請廢置移復城門、關津、橋道，並申刑部，及部送官物出入晝時具部送人姓名，申所屬寺監及尚書本部。」從之。

紹聖元年（甲戌，一〇九四）

1. 八月二十六日，三省言：「見今比較鹽事、看詳役法、措置財利之類，名目不一，雖各置局行遣，緣官屬多是兼領〔一〕，於職事未能專一。今已置重修編敕所，除官長可以兼領外，只於删定官內量添員數，令專一看詳中外利害文字〔二〕，並從朝廷選差。」詔從之。仍不拘資序，節次選補，不得過六員。又詔差戶部尚書蔡京、大理少卿劉賡重行編修詳定，並依熙寧、元豐舊例，權於東西府空閑位置局。

〔一〕緣官屬多是兼領　「領」原作「令」，據本條下文「兼領外」改。

〔二〕看詳中外利害文字　「詳」原作「祥」，據本條上文「看詳役法」改。

2. 十月九日，三省因言：「元祐編敕刊去嘉祐、元豐州軍創修園亭、改立官司之禁，以故近歲諸道土木昌熾，民罷財屈，而藩鎮近臣尤甚，監司莫敢問。」詔重修編敕所依舊立法。

3. 十一月一日，刑部言：「被旨六曹、寺、監檢例必參取熙寧、元豐以前，勿專用元祐近例。舊例所無者，取旨。按降〔一〕元祐六門〔二〕門下中書後省修進擬特旨依斷例册，並用熙寧元年至元豐七年舊例。本省復用黄貼增損輕重。本部欲一遵例册，勿復據引黄貼。」詔黄貼與原斷同即不用，内有增損者，具例取旨。

〔一〕按降　「按」字後原文空一格，待補。

〔二〕元祐六門　「門」當作「年」。

二年（乙亥，一〇九五）

1. 正月五日，提點京東東路刑獄趙屼言：「乞於蔭補條内刪去『長幼爲序』字。」從之。

2. 四月九日，詔：「將來大禮並依元豐大禮令式，其元祐所修敕令勿用。令所屬參按新舊令式並續降，如有合依元祐所改事，即明具事本簽貼改正，餘並從元豐舊例。」

3. 五月十四日，詳定編修國信條例所言：「欲依元豐海行勅體例分修爲敕令格式，其冗不可入者，即著爲例。」從之。

4. 六月三日，詳定重修敕令所言：「故燒黄河浮橋者，罪賞並依故燒官糧草法。即於浮橋内停火及遺火者，各依倉庫内燃火遺火律。看守、巡防及部轄人不覺察，各減犯人五等，監官又減一等。其上流船栰在五里内停火者，杖八十，在十里内遺火者，杖一百，帶火於浮橋上下過者並準此。黄河浮橋脚船劄漏合用燈者，監官審察，差部轄人監守用訖撲滅。本州置板榜書火禁於橋兩岸曉示。」從之。

5. 七日，詳定重修敕令所言〔一〕：「中散大夫、横行使以上及發運、監察官、知州帶安撫、總管、副總管、鈐轄，並沿邊安撫、提點、鑄錢總管、提轄將官，若走馬承受、都將、押隊，川陝路知州、通判及內侍官任遙郡刺使以上，併大使臣充三路沿邊及川、廣都監、巡檢、駐泊、捉賊、知城堡、寨主赴任大使臣授川、廣親民見闕，或創差赴任，或於川、廣、福建路短使官員，殿侍、散直、大將、軍將、在京吏人，各係朝廷非次差出勾當，並在京指使、伎術官各係軍期出入，或急速勾當，並給遞馬。」從之。

〔一〕詳定重修敕令所言　「言」原作「修」，據文意改。

6. 十月十七日，監察御史董敦逸言：「乞詔吏部，自陛下親政以來，應文武百官因罪犯移替，後蒙辨雪者，旋具姓名關刑部、大理寺，令詳所犯，檢引敕條，若按察官司委有不當，奏取指揮施行。庶公朝刑無冤濫。」從之。仍令詳定重修敕令所立法。

7. 二十三日，詳定重修敕令所言：「修立參選人應試、免試及選人、使臣得替、蔭補、進納，應舉出身假官京府助教，並停替合注官者，春秋試推恩等皆有條格。」從之。

8. 十二月二十七日，尚書省言詳定重修敕令所修立禁私鑄錢法。從之。

三年（丙子，一〇九六）

1. 四月十七日，詔：「轉員後取諸班直及諸軍上名年歲出職人，令殿前馬步軍司、軍頭司並檢詳元豐年例施行。將來諸班直、出職人，令樞密院以熙寧、元豐年取揀安排條與元祐定格參詳立法。」

2. 六月八日，詳定重修勅令所言：「常平等法在熙寧、元豐間各爲一書。今請敕令格式並依元豐體例修外，別立常平、免役、農田水利、保甲等門，成書，同海行敕令格式頒行。」降詔自爲一書，以常平免役敕令爲名。

3. 七月九日，吏部言：「欲乞以八路四選闕付有司或編敕所，用熙寧、元豐舊條，並紹聖新制一處參酌，條具成書，庶有司易爲引用。」詔令吏部四選同共編修。

4. 八月二日，詳定重修敕令所言：「乞將見修貢舉敕令格式依常平敕別爲一書。」從之。

5. 十二月十八日，翰林學士承旨、詳定國子監〔一〕條制蔡京言：「奉敕詳定國子監三學並外州軍學制。今修成大學敕令式二十二册，以『紹聖新修』爲名。」詔以來年正月一日頒行。

〔一〕國子監　「子」字原脫，據本條下文「詳定國子監三學」補。

6. 二十八日，大理寺修立到重祿人受乞財物，雖有官印，並不用請減當贖法。從之。

四年（丁丑，一〇九七）

1. 十一月二十二日，三省言：「録事、都事已下功過，除尚書省已有條外，門下、中書省未有法，理當一體〔一〕。」詔給事中、中書舍人同編修。

〔一〕理當一體　「體」字後長編卷四百九十三紹聖四年十一月壬申還有「合行編修」四字。

2. 十二月三日，尚書省〔一〕言：「元豐度支令『上供租買物〔二〕應改罷若減者，聽以額責所屬計價費封樁』後，增注文稱『無額者，以三年中數，因災傷或特旨免改者非〔三〕』，並乞删去注文。又令『諸國用物所科供〔四〕，非元科供處者，聽以封樁價費還之』後，增入『其千貫以下，不在還例』，今乞删去。」從之。

〔一〕尚書省　「省」字原脫，據天頭舊批「尚書下應有省字」補。

〔二〕上供租買物　長編卷四百九十三紹聖四年十二月癸未作「上件科買物」。

〔三〕或特旨免改者非　「非」字原脫，據長編卷四百九十三紹聖四年十二月癸未補。

〔四〕諸國用物所科供　「諸」原作「渚」，「科」原作「料」，據長編卷四百九十三紹聖四年十二月癸未改。

3. 二十八日，大理寺言：乞立人吏互相保任法〔一〕。從之。

〔一〕乞立人吏互相保任法　「立」原作「正」，據長編卷四百九十三紹聖四年十二月戊申改。

元符元年（戊寅，一〇九八）

1. 二月十七日，戶部言：「潭州知、通任內應副銅場買銅賞罰條，請著為法。」從之。

2. 三十日，刑部言：「欲於編敕〔一〕巡檢、縣尉應承告強盜而故不申條〔二〕『徒二年』字下，添入『重法地分，係結集十人以上者，仍不以赦降去官原減』」。從之。

〔一〕欲於編敕　「於」原作「令」，據長編卷四百九十四元符元年二月己酉改。

〔二〕應承告強盜而故不申條　「條」字原脫，據長編卷四百九十四元符元年二月己酉補。

3. 四月二十九日，詳定刪修軍馬司敕例成書。先是，紹聖元年正月十日，詔軍馬司敕例久不刪修，類多訛缺，可差官置局修定。二年正月十八日，詔差知樞密院事韓忠彥提舉管勾，刑部侍郎范純禮、度支員外郎賈種民充詳定官。至是上之。降詔獎諭知樞密院事曾布、知定州韓忠彥〔一〕，餘賜銀絹有差。

〔一〕韓忠彥　原作「韓宗彥」，據長編卷四百九十七元符元年四月丁未改。

4. 六月十一日，尚書左僕射兼門下侍郎章惇〔一〕上常平免役令敕〔二〕，詔頒行之。惇賜詔獎諭，仍賜銀絹三百匹兩。十七日〔三〕，詳定官、翰林學士承旨、朝散大夫、知制誥蔡京遷一官，其餘官吏減半支賜有差。

〔一〕章惇　原作「章溥」，據本條下文及長編卷四百九十九元符元年六月戊子改。

〔二〕常平免役令敕　長編卷四百九十九元符元年六月戊子作「常平免役敕令」。

〔三〕十七日　原脫，據長編卷四百九十九元符元年六月甲午條補。

5. 八月二十九日，三省言：「國子監丞畢仲愈言，乞詔近臣〔一〕申講六官之制，達之天下。州置六曹參軍，而省去職司無補之員〔二〕。」左司郎中〔三〕呂溫卿言：「諸路監司及州縣各以事務格目仿省部〔四〕，分六案。」詔送詳定一司敕令所。

〔一〕乞詔近臣　「近」原作「迎」，據長編卷五百一元符元年八月甲辰改。

〔二〕而省去職司無補之員　「司」，長編卷五百一元符元年八月甲辰作「同」。

〔三〕左司郎中　「左」，長編卷五百一元符元年八月甲辰作「右」。

〔四〕諸路監司及州縣各以事務格目仿省部　「務」字原脫，「仿」原作「放」，據長編卷五百一元符元年八月甲辰補、改。

二年（己卯，一〇九九）

1. 五月五日，刑部言：「驅磨告發出失陷錢物，合推賞者，令上戶部參驗〔一〕，如有請屬冒賞，各杖一百，賞錢五十貫〔二〕。」又乞立僞造文鈔及知情者流配、告賞等條。並從之。

〔一〕令上戶部參驗　「令」原作「今」，據長編卷五百十元符二年五月丁未改。

〔二〕賞錢五十貫　長編卷五百十元符二年五月丁未作「賞錢五十貫文」。

2. 七月四日，中書舍人趙挺之詳定編修國信條例〔一〕。

〔一〕條例　「例」字後，長編卷五百十二元符二年七月乙巳還有「代蹇序辰也」五字。

3. 八月三日，宰臣章惇、翰林學士承旨蔡京、大理少卿劉賡進呈新修海行勅令格式。惇讀於上前，其間有元豐所無而用元祐勅令修立〔一〕者。上曰：「元祐亦有可取乎？」惇等對：「取其是者。」上又問：「所取幾何？」惇等對：「有數。」〔二〕遂進呈新書所取元豐、元祐條，並參詳新立件數。上令逐條貼出。又問：「誰修元祐勅令？」惇等對〔三〕：「蘇頌提舉。」惇等又讀太學生聽贖條，上問：「新條耶？舊條耶？」京對：「臣等參詳新立。蓋州縣醫生尚得聽贖，太學生亦應許贖。」次進呈〔四〕格式件數。上曰：「元豐止有賞格，元祐俱無。」惇對曰：「然。」惇等又言：「所進册多〔五〕，乞只進浄條入內，餘付有司。」上令皆進入。閏九月二十六日頒行。先是，紹聖元年九月二十七日，差宰臣章惇、門下侍郎安燾提舉，户部侍郎王古為詳定官，仍令專詳定右曹常平免役法等勅，劉賡專詳定海行勅。至是上之。詔賜惇銀絹各一百匹兩，詳定官各轉一官，删定官減三年磨勘，仍賜銀帛有差，校勘官吴頤候一司勅了日取旨。

〔一〕修立「修」字原脫，據長編卷五百十四元符二年八月癸酉改。
〔二〕對有數　原脫，據長編卷五百十四元符二年八月癸酉補。
〔三〕惇等對　原作「京對」，據長編卷五百十四元符二年八月癸酉改。
〔四〕次進呈　「次」字之前，長編卷五百十四元符二年八月癸酉還有：「又讀祀令致齋條。上問：『新文舊文？』惇等對：『皆舊文。』」一句。
〔五〕所進册多　長編卷五百十四元符二年八月癸酉作「所進看詳册稍多」。

4. 五日，宰臣章惇等言：「請將申明刑統律令事以續降相照添入。或尚有未盡事，從勅令所一面删修，類聚以聞。至來年正月一日施行。」從之。

5. 九月二十五日，詔編修刑名斷例成書，曾旼〔一〕、安惇各減二年磨勘，謝文瓘、時彦各減一年磨勘。

〔一〕曾旼　原作「曾收」，據長編卷五百十五元符二年九月甲子改。

6. 閏九月四日，樞密院修立陝西、河東等路弓箭手合輪城寨上番防托稱疾避免條〔一〕。從之。

〔一〕此條的具體內容見長編卷五百十六元符二年閏九月癸酉：「陝西、河東路弓箭手合輪城寨上番防護，如妄稱疾避免上番者，杖一百。將校節級降一資，長行降一名。若當職官併合幹人不切看驗，或知情容縱，託病給假，並委經略司覺察，情理重者奏裁。」

三年（庚辰，一一〇〇）

1. 七月二十四日，徽宗已即位，未改元。中書省言：「元祐編敕〔一〕諸海行敕內不以赦降原減事件，除傳習妖教、託幻變之術，及故決、盜決江河隄堰已決外，餘犯若遇非次赦，或再遇大禮赦者，聽從原免。後來刪去上條，遂使一有所犯，雖累皆恩沛〔二〕，無以自新。」詔以元祐〔三〕舊法。

〔一〕元祐編敕　「祐」原作「佑」，據文意改。
〔二〕雖累皆恩沛　「皆」當作「該」，參見輯稿·刑法一之二一崇寧元年二十一日條「雖累該恩沛，終身無以自新」。
〔三〕元祐　「祐」原作「佑」，據文意改。

2. 十二月二十七日，詔刪改元符敕數十條，皆紹聖以前法輕而新制重者，悉復其舊。

徽宗　建中靖國元年（辛巳，一一〇一）

1. 正月十日，中書省言：「元符戶婚敕：　諸臣僚丁憂或亡歿，應借舍宇，而輒以人戶見賃屋借之者，以違制論。即本家輒出賃所借屋者，準此。所入賃直計贓重者坐贓論。看詳，官員丁憂亡歿借官舍之意，蓋爲恩恤近上臣僚及亡殁之家。若計賃直，贓重仍坐贓論，甚失朝廷優異近臣之意。況今因有許借空閑官舍居止之文，若將出賃，或以非空閑官舍借者，已自有罪，上條合行刪去，更不用。」從之。

2. 二月十七日，承奉郎王寔狀：「伏見新頒元符敕令格式，其間多有未詳未便者，伏望更加詳究，特為陳請再議刪定。一、舊法申明：刑統養同宗子，昭穆相當，男在日〔一〕父母不曾遣還本生，男既死，母遣孫出外。法無許遣孫之文，自是不合遣出。元符申明講：刑統養子尚許遣還，即所生之孫自可包括。設如養子生孫皆在，若父母欲遣還，而依申明即遣子留孫，甚非法意。寔竊詳舊法申明謂養子既終身於所養父母，即於其死，義不可遣孫。若子孫皆在，自當從所養之命，是舊法特謂養子既死即謂遣孫之理。元符駁議〔二〕，恐或未詳。」都省批送刑部勘當，尋送大理寺參詳：有子即有孫，其子既已遣即無留孫之理，其子若死即難以遣孫。今欲依舊法申明行下。「一、舊法：諸奉制推鞫及根治公事已給限而限内結絕未得者，具因依合展日限，申尚書省、樞密院。無故稽違者，一日杖一百，五日加一等，罪止徒二年。新定敕稱，已給限而無故稽違者徒二年。寔竊詳，推鞫究治有非朝夕可結絕者，故法許其展限。若上有稽違〔三〕即自一日等第論罪，至十五日已上方徒二年。今法已稽違一日已上即論徒二年。竊慮官司迫於禁限或鹵莽結斷，别致害犯，有所未便。」從之。

〔一〕男在日　「日」原作「目」，據文意改，與下文「男既死」相對應。
〔二〕元符駁議　「駁」當作「駁」。
〔三〕若上有稽違　「上」當作「尚」。

3. 二十二日，大理少卿周鼎言：「看詳元豐六年八月十八日勅，大理寺勘斷竊盜該案問減等，隨減至罪名給賞。立法之意，蓋謂當時見行熙寧編敕，竊盜該案問減者，無許給賞之文，而大理寺所治竊盜，多是犯在京畿及事幹官物，故雖該案問減等，特許隨減至罪名給賞。今海行令文既已立諸賞犯人案首減等備受，各依本法，則本寺推斷竊盜，該案首減等者，其賞理合亦依本法追給。緣上件朝旨元批入大理寺，令係一司別致，從來未經申明衝革。伏乞朝廷詳酌，付有司參照，刪去上件指揮，今後依海行令文施行。所貴用賞均一。」從之。

4. 二十六日，尚書省言：「三班奉職葛中復狀，元符編敕內一項元祐敕：『諸化外人爲奸細，並知情、藏匿、過致、資給人皆斬，即藏匿、過致、資給人能自告捕獲者，事雖已發，並同首原』。今敕改云『能自獲犯人者，事雖已發，原其罪』。中復看詳：舊藏匿、過致、資給奸細之人，能自告捕獲者皆許原罪。蓋欲廣開屏除奸細之路，或告或捕，因而獲者，皆得原罪。今敕止言自獲，若只告而他人獲之者，拘文不免。如此，則身力不加或羸弱等人既不能擒捕，必須自默，不敢告言，甚非設法屏除奸細之意。欲衝改本條不行。」從之。

5. 六月六日，刑部言：「承奉郎王寔狀，伏見新頒元符敕令格式，其間多有未詳未便者，伏望更加詳究，再議刪定。一、舊法申明：刑統僧道在父母喪內犯奸，於凡奸本罪上累加四等，大理寺再看詳，只合加二等。元符申明稱：僧道雖從釋老之教，其於父母與凡人不殊，今合更加居喪罪。緣監主內犯奸加一等，若在父母喪中，合更加二等，即僧道合累加四等。寔竊詳刑統稱監守內奸者加凡人一等，即居父母及夫喪，若僧道奸，又加一等，比凡人（一）通加二等，法意甚明。蓋緣僧道既無居喪之理，即不當居喪加等，然與凡人有別。今申明敕稱監主內犯奸加一等，若在父母喪中合更加二等，即是累加三等，且刑統自無加二等之文，雖從監臨上加二等，亦不累加至四等。顯是新法乖誤，合行刪正。大理寺參詳：僧道於本家財分身下課役之類，皆不入俗人之法，或父母服，匿不舉哀，亦無條禁。既已離俗出家，則人倫之義已絶。其在父母喪内犯奸，依律只合加二等。今欲依此申明行下。都省勘會：大理寺稱僧道離俗出家則人倫之義已絶，未得允當，兼未見申明監臨主守、居父母喪，於監守内犯奸合如何加等。大理寺重别參詳立法：居喪與道士女冠〔二〕既別立文，其下統言又加一等，則是道士女冠居喪更無累加之文，在律已明。今來王寔申請元符申明乖誤合行刪去，委得允當。所有監守、居喪犯奸，自合依律，居喪又加一等，通加二等。今欲申明行下，所有前參詳事理，伏乞照會，更不施行。」從之。

〔一〕比凡人　「比」原作「此」，據本條上文「加凡人一等」改。

〔二〕女冠　「冠」原作「官」，據天頭舊批「應作女冠」改。

6. 三十日，詔頒鬬殺情理輕重格於諸路。先是，格止用於刑部、大理寺〔一〕，而州郡議刑往往出於臨時，或得高下其手，至不能決，則以疑慮奏裁，以是多留獄。大理卿周鼎以爲請，故有是詔。

〔一〕格止用於刑部、大理寺　「止」原作「上」，據文意改，與下文「州郡」情況相對應。

7. 七月一日，臣僚上言：「今朝廷名爲看詳元符增重及創立條件，其實將熙寧、元豐以來條制一概率意增損。欲乞置局重修勑令，委詳定官舉辟刑部、大理寺官或歷任内曾任法寺及外任檢法者充屬官，其已行增損條制，並乞付本局再行修完。」詔差郭如章〔一〕、周鼎看詳，王吉甫、錢蓋同看詳。應合刪改增損條例事件，並依累降指揮施行。仍令看詳所逐旋具刪修到條件申僕射廳點檢，詳正取旨。其梁士能等依舊於僕射廳看詳祗應，左右司更不詳定。

〔一〕郭如章　當作「郭知章」，參見宋史卷三百五十五郭知章傳。

8. 八月二十六日，刑部言：「勘會本部編修一路等敕令，緣係四萬餘件，蒙朝廷責限三年了當。有合申請事件：一、乞修成書，申三省等處，限半月看詳有無未盡未便。二、乞應取會事件，並依六曹通用令押貼子會問回報日限。三、乞應所修條內有在京官司合行事件，乞從本部相度釐析関送。」從之。

9. 九月九日，吏部言：「鄜延路經略安撫使司狀〔一〕：準勅，諸司屬官與本路經略安撫、監司係親嫌者，並迴避。經略安撫司管勾機宜文字官非。本司契勘一路監司所部官並係統屬，雖於別司屬官，在法亦令互察，除帥臣子弟充書寫機宜文字自有別條外，其餘辟置機宜官依條並在刺舉之例。今若不避親嫌，則恐於薦辟刺舉皆有妨礙，今條內並不該載，慮有未盡。本部欲乞於上條內除去註文『經略安撫司管勾機宜文字官非』一十三字外，即別無衝改前後條貫。」從之。

〔一〕鄜延路經略安撫使司狀　「狀」原作「伏」，據文意改。

崇寧元年（壬午，一一〇二）

1. 五月十二日，臣僚言：「三省六曹所守者法，法所不載，然後用例。今顧引例破法，此何理哉？且既用例矣，則當編類條目，與法並行。今或藏之有司，吏得並緣引用，任其私意，或至煩瀆聽聰，甚無謂也。欲將前後所用例以類編修，與法妨者去之〔一〕，庶幾可以少革吏姦。」詔吏部七司已編類外，令他曹依奏編修〔二〕。

〔一〕與法妨者去之　「妨」原作「防」，據文獻通考卷一百六十七、宋史卷一百九十九改。

〔二〕令他曹依奏編修　「令」原作「今」，據宋史卷一百九十九改。

2. 六月十六日，尚書省言：「檢會吏部尚書趙挺之等言：準條，引例破法及擇用優例者徒三年，蓋爲有司當守法，法所不載，然後用例。今有正條不用而用例，例有輕重，而止從優者，此胥吏欲廢法而爲姦也，朝廷已立法禁。欲自今決事實無正條者，將前後衆例列上，一聽朝廷裁決。」從之。

3. 二十一日，中書省、尚書省送到白劄子：「元符三年七月二十四日敕，檢會元祐編敕諸海行勅內不以赦降原減事件，除傳習妖教、託幻變之術及故決、盜決江河隄堰已決外，餘犯若遇非決赦〔一〕或再遇大禮赦者，聽從原免。勘會勅內諸條，並不以赦降原減者，蓋謂禁約指望恩赦故作罪犯之人，既遇非次赦宥或兩該大禮，事體輕者，理合原免。今元符新勅諸條內增添不以赦降原減，比舊甚多。又更將上條刪去，逐使一有所犯，雖累該恩沛，終身無以自新。奉聖旨：『依舊條，仍先次施行，所有犯在今年四月十五日赦前之人，亦依上條施行』。勘會元犯既不以赦原，雖再遇大禮赦，亦難從原免，其減降即並係非次推恩。若盡從原免，其不以赦降原減，遂成空文。」詔元符三年七月二十四日指揮更不施行。

4. 七月二十六日，中書省言〔二〕：「檢會崇寧元年七月六日奉聖旨：『編敕更不編修，並依元豐敕令格式施行。其元祐後來所編修更不施行，仍並毀板』。七月九日奉聖旨：『並依元符敕令格式施行，其今年七月六日指揮更不行用。所有元祐勅令格式及元符三年以後衝改元符敕令格式續降指揮，並板並行毀棄。』勘會昨修元符敕令格式，內有係干一司一路等條法，並行釐出，不曾編修，今來自合依舊行用。竊慮諸處疑惑，合申明行下。若其間有衝改動元豐法制者，仍具利害因依申尚書省。」從之。

〔一〕餘犯若遇非決赦　「非決赦」當作「非次赦」，參見本條下文「非次赦宥」、「非次推恩」等。

〔一〕中書省言　「言」字原脱，據文意補。

5. 八月十二日，樞密院奏：「今來追復元豐法制，已衝改元祐條件不行者，其元祐條件有原係樞密院指揮。」詔令有司勾收，申樞密院焚毁。本院今後依此遵守。仍令進奏院遍牒，並依此施行。

6. 九月二十八日，中書省、尚書省勘會下項：「一、元符三年已後衝改元符敕令格式續降指揮並板，合依朝旨並行毁棄，其創立條件不係衝改元符敕令格式者，自依舊行用。一、七月二十六日詔書，今來追復元豐法制，已衝改元祐條件不行者，其元祐條件勾收，申尚書省焚毁。勘會所有未曾衝改元祐年條件，自合依舊行用。一、勘會昨修元符敕令格式，内有係干一司一路等條法，並行釐出，不曾編修，今來自合依舊行用，頒行新法日即依新法施行。一、勘會昨修元符敕令爲户部見修禄秩，其禄令更不曾編修。後來建中靖國元年十月二十七日得旨罷修禄秩，遵依見管令式條貫施行。今欲申明，將見行禄令條件且依舊行使，仍令一司敕令所將元祐年衝改舊法禄令條貫詳看，申尚書省。」從之。

2. 十一月九日，都省白劄子：「契勘一司一路等條，内有係元祐以來續降指揮，雖不係釐出條件，若係衝改動元豐法制者，亦合具利害因依申尚書省。」詔令刑部申明，遍牒行下。

二年（癸未，一一〇三）

1. 正月四日，尚書右僕射兼中書侍郎蔡京等奏：「昨具陳情，乞諸路置學養士。伏奉詔令講議立法，修立成諸州縣學敕令格式並一時指揮凡一十三册，謹繕寫上進。如得允當，乞下本司鏤版頒行。」從之。中大夫、試尚書刑部侍郎、充講議司詳定官劉賡特授太中大夫，奉議郎、試起居舍人、充講議司參詳官林攄特授承義郎，承奉郎、將作監丞、講議司檢討文字吕沆特受承事郎。

三年（甲申，一一〇四）

1. 二月二十九日，蔡京言：「奉詔令講議司修立，以六尚局條約聞奏。謹以元陳請畫一事件並稽攷參酌，修立成殿中省、提舉所、六尚局、供奉庫敕令格式並看詳共六十卷。內不可著爲永法者，存爲申明。事干兩局以上者，總爲殿中省通用，仍冠以『崇寧』爲名。所有應干條畫起請續降申明及合用舊司條法已係新書編載者，更不行用。不係新書收載，各合依舊引用。」從之。

2. 十月十八日，詳定一司敕令所修立到龍圖天章寶文顯謨閣學士廕補推恩格。從之。

大觀元年（丁亥，一一〇七）

1. 七月二十八日，蔡京言：「伏奉聖旨，令尚書省重修馬遞鋪海行法頒行諸路。臣奉承聖訓，删潤舊文，編續成書，共爲一法。謹修成勅令格式申明對修總三十卷，並看詳七十卷，共一百册，計六複，隨狀上進。如或可行，乞降付三省鏤版，頒降施行。仍乞以大觀馬遞鋪敕令格式爲名。」從之。

2. 十一月十一日，兵部尚書兼侍讀、詳定一司勅令左膚奏：「伏聞神考詳告有司，修書之法，必分敕令格式，著爲成憲，以示天下萬世，不可改也。今兵部所有陝西、河東弓箭手敕，乃崇寧元年修成頒降，格令格式混而爲一，既已乖違神考修書之旨，兼以元符、建中靖國不許引用年分條法修成，及至頒降至今，衝改名件不少，紊錯舛繆，難於考證。伏望遵依神考修書法，分爲敕令格式，重别刊定，垂之永久。」詔修書舊無定制，神考垂訓，分敕令格式之法，萬世不易。今繼志述事，而有司尚或違戾，可依奏重行删定。

二年（戊子，一一〇八）

1. 三月十五日，殿中少監、同詳定一司敕令宋昇奏：「伏覩陛下親政以來，繼志述事，纖悉無遺，横議異端，剗刷殆盡。元祐海行條法，雖已投畀炎火，獨諸路、一司敕令删修未完。前後條法尚藏元祐指揮，官司至今執用，俾前日焚毁，詔旨卻成虚文。竊詳諸路、一司敕令，熙寧以來置局刊定，迨今三十餘年，未能成書。昨承乏，本所官屬亦嘗深究其弊。蓋是自來官必分房，房必分路。如川、廣等路驛程遼遠，一有取會，動經歲月，官吏安坐待報，即於他路了無相干，而勤惰能否且無勸沮之法，欲書之成，未易得也。欲望特降睿旨，本所删定官更不分房〔一〕，令協力共修一路。才候了日，別取他日，共行删修。其每路書成，並申納朝廷審覆，逐旋頒降。若有違戾，仰本路申明删改行下。如此，不過數年，必見完書。仍乞納以課程，嚴立期限。內詳密精密者加旌擢，稽違牴牾者，特行罷黜。庶幾成一代不刊之典。」詔置局修書，餘三十年，計日之力，所費之廣，書猶未成。吏慢失職，不可不懲。可並依所奏，每路限一季。其弛慢官吏，虚縻歲月，仍令懲汰以聞。

〔一〕本所删定官更不分房　「不」字原脱，據文意補。

2. 九月十八日，詔：「名不正則言不順，言不順則事不成，名不可以亂實久矣。比閲軍馬司敕例有敕令格式之名，而名實混淆〔一〕，敕中有令，令中有格，甚失先帝設此逆彼、禁於已然未然之訓，殆未足以稱揚功遵制之意。可令有司重加刊正。」

〔一〕而名實混淆　「實」字原脱，據本條上文「名不可以亂實久矣」補。

3. 十一月二十九日御筆：「批閲近奏，以六曹事修例爲條。且法有一定之制，而事有無窮之變，

苟事一爲之法，則法不勝事。又其輕其重、其予其奪，或出於一時處斷，概爲定法，則事歸有司，而人主操柄失矣。宜令詳定一司敕令所，應於六曹已施行事爲永制者，修爲敕令格式外，其出自特旨，或輕或重，非有司所決，可以垂憲者，編爲定例，以備稽攷，餘悉删去。庶使官吏不得高下其手。」

三年（己丑，一一〇九）

1. 六月十三日，中書省、尚書省勘會詳定敕令所修到外路敕令格式等，朝廷置局審覆，設官置吏，糜費祿稟，顯屬重複。詔罷審覆，如事干諸路，下逐路安撫、轉運、提刑提舉司依公看詳，子細簽貼。如有未盡未便事件，限半月指陳利害，保明申尚書省。

2. 七月四日，詔：「內外官司應已行之令，一意遵承，毋或觀望，輒有動搖，若妄言傳播改革，及敢沮壞，許諸色人陳告。白身與三班奉職，有官人轉兩官，有名目人轉兩資；不願轉資依白身人推恩，並支賞錢五十貫。」

3. 七月九日，臣僚上言：「伏見近時刑名有出於臣僚一時隨事建議，不經思慮，取辦目前，恐輕重有不協於中者，願詔有司將臣僚前後奏事所立刑名看詳，酌中立爲定制。合用舊條者，宜依舊條施行。庶幾有罪不失，而人無冤濫。」詔依奏，仍令刑部逐旋看詳，申尚書省。

四年（庚寅，一一一〇）

1. 四月二十四日，給事中蔡薿奏：「竊惟人主稱制，故輒違者，論以違制之罪。臣伏見比來有司以己見條陳事，方欲立法，輒請論以違制，此臣所未諭也。不唯間因細事，暗增重刑，實亦理勢非順，其名不正。欲望睿慈明示戒。兼因事立法者，豈容臆決？謂如付在所司討論參攷，然後頒行，亦可以杜絕輕重不論、罪同罰異之弊。」從之。

2. 六月三十日，刑部奏：「聖旨，神考稽古創制，講明治具，維時憲度，盡載編敕，悉出睿斷裁成，親加筆削，故行之甚久，曾無抵疵。繼而元符續敕令，疏密重輕，頗有不同，遂致踳駁，寖失本意。可委刑部檢詳元豐頒降敕令格式，條具聞奏。如有該載未盡，參以紹聖所降敕令施行。今來元豐頒降敕令格式書完具，欲令先次遵依施行。如該載未盡，參以紹聖所降敕令。庶幾元豐敕令便可施行。」又奏：「元豐敕令格式係元豐七年正月一日頒降，所有後來續降在元豐八年三月五日已前，亦合參照施行。」詔從之。仍具元符、崇寧後來敕令等或因官司申請，各不失法意，有所補完及隨事創立，與元豐敕令格式別無妨礙者，且合遵依施行。內有刑名輕重不同，去取失當，即令本部、大理寺限一月條具前後意義簽貼成書取旨。

3. 八月三日，詔：「近降指揮，刑部檢詳元豐頒降敕令格式，條具聞奏〔一〕。可。」

〔一〕條具聞奏　「聞」原作「開」，據文意改。

4. 十三日，委本部依元降指揮疾速條具，其令存留用〔一〕。應干敕令續降等條件，仍仰刑部、大理寺編類成書，申尚書看詳，取旨頒降。所有今年七月一日刑部申明先次遵守指揮，更不施行。

〔一〕其令存留用　「留」字下原空一格，待補。

5. 閏八月十八日，工部尚書、聖政錄同編修官李圖南奏：「臣將大觀內外宗子學敕令格式等與奏稟到條畫事件，重別詳定到宗子大小學敕一册、令七册、格五册、式二册、申明一册、一時指揮一册，對修敕一册，令二册，總二十一册〔一〕，謹繕寫上進。如得允當，乞付尚書省禮部頒降。」從之。

〔二〕總二十一册　將文中册數相加，實共二十册。

政和元年（辛卯，一一一一）

1. 二月一日，手詔：「神宗皇帝稽古立極，垂裕後世，敕令格式之制視六經實相表裏。而政令有所因革，官司有所建明，宜行修纂，以使遵用。可依熙、豐、紹聖故事，設官置吏，詳定删修，差何執中提舉。仍限一年成書。」

2. 二十三日，尚書左僕射何執中奏：「準敕差提舉詳定删修敕令格式，今以熙、豐、紹聖修書舊例參酌。乞從本所關牒諸路監司，遍下本路州縣，曉諭官吏諸色人，如有見得見行敕令續等條貫〔一〕，有未盡未便合行更改或別有利害未經條約者，指揮到日，限兩月内具狀分明指説實封，經所在投陳，隨處州軍附急遞至京，仰都進奏院直赴本所投下。在京亦從本所報閤門等處，依此曉諭施行。」從之。

〔一〕如有見得見行敕令續降等條貫　「降」字原脱，據文意補。

3. 四月十三日，尚書左僕射何執中奏：「近蒙聖恩，差提舉重修敕令。臣歷觀祖宗以來，除天聖、慶曆、嘉祐、熙寧編敕，元符敕令格式各有曾差宰臣提舉之例。蓋是元豐成書，輕重去取，一出神筆刊削，復有總領之官。今陛下聖學高明，獨觀萬事之表，緝熙先烈，無不仰遵。元降手詔，並依元豐、紹聖故事，當逐時條上，以稟睿訓。雖元降手詔，並依元豐、紹聖故事，終當以元豐爲法。欲望寢罷提舉敕令之名，以盡遵制揚功之美。」詔可。以兼領爲名，同提舉官準此。初以同知樞密院王襄同提舉重修敕令，是日襄奏，以筆削潤色，一稟聖裁，提舉之名，所不敢當，故有同兼領之命。

4. 二十四日，臣僚言：「東南茶鹽已盡復熙、豐舊法〔二〕，緣熙、豐、紹聖以來，前後申明、續降不一，宜編次遵守，乞委官修類成書。」從之。

〔一〕已盡復熙、豐舊法　「復」原作「覆」，據文意改。

5. 十二月二十七日，詳定一司敕令所奏：「奉聖旨編修祿秩，以元豐、大觀式修定。今修成祿令、格等計三百二十一册。如得允當，乞冠以『政和』爲名，雕印頒降，下本所先次施行。其舊法已係新書編載者，更不行用外，今來經編載，及政和元年十二月十七日已後續降，自合遵守。」詔依。二年二月十三日，詔詳定官乞不推恩外，删定官李良佐、周穗、李富國、周用中、周因、何天衢、何亮、戴該，檢閱文字吳守仁、禓發〔一〕各轉一官。內選人比類施行。

〔一〕禓發　當作「楊發」。

6. 二十八日〔一〕，鄭居中奏：「學法一百三十卷，御筆裁成者，列於卷首，乞冠以『政和新修』爲名，仍乞付國子監頒降。」從之。

〔一〕二十八日　群書考索後集卷二十八作「政和元年十二月丙辰」。證明上條「十二月二十七日」與「二年二月十三日」當合作一條。

二年（壬辰，一一一二）

1. 二月一日，手詔：「朕躬覽萬幾，講求民瘼，作新憲度，孚於萬邦。事之缺者，悉已補完。法之弊者，隨即更革。熙、豐詔令，具在謨訓，思與天下，共遵成憲。今貨殖通阜，商旅貿遷，民物安堵，邊隅綏靜，中外經費，頗以寬舒，持之歲年，其效必著。尚慮妨功害能之士、貪利希進之徒，乘間抵巇，妄意申陳，輕議增損，規毀其成。應今日已行法令，三省恪意遵守，無容妄有紛更。非窒礙而輕議改易者，

以違制論〔一〕，仍令御史台覺察彈奏。」

〔一〕以違制論　「以」原作「已」，據文意改。

2. 二十二日，詔：「詳定重修敕令所官吏置局未久，趣辦條敕，進呈了畢，委有勤勞。刪定官各特轉兩官；選人改合入官，更轉一官；使臣各轉兩官；內尹正特與轉行遙郡一官外，一官許回受有官有服親。供書使臣轉一官，減三年磨勘。編修手分及承受下手分、點進使臣、知雜司手分各轉一資，有官人轉一官，仍各減三年磨勘。內差使臣借差，不隔磨勘。無官人有出職法者，內少五年以下人願先次出職者聽，少三年以下出職人，仍與占射差遣一次，二年以下更循一資，五年以上候補至前行或職級日與先次出職，其未有名目人願換大將、減三年磨勘者，亦聽。」

3. 二十八日，臣僚上言：「竊見詳定一司敕令所參稽前後憲令，條為萬世之常法。朝廷尚慮修書之官，未必能盡知天下土俗之所宜，與夫民情之所便，故書成之日，必下之逐路監司審覆可否，然後施行。為監司者往往志在觀望，不復研究是非，審覆遂為文具〔一〕。臣愚欲乞詔諸路監司，今後審覆一司敕令格式，必選擇本路通曉政事之官，同共究心參考。如能指摘差失，有可採擇，即以為監司善最，或鹵莽保明，及法行之後，卻有未盡未便，即乞量行黜責，庶幾有以勸懲。」從之。

〔一〕遂為文具　「具」原作「且」，據文意改。

4. 九月十五日，詔：「今年五月已後應見行鈔法，洎茶鹽法合傳載者，大小綱目，具著爲令。」以太師蔡京還冠宰司，圖制國用，公藏私餘，上下皆足，故有是詔。

5. 二十九日，尚書省言：「擬立到諸路州軍分曹掾掾格目共三十册。」詔自來年正月一日奉行。

6. 十月二日，司空、尚書左僕射兼門下侍郎何執中等上表：「修成勅令格式等一百三十八卷，並看詳四百一十卷，共五百四十八册。已經節次進呈，依御筆修定。乞降敕命雕印頒行，仍依已降御筆，冠以政和重修敕令格式爲名。」從之。仍自政和三年正月一日頒行。先是，政和元年二月一日，詔以尚書左僕射何執中提舉、同知樞密院事王襄同提舉，至是上之。仍詔兼領官何執中，詳定官李孝稱、任良弼，承受官張僧祐，删定官劉宏、杜充、張燾、錢隨、尚諭、杜嚴、劉寄各轉兩官。

7. 十一月十一日，臣僚言：「乞命有司類次詔書律令可以訓民者爲一書，與婚冠之禮先後頒焉。州縣委官專掌，孟月屬民而讀之。」從之。

格令三〔一〕

影印本刑法一之二七至四四
大典卷一九〇二八

三年（癸巳，一一一三）

1. 二月七日，殿中省六尚供奉敕令所書成〔二〕。詔詳定官朝請郎殿中監高伸、朝議大夫殿中少監曹昱、删定官朝散郎殿中丞王迢、朝奉郎殿中省主簿趙士諦各轉一官，內曹昱仍轉行，承受官裴誂更不推恩。使臣、手分、書寫人、書奏人各與轉一官。無官人轉一資，內無資可轉者或不願轉人各支賜絹二十匹，或願候有正官日收使者聽，進奏官減二年磨勘。

〔一〕格令三　「三」原作「二」，因輯稿・刑法一之一一已有「宋格令二」，故改之。
〔二〕殿中省六尚供奉敕令所書成　「所」字衍，當删。

2. 二月二日，中書省言：「檢會大觀重修中書令，諸每歲取旨下近臣，博求疎遠賢能之士以備器使。勘會博求賢能，須待聖旨，豈可立爲常法？兼詔侍從官薦舉臣僚，亦難立每歲之文。」詔上條不行。

3. 九月四日，刑部奏：「奉御筆〔一〕改定條法內稱『主』者，其應緣條法內更有似此合改稱呼者，仰刑部檢勘，逐一條具，參酌擬定，申尚書省。典賣田宅交易文契邀約，錢主改爲典買人，業主改爲典賣人。失賊遭刼之家稱被主、變主、事主、財主者，改爲被盜人，主婚人改爲掌婚人，主守改爲典守，主司改爲典司，監司改爲監守。諸欠應納田宅入官，其元主改爲元納田宅人。無主死人改爲無識認屍人，雇人限滿願留主家改爲元雇之家，主駕綱運改爲駕放海外，蕃舶主改爲首領，遺物不知主名改爲所遺人，主將已下改爲首將，主鑰人改爲掌鑰人，主持官物改爲掌管官物，吏人主行改爲吏人管勾，主兵官改爲掌兵官，以田佃與人限滿並佃人爲主改爲並歸佃人，馬主改爲管馬人，已買物未令入官、寄椿物主之家改爲元買之家，主典改爲掌典。」從之。

〔一〕刑部奏奉御筆　「奏奉」原作「奉奏」，據文意乙正。

四年（甲午，一一一四）

1. 三月二十三日，殿中監、詳定六尚供奉勑令兼詳定一司勑令高伸等言：「契勘本所見責限編修一路法及祿秩、六曹條例等，文字浩瀚，全藉官吏夙夜協力。緣比來人吏避見督責，往往幹求他處差遣，兼帶請給。本所雖差人權行管勾，然虚占名闕，積滯課程之弊未之能免。伏望聖慈特降睿旨，應今後差出人並行開落姓名，不許帶行本所諸般請給。除係傳宣、内降外，餘降到，如有一切違礙，且依今來指揮，亦許本所奏知不行。其已差出人，亦乞開落姓名。庶幾人各赴功，杜絶僥求之幸，速得成書。」又奏：「契勘本所無舊請人，吏祿稍薄，如允臣等今來所乞，欲望聖慈許依九域圖志所無舊請人則例支破；其有舊請人，願依無舊請人者亦聽。」詔並依，雖奉傳宣、内降、宣押，亦不許。

2. 四月十五日，殿中監、詳定六尚供奉勑令兼詳定一司勑令高伸等上修立到諸路歲貢六尚供奉物法，詔令頒行。

3. 七月三日，詳定一司敕令所奏：「修立到諸縣丞任内種植林木，以青活須及二萬株，有增虧者，賞罰如法。」從之。

4. 五日，中書省言：「檢會政和名例勑：諸律、刑統疏議及建隆以來赦降與勑令格式兼行，文意相妨者，從勑令格式。其一司學制、常平、免役、將官在京通用法之類同。一路一州一縣有別制者，從別制。其諸處有被受專降指揮，即與一司一路一州一縣別制事理一同，亦合各行遵守。」專降指揮，緣未有明文該載。詔令刑部申明行下。

5. 八月二十二日，利州路轉運判官高景山奏：「伏覩親民官於令罷任處不得寄居，及見任官不得於所任州縣典買田宅，著於勑令。至若罷任處典買田宅，獨無禁約，臣竊疑之。且寄居猶不可，況罷任處買田宅乎？臣竊見近時士大夫至有今日解秩而明日立券殖産者，膏腴之田，不素圖之，安可即置？彼既當官之日，營營自殖，則臨事豈無高下之心？又況朝解印而暮占籍，與吏民伍，其於害義傷風，豈特寄居之比邪？伏望明立條禁，俾罷任者，限以歲月之久，方聽自便。庶足以責其行法治衆，上副朝廷峻等威厲廉節之意。」詔於條内添入「罷任未及三年者同」。

6. 十月十九日，詔：「自今以民功被賞遷秩者依戰功法，仍選任在戰功之上。武臣有戰功、犯贓罪者，不得親民，著爲令。」

7. 二十日，刑部奏：「欲依戶部擬到紹聖常平免役令『諸承買場務已給付後，正身有違礙而無同居親主領者，別召人承買』，擬定『主領』字作『掌領』字。」從之。

8. 十二月二十四日，中書省言：「政和四年十月二十日勑〔一〕，諸以民功被賞轉官者，選任在戰功之上，仍依戰功法。諸有戰功人有贓罪者不得親民。勘會民功人犯罪合追降及準例入重者，除因農田、水利、賑濟、居養、安濟、漏澤違慢外，並合依戰功法取旨施行。」詔令刑部申明行下。

〔一〕政和四年十月二十日勅　前文此內容在「十月十九日」，兩者必有一錯。

9. 同日，尚書省言：「政和賞令諸應轉一官者，承直郎以下改合入官。非軍功捕盜者，將仕郎不滿五攷，從事郎、登仕郎不滿四攷，文林郎、通仕郎不滿三攷，並循兩資等條。」詔：「逐條內稱戰功或軍功者，其有民功之人，並依戰功法。所有一司一路並應干條法內稱戰功、軍功者，及六曹及詳定一司勅令所依隨事參照，條具比擬，申尚書省。」

10 二十六日，將仕郎、充國朝會要所檢閱文字李彌遜奏：「臣仰惟神宗皇帝睿智遠覽，鼎新百度。陛下聖孝繼志，增光益美，纖悉備具。其前後詔條固已載諸甲令，藏在官府矣。然閱時既久，中更廢弛，衝改混殽，申明重複，深慮官吏奉行之際，浸失本指。欲望令在京官司各具所司應自熙豐之初、崇觀以後被受創行事件元降指揮，編類成書。其諸路郡縣通用者，委自六曹類聚，刊再頒降〔一〕。仍乞申戒內外常切遵執。」詔令在京內外官司，各條具元豐崇觀以來見行衝改事件，申尚書省。

〔一〕刊再頒降　疑「再」當作「定」或「印」等。

五年（乙未，一一一五）

1. 四月十六日，刑部郎中李繹奏：「伏覩政和令，諸命官將校犯罪自首，遇恩全原，去官勿論者，具事因及條制申尚書省或樞密院。緣自來在外官司，於狀內多不如令詳具有無專條戰功、別犯併計，卻致刑寺再行取會，動經歲月，莫能結絕。欲乞立嚴禁使之遵守，庶幾革去迂滯滅裂之弊。」詔依奏，仍令刑部立法申尚書省。又都省勘會：「今來令官司事因狀內詳具有無戰功等，其民功亦合一就立法。」從之。

2. 八月九日，手詔：「法以制人，不以便己，故法出於至公，無牽於私意。稽攷元豐官制，刑部爲議法之官，尚書省爲創法出令之地。今有司請立法，往往自便。應修敕令格式並歸一司敕令所，候修畢，送刑部議定立法，申尚書省詳覆，取旨頒行，如元豐格。其逐處見編修官吏並罷。」

3. 十三日，詔：「一司勅令所張官置吏，以刪立法令爲職。而有司輒自請立法，不歸本所立文，蓋欲自便。近降指揮申飭，以革其弊。訪聞勅令吏人往往不習法令，又多三省、樞密院給使之人，食其俸而身不在役，以故法久不成，虚糜廩祿。可自今並不得差三省、樞密院人，其見在吏人並行試補，汰其不能者。如違，以違御筆論。仍仰御史臺彈奏。」

4. 十一月十二日，尚書度支員外郎張動奏：「竊以東南六路上供糧斛，歲額數百萬石。前此真、楚等有轉般七倉，其掌管官吏、裝卸兵卒，縻費至廣，弊亦如之。自陛下灼見利病，講究直達，出於宸斷。推行以來，舳艫相銜，萬里不絕，雖五湖之遠，皆應期而至。不唯省轉般之勞，而絕侵盜失陷之弊，内處刑獄爲之一清，茲實萬世之利。臣自承朝旨差委編修，遂參照政和四年六月二十日以前所降直達綱條勅及申明指揮，修立成書，並看詳共成一百三十一册，總爲一部，計一十複，並已經尚書省看詳訖。所有前後應干指揮已係新書編載者更不行用，其不係新書所收，文意不相妨者，並七月一日以後續降指揮，自合遵守奉行，謹具進呈。如允所奏，先付本部鏤板頒行，内鑿送條件限十日録送所屬。」從之。

六年（丙申，一一一六）

1. 閏正月二十九日，詳定一司勅令王韶奏：「修到勅令格式共九百三卷，乞冠以『政和』爲名，鏤

版頒行。」從之。

2. 六月五日，戶部尚書兼詳定一司勅令〔一〕孟昌齡等奏：「今參照熙寧舊法，修到國子監律學勅令格式一百卷，乞冠以『政和重修』爲名。」詔頒行。

〔一〕詳定一司勅令　「詳」原作「許」，據羣書考索後集卷三十改。

3. 十三日，禮部尚書白時中等奏：「今將崇寧貢舉法〔一〕改修成〔二〕御試貢士勅令格式，總一百五十九卷，乞冠以『政和新修』爲名。」詔頒行。

〔一〕崇寧貢舉法　「法」原作「去」，據宋史全文卷十四改。

〔二〕改修成　「成」原作「到」，據宋史全文卷十四改。

七年（丁酉，一一一七）

1. 四月十六日，詳定一司勅令所奏修成吏部侍郎左右選條例，詔令頒行。詳定官孟昌齡等更候三次進書取旨推恩。

2. 五月二十七日，禮制局編修夏祭勅令格式頒行。詳議官兵部尚書蔣猷、保和殿學士蔡攸、顯謨閣待制蔡鯈各轉兩官。承受官中侍大夫、青州觀察使鄧忠仁更不推恩。檢詳官辟雍司業〔一〕尚佐均、朝奉郎郭三益、徐秉哲，太常博士王昇、承議郎王洧、奉議郎杜從吉、正字李陞、迪功郎崔造各轉一官〔二〕，減三年磨勘。選人改合入官，仍減二年磨勘。檢討官倪登、王庭老各轉一官，選人比類施行。

〔一〕檢詳官辟雍司業　「雍」原作「廱」，據文意改。

〔二〕各轉一官　「官」原作「各」，據文意改，參見上文「各轉兩官」。

3. 八月九日，中書省言：「檢會律文：在官犯罪，去官事發，犯公罪流以下勿論。蓋謂命官立文，後來勅文相因修立：掌典解役，謂出職歸農，已離本司，及勒停，永不收敘，亦同去官免罪。如此，若犯罪之後，則生姦弊，解役歸農，僥免重罪，兼與命官犯罪去官不同。」詔政和勅内掌典解役者聽從去官法一節刪去不行。

4. 二十五日，臣僚上言：「竊以比年以來六曹等處，申請因事立法，指定刑名者甚衆，或乞依某條或科某罪〔一〕，閲時滋久，陳請猥多，本末輕重，不無舛紊。臣謹按政和令，因事奏請立法〔二〕，不得指定刑名。法意詳盡，理應遵守，而未有專一科罪指揮，是致玩習，無所畏憚。欲望特降睿旨，凡因事應立法而輒定刑名者，乞嚴立斷罪條法施行，庶使慢文自營之人知所懲戒。」詔令敕令所立法申尚書省。

〔一〕或乞依某條或科某罪　「科」原作「料」，據本條下文「專一科罪指揮」改。

〔二〕因事奏請立法　「法」原作「治」，據本條下文「凡因事應立法而輒定刑名者」改。

5. 十二月一十八日，樞密院言：「修成高麗勅令格式例二百四十册，儀範坐圖一百五十八册，酒食例九十册，目録七十四册，看詳卷三百七十册，頒降官司五百六十六册，總一千四百九十八册，以高麗國入貢接送館伴條例爲目，繕寫上進。」詔送同文館遵守施行。

八年（戊戌，一一一八）

1. 四月二十四日，中書省言：「檢會諸受制書急速者，當日行下，過夜收到，限次日午時前；非急速者，限一日。諸承受御筆處分，無故違限一時者，徒二年。一日加一等，三日以大不恭論。看詳承受御筆處分，理宜虔恭，不可稽緩，然謄寫指揮或遇假及出者，齎就宰執書押用印，並入夜有門禁限隔，理宜立限行遣，而元條未曾立行下之限。」詔於「制書」字上添入「御筆」二字。

2. 五月十八日，臣僚言：「方今政事所先，理財爲急務。比者已詔諸路，而旁通格會元豐以來財用之數，將乘其出入，通其有無，以制國用。又因建利者之言，推明榷酤、鹽鐵、里布等事於四方。是數者皆宜講求畫一之法，使當於人情，宜於久遠。乞依元豐條例司、崇寧講議司故事，置經制司於尚書省，領以宰臣，措置官吏，專責推行，以幸天下。」詔諸路所上旁通格並日近臣僚推明財計等事，可付編修聖政錄官講畫，分別條目。仍差高伸、李稅、柳庭俊、王安中、劉嗣明爲詳議官，張大亨、張灝、丁彬、王禮、李子奇爲檢閱官。

重和元年（戊戌，一一一八）

1. 十二月十三日，殿中省編修六尚法書成。詳定官蔡行、少監趙士諵、刪定官李佖、高堯臣各轉一官，檢閱文字、手分各轉一官，書寫人、書奏、通引、進奏官各減二年磨勘，依四年法比折。內未有名目人候有名目日收使，願換進義副尉者聽〔一〕。諸色人共四十一人，賜錢一百貫文，付本所等第支給。

〔一〕願換進義副尉者聽　「尉」原作「刷」，據輯稿·刑法一之三一宣和元年八月二十四日「人吏願補進義副尉者聽」改。

宣和元年（己亥，一一一九）

1. 五月十九日，中書省言：「檢會臣僚上言，臣聞天下之所恃以爲治者曰法，而勑令格式者，法之具也。臣契勘一司敕令所上下官屬，無慮三十餘員，而詳定官居半，臣竊恠之。今詳定官類多中台長貳或侍從官領宮祠者兼之，蓋甚重也。然中台長貳或有本職，使其究心力，或有所不給，而侍從官領宮祠者，朝廷本以優賞，不可責以職事。且十羊九牧，甲可乙否，爲屬官者，將奚所取正而爲之適從？非特如此，凡兼詳定，其賞給人從之類率皆添給，又書成奏功，例有增秩之賞。此在朝廷，固不較其多寡也。誠恐於法誠之損益利害〔一〕，實未有補，而徒爲此紛紛爾。伏望睿斷，量立員數，擇其練達典章、深曉法令者，俾兼詳定，則著勅令格式，以輔成一代之治，豈小補哉！」奉旨：員額、犒設等令尚書省措置取旨。勘會詳定檢閱官已有立定員額外，詳定官係臨時取旨差除，難以立額。詔：「本所官請給，並依九域圖志所則例支破，不得例外添破酒食犒設之類，違者以違制論。」

〔一〕誠恐於法誠之損益利害　「法誠」當作「法令」。

2. 八月二十四日，詳定一司勅令所奏：「新修明堂勅令格式一千二百六册，乞下本所雕印頒降施行。」從之。其後詔經進書官吏各轉一官資，選人改合入官。不經進書人依例減三年磨勘，人吏願補進義副尉者聽，不係首尾人依例減二年磨勘。

3. 二十五日，成都府路提刑司奏：「乞今後有盗昊天玉皇上帝、諸州天慶觀聖祖殿及神霄、玉清、萬壽宮殿内供獻之物，未有專一斷罪條法。刑部、大理寺今具下項：諸盗大祀神御之物者流三千三百里謂供神御凡其餘儀仗亦同，其擬供神御謂營造未成者，及供而廢闕若饗薦之具已饌呈者徒二年饗薦謂幣牲牢之屬，饌呈謂已入於所經祀官省視，未饌呈者，徒一年半，已闕者杖一百已闕所接神御。若盗釜甑刀匕之屬並從常盗之法。勘會盗昊天玉皇上帝及聖祖殿内供獻之物，自合引用盗大祀神御之物斷罪外，神霄、玉清、萬壽宮内供獻之物雖未有明文，理當比附前項條令斷罪，欲申明行下。」從之。

4. 十月三日，刑部尚書王革奏：「契勘鞫獄干證無罪之人，依政和令合責狀先釋，自來不曾立限，遂致縱留，動經旬月。伏覩開封府令有不得過兩日之文，其餘官司與外路理合一體立法。若違限不放，亦未有專一斷罪條約。欲望付有司參詳，以開封府令修立海行，並違限刑名頒下在京刑獄官司，並諸路遵守。」詔令尚書省立法。今增修下條：諸鞫獄干證人無罪者，限二日責狀先放。其告捕及被侵損人唯照要切情節，聽暫追，不得関留，證訖仍不得隨司即證。徒以上罪犯人未錄問者，告示，不得遠出。衝改本條不行者，鞫獄干證人無罪應責狀先放〔一〕，而於令有違者，論如官文書稽程律計日，罪者杖六十。從之。

〔一〕鞫獄干證人無罪應責狀先放 「無」字原脫，據文意補。

5. 十二月二十八日，尚書省言：「措置到詳定一司勑令所事件，一、删定官〔一〕係以十員爲額，內四員，欲乞元選曾任刑法差遣或通曉刑法之人承替，額內已改官先到〔二〕，令今後依此選除。其餘額外人，依已降指揮，滿資日罷任。一、勘會勑令格式，昨降指揮，須歸一司敕令所編修〔三〕，革其自便。其詳定官編修到本局勑令，亦與簽書，顯屬妨嫌。自今係修本職條令〔四〕，並免簽書，更不干與。」從之。詳定官今後以三員爲額。

〔一〕删定官 「删」原作「册」，據文意改。
〔二〕「到」字後原文空二格，待補。
〔三〕須歸一司敕令所編修 「所」字原脫，據文意補。
〔四〕自今係修本職條令 「今」原文空一格，據文意補。

二年（庚子，一一二〇）

1. 八月二十七日，刑部狀：「詳定一司勅令所修立到諸綱運緣路官司輒截留附搭官物者於行程內批書，兩相情願附搭者同，當職官吏並徒二年，命官先次衝替，人吏勒停。即乞衝改拘截附帶他物者以違制論，發運司常加覺察等條，本部已議定立訖。」從之。

三年（辛丑，一一二一）

1. 五月九日，詳定一司勅令所奏：「今將兩浙、福建路供到皇祐以後至政和三年終應干條制冊，修成勅令格式進呈。」詔依奏頒降施行。

2. 六月二十七日，提舉利州路常平韓思儼奏：「竊見朝廷逐時頒下申明續降條制〔一〕，但以年月先後編次，月日寖久，在官者未能通知，姦吏因之得爲輕重，乞詔有司應被受見行勅令〔二〕，逐門編入，庶使良法美意粲然易見。」詔令尚書省立法。

〔一〕竊見朝廷逐時頒下申明續降條制　「竊」原作「切」，據文意改。

〔二〕乞詔有司應被受見行勅令　「詔」原作「照」，據文意改。

四年（壬寅，一一二二）

1. 十二月二日，知平陽府商守拙奏：「伏覩舊法，鄉村居民會要處，許置爐造熟鐵器用，即不該載鎮寨。竊詳諸路州郡所管縣鎮多寡不同〔一〕，河東、陝西縣多而鎮少，河北、京東縣少而鎮多，其逐

鎮居民人煙過於河東縣分，兼各有知鎮或監官，並管煙火賊盜，注親民資序，及有巡尉去處，自可責委覺察，奉行條令。今欲乞諸路有監官鎮寨內，亦許置爐造熟鐵器用。若私造禁兵器等，併依上件罪賞施行。只乞於前項條內『州縣城外』字下添注入『鎮寨有監官兼煙火公事處同』一十三字〔二〕，庶得法意周盡即不改前後條貫。」從之。

〔一〕竊詳諸路州郡所管縣鎮多寡不同　「竊」原作「切」，據文意改。

〔二〕添注入鎮寨有監官兼煙火公事處同一十三字　所添字數實十二字。

五年（癸卯，一一二三）

1. 八月十四日，刑部增修下條：「諸重祿案吏人輒引非本宗同居緦麻以上親罷役吏人雖親亦同，在案及書寫文書者，並引人犯贓與同罪。」從之。

欽宗　靖康元年（丙午，一一二六）

1. 四月二十日，大理卿周懿文言：「敕令格式自熙寧以後，四經編修，率不踰十年。元符敕令行之最久，經十二年亦重修纂。見行敕令，自政和三年頒行，迨今一十五年，未再編次，其間緣因革建明，條目至多，抵牾乖戾，無所適從。乞下敕令所編次。」從之。

2. 九月十二日，臣僚言：「祖宗以來，皆有一定之法，若所謂皇祐、嘉祐、元豐等編敕是也。因事更改，則隨條貼說，有司易於奉行，天下皆可循守。自蔡京當國，欲快己私，恐人擬議，遂乞降御筆手詔，出於法令之外，不復經由朝廷，有司得之，遂爲定令。或因人而請，或因事而設，前後自相抵牾者甚多。乞自今年以前，凡所降御筆手詔，內令省曹寺監諸司〔一〕，外令監司諸州縣，各具錄類聚，繳申朝廷，付勑令所將祖宗及見行條貫參攷刪修成書，然後頒行。目下內外官司並乞且用元豐、嘉祐編勑，以俟新書之成。」從之。以上續國朝會要

〔一〕內令省曹寺監諸司　「令」原作「今」，據下文「外令」改。

高宗　建炎二年（戊申，一一二八）

1. 四月三十日，福建路提刑司言：「靖康元年以前所降御筆手詔，或御批手詔，或御筆，或手詔，或御寶批，或御筆依奏，或御寶批依奏，或御筆依擬定之類，未審合與不合亦同御筆手詔，引見行條法〔二〕。」詳定一司勑令所看詳：「靖康元年九月十三日指揮，御筆手詔令勑令所重行參修，所有御批手詔或御筆或手詔或御筆依奏、御筆依擬定、御寶批及批依奏詳定之類，亦合依元降指揮施行。」從之。四年二月二十三日，德音：「自今除靖康元年正月一日以前御筆係出於法令之外，依累降指揮施行，其餘減杖、恤刑之類者，並合依舊遵守。」五月十日，滁州推官趙伯總言：「比年以來，法令變更，易於反掌，且如靖康元年九月十三日，議者乞用元豐、嘉祐之法，仍候修書之成。殊不知兩法之中，自相抵牾者固多。雖嘗行之，至十月十四日，則又祿令用嘉祐格〔二〕，擬斷依元豐條，仍行一司一路等法，餘依已降指揮，是前日申明又衝改矣。至靖康二年四月二十八日，再檢會速令申明，其餘海行等法不係御筆手詔修立者，自合依舊引用，所有十月十四日指揮，更不施行。以此觀之，則是前弊略不能革，數易之後，尚乏成書，參攷刪修，徒爲虛設。乞付有司議定，專用一年之法，即不得輒引相妨之文，以紊成憲。」詔本無御筆手詔者，自合依舊引用政和海行等法，恐諸處疑惑，令申明施行〔三〕。

〔一〕引見行條法　「引」字後原文空一格。
〔二〕則又祿令用嘉祐格　疑「祿令」當作「律令」以與下文「擬斷」相對應。
〔三〕因趙伯總進言，朝廷下此詔之事，建炎雜記乙集卷五記在建炎元年四月二十四日丁亥。

三年（己酉，一一二九）

1. 四月八日，勅：「自今並遵用嘉祐條法，內擬斷刑名，嘉祐與見行條制輕重不等，並從輕。賞格即聽從重。其官制所掌事務格目及役法等，有引用窒礙，或該載未盡事件，並令有司條具以聞。」既而刑部侍郎商守拙條具：「欲將鬬毆盜博引用嘉祐條外，其餘將嘉祐與政和勅參酬相照，合從輕。謂如略和誘人爲人力女使，嘉祐勅依略和誘人爲部曲律減一等，政和勅論如爲部曲律合從嘉祐減一等之類。賞典之類並合從重，謂如獲盜黃、汴河官木，嘉祐勅一名杖罪，錢五貫；政和勅每人杖罪，錢二十貫，合從二十貫之類。責限條約之類，並合從寬。謂如嘉祐勅犯罪經官司斷遣，屈抑者聽半年內披訴，與重勘；政和勅稱事已經斷而理訴者，一年內聽乞別勘，即合從一年內之類。其一司一路一州一縣，在京、海行及嘉祐所不該載，如免役、重祿、茶鹽、香礬、六曹通用等事，並合依見行條法。若事干軍政邊防機密漏泄，聽採情理深重，並修書未成間，嘉祐勅與見行條法相照引用，窒礙者，並合取自朝廷指揮。」從之。至四年十月二日，重修勅令所再條具嘉祐法疑礙項目申請，奉詔：「遵依嘉祐成法外，情犯刑名至有輕重，亦難以並依。令本所隨事損益參酌，務要曲盡人情法意。仍依已降指揮，將合行增損刑名擬定以聞。」

四年（庚戌，一一三〇）

1. 六月七日，大理卿兼同詳定一司敇令王依〔一〕言：「修敇舊例，關報刑部，遍下諸州軍等處，

出榜曉示。諸色人等陳言編敕利害，於所在州縣投陳，入急腳遞，發赴都進奏院，本院赴部所投下。如看詳得委有可采，即保明申朝廷，乞與推恩。仍乞以『詳定重修編敕所』為名〔二〕，就用見使印記，將見在敕局與大理寺供職官並力同共依元降指揮對修，止請見任詣給。」從之。

〔一〕王依　「依」，建炎雜記乙集卷五同；玉海卷六十七作「衣」。

〔二〕仍乞以詳定重修編敕所為名　「為」原作「謂」，據建炎雜記乙集卷五改。

2. 十日，勑令所言：「修勑舊例，合差提舉官。」詔差范宗尹提舉，張守同提舉。既而又言：「乞將以次所差官於銜內帶刪定官及編修官。」詔詳定一司勑令所刪定官〔一〕兼重修勑令刪定官，詳定一司勑令兼詳定重修勑令，同詳定一司勑令兼同詳定重修勑令，大理寺官兼詳定重修勑令刪定官。

〔一〕詔詳定一司勑令所刪定官　「官」原作「言」，據下文「兼重修勑令刪定官」改。

3. 八月一日，臣僚言：「自渡江以來，官司文藉散落，無從稽考。乃有司省記之說〔一〕，凡所與奪，盡出胥吏，其間未免以私意增損，舞文出入。望下省部諸司，各令合干人吏將所省記條例攢類成冊〔二〕，奏聞施行。內吏部銓注條例，乞頒下越州雕印出賣。」詔六曹百司疾速條具申尚書省。紹興元年四月二十四日，詔：「百司進呈條冊，候降到頒行，各具冊抄錄送刑部，仍逐季具有無衝改、續降關報。如有差漏，及違慢不報，即依舊制，人吏杖一百。」十月二十九日，又詔：「先令左右司郎官以省記之文，刊定頒行，恐不能專一，可改送勑令所立限刊定，鏤版頒降。內吏部條法最爲急務，責限一月，餘並限一季成書。」紹興三年三月十三日，從臣僚所請，復詔令百司各將已省記條例與合爲永格續降指揮，先委本處當職官吏精加看詳，置冊分門編纂，申納朝廷。如有所隸去處，即申所隸審覆圓備，送勑令所看詳，取旨頒降，逐處收掌。所有合用紙筆朱墨等，各具合用數目申所屬應付。其後諸司編類到省記條令，並從勅令所省定訖，取旨頒降。

〔一〕乃有司者記之説　「記」原作「己」，據繫年要録卷三十六、建炎雜記乙集卷五、中興小紀卷十五、文獻通考卷一百六十七改。

〔二〕各令合干人吏將所省記條例攢類成册　「記」原作「已」，據繫年要録卷三十六、建炎雜記乙集卷五、中興小紀卷十五、文獻通考卷一百六十七改。

4. 四月〔一〕，敕令所言：「奉詔將嘉祐與政和條制對修成書，本所節次，往鄰近州軍抄録續降等文字未到，竊慮坐費歲月，難以成書，除已降嘉祐、政和條法，參照先次删修外，緣其間有情犯重而刑名輕或立功輕而推賞重者，乞從本所隨事損益，參酌擬修。」從之。

〔一〕四月　「月」當作「日」。

5. 十月二十一日，刑部員外郎王綱等言：「律稱日者以百刻，稱年者以三百六十日。竊詳上條既言稱年以三百六十日，即是一月係三十日爲限。諸條及指揮内有以月爲限者，爲如軍人許首身之類適當在三十日〔一〕，而遇小盡者，有司往往便以二十九日爲月引用，卻作違限。蓋緣未有明文，遂致疑惑。」詔尚書省行下。

〔一〕爲如軍人許首身之類適當在三十日　「爲」當作「謂」。

紹興元年（辛亥，一一三一）

1. 五月二十三日，詳定重修敕令所言：「伏覩赦書，應仁宗法度理合舉行，可自今並遵用嘉祐條法，將嘉祐勅與政和勅對修。本所今將政和勅並嘉祐勅先次參修，書成，乞先次進呈，鏤版施行。」詔依。於五月二十八日進呈畢，詳定官韓肖胄續請編修官吏除詳定官乞不推恩外，望依政和進勅例施

行。詔重修敕令所費用浩大，仰本所官疾速刊修，候成書日，一併優與推恩。

2. 八月四日，參知政事同提舉重修敕令張守〔一〕等上紹興新勅一十二卷，令五十卷，格三十卷，式三十卷，目錄一十六卷，申明刑統及隨勅申明三卷，政和二年以後赦書德音一十五卷，及看詳六百四卷〔二〕。詔自紹興二年正月一日頒行，仍以紹興重修敕令格式爲名。先是，建炎三年四月八日指揮，可自今並遵用嘉祐條法。於是下勅令所，將嘉祐與政和條法對修。至紹興元年五月二十八日先修勅一十二卷進呈訖，至是續修成令格式〔三〕并申明等上之。詔詳定官權工部侍郎韓肖胄落「權」字，同詳定大理卿王衣除權刑部侍郎，見在所并已離所刪定官宣教郎鮑延祖、劉一止、曾恬，宣義郎李迒，文林郎何許、胡如壎，修職郎王洋，迪功郎李藹、陳戣、虞澐、陳康伯、張域，大理寺官兼刪定官大理正孔仲京，大理丞孫光庭、張柄、路彬，大理評事趙公爟、許大英，檢閱文字使臣、兩經進書人各轉一官，內選人改合入官，並更減二年磨勘。一經進書人各轉一官，選人改合入官。不經進書人減二年磨勘，選人循一資，無資可循人與改次等合入官。知雜司、法司、編修手分、開拆司以下等第推恩。後詔溫州都孔目官陳邦材，令本州支賜絹一十疋，以本州供報抄錄政和以來續降詳備故也。

〔一〕參知政事同提舉重修敕令張守　「同」原作「司」，據辑稿・刑法一之三四建炎四年六月十日條「張守同提舉」改。

〔二〕玉海卷六十六同；宋史卷二百四作「紹興重修敕令格式一百二十五卷」；繫年要録卷四十六、宋史全文卷十八上皆作「敕令格式一百二十二卷，看詳六百四卷」；文獻通考卷一百六十七作「勅令格式一百二十卷，及看詳六百四卷」；建炎雜記乙集卷五作「紹興重修勅令格式及申明、看詳等總七百六卷」。

〔三〕令格式　「令」原作「今」，據文意改。

二年（壬子，一一三二）

1. 八月二十九日，臣僚言：「自頒降紹興新書之後，恐官司申請剏立條禁或增重刑名，寖失祖宗立法之意。乞令有司如遇臣僚續有申請，並檢會昨用嘉祐法參酌修書元降指揮，參照修立施行。」從之。

三年（癸丑，一一三三）

1. 九月五日，權刑部侍郎兼詳定一司敕令章誼言：「朝廷比修紹興勅令格式，簡編浩博，衆議紛紜，書務速成，論靡專決，去取之間，不無舛錯。厥今頒在有司，州縣權行，漸見抵牾。欲承疑遵用，則衆聽惑而不孚；欲因事申明，則法屢變而難守。望詔監司郡守與夫承用官司〔一〕，參考祖宗之舊典，摭新書之闕遺，悉隨所見，條具以聞。然後命官審訂，删去訛謬，著爲定法。」從之。

〔一〕望詔監司郡守與夫承用官司 「郡」原作「都」，據繫年要録卷六十八、宋史全文卷十八下改。

2. 十五日，詔：「今後執政官留身奏事，並依宰臣條例。其閤門見行條令，勅令所删修。」

3. 十八日，敕令所看詳：「臣僚陳請：吏部七司近因申請，修立到人吏犯贓、同保人停降編管斷罪之法，自降指揮後來，銓曹之吏稍知畏戢。然獨行於吏部七司而戶部以下諸司亦莫之行。乞將上條並入尚書六曹寺監通用勅令施行。本所看詳：渡江以來，銓部案籍不存，遂以大觀六曹寺監通用勅令條立法禁。今欲將吏部七司通用勅令〔一〕，並入大觀尚書六曹寺監通用勅令施行。」從之。

〔一〕吏部七司通用勅令 「司」原作「旬」，據本條上文「吏部七司」、中興小紀卷十五改。

4. 二十七日〔一〕，尚書右僕射、同中書門下平章事朱勝非等上吏部勅五册，令四十一册，格三十二册，式八册，申明一十七册，目錄八十一册，看詳司勳獲盜推賞刑部例三册，勳臣職位姓名一册，共一百八十八册。詔自紹興四年正月一日頒行，仍以紹興重修尚書吏部勅令格式並通用勅令格式爲名。先是，建炎四年八月一日，臣僚言：「渡江以來，官司文籍散亡，無從稽考，乃有司省記之説，未免以私意增損出入。乞下省部諸司，各令合干吏人將所省記條例攢類成册，奏聞施行。」詔令六曹百司疾速條具申尚書省〔二〕。紹興元年十一月二十九日〔三〕，又詔吏部條法最爲急務，令勅令所限一月先次鏤板。續詔以廣東轉運司録到元豐、元祐吏部條法，與吏部七司省記到元豐、崇寧看詳，政和重修格式，及天聖七年以後案例，至紹興三年七月二十四日續降指揮條册，參酌修立，依限頒降。」時禮部尚書洪擬、兵部侍郎章誼爲詳定官，左承議郎宗庠、左通直郎張博、左從政郎李材、魏良臣，左修職郎金安節爲删定官。相繼修到尚書左右〔四〕、侍左右、司勳、司封、考功條。而勅令所切言前項條法，雖已申納尚書省，緣七司條法所繫非輕，自來凡有成書，並經聖覽，方始頒行。詔令繕寫投進，至是上之。有旨曾編修進書詳定官，各特轉一官，删定官各減三年磨勘，知雜司、編修手分、書寫人以下，各等第推恩。

〔一〕二十七日　中興小紀卷十五作「紹興三年十月癸未」。
〔二〕詔令六曹百司疾速條具申尚書省　「令」原作「今」，據文意改。
〔三〕紹興元年十一月二十九日　「十一月」，繫年要録卷四十九同；辑稿・刑法一之三四、三朝北盟會編卷一百四十九皆作「十月」。
〔四〕相繼修到尚書左右　「書」衍，當删。

四年（甲寅，一一三四）

1. 三月二十七日，刑部言：「政和二年七月一日以後，至建炎四年六月終續降，係參酌刪修成紹興新書，見今遵用外，其建炎四年七月一日以後至紹興三年十二月終海行續降指揮，昨緣本部遺火不存，已下湖、溫州抄錄到續降指揮，見行編類，鏤版頒降。其紹興四年正月一日以後續降指揮，合依舊法，春秋編類，頒降施行。」從之。

2. 四月二十四日，前廣南東路轉運判官章傑言：「朝廷自渡江以來，圖籍散亡，官曹決事，無所稽據。臣爲郎時，嘗乞下諸路編緝。繼而備使嶺外，於是徧行所部搜訪，繕寫到祖宗以來條令及纂集前後續降指揮，凡一千十八卷，並地圖一十面。望下有司更加訂正，然後頒之列曹。」勅令所看詳：「章傑抄錄條册內，戶部一司計一百九册，共一百八十卷。今將目錄勒逐部當行人契勘，已有未有條令名件開坐在前，乞將戶部一司降付本部參照見行條令遵守照使。如有相妨窒礙者，即從本部看詳施行。」詔章傑抄錄到條册內，事干六曹，分送逐部看詳以聞。

五年（乙卯，一一三五）

1. 三月一日，詔：「監司、師守〔一〕限一月條具逐路州縣被受專法，修寫成册，申尚書省。」蓋以兵火之後，州縣授專法申述朝廷，無所考據，往復詰問，久而不決，因臣寮上言，故有是命。

〔一〕師守　「師」當作「帥」。

六年（丙辰，一一三六）

1. 八月十八日，刑部員外郎周三畏言：「國家昨以承平日久，因事增刱，遂有一司一路一州一縣海行勅令格式，與律法刑統兼行，已是詳盡。又或法所不載，則律有舉明議罪之文，而勅有比附定刑之制，可謂纖悉備具。乞自今除朝廷因事修立一時指揮外，自餘一切，悉遵見行成憲。」從之。

2. 九月二十一日，尚書右僕射、同中書門下平章事、提舉詳定一司勅令張浚等上祿秩新書，海行勅一卷，在京勅一卷，海行令二卷，在京令一卷，海行格一十一卷，在京格一十二卷，申明一十五卷，目録一十三卷，修書指揮一卷，看詳一百四十七卷。詔鏤版施行。初，臣僚起請，乞下詳定一司勅令所將嘉祐、熙寧、大觀祿令並政和祿格及前後所降指揮，詳定成法，修爲紹興新書。本所尋將嘉祐以來並政和元年十二月以後二十五年續降指揮，先次編修到紹興海行文武官請受，並在京宰執、親王、侍從、卿少、員郎、丞簿而下職事官應幹請給勅令格等。至是書成上之。詔離所提舉官資政殿學士、提舉臨安府洞霄宮沈與求，詳定官顯謨閣待制、知福州張至遠，見在所詳定官吏部侍郎晏敦復，删定官右從事郎方穎、左宣教郎王居修〔一〕、左從事郎張庭俊〔二〕、左迪功郎李朝正、右迪功郎方扔，並各轉一官。內選人改合入官。見在所詳定官權戶部侍郎王俁〔三〕落「權」字，離所删定官減二年磨勘，人吏已下等第推恩。

〔一〕左宣教郎王居修　「左」原作「在」，據繫年要録卷一百十九改。

〔二〕左從事郎張庭俊　繫年要録卷一百五十四作「左承議郎」。

〔三〕見在所詳定官權戶部侍郎王俁　「權」字原脱，「王俁」原作「王候」，據繫年要録卷一百五補、改。

七年（丁巳，一一三七）

1. 四月八日，左司員外郎樓炤言：「兵火以來，文書闕逸，頻年省記，品式粗周。而因緣申請者，至今未已，務爲一切，紛亂舊章，甚者至於徇人而變法，用例以破條，甚非法守之義。此而不革，法將廢矣。望飭中外官司，自今恪守成法，無得輕議衝改，及已有明文者不得用例。」從之。

2. 是年閏十月二日，左正言辛次膺奏：「近有廢法而用例者，且以二事言之。故侍從、執政之家用致仕遺表恩澤，乃援例而補異姓者；特奏名進士及以恩例補文學之人，不候赦恩，乃援例而參部者。且事或無條，乃可用例；事既有條，何名爲例？一例既開，一法遂廢。望今後凡有正條，不許用例。」詔申嚴今年四月八日指揮行下。紹興九年〔一〕二月九日，御史中丞勾龍如淵言：「有司用例之害有四，大略以胥吏私自記錄，並緣有姦。乞將官司應干行過舊例，委官搜檢，並行架閣。並吏人私記錄者，重立罪賞，限十日首納曉毀〔二〕。仍飭有司，今後一切以法令從事。而訴事之人敢輒引例者，官員徒一年，百姓杖一百。」詔敕令所取索百司行過舊例刪修取旨。

〔一〕紹興九年「九年」原作「元年」，據繫年要録卷一百二十六紹興九年二月癸亥改。

〔二〕限十日首納曉毀「曉」當作「燒」或「銷」。

八年（戊午，一一三八）

1. 六月十九日，尚書省左僕射、同中書門下平章事兼樞密院使趙鼎等上諸班直諸軍轉員勅一卷，格一十二卷，親從親事官轉員勅一卷，令一卷，格五卷。詔降付樞密院行使，仍以紹興樞密院諸班直諸

軍轉員勅令格及紹興樞密院親從親事官轉員勅令格爲名。

2. 十月三日，尚書右僕射、同中書門下平章事、提舉詳定一司勅令秦檜等續上祿勅一卷、祿令二卷、祿格一十五卷，在京祿勅一卷、祿令一卷、祿格一十二卷，中書門下省尚書省令一卷，樞密院令一卷〔一〕、格一卷，尚書六曹寺監通用令一卷，大理寺右治獄令一卷，目錄六卷，申明六卷。詔自紹興九年正月一日頒行，仍以紹興重修祿秩勅令格爲名。先有詔將嘉祐、熙寧、大觀祿令並政和祿令格及政和元年十二月十七日後來續降指揮編修，除已先次修成勅二卷，令三卷，格二十五卷，目錄一十三卷，申明一十五卷，修書指揮一卷，看詳一百四十七卷，於紹興六年九月二十一日進呈訖，至是續修上焉。詔詳定官吏部侍郎晏敦復、戶部侍郎李彌遜，見在所删定官右迪功郎方疇、任紳，左迪功郎李郁並各轉一官，內選人依條施行。曾經修書離所删定官減二年磨勘。

〔一〕樞密院令一卷　「令」字原脫，據上下文補。

九年（己未，一一三九）

1. 十月二十五日，臣僚言：「紹興法令，著爲成書，願飭有司，成法具載方册者，務在固守，無輒時加新意，妄議增損。」詔令敕令所取索內外申明、續降指揮看詳可以永久通行者，編類成法，餘並取旨。十一年十一月二十七日，臣僚言：「自紹興修法成書之後，十年之間，或因州郡申請，或因臣僚建明，剏立條禁，增減刑名，衝改不一，是爲續降指揮。乞令監司委屬官、州委司法、縣委主簿，各將被受續降指揮依勅分門編類成書。仍於紹興法中應衝改條內，分明貼出『照某年月日續降衝改指揮』，長吏再行照對，不得漏落。」詔依。十三年六月十五日，尚書刑部員外郎李景山言：「紹興重修法令成書，頒行甫及一紀矣。然其間或親頒詔旨裁定刑名，或因修別條衝改不用，雖皆已得指揮，見行遵用，而勅令格式仍舊未改，誠恐姦吏得以舞文。望詔有司，將見頒勅令格式參定改正，別行頒印。」詔令勅令所增修頒降。

2. 二十七日，詔令後敕令所刪定官差曾任親民，參用刑法官。

十年（庚申，一一四〇）

1. 十月七日，尚書右僕射、同中書門下平章事、提舉詳定一司敕令秦檜等上在京通用勅一十二卷，令二十六卷，格八卷，式二卷，目錄七卷，申明一十二卷。詔自紹興十一年正月一日頒行，仍以紹興重修在京通用勅令格式爲名。先是，紹興六年六月一日，大理正張柄言：「伏見國家修復舊章，以幸天下，如紹興新書，係將嘉祐、政和勅參酌成書，其於常法之外增立條制並一切刪去，以至兵火後來省記到一司專法，盡經左右司及勅令所逐一參酌詳定，然後引用。惟是大觀在京通用至今依舊遵守，兼內有已經衝改，不該引用之文，尚載典册，頒之郡縣百司及車駕監幸之所在，於觀聽實爲未允。乞送修立官司逐一看詳刪削。」詔令詳定一司敕令所重別刪修頒降。敕令所言：「欲乞將崇寧在京通用條法，自崇、觀後來至紹興八年六月終應受續降指揮，修爲紹興新書。檢會一司專法內，又各釐正在京通用並大理寺又有崇寧續附在京法。緣昨來所得聖旨內未曾有前項釐正、續附二件條法名色。有旨令編寫修入。」至是上之。時尚書右僕射秦檜提舉，參知政事孫近同提舉，刑部侍郎陳橐詳定，大理卿周三畏同詳定，左奉議郎周林，右宣教郎陳抃，左從政郎石延慶，左迪功郎方雲翼、何逢原爲刪定官。詔本所官吏等該首尾修進詳定、刪定官並各轉一官，選人改合入官。經修不經進書詳定、刪定官各減二年

磨勘。以下人吏等第推賞。

十一年（辛酉，一一四一）

1. 八月九日，臣僚言：「紹興保狀式若係毀失付身之類，並結除名編置之罪，所以深防欺詐，重示誡懲，使人知法之不可犯，不可輕任此責也。然稽之見行條法，則罪不至於是，使無辜去失之人益艱於求保。望詔有司，今後保狀結罪之文，止稱甘伏朝典，一從抵罪之法。」詔令吏部改定狀式以聞〔一〕。

〔一〕詔令吏部改定狀式以聞　「以」原作「之」，據文意改。

十二年（壬戌，一一四二）

1. 十二月十四日，太師、尚書左僕射、同中書門下平章事、提舉詳定一司敕令秦檜等上六曹通用敕一卷、令三卷、格一卷、式一卷、目録六卷，寺監通用敕一卷、令二卷、格一卷、式一卷、目録五卷，庫務通用敕一卷、令二卷、目録四卷，六曹寺監通用敕一卷、令二卷、格一卷、式一卷、目録五卷，六曹寺監庫務通用敕一卷、令一卷、格一卷、目録三卷，寺監庫務通用敕一卷、令一卷、目録二卷、申明四卷。詔自紹興十三年四月一日頒行，仍以「紹興重修」爲名。先是，紹興六年六月一日，大理正張柄言：「大觀六曹寺監庫務通用法内有已經衝改〔一〕，乞送修立官司逐一看詳。」詔下敕令所重別删修頒降。後本所言：「欲將大觀六曹寺監庫務通用條法自崇、觀後來至紹興八年六月終應受續降指揮，修爲紹興新書。」至是上之。時太師、尚書左僕射秦檜提舉，參知政事王次翁同提舉，權戶部尚書張澄爲詳定，大理卿周三畏同詳定，左從事郎游操、左從政郎洪适、左修職郎沈介、迪功郎潘良能、右迪功郎張表臣爲删

定官。有旨：勅令所編修大觀六曹寺監等通用條法，依昨進在京通用令體例推恩。

〔一〕已經衝改 「衝」原作「重」，據文意改。

十三年（癸亥，一一四三）

1. 閏四月四日，臣僚言：「乞詔有司將祖宗舊法所載『雖累諱後詔，終因自服，依案問自首』之文，仍舊存留，將近修立『再勘方招減一等，三問不承，不在減等』之法，特賜刪去。」敕令所看詳：「律云：知人欲告，反案問欲舉。爲其本情將有發覺，不容隱拒，必須自首，方獲減科。勅云：因疑被執之人，雖有可疑之跡，贓證既未分明，則無必按之理。若不因其自服，所犯無由顯露。以此推原律、勅意義，蓋謂因疑被執之人，贓證未明，故可隱拒；雖經累諱後招，終是因其自服，即與『知人欲告，案問欲舉』事體不同。所以熙寧勅添立注文，合從減等。元符、政和、紹興勅皆以上件舊文詳定成法。至紹興六年內〔一〕，福建憲司申明，嘉祐、元豐法〔二〕有曾經盤問，隱拒本罪，更不在首減之例，遂行刪去，卻添入初問、再問、三問之文，不唯使犯罪之人無自新之路，亦恐知雖首無益，終不自服，反致淹延。今欲從臣僚所請，刪去紹興六年八月二十三日限定次數指揮，依舊遵用紹興勅內依案問自首之文。」從之。

〔一〕至紹興六年內 「紹興」原作「紹聖」，據本條下文「紹興六年八月二十三日」改。

〔二〕嘉祐、元豐法 「法」原作「去」，據文意改。

2. 十月六日，太師、尚書左僕射、同中書門下平章事、提舉詳定一司敕令秦檜等上國子監勅一卷、令三卷、格三卷、目録七卷，太學勅一卷、令三卷、格一卷、式二卷、目録七卷，武學勅一卷、令二卷、格一卷、式一卷、目録五卷，律學勅一卷、令二卷、格一卷、式一卷、目録五卷，小學令格一卷、目録一卷，監學

申明七卷，修書指揮一卷。詔自來年二月一日頒行，仍以「紹興重修」爲名。是年，二月二十三日，國子司業高閌言：「監學在京日應合行事務並遵用宣和新修法，昨緣兵火散失，目今別無遵照。雖見存元祐、紹聖條令，皆係舊法，窒礙不同。欲下條法官司，將元祐、紹聖並見行條法指揮一處詳定修立。」又言：「昨降指揮，太學並諸路科舉取士，依遵元豐成憲。所有學法在宣和間用元豐以來條件參修，自合以元豐法爲主。今來本監有先省記到元豐學法，及取到秀州元豐學令，並係祖法。乞送勅局參修。」敕令所言：「元祐、紹聖監學條法，照得係國子監、太學、武學、律學等法，共成一部，合依舊參修〔一〕。其武學、律學條法等包括小學法在內，兼小學條件不多，係在太學法之後附載。」既而高閌復言：「敕令所一就修武、律學法，本監見存建中靖國新法，武、律學法具載詳備，乞將與元祐法參修施行，庶不抵牾。」並從所請。至是書成上之。詔依昨進大觀六曹寺監等通用條法例推恩，禮部、國子監詳審官各減二年磨勘。

〔一〕合依舊參修　「舊」原作「就」，據文意改。

3. 十二月二十九日，臣僚言：「蜀中四路差官，著於條令甚詳。昨頒降吏部七司法，付之逐路，藏於有司，當職官不能遍曉，參選官慢不及知，姦吏舞文，爲害甚大。乞令成都府路轉運司飜印関諸路，依紹興新書，許人收買，所貴人皆曉然。有不依法者，聽於逐路提刑、安撫司陳訴改正。」從之。

十四年（甲子，一一四四）

1. 五月十七日，大理評事孫敏修言：「紹興勑海行條內稱不以赦降原減，若遇非次赦或再遇大禮赦者，聽從原免。而其間有釐析爲一司專法〔一〕，如擅支常平司錢之類，既非海行條內所載，有司拘

文，不復引用，理實可矜。乞下所屬參酌輕重，除去『海行條內』四字，庶幾釐析爲專法者，亦霑恩霈。」刑部看詳，欲如所請。從之。

〔一〕而其間有釐析爲一司專法　「間」原作「問」，據文意改。

十六年（丙寅，一一四六）

1. 五月十三日，尚書省言：「已降詔旨，委諸路監司、郡守措置裕民事件。今已條具來上，次第施行。尚慮條目頗多，易成散浸，久遠無以稽考，欲委官編類成秩。」詔令吏部侍郎王循友、戶部侍郎李朝正編類成册，印本頒降諸路州軍。

十七年（丁卯，一一四七）

1. 十一月六日，太師、尚書左僕射、同中書門下平章事、提舉詳定一司敕令秦檜等上常平免役勅五卷、目錄二卷，令二十卷、目錄六卷，格三卷、目錄一卷，式五卷、目錄一卷，申明六卷，釐析條三卷，對修令一卷，修書指揮一卷。詔自來年三月一日頒降，仍以紹興重修常平免役勅令格式爲名。先是，紹興六年六月一日，大理正張柄言：「紹聖常平免役條內有已經衝改，願送修立官司看詳。」詔送敕令所參照刪修。後十四年二月十六日，敕令所言：「紹聖法修書後來續降指揮，除政和〔一〕三年四月以前係昨修政和續附法已參用去取，更不合引用外，欲從本所將政和三年四月一日修政和續附已後至今應干續降，與紹聖、政和舊條一處參修。」從之。至是上焉。時太師、左僕射秦檜提舉，刑部尚書周三畏詳定，右儒林郎黃卓，左迪功郎林機，右迪功郎周紫芝、張好問爲刪定官。詔依進國子監條法體例推恩

〔二〕。於是提舉官秦檜依例轉一官，回授賜親屬一名六品服，恩數依轉官例。

〔一〕政和　原作「正和」，據本條下文「政和三年四月一日」改。

〔二〕詔依進國子監條法體例推恩　「法」原作「司」，據文意改，參見輯稿·刑法一之四十紹興十三年十月六日條。

十九年（己巳，一一四九）

1. 六月八日，太師、尚書左僕射、同中書門下平章事、提舉詳定一司勅令秦檜等上吏部續降並七司通用法〔一〕、續降共二百五十六卷，目錄三卷，修書指揮一卷。其事干有司及一司一路一州等指揮，並行釐出，分爲二十七卷。所有專爲一名或一事一時申請，不該修入七司條法者〔二〕，並作別編一百四十八卷，共四百三十五卷。詔頒降，仍以紹興看詳編類吏部續降爲名。先是，紹興十年十二月二十五日，權吏部侍郎張宗元言：「應吏部續降指揮，分案條具，命官修飾其便於人、合於理，依倣舊文，編爲一書。」詔令吏部長貳措置。於是吏部尚書吴表臣等言：「今遇每旬具合施行及否者上省，如得允當，乞送敕令所依倣成憲，立文修法。」書成，具勑令格式，別爲卷帙。後敕令所言：「吏部法昨已修至紹興三年四月終，今來合自紹興三年五月爲頭編修。本所逐一取會看詳得其間有事干海行者，有合屬七司者，有係一司或一路專法者，即難以一衮修為吏部七司法。兼海行及吏部等法各已修爲勑令格式，亦難別爲卷帙，今來吏部具到續降指揮約二千七百餘件，若不逐一分別編類，竊恐官司引用疑惑。今欲將前項吏部具到指揮，於內將衝改不行或重複及事干海行等條不合收入吏部法者，並別用册編載外，將其餘事干七司合存指揮，並隨事分門，分爲七司及通用編類。」又言：「編類續降至紹興十一年終，所有自紹興十二年至紹興十五年六月終，接續編類。」並從之。至是上焉。時檜爲提舉，刑部侍郎

韓仲通爲詳定，右承直郎盛師文、右儒林郎黄然、右文林郎楊迴、右從事郎吳松年、右迪功郎魏師心並爲删定官〔三〕。詔依常平免役法例推恩。既而秦檜辭免恩命，尋賜檜孫塤進職一等，孫女孺人封令人，依例賜對衣金帶。

〔一〕吏部續降並七司通用法　原作「吏部七司並七司通判」，據繫年要録卷一百五十九、中興小紀卷三十四、宋史卷三十、宋史全文卷二十一下改。

〔二〕不該修入七司條法者　「修」原作「條」，「法」原作「司」，據文意改。

〔三〕右迪功郎魏師心並爲删定官　「魏師心」疑當作「魏師遜」，見下文二十一年七月二十八日條「左迪功郎魏師遜」。

2. 十月四日，上與輔臣論：「有司立法不可太重，恐難必行。可諭敕令所檢會日前建明，有不可行者，並須改正。」

二十一年（辛未，一一五一）

1. 七月二十八日，太師、尚書左僕射〔一〕、同中書門下平章事、提舉詳定一司勅令秦檜等上鹽法勅一卷、令一卷、格一卷、式一卷、目録一卷，續降指揮一百三十卷、目録二十卷，茶法勅令格式並目録共一卷，續降指揮八十八卷、目録一十五卷。詔頒行。鹽法以紹興編類江湖淮浙京西路鹽法爲名，茶法以紹興編類江湖淮浙福建廣南京西路茶法爲名。先是，紹興十九年十月三十日，幹辦行在諸軍糧料院王珏言：「竊以茶鹽之法，祖宗成憲，非不詳備，然歲月寖久，積弊滋深。蓋緣州郡申明，或因都省批送，或因陳獻，或因海行，並皆隨事設宜，晝時頒降。比自建炎之後來未編集，例多斷闕改之文，又無復參照，往往州縣所引專法，間是一時省記，因此黠吏舞文，得以輕重其手。望下敕令所取應係茶鹽文字並續降畫一見行條法，看詳編定。」于是敕令所言：「尋下諸處抄録到元豐江湖淮浙路鹽法，並元豐修書後來應干茶鹽續降指揮八千七百三十件，今將見行遵用條法，逐一看詳，分門編類。」至是上之。時太師、左僕射秦檜爲提舉，刑部侍郎韓仲通爲詳定，左迪功郎魏師遜、右儒林郎方涇、左修職郎周麟之、右從事郎何溥爲删定官。詔修進茶鹽法，依吏部七司例皆推恩。

〔一〕尚書左僕射　「僕」原作「樸」，據上條及本條下文「左僕射」改。

二十三年（癸酉，一一五三）

1. 十一月九日，詳定一司勑令所上大宗正司勑一十卷，令四十卷，格一十六卷，式五卷，申明一十卷，目録五卷〔一〕。詔頒行。先是，紹興十四年七月十四日，諸王宫大小學教授王觀國言：「宗室支派散居四方，雖有大宗正一司法令，而難以推行。」禮部取到諸宫院狀：「契勘本司專法，係在京日删修，其間有目今權在外難以推行者，或内有合行删修者，請從敕令所删修。」從之。至是書成，進呈。上諭輔臣曰：「偏閲所修，甚有條理，可頒降施行。」續詔依茶鹽法進書例推恩。

〔一〕文中各卷合計，共八十六卷；宋史卷二百四作「大宗正司敕、令、格、式、申明及目録八十一卷」。

二十五年（乙亥，一一五五）

1. 九月十三日，太師、尚書左僕射、同中書門下平章事、提舉詳定一司勑令秦檜等上寬恤詔令一百六十八卷，目録三十一卷，修書指揮一卷。詔頒行，仍以紹興編類寬恤詔令爲名。先是〔一〕，紹興二十三年八月二十八日，前權知惠州鄭唐佐言：「陛下臨御以來，詔令爲民而下者十常八九，莫先省刑罰也，薄稅斂也。然親民莫如守令，按察莫如監司。而守令之職，固當精白一意，務使實惠及民。若監司歲內巡歷所部州縣或不周徧，則遐方僻壤，郡邑官吏奉行必有不謹。望飭攸司，自中興以來省刑罰，薄稅斂，凡卹民寬厚之詔令編類成書，以賜守令，仍令監司歲內分巡所部州縣，務要周徧，以察奉行詔令之當否、官吏之勤惰。」詔下敕令所編類。至是成書上之。有旨依昨修大宗正司法進書例推恩。

〔一〕先是「先」原作「一九」，據文意改。

二十六年（丙子，一一五六）

1. 七月二十七日，上諭輔臣曰：「昨來卿等奏陳，近年有司申明續降指揮，多有與祖宗成法違戾去處，已令有司看詳改正，至今不曾具到。」沈該等奏曰：「六部以謂，若一頓更改，恐致紛紛，欲每因一事，便改正一項。」上曰：「此固好，然恐吏輩臨時得以舞文玩法。不若督促，與一番改正。」先是，魏良臣乞令省部具續降申明指揮付有司看詳，庶與祖宗舊法不相背戾。詔從之。至是未上，故有是旨。

2. 十月十七日，詳定一司勅令所言：「本所與實錄院、國史、日曆所、玉牒所皆係宰執提領。一般書局各有進呈及御前降出文字，本所舊曾差置內侍官充承受並諸司及提舉諸司官，欲依例出差。」詔都大提舉諸司差延福宮使、寧遠軍承宣使、入內內侍省押班李珂，承受官差入內內侍省東頭供奉官、幹辦御藥院兼太一宮李綽。

3. 閏十月一日，臣僚言：「文昌，政事之本。今戶部之婚田，禮部之科舉，兵部之禦軍，工部之營繕，以至諸寺監一司專法之外，竊意無條而用例者尚多有之。欲望深詔大臣董正治官，悉令有司子細編類，條具合用之例，修入見行之法。一有隱匿之弊，重寘典憲。」從之。

4. 十二月十五日，尚書左僕射〔一〕、同中書門下平章事、提舉詳定一司勑令万俟卨等上御試貢舉勑一卷、令三卷、式一卷、目錄一卷、申明一卷，省試貢舉勑一卷、令一卷、式一卷、目錄一卷、申明一卷，府監發解勑一卷、令一卷、式一卷、目錄一卷、申明一卷，御試省試府監發解通用勑一卷、令一卷、格一卷、式一卷、目錄一卷，省試府監發解通用勑一卷、令二卷、格一卷、式一卷、目錄二卷，內外通用貢舉勑二卷、令五卷〔二〕、格三卷、式一卷、目錄四卷、申明二卷，釐正省曹寺監內外諸同等法三卷，修書指揮一卷。詔可頒降，仍以紹興重修貢舉敕令格式爲名。是年正月九日，臣僚言：「國家取士，如棘闈糊名之法，悉沿唐制，而又增廣。立號、謄錄、監試、巡鋪，以至代筆、挾書、繼燭，禁戢尤嚴。獨緣試官容私，公道不行，或先期以出題目，或臨時以取封號，或假名以入試場，或多金以結代筆。故孤寒遠方士子不得預高甲，而富貴之家子弟常竊巍科。乞下有司重修科舉之法，革去近年容私之弊。如挾書、代筆、繼燭，必欲盡禁。如封彌、立號、謄錄，必欲依條。如考校、定去留、分高下，必欲至公。如知舉、參詳、考試官，仍乞御筆點差，以復祖宗科舉之法。」後敕令所言：「科舉取士，一宗條令，盡載貢舉法，係自崇寧元年七月修立，經今五十餘年，其間衝改及增立名件不少，前後所降申明，州縣多不齊備。欲將上件崇寧貢舉條法逐一取索，重修施行。」從之。時宰臣万俟卨爲提舉，戶部侍郎王俁爲詳定，右宣教郎柳綸、右宣議郎魏庭英、左從政郎趙廱、右從政郎范岡、左迪功郎陳榕爲删定官。至是書成上之。詔依寬恤詔令進書例推恩。

〔一〕尚書左僕射　「左」，中興小紀卷三十七作「右」。

〔二〕令五卷　「令」原作「今」，據文意改，參見玉海卷一百十六。

格令四〔一〕

影印本刑法一之四五至六一

大典卷一九〇二八

二十七年（丁丑，一一五七）

1. 四月二日，吏部狀：「侍御史周方崇上言：伏覩近日敕令所删定官不問歲月遠近，偶值進書，例行改官。雖推賞係舊例，然前比亦少假歲月，不如是之冒濫也。竊見紹興雜壓令：删定官在著作佐郎、國子監丞之上，既改官，除監檢鼓院等差遣，則序位反在著作佐郎之下〔二〕。欲望將選人删定官雖經進書，令依大學正錄例，到任一年，通及五考，方與改官。仍乞將選人任删定官及其餘選人職事雜壓，重行修立，别爲一等。本部看詳：選人任删定官，欲令雜壓在太學博士之下。其磨勘改官，在任及一年，有出身人通及四考，無出身人五考，即依紹興六年三月二十七日已降指揮施行。其進書賞並與比類循資，仍自今降指揮日爲始。」從之。

〔一〕格令四「四」原作「三」，因前已有三，故改作四。

〔二〕則序位反在著作佐郎之下「在」原作「存」，據本條上文「删定官在著作佐郎、國子監丞之上」改。

二十八年（戊寅，一一五八）

1. 三月二十七日，司農卿湯允恭言：「全蜀之地，初置宣撫處置使，則許便宜行事。既立總領財賦司，則有措畫指揮。二者出於軍興，一時濟辦，多與一司一路及見行條法不相照應。望降指揮，俾制置司、總領所各具元來所得便宜措置指揮，取會四路憲、漕、常平司、見今州縣承受奉行與紹興新書不同處，及斷立罪賞輕重，或相抵牾，逐一參照，條具申奏，下敕令所看詳，將合存留條件編入紹興新書，頒降四川專一遵守。」從之。

二十九年（己卯，一一五九）

1. 四月十五日，尚書右僕射、同中書門下平章事、兼提領詳定一司敕令所湯思退言：「中書、門下、尚書三省實總萬機之務，其章程品式以應期會者，亦各有本省之法。伏見中書、門下敕令格式實大觀中修纂，歷年既久，而尚書省第有省記條册。竊慮官制、事名或有增改、續降命令所當修著，望下有司，重修三省成法。蓋三省之法，實著出令官之程格，其小兼載吏員遷補之次序，非他法比。欲與宰執同共選差尚書侍郎給舍兩三人，同本所詳定官以典故法令參修，以求至當〔一〕。臣雖備員提領，緣今來係三省法，合同宰執詳議審覆。乞將來進書，臣更不推恩。所有選差官係三省屬官，論思乃其本職，乞不入銜，及不添請給、書史之類。」從之。其後三十一年二月八日，刑部侍郎、兼詳定官黄祖舜條具修三省法申請，未幾詔罷勅局，修書指揮遂寢〔二〕，至乾道六年七月十九日纔降詔復修焉。

〔一〕以求至當　繫年要録卷一百八十一作「三省成法來上」。

〔二〕修書指揮逐寢 「逐」當作「遂」；中興小紀卷三十八作「還」。

三十年（庚辰，一一六〇）

1. 八月十一日，尚書右僕射、同中書門下平章事、兼提舉詳定一司勅令陳康伯等上尚書左選令二卷、格二卷、式一卷、申明二卷、目錄三卷，尚書右選令二卷、格二卷、申明二卷、式一卷、目錄三卷，侍郎左選令二卷、格一卷、申明一卷、目錄三卷，侍郎右選令二卷、格二卷、式一卷、申明二卷、目錄三卷，尚書侍郎左右選通用勅一卷、令二卷、格一卷、式一卷、申明二卷、目錄一卷，司封勅一卷、令一卷、格一卷、申明一卷、目錄一卷，司勳勅一卷、令一卷、格一卷、申明一卷、目錄一卷，考功勅一卷、目錄一卷，改官申明一卷，修書指揮一卷，釐析八卷〔一〕。詔下本所頒降，仍以紹興參附尚書吏部勅令格式爲名〔二〕。先是，紹興二十八年九月十九日，權吏部尚書賀允中言：「比年以來，臣僚奏請，取便一時，謂之續降指揮，千章萬目，其於成憲不無沿革。舞文之吏依倚生姦，可則附會而從權，否則堅吝而沮格。願惟是吏部七司見今所用法，今最爲急務，若無一定之法，革去久弊，而望銓曹之清〔三〕，不可得也。願詔敕令所嚴立近限，將吏部七司祖宗舊制〔四〕，與續降指揮參定異同，先次條纂，立爲定制，庶免用例破條之患。」後詳定官黃祖舜言：「見修吏部七司條法，欲將舊來條法與今來事體不同者，立爲參附條參照。」上謂輔臣曰：「祖宗成憲，不可廢也。存之以備用甚當，但令所修法須與祖宗法意不相違背。仍諭諸詳定。」既而權吏部尚書周麟之言：「吏部諸選引用續降指揮，前後不一，或臣僚建明，或有司申請，皆經取旨，然後施行。今以續降條册觀之，乃有頃年都省批狀指揮參列其間，亦曰續降，誠未爲允。」詔令諸選具紹興二十五年以前批狀指揮，如有類此者，仰勅令所可削則削之。時陳康伯爲提舉，

刑部侍郎黄祖舜爲詳定，右迪功郎聞人滋、左從政郎徐覆、右從政郎陸遊爲删定官。至是書成進呈。上曰：「頃未立法，加以續降太繁，吏部無所遵承。今既有成法，若更精擇天官長貳〔五〕，銓曹其清矣。」宰臣湯思退奏曰：「頃未立法，官員到部，有所整會，一求之吏，並緣爲姦，金多者與善例，不然則否。」上曰：「今既有成法，當令一切以三尺從事，不可更令引例也〔六〕。」續詔修進官與刑名斷例成書通推恩賞。

〔一〕合計共六十六卷，繫年要録卷一百八十五、宋史卷二百四、宋史全文卷二十三上皆作「七十卷」。

〔二〕仍以紹興參附尚書吏部勅令格式爲名　「令」原作「卷」，據繫年要録卷一百八十五、宋史卷二百四、宋史全文卷二十三上改。

〔三〕而望銓曹之清　「銓」原作「詮」，據本條下文「銓曹其清矣」改。

〔四〕將吏部七司祖宗舊制　「宗」原作「宜」，據本條下文「祖宗成憲」、「祖宗法意」等改。

〔五〕若更精擇天官長貳　繫年要録卷一百八十五、中興小紀卷三十九皆作「若更精擇長貳」。

〔六〕不可更令引例也　「令」原作「今」，據繫年要録卷一百八十五、中興小紀卷三十九改。

2. 同日，尚書右僕射、同中書門下平章事、兼提舉詳定一司勅令陳康伯等又上刑部斷例、名例、衛禁共二卷，職制戶婚廄庫擅興共一卷，賊盜三卷，鬭訟七卷，詐僞一卷，雜例一卷，捕亡三卷，斷獄二卷，目録一卷，修書指揮一卷。詔下刑寺遵守，仍以紹興編修刑名疑難斷例爲名。以紹興二十六年九月二十九日御史中丞湯鵬舉言：「三尺之法，天下之所通用也。四海九州，萬邦黎獻，知法之所載而已，安知百司庶府之有例乎？例之所傳，乃老姦宿贓祕而藏之，用以附下罔上，欺或世俗〔一〕，舞文弄法，貪饕貨賂而已。望詔吏部、刑部條具合用之例，修入見行之法，以爲中興成憲。」後勅令所詳定官王師心言：「據刑、寺具到崇寧、紹興刑名疑難斷例，並昨大理寺看詳，本寺少卿元袞申明刑名疑難條例，乞本所一就編修。」從之。初，紹興四年四月二十三日，刑部侍郎胡交修〔二〕等乞編集刑名斷例，當時得旨，限一季編集。又紹興九年三月六日，臣僚言請以建炎以來斷過刑名近例分類門目編修，亦得旨限一月。是年十一月一日，臣僚復建言：「前後所降指揮，非無限期。取到大理寺狀，雖曾編修審復，即未上朝廷。竊詳編類之意，蓋爲刑部進擬案，引用案例，高下用情，輕重失當。今既未成書，不免隨意引用。乞下刑寺根究節次，立限之後如何編類，再立嚴限，專委官看詳。」遂詔刑部委員官張柄、晏孝純，大理寺委評事何彦猷〔三〕、趙子籈，依限一月。時編集止紹興十年。其後湯鵬舉奏：「勅令所且言，詔得紹興斷例〔四〕，大理寺元止編到紹興十五年以前，所有以後至二十六年終即未曾編類，理合一就編集。」至是成書，與參附吏部法同日上焉。詔敕令所修進吏部參附法，並刑名疑難斷例，依昨進御試等條法進書推恩。其本所差到大理正周自強、丞馮巽之、評事賈選、潘景珪，各與減一年磨勘，以嘗兼權刪定官，編過斷例及審覆故也。以上中興會要

〔一〕欺或世俗　「或」當作「惑」。

〔二〕刑部侍郎胡交修　「胡交修」原作「故交修」，據繫年要録卷七十八、卷一百三十三改。

〔三〕大理寺委評事何彦猷　「評」原作「平」，據繫年要録卷一百三十三改。

〔四〕詔得紹興斷例　「詔」當作「照」。

孝宗　隆興二年（甲申，一一六四）

1. 正月七日，宰臣湯思退言：「今百司皆有成法，中書國政所出，三省之法不可不修。」詔權中書舍人何俌、馬騏，檢正諸房公事葉顒、右司員外郎沈樞同共編修，候成書，差尚書侍郎、給事中詳定覆。

2. 二月二十四日，臣僚言：「今日之弊，在於捨法用例。法者，率由舊章，多合人情；例者〔一〕，出於朝廷一時之予奪，官吏一時之私意。欲望明詔中外，悉遵成法，毋得引例。如事理可行而無正條者，須自朝廷裁酌，取旨施行。」從之。

〔一〕例者　「例」原作「出」，據本條上文「捨法用例」、「法者」改。

3. 五月二十六日，吏部尚書金安節言：「比因臣僚言銓曹用例之弊，臣即與郎吏疏謬例之當去與定例之可用者，悉上於朝。竊慮定例雖下〔一〕，人不得知。欲望申飭有司，鏤版刊示。」從之。

〔一〕竊慮定例雖下　「竊」原作「切」，據文意改。

乾道元年（乙酉，一一六五）

1. 七月二十日，權刑部侍郎方滋言：「乞將紹興正月一日以後至目今刑寺斷過獄案，於內選取情實可憫之類，應得祖宗條法奏裁名件，即編類成書，及將勑令所修進斷例更加參酌。」從之。

二年（丙戌，一一六六）

1. 六月五日，刑部侍郎方滋上乾道新編特旨斷例五百四十七件，名例三卷，衛禁一卷，職制三卷，戶婚一卷，廏庫二卷，擅興一卷，賊盜十卷，鬬訟十九卷，詐僞四卷，雜例四卷，捕亡十卷，斷獄六卷，分爲一十二門，共六十四卷。目錄四卷，修書指揮一卷，參用指揮一卷，總七十卷。仍乞冠以乾道新編特旨斷例爲名。從之。

2. 八月九日，戶部郎官司馬伋言：「契勘銓綜之司，唯法是守，今有二途〔一〕，是啓姦吏舞文之弊。欲望明詔吏部七司，如有勑令前後不同者，並委有司删定可否，止從其一。」從之。

〔一〕令有二途　「途」原作「徒」，據文意改。

三年（丁亥，一一六七）

1. 五月二十八日，臣僚言：「竊見紹興續降指揮〔一〕，未經編類，前後異同。乞詔有司删修，總爲一集，頒示天下。」詔刑部條具。既而刑部言：「紹興續降指揮已修至建炎四年六月終，自當年七月至紹興十八年應干申明及衝改法令指揮，已嘗下大理寺、江東西提刑等司抄録，見在本所。所有十八年以後至目今續降，伏乞劄下諸處繕寫赴部，並諸百官司元係省記專法，内有事干海行並改衝條制，理合一就取索參修。」從之。

〔一〕竊見紹興續降指揮　「竊」原作「切」，據文意改。

四年（戊子，一一六八）

1. 三月二十三日，臣僚言：「伏見近日將紹興續降重行删修。緣四十年間，前後申請無慮數千，重複抵牾，難以考據。乞且委大理寺官同共看詳，先經正、丞，次至卿、少，一如獄案詳難定其可否，類申刑部。然後以所隸事目分六部，六部長貳、郎官更加參詳，委得允當，即著爲定令。庶幾勑令之頒，可以經久。」從之。

2. 十一月二十九日，祕書少監、兼權刑部侍郎汪大猷言：「竊見紹興以來續降〔一〕，幾至二萬餘條，間見層出，前後舛牾者不可一二數〔二〕。比因臣僚所請，命刑寺官如斷案例以次删修。然至今數

月，未知所裁。欲望明詔有司，函賜編集。有舊法不能盡而續降可以參用者，即分類編次之；有舊法文不分明而續降因事重出者，即參酌損益之；有舊法所無而後來因事立制者，即修立以爲法；有一時權宜處分不可著爲成制者，即存留以照用；有舊法本自可用而續降不必行者，即皆刪去。庶幾一代法令，粲然備具。」詔依，仍差大猷兼詳定官，大理少卿王彦洪、韓光吉〔三〕兼同詳定官，吏部郎官鄭伯熊、戶部郎官曾逮、刑部郎官蔡洸〔四〕、劉芮，大理寺丞潘景珪、大理司直洪蒧並兼刪修官，限一年編修。

〔一〕竊見紹興以來續降　「竊」原作「切」，據文意改。

〔二〕前後舛牾者不可一二數　「舛牾」原作「外悟」，據文意改。

〔三〕韓光吉　當作「韓元吉」，參見宋史卷三百九十李衡傳。

〔四〕蔡洸　原作「蔡光」，據宋史卷三百九十蔡洸傳改。

3. 十二月十八日，祕書少監、兼權刑部侍郎、兼重修勑令詳定官汪大猷言：「昨修紹興新書，係用嘉祐法與政和法對修，今來重修勑令，亦乞以嘉祐法參酌修立。」從之。

五年（己丑，一一六九）

1. 三月二十五日，吏部侍郎周操言：「竊見吏部七司條令〔一〕，自紹興三十年以後節次申明、續降，未經修緝。欲乞委官就吏部置局，依倣舊書，隨事纂集。」詔依，仍委逐司郎官並吏部架閣文字官編類。

〔一〕竊見吏部七司條令　「竊」原作「切」，據文意改。

六年（庚寅，一一七〇）

1. 五月，樞密院檢詳諸房文字張敦實言：「比者朝廷命官置局，重修紹興以來法令，然上未及諸路一司法令〔一〕。乞取四川、二廣逐路專行者，併加修削，目爲乾道新修一司法。」從之。

〔一〕然上未及諸路一司法令　「上未」當作「尚未」。

2. 八月二十八日，尚書右僕射虞允文言：「昨將紹興勅與嘉祐勅及建炎四年十月以後至乾道四年終續降指揮逐一參酌刪削，今已成書。勅一十二卷，令五十卷，格三十卷，式三十卷，目錄一百二十二卷，存留照用指揮二卷，繕寫進呈。乞冠以乾道重修勅令格式爲名。」詔依。仍自八年正月一日頒行。

3. 十月十五日，尚書右僕射虞允文言：「伏見勅令所見修乾道新書，係將諸處錄到續降指揮，計二萬二千二百餘件，除合刪去外，今於舊法有增損元文五百七十四條，帶修創立三百六十一條，全刪舊文八十三條，存留指揮一百二十八件，已成書頒行。欲望明詔諸路，候頒到新書，其間如有疑惑事件，許限兩月，各條具申本所，以憑檢照元修因依，分明指說行下。」從之。〔一〕

〔一〕原文天頭舊批「並」字，不知何意。

七年（辛卯，一一七一）

1. 正月十二日，提舉福建常平茶事周自強言：「竊見乾道新書〔一〕，既以頒行，自今凡有申請衝改，必先送所屬曹部詳議。如果合衝改，然後取旨刪修。若舊法已備，止請申嚴者，乞更不施行。」從

年終。今乞將乾道五年以後續降指揮，令本所詳定修削，每三年一次編類，申朝廷審覆頒降。」從之。

2. 九月十一日，權刑部侍郎、兼詳定一司勅令所王秬言：「本所重修海行敕令格式，已至乾道四年終。今乞將乾道五年以後續降指揮，令本所詳定修削，每三年一次編類，申朝廷審覆頒降。」從之。

3. 十一月二十七日，詔令戶部將乾道新修條令並申明戶婚續降指揮編類成册，送敕令所看詳，鏤版遍牒施行。

〔一〕竊見乾道新書 「竊」原作「切」，據文意改。

之。

八年（壬辰，一一七二）

1. 八月十八日，大理少卿、兼同詳定一司勅令莫濛言：「契勘中書門下省、樞密院法係大觀間修立，尚書省法係崇寧間修立，並未嘗審訂去取，止是引用省記。今乞將崇、觀以後至乾道八年終重加修緝，並三省通用法、三省樞密院通用法一槩修立。」從之。

九年（癸巳，一一七三）

1. 二月六日，右丞相梁克家、參知政事曾懷上中書門下勅二卷、令二十二卷、格一十三卷、式一卷、申明一卷，尚書省勅二卷、令七卷、格二卷、式三卷、申明二卷，樞密院勅四卷、令二十四卷、格十六卷、申明二卷〔一〕，三省通用勅一卷、令五卷、格一卷、式一卷、申明一卷，三省樞密院通用勅二卷、令三卷、格一卷、式一卷、申明三卷，目錄二十卷，並元修看詳意義五百册，乞冠以乾道重修逐省院勅令格式爲名。」從之。

〔一〕疑缺樞密院「式」及其卷数。

2. 三月二日，臣僚言：「伏見乾道新書與舊法頗多違戾，訪聞六部每遇一事，動輒申請，方能施行。乞令長貳條具，如有未便，即重行删修。」從之。以上乾道會要

淳熙元年（甲午，一一七四）

1. 四月二十八日，敕令所言：「喫菜事魔或夜聚曉散，因而傳習妖教，州縣不行覺察，自當坐罪。緣係内〔一〕令、丞、巡尉、都監、知、通、監司既有分立等第斷罪，其後徒黨已成者，若泛言『命官』，即是〔二〕監司、知、通、令、丞等皆合衝替，致無以分别。兼巡尉、都監職專警捕，欲將『命官』字改為『巡尉、都監』字，及於『衝替』字下云『餘五百里編管』，不顯『餘』係是何色目人，所以删去『餘』字，卻照得條内上文添入『厢耆等人』四字，在『五百里』字上爲文。庶幾罪責有以區别。」從之。

〔一〕係内　「係」當作「條」。

〔二〕即是　「是」字後衍「即是」，已删。

2. 十月九日，詔：「六部除刑部許用乾道所修刑名斷例，及司勳許用紹興編類獲盜推賞刑部例〔一〕，並乾道元年四月十八日措置條例弊事指揮内立定合引例外，其餘並依成法，不得引例。」先是，臣僚言：「今之有司既問法之當否，又問例之有無。法既當然而例或無之，則事皆沮而不行〔二〕。夫法之當否，人所共知，而例之有無，多出吏手，往往隱匿其例以沮壞良法，甚者俟賄賂既行，乃爲具例，爲患不一。乞詔有司，應事有在法灼然可行而未有此例者，不得以無例廢法事。」詔下六部看詳。至是來上，因有是詔。

〔一〕紹興編類獲盜推賞刑部例　文獻通考卷一百六十七無「刑部」二字。

〔二〕則事皆沮而不行　「事」原作「是」，據文獻通考卷一百六十七改。

二年（乙未，一一七五）

1. 十二月四日，參知政事龔茂良等上吏部七司法三百卷，詔以淳熙重修尚書勅令格式申明爲名。先是，乾道五年三月，吏部侍郎周操言：「吏部七司條令，自紹興以來凡三經修纂。起於天聖七年以後，至紹興三年七月終成書，目曰吏部七司法；自建炎二年八月至紹興十五年六月終成書，目曰新吏部七司續降；自紹興三年四月至三十年七月成書〔一〕，目曰參附吏部七司法。上件條令，卷册浩繁。又自紹興三十年以後，更有隆興弊事指揮，及節次申明、續降，散浸於各司之間。乞委六部主管架閣庫官置局，依倣舊書，每事編類成門。仍令逐司主令法案畫一供具結罪，以憑編類。候勅令所修勅令畢日，取吏部七司以成三書〔二〕，及今來架閣庫官編類紹興三十年以後指揮續降，重行刪修，共成一書。」詔從其請。至是來上。時龔茂良爲提舉官〔三〕，權吏部尚書蔡洸爲詳定官〔四〕，軍器監鞏湘、宣教郎蓋經、儒林郎張季樗、宣教郎曾植、承務郎丁常任、宣教郎軍器監主簿欒備、從事郎樓鑰並爲刪定官。」詔經修進書詳定、刪定、兼刪定官各轉一官，選人改合入官，提舉、承受諸司官各轉一官；經修不經進提舉、同提舉官各減三年磨勘，詳定、同詳定官，刪定、兼刪定官各減二年磨勘；不經進書承受、主管諸司官各減二年磨勘；本所進書人吏、吏部差到供報手分各轉一官資；並本所諸司人兵等各依例犒設一次。

〔一〕自紹興三年四月至三十年七月成書　「至」字原脫，據文意補。

〔二〕取吏部七司以成三書　「以」當作「已」。已成三書，即吏部七司法、新吏部七司續降、參附吏部七司法。
〔三〕時龔茂良爲提舉官　「官」字原脫，據文意及下文淳熙三年三月二十九日條補。
〔四〕蔡洸爲詳定官　「蔡洸」原作「蔡洗」，據文獻通考卷三十八改。

三年（丙申，一一七六）

1. 正月十三日，敕令所言：「本所近修吏部七司尚右從龍四色人犯贓許蔭補並致仕推恩條，已於內删去犯贓一節，係犯贓人不許蔭補。其旁照海行法內第二條與此相關，當時得旨，令照上條删去犯贓一節。今來敕令所除將第二條係從龍等四色人既已删去『曾犯贓及』四字，若第二條內『歷任有入己贓』字删去外，尚恐引用疑惑。本所今重別看詳，中大夫、武功大夫以下條內除依舊法外，仍於『化外人』字下添入『除犯入己贓外』六字，在『聽奏乞』字上立文。所有元申前項海行法第二條，乞更不施行。」從之。

2. 三月二十九日，參知政事龔茂良等上吏部條法總類四十卷。先是，淳熙二年十一月，有詔：「敕令所將吏部見行改官、奏薦、磨勘、差注等條法指揮分明編類，別删投進。若一條該載二事以上，即隨門類釐析具入，仍冠以吏部條法總類爲名。」至三年三月五日，詳定官蔡洸等言：「除將吏部見今引用條法指揮分類各就門目外，其間有止是吏部具鈔狀體式之類，及內有將來引用條件，並已於法册內盡行該載訖，今更不重行編類。」至是來上。時龔茂良爲提舉官，戶部尚書蔡洸爲詳定官，軍器監鞏湘、宣教郎張季樗、奉議郎曾植、承奉郎丁常任、軍器監主簿樂備、宣議郎樓鑰、從事郎陸杞爲删定官。

四年（丁酉，一一七七）

1. 正月二十三日，詔：「自今春秋頒降進册，從刑部長貳點檢，別無差錯漏落，方得繳申。」以本部申到春頒進册多有錯漏故也。

2. 五月二十五日，詔：「敕令所參酌到適中斷例四百二十件，以淳熙新編特旨斷例爲名，併舊斷例並令左右司拘收掌管。今後刑寺斷案別無疑慮〔一〕，依條申省取旨裁斷外，如有情犯可疑，合引例擬斷事件，具申尚書省參照施行。」

〔一〕令後刑寺斷案別無疑慮　「令」原作「令」，據文意改。

3. 十一月十一日，參知政事李彦穎等上參考乾道法，詔以淳熙重修勅令格式爲名。先是，淳熙二年，臣僚言：「乾道新書尚多抵牾，未免時有申明。」至三年六月十一日，詔差戶部尚書蔡洸兼詳定官，大理少卿吳交如同詳定，燕世良、俞澂時暫兼删定官。許於諸處選差通習法令人吏將乾道新書抵牾條令，就勅令所與本所官同共逐一參考刊修。時本所官戶部侍郎單夔爲詳定官，宣教郎張季樗、宣教郎樓鑰〔一〕、承奉郎丁常任、從事郎吳天驥、從事郎周碩爲删定官。七月十四日，敕令所言：「舊有五千四百餘條，昨修乾道法日〔二〕，於內删改創修九百餘件。除今來合修改者置册投進外，詔令將今次改定條文逐旋置册進入，其元不動文並別無抵牾條件，不須投進。」八月二日，詔六部將乾道五年正月以後應續降衝改條令，限半月開具送敕令所一就删潤。四年八月〔三〕三日，詔敕令所將今來修到抵牾條件，於見行乾道法內對定删修，通作一書。至是上之。詔詳定、同詳定官、删定、兼删定官各特轉一官，內選人候改官了日收使。本所修書人吏，有官人各減二年磨勘，餘人令戶部各支犒設錢三十貫文。

〔一〕宣教郎樓鑰　「宣教郎」當作「宣議郎」，見上文淳熙三年三月二十九日條。
〔二〕昨修乾道法日　「修」原作「條」，據文意改。
〔三〕四年八月　原作「四八年月」，據文意改。

五年（戊戌，一一七八）

1. 二月二十一日，中書門下省言：「命官陳乞改政過名〔一〕，前推錄問官吏不當收坐，伏辯條法前後修改不一，難以遵用。」詔遵依紹興重修，入淳熙新法施行。其乾道重修令並淳熙三年八月十日重修乾道鞫獄，今並令敕令所刪定。

〔一〕命官陳乞改政過名　「政」當作「正」。

2. 七月二十一日，大理司直兼敕令所刪定官王夢若言：「尋訪得舊本嘉祐編勅四十七卷，乞委法官點檢校勘。」詔賈選、王夢若、張維點檢校勘。

六年（己亥，一一七九）

1. 五月六日，吏部言：「重修淳熙新書務合祖宗成憲，乞將續降指揮依舊制類成編勅，與法令並行，毋改輕改成法〔一〕。」從之。

〔一〕毋改輕改成法　「毋改」當作「毋致」。

2. 七月一日，刑部郎中潘景珪言：「朝廷欽恤用刑，以條令編類成册，目曰斷例，可謂曲盡。昨有司刪訂，止存留九百五十餘件，與見斷案狀其間情犯多有不同，難以比擬。乞下刑部將隆興以來斷

過案狀編類成册，許行參用，庶幾刑罰適中，無輕重之弊。」詔刑部長貳選擇元犯與所斷條法相當體例，方許參酌編類，其有輕重未適中者，不許一概修入。

3. 六日，右丞相趙雄等上諸路州軍賞法一百三十九卷，目録一十七卷；諸路監司酬賞法四十七卷，目録五卷；通用賞法一十三卷，目録一卷；西北州軍舊賞一卷，詔以淳熙一州一路酬賞法爲名。先是，乾道二年六月二十七日，吏部侍郎李益謙言：「本選近據諸路州軍或監司申奏到小使臣、校尉陳乞任賞，其間有格所不載。本處檢引一司一路專降指揮條法，皆是川、廣邊遠城寨等處，並係熙寧、元豐、大觀以前所降指揮。本部推尋酬賞體例，又多案牘不存。乞下諸路州軍監司抄録一司一路專降指揮，著爲成法。」至六年正月二十七日，左司員外郎閻蒼舒言：「見修賞法，止是四川、二廣、兩浙、京襄〔一〕、湖南北、江東西、福建、兩浙州軍，並諸司計一百八十餘處外，其餘見今在北界路未通州軍，並不該載。」詔其未復州軍，令敕令所別作册開列。至是書成上之。時趙雄爲提舉，參知政事錢良臣同提舉，兵部侍郎劉孝韙爲詳定官，大理卿賈選爲同詳定，迪功郎邵擬、宣教郎大理寺丞張維、宣義郎〔二〕胡長卿、宣教郎宋之瑞、宣教郎樓錫、從政郎鄭滌爲删定官。詔依淳熙二年七月進七司條法指揮體例推恩。

〔一〕京襄　疑當作「荊襄」。

〔二〕宜義郎　「宜」當作「宣」。

4. 十三日，權知徽州陳居仁言：「乞下敕令所裒集隆興優恤詔旨，類而分之，如代納折帛、蠲減重賦、懲罰科擾之類，立三十二條，大書鏤板，頒之郡國，名曰隆興以來寬恤詔令。申戒官吏，務在遵行。」從之。

七年（庚子，一一八〇）

1. 三月二十五日，敕令所言：「昨乞將乾道五年至淳熙六年終續降創立並衝改海行法，取會所屬。今來逐一取道〔一〕，有合入二十七件，並是見行，欲離入新書本門之後。」從之。

〔一〕今來逐一取道　「道」當作「到」。

2. 五月二十七日，詔敕令所修立百司省記法，以淳熙重修百司法爲名。先是，大理寺直兼敕令所删定官李大理言：「渡江以來，官司文藉散逸，多出於老吏一時省記。今以百司計之，總一百七十餘處。其間有略舉事端〔一〕，泛爲臆說，如所謂不記是何月日指揮，不記何人申請者，不可勝數。四五十年來，老胥猾吏憑籍此書，並緣爲姦，蓋非一日。此書當修，非其他比。惟是有司供報出於吏手，差互不同，若據憑便修成法，其間私行隱匿，供報漏落，他日復得以肆爲姦弊。乞下百司疾速抄錄省記與見行條法，責本處職級及當行人吏結罪盡實供報，毋致隱匿。如將來書成之後，輒以漏落事件，卻乞申明照會，其當職官吏重作施行。」九年六月詔權行住修。

〔一〕其間有略舉事端　「間」原作「問」，據文意改。

3. 二十八日，右丞相趙雄等上淳熙條法事類四百二十卷，目錄二卷。先是，淳熙六年二月十六日，都省言：「海行新法凡五千餘條，檢閱之際，難以備見。」詔敕令所將見行勅令格式申明，體倣吏部七司條法總類，隨事分門修纂，別爲一書。若數事共條，即隨門釐入，仍冠以淳熙條法事類爲名，至是書成上之。時趙雄爲提舉，參知政事錢良臣同提舉，權戶部侍郎陳峴爲詳定官，大理卿賈選同詳定，刑部郎中潘景珪、儒林郎奚商衡、承直郎任洙、奉議郎郭明復、迪功郎李友直、承直郎刑紳〔一〕爲删定官。

詔依淳熙六年進書體例推恩。

〔一〕承直郎刑紳　「刑」當作「邢」。

八年(辛丑,一一八一)

1. 六月十九日,詔:「淳熙重修吏部勅令格式申明既已頒行,其舊條難爲雜用。自今如有疑惑,可申尚書省取旨。」先是,吏部侍郎趙汝愚言:「昨降指揮,令敕令所將紹興吏部七司法、吏部七司續降、參附吏部七司法三書,又取自紹興三十年以後至淳熙元年終節次續降及集議弊事指揮,重修吏部七司勅令格式,至淳熙二年書成。除是年正月以後指揮合作後勅遵用外,自淳熙元年十二月終以前申請指揮自不合行用。然勅令之文簡而深,請奏之辭詳而備,居官者既未能精通法意,遂復取已行之例用爲據依,故吏因得並緣爲姦。望委本部主管架閣文字官盡取建炎以來逐選見存指揮,分明編類成册〔一〕,付本選長貳郎官,參照新書重行考定。取於新書別無抵牾者,編類成册進呈,取自裁斷存留照用外,其餘盡行删削,自今法案不許引用。」至是書成,故有是詔。

〔一〕分明編類成册　「册」原作「沓」,據文意及本條下文改。

十年(癸卯,一一八三)

1. 三月二十三日,詔:「敕令所將乾道七年及淳熙三年所降違限不投稅告賞指揮並與刊除,自今專一遵守淳熙新法。」先是,乾道七年指揮以物産一半没官,一半充賞〔一〕。淳熙三年指揮則以所告物全給告人。後來淳熙新法所載違限不投稅者,三分物産,以一分没官,而告人只以没官之物一半充

賞，是告人之賞乃六分之中給其一也。緣新法與續降，既許並行，故有司承用之際，或得容心，姦吏舞文，因例爲市。至是臣僚請削去續降，當專一遵守淳熙新法，故有是命。

〔一〕一半充賞 「充」原作「允」，據本條下文「一半充賞」改。

2. 九月二十五日，詳定一司敕令所刪定官莫叔光言：「淳熙新書所修者，止於乾道四年，其乾道五年正月以後至淳熙七年六月以前所降指揮，並未銓次。今因淳熙新書之名〔一〕，莫敢引用。乞申飭四方，使考首篇所載指揮，明知續降不曾衝改新書所已修者，自以條法爲斷；新書所未入者，自據指揮而行。」從之。

〔一〕今因淳熙新書之名 「新」原作「命」，據本條上下文改。

十一年（甲辰，一一八四）

1. 五月一日，敕令所上紹興三十二年六月十一日以後、淳熙十年十二月以前寬恤事件成書，凡三百卷。

2. 十月二十七日，敕令所看詳：「臣僚奏，『紹興勅節文，諸因事呼萬歲者，徒二年，其不因事者杖一百。』紹興五年刑部看詳，乞將因事到官，實負冤抑〔一〕，官司欲加刑禁，避怕一時鍛鍊輒呼者，依不因事法。乾道敕於『不因事者杖一百』之下註云『雖因事到官，實負冤抑〔二〕，避免刑禁，而輒呼者同』。研究前項看詳及補註，其於裁酌輕重，切當事情。今淳熙重定敕止云『諸輒呼萬歲者，徒二年』，所有紹興勅及刑部看詳二項，悉皆刪者〔三〕，不復區別。乞下敕令所遵用舊法，及已看詳事理施行。本所今重別參酌改修：『諸輒呼萬歲者徒二年，兵級配本城，再犯配五百里。若因怨嫌者，諸軍對本本人依階級法〔四〕，餘人對本轄官配本城。其實負冤抑者杖一百。』詔令刑部遍牒。」從之。

〔一〕實負冤抑　「抑」原作「仰」，據繫年要録卷八十七改。
〔二〕實負冤抑　「抑」原作「仰」，據本條上文改。
〔三〕悉皆刪者　「者」當作「去」。
〔四〕諸軍對本本人依階級法　疑此句有誤。

十三年（丙午，一一八六）

1. 十月六日，臣僚言：「吏部尚書左右選通用令『冒親被蔭自陳聽改正。雖已經陞改，仍依初補法』，與考功承務郎以上使臣通用令『命官妄冒奏授，注謂奏孫作男之類，已陳首改正者，與通理前任未經磨勘年月，仍添展二年』二條自相抵牾。乞下有司詳議。」吏、刑部長貳看詳：「尚書左右選令內雖說冒親被蔭不曾開說如何僞冒。今欲於『被蔭』字下添入注文『謂奏孫作男之類』七字，尚書考功令內『已陳首改正者』下文有『與通理前任未經磨勘年月，仍添展二年，以後依常例，不理爲過犯』二十六字，欲令刪去，卻添入『雖已經陞改磨勘，其以前歷過年月並不許收使，仍依初補法』二十四字。庶幾法令歸一，不致抵牾。乞下勅令所詳定，重行修立成法。」從之。

2. 同日，臣僚言：「刑部法：諸官司失入死罪，其首後及錄問、審問官定罪，各有等差。而考功令：諸歷任曾失入死罪，未決者兩該磨勘，已決者三該磨勘，一槩施行，初不分別推勘官、審問、錄問官。乞令有司將考功失入官磨勘一節，以刑部法爲比，審問、錄問官比推勘官稍爲等降。」吏、刑部長貳看詳：「刑部法各已該載分別首從，推勘、審問、錄問官等降不同，惟考功令通說曾失入死罪不曾分

別。今欲於考功令內『曾失入死罪』字下添入注文『謂推勘官』四字，即與審問、錄問官稍分等降，庶幾於刑部法不相抵牾。乞下敕令所修立成法。」從之。

十四年（丁未，一一八七）

1. 三月十八日，中書舍人、兼詳定一司敕令陳居仁言：「乞下敕令所取祖宗免役舊法，並戶部取括紹興十七年以後續降指揮，本所官公共精加參考，其有與舊法抵牾者，即行刪去〔一〕，仍具申朝廷，修爲一書，名曰役法撮要。候成，鏤板頒之天下，以一民聽，以梲吏姦。」從之。

〔一〕即行刪去　「去」原作「者」，據文意改。

十五年（戊申，一一八八）

1. 五月二十八日，修立諸軍及配軍逃入郴桂界捕獲賞格。臣僚言：「郴州宜章、桂陽縣並桂陽軍臨武縣管下，民性頑獷，好武喜動。其逃走軍兵，既無生業，往往爲盜。今來郴、桂境內捉獲逃軍，乞與倍他州之賞。敕令所重別參酌立法：諸軍及配軍逃亡入郴州、桂陽縣軍界，捕獲者以海行賞格倍給。獲藏匿或遇致資給者準此。」從之。以上孝宗會要。

十六年（己酉，一一八九）

1. 八月二十五日，臣僚言：「仰惟國家新書之設，昭如日星，事制曲防，靡不畢具。而又以頒降指揮釐爲申明，一定不易，所以一民聽而塞吏姦。然州縣之間，往往雜取向來申請續降指揮，凡申明所

載者，悉與成法參用。書既不載，而下無從折衷，上不得盡察，由是輕重出入，惟吏所欲。雖有明曉詳練之官，但見有所稽按，即爲施行。嘗考其故，蓋向來續降指揮，其間或有便於人情，至今合行，而新舊申明闕遺不載，是以相循錯雜，悉至引用。昨淳熙五年七月內因臣僚奏請，乞將乾道修書以前申請續降指揮，更加考訂，取其可行者，附於新書之後，其餘不許引用。壽皇嘗命有司立限條具，然一時去取，不過數件。其後雖更淳熙新書既成，而有司參用如故。弄文舞法，皆起乎此。乞明詔有司行下，內而百司庶府，外而監司州郡，令各條具，斷自今日以前，淳熙新書以後，凡經引用續降指揮、隨敕申明不曾收載者，並行置册編録，供申刑部。候齊足日，繳申朝廷，委官詳與參訂，取其新書闕遺者，附於隨敕申明之末，鏤版頒行。其已經改者，悉從删削，不許更有引用。庶幾法度昭明，有司有所遵守，而民聽不惑〔一〕。」從之。

〔一〕而民聽不惑　「而」字前原衍一「而」字，已删。

紹熙元年（庚戌，一一九〇）

1. 八月九日，臣僚言：「伏見至尊壽皇聖帝命官考訂成淳熙一書，其間申明、續降往往删除，從一定之制，悉以新書從事，非書所載，一切不得引用。特未知淳熙新書止將乾道四年十二月以前指揮删修而成，自乾道五年至淳熙七年續降指揮，既未經修，即非删去。當時敕令所於進書之前，蓋嘗取旨，以謂乾道五年正月一日以後應干續降不收載者，並合依舊遵守。新書之首，具載此旨，昭然甚明。緣所在官吏元不曾讀首篇所載之文，往往弗能詳知，便意新書盡衝續降。弄法者得行其意，奉法者不知所從。臣淳熙十年九月內嘗具奏，乞申勅四方，使考首篇所載，明知乾道五年正月以後淳熙七年六

月以前續降不曾衝改，鏤板見諸春頒。至於非書所載，直云一切不得引用，初不明指乾道四年以前已經删去者為不得用，乾道五年正月以後淳熙七年六月以前元非删去者自合遵承。乞檢坐淳熙十年九月二十五日指揮，並臣今所在〔一〕，頒示中外，咸使明知，庶幾政令之信，無所愆違。」從之。

〔一〕並臣今所在　疑「在」當作「奏」或「言」。

二年（辛亥，一一九一）

1. 正月二十七日，臣僚言：「淳熙新修新書，止乾道四年，自乾道五年至今二十二年之間，申明、續降未經修纂。比因臣僚有請，令諸處各條具修書以後〔一〕，凡經引用續降指揮，並行置册編類，供申刑部，候齊足日繳申朝廷，委官參訂。經涉二年之久，諸處供申未足。乞行下刑部，立限催督〔二〕，蚤與參訂頒行。」從之。

〔一〕令諸處各條具修書以後　「令」原作「今」，據文意改。

〔二〕立限催督　「催」原作「崔」，據文意改。

2. 四月十二日，臣僚言：「臣聞自昔天下之所通行者，法也。不聞有所謂例也。今乃於法之外，又有所謂例。法之所無有者，則援例以當法；法之所不予者，則執例以破法。生姦起弊，莫此爲甚。蓋法者，率由故常，著爲令典，難以任情而出入；例者，旋次創見，藏於吏手，可以弄智而重輕。是以前後臣僚屢有建請，皆欲去例而守法，然終于不能革者，蓋以法有所不及，則例亦有不可得而廢者，但欲盡去欲行之例，只守見行之法，未免拘滯而有礙。要在與收可行之例，歸於通行之法，庶幾公共而不膠。今朝廷既已復置詳定勑令一司，臣以爲凡有陳乞申請，儻於法誠有所不及，於例誠有所不可廢者，

乞下敕令所詳酌審訂，參照前後，委無抵牾，則著爲定法，然後施行。如有不可，即與畫斷，自後更不許引用。如是，則所行者，皆法也，非例也。彼爲吏者雖欲任情以出入，弄智而重輕，有不可得，姦弊自然寖消。舉天下一之於通行之法，豈不明白坦易而可守也？」從之。

3. 十七日，臣僚言：「近者朝廷復置勑令删修官，蓋將會稡續降編緝無遺〔一〕，使章程條目昭然可見，誠爲中外之利。然則法貴乎簡，不貴乎繁。今勑令格式既勒成書，餘外建請衝改，不知其幾，皆百姓所未聞。庀官其間者，雖欲檢伺欺弊，未必盡究，猾吏黠胥，掩藏玩弄，得以容姦。民庶冒昧，陷於非辜；郡縣奉行，乖於定令。若斯之類，爲害實多。請循其原，蓋繇立法以病法，革弊而滋弊，文書猥冗，非所以明邦典而定民志也。乞詔攸司，將前後續降指揮非已編成書者，精加審訂，冗併者省之，異同者析之，可久者著之，難行者削之。蒐剔彙萃，各有倫要，使中外共覩，無或瞀亂，是爲一代之良法。」從之。

〔一〕蓋將會稡續降編緝無遺　「會稡」，本條下文作「彙萃」。

4. 五月六日，臣僚言：「淳熙所修新書止乾道四年而已，自乾道五年至書成之日，凡十有餘年。自書成以迄於今，又有十餘年矣，則是二十二年之間，申明、續降未經修纂也。比因臣僚有請，令諸處各條具修書以後，凡經引用續降指揮，並行置册編錄，供申刑部，候齊足日，繳申朝廷，委官參訂。此淳熙十六年八月所降指揮也。今諸路州軍抄錄到部者纔五十餘處，且朝廷法令不可一日而不齊，諸處編錄不過數日而可辦，顧迺經涉二年之久，而供申有未足乎。官吏玩習，無廼已甚！乞下刑部立限催督〔一〕，蚤與參訂頒行。」從之。

〔一〕乞下刑部立限催督　「催」原作「崔」，據文意改。

5. 同日，權工部侍郎潘景珪言：「恭惟至尊壽皇聖帝一朝大典，著爲成書，固已頒之史館矣。獨于法令一書，纔修及乾道四年，自五年以至今，將二十餘年，未嘗一加刪潤之力。臣不敢妄議法令之萬一，深惟前後臣僚申請殆非一端，前後指揮行下殆非一事。或有舊法不能盡，續降參照者；或有舊法文不甚明，而續降因事重出者；或有舊法元不該載，後因事立爲成法者；或有舊法本自可用，而續降不必行者；或有一時權宜措置，而後不可引爲帝用者〔一〕。交互之際，出入之間，誠恐未免有抵牾而相參差者，或刪而去，或存而留，使著爲成書，定爲成法，而生民永可以爲司命，是豈宜一朝而緩也哉！臣嘗見祖宗時，遇修書則置局，書成則罷。願陛下體此之意，特命大臣選擇周行之士，付以刪潤之職，分其條目，期以歲時，使之精考而修削之。比至書成，則還其元職，不復再爲一司。」從之。

〔一〕而後不可引爲帝用者　「帝」，疑作「常」。

6. 八月三日，詔：「敕令局明立法禁，應屍雖經驗，妄將傍人屍首告論到官，致拷掠無罪人誣服，因而在囚致死者，依誣告罪人法。其家屬妄認者，以不應爲重坐之。至死者，加以徒刑。其承勘官司依故入人論罪。」先是，臣僚言：「處州何強因罵人力何念四，別無毆擊實狀，忽逃而之他。有何閏勝者于溪淤內尋得一不識名屍首，遂誣告何強，以爲毆殺其僕。檢驗委有致命痕傷，而僕之父亦妄行識認。官司禁勘，逼勒虛招，何強竟死於獄。後何念四生存復還。使何強不死於獄，必死於法。治獄之官可非其人，推鞫讞議之際，可不致其審哉！昨來臣僚申請下大理寺看詳，一時止具檢驗不實條法申嚴行下，而妄告、妄認、妄勘者，竟不施行，其冤濫豈無所歸耶？乞行下刪修。」故有是詔。

三年(壬子，一一九二)

1. 六月二十四日，臣僚言：「竊惟朝廷方嚴盜鑄之禁，不可不稍優捕獲之賞。照得賞格，獲私鑄錢不滿五火，止減磨勘半年。五火以上，減一年。十火以上，減二年。二十火以上，止減三年。且捉獲私鑄，三四火已是不易，乃止減得磨勘半年。一任之內，一官吏之身，積而至於二十火，固無此等事。儻或有之，出等殊賞，乃止減得三年磨勘，計功酬勞，誠是太輕，何以激勸？乞將上項賞格重加詳定。知、通、都監、縣令、巡尉獲私鑄，照應前項乾道九年八月八日指揮內已增修減磨勘至轉官等項目推賞。所是，舊立不滿五火至二十火以上之文，竊恐于火數太多，難得及格之人，由此坐視，不切用心緝捉。欲將『不滿五火』之文改作『一火以上』，增作『減磨勘一年』；『五火以上』改作『三火以上』，增作『減磨勘二年』；『十火以上』改作『五火以上』，增作『減磨勘三年』；『二十火以上』改作『十火以上』，增作『轉一官，選人循兩資』。所有命官親獲賞格，並諸色人獲私鑄錢賞格，亦乞從前項乾道九年八月八日指揮內已增修賞典施行。」從之。以上光宗會要

慶元二年(丙辰，一一九六)

1. 十一月十八日，刑部言：「臣僚劄子，乞將彊盜除貸命再犯依元項指揮處斷外，並彊盜已經斷配，再犯兩次以上，照淳熙十三年二月六日已降指揮施行，餘並照元項指揮擬斷。本部措置，除曾犯彊盜斷配謂非貸命者，再犯行刼兩次以上，自依已降指揮處斷外，其初犯百姓行刼，欲增作四次以上，謂未曾事發者(一)，方許照應淳熙十三年指揮施行。如不及今來所增次數，即聽依乾道六年三月二十五日

指揮施行。」從之。乾道六年三月二十五日指揮：「應彊盜贓滿，內爲首及下手傷人，若下手放火，或因而行姦，或殺人加功，並已曾貸命再犯之人，已上六項並依舊法處斷。餘聽依刑名疑慮奏裁。」淳熙十三年指揮節文「彊盜苟不犯六項，雖累行刼，至十數次以上，併贓至百千貫，皆可貸命。」謂宜除六項指揮外，其間有行刼至兩次以上，雖是爲從，亦合依舊法處斷。」律：諸彊盜無首從。敕：諸彊盜十貫，若持仗五貫者絞。

〔一〕謂未曾事發者　原為大字正文，今改作小字注文。

四年（戊午，一一九八）

1. 十二月四日，新權知滁州曾漸言：「大宗正司、內侍省、太史局、太醫局皆有補授遷轉之法，未嘗不關由吏部，而吏部無明文可以參考，以至省部寺監吏職補授亦然。當官者，苟欲參究本末，不免迂回詰問，且又有不可得而取索者。乞將一司一所補授遷轉及省部寺監吏職補授應所專用格法及續降指揮，命官立限，聚爲一書，倣淳熙一州一路酬賞法之體，鏤版頒行。」詔令敕令所類聚，限一年修立成書。

嘉泰〔一〕元年（辛酉，一二〇一）

1. 二月十四日，禮部尚書兼吏部尚書張釜言：「吏部七司法，蓋尚左、尚右、侍左、侍右、司勳、司封、考功通用之條令。自紹興三年迄淳熙二年，凡四經修纂，訂正去取，纖悉備盡。孝宗皇帝尚慮條章汎濫不便觀覽，復詔大臣分門編類。然編類之後，迨今又及二十有七年，其間有朝廷一時特降之指揮，

有中外臣僚報可之申請，歷時寖久，不相參照，重復抵牾，前後甚多。或例寬而法窄，則引例以破法；或例窄而法寬，則援法而廢例。予奪去取，一出吏手。若更遲以歲月，則日復一日，積壓愈多，弊倖愈甚。竊見孝宗皇帝乾道五年，嘗詔七司郎官並吏部架閣將未經修纂指揮置局編類，仍委長貳同共點檢，乞檢照乾道五年已行體例，將吏部七司未經修纂應干申請畫降，委官編類，正其抵牾，删其重複，輯爲一書，頒降中外。」從之。

〔一〕嘉泰　原作「嘉慶」，據續編兩朝綱目備要卷七、宋史卷三十八、續宋編年資治通鑒卷十二、宋史全文卷二十九下改。

2. 三月十八日，權戶部尚書、兼詳定勅令官韓邈等言：「本所近進呈慶元編類寬恤詔令並役法撮要已降指揮雕板印造，今已畢備，乞自四月三日頒行。」從之。

二年（壬戌，一二〇二）

1. 十一月四日〔一〕，臣僚言：「吏部七司法自孝廟令勅局删修，凡有建立間出御筆裁處，無非參酌爲經久可行之典。成書既上，又令編成總類，以便參照。至今已二十八年矣。自淳熙初元積至今日，凡臣僚申請建議續降，不知其數，涉歲既久，吏得並緣爲姦。其所欲行，則援引隨至；無所請囑，則多爲沮抑。蓋歲久不曾參酌去取，編入成書，則其弊必至於此也。乞令吏部疾速編集二十八年續降指揮，置册繳申朝廷行下勅局公共看詳，去其抵牾重複，而定其可以永久遵行者。毋得輕易變動祖宗舊法，以至寬縱生弊。庶幾一代成法，燦若日星，昭示無窮。」從之。

〔一〕十一月四日　「日」原作「月」，據續編兩朝綱目備要卷七、宋史卷三十八、宋史全文卷二十九下改。

三年（癸亥，一二〇三）

1. 七月十九日，戶部侍郎李大性言：「國家之法，非不整整〔一〕，而建議之人，增損變更，不無可議。乞今後凡有建請，須下之六曹，審之勅省，更參照舊法有無衝改，然後施行。其或舊法已當不應衝改者，許宰執開陳，給舍繳駮，台諫論奏。」從之。

〔一〕非不整整　疑其中一「整」字有誤。

四年（甲子，一二〇四）

1. 五月二十三日，戶部侍郎王蓮、刑部侍郎周珌等言：「恭奉指揮參修吏部七司條法，已將淳熙二年正月一日以後續降指揮四千四百餘件，參酌一部舊法三千二百餘條，可以附入舊法者就舊法本條刪潤，元無舊法則創行修立。今已每月申納提舉官。欲乞候提舉官看下，送三省合屬房分檢正、都司審覆訖，類聚牒送吏部詳審施行。」從之。

開禧元年（乙丑，一二〇五）

1. 五月二日，權吏部尚書丁常任等言：「參修吏部七司條法，今來成書，乞以開禧重修尚書吏部七司勅令格式申明爲名。」從之。

2. 六月十九日，右丞相、提舉編修敕令陳自強等上表：「昨準指揮參修吏部七司條法，已將合修指揮參酌可以附舊法者增潤刪修，無舊法者創立爲法，如是權行指揮難以立法者，編節作申明照用。

今已成書，上進以聞。」從之。

嘉定二年（己巳，一二〇九）

1. 五月八日，臣僚言：「度牒綾造於文思院，用尚書省及祠部左右司印。今姦民一切假僞為之，於此而不痛加懲絕，則縱弛陵夷，何以爲國？其有僞造之人，坐以重辟。官吏士庶能捕獲全火者，白身則與補官，選人則與改秩，京官則比附酬賞。凡所經由官吏、僧道能審驗舉覺得實者，亦重立賞格。其有經由容隱不覺，而發於他處者，亦當根究，重寘之罰。仍令禮部與敕令所參定條法，行下諸路州郡，書之粉壁，明以示人。」從之。

五年（壬申，一二一二）

1. 十月八日，知通州喬行簡言：「竊覩見行條法，計贓定罪，元以二貫成疋，至紹興而增爲三貫，至乾道又增爲四貫，且令候絹價低平日別行取旨。仰見祖宗達權通變，不憚弛法以便民，惟恐寘人於深憲。今江北專用鐵錢，近年以來，比之內郡銅錢，數輕三倍，匹絹之直，爲錢十千。而犯贓者以絹定罪，亦如銅錢以四貫爲疋。贓輕罪重，犯者易入，深可憫惻。」事下大理寺，申：「四川專法，以錢計贓定罪者，鐵錢二文當銅錢一文。今兩淮用鐵錢，與川郡事體一同，合行下應用鐵錢去處，並照應四川專法施行。」刑部以聞。從之。

六年（癸酉，一二一三）

1. 二月二十一日，刑部尚書李大性言：「慶元名例勑，避親一法，該載甚明，自可遵守。慶元斷獄令〔一〕所稱鞫獄與罪人有親嫌應避者，此法止爲斷獄設，蓋刑獄事重，被差之官稍有親嫌，便合回避，與銓曹避親之法不同。昨修纂吏部總類通用令〔二〕，除去名例勑内避親條法，卻將慶元斷獄令鞫獄條收入。以此吏部循習，每遇州縣官避親及退闕換闕之際，或引用斷獄親嫌法，抵牾分明。兼斷獄令引嫌之項〔三〕，如曾相薦舉，亦合回避，使此法在吏部用以避親，則監司郡守凡薦舉之人皆當引去。以此見得，止爲鞫獄差官，所有昨來以斷獄令誤入吏部總類一節，當行改正。照得當未編類之時，吏部元有避嫌條令，卻無引嫌名色，故牽引斷獄令文編入。欲將元參修吏部總類法親嫌門内刪去斷獄令，所有名例勑卻行編入。」從之。

〔一〕慶元斷獄令　「令」原作「今」，據本條下文改。
〔二〕昨修纂吏部總類通用令　「令」原作「今」，據文意改。
〔三〕兼斷獄令引嫌之項　「嫌」原作「兼」，據本條上下文改。

八年（乙亥，一二一五）

1. 二月四日，吏部尚書、兼詳定勑令官李大性等言〔一〕：「慶元海行敕令格式一書，先來用淳熙海行法並乾道五年以後至慶元二年終續降指揮刪修成書，即是慶元二年十二月以前，但干海行指揮，其可行者已於此書該載。又開禧吏部七司法一書，先來用淳熙吏部法，並淳熙二年以後，至嘉泰四年

十月終續降指揮删修成書，即是嘉泰四年十月以前但干吏部指揮，其可行者已於此書該載，凡是不合修者，並行删去。品式具備，昭著日星，是宜有司一意遵守。而吏胥爲姦，旁緣出入，或以遠年續降已經删修者復行引用，殊失公朝修立成書之意。所有海行指揮在慶元二年十二月終以前，吏部指揮在嘉泰四年十月終以前，凡新書所不該載者，並不合引用。其修書以後再有續降指揮，卻合作後勅遵用施行。庶幾恪守成憲，免致抵牾。伏乞朝廷特降指揮，仍劄付吏、刑部照應，遍牒施行。」從之。

〔一〕吏部尚書、兼詳定勅令官李大性等言　「李大性」原作「李太性」，據上條改。

十二年（己卯，一二一九）

1. 十二月二十二日，臣僚言：「京官知縣在法按罷，如曾經推勘體究，罪狀顯著，滿二年後參用。有不經取勘體究而贓證明白者，滿一年半後參選。其有按章內無贓濫實跡，止因職事曠弛，放罷後半年參選。此台部見遵守之法也。臣竊謂官於近地者，除道塗日月之外，猶有三兩月閑廢。官於湖廣、福建、江東西等處，則治裝般挈與道塗之程，必須數月，洎至中都，則半年之限已滿，到即參部詣台，初無拘礙，則是雖經按罷，而罰不治其毫毛。況有當敗壞之邑，日欲求脫，以罷爲幸，換授注闕，及爲得計。乞行下臺部，如二年、一年半爲限者，仍舊限。半年者，自今後令展作一年。須絕無贓濫，方許參選。如有違法科斂之人，仍舊以年半爲限，不許援一年之例。庶幾遭論而歸者，略使家居循省，伺候限滿，不敢遽萌僥倖之望。」從之。

十三年（庚辰，一二二〇）

1. 九月十八日，大理評事趙善璙言：「伏覩命官因臣僚論列，監司按發，不曾經有推勘體究之人，並免約法，乾道元年二月二十二日指揮也；命官因州軍按發，不曾經所司推勘體究之人，並免約法，此乾道二年十月九日指揮也。至紹熙四年七月八日指揮，則又謂按章内雖曾追勘干連人，止泛言本官贓汙罪犯，無的確犯由，贓數證佐驗白之人，並用免約法指揮。且臣僚之論列、監司郡守之按發，豈得已哉？往往審訂事迹，考察情狀，而後剌來上，然慮其間有未盡實者〔一〕，所以立此三條，是亦寧失不經之意也。士大夫不能仰體此意，至有不自愛重，冒禁觸辜，迺借是而覬免。一至銓曹，百計求脱，經營関節，緘封事目，交結胥徒，扳援非例，過犯狼籍，而欲免約法者有之；情本涉私，而欲約以公罪者有之；甚而約罪經涉歲久，而欲改約者又有之。不恤其法之不可行，惟欲循情以屈吾法。乞自今臣僚、監司、州郡按發官吏，每遇省部符関刑寺之時，其合該前項指揮，並免約法；其當約法之人，大理寺先約罪附籍申省部照會，省部亦附籍符寺照應。俟犯人到選，省部関會，照籍告示。庶幾法令明信，人知不可倖免，皆爲君子長者之歸。」從之。

〔一〕然慮其間有未盡實者　「間」原作「問」，據文意改。

十四年（辛巳，一二二一）

1. 十一月四日，臣僚言：「曩時吏坐贓者，或加徒黥，甚至極典，初未聞悔還而寬之也。今官吏之盜財受賄，往往事將敗露，即作先期悔還，竟從末減。檢驗不定要害致命之因，以違制論，法至嚴矣，而近者檢覆失實，則廼爲覺舉，遂以苟免。臣竊謂犯贓不應用悔還之律，檢驗不定致死之因，不當用覺舉之令〔一〕，下刑部詳議。」從之。

〔一〕不當用覺舉之令　「覺」原作「舉」，據上文「則廼爲覺舉」改。

十五年（壬午，一二二二）

1. 十月六日，臣僚言：「今士大夫遭論被劾者，或由風聞，或指事實，雖曰不經鞫勘，是豈無一二之當其罪？蓋亦反求諸己，方且朝叩天閽，暮經朝省，以來改正〔一〕，比比皆是。使其元犯有追勒者，有永不與親民者，有未許注授放入國門者，有礙仕進之人，猶當斟酌輕重，行有等差。至如始從鐫秩放罷之類，其官已敘，其闕已注，廼復汲汲于改正。甚至追勒之人，自詒伊戚，情法兩重，厥法行焉，其于敘官在刑寺理期，猶有可諉。惟是勒停一節，初無敘復專條，廼包羞囑託，與吏表裏，徑行參選。並法之姦，莫此爲甚。乞下臣此章，令刑曹勅局相與看詳，立爲定法。除某件合改正外，其餘不許陳乞，如敘復追勒，必申朝廷斟酌施行。」從之〔二〕。以上寧宗會要

〔一〕以來改正　「來」當作「求」。

〔二〕從之　原作「行之」，據文意改。

試法律〔一〕

影印本刑法一之六二至六八
大典卷二一三九〇

太祖 乾德四年（丙寅，九六六）

1. 八月十二日，詔：「應刑部、大理寺見任及今後授官，並以三周年為滿。如常在本司區別公事，至滿日便與轉官。如有疏遺，不在此任限〔二〕。」

〔一〕原作「法律」，據眉批「按當是試法律」改

〔二〕不在此任限 「在」原作「準」，據輯稿·职官一五之三二改。

太宗 太平興國七年（壬午，九八二）

1. 八月，詔曰：「朕以刑法之官重難其選，如聞自來月給隨例折支，宜令三司自今後少卿、郎中已上料錢〔一〕，於三分中二分特支見錢。員外郎已下並全支見錢。如他官任刑法官者，亦依此例。」

〔一〕郎中已上料錢 「料」原作「科」，據輯稿·职官一五之三二改。

端拱二年（己丑，九八九）

1. 十月，御劄：「朝臣、京官等，令御史台告諭：有明於格法者，許於閤門自陳，當議試可，送刑部、大理寺充職。其大理寺官滿三年無闕〔一〕，一依元敕改轉。」

〔一〕其大理寺官滿三年無闕　辑稿・职官一五之三二作「其大理寺滿三年無遺闕」。

真宗　咸平二年（己亥，九九九）

1. 二月〔一〕，詔：「審刑院舉詳議官，自今宜令大理寺試斷案三十道，取引用詳明、操履無玷者充任。」初，宰臣張齊賢奏：「審刑院舊例，舉詳議官令刑部只試斷案二道，俱通，則便令赴職，仍多改賜章服。竊詳所斷案牘，皆取其事小者以試之，是以多聞中選。」真宗曰：「如此，則求人不精，何以懲之？」齊賢因請釐革。

〔一〕二月　辑稿・职官一五之三二作「三月」。

2. 四月，知審刑院雷有終言：「大理寺斷官，每有公案，定斷刑名，經申奏後，內降付審刑院詳議。其議官看詳，或寺司定斷刑名輕重未允，即劄下本寺問難。其本斷官各無所執，隨而入狀改定，謂之覺舉。且法寺出入刑名，朝廷略無劾問，甚非欽恤之義也〔一〕。欲乞自今若將杖罪入徒或徒罪入杖，其本斷官具名銜以聞，下本寺就勘取旨。或杖笞罪遞互出入，即依舊取覺舉官狀改正，更不行勘。」從之。

〔一〕甚非欽恤之義也　「欽」原作「輕」，據辑稿・职官一五之三二改。

3. 八月，判大理寺王欽若言：「本司近日文奏甚簡，請止留詳斷官張維等八人，其張文普等四人望令省罷。」詔從之，文普等悉授近便知縣。

六年（癸卯，一〇〇三）

1. 十二月，詔：「自今有乞試法律者〔一〕，依元敕問律義十道外，更試斷徒已上公案十道。並於大理寺選斷過舊案條律稍繁〔二〕，重輕難等者，拆去元斷刑名法狀罪由，令本人自新別斷。若與元斷並同，即得為通。如十道全通者，具狀奏聞，乞於刑獄要重處任使；六通已上者亦奏加獎擢〔三〕；五通已下更不以聞。」

〔一〕自今有乞試法律者　「今」原作「有」，據輯稿·職官一五之三三改。

〔二〕並於大理寺選斷過舊案條律稍繁　「案」字原脫，據文意補。

〔三〕六通已上者亦奏加獎擢　「加」原作「如」，據輯稿·職官一五之三三改。

景德元年（甲辰，一〇〇四）

1. 四月，詔：「御史台、刑部、大理寺推直、詳覆、詳斷官年未滿，諸處不得輒有奏舉。」先是，推直官等有缺，即令兩省給舍已上保舉而授之，至有憚於案牘，或別求舉奏改授他職，故有是詔。

二年（乙巳，一〇〇五）

1. 三月二十四日，詔：「自今所舉大理寺斷官、刑部詳覆官，已試斷案五道，遣官與二司互

考。」又審刑院言：「準敕，與刑部、大理寺詳定，自今投狀，乞試格法，並審官院、流內銓等處引見時乞試人，並依元敕試律義十道合格外，更試斷案三道，兩道通者，奏取進止。所有奏舉到詳覆、詳斷並揀選到法直官，並審官、銓司引見時不曾乞試，特奉聖旨與試人等，止試斷案三道，通二道者為合格。其兩項人所試斷案，以斷敕內取一人犯罪多者，情款與試合得元斷刑名同，即為通；如罪犯易見者，取兩人情款與元斷刑名同，即為通。仍依近敕並差官與刑部、大理寺交牙考試〔一〕。」詔從所請，內試到三粗者，卷子仰徽連以聞，別取進止。其選到審刑、詳議官亦準此。

〔一〕仍依近敕並差官與刑部、大理寺交牙考試　「敕」原作「軟」，據辑稿·职官一五之三三改；「牙」當作「互」。

2. 五月，詔：「刑部自今每定試斷案人，前一日，差詳覆官一人，親往大理寺，委判寺少卿等臨時旋差斷官一人，與差出官同於公案庫內揀選自來條件稍繁、輕重難等者公案，即不得令手分檢取。仍據所借道數，令判寺官實封，具公文晝時牒送刑部，只在本廳收掌，亦不得下所司收直。候引試日，當面與同監試官驗認大理寺元封，拆開揀試，去卻法狀、斷語，兼令詳覆官等同共監試，令所試人自新別斷。其餘通否次第，一依前後條貫施行。」

3. 六月，詔：「刑部、大理寺、三司法直官、副法直官等，自來以令史轉充。自今應法直官、副法直官，令銓司於見選人中選流內官一任成三考、幹謹無遺、習書判者，具名引見，試斷案五道。差官與刑部、大理寺、三司交牙考試〔一〕，以可者充。三司、大理寺滿一年，刑部滿三年，無私罪，並與京官。」先是，端拱中，樞密直學士寇準上言，至是申明之。

〔一〕交牙考試　「牙」當作「互」。

4. 九月，詔：「審刑院詳議、刑部詳覆、大理寺詳斷官，自今任滿，如書罰四次已上，未得考課引對，其同簽連累者，件析以聞，當酌其輕重，差降任使。內供職無遺曠者，歲滿優與升獎。」

大中祥符元年（戊申，一〇〇八）

1. 正月，詔曰：「刑罰所施，益資乎審克議讞之任，當慎於選掄。咨乃仕進之流，能明科律之要，各宜自薦，式協旁求。應京朝官有閑習法令、曆任無贓濫者，許閤門進狀，當遣官考試。如有可採，即任以審刑院詳議官。」初，審刑院、刑部、大理寺皆闕屬官，累詔朝臣保任及較試，皆不中選，乃有是詔。

2. 八月，知審刑院朱巽〔一〕舉太子中允彭愈、光祿寺丞張有則，又知審刑院事劉國忠舉大理寺丞閻允恭堪充詳議官。詔刑部尚書溫仲舒、給事中張秉同考試。既而太子詹事、權判刑部慎從吉暨省寺眾官覆視仲舒等所試，通粗不同，而仲舒等又引禮部侍郎魏庠等前試大理寺丞裴常、前武昌軍節度推官慎鍇、前荊南觀察推官崔育材所定通粗為比。詔令百官集議。吏部侍郎張齊賢等議裴常、慎鍇亦不中程。詔奪其官，彭愈亦罷。

〔一〕知審刑院朱巽　「朱巽」，辑稿·职官一五之三四作「朱選」。

三年（庚戌，一〇一〇）

1. 四月，權判大理寺王秉式言：「本寺官屬，多避繁重。自今望令權詳斷官未替，不得別求任使。如實不明法律，委在寺眾官體量以聞〔一〕，方許外任。正詳斷及檢法官年滿，亦俟替人，方得出寺。」從之。其權詳斷官以半年為限〔二〕。

〔一〕委在寺眾官體量以聞　「在」，長編卷七十三大中祥符三年四月戊午作「本」。

〔二〕其權詳斷官以半年為限　「斷」原作「判」，據長編卷七十三大中祥符三年四月戊午改。

六年（癸丑，一〇一三）

1. 四月，判大理寺王曾等言：「自咸平元年編敕後至大中祥符五年八月續降詔敕千一百餘道，及諸路案內〔一〕引到行用詔敕並新編敕、三司編敕、農田敕共三千六百餘道，內有約束一事而詔至五七者。條目既廣，慮檢據失於精詳，望差官刪定。」詔令編敕所依咸平刪錄。

〔一〕及諸路案內　「案內」原作「同」，據辑稿・职官一五之三五改。

2. 六月，詔：「自今應京朝、幕職、州縣官乞試斷案者，委考試官等躬親就庫，密揀公案，親自封記，候試時於中更選合要道數，依元敕精加考試，不得仍前令庫胥簽檢，致有漏泄。其所試斷案，須是引用格敕分明，方始定斷合用何罪，勿使鹵莽。如違，其所試官，並重寘之法。其大理寺應係新舊草檢、宣敕等庫，自後並差官封鏁，無使人吏擅有開閉。」初，中書以試律人名進呈，宰臣王旦言：「從來已有差遣，或已授遠官，雖是法寺要人，恐涉規避，已不施行。其間預試而中選者，亦甚僥倖。緣選人未經六考，無兩人同罪薦舉，則無階升陟。此輩雖云詳練格法〔一〕，或考試不精，則幸者多矣。或權於審刑院，則例改章服，歲滿又加等差使。以此，尤須得人盡公程試〔二〕。」帝曰：「如卿所言，誠有之〔三〕。所試斷案往往先知，洎至定刑，則第曰合入徒罪〔四〕、合入杖罪，即不指陳犯何條格，致得某罪。自今選官精加考試，仍更條約〔五〕。」故有是詔。

〔一〕此輩雖云詳練格法　「云」原作「六」，據長編卷八十大中祥符六年六月「是月」條改。

〔二〕尤須得人盡公程試　「試」原作「式」，據長編卷八十大中祥符六年六月「是月」條、輯稿·职官一五之三五改。

〔三〕誠有之　「之」字原脫，據長編卷八十大中祥符六年六月「是月」條補。

〔四〕則第曰合入徒罪　「第」，長編卷八十大中祥符六年六月「是月」條作「但」。

〔五〕仍更條約　「更」，長編卷八十大中祥符六年六月「是月」條作「申」。

3. 十二月，大理寺又言：「舊制，審刑院詳議官、大理少卿詳斷官三年滿，無遺闕，考課改官。景德中詔歲滿四經書罰者，審官院以聞，量其輕重，殿降差使。如詳刑允當，優與升奬。向來審刑詳議官，年滿雖有責罰，亦優獲差使。而本寺詳斷官，偶有責罰不及四次者，止授知縣，則是詳斷官資敘與監臨場務無異〔一〕。況京朝官充刑部詳覆官、開封府諸曹參軍，任滿日，並通判諸州。今本寺日有檢斷，鮮能無累。欲望歲滿書罰不及四次者，授通判諸州，以勵官屬。」詔自今兩經書罰情輕者，奏取進止〔二〕。

〔一〕與監臨場務無異　「異」原作「巽」，據長編卷八十一大中祥符六年十二月壬午、輯稿·职官一五之三六改。

〔二〕奏取進止　「止」原作「旨」，據長編卷八十一大中祥符六年十二月壬午改。

八年（乙卯，一〇一五）

1. 閏六月，詔：「京官充大理寺、刑部職任，及御史台主簿、三司檢法官，不得便服街行，及市肆下馬。委御史台糾察之。」

2. 十月，詔自今無得舉京朝官充大理寺檢法官。

天禧元年（丁巳，一〇一七）

1. 六月十四日，詔：「大理寺自來所舉官內，幕職、州縣官須及兩任六考。今後但歷任及五考已上，並許保舉。」從本寺之請也〔一〕。

〔一〕從本寺之請也　「本」原作「今」，「請」原作「情」，據辑稿・职官一五之三六改。

二年（戊午，一〇一八）

1. 正月，詔審刑院詳議官自今歲滿，並令中書依例差遣。

2. 二月，大理寺言：「準大中祥符七年九月敕，判寺盛度言：本寺詳斷官八員〔一〕、檢法官二員，近年權差官充，多不精習法律，望〔二〕依咸平二年三月〔三〕敕，令審刑、大理寺、刑部眾官舉奏〔四〕。時詔依其請，令所舉須經兩任六考。今臣等參〔五〕詳，準天禧元年五月敕，舉奏幕職〔六〕及四考已上施行。本寺欲乞比類前敕，但〔七〕曆任五考已上，並許保薦，仍於法官將滿前一月具名以聞。所冀精詳法律〔八〕，得遂公平〔九〕。」從之。仍令自今所舉官〔十〕先送審刑院試律義五道，具通否以聞〔十一〕。

〔一〕本寺詳斷官八員　「詳」字原脫，據長編卷九十一天禧二年二月辛巳補。

〔二〕多不精習法律，望　「習法律，望」，原文空四格，據長編卷九十一天禧二年二月辛巳、辑稿・职官一五之三七補。

〔三〕咸平二年三月　「三月」二字原脫，據長編卷九十一天禧二年二月辛巳、輯稿・職官一五之三七補。

〔四〕衆官舉奏　原文空四格，據長編卷九十一天禧二年二月辛巳、輯稿・職官一五之三七補。

〔五〕今臣等參　原文空四格，據長編卷九十一天禧二年二月辛巳、輯稿・職官一五之三七補。

〔六〕舉奏幕職　「職」字下原文空四格。此句，長編卷九十一天禧二年二月辛巳作「舉奏京官俱歷任」；輯稿・職官一五之三七作「舉奏幕職州縣官但歷任」。

〔七〕前敕，但　原文空四格，據長編卷九十一天禧二年二月辛巳補。

〔八〕所冀精詳法律　「律」原作「曆」，據長編卷九十一天禧二年二月辛巳、輯稿・職官一五之三七改。

〔九〕公平　原文空二格，據長編卷九十一天禧二年二月辛巳、輯稿・職官一五之三七補。

〔十〕仍令自今所舉官　「令」原作「多」，據長編卷九十一天禧二年二月辛巳、輯稿・職官一五之三七改。

〔十一〕具通否以聞　「否」字原脫，據長編卷九十一天禧二年二月辛巳、輯稿・職官一五之三七補。

3. 閏四月，右正〔一〕言劉燁〔二〕上疏言：「在京刑法曹掾之官，近日多因臣僚陳乞〔三〕差授。自今望下銓曹精擇寒素之士，無得以權勢親屬充選。」從之。

〔一〕右正　原文空二格，據輯稿・職官一五之三七、長編卷九十一天禧二年閏四月乙卯補。

〔二〕劉燁　「燁」，原文空一格，據輯稿・職官一五之三七、長編卷九十一天禧二年閏四月乙卯補。

〔三〕臣僚陳乞　原文空四格，據輯稿・職官一五之三七補；長編卷九十一天禧二年閏四月乙卯作「世家陳乞」。

四年（庚申，一〇二〇）

1. 四月三日，審刑院、刑部、大理寺言：「衆官參詳，今後斷官、法直官於年限未滿前先次舉官，

內舉到幕職、州縣官，須曾有奏舉主者〔一〕，先還審刑院試律義五道，得通三者。若斷官，即更試斷中小案一道，仍取斷敕合用律文者。如所試合得元斷敕，即申奏施行。如試律但通二已上及斷案雖不合元斷刑名，但引用條法節略案欵稍知次第，亦自審刑院聞奏，送大理寺試案二十道，委判寺官保明，具可否以聞。其法直官先試義外，並斷中小案，稍知使用條法次第，不必與元斷法狀一同，但參驗曾習法律者，並依例以聞。送大理寺試公事三兩月，亦委判寺官保明可否以聞。後更不得舉京官充斷官。」詔從之。並刑部詳覆、法直官亦準此。

〔一〕須曾有奏舉主者　「曾」原作「曹」，據辑稿・职官一五之三七改。

仁宗　天聖元年（癸亥，一〇二三）

1. 三月，判大理寺張師德等言：「參詳詔條，選人求試充法官〔一〕，自來下法寺考試能否。伏緣所試斷公案，並是在寺府吏寫錄行遣及掌管敕庫，皆知所犯罪人姓字並元斷刑名。苟誠漏泄〔二〕，即有誤精求。欲望自今並令御史台考試。」從之。仍令審刑院、大理寺知判官內輪差一員，與斷官一員赴御史台同共考試。

〔一〕選人求試充法官　「求」原作「來」，據辑稿・职官一五之三七改。

〔二〕苟誠漏泄　「誠」，辑稿・职官一五之三八作「或」。

二年（甲子，一〇二四）

1. 六月，詔：「自今三司檢法官有闕，令流內銓依公揀選，保明以聞，其三司使、副更不得保舉。」

2. 八月十二日，詔：「審刑院今後所舉詳議官，並須先會問本人，如願充職，方得奏舉。其年滿詳議官候替人到交割即得離院。」先是，同判貝州韓錫言：「昨為審刑院舉充詳議官，準中書劄子發遣赴闕。臣今情願不就詳議官，仍乞舊任。」帝許之，因有是詔。

3. 十月，吏部流內銓磨勘到選人王揆等八人歷任功過引見，仁宗曰：「內有逐任出入人罪者，今後勿差充刑獄官。」

三年（乙丑，一〇二五）

1. 四月，審刑院言：「近敕，所舉詳議官並須會問本人，如願充職，方得奏舉。以此深煩往復，頗亦非便。自今乞更不會問。」從之。

四年（丙寅，一〇二六）

1. 十一月二十三日，詔：「今後舉到大理寺詳斷、檢法官，年滿日，且與一任家便知縣〔一〕後，即與同判差遣。其見在寺官員，年滿日差遣，一依舊例施行。」

〔一〕且與一任家便知縣　「家」，長編卷一百四天聖四年十一月丙寅作「除家」。

五年（丁卯，一〇二七）

1. 九月二十一日，中書門下言：「檢會去年十一月得旨，今後大理寺詳斷官、檢法官年滿日，且與一任家便知縣後即與同判差遣。其今後舉到刑部詳覆官年滿日，欲依大理寺官例施行。」從之。

六年（戊辰，一〇二八）

1. 十二月八日，詔：「自今詳議官須是曾歷在京刑法司升朝官方得奏舉充職。其詳斷、詳覆、法直官亦須幕職、州縣官内選舉精練格法者充。如到職後卻有法律生疏，稍涉私徇，其先舉官重寘之法。」

七年（己巳，一〇二九）

1. 九月，詔：「今後所舉法官，令審刑院、刑部、大理寺知院、主判官等，並令同罪保舉。」

2. 十一月，詔：「自今刑部、大理寺舉幕職、州縣官充詳覆、詳斷、法直官等，如職任内犯入己贓，其舉主並當同罪。或舉主不至追官停任及該赦原免並遇減降者，具情理取旨，或降官秩，或降差遣。如職任外犯贓罪，於所犯人下減二等，更不取旨。若在任及離任後犯私罪，其舉主更不收理。」

九年（辛未，一〇三一）

1. 二月，詔：「自今後所舉大理詳斷、法直官，須有出身令録已上，歷任中曾充司法或録事參軍或職官各成資官者。闕詳斷、法直官，並須先取索目前乞試斷案人但歷五考已上者，令衆官將元試卷看詳，取其通數稍多、引用不失者，並許保舉，更不拘資品。若其間無人或未知行止，即且依前項指揮舉官。其考試所舉之人，律義依舊，只試五道，内問疏義二道，以二通已上為中。更試中小案三道，其案取約三道刑名，兼以重罪引用律條者合試〔一〕。若得一通或二粗，即免試公事，便除京官。若試得

一粗，或書劄稍堪引用有取者，亦與聞奏，送本寺試斷案三二十道，如堪充職任，本寺主判官已下保明以聞。其所試如重罪同輕罪內差錯一件刑名，亦許為同。或輕罪不同重罪，引用刑名正當，高下差誤一等，於杖、徒、流、死刑名不差者，亦許為粗。其法直官依舊試律義外，亦以舊案三道試鋪引法，仍以都引刑名條數，十分為率，得六分同者為合格。試日，令審刑院差詳議官二員、大理寺差判寺或權少卿壹員，赴御史台同試〔二〕。其所舉人，並須見在任及歷任曾有轉運、發運使一人或太武升朝官二人同罪奏舉〔三〕，依銓格合充舉主人數者，方得奏舉。若充大理寺詳斷、檢法官年滿日再任者，亦聽如轉官，及三周年便與磨勘。候再任滿日，與折一任知縣差家便通判。」自是刑部詳覆、法直官亦據此。詔從之。其合該轉官資年限即依舊例，如願再任者亦聽。

〔一〕兼以重罪引用律條者合試　「兼」原作「無」，據輯稿·职官一五之三九改。

〔二〕赴御史台同試　「赴」字原脫，據文意補。

〔三〕太武升朝官二人同罪奏舉　「太」當作「文」。

明道二年（癸酉，一〇三三）

1. 十一月，詔刑部：「天下旬奏公事，令法直官與詳覆官分定看詳。候二年滿日，如在任舉駮覆奏公事別無不了〔一〕，即乞與轉京官。更一年滿日，別舉官充替。」

〔一〕如在任舉駮覆奏公事別無不了　「駮」原作「駭」，據輯稿·职官一五之四〇改。

景祐二年（乙亥，一〇三五）

1. 二月九日，中書門下言：「審刑院、大理寺、刑部當職官員供職懈慢，今後並須早入晚出。所

有公案文字仰逐旋結絕，仍令御史台覺察。」從之。

三年（丙子，一〇三六）

1. 十一月三日，新荊湖北路轉運使司徒昌運言：「乞今後詳斷官滿日，依敕選充審刑詳議官。」詔自今審刑詳議官有闕，於年滿詳斷官內選充，免試公事。如有未滿者〔一〕，即於外任曾歷詳斷、詳覆官內保舉。曾出入人罪者勿舉。

〔一〕如有未滿者　辑稿・职官一五之四〇作「如未有年滿者」。

寶元元年（戊寅，一〇三八）

1. 六月，三司檢法官孫杭〔一〕言：「三司刑名之有疑者，乞如開封府例，許至大理寺商議。」從之。

〔一〕三司檢法官孫杭　「孫杭」，長編卷一百二十二寶元元年六月丙子作「孫抗」。

康定元年（庚巳，一〇四〇）

1. 三月七日，大理寺言：「據詳斷官郭昌等狀，今後案牘應係法寺定斷者，其主行之人受賕者，請以枉法論。」從之。

皇祐四年（壬辰，一〇五二）

1. 三月十四日〔一〕，詔：「大理寺詳斷官，自來大事限三十日，中事二十日，小事十日，審刑院遞各減半。然不分有無禁囚，大懼炎暍之際〔二〕，待報淹久。起今四月盡六月案内係有禁囚者，減限之半。其益、梓、利、夔、廣南東西、福建、荊湖南等州軍〔三〕，即依急案例斷奏。」

〔一〕三月十四日　「日」字原脱，據輯稿·职官一五之四一、長編卷一百七十二皇祐四年三月己未補。

〔二〕大懼炎暍之際　「暍」原作「臘」，據長編卷一百七十二皇祐四年三月己未改。

〔三〕荊湖南等州軍　「荊湖南」，長編卷一百七十二皇祐四年三月己未作「荊湖」。

嘉祐六年（辛丑，一〇六一）

1. 八月二十九日，詔：「審刑院、大理寺日有諸路州軍奏到公案，慮失於審慎，或致滯留。今後審刑院、大理寺詳議、詳斷官闕，直令知院〔一〕、判寺、少卿與學士院、御史台、舍人院同罪輪舉法律精熟、論議通明之人以聞。餘依詔條〔二〕。仍令詳議、詳斷官每至月終，各具所斷未了公案道數、承受月日，朱書大中小事元限月日，作單狀，仰知院、判寺、少卿於次月五日以前類聚繳連以聞〔三〕。其詳議、詳斷官更不得差諸處勾當。」

〔一〕直令知院　「直」當作「宜」。

〔二〕餘依詔條　「詔」原作「照」，據輯稿·职官一五之四一改。

〔三〕類聚繳連以聞　「聚」原作「眾」，據輯稿·职官一五之四一改。

英宗 治平元年（**甲辰，一〇六四**）

1. 十一月二日，中書門下言：「新差提點兩浙路刑獄公事賈壽言：審刑院、大理寺詳斷諸色公案，並須詳定同進。如經奏斷後失錯，兩司官吏等並不在覺舉之限。然苟有失錯，不許自陳，則慮法官雖覺其失，懼於科罰，不肯自引其咎而就責。如此，則所枉之罪未必發露，徒使罪人枉陷重辟。已經奏斷，但於犯人未行決間，能自覺舉改正，許從律文原減之法。檢會今年五月七日詔：審刑院詳議、刑部詳覆、大理寺詳斷官，如斷案或定奪差失，雪罪不當，及失舉駁，曾經勘罰及三次者，並當責降。已上雖經赦降，並理為次數。如事係重大，或有涉情弊，雖只一次〔一〕，亦當重行降黜。其檢法、法直官鋪條差失者亦準此。及仰刑房置簿晝時抄上，不得漏落。如次數合該責降，便仰檢舉施行。」詔今後所入事狀，並須主判官等連簽。如三次改動刑名，元斷官、議官並理為一次勘罰。其大理寺一司不在覺舉條更不行用。及仰刑房置簿，如前敕施行。

〔一〕雖只一次 「只」原作「知」，據輯稿·職官一五之四二改。

神宗 熙寧元年（**戊申，一〇六八**）

1. 二月十六日，大理寺言：「敕閣自來輪差詳斷、法直官兼監，半年一替。緣斷官日詣審刑院商量文字，及中書、密院勾喚不定，難為專一監守。欲乞專差檢法官二員監敕閣，更不輪管本寺紙庫、錢庫，簽書銓曹、審官院文字，及移法直官房依舊於閣下，仍差歸司官二人、府史二人同共管勾。舊條，審刑院、刑部、大理寺不許賓客看謁及閑雜人出入，如有違犯，其賓客並接見官員並從違制科罪。乞並親

戚不許入寺往還，所貴杜絕姦弊。」從之。

2. 五月六日，御史台言：「看詳奏舉乞試法官等條制，今與審刑院、大理寺眾官將前後所降指揮參詳到六條，委得經久可行。所有今日以前應係試法官敕劄，乞更不行用。」從之。

三年（庚戌，一〇七〇）

1. 三月二十五日，詔：「試用法官條貫，候法官皆是新法試到人，即依此施行。立定試案鋪刑名〔一〕及考試等第式樣一卷，頒付刑寺及開封府、諸州，仍許私印出賣。」

〔一〕立定試案鋪刑名　輯稿·職官一五之四二作「立定試官案鋪刑名」

2. 九月，令考試法官所分為三等考定所試之人。如無合入上等之人，即止從本寺。仍逐場未得駮放，合各具等第通數以聞。

五年（壬子，一〇七二）

1. 五月十四日，詔：「大理寺詳斷官每二人同共看詳定斷文案外，更於奏狀上繫銜〔一〕，仍同點檢。」從本寺所請也。事具大理寺。

〔一〕更於奏狀上繫銜　「銜」原作「御」，據輯稿·職官一五之四三改。

禁約 一〔一〕

影印本刑法二之一至五九
大典卷二一七七七

太祖 建隆四年（**癸亥，九六三**）

1. 七月九日，武勝軍節度使張永德上言：「當道百姓家有疾病者，雖父母親戚例皆捨去，不供飲食醫藥，疾患之人多以饑渴而死。習俗既久，為患實深。已喻今後有疾者，不計尊幼，並須骨肉躬親看視，如更有違犯，並坐嚴科。」從之。

〔一〕禁約一　「禁」字上原衍「刑法」二字，「一」字原闕，據原文體例刪補。

乾德四年（**丙寅，九六六**）

1. 五月十三日，詔曰：「如聞西川諸色人移置內地者仍習舊俗，有父母骨肉疾病多不省視醫藥，宜令逐處長吏常加覺察。仍下西川管內，並曉諭禁止。」

2. 八月五日，詔曰：「朕自下巴、邛，繼行恩宥，務去煩苛之政，俾蘇疲瘵之民。尚念國家之歲賦常租，猶令蠲免，臣下之倍稱出息，豈可誅求？應西川諸州人戶，自前有負偽國臣僚博放出利錢帛者，詔到日並與除放。如或元非出利及今後別有逋債，不在此限。所在長吏，其備錄詔書，以諭閭內百

姓。」

3. 二十二日，詔曰：「時和年豐，有國上瑞。今三農不害，百姓小康，夏麥既登，秋稼復稔，倉箱有流衍之望，田里無愁歎之聲，實上天〔一〕之垂休，豈涼德之所致。諸道刺史、縣令等〔二〕，職在養民，所宜敦勸，各令儲蓄，以備凶荒。尚慮下民恃此豐登，廣有費用，或蒲博好飲，或遊墮不勤。有一於此，是為棄本，倍宜約束，無抵憲章。所在長吏及令佐等，當明加告諭，使知朕意。」

〔一〕上天　「天」，宋大詔令集卷一百八十四作「元」。

〔二〕縣令等　「等」字原脫，據宋大詔令集卷一百八十四補。

六年（戊辰，九六八）

1. 六月十一日，詔曰：「厚人倫者，莫大於孝慈；正家道者，無先於敦睦。況犬馬尚能有養，而父子豈可異居？有傷化源，實玷名教。近者西川管內及山南諸州相次上言『百姓祖父母、父母在者，子孫別籍異財，仍不同居。』詔到日，仰所在長吏明加告誡，不得更習舊風。如違者，並準律處分。」

開寶八年（乙亥，九七五）

1. 正月二十六日，詔：「今後或有丘園宿德、鄉縣耆年，並委所在州縣官等時與延客，親加問訊，察人民之疾苦，除胥吏之誅求，凡有踰違，咸須改正。」

太宗　太平興國六年（辛巳，九八一）

1. 十二月二十九日，詔：「中外官吏以告身及南曹歷子於賈區權息錢者並禁之。違者，官為取之，不償其直。」

七年（壬午，九八二）

1. 五月二十二日，詔曰：「書云『民惟邦本〔一〕，本固邦寧。』傳云：『人生在勤，勤則不匱。』故一年耕則有三年之食，百日勞則有一日之息〔二〕，所以敦本厚生、足兵足食之大略也。如聞南畝之地，汙萊尚多。比屋之民〔三〕，遊墮斯眾。歲稔則犬馬或餘於粱肉，年饑則妻子不厭於糟糠，罕能固窮，遂至冒法。豈君人者教化之未審，而為吏者誘道之乖方。宜伸交儆之詞〔四〕，式變已然之俗。今膏澤屢降〔五〕，麰麥將登，當及此時，便為儲蓄。應州縣長吏，限詔到日，告諭鄉民，常歲所入，除租調外，不得以食犬彘，多為酒醪；嫁娶喪葬之具，並從簡儉；少年無賴輩相聚蒱博飲酒者，鄰里共捕之。凡爾庶民，宜體茲意〔六〕。」

〔一〕民惟邦本　「惟」原作「為」，據宋大詔令集卷一百八十二改。
〔二〕百日勞則有一日之息　宋大詔令集卷一百八十二作「一日勞則有百日之息」。
〔三〕比屋之民　「屋」原作「星」，據宋大詔令集卷一百八十二改。
〔四〕交儆之詞　宋大詔令集卷一百八十二作「儆戒之條」。
〔五〕今膏澤屢降　「令」原作「令」，據宋大詔令集卷一百八十二改。
〔六〕宜體茲意　「茲」，宋大詔令集卷一百八十二作「朕」。

2. 九月二十五日〔一〕，詔曰：「應沿邊州軍縣鎮等，朕尊臨萬國〔二〕，子育兆民，思欲覆載之間，盡躋仁壽之域。兵者兇器〔三〕，豈必用之？況契丹〔四〕一邦，素無釁隙，頃歲交通使命，各保封疆，亭候無虞，烽塵罷警。尋以太原舊壤，僭竊相承，毒虐生民〔五〕，拒違朝化。朕所以親提銳旅，直抵孤城，蓋為伐罪之行，靡有黷武之意。而契丹〔六〕朋附逆黨，棄背驩盟，輒率氈裘之民〔七〕，來為脣齒之援〔八〕。蚊蝱暴集，不免於驅除；豺狼無厭，須行於翦滅。既平汾晉，尋幸塞垣，靡辭再駕之勤，親畧全燕之地。顧茲曲直〔九〕，炳若丹青。邇年金革甫寧，創痍漸復，百姓等各思安堵，勉務力田，不得闌出邊闗，侵撓帳族，及掠奪畜産，搔動邊陲。宜令所在州縣，嚴加詗邏，違者重論其罪，生口羊馬等並送於塞外，以稱朕屈己息民之意焉。」

〔一〕九月二十五日　宋大詔令集卷二百十四作「十月癸酉」。
〔二〕朕尊臨萬國　「尊」，宋大詔令集卷二百十四作「君」。
〔三〕兵者兇器　「者」，宋大詔令集卷二百十四作「曰」。
〔四〕契丹　「丹」原作「舟」，據宋大詔令集卷二百十四改。
〔五〕毒虐生民　「虐」原作「雪」，據宋大詔令集卷二百十四改。
〔六〕契丹　「丹」原作「舟」，據宋大詔令集卷二百十四改。
〔七〕氈裘之民　「氈裘」，宋大詔令集卷二百十四作「强悍」。
〔八〕來為脣齒之援　「來」原作「求」，據宋大詔令集卷二百十四改。
〔九〕顧茲曲直　「顧」原作「諒」，據宋大詔令集卷二百十四改。

雍熙二年（乙酉，九八五）〔一〕

1. 閏九月二十四日，詔曰：「嶺嶠之外，封域且殊。蓋久隔於華風，乃染成於污俗。朕常覽傳記，備知其土風，飲食男女之儀，婚姻喪葬之制，不循教義，有虧禮法。昔漢之任延理九真郡，遂變遐陋之地，而成禮義之俗。是知時無古今，人無遠近，但問化之如何耳〔二〕，豈有弗率者乎！應邕、容、桂、廣諸州婚嫁、喪葬、衣服制度，并殺人以祭鬼，病不求醫藥及僧置妻孥等事，並委本郡長吏多方化導，漸以治之，無宜峻法，以致煩擾。」初，帝覽邕管記〔三〕，知其俗陋，故下是詔。

〔一〕二年　宋大詔令集卷一百九十八作「三年」。

〔二〕但問化之如何耳　「但」字原脫，據宋大詔令集卷一百九十八補。

〔三〕邕管記　長編卷二十六雍熙二年九月庚戌、宋史卷二百四、文獻通考卷二百五、直齋書錄解題卷八、崇文總目卷四、通志卷六十六、廣西通志卷四十五、粵西文載卷六十二皆作「邕管雜記」，即其全稱。

四年（丁亥，九八七）

1. 正月十日，帝以萬州所獲犀皮及蹄角示近臣。先是，有犀自黔南來入忠、萬之境〔一〕，郡人因捕殺之。詔自今有犀勿復殺。

〔一〕入忠、萬之境　宋史卷六十六、文獻通考卷三百一十一、四川通志卷三十八作「入萬之境」。

淳化元年（庚寅，九九〇）

1. 八月二十七日，峽州長楊縣民向祚與兄向收共受富人錢十貫，俾之採牲〔一〕。巴峽之俗，殺人為犧牲以祀鬼，以錢募人求之，謂之「採牲」。祚與其兄謀殺縣民李祈女，割截耳、鼻，斷支節，以與富人，為鄉民所告，抵罪。著作郎羅處約奉使道出峽州，適見其事，抗疏以聞。因下詔劍南、東西川峽路、荊湖、嶺南等處管內州縣，戒吏謹捕之，犯者論死，募告者以其家財畀之，吏敢匿而不聞者加其罰。

〔一〕採牲 「牲」原作「生」，據本條下文「採牲」改。

2. 九月二十一日，崇儀副使郭載言：「前使劍南日，見富人家多召贅婿〔一〕，與所生子齒，富人死，即分其財，貧民多捨其父母出贅，甚傷風化而益爭訟，望禁之。」詔從其請。

〔一〕見富人家多召贅婿 長編卷三十一淳化元年九月戊寅作「見川、峽富人多招贅婿」。

二年（辛卯，九九一）

1. 閏二月十九日，詔曰：「京城先是無賴輩〔一〕相聚蒲博，開櫃坊，屠牛馬驢狗以食，私銷鑄銅錢為器用雜物。並令開封府嚴戒坊市，捕之，犯者斬，隱匿而不以聞及居人邸舍僦與惡少為櫃坊者，並同其罪。」

〔一〕京城先是無賴輩 長編卷三十二淳化二年閏二月己丑無「先是」。

2. 四月二十七日，詔：「雷、化、新、白、惠、恩等州，山林有羣象，民能取其牙，官禁不得賣。自今許令送官，以半價償之。有敢隱匿及私市與人者，論如法。」

3. 六月二十三日，詔：「陝西路諸州戒疆吏謹視，有掠生口闌出邊關賣與戎人者，捕之，寘於法。匿不以聞者，同罪。」

4. 七月二日，詔：「先是，黃門方保言獻議於邠、寧、慶等州買羊，分遣官健牧養村野間，侵民田，妨種藝，數郡被其害。自今宜罷之。」

5. 七月，詔：「江南兩浙諸州，民先聚旁妻〔一〕在太平興國元年已前者，為人所訟，不得受。」

〔一〕聚旁妻　「聚」當作「娶」。

6. 十二月，詔：「嶺南諸州幕職、州縣官等，並許攜妻孥之任。秩滿，不得寄寓於部內，違者罪之。」先是，黄播以知縣秩權守象州，寄孥於桂州。播被疾且革，潛遣迎妻子至治所。疾愈，自陳於轉運使，因復遣妻子詣本處。本道以聞，帝憫之，釋播罪，而降是詔。

7. 十二月十日，詔曰：「地氣方閉，不可起衆興作，以發天地之氣，致生人之疾疫。應京城諸處力役土功，並宜權罷，以奉順時令焉。」

三年（壬辰，九九二）

1. 十一月二十九日，詔曰：「兩浙諸州先有衣緋帬、中單、執刀吹角稱治病巫者，並嚴加楚斷，吏謹捕之。犯者以造妖惑衆論，寘于法。」

五年（甲午，九九四）

1. 二月二十六日，詔：「劍南諸州民為州縣長吏建生祠堂〔一〕者，宜禁之。」先是，官吏有善政，部內豪民必相率建祠宇，刻碑頌，以是為名，因而掊斂，小民患之。帝知其事，故降是詔。

〔一〕建生祠堂　「祠」原作「司」，據本條下文「建祠宇」改。

2. 五月十二日，詔曰：「先是，歲用蒿數十萬圍，供甄官及尚方染作。自今染作以木柹給之；造弓弩先用牛筋，自今工官為弓弩，其縱理用牛筋，佗悉以羊馬筋代之。」歲省牛筋千萬。帝孜孜政理，慮物有横費，恐吏督責急，而民有屠耕牛以供官者，故下是詔。

3. 八月三日，詔：「應文武臣僚子弟因父兄亡歿錄用者，如未經百日輒出并冒哀求仕、釋服從吉者，仰御史臺察訪聞奏。」

至道二年（丙申，九九六）

1. 八月二十八日，詔制置劍南峽路諸州旁戶。先是，巴、庸民以財力相君，每富人家役屬至數千戶，小民歲輸租庸亦甚以為便。上言者以為兩川兆亂，職豪民嘯聚旁戶之由也，遂下詔令州縣責任鄉豪，更相統制，三年能肅靜寇盜民庶安堵者，並以其豪補州縣職以勸之。遣職方員外郎時載、監察御史劉師道乘傳齎詔書諭旨。既而載等復奏，旁戶素役屬豪民，皆相承數世，一旦更以佗帥領之，恐人心遂擾，因生佗變。帝然之，其事遂寢。

真宗 咸平元年（戊戌，九九八）

1. 十月二十八日，禁峽州民殺人祭鬼。

二年（己亥，九九九）

1. 七月二十二日，司封員外郎高如晦言：「三司每下牒諸州，多失通濟，或折科物色非有所產〔一〕，或移割稅賦不便於民，或言若徇公而意在私曲〔二〕，或事若利官而貽患於後，如此條件甚衆。外方既為所統，一例遵承。欲望自今許諸州軍長吏詳視〔三〕，如理實有害，即具駁奏。」從之。

〔一〕非有所產 「有」，長編卷四十五咸平二年七月壬辰作「其」。

〔二〕意在私曲　「意」原作「奇」，據長編卷四十五咸平二年七月壬辰改。

〔三〕詳視　「詳」原作「祥」，據長編卷四十五咸平二年七月壬辰改。

三年（庚子，一〇〇〇）

1. 六月六日，詔：「河北諸州軍，凡有科率，本官當親閲文簿均配，不得專委廂鎮，違者罪之。」

2. 十六日〔一〕，著作佐郎胡則言：「請課河北縣〔二〕種榆、柳，以備材用。」從之。

〔一〕十六日　長編卷四十七咸平三年六月丙寅，二十一日。

〔二〕河北縣　長編卷四十七咸平三年六月丙寅作「河北州縣」。

四年（辛丑，一〇〇一）

3. 十二月二日，詔：「昨益、利、彭州，戍兵謀亂，自貽刑憲，悉就誅鋤〔一〕。眷彼黎甿，或多反側，用寬詿誤〔二〕，式廣好生。宜令逐州除逃亡徒黨見擒捕外，其餘一切不問。及以西蜀自王均叛渙之後，人心未寧，亦有小民潛相誑惑。宜令長吏嚴切警察，如有訛言動衆、情理切害者，斬訖以聞。」

〔一〕悉就誅鋤　「悉」原作「來」，據宋大詔令集卷二百十七改。

〔二〕用寬詿誤　「用」，宋大詔令集卷二百十七作「困」。

五年（壬寅，一〇〇二）

1. 四月十二日，詔：「西川官吏勿留東人。」從知益州馬知節請也〔一〕。

〔一〕從知益州馬知節請也　「也」字原脱，據文意及長編卷五十一補。

景德元年（甲辰，一〇〇四）

1. 十月三日，令河北〔一〕、河東、陝西沿邊州軍倉、場謹火禁，備戎諜也。

〔一〕河北　原脫，據長編卷五十八景德元年十月癸未補。

2. 十一月十五日，詔留守司：「如車駕離京後，有無賴不逞輩騷動人民、情理難恕者，並斬訖以聞。」

二年（乙巳，一〇〇五）

1. 二月二十五日，詔曰：「頗聞戎人所寓，潛寘毒於瓶罌，投之井中，留害民庶。間者永靜軍多獲此藥。宜布告河朔，使知其事。」

2. 九月九日，詔舉放息錢，以利為本，偽立借貸文約者，從不應為重科罪。

3. 十月十一日，詔京東近經水潦，應州縣不急之務擾民者悉罷。

三年（丙午，一〇〇六）

1. 六月六日，禁諸路轉運使副、諸州官吏與管內官屬結親，違者重寘其罪。

2. 八月十日，詔渭州鎮戎軍向來收獲蕃牛以備犒設。自今並轉送內地，以給農耕，宴犒則用羊、豕。

3. 九月二日，開封府言：「文武官亡歿，諸寺擊鐘未有定制。欲望自今大卿監、大將軍觀察使以

上，命婦、郡夫人已上，許於天清、開寶二寺擊鐘，其餘悉禁。」從之。

4. 十日〔一〕，詔：「如聞陝西沿邊州郡〔二〕，游惰之民，聚而蒱博，急則為盜，恣擾鄉閭。宜令所在申明舊詔，嚴行禁之。」

〔一〕十日　「日」原作「月」，據長編卷六十四景德三年九月己酉改。

〔二〕沿邊州郡　「郡」，長編卷六十四景德三年九月己酉作「軍」。

5. 十八日〔一〕，詔：「如聞河北官吏市民物，給直不當價，宜令轉運使以前詔揭榜戒之。」

〔一〕十八日　此事長編卷六十四記在景德三年「九月戊午」即「十九日」。

6. 十一月八日，詔應以歷代帝王畫像列街衢以聚人者，並禁止之。

7. 十二月二十日，詔牛羊司畜孳乳者並放牧之，無得宰殺。

四年（丁未，一〇〇七）

1. 八月十五日，詔：「自今內庭及含光等殿在京諸處齋醮〔一〕，內臣於諸司庫務宣索物料，並令庫務具名數押書付逐司，方得給付。給訖，連內臣文字實封送三司置籍，每旬具兩本進內，一留中，一下尚書內省用印，憑由除破。其奉詔監葬者，事畢，亦具所費奏聞〔二〕，錄別本送三司憑由司〔三〕勘驗，如前制。」先是，內中須索文記，委都知司勘驗除破，頗有留滯踰年未能結絕者，仍令樞密院、三司議定此制。因出內省所批文簿數卷示宰臣，皆以諸司奏知牘背為之〔四〕。帝曰：「宮中用此記事，始自先朝，凡宮禁省費，多此類也。朕常以在京廨舍營宇所費材木，素無條約，三司提點司不能盡察，因令事材場、八作司日具支用件狀進內。邇者閻承翰面陳官廨樑折〔五〕，望傳宣給換，因知有此條約，不敢妄費。蓋關西採市羣木，軍民甚勞，若無禁制，其弊滋甚矣。」

〔一〕齋醮　「齋」原作「齎」，據長編卷六十六景德四年八月戊申改。

〔二〕亦具所費奏聞　「所」字原脫，據長編卷六十六景德四年八月戊申補。

〔三〕三司憑由司　「司」字原脫，據長編卷六十六景德四年八月戊申補。

〔四〕以諸司奏知牘背為之　長編卷六十六景德四年八月戊申無「知」字。

〔五〕官廨欂折　「折」原作「析」，據長編卷六十六景德四年八月戊申改。

2. 九月十六日，詔曰：「所寶惟穀〔一〕，兆民之天，出於耕耘，是謂勞苦。今萬邦嘉靖，五穀大穰，是謂有秋，允符上瑞。如聞里巷多所棄捐〔二〕，宜令開封府告諭居民〔三〕，無得棄擲米麥食物，犯者重寘其罪。」

〔一〕所寶惟穀　「寶」，宋大詔令集卷一百八十二作「食」。

〔二〕多所棄捐　「多」字原脫，據宋大詔令集卷一百八十二補。

〔三〕告諭居民　「居」字原脫，據宋大詔令集卷一百八十二補。

3. 十月七日，詔京城倉場受芻糧，勿得留滯，令〔一〕三司、開封府察之。

〔一〕令　原作「今」，據長編卷六十七景德四年十月庚子改。

大中祥符元年（戊申，一〇〇八）

1. 六月八日〔一〕，詔：「朕憂勤視政，清淨保邦，將儉德以是遵，庶淳源而可復。乘輿服御之物，已屏於紛華。宮闕苑囿之規，當存於樸素。至於王公戚里，卿士庶民，因贈遺以相誇，翦繒綵而為飾。且念蠶績所出，機杼斯勞，安可滋侈麗之風，為浮靡之用？宜申誕告〔二〕，用示予懷。應寺觀祠廟，許依舊外，大內及宮院諸苑囿等，自前已有綵繪者，若便塗改，益成勞費，宜令依舊。今後止用丹白〔三〕，不以五綵裝飾。皇親士庶之家，亦不得施用。其幡勝除恩賜外，許用綾絹，不得用羅。諸般花止許用草，不得用縑帛。」

〔一〕大中祥符元年六月八日　宋大詔令集卷一百九十九亦作「大中祥符元年六月丁酉」；燕翼詒謀錄卷二作「四年六月」。

〔二〕宜申誕告　「申」，宋大詔令集卷一百九十九作「令」。

〔三〕丹白　原作「月白」，據宋大詔令集卷一百九十九、燕翼詒謀錄卷二改。

2. 十月一日，詔內臣傳宣、取索並令齎御寶文字為號，仍先降式，付所由司，以辨詐妄。

二年（己酉，一〇〇九）

1. 正月一日，因觀殿庭假花株〔一〕，帝曰：「此花承前多剪繒綵為之，今止用草。自茲郊禋，青城園苑，亦令準例。」

〔一〕假花株　「株」，長編卷七十一大中祥符二年正月丁巳作「樹」。

2. 十二日，詔曰：「字氓之術，敦教為先，眷乃細民，尚迷至化，但謀酣樂，罔慎行藏。或靡顧宗親，顯求析戶。或不聞尊長〔一〕，潛舉息錢，頗開獄訟之源，終致流離之苦。念茲多僻，宜示禁科。自今有誘人子弟，求析家產，恣為不逞，及輒壞墳域者，仍逐處即時捕捉，并許本家親族鄰人陳告，鞠按以聞，當議決配。其知情放債人所假錢物，不在還理之限。如因事彰露，應干繫官吏鄰保，並等第勘斷。」時開封府民孫亮誘豪家子韋日新遊飲無度，私舉息錢。亮又假詞訴理祖業，求析家產，命分配充常州牢，遂以戒中外焉。

〔一〕不聞尊長　「聞」，宋大詔令集卷一百九十九同；長編卷七十一大中祥符二年正月戊辰作「問」。

3. 四月二日，詔：「金明池每歲為競船之戲，縱民遊觀者一月，仍許羣官遊賞，御史臺、皇城司不得察舉。」

4. 五月二十一日，直集賢院楊侃請令諸州縣無遣胥吏下鄉追事，從之。

5. 六月十一日，詔曰：「如聞京城多有無賴輩妄稱稟命詗察，諸司宜令三司捕而懲之〔一〕。」

〔一〕三司捕而懲之　「三司」，長編卷七十一大中祥符二年六月乙未作「三班」。

6. 二十一日，詔：「文武官自今非公事不得入京，百司諸公局〔一〕如監臨官挈家屬〔二〕止廨宇者，許親故來往，無得妨其公事。」

〔一〕百司諸公局　「局」，長編卷七十一大中祥符二年六月癸卯作「署」。

〔二〕挈家屬　「屬」字原脫，據長編卷七十一大中祥符二年六月癸卯補。

7. 三十日，禁皇親募工造侈靡服物。

8. 七月四日〔一〕，詔曰：「禁呪之方，擊刺之術，既靡緣於南畝，實有亂於齊民。言念僻違，用申科禁。其河北諸州軍民戶，惰棄農業，學禁呪〔二〕、槍劍、桃棒之伎者，自今委諸縣令佐常切覺察。違者，論如法。情重者以其令眾〔三〕。」

〔一〕七月四日　長編卷七十二記此事在大中祥符二年七月辛巳，即七月二十八日；宋大詔令集卷一百九十九作「十月」。

〔二〕禁呪　「呪」原作「術」，據本條上文及長編卷七十二大中祥符二年七月辛巳改。

〔三〕情重者以其令眾　「情」、「其」二字原脫，據宋大詔令集卷一百九十九補。

9. 八月十六日〔一〕，詔洞真宮及諸公主宅所須之物，任便市易，勿令雜買務供應〔二〕。時附馬都尉柴宗慶家僮自外州市炭入京城，所過免算，至則盡鬻以取利，復於雜買務市炭重取之，家僮輩競有求丐，故禁絶之。

〔一〕八月十六日　「八月」二字原脱，據長編卷七十二大中祥符二年八月癸巳補；「十六日」，長編記癸巳，即十一日。

〔二〕勿令雜買務供應　「勿」，長編卷七十二大中祥符二年八月癸巳無此字，疑誤。

10. 十九日〔一〕，詔澶州自今民以耕牛過河者勿禁。時河朔牛疫，河南民以牛貿易者甚衆，而澶州浮梁主吏〔二〕輒邀留之故也。

〔一〕十九日　長編卷七十二大中祥符二年八月丙申，即十四日。

〔二〕浮梁主吏　長編卷七十二大中祥符二年八月丙申作「河梁津吏」。

11. 二十二日〔一〕，詔河北沿邊州軍公吏，不得非禮使之。時邊郡以北境遣使朝聘為之主禮，常隸習樂部〔二〕，以備宴犒，復教公吏為俳優，至有以醜言斥軍校咎累為之戲笑者，人或不堪。帝以為非馭下之體，故戒之。

〔一〕二十二日　長編卷七十二大中祥符二年八月戊戌，即十六日。

〔二〕隸習樂部　「隸」，長編卷七十二大中祥符二年八月戊戌作「肄」。

三年（庚戌，一〇一〇）

1. 正月二十七日，知天雄軍寇準言：「振武等軍士〔一〕援送契丹使過境，臣已各給裝錢〔二〕。」

詔以準不當擅有給賫〔三〕，命備償還官〔四〕。

〔一〕振武等軍士　「等」，長編卷七十三大中祥符三年正月丁丑無此字。

〔二〕臣已各給裝錢　「臣」字原脱，據長編卷七十三大中祥符三年正月丁丑補。

〔三〕擅有給賫　「給賫」，長編卷七十三大中祥符三年正月丁丑作「給賜」。

〔四〕命備償還官　長編卷七十三大中祥符三年正月丁丑作「命備錢償官」。

2. 二月二十五日，禁荆南界殺祭棱騰神〔一〕。

〔一〕殺祭棱騰神　長編卷七十三大中祥符三年二月乙巳作「殺人祭棱騰邪神」。

3. 三月十八日，詔：「如聞太康縣民有起妖祠以聚衆者，令開封府即加禁止。」

4. 四月二十九日，詔：「訪聞關右民每歲夏首於鳳翔府岐山縣法門寺為社會，遊墮之輩，晝夜行樂，至有姦詐傷殺人者。宜令有司量定聚會日數，禁其夜集，官司嚴加警察〔一〕。」

〔一〕官司嚴加警察　「司」，長編卷七十三大中祥符三年四月戊寅作「吏」。

四年（辛亥，一〇一一）

1. 正月十六日，詔江湖間貧民捕魚，豪戸不得封占。

2. 九月三日，詔：「諸路州、軍、縣、鎮應文武官見居遠任，家屬寓止者，如其子孫弟姪無賴，不幹家業，即嚴行約束。苟不悛革，則并其交游之輩劾罪以聞。」

3. 十一月十四日，詔諸路轉運、提點刑獄、安撫等司，自今不得牒監場務京朝官、使臣，令體量州縣官吏。以其統攝之下，言多不實故也。

五年（壬子，一〇一二）

1. 正月十七日〔一〕，詔：「訪聞閶闔門內，有人衆目為先生，每夕身有光，能於隙竅出入無礙。是必妖妄惑衆〔二〕，其令開封府速擒捕禁止之。」

〔一〕正月十七日　長編卷七十七大中祥符五年「正月乙酉」同；宋大詔令集卷一百九十九作「三月癸未」。

〔二〕妖妄惑衆　「妄」，宋大詔令集卷一百九十九同；長編卷七十七大中祥符五年正月乙酉作「人」。

2. 五月十三日，詔：「川陝諸州屯兵〔一〕，草茅覆屋〔二〕，連接官舍，頗致延火。宜令自今壞者，漸易以瓦，無得因緣擾民。」

〔一〕諸州屯兵　「州」字原脫，據長編卷七十七大中祥符五年五月庚辰補。

〔二〕草茅覆屋　長編卷七十七大中祥符五年五月庚辰作「多用草茅覆屋」。

3. 六月二十六日，詔沿邊民有盜契丹馬趨近南州軍〔一〕貿市〔二〕者，宜令所在嚴禁止之。

〔一〕趨近南州軍　「趨」原作「趣」，據長編卷七十八大中祥符五年六月壬戌改。

〔二〕貿市　長編卷七十八大中祥符五年六月壬戌作「貿易」。

4. 七月十日，知益州李士衡言：「永康軍村民社賽，用棹刀為戲，望行禁止。」從之。

5. 十九日，開封府言：「三司先降紙式，並長二尺三寸，付洪、歙州擣造。除給中書、樞密、學士院外，自餘止用次等黃紙，非詔敕所用，悉染淺色。近日頗有踰式者，望申明前禁。」從之。

6. 閏十月十四日〔一〕，詔：「訪聞邊臣每正至〔二〕五皷即張燭慶賀，日聚宴樂，至有夜分而城不扃者。自今不得復然。」

〔一〕閏十月十四日　此條記事長編卷七十九在大中祥符五年閏十月丁卯，即三日。

〔二〕正至　長編卷七十九大中祥符五年閏十月丁卯作「正旦」。

六年（癸丑，一〇一三）

1. 三月二十七日，詔：「兩京諸路場務、津渡、坑冶等，不得令仕宦之家該蔭贖人〔一〕主掌。其合該贖金及疾耄者，即以次家長代之。」先是，陳留縣民田用之、盧昭一爭奪酒務，用之父見任幕職，昭一為試秩，因條約焉。

〔一〕蔭贖人　長編卷八十大中祥符六年三月己未作「蔭襲人」。

2. 七月二十四日，禁內外羣臣市官田宅。

3. 八月二十六日，禁沿邊寨軍中子弟閱習樂聲〔一〕。上封者言其勞擾故也。

〔一〕閱習樂聲　「樂聲」，長編卷八十一大中祥符六年八月乙丑作「聲樂」。

4. 九月二日，詔：「如聞貿賣邸舍〔一〕，而鄰並權要家留其契券以艱難之，可申明條約〔二〕，無使復然。」

〔一〕貿賣邸舍　「貿」，長編卷八十一大中祥符六年九月辛卯作「質」。

〔二〕申明條約　「條」字原脫，據長編卷八十一大中祥符六年九月辛卯補。

5. 十一月五日，詔申嚴火禁。

七年（甲寅，一〇一四）

1. 五月四日，詔：「兩浙諸州有屠牛充膳，自非通議烹宰，其因緣買者，悉不問罪。」初，司勳員外

郎孔宗閔上言：「浙民以牛肉為上味，不逞之輩競於屠殺，事發即逮捕滋廣，請釋不問罪。」狀下兩浙轉運使陳堯佐，悉同其議。故有是詔。

2. 二十四日〔一〕，吏部流内銓言：「諸州有親屬為部内官者，到任一考已下，依舊對換。一考已上，請令俟成資日〔二〕，依得替例放罷。」從之。

〔一〕二十四日　長編卷八十二大中祥符七年五月戊申，即二十三日。

〔二〕請令俟成資日　「令」原作「今」，據長編卷八十二大中祥符七年五月戊申改。

3. 七月二十六日，詔兖州壽丘、慶丘非行禮禁人登陟。

八年（乙卯，一〇一五）

1. 正月十七日，上封者言：「自今文武官受川陝任〔一〕，其家族有因依〔二〕而輒擕赴者，請不許首罪。」從之。

〔一〕受川陝任　長編卷八十四大中祥符八年正月戊戌作「授川峽任」。

〔二〕其家族有因依　長編卷八十四大中祥符八年正月戊戌作「其家屬有所依」。

2. 十九日，詔：「如聞諸軍亡命卒〔一〕，每擒獲，多妄引同輩常共賭博〔二〕。逮捕既衆，豈無濫刑？自今有司更勿窮究，止用本罪論決。」

〔一〕亡命卒　長編卷八十四大中祥符八年正月戊戌作「亡卒」。

〔二〕常共賭博　「常」，長編卷八十四大中祥符八年正月戊戌作「嘗」。

3. 二月十六日，詔：「皇城内諸司、在京百司庫務倉草場無留火燭，如致延燔，所犯人洎官吏悉處斬，番休者減一等。」

九年（丙辰，一〇一六）

1. 四月十一日，禁江南民賣黐膠，違者，一斤已上以不應為重論。

2. 六月二十七日，詔：「以物價至賤，令小民無得輕棄食物，違者，重寘其罪。」

3. 七月三日，禁民私販紫赤礦。

4. 二十三日〔一〕，詔中書門下：「今者屬歲律之云秋，慶甫田之多稼，忽茲愆亢，遂產蟲螟。惟部吏之侵漁，則孽蟲之紛擾。感召之應，古今攸同。今後臣僚等〔二〕各守官箴，勿貽公議。子弟等務思進益，無至踰違。苟揚令淑之名，必行甄獎；或至悔尤之咎，諒不矜容。咨示宰府，奉而行之。」

〔一〕長編卷八十七、宋大詔令集卷一百九十二皆作大中祥符九年「七月癸亥」，即二十一日，意思相同，文字相異。

〔二〕今後臣僚等　「臣」字原脫，據長編卷八十七大中祥符九年七月癸亥、宋大詔令集卷一百九十二補。

5. 八月五日，禁京城殺雞。

6. 十五日，詔曰：「藪牧之畜，農耕所資，盜殺之禁素嚴，阜蕃之期是望。或罹宰割，深可憫傷。自今屠耕牛及盜殺牛，罪不至死者，並繫獄以聞，當從重斷。」

7. 九月十六日，詔民負息錢，無得逼取莊土牛畜以償。

8. 十一月九日，禁廣南西路白鑞。一本作臘，鑞旁字是。

天禧元年（丁巳，一〇一七）

1. 正月二十八日，禁陝西採盧甘石。

2. 八月十二日，禁採捕猏。

3. 十月七日，內殿崇班、閤門祇候羅元備言：「伏見諸路苗稼裁茂〔一〕，即奏豐稔，或多失實。自今請俟登稔，乃許以聞。」詔從之。其已奏豐稔而非時災沴者，即須言上。違者，重寘其罪〔二〕。」

〔一〕苗稼裁茂　「裁」，長編卷九十天禧元年十月壬申作「才」。

〔二〕重寘其罪　「其」原作「于」，據長編卷九十天禧元年十月壬申、宋史卷一百七十三改。

4. 十一月十六日，禁川峽民畜飛稜。

二年（戊午，一〇一八）

1. 十一月二十五日，祕書丞朱正臣言：「前通判廣州，竊見蕃商多往交州貿易，齎黎字及砂鑞錢至州，頗紊中國之法。望自今犯者，決杖配牢城，隨行貲貨盡沒入官。」詔廣南轉運使洎廣州〔一〕覆議。既而上言：「本州海路與交州、占城相接，蕃商乘舟多為海風所漂，因至外國，本非故往貨易。欲望自今應齎到黎字、砂鑞等錢〔二〕，並沒入官，其餘博易所得布帛，取三分之一，餘悉還之。所犯人以違制失論。」從之。

〔一〕洎廣州　「洎」原作「泊」，據長編卷九十二天禧二年十一月癸未改。

〔二〕砂鑞等錢　「錢」，長編卷九十二天禧二年十一月癸未作「物」。

三年（己未，一〇一九）

1. 七月三日〔一〕，詔：「河東路不許攜家赴任，州軍有官員挈家在彼者，並令遣離本任。」

〔一〕七月三日　長編卷九十四天禧三年七月戊午同；太平治跡統類卷五作「十一月」。

2. 二十五日〔一〕，屯田員外郎鍾離瑾〔二〕言：「竊見諸州長吏，纔境內雨足苗長，即奏豐稔。其後霖潦霜旱，蝗螟災沴，皆隱而不言。上罔朝廷，下抑民俗。請自今令諸州有災傷處，即時騰奏〔三〕，命官檢視。如所部豐登，亦須俟夏秋成日上奏。如奏後災傷者，聽別上言。隱而不言者論其罪。」從之。

〔一〕二十五日　長編卷九十四天禧三年七月庚辰同；太平治跡統類卷五作「十一月庚辰」。

〔二〕鍾離瑾　「瑾」，長編卷九十四天禧三年七月庚辰同；太平治跡統類卷五作「謹」。

〔三〕即時騰奏　「騰」，長編卷九十四天禧三年七月庚辰同；太平治跡統類卷五作「謄」。

3. 十月四日，詔：「益、梓、利〔一〕、夔州路沿邊夷人，有銅鼓銅器，許於夷界用之，州縣勿責其違禁。其內地百姓賫入夷界賣鬻者，即依詔敕論罪。」先是，富順監言始姑鎮夷人家有銅鼓，子孫祕之，號為古族〔二〕，而朝法所禁，因有是詔。

〔一〕利　原作「州」，據長編卷九十四天禧三年十月丁亥改。

〔二〕號為古族　「古」，長編卷九十四天禧三年十月丁亥作「右」。

4. 十三日，禁興州、劍、利等州、三泉縣〔一〕白衣師邪法。

〔一〕興州、劍、利等州、三泉縣　「三泉縣」原在「劍」前，據長編卷九十四天禧三年十月丙申移後。

5. 十六日，禁京師民賣殺鳥獸藥。

四年（庚申，一〇二〇）

1. 四月二十四日，詔訪聞忻、代州民秋後結朋角觝，謂之野場，有殺傷者，自今悉禁絶之。

2. 九月二十六日，太子太保王欽若請令江、淮制置使罷顧民船，兩浙、淮南權罷和羅，聽商旅入中，並從之。

3. 十二月八日，詔：「自今中使傳宣齎手詔御寶文字赴中書、樞密院，係遷秩加恩事，並先赴入內都知司上籍，覆奏訖，仍給付施行〔一〕。」

〔一〕仍給付施行　「仍」，長編卷九十六天禧四年十二月乙酉作「乃」。

仁宗　天聖元年（癸亥，一〇二三）

1. 閏九月二十六日，詔：「應翰林醫官院、司天監、天文圖畫院，但係藝術官等處，今後更不得妄進文字，並告託皇族國親、形勢官員請求干黷，乞行奏薦，改轉名目服色及夾帶實封文字，希求恩澤。如違，據所降出求恩澤人姓名科違制之罪。或有所進文狀者，仍令閤門承進常切點檢，別無違礙，方得進入。」

二年（甲子，一〇二四）

1. 二月十二日，殿中丞李丕緒言：「乞止絕內外姻戚，不得更有陳乞班行等充外郡衣襖使命。」詔今後差下押衣襖使臣坐此，奏取知委結罪文狀。

2. 七月十三日，侍御史兼知雜事姜遵言：「臣僚取便於三司、開封府看謁，并帶職文臣等出節呵止，有違條貫，及翰林醫官、司天監丞等未轉至朝官，多隨服色佩魚，並乞嚴賜止絕。是皆舊有條約，久而稍弛，有司不能振舉。」詔申明之。

三年（乙丑，一〇二五）

1. 三月二十二日，詔：「金明池教習船，有司列水嬉，士民觀者甚多，有蹴踏而死者。令本地分巡防人員止約，令勿奔湊。」

2. 十月九日，詔：「得替知州、通判、都監、監押、幕職州縣官，不得將逐處公人於益州止射，占留綱運管押。」

四年（丙寅，一〇二六）

1. 四月十八日，翰林學士夏竦言：「福建、廣南接江南西路，百姓於山澤中採取龜倒埋塪中，生伐去肉，聲動數里，人不忍聞。暴殄天物，最為楚毒。又只取殼上薄皮數片，謂之龜筒，賣與私作玳瑁器人，得直至微，伏乞禁止。」從之。

2. 閏五月六日，中書門下奏：「檢會天禧〔一〕元年赦文，應諸道州府軍監縣等承受得三司非次有科取收買製造物色等，並須畫時具事由實封聞奏。內有科率農民事非急切及數目浩大者，仍須別候朝旨。諸路轉運、提刑司每承朝旨降下諸色人論訟公事，其間甚有不銷一例差官事件，今後仰逐司詳上件事理施行。」帝曰：「事貴簡淨，勿至勞擾百姓。前來條貫，並令申明施行。」

〔一〕天禧　「禧」原作「僖」，據文意改。

五年（丁卯，一〇二七）

1. 二月二日，中書門下言：「北戎和好已來，歲遣人使不絶，及雄州推場〔一〕商旅往來，因兹將帶皇朝臣僚著譔文集印本傳布往彼，其中多有論説朝廷防遏邊鄙機宜事件，深不便穩。」詔：「今後如合有雕印文集，仰於逐處投納，附遞聞奏，候差官看詳，别無妨礙，許令開板，方得雕印。如敢違犯，必行朝典。仍候斷遣訖收索印板，隨處當官毁棄。」

〔一〕榷場　「榷」原作「推」，據文意改。

2. 七月九日，詔：「應今後停削命官使臣，不得過河西至府州縣收買羊馬興販。」

3. 八月七日，河東路提點刑獄朱正辭言：「河陽、懷、澤州已來，鄉村百姓百十人為群，持幡花螺鈸鼓樂，執木槍棹刀，歌舞吗嘯，謂之『迎聖水』，以祈雨澤，斂取錢物，誑惑居民。」閤門祗候韓永錫言：「陝西州軍及京畿許、鄭界，少壯子弟聚集起置上廟朝嶽社，人名著青緋衫子〔一〕，執擎木素棹刀及木槍，排旗子沙羅，作隊迎引祭祀之物，望行禁止。」中書門下檢會編敕：「諸色人上嶽及祭諸祠廟，並不得置造平頭輦、黄涼傘、黄纓、茜緋鞍復係禁物色，并亂集衆人，執擎兵刃。如違，畫時收捉勘斷。」詔神社槍旗等嚴行鈐轄，如有違犯，内頭首奏取敕裁，及許陳告。

〔一〕人名著青緋衫子　「名」當作「各」。

4. 九月二日，御史臺言：「開封府近日多有臣僚取便出入看謁，雖有先降敕命，未聞遵守施行。」詔令御史臺、街司常切覺察聞奏。

七年（己巳，一〇二九）

1. 閏二月二日，詔見任近臣除所居外，無得於京師廣置屋業〔一〕。

〔一〕廣置屋業　「屋業」，長編卷一百七天聖七年閏二月辛卯作「物業」；玉海卷一百七十六、宋史卷一百七十三皆作「別業」。

2. 六月十一日，殿中侍御史朱諫言：「河北邊城每進奏院報狀至，望令本州實封呈諸官員。若事涉機密，不為遍示。」從之。仍令轉運使密為告諭。

3. 二十五日，三司言：「準詔，臣僚置莊田以三十頃為限，將吏〔一〕十五頃為限，仍只許一州之內典買〔二〕。伏緣有修營墳域之家，若只一州，慮有地非便宜或塋域狹隘，須移他處營葬者。欲望除莊產外，聽別置墳域，以五頃為限。」奏可。

〔一〕將吏　文獻通考卷一十二作「衙前將吏合免戶役者」；玉海卷一百七十六作「牙前將吏應復役者」。

〔二〕典買　「買」原作「賣」，據文獻通考卷一十二改。

4. 十二月八日，東染院使張可用言：「邊州官員，頗有連宵聚會及非時開閉城門者，望申禁止。」奏可。

九年（辛未，一〇三一）

1. 正月十八日，詔：「京城救火，若巡檢軍校未至前，聽集鄰衆赴救。因緣為盜者，奏裁，當行極斷。」帝聞都輦閭巷有延燔者，火始起，雖鄰伍不敢救，第俟巡警者至，以故焚燔滋多，因有是命。

2. 二月十三日，御史中丞王隨言：「選人歷任有負犯停殿，或因監司奏不理慢公者，望自今委吏部勘會，勿許改名。」奏可。

3. 五月二日，上封者言：「按長定格，乾德六年八月詔書，臣僚違越不公，許人陳告獎擢。望申舊敕，以儆臣倫。」奏可。

4. 閏十月十五日，詔：「如聞諸路進奏官報狀之外，别錄單狀。三司、開封府、在京諸司亦有探報，妄傳除改，至惑中外〔一〕。自今聽人告捉，勘罪決停。告者量與酬賞。」

〔一〕至惑中外　「惑」原作「感」，據文意改。

5. 十一月十八日，詔：「夷門山、繁臺公私無得掘土，委開封府覺察聞奏。」

十年（壬申，一〇三二）

1. 三月五日，上封者言：「諸州知州、總管、軨轄、都監多遣軍卒入山伐薪燒炭，以故貧不勝役，亡命為盜。」詔申條約，自今犯者嚴斷，仍委轉運使察之。

2. 八日，詔：「以京城民舍頻有延燔，慮姦狡之輩作過，聽人陳告。得實，賞錢百千。」

3. 五月十六日，遂州李景上言：「僧遊峨眉山者，苟無約束，恐致為非。望降詔，須限一月發遣出山。」詔申一季之限。

4. 六月八日，詔：「廣南、福建、江浙官無得乘轎出入，如山險及病跨馬不得者，聽。」

5. 二十一日，筠州何申甫言：「臨江軍婦人沈悮以鼠莔草殺夫，以移告管內，辨此草鋤根，竊意它州亦有，乞令剗毀。」從之。

6. 七月六日，上封者言：「外任臣僚有貪汙不公、虐民害物者，轉運使雖知事端，又未有論訴發覺，只以見更體量，別具聞奏。洎至中書，但以所奏送審刑院，準備他日斷案，規免收理。若所犯人至替事不發覺，即無懲戒。欲望自今但為轉運司體量者，即令審官、三班、吏部銓上簿拘管，縱不發露，得替到闕，亦與降等差遣。如應磨勘，亦脚色之內著其事。」詔從之。

明道二年（癸酉，一〇三三）

1. 四月十七日，詔：「比來群臣、宗戚、命婦廣託進奉，干祈恩澤。自今例得進奉外，餘一切止絕。委有司覺察其違。凡寺觀所進乾元節香合山儀悉停，惟功德表疏許官司附驛騰奏，內東門司受接以聞。所當賜者，內東門司據例取旨。凡事有傳宣指揮，許有司實封覆奏，官應升殿者，翌日面審進止。其內批改官，若差任或事應商量者，未得即行，委中書門下、樞密院審取處分。凡中外表奏，不得緣親戚於禁中投進，並閤門、通進司、登聞鼓檢院受而進奏，違者論罪。凡京都營壁、倉庫〔一〕、邸店以時修繕，其他悉從三司計檢功料，須旨乃行。天下寺觀塔廟，不得奏求創始修建，其有廢壞，以常住錢聽加營補。凡群臣乞升殿奏事，容先陳啟，須中書門下、樞密院進白可否，俟旨乃聽。」是時帝新總權綱〔二〕，群臣屬望，及降是詔，無不快躍，以為天子明察纖微，雖潛慝隱姦，無所容其私焉。

〔一〕倉庫　「庫」原作「軍」，據文意改。

〔二〕是時帝新總權綱　「帝」原作「常」，據文意改。

2. 五月十二日，詔：「卜相伎術、篤廢殘疾之人，妄言災異，陰規禳猒，誑惑中外，冀取貨財，並投隸遠方。委官司嚴切禁止。」

3. 八月三日，著作佐郎劉沆言：「伏覩三司催錢牒内帶出左藏庫闕錢數目，泄漏機事，及内中先將金銀買舒州羅源等莊賜與靈仙觀、乾元寺充常住，乞賜禁止。」詔令三司，今後行出錢帛文字，不得泄漏見在數目。所買官莊下轉運司差官往靈仙觀、乾元寺標撥元買官莊并諸般物色，盡給人户，依舊耕佃。

4. 二十七日，審刑院詳議官劉京言：「諸州軍非朝旨不得擅有科率，如違，並從違制私罪定斷。」從之。

5. 十月四日，起居舍人知諫院孫祖德言：「判襄州張耆造到私宅樓子，俯臨社稷祠壇，伏乞毁拆。」詔耆放罪，樓子拆去，不得存留。

6. 九日〔一〕，太常丞、同監左藏庫韓琦言：「今後有内臣傳宣取索金銀錢帛等，乞依自來條貫，候見合同憑由，即得支給。仍令本庫次日覆奏，降下三司照會除破。」從之。

〔一〕九日　原作「九月」，據長編卷一百十三明道二年十月「辛丑」改。

7. 十一月十七日，中書門下言：「檢會先詔，外任臣僚有貪汚不公，被轉運司體量聞奏者，候得替與降等差遣。欲今後顯有不公即依例施行。若别無顯狀，不降等差遣。」從之。

8. 十二月二日，臣僚上言：「三班人吏抑屈使臣，賄賂公行。嗟怨之聲，聞於道路，欲乞戒約。」詔三班院、審官院、流内銓人吏，今後如有受贓，並行決配。

景祐元年（**甲戌，一〇三四**）

1. 二月十五日〔一〕，右諫議大夫、新授知泰州孔道輔言：「父母年老，令暫到兖州寧親，後立便赴本任。」詔：「道輔昨降職任，差知泰州，不候朝旨〔二〕，枉路赴兖州〔三〕，免勘特放罪。令本州發遣疾赴任訖奏。」

〔一〕二月十五日　長編卷一百十四作景祐元年二月甲寅，即二十三日。

〔二〕不候朝旨　「候」前衍「奏」字，據長編卷一百十四景祐元年二月甲寅刪。

〔三〕枉路赴兖州　「枉」，長編卷一百十四景祐元年二月甲寅作「迂」。

2. 五月十一日，龍圖閣待制燕肅乞今後內外官司合用宣敕條貫，寫錄廳壁，朝夕看讀。從之。

3. 十二日，上封者言：「在京尼師之輩或入內庭，國親之臣多接朝士，洩禁中之語，為外人所聞。乞今後入內師尼特賜一絕，國親臣僚亦乞誡礪。」詔劄與入內內侍省相度，及令諸宮司取知委狀。

4. 十八日，詔今後每豐稔，百姓不得率斂錢物建感恩道場。

5. 六月九日，詔臣僚失儀，依條責罰，更不理為過犯。

6. 七月十二日，中書門下言：「內降劄子，諸處承準宮闈教旨事件未得施行，次日面奏，審取指揮。不該上殿處，當日內實封申中書、樞密院，再取旨施行。」從之。

7. 十月十九日，開封府請今後僻靜無鄰舍居止宰殺牛馬，許人告捉給賞。無鄰人處，以本住業主家財添給。依奏，業主只罪勾當人。

二年（乙亥，一〇三五）

1. 二月五日，上封者言：「近日多有臣僚私入三司及開封府、御史臺看謁。伏以三司掌天下錢帛，國家會要之司；御史總持憲綱，繩糾愆謬；開封府政事繁重，四方表則，豈容私入請謁！竊慮别有寄囑，妨廢公務。淳化、景德明有條詔，並各禁止。許御史臺糾奏，久無覺舉，漸失遵稟。乞申明約束，其看謁、接見監司並從違制論。」從之。仍令御史臺、街司常切覺察，違犯具名聞奏。

2. 十月九日，前廣南東路轉運使鄭載言：「廣州每年多有蕃客帶妻兒過廣州居住，今後禁止廣州不得賣與物業。」詔知廣州任中師與轉運使相度以聞。

3. 二十一日，臣僚上言：「駙馬都尉柴宗慶印行登庸集中詞語僭越，乞毁印板，免致流傳。」詔付兩制看詳聞奏。翰林學士承旨章得象等看詳：「登庸集詞語體制不合規宜，不應摹板傳布。」詔宗慶悉收衆本，不得流傳。

4. 十二月十四日，詔：「益、梓、利、夔路民夜聚曉散〔一〕，傳習妖法，能反告者賞錢五萬〔二〕，以犯者家財充。」

〔一〕民夜聚曉散　「民」字原脱，據長編卷一百一十七景祐二年十二月甲子補。

〔二〕賞錢五萬　「五萬」，長編卷一百一十七景祐二年十二月甲子作「三萬」。

三年（丙子，一〇三六）

1. 二月十三日，太常少卿、直昭文館扈稱言：「近歲士庶之家，侈靡相尚，居第服玩，僭擬公侯，珠琲金翠，照耀衢路，約一襲衣千萬錢不能充給。乞差近臣詳定制度，以分等威。」詔曰：「如聞輦轂之間，士民之族罔遵矩度，爭尚紛華，服玩僭奢，室屋宏麗，儳儹革之弗至，恐因循而滋多。宜專命於攸司，再申明於彝憲，酌其舊式，著此成規。其令兩制與太常禮院同詳定以聞。」

2. 二十一日，詔在京巡檢人戶鋪分選內侍與新舊城巡檢同相度以聞。以屢有火災也〔一〕。

〔一〕以屢有火災也　原作小字注文，今改为大字正文。

3. 三月二十一日，天章閣待制李紘言：「官員使命往來，差防送人常一二百人，止在道路兵士雖給口食二升，褁費不足。乞量官品高下，差十人已來給護。」詔依官位量差，違者並行朝典。

4. 四月七日，河北轉運司言：「滄州南皮縣令朱谷，部民論取受不公，懼罪逃走，已行收捉。」詔將來遇赦不原，永不錄用。今後命官使臣依此例。

5. 二十五日，臣僚上言：「近日多有臣僚私入三司、御史臺、開封府看謁，乞今後更有臣僚妄託公事，私入看謁，其接見者及監門使臣一等科罪。慮有合入省商量事者。」詔如實有公事，許赴省府商量。

6. 六月十五日，福建轉運使言：「南劍州妖人饒曾託言鬼神，恐嚇民財〔一〕，已依法處死。曾二弟見在本鄉，請從江南江陰軍羈管。今後有違者，許人告捕鞫罪，籍沒家財。本縣官不時覺察即與衝替。」從之。

〔一〕恐嚇民財　「嚇」原作「赫」，據文意改。

7. 十一月三日，國子博士王正平言：「諸州官得替進發，逐處公文百姓用金銀花送路，貧者不免作債。乞今後止許用草花獻送。」從之。

8. 十二月十七日，詔：「諸州軍宮觀寺廟〔一〕在城外合行朝拜處，今後只令知州、軍監、通判、幕職官〔二〕輪赴。都監、監押更不得去。」

〔一〕諸州軍宮觀寺廟　「州軍」二字原脫，據長編卷一百一十九景祐三年十二月辛酉補。

〔二〕幕職官　「幕」字原脫，據長編卷一百一十九景祐三年十二月辛酉補。

四年（丁丑，一〇三七）

1. 四月四日，詔：「廣南西路諸色人不得容留溪洞婦女在家驅使，見在者，不問契約年月，並放逐便。」

2. 十月十六日，侍御史知雜事龐籍言：「朝廷每差使臣、道士往建州武夷山設醮，差借人夫及般舡，準備迎送，來往勞役。乞自今以官物供辦。」詔今後如遇設醮合用並以官物充，不得非理擾民。

五年（戊寅，一〇三八）

1. 二月五日，殿中丞、通判建州高易簡言：「每差殿頭、道士到武夷山設醮，多置買物色，今後不得令入州，貴免騷擾。」詔今後每投龍設醮，不差內臣及差殿侍賫送，本處知州或通判往彼嚴潔設醮，投送龍簡道士本州選差。

2. 五月二十八日，監察御史張宗誼言：「向西諸路州軍臣僚罷任，隨行車乘，多是所歷州縣差借人牛牽洩，乞行止絕。」詔申明前敕。

3. 六月三日，詔：「臣僚赴任、罷任不得差店戶百姓擔擎物色及借車牛。」

4. 十一月四日，三司言：「乞差官點檢宣借官宅及自來曾宣借官中宅屋之家，未經店宅務取索元借文字者，許勾當人陳首。」從之。

寶元二年（己卯，一〇三九）

1. 三月十七日，左正言〔一〕、直集賢院吴育言：「竊聞近歲以來，有造作讖忌之語〔二〕，疑似之文。或不顯姓名，暗貼文字，恣行毁謗，以害讎嫌〔三〕。臣只傳聞〔四〕，未審虚實。若有此事，乞降出姓名，問其事狀，情若涉於妖妄，意或在於傾邪，則乞嚴與行遣，以絶姦弊。」詔開封府、御史臺常切覺察。

〔一〕左正言　長編卷一百二十三寶元二年三月戊申、宋名臣奏議卷九十八、歷代名臣奏議卷二百一十皆作「右正言」。

〔二〕讖忌之語　「讖」原作「纖」，據長編卷一百二十三寶元二年三月戊申、宋名臣奏議卷九十八改。

〔三〕以害讎嫌　「嫌」後内容與長編卷一百二十三寶元二年三月戊申、宋名臣奏議卷九十八吴育之言内容不同。

〔四〕臣只傳聞　疑「只」字後缺一字。

2. 五月十四日，刑部言：「著作佐郎王師旦為於御街上行馬，致軍巡人申舉，蒙開封府勘罪。檢會中書劄子：『御路上只許近上臣僚行馬』，及海行條貫本條無指定刑名，並從違制失私罪。其王師旦從上條，杖一百，止私罪定斷。省司再詳，只言『許近上臣僚行馬』，即不指定品位、職名。竊慮更有品位稍高，臨時無由定奪。今欲自宣德門〔一〕至天漢橋北御路上，只許應合出節臣僚及正任觀察使已上行馬。如隨從聖駕出入及宗室内庭宫院車騎不在此限。」從之。

〔一〕宣德門　「門」字原脱，據長編卷一百二十三寶元二年五月甲辰、景文集卷四十三、宋史卷一百二十、歷代名臣奏議卷一百十九補。

3. 二十二日，右司諫、直集賢院韓琦言：「欲乞不以年分整齊〔一〕，但見得官中支用顯有虚費，

即定奪減省。仍望先飭宮掖之間，務修節儉。凡奢靡之飾、奇巧之玩、無名之賜〔二〕、無度取索，一切罷之。」詔三司計會，入内内侍省施行，餘並依奏。

〔一〕欲乞不以年分整齊　「以」，宋名臣奏議卷一百一、歷代名臣奏議卷一百九十一皆作「必」。

〔二〕無名之賜　「之」原作「支」，據宋名臣奏議卷一百一、歷代名臣奏議卷一百九十一改。

4. 二十三日，右司諫〔一〕、直集賢院韓琦言：「在京故將相、兩地戚里、近臣之家，例合占留六軍兵士，枉破衣糧，永為私家僕隸，但資冗食，久妨軍役，乞定奪減省〔二〕。」詔依奏。

〔一〕右司諫　「右」原作「左」，據上條及宋名臣奏議卷一百一、歷代名臣奏議一百九十一改。

〔二〕定奪減省　「減」字原脫，據宋名臣奏議卷一百一、歷代名臣奏議一百九十一補。

5. 六月十九日，右正言、直集賢院吳育言：「條例之中，明有賞格。以巡檢、縣尉捉賊，使臣監務課利增盈，令佐存撫招攜人戶歸業，設法催科，不行追擾刑責，此類皆等第酬獎。及得替到闕，所司並不舉行。乞選官與法寺詳定，自今應編敕合有酬獎，除在任遷擢逐時便行外，自餘本官到闕，各據勞績，所司舉行，不須待陳狀敘理，仍立日限，免使延滯。」詔酬獎者，有司疾速施行。

康定元年（庚辰，一〇四〇）

1. 五月二日，詔：「訪聞在京無圖之輩及書肆之家，多將諸色人所進邊機文字鏤板鬻賣，流布於外。委開封府密切根捉，許人陳告，勘鞫聞奏。」

2. 三日，中書門下言：「訪聞近日無知之輩，妄稱官中括取人戶錢物。請重禁言者，欲許人告捉給賞。」從之。

3. 十一月四日，知萬州馬元潁言：「乞下川陝、廣南、福建、荊湖、江淮，禁民畜蛇毒蠱藥，殺人祭妖神。其已殺人者，許人陳告。賞錢隨處支銅錢及大鐵錢一百貫。」從之。

4. 十二月六日，司勳員外郎馬彝言：「昨判大理，累見諸州奏案，多有官員率吏出錢創置公用器物。望自今犯者重斷，委按察官覺舉。」從之。

二年〔一〕（辛巳，一〇四一）

1. 三月五日〔二〕，詔今後舉人不得以進獻邊機及軍國大事為名，妄希恩澤。

〔一〕二年　原作「三年」，有誤。康定只有二年，且於十一月始改年號為慶曆。以下六條皆在十一月前，故此處當為康定二年。

〔二〕三月五日　長編記此事在卷一百三十一慶曆元年三月丙辰，即「三月七日」。

2. 七月十七日〔一〕，中書門下言：「訪聞有浮薄小人，撰長韻詩嘲訕大臣，今開封府密加察訪，許人陳首〔二〕，給錢三百千充賞。願就官者亦與補命。

〔一〕七月十七日　長編記此事在卷一百三十二慶曆元年七月丙寅，即「七月十九日」。

〔二〕許人陳首　疑「首」當作「告」。參見長編卷一百三十二慶曆元年七月丙寅「募告者賞錢三十萬」。

3. 二十四日，詔樞密院，自今皇城司探事相度事理，方得行下。

4. 八月十六日，直集賢院、知諫院張方平言：「臣承乏諫省，及今未五十日，凡內臣、外戚、醫官之類，遷轉者且二十人。大則防、團、刺史，小則近職要司。伏以邊陲用兵，將士暴露，狂賊有憑陵之勢，王師無尺寸之功，宜增爵賞，以待勳勤。彼矢石之下，鋒刃之前，以首爭首，以命爭命，上功於朝，報賞之際，未嘗有特恩殊命及之者。今帷幄密侍，肺腑近戚〔一〕，坐受優寵，動霑厚賜。至于方伎雜類，恩澤過宜。伏願慎茲威福之柄，深計安危之本，無容親近之姦請〔二〕，以撓公朝之法制。仍乞宣諭執政之臣，今後即有傳宣內批，諸非次不正除授，必須詳酌事體覆奏。其或僥求過分，宜為條約禁止。」詔並依前降指揮，常切遵守〔三〕。

〔一〕肺腑近戚　「戚」原作「歲」，據長編卷一百三十三慶曆元年八月壬辰改。

〔二〕無容親近之姦請　「姦請」，長編卷一百三十三慶曆元年八月壬辰作「幹請」。

〔三〕常切遵守　「常」原作「嘗」，據長編卷一百三十三慶曆元年八月壬辰改。

5. 十月二十六日，臣僚上言：「日近河北諸州軍有停閑、丁憂、不及第人，亦非鄉土，多經游邊郡。停閑者，不思己過，至犯律法；丁憂者不執親喪，唯求經營謁託，稍不如意，便有誹謗；下第者不言文理紕繆，無由進取。凡得聚首，例生怨嗟。況國家西事未寧，宜杜絕此輩。望降指揮都轉運司轄下州縣，常令覺察，無致聚集。不是土居者，盡可斷絕遊邊。」詔令河北、河東、陝西都轉運司依所奏。

6. 二十七日，翰林學士蘇紳言：「沿邊臣僚筵會，自今並不得以妓女〔一〕祗應。」從之。

〔一〕妓女　長編卷一百三十四慶曆元年十月癸卯作「女伎」。

慶曆二年（壬午，一〇四二）

1. 正月二十八日，杭州言：「知仁和縣、太子中舍翟昭應將刑統律疏正本改為金科正義，鏤板印賣。」詔轉運司鞫罪，毀其板。

2. 六月十五日，詳定減省所〔一〕言：「請今後宗室及郡縣主、兩地臣僚〔二〕、節度使、殿前馬步都知押班〔三〕，母、妻依舊賜冠帔。兩府臣僚無母、妻〔四〕，許乞長女或長子之妻，餘並不許。僧道紫衣、師號除御前特恩賜外，臣僚不得奏薦。如於延州納細色軍糧一百萬石〔五〕，賜衣或師號。」詔中書、樞密院，郡王〔六〕、使相、宣徽使〔七〕、管軍、節度使〔八〕並皇親正刺史以上〔九〕及長公主，許依舊奏薦，餘如所請。

〔一〕詳定減省所　長編卷一百三十七慶曆二年六月丙戌作「三司減省所」。
〔二〕兩地臣僚　長編卷一百三十七慶曆二年六月丙戌作「兩府管軍臣僚」。
〔三〕殿前馬步都知押班　長編卷一百三十七慶曆二年六月丙戌作「兩省都知押班」。
〔四〕兩府臣僚無母、妻　「臣僚無母、妻」五字原脱，據長編卷一百三十七慶曆二年六月丙戌補。
〔五〕一百萬石　長編卷一百三十七慶曆二年六月丙戌作「一百石」。
〔六〕郡王　長編卷一百三十七慶曆二年六月丙戌作「荊王」。
〔七〕宣徽使　「使」字原脱，據長編卷一百三十七慶曆二年六月丙戌補。
〔八〕節度使　「使」字原脱，據長編卷一百三十七慶曆二年六月丙戌補。
〔九〕皇親正刺史以上　「上」字原脱，據長編卷一百三十七慶曆二年六月丙戌補。

三年（癸未，一〇四三）

1. 七月二十七日，臣僚上言：「益州每年舊例，知州已下五次出遊江并山寺排當，從民遨樂，去城稍遥。竊以軍資、甲仗、錢帛、軍器、法從以至糧倉、草場等庫藏，須藉官員在城管勾。欲乞下本州，今後遇此筵設，更牙〔一〕常輪通判、職官各一員在州照管，及提舉監官專防守倉庫。」從之〔二〕。

〔一〕更牙　「牙」當作「互」。

〔二〕從之　「之」字原脫，據文意補。

四年（甲申，一〇四四）

1. 八月七日，度支判官李參言：「自今在京作過人該徒配外州者，無得差駕綱接送諸般名目上京，其在京場務亦不得指定抽差及招填影占。如違，干繫官吏嚴行勘斷。」從之。時内東門司胥吏犯自盜贓，決配慈州〔一〕。有姻戚内侍為求綱役上京，作坊指射為甲匠〔二〕，三司覺其都妄〔三〕故也。

〔一〕決配慈州　「慈州」，長編卷一百五十一慶曆四年八月丙申作「黄州」。

〔二〕作坊指射為甲匠　「坊」原作「方」，據長編卷一百五十一慶曆四年八月丙申改。

〔三〕三司覺其都妄　疑「都」當作「姦」，參見長編卷一百五十一慶曆四年八月丙申。

2. 十一月十七日〔一〕，詔曰：「朕夙承先訓，恭紹丕基，賴二聖之貽謀，奉三靈之眷命，必藉衆賢之助，以躋至治之風。詳刑之局，掌法之臣，宜盡哀矜〔二〕，務從平允。牧守之任，綏養為先。漕輓之司，澄清是寄。至於令宰，實字吾民，所宜撫卹疲羸，蠲除苛察，布寬大之詔，流愷悌之聲。布告遐邇，知朕意焉。」

〔一〕十一月十七日　宋大詔令集卷一百九十一作「大中祥符元年正月己卯」，即十七日，且内容較此條更完整。

〔二〕宜盡哀矜　「哀」原作「京」，據宋大詔令集卷一百九十一改。

五年（乙酉，一〇四五）

1. 五月七日，皇城司言：「訪聞在京諸色軍人百姓等，訛言云道：『四月不戴皂角牙，直到五月脚攞沙。』恐是不祥之言，乞行禁止。」詔開封府嚴切禁止〔一〕，如敢狂言，依法施行。

〔一〕詔開封府嚴切禁止　「封」字原脱，據文意補。

2. 七月十六日，知延州梁適言：「保安軍榷場〔一〕慮有官員於場内博買物色，乞科違制之罪。」從之。

〔一〕榷場　「榷」原作「摧」，據文意改。

六年（丙戌，一〇四六）

1. 十二月一日，判大名府〔一〕夏竦言：「準朝旨，封下定州王德基所奏，近邊無圖之輩，有游墮拳勇，乞與羈管。欲望遇邊防警急，長吏籍名羈管，的有材武，許保明與殿侍散直。」從之。

〔一〕大名府　「名」原作「明」，據長編卷一百五十九慶曆六年七月乙酉改。

2. 四日，臣僚上言：「益州路州縣，乞今後諸色人不得遠詣轉運、提刑司舉留官員，候逐司巡歷到處陳狀。」從之。

七年（丁亥，一〇四七）

1. 六月二日，諫官上言：「風聞近年官員中有不修士檢，不畏物議，鋭於進取，紛然馳騖，遂有『五鬼』之號出焉。日近復聞有『六耗』、『七虚』之説，雖事類不一，良由被此名者更相纔愬〔一〕，伺察出入，指定為疵。以是分曹成黨，非議詆欺，瀆我盛明，熄我盛際，傷敗風教，無甚於此。自唐長慶中，八關、十六子者，于時朝政不綱，姦邪並進，是使群小得以朋比。自張又新、李續之竄斥之後，此風寢息。豈公朝盛際，宜有此事？伏乞下御史臺覺察，特行禁止。如今後更敢妄以名聞上者，望於法外嚴行治罪。」詔令開封府密切覺察，如有浮薄之人撰寫上件文字，許人指定姓名，具實封文字陳告，登聞鼓院、檢院、開封府晝時收接投進。勘鞫不虚，所犯人有官者重行貶削，無禄者便與決配。告首人優與官資，不願身事者，官給賞錢五百貫。知情及同撰之人，首告並與放罪，亦依上項酬奬。

〔一〕更相纔愬　「纔」當作「讒」。

2. 十月九日，判北京賈昌朝言：「河北諸州軍及總管司等爭飾廚傳，以待使客。肴饌果實，皆求多品，以相誇尚。蓋承平日久，積習成風，稍加裁損，遂興謗議，為守將者不得不然。近永靜軍〔一〕收買公用羊麦，剩取數目，偶因發擿，遂至彰露。其如諸處州縣似此者多，衙前公人亡家破產、市肆商賈虧本失業者，不可勝數。欲乞應河北州軍有公使錢，除管領軍校接待信使，不得輒有減刻外，其餘筵會迎送，並從簡約，不得令衙前公人遠詣諸處求買珍異之物。所買諸般公用物色，並須依準市價，不得虧損百姓。」從之。

〔一〕永靜軍　「永」原作「水」，據宋史卷八六改。

3. 十二月十二日，詔：「訪聞貝州來投軍民，多行殺戮，以邀功賞。其令賈昌朝〔一〕、王信等嚴切約束。違者以軍法從事〔二〕。」

〔一〕賈昌朝　「朝」原作「期」，據長編卷一百六十一慶曆七年十二月壬子改。

〔二〕違者以軍法從事　「軍法從事」原作「運法從之」，據長編卷一百六十一慶曆七年十二月壬子改。

八年（戊子，一〇四八）

1. 正月十日，詔：「士庶之家所藏兵器非編敕所許者，限一月送官。如敢有匿，聽人告捕〔一〕

之。」

〔一〕聽人告捕　「告」原作「造」，據長編卷一百六十二慶曆八年正月辛巳、宋史卷一百九十七、文獻通考卷一百六十二改。

2. 十二日，祕閣校書、知相州楊孜言：「進奏院逐旬發外州軍報狀，蓋朝廷之意，欲以遷授降黜示賞功罰罪，勉勵天下之為吏者。積習因循，將災異之事悉報於天下，姦人贓吏、游手凶徒喜有所聞，轉相扇惑，遂生覬望，京東逆黨，未必不由此而起狂妄之謀。況邊禁不嚴，細人往來。欲乞下進奏院，今後唯除改差任臣僚、賞罰功過、保薦官吏乃得通報，自餘災祥之事不得輒以單狀偽題親識名銜以報天下。如違，進奏院官吏並乞科違制之罪。」從之。

3. 三月四日，詔：「諸傳習妖教，非情涉不順者，毋得過有追捕。」初，王則之亂，州郡大索妖黨，被繫者不可勝數。帝恐濫及良民而寬之。

皇祐元年（己丑，一〇四九）

1. 三月十二日，判北京賈昌朝〔一〕言：「乞依定州韓琦奏，定州界以北一概禁止採伐林木。」從之。

〔一〕判北京賈昌朝　「判」字原脫，據輯稿·刑法二之二八十月九日條補。

二年（庚寅，一〇五〇）

1. 八月七日，環慶走馬承受公事元舜言：「乞禁絕邊臣養放鷹鶻，如差兵士飛放，以違制論私罪。」從之。

2. 九月二十七日，詔中書門下：「朕紹承駿烈，祗服先猷，蹈道以臨庶邦，謹憲而持大柄。馭其予奪〔一〕，正以賞刑，悉任至公，靡容紊法。比有儌幸〔二〕，肆興妄圖，或違理覬恩，或負罪希貸，率求内出，間亦奉行。蠹政虧風，莫斯為甚。雖屢頒於詔約，曾未絶於祈求〔三〕。兼慮臣庶之家、貴近之列，交通請託，巧詐營為，陰致貨賕，密輸珍玩，寅緣結納，侵撓權綱。方務澄清，當嚴禁約。儻復逾犯，斷在必行。重念成湯以六事責躬，女謁苞苴〔四〕之先戒；管氏以四維正國，禮義廉恥之具張。矧宗祀之涓成〔五〕，屬祥釐之均被，嘉與中外，絀此非衷，勉於自新，以隆至治。今後應内降指揮，特與恩澤〔六〕及原減罪犯者，並仰中書、樞密院并承受官司具前後詔條執奏，不得施行。及臣庶之家，如有潛行賄賂，結託貴近者，並令御史、諫官覺察論奏。咨爾丞弼，體朕意焉。」

〔一〕馭其予奪　「其」，宋大詔令集卷一百九十三、文恭集卷二十四、宋文鑒卷三十一作「之」。
〔二〕比有儌幸　「比」原作「此」，據宋大詔令集卷一百九十三、文恭集卷二十四、宋名臣奏議卷二十三、宋文鑒卷三十一改。
〔三〕曾未絶於祈求　「祈求」，宋名臣奏議卷二十三作「私求」；宋大詔令集卷一百九十三、文恭集卷二十四作「斯途」、宋文鑒卷三十一作「私祈」。
〔四〕苞苴　「苞」原作「包」，據宋大詔令集卷一百九十三、文恭集卷二十四、宋文鑒卷三十一改。
〔五〕矧宗祀之涓成　「涓」原作「消」，據宋大詔令集卷一百九十三、文恭集卷二十四、宋文鑒卷三十一改。
〔六〕特與恩澤　「特」原作「將」，據宋大詔令集卷一百九十三、文恭集卷二十四、宋文鑒卷三十一改。

三年（辛卯，一〇五一）

1. 二月十九日，詔：「近侍之臣，考決大議，令利害曉白。尚慮輕肆之人，陳舞空言〔一〕，幸撓其端。夫利百而法乃變，令下而議不起，然後民聽不眩而憲度行焉。自今有依前項事為議者，並須究知厥理，審可施用。若其事已上而驗問無狀，一當施之重罰。」時河北入中糧草既更用見錢法，恐要利者扇其事，故下是詔。

〔一〕陳舞空言　「陳」，長編卷一百七十皇祐三年二月庚子作「仍」。

四年（壬辰，一〇五二）

1. 二月四日，詔開封府：「比聞浮薄之徒，作無名詩，玩侮大臣，毀訾朝士及注釋臣僚詩句，以為戲笑。其嚴行捕察，有告者優與恩賞。」

2. 六月十一日，詔河北、河東、陝西沿邊，今後不得夜間筵會。及令〔一〕逐路經略安撫使、轉運、提刑司覺察，如違奏裁。

〔一〕令　原作「今」，據文意改。

3. 九月十七日，詔：「訪聞諸州進奏官日近多撰合事端騰報〔一〕，扇惑人心，及將機密不合報外之事供申。今後許經開封府陳告，如獲，進奏官不候年滿，優與授官出職，餘遞遷職掌；不願本院轉職，當議比類安排。本犯人特行決配，同保人等第斷遣。同保覺察，告首捕獲，亦與免罪酬獎。監官不舉覺，致有敗露，當行衝替降官。仍今後只得以樞密院送下報狀供申，逐處施行。」

〔一〕撰合事端騰報　疑「騰」當作「謄」，參見長編卷二百四十六熙寧六年七月甲子「謄報」。

至和元年（甲午，一〇五四）

1. 九月五日，詔：「比聞差官繕修京師官舍，其初多廣計功料，既而指羨贏以邀賞，故所修不得完久〔一〕。自今須實計功料申三司。如七年內損隳者，其監修官吏及工匠並劾罪以聞。」

〔一〕所修不得完久　「所」字原脫，據長編卷一百七十七至和元年九月乙丑補。

二年（乙未，一〇五五）

1. 二月二十四日，中書門下言：「近日面奉德音，『今後傳宣內降，除依得法律賞罰外，餘並仰中書、樞密院及所屬官司執奏〔一〕。』恭惟聖慮深切，蓋欲杜請託之門，塞僥倖之路也。忠義之士，莫不稱慶。以臣愚昧，復有淺見。且君上由中之命，尚容執奏，而臣下過分之情，未加裁損，非所謂尊君卑臣之義也。竊見近年臣僚有不循法律，以私黨自任者，陳乞保薦。而執政之臣，內防怨謗，外徇私情，明知違越，不敢阻難，必將所上表章進上取旨。陛下至仁，待物多賜允從。既從之，後則便以為例，援例者衆，則法殆虛設。夫三尺之法，天下所共，豈有大君之命許執法而不行，群臣所求並違法而取旨？罔上附下，莫此之甚。乞今後中外臣僚保薦官吏、陳乞親屬、敘勞干進、援例希恩者，仰中書、樞密院、三司及所屬官司一例依前後條詔指揮，更不得用例施行，及進呈取旨，違者坐之。」詔可。

〔一〕所屬官司執奏　「司」字原脫，據長編卷一百七十八至和二年二月丙午補。

嘉祐二年（丁酉，一〇五七）

1. 九月五日，龍圖閣直學士、知諫院陳升之言：「近日內降恩賞頗多，雖許有司執奏，然亦時有奉行，虧損政體，無甚於此。臣嘗觀治世設官制祿，不以假人，必得賢才，乃授其任。今之任人，殊不及古。雖然，遷次補用之法，中書、樞密院國朝典故具存焉。若命一官除一職，參之典故，故為可與，質之公論，不以為非，當議于朝、拜于廷可也。或典故所當得其職事者，不時上聞朝廷，故未嘗抑臣下自陳，使之公言於朝，然後授之亦可也。不知有求之人，何故捨此而不為，必欲緣近習女謁而後進。是必自度於典故為不當得，所以去坦夷公直之途，而蹈邪險私曲之徑也。伏惟陛下以大公至正臨御天下，亦嘗患近習女謁撓壞法律，故屢詔有司，事從中出者皆令執奏。然天地并容，曲從其欲，其間時有假貸，故僥倖之人習知如此，所以干請日甚一日也。料左右私謁之人瀆陛下睿聽亦已煩矣，雖聖度舍覆，將厭其喋喋無知者乎？但卹於小不忍不能驟絕之也。臣歷觀前世，近習女嬖之說行，使人君賞罰之柄，不得由至公之道，法度未有不陵遲，而國家未有不顛覆者。此臣所以夙夕憤歎，不敢不盡其愚，陛下不得不留神審計而速斷也。願特降詔旨，應臣下於法當蒙賞而未列上者，聽其自陳，中書、樞密院參考典故以聞。如僥倖求內降指揮，委二府劾奏，正干請者之罪。如此行之，則中外不敢萌覬覦之心矣。此制若行，不罰一人而群下固已肅然矣。其蠹雖大，絕之甚易，在陛下一言，則天下蒙幸。」有詔從之，而升之復上言：「伏聞已降指揮，中書、樞密院應臣下僥求內降恩賞，許令劾奏，正干請者之罪，即未覩明文頒下。望特降詔付御史臺，令告諭中外，使知朝廷立法必行之意，而人不敢犯。若有犯者，有司得以按劾施行。」詔令御史臺、閤門出榜告諭。

三年（戊戌，一〇五八）

1. 九月二十二日，詔：「開封府止絶百姓，不得以獻送為名，製造御服之類於街市乞貸錢物。」

2. 十二月十一日，知成都府趙抃言：「傳宣使臣川中不得往過十日。內侍省官差出內臣傳宣等須日行兩驛，所住處到發三日。」並依奏。

英宗 治平三年（丙午，一〇六六）

1. 七月十二日，詔：「今後沿邊大教，不得放士庶入教場絞棚觀看。」從之。

治平四年（丁未，一〇六七）

2. 七月四日，神宗已即位，未改元。侍御史吳申言：「乞察訪豪民與妃嬪之家用賂為親得官者，許人陳告給賞，削其官籍，沒納貨賂。」詔令御史臺、開封府察訪以聞。

3. 十月二十五日，侍御史張紀言：「河南府本是故都，衣冠將相占籍繁夥，其如民力凋敝甚於佗州。詔〔一〕今後臣僚鄉里田宅在河南府，不得陳乞骨肉充本府通判、知縣，仍不得陳乞兩人同時在彼。」從之。

〔一〕詔 從文意知「詔」前當有「乞」、「宜」等字。

神宗　熙寧元年（戊申，一〇六八）

1. 二月十六日，詔：「今後曾任中書、樞密院及節度使以上所居第宅子孫不得分割。」

2. 十二月四日，詔：「今後内批降指揮俟次日覆奏訖，即於當日行下文字，守為永式。」

二年（己酉，一〇六九）

1. 十月九日，詔：「金明池每遇傳宣打魚，今後只得令本池兵士採打，不得更差百姓。」

2. 閏十一月二十五日，監察御史裏行張戩言：「竊聞近日有姦妄小人肆毀時政，搖動衆情，傳惑天下，至有矯撰敕文，印賣都市。乞下開封府嚴行根捉造意雕賣之人行遣。」從之。

四年（辛亥，一〇七一）

1. 十一月十二日，太子中允、充崇政殿説書王雱言：「差押賜父安石生日禮物。勘會自來押賜例，有書送人事〔一〕，赴閤門繳書，申密院取旨，密院出劄子許收，兼下榜子謝恩。緣父子同財，理無饋遺，取旨謝恩，一皆僞詐。竊恐君臣、父子之際，為理不宜如此。欲乞今後應差子孫、弟姪押賜，並不用此例。」從之。

〔一〕有書送人事　「人事」，長編卷二百二十八熙寧四年十一月癸巳、却掃編卷下、清波雜誌卷七皆作「物」。

七年(甲寅,一〇七四)

1. 六月十九日,樞密副都承旨張誠一言:「乞今三司約計年例宣紙,預遣軍大將或殿侍就出產州軍管押上京,專置寫宣吏人。」詔降宣紙式〔一〕下杭州抄造,歲五萬番。自今公私常用紙〔二〕,長短廣狹,不得與宣紙相亂。

〔一〕降宣紙式 「宣」字原脫,據長編卷二百五十四熙寧七年六月乙酉補。
〔二〕公私常用紙 「公私」,長編卷二百五十四熙寧七年六月乙酉作「公移」。

九年(丙辰,一〇七六)

1. 六月十八日,判太常寺高賦言:「乞河北河東沿邊安撫、外都水監丞、逐路提舉便糴茶鹽之類,走馬承受及朝廷專差出外諸般勾當公事臣僚,依法運使等,所至州縣,不得令官吏軍員妓樂出城迎送。」詔除走馬承受公事外,令中書立法以聞。

2. 八月九日,詔:「中書門下訪聞司農寺見出賣天下祠廟〔一〕,辱國黷神,此為甚者。可速遍降指揮,更不施行。自今司農寺、市易司應改更條貫,創請事件,可並進呈取旨,不得一面擬進行下。」

〔一〕見出賣天下祠廟 疑「見」字衍,當刪。參見長編卷二百七十七熙寧九年八月壬辰、九朝編年備要卷二十、太平治跡統類卷一十二、文獻通考卷一百三、東都事畧卷八、宋史全文卷一十二上皆作「鬻天下祠廟」。

3. 九月,詔:「今後將作、都水、軍器監如遇差出,勾當公事官出外,並不得赴筵宴。」

十年（丁巳，一〇七七）

1. 三月二十二日，中書門下言：「刑部刪立到諸災傷州軍合降下司敕減等斷遣賊盜者，夏田災傷自四月一日至八月終，秋田災傷自八月一日至四月終為限，限內犯者，方得減等，今欲頒下。」從之。

元豐元年（戊午，一〇七八）

1. 五月七日，詔：「應有謁禁之官，如士人內通醫藥者，聽往還。」

2. 九月六日，詔：「州縣官吏毋得迎送過客，即泛遣使命及太中大夫、觀察使以上，聽如舊。」

二年（己未，一〇七九）

1. 二月十五日，詔：「大理寺官屬，可依御史臺例，禁出謁及見賓客。」

2. 十二月十三日，御史舒亶言：「比聞朝廷遣中官出使，所至多委州郡造買器物。其當職官承望風旨，追呼督索，無所不至。遠方之民受弊良甚。乞重立條約。」詔兩浙提點刑獄司體量實狀以聞。

3. 二十八日，詔：「在京管軍臣僚外任路分兵官、將副、押隊使臣，禁出謁及見賓客，著為令。」

四年（辛酉，一〇八一）

1. 四月二十五日，侍御史知雜事舒亶言：「執政大臣接見賓客，已有約束，而子弟過還看謁〔一〕、交接賓友未之禁止，實於事體未安。」詔中書立法。其後立法，執政官在京，本宗有服親戚非職事相干及親屬，不得往還看謁。違者，並往還之人各杖一百。

〔一〕過還看謁　「過」，本條下文及長編卷三百一十二元豐四年四月壬午皆作「往」。

2. 八月十二日，詔：「河東、陝西諸路轉運司及同經制馬甲等應副軍興，各已分撥錢物，自可擘畫計置。其須至於民間賃借等事件，即時明給價值〔一〕，不得直行科率。仍常切撫存人戶，務令安靜，無致騷擾。如有措置乖失，令提刑、提舉司密具事由聞奏，當議重行廢黜。有失舉覺〔二〕，與同罪。」

〔一〕即時明給價值　「時」，長編卷三百一十五元豐四年八月丙寅作「仰」。

〔二〕有失舉覺　「舉覺」，長編卷三百一十五元豐四年八月丙寅作「覺舉」。

元豐五年（壬戌，一〇八二）

1. 四月十七日，詔：「鄜州百姓陳訴，昨鄜延路軍興日，科率之物名件不一，內亦有非軍中要急使用。可下李承之等，除軍中委的要用之物方得科買製造外〔一〕，如敢此外配率及耗費官錢收買，當重行黜降。并仰提點刑獄司覺察。」

〔一〕除軍中委的要用之物方得科買製造外　「外」字原脫，據長編卷三百二十五元豐五年四月戊辰補。

六年（癸亥，一〇八三）

1. 正月二十六日，詔：「官司如轄下有申請，並須明具合用條例行下，不得泛言依條例施行。」從提舉京西常平等事〔一〕黃寔〔二〕請也。

〔一〕提舉京西常平等事　「西」原作「師」，據長編卷三百三十二元豐六年正月壬寅改。

〔二〕黃寔　長編卷三百三十二元豐六年正月壬寅作「黃定」。

2. 五月十三日，詔：「州郡禁謁，並依在京百司例，仍令詳定重修編敕所立法。」從前知湖州唐淑問請也。

3. 六月十七日，尚書右司郎中楊景略乞左右司官依樞密都承旨例禁謁。從之。

4. 二十一日，詔諸路管勾機宜文字及勾當公事官〔一〕並禁謁見。

〔一〕管勾機宜文字　原作「主管機宜文字」，據長編卷三百三十五元豐六年六月乙丑改。

〔二〕勾當公事官　原作「幹當公事官」，據長編卷三百三十五元豐六年六月乙丑改。

七年（甲子，一〇八四）

1. 十月二十二日，詔諸路兵官、沿邊都監、武臣知縣〔一〕、堡寨主〔二〕如尚書左右司禁謁法。

〔一〕知縣　長編卷三百四十九元豐七年十月戊子作「知城縣」。

〔二〕堡寨主　「寨」原作「塞」，據長編卷三百四十九元豐七年十月戊子改。

八年（乙丑，一〇八五）

1. 四月二十二日，詔成都府織造錦緊絲、鹿胎並權罷。從知府呂大防請也。

2. 七月二十八日，詔罷提舉開封府界、京東、京西路將兵官謁禁。從劉奉世之請也。

哲宗 元祐元年（丙寅，一〇八六）

1. 四月四日，詔：「諸路分兵官、將副、沿邊都監、武臣知城縣及堡寨主，非本處見任官，不得往謁及接見。如職事相干并親戚，並聽往還。其往謁及接見賓客，違法並見之者，各杖一百。」知大名府韓絳言：「路分兵官、將官不得出謁接見賓客，僅同囚禁，恐非待將佐之體。乞賜刪除禁約，以示優恩。」故有是詔。

2. 二十四日，監察御史韓川乞除官局依舊不許接賓客外，內謁禁並廢。監察御史上官均乞除開封、大理官司〔一〕依舊行謁禁外，其餘一切簡罷。如罷謁禁後，小大之臣，或敢挾私背公、慢職玩令，執法言事之吏得以糾舉上聞，黜之謫之，誰敢不服〔二〕。於是，尚書省看詳：「參用舊條，申飭謁禁之制，其舊條中徒二年者，悉從杖一百。本應輕者，職從本條。」並從之。

〔一〕大理官司　「司」，長編卷三百七十六元祐元年四月辛亥作「局」。

〔二〕誰敢不服　原脫，據長編卷三百七十六元祐元年四月辛亥補。

3. 十一月十五日，吏部言：「諸色人援引舊例，僥倖求入官者甚衆。小不如意，則經御史臺、登聞鼓院訴理。若不約束，恐入流太冗。請今後諸色工匠、舟人、伎藝之類，初無法合入官者，雖有勞績並止比類隨功力小大支賜，其已前未經酬獎者，亦如之。則僥倖之路塞而賞不至濫。」從之。

4. 二十八日，尚書省言：「門下中書後省并詳定重修勑令所刪定官，檢閱、點檢文字使臣，並依在京職事官禁謁法。」從之。

三年（戊辰，一〇八八）

1. 三月一日，詔編敕及春秋頒降條具勿印賣。

2. 六月十三日，詔：「河、岷、蘭州沿邊，今後蕃客入漢販賣回日，許所經城寨搜檢，不得帶錢入蕃。若在漢界,從其便。」

3. 十二月十八日,詔禁民庶傳錄編敕。

四年(己巳,一〇八九)

1. 正月二十三日〔一〕,詔:「寺監屬官、庫務官,若職事有當赴左右司郎官廳商議者,明具合議事,報左右司,稟執政,得筆,方許赴。」

〔一〕正月二十三日　長編卷四百二十一元祐四年正月癸巳,即二十二日。

2. 同日〔一〕,詔州縣當水陸之衝者,監司、守令非假日並禁謁〔二〕,著為法。

〔一〕同日　當為「二十三」日,見長編卷四百二十一元祐四年正月「甲午」,即「二十三日」。

〔二〕禁謁　「禁」字原脫,據長編卷四百二十一元祐四年正月甲午補。

3. 十月六日,左諫議大夫梁燾等言:「乞約束逐路監司及都水官吏,應緣修河所用物料,除朝廷應副外,並須和買,不得擾民。」從之。

4. 十一月二十六日,尚書省言,改正發運、轉運、提刑預伎樂宴會〔一〕徒二年法,從之。

〔一〕改正發運轉運提刑預伎樂宴會　長編卷四百三十五元祐四年十一月壬辰中「正」作「立」、「伎」作「妓」、「會」字後還有「者」字。

五年(庚午,一〇九〇)

1. 五月十四日,樞密院言:「令舉人〔一〕及曾聚學人〔二〕,并陰陽、卜筮、州縣停廢吏人,諳造兵器工匠，並不得入溪洞與歸明蠻人相見。違者，以違制論。」從之。

〔一〕令舉人　「令」原作「今」，據長編卷四百四十二元祐五年五月戊寅改。

〔二〕曾聚學人　「聚」，長編卷四百四十二元祐五年五月戊寅作「教」。

2. 七月二十五日，禮部言：「凡議時政得失、邊事軍機文字，不得寫録傳布。本朝會要、實録不得雕印，違者徒二年，告者賞緡錢十萬。内國史、實録仍不得傳寫。即其他書籍欲雕印者，選官詳定，有益於學者，方許鏤板。候印訖，送秘書省。如詳定不當，取勘施行。諸戲褻之文，不得雕印，違者杖一百。凡不當雕印者〔一〕，委州縣、監司、國子監覺察。」從之。以翰林學士蘇轍言奉使北界，見本朝民間印行文字多以流傳在北，請立法故也。

〔一〕凡不當雕印者　原脱，據長編卷四百四十五元祐五年七月戊子補。

3. 十二月二十五日，刑部言：「應天下郡縣水陸驛路所經，並行禁謁。知州、通判〔一〕、縣令、劍門關都監，非假日不得出謁。即謁本州見任官及職事相干，若親屬〔二〕，並泛遣使命或知州、鈐轄以上者聽。發運、監司在本州縣者準此。」從之。

〔一〕通判　原作「通州」，據長編卷四百五十三元祐五年十二月乙卯改。

〔二〕親屬　原作「親親屬」，衍一「親」字，據長編卷四百五十三元祐五年十二月乙卯删。

六年（辛未，一〇九一）

1. 六月十二日，詔：「諸路州縣自今非法令所聽，不得以官物賒貸及抑配，亦不得以財産質出，令監司鈐束。如違，并監司不切覺察，並取旨重寘於法。」

2. 閏八月十二日，刑部言：「墓田〔一〕及田內林木土石不許典賣及非理毀伐，違者，杖一百，不以蔭論，仍改正。」從之。

〔一〕墓田 「墓」原作「暮」，據長編卷四百六十五元祐六年閏八月戊辰改。

3. 九月二十八日，御史中丞鄭雍言執政官行謁禁法非便。詔官員有利害陳述勿禁。

4. 十月十二日，殿中侍御史楊畏言：「近日布衣薛鴻漸、林明發以妖妄文字上聞。詔送兩浙、福建路轉運司根治。臣聞鴻漸教本自海上異域，入於中國已數十年〔一〕，而近益熾，故其桀黠，至敢上書以幸張大。願詔逐路監司嚴切禁止。」從之。

〔一〕入於中國已數十年 「入」原作「人」，據長編卷四百六十七元祐六年十月丁卯改。

七年（壬申，一〇九二）

1. 二月三日，詔商賈許往外蕃，不得輒帶書物送中國官。

2. 九月七日，詔軍人不許習學、乞試陰陽文書，如違犯，並依私習條。

3. 十一月二十六日〔一〕，刑部言：「夜聚曉散傳習妖教者，欲令州縣〔二〕以斷罪、告賞全條於要會處曉示，監司每季舉行。」從之。

〔一〕十一月二十六日 長編卷四百七十七元祐七年九月丙午，即九月二十六日。

〔二〕欲令州縣 「令」字原脫，據長編卷四百七十七元祐七年九月丙午補。

八年（癸酉，一〇九三）

1. 四月十二日，御史中丞李之純言：「願降明詔，禁廣南東、西路人戶採珠，止絕官私不得收買外〔一〕，海南諸蕃販真珠至諸路市舶司者，抽解一二分入官外，其餘賣與民間。欲乞如國初之制，復行禁榷珠，其抽解之外〔二〕，盡數中賣入官，以備乘輿、宮掖之用。申行法禁，命婦、品官、大姓〔三〕、良家許依舊制裝飾者，令就官買，雜戶不得服用。及民間服用諸般金飾之物，浮侈尤甚，而條貫止禁銷金，其鏤金、貼金之類，皆至糜壞至寶〔四〕，僭擬宮掖。往年條禁甚多，亦乞修立，如銷金之法。」詔鏤金、貼金之類，令禮部檢舉舊條；珠子令戶部相度以聞。

〔一〕止絶官私不得收買外　「私」原作「司」，「收」字原脱，據長編卷四百八十三元祐八年四月戊午改、補。

〔二〕其抽解之外　「其」原作「具」，據長編卷四百八十三元祐八年四月戊午改。

〔三〕大姓　「大」原作「夫」，據長編卷四百八十三元祐八年四月戊午改。

〔四〕皆至糜壞至寶　「皆至」，長編卷四百八十三元祐八年四月戊午作「皆是」。

紹聖元年（甲戌，一〇九四）

1. 五月二十三日，三省、樞密院言：「近聞姦人多妄説朝廷未施行事，以惑民情。」詔開封府界提點司及諸路監司常切覺察，其違犯者，並依法情重録案以聞，當議編配，有蔭人不用蔭，命官重行黜責。

2. 九月十四日，三省奏事畢，上宣諭曰：「昨日城東開壕處有役兵輒毆部役使臣，卿等知否？」宰臣章惇等對不知。上曰：「輦轂之下，小人敢爾，須當重行處置。蓋大衆所聚，不然，恐無以彈壓。仍趣開封府，令速具案。」

3. 十月二日，殿中侍御史井亮采〔一〕言：「西戎仰中國和市以生，操縱在我，所以制其命，邊人與之私貿易非便。」詔陝西、河東經略、提刑、轉運司申嚴其禁。

〔一〕井亮采　原作「井亮米」，據東都事畧卷九十三下、名臣碑傳琬琰之集中卷二十九、下卷十二、文獻通考卷七十六、范太史集卷四十四改。

4. 十一月二十五日，戶部尚書蔡京言：「詳定敕令所刪定、看詳、檢閱官，乞依舊例，假日許接見賓客，不許出謁。」並從之。

二年（乙亥，一〇九五）

1. 正月二十一日，樞密院言：「諸武臣任主兵差遣、沿邊安撫官、走馬承受並不得乘轎子。」從之。

2. 同日，刑部言：「諸習學刑法人合用敕令式等，許召官委保，納紙墨工真〔一〕，赴部陳狀印給。詐冒者，論如盜印法。」從之。

〔一〕紙墨工真　疑「真」當作「值」。

四年（丁丑，一〇九七）

1. 三月十九日，詔：「亡歿官員家屬合給倉券者，服闋後三年外起發，更不支給。及官吏知情違法，除依條斷罪外，仍勒均陪支過錢物。」從詳定重修敕令所言也。

2. 十一月二十一日，大理寺言：「制書應給者〔一〕，具狀經郎官書押注籍〔二〕，限五日還納。限滿應留照用者，聽量展〔三〕。若還納違限，斷罪準官文書稽程律加二等。」從之。

〔一〕制書應給者　長編卷四百九十三紹聖四年十一月辛未作「制書應給借者」。

〔二〕書押注籍　長編卷四百九十三紹聖四年十一月辛未作「簽押注籍，即日給付」。

〔三〕聽量展　長編卷四百九十三紹聖四年十一月辛未作「聽量判展」。

3. 二十八日，吏部言：「官司承告彊盜，其行移公文〔一〕不得開具告人姓名，郡縣每季檢舉〔二〕。」從之。

〔一〕其行移公文　「公文」二字原脫，據長編卷四百九十三紹聖四年十一月戊寅補。

〔二〕郡縣每季檢舉　長編卷四百九十三紹聖四年十一月戊寅作「仍州縣每季檢舉曉示」。

元符元年（戊寅，一〇九八）

1. 三月三日，戶部言：「諸押綱人押荊湖南路鹽糧綱，已受省部付身〔一〕除程限三十日到轉運司公參。如無故違限，論如之官限滿不赴律，違限月日，仍不理磨勘。」從之。

〔一〕付身　長編卷四百九十五元符元年三月壬子作「赴身」。

2. 十九日，詔：「近聞省、寺官多私謁后族之家，或以邂逅為名，諸處宴聚，不可不戒。」

3. 四月十五日，尚書省言：「宗室宮院遺火，宗正司取勘聞奏。宗室及同居尊長，展磨勘年、罰俸給有差。祇應當直人，若女奴失火，同保人不覺察，或自祇應人〔一〕不即救應，勾當使臣不切鈐束，等第坐罪。」從之。

〔一〕自祇應人　長編卷四百九十七元符元年四月癸巳作「同祇應人」。

4. 五月十五日，尚書省言：「進奏官許傳報常程申奏，及經尚書省已出文字，其實封文字或事干機密者，不得傳報。如違，並以違制論。即撰造事端謄報若交結謗訕惑衆者，亦如之。並許人告，賞錢三百貫。事理重者奏裁。」從之。

5. 二十三日，禮、刑部言〔一〕：「請諸赴朝參宗室，如有疾病請朝假，申閤門，閤門報入內內侍省，差使臣押醫官看驗。如涉詐妄，所差使臣申大宗正司。其請假一日者，正任以上，具牓子於閤門投下，閤門關宗正司。遥郡以下，申大宗正司施行。若月內請過三日者，亦報所屬，差使臣押醫官看驗。每半年一次比較。二十日以上，取誡勵。三十日以上，罰俸半月。四十日以上，罰俸一月。五十日以上，取旨責罰。即痼疾未能痊者，委大宗正司保明奏裁。」從之。

〔一〕禮、刑部言　長編卷四百九十八元符元年五月庚午作「權刑部言」。

二年（己卯，一〇九九）

1. 二月九日，熙河蘭會路經畧司言：「押伴瞎征般次使臣郭詡等，具析般次人內夾帶回紇劉三等至京。請今後解發諸蕃般次，不許數外夾帶私下抵換人口上京。如違，即抄點併押伴使臣〔一〕並以違制論。」從之。

〔一〕即抄點併押伴使臣　長編卷五百六元符二年二月壬午作「其抄點並押伴使臣」。

2. 二十七日，權殿中侍御史鄧棐〔一〕言：「伏見發運司屬官〔二〕，近執政大臣〔三〕與駙馬都尉皆用恩例，為親戚陳乞。伏望下有司立法〔四〕。」詔張敦義罷發運司管勾文字。

〔一〕鄧棐　長編卷五百六元符二年二月庚子作「鄧棨」。
〔二〕伏見發運司屬官　長編卷五百六元符二年二月庚子作「伏見權發運司勾當公事」。
〔三〕近執政大臣　「近」，長編卷五百六元符二年二月庚子作「近日」。
〔四〕伏望下有司立法　「伏」字原脫，據長編卷五百六元符二年二月庚子補。

3. 八月十日，詔：「應國戚命婦入內，輒將帶元自內中放出及作過經斷宮人者，並以違制論。」

4. 十八日，詔：「諸上殿進呈文字〔一〕，並批送三省、樞密院，不得直批聖旨送諸處。違者，承受官司繳奏。」

〔一〕進呈文字 「文字」，長編卷五百十四元符二年八月戊子作「文書」。

5. 九月十九日，通判潭州畢漸言：「請應元祐中諸路所立碑刻紀述等，並令碎毀。」從之。

6. 閏九月十二日，詔：「諸供官之物，轉運司豫計置錢，令本州於出産處置場，比市價量添錢和買，亦許先一年召保請錢，認數中賣。即輒抛降下縣收買〔一〕及造製物色者，並以違制論，不以去官赦降原減。」

〔一〕即輒抛降下縣收買 「即」，長編卷五百十六作「如」。

7. 十四日，御史中丞安惇言：「欲應陝西沿邊收復故地并納降疆界内有羌人墳壠及靈祠寺觀等，不得輒行發掘、毁拆。」從之。

徽宗 建中靖國元年（辛巳，一一〇一）

1. 七月二日，河東路轉運使孫賁言：「河東習俗儉陋，死者焚之，懵不知禮。韓琦知太原，官營墓域使葬。其後罷籍奏蠲地稅，孫沔乞令三寺主之，歲度一僧，仁宗悉從其請。逮今歲久，敝俗如故。乞令太原守臣同轉運司官常加禁約，無廢前規。應河東州縣依此。」從之。

崇寧元年（壬午，一一〇二）

1. 正月二十六日，詔：「應民庶朝嶽獻神之類，不得倣效乘輿服玩，製造真物，秖得圖畫焚獻，餘依舊條。及令開封府并諸路府界監司逐季舉行，粉壁曉示，仍嚴切覺察施行。」先是，臣僚言：「竊惟小民無知，因祠賽社會，兵仗旗幟執引先後，乘輿器服或張黃蓋，造珠簾車馬，備飾儀衛，呼喝載路，京師尤甚，坐元符令止之。」故有是命。

2. 十二月二十七日，詔：「諸邪說詖行、非聖賢之書並元祐學術政事，不得教授學生，犯者屏出。」

二年（癸未，一一〇三）

1. 六月十八日，詔：「應官員不得與宗室戚里之家往還。其宗室戚里之家門客，申尚書省保明，選行義純正之人充。其見在門客準此。」

2. 七月十三日，知泗州姚孳狀：「伏覩學制，凡邪說詖行、非先聖賢之書并元祐學術政事，不得教授。非此法特施於太學耳，其在外者厲禁未加。且邪說詖行非特成人之學可禁，而童子之學亦不可不禁。講議司看詳，欲令諸路州縣并開封府管內遍行曉諭，應私下聚學之家，並仰遵守，一依上條。」從之。

三年（甲申，一一〇四）

1. 四月十九日，中書省、尚書省勘會：「近據知廉州張壽之繳到無圖之輩撰造佛說末刦經，言涉訛妄，意要惑眾。雖已降指揮，令荊湖南北路提點刑獄司根究印撰之人，取勘具案聞奏，其民間所收本限十日赴所在州縣鎮寨繳納焚訖，所在具數申尚書省。竊慮上件文字亦有散在諸路州軍，使良民亂行傳誦，深為未便。」詔令刑部實封行下開封府界及諸路州軍，子細告諭，民間如有上件文字，並仰依前項朝旨焚毀訖具申尚書省。

2. 六月十二日，臣僚言：「檢會前後臣僚奏請有礙條禁，特乞且依今來指揮施行，其類非一，甚非所以維持紀綱與衆共守之意。欲乞惟供奉至尊及措置邊防法難具載者，許臨時奏請。其餘著在敕令，並仰有司遵守。所有特乞權依今來指揮之類並罷，庶使因緣苟且之人，無復有意外之幸。」詔從之。如今後輒敢陳乞，以違制論。仍令御史臺覺察彈奏。

3. 十月十三日，戶部狀：「承都省批下熙河路提舉司奏：契勘本司自來差官體量坊場、河渡，或檢察災傷，或被朝旨分定州軍選差官結絕刑禁等事，其依條合差出之官，每遇差委須計會本州占留，守臣收斂人情便為申乞，別行差官。既無官可差，往復行遣，動經三兩月方肯前去，率皆遲誤。兼坊場、河渡係出納淨利錢，若所差官逗遛月日，枉有積壓官錢。檢察災傷及獄囚在禁，却居家待免，尤為害事。蓋是自來別無專條禁約，本司今欲乞立法，應監司依條差官，別無違礙，不許申乞占留，依限起發。輒推避及為申者，並科杖一百罪。」從之。

四年（乙酉，一一〇五）

1. 正月二十三日，詔曰：「日者諸路監司靡恤百姓，或增價折稅，或併輸糴買，聚斂掊克，自以為能。州縣觀望，又有甚焉。百方罔利，求益公帑，規取苛細，害侵小民。其令中外按察官覺察，糾劾以聞，當議重貶，以戒貪雪〔一〕。」

〔一〕以戒貪雪　「雪」當作「虐」。

2. 四月十二日，中書門下省送到白劄子：「勘會民間私鑄錢寶及私造鍮石銅器，各有條格，及朝廷近降指揮，自合遵守外，全藉監司、州縣及巡捕官司上下究心，方能杜絕。今具約束事件下項：一、私鑄錢、私造銅器罪賞條禁並仰於逐地分粉壁曉示，仍真謹書寫，監司所至點檢。一、獲私鑄錢寶、私造銅器合支賞錢，才候見得情由，即據合支數目立便支給，各於犯人名下理納入官。一、鄰保內如有私鑄錢寶、私造銅器之人，若知而不告，並依五保內犯知而不糾法。一、提刑司每歲比較巡捕官所獲私鑄錢寶、私造銅器一路最少之人名二員聞奏，當議除合得罪賞外，明行陞黜，以為勸戒。」從之。

3. 十月二十二日，尚書省劄子：「奉御筆，備邊兵馬消耗甚多，蓋〔一〕自衣糧不時賙給，切當留意措置招填，檢察官司預樁請受，無令減剋，兌折坐倉。今勘會諸軍及減剋請受兌折坐倉，不止陝西熙河，應三路沿邊皆當立法。」從之。

〔一〕蓋　「蓋」字後原衍「蓋」字，據文意刪。

五年（丙戌，一一〇六）

1. 二月二十四日，詔：「河北、京東機戶多被知、通及以次官員拘占，止給絲織造匹帛，日有陪費侵漁。可詔監司常切按察，如敢循舊拘占機戶織造，諸色人陳首，將所虧過機戶工價等錢計贓定罪，行下諸路，約束施行。」

2. 三月二十三日，京東東路安撫使狀：「據萊州申，契勘舊係禁海地分，不通舟船往來。昨因鈔鹽新法，令客人借海道通行，往淮南等州軍般販鹽貨。今來若不依舊法禁止，竊慮夾帶姦細及隱藏海賊，難以辨認，別致生事。本州已行下沿海地分〔一〕，令依舊權行禁絕百姓船。本司今相度，欲依本州所申，權行禁止。」從之。

〔一〕沿海地分 「分」上原衍「方」字，據文意及本條上文删。

3. 八月十九日，詔：「訪聞諸路監司屬官擅行文書付下州縣及出按所部犯分搔擾。可令今後學事司屬官許出諸處點檢學事外，餘並不得離司出詣所部〔一〕，及不得擅移文書付下州縣，即有公事差委勾當者，徑詣所差處，沿路不許見州縣官及受饋送，違者徒二年，仍不以赦降去官原減。」

〔一〕餘並不得離司出詣所部 「司」原作「同」，據上下文改。

大觀元年（丁亥，一一〇七）

1. 七月十六日，詔：「天文等書，悉已有禁，奉法弛慢，私藏盗習尚有之，一被告訐，詿誤抵罪。可令諸路應係禁書，限一季首納，並與免罪。不首復罪如初。」

2. 八月十二日，詔：「在京有房廊屋業之家，近來多以翻修為名，增添房錢，往往過倍，日來尤甚，使編戶細民難以出辦。若不禁止，於久非便。自今後京城內外業主增修屋業，如不曾添展間椽地步者，不得輒添房錢，如違，以違制論。」

3. 二十一日，新差權提舉江南東路常平等事何誼直劄子：「臣竊見豪右兼并之家，雕楹刻桷，異服奇器，極珠璣紈綺之飾，備聲樂妓妾之奉，傷生以送死，破産以嫁子，專利自厚，莫知紀極。臣願申明禁令，事為之制，待以期月，行之必信。臣蓋知防範禮樂以輔太平之功者，有在於是也。」奉御筆：可詳所奏，定五禮之制條上。

4. 十月十九日，四方館使、萊州防禦使郭天信奏：「乞今後中外並罷翡翠裝飾。」上批：「先王之政，仁及万物，草木禽獸，皆在所爱〔一〕。今取其羽毛〔二〕，用於不急，傷生害性，非先王惠養萬物之意。可令有司立法聞奏。」

〔一〕仁及万物，草木禽獸，皆在所爱　「万物」原缺，「爱」原作「治」，據宋大詔令集卷一百九十九補、改。

〔二〕今取其羽毛　「今」原作「令」，據宋大詔令集卷一百九十九改。

5. 十一月十四日，詔：「比來京師傳報差除，皆出偽妄。蓋緣小人意不得騁，造言欺眾，規欲動搖，以幸回遹，姦不可縱。可令開封府立賞一百貫，許人告捕，仍以違制論。」

二年（戊子，一一〇八）

1. 正月二十九日，詔：「古者命之教然後學。比聞上書及黨人聚徒立眾，教以邪說，所習非正，違理害義，其能一道德同風俗乎？除士子并合入所在學外，自今應於鄉村城市教導童稚，令經州縣陳赴所在學，試藝一道，文理不背義理者，聽之。上書及黨籍人不在此限。違者以違制論。」

2. 三月十三日，詔：「訪聞虜中多收蓄本朝見行印賣文集書冊之類，其間不無夾帶論議邊防、兵機、夷狄之事，深屬未便。其雕印書鋪，昨降指揮，令所屬看驗，無違礙，然後印行。可檢舉行下，仍修立不經看驗校定文書擅行印賣告捕條禁頒降，其沿邊州軍仍嚴行禁止。應販賣藏匿出界者，並依銅錢法出界罪賞施行。」

3. 五月一日，詔：「工作之事，兵匠不足，遂顧民工，已恐勞人。比來官司顧募拘占，更以爭奪，稍不如意，斷以重刑，甚非悦以使民、民忘其勞之意。應官局不以前後有籍無籍民工，仰限指揮到並放逐便。自今造作，計其工限，軍工委有不足，方許和顧民工，事訖即遣，不得以他事故作占留。應今日

以前，緣局所被罪編管民工，並放逐便。其官司以給付身文帖者，限三日於開封府送納類聚具狀繳進。如違及輒有奏請者，以違制，令御史臺、入內內侍省按劾以聞。」

4. 六月十日，尚書省言：「安濟坊本意以養疾病細民。訪聞諸路官員將帶送還般家等人，妄作病患名目寄留在安濟坊。希覬日支官米以給口食。欲今後並以違制論。」從之。

5. 七月二十五日，新差權發遣提舉淮南西路學事蘇棫劄子：「諸子百家之學，非無所長，但以不純先王之道，故禁止之。今之學者程文，短晷之下，未容無忤，而鬻書之人，急於錐刀之利，高立標目，鏤板誇新，傳之四方。往往晚進小生，以為時之所尚，爭售編誦，以備文場剽竊之用，不復深究義理之歸。忌本尚華，去道逾遠。欲乞今後一取聖裁，儻有可傳為學者式，願降旨付國子監并諸路學事司，鏤板頒行，餘悉斷絕禁棄，不得擅自賣買收藏。」從之。

6. 八月十四日，信陽軍言：「契勘夜聚曉散、傳習妖教及集經社香會之人，若與男女雜處，自合依條斷遣外，若偶有婦女雜處者，即未有專法。乞委監司每季一行州縣覺察禁止，仍下有司立法施行。」從之。

7. 十二月八日，臣僚言：「自今後監司並屬官、帥司等處差勾當公事官，於廨宇所在遇筵會，許折送供不盡酒食，其餘巡歷所至，止許收例册內饋送。仍乞今後於舊例册外，別作諸般名目收受，並同監主自盜法立賞，許人陳告，仍不以赦降去官原減。隨行人吏，亦乞於合破酒食外，量與添破，重行立法。走馬承受、屯田安撫副使亦乞依此。仍乞今後朝廷專差體量公事官，更不許收受逐處酒食饋送，違者亦依此。伏乞立法施行。」詔：「部使者以澄察刺舉為職，今則諸路監司貪饕無厭，冒法受饋，鮮廉寡恥若此，州縣不法可得上聞乎？宜修立法禁，遍行諸路，先次條具以聞。」

8. 同日，詔：「天下每歲賜錢合藥以救民病。比聞州郡因循苟簡，姦猾干請，不及貧病，惠靡逮下，吏慢弗察。可詳立法，修製不依方，給散不如法，徒一年。當職冒請者，以自盜論。」

三年（己丑，一一〇九）

1. 四月二十二日，臣僚言：「訪聞近因上殿論事，而好事之人，因緣傅會，造為語言，事出不根，喧播中外，動搖上下，因以脅持言語，顯其震怒。亦恐姦人伺間肆為異謀，浸淫成風，為患不細。伏望特降睿旨，令開封府出牓禁絕施行。奉詔仰開封府嚴行禁止，仍令刑部立法聞奏[一]。其後刑部修立到條目，臣僚上殿論事，而因緣傅會、興造語言，喧播中外、動搖上下者，以違制論。」從之。

〔一〕仍令刑部立法聞奏　「聞」原作「開」，據文意改。

2. 五月十九日，臣僚言：「伏見福建路風俗，剋意事佛，樂供好施，休咎問僧，每多淫祀。故民間衣食因此未及豐足，獄訟至多，紊煩州縣。家產計其所有，父母生存，男女共議，私相分割為主，與父母均之。既分割之後，繼生嗣續，不及襁褓，一切殺溺，俚語之薅子，慮有更分家產。建州尤甚，曾未禁止。伏乞立法施行。」上批：「遠方愚俗，殘忍薄惡，莫此之甚，有害風教，當行禁止。仰本路走馬承受密切體量有無實狀以聞，候到立法禁止。如有違犯，州縣不切窮治，守倅令佐並當重行竄黜，吏人決配千里。」

3. 八月二十六日，詔：「毀在京淫祀不在祀典者，其假託鬼神以妖言惑眾之人，令開封府迹捕科罪[一]，送鄰州編管，情重者奏裁。」

〔一〕令開封府迹捕科罪　疑「迹」當作「緝」。

4. 九月十八日，臣僚言：「竊見每年皇帝本命及天寧、天慶、天祺、天貺節，三元及諸處醮設，皆有降到青詞等，係崇奉高真，祝延聖壽，理當嚴潔。其諸路州軍往往於軍資、公使庫或吏舍收掌，顯屬不虔，乞行約束。詔立法行下。今擬修下條：『諸受朝廷降到設醮青詞等，並以複匣於長吏廳置櫃嚴潔封鎖，臨日給付宣讀。若祠所不在城下，即量遠近，用匣封送。』」從之。

5. 二十五日，詔：「經大製煉砒霜、硫黃、朱砂等藥，已令不得入皇城門。即今醫藥和劑局見修合湯藥，如有合使上件藥物之類，宜行止絕。庶使疾病服藥者免為熱藥所毒，不致横夭，其利甚大。」

6. 十一月九日，兵部侍郎、詳定一司勑令王襄等奏：「福建、荊湖南北、江南東西有生子不舉者，近詔申嚴禁約，其刑名告賞，止行於福建，而未及江、湖諸路，乞一等立法。」從之。

7. 十九日，禮部狀：「修立到下條，諸非品官之家不得以真珠為飾。」從之。

8. 二十八日，詔：「京畿并諸路州軍宮觀寺院，比來所屬不切檢舉已降指揮，公然容縱在任或寄居官居住安下[一]，縱意改造，或貯積官物，或權泊軍兵。甚至於因像設以築垣牆，就厨堂以為厩廁，產乳居宰。黷教慢神，莫此為甚。可勘當舊制，重別修立，除經過暫居不得過十日外，其餘見任或寄居官并軍兵及官物居占，並限一季起移，或尚敢留，並以違制論，仍許寺觀越訴，州委守倅、路委監司按劾施行。如稍涉容庇，並與同罪。」

[一]居住安下　「居」字後原衍「居」字，據文意删。

四年（庚寅，一一一〇）

1. 正月二十二日，臣僚言：「欲乞應天下寺院不得設高座僭據，使其徒列拜其下。如搢紳士大夫敢有屈膝並列以辱君命者，尤當重為法禁，使天下後世知崇尚儒術，遏絕橫流，自聖時始，庶亦一變而至道。」詔非其徒而設拜者，以大不恭論。內令御史臺，外仰監司糾劾覺察。

2. 三十日，詔：「當春發生，萬物萌動，在京委開封府，京畿并諸路仰州縣官告諭奉行，令禁止伐木、毀巢、殺胎、麛卵。檢會舉行，牓示知委，常切覺察。違犯依條施行。」

3. 二月一日，詔諸色人燃頂、煉臂、刺血、斷指，並行禁止。

4. 十一日，詔：「訪聞河北諸路帥司人吏與沿邊巡檢捕盜官司兵員管營等，上下計會，受賕作弊，容縱客旅，公然般運違禁物色，透漏盜販過界。帥臣、安撫通知其弊，莫肯按劾，彌縫膠固，牢不可破，雖設禁制，僅成虛文。可申嚴禁約，帥臣并沿邊安撫及合屬官吏等，日後如有違犯，正犯人於常法外加等科罪，官吏知情者與同罪。仍增告捕賞典，仰走馬承受常切覺察。令樞密院立法，申明行下。」

5. 三月二十七日，臣僚言：「伏見無知之民，日以屠牛取利者，所在有之。比年朝廷雖增嚴法度，然亦未能止絕。蓋一牛之價不過五七千，一牛之肉不下三二百斤，肉每斤價直須百錢，利入厚，故人多貪利，不顧重刑。臣竊謂：力田為生民之本，牛具為力田之本。若不禁屠牛，而覬稼穡豐登、民食富足，誠不可得。況太牢唯祀天與祖，祭神亦不敢用。今貪利之民計會上下，秪作病牛倒死，申官披剝。因緣屠不畏官司，肉積幾案，羅列市肆。冒法而不為禁，啖食而不知忌，如此非所以尊崇神祇申嚴法令。伏望特下有司立法，凡倒死牛肉，每斤價直不得過二十文。如輒敢增添者，約定刑名。其買賣人並同罪，許人告捉。肉既價賤則賣者無利，雖不嚴禁增賞，自絕其弊。」詔告獲殺牛賞依元豐格〔一〕，并見行斷罪，並令刑部檢坐申明天下，常切遵守施行。

〔一〕詔告獲殺牛賞依元豐格　「告」原作「誥」，據本條上文及文意改。

6. 六月七日，上批：「訪聞日近有諸色人撰造浮言，誑惑群聽，亂有傳播，賜予差除，以少為多、將無作有之類，可嚴行禁止。仍於御前降到捉賊賞錢內支一千貫文，開封府門外堆垜，召人告捕。如捉獲虛造無根言語情重人，即支充賞錢。」

7. 七月七日，詔：「勘會私有銅鍮石等，在法自許人告。如係販賣，即許人捕。若私鑄造，亦有鄰保不覺察斷罪之法。況私有銅鍮石，昨雖曾降指揮立限首納，而無知之人玩法，無所畏憚。今已增立罪賞，尚慮民間將同常事，以不應存置之物依舊隱藏，不行首納。可限今來指揮到日，於州縣鎮寨散出曉示，仍限一月內許人經所在官司首納，依實直支還賞錢。過月不納或收藏隱匿，聽鄰保諸色人糾告，勾收入官。知而不告，事發同罪。兼慮官司不切奉行，諸州仍委通判、縣委知令專切警察，督責施行，無致滅裂弛慢。候限滿，令本路轉運司具諸州縣首納到名數申尚書省。」

8. 閏八月八日，給事中蔡薿奏：「臣觀輦轂之下，士庶之間，侈靡之風曾未少革，富民牆屋得被文繡，倡優下賤得為后飾，殆有甚於漢儒之所太息者。雕文纂組之日新，金珠奇巧之相勝，富者既以自夸，貧者恥其不若，則人欲何由而少定哉。願明詔有司，因時立法。若衣服之宜、屋室之制、械器之用、金玉之飾，辨其等威以示制度。唯無駭於俗、不甚苛細而易以遵守者，具為品式而頒焉。其制一定，然後嚴為之禁，孰敢有不從者乎？庶幾仰稱陛下敦厚風俗之意。」詔送議禮局。

9. 十月一日，詔：「近傳偽詔曰：朕承祖宗之烈，在位數年，深思股肱之臣，盡皆忠輔，以相予治，不可得也。前宰相蔡京目不明而彊視〔一〕，耳不聰而彊聽，公行狡詐，行跡諂諛，內外不仁，上下無檢，所以起天下之議，四夷凶頑，百姓失業，遠竄忠良之臣，外擢暗昧之流，不察所為，朕之過也。今州縣有蔡京蹤跡，盡皆削除。有朋黨之輩，悉皆貶剝。仰內外文武臣僚無隱。奉御筆，內外盛傳此御筆手詔，深駭聞聽。且姦人乘間輒僞撰詔，撰造異端，鼓惑群心。可立賞錢，内外收捕，并沿流州縣等處，仍立知情陳告者，特與免罪。候獲，不以赦降原減，當於法外痛與懲治，仍立賞錢五百貫文，召人告捉。」

〔一〕目不明而彊視　「彊」原作「疆」，據文意改。

10. 六月，詔：「近撰造事端，妄作朝報，累有約束，當定罪賞。仰開封府檢舉，嚴切差人緝捉，并進奏官密切覺察。」

11. 十五日，詔：「在京并外路州郡，自來多有愚夫惑於邪說，或誘引人口，傷殘支體，或無圖之輩緣作過犯，遯迹寺院，詐稱沙彌陁頭，苟免罪辜，閃避徭役。煉臂、灼頂、刲肉、燃指、截指、斷腕，號曰『教化』，甚者致有投崖、赴谷，謂之『捨身』。州郡有一諠傳騰播，男女老稚群聚咨嗟，皷動蠢愚，掊斂錢物，殘害人命，互相漸染，有害風教。在法自有明文禁止，有司不切遵守，日來尤甚。可檢會條制遍行下，如有違犯並依法科罪。其誘引之人為首，仍重加編配。如有因父母疾患，割股割肝之類者非。若州縣尚敢苟且，不切禁止，其本路監司守臣並行嚴斷。在京委開封府，京畿并諸路委監司，歲首檢舉行下。」

政和元年（辛卯，一一一一）

1. 三月二十一日，詔：「諸路公使支用，隨逐處各有已定例册。其監司所在及巡歷，或朝省遣官所至州郡，往往多不循例，過有供饋。朝廷察知其弊，遂修立崇寧五年春頒敕，諸與所部監司若朝省所遣使命至本路以香藥饋送者，徒二年，折計價直以自盜論。雖已行下，而訪聞其間，或不顧廉恥之吏尚敢巧作名目，或將香藥變為飲食之類，折等價錢，貪冒無厭，不知正極〔一〕。今後監司或朝廷所遣官至本路，雖非以香藥饋送并折計價直，而輒敢巧為別色名目收受者，並依上項崇寧五年敕條施行。」

〔一〕不知正極 「正」當作「止」。

2. 四月十五日，刑部奏：「定州乞申嚴自今將銅錢出雄、霸州、安肅、廣信軍等處，隨所犯刑名上各加一等斷罪。」從之。

3. 十九日，詔：「獄吏不恤囚，至多瘐死〔一〕，州縣公人受文引追逮，多帶不逞用鐵環杵索毆縛，乞取錢物，深可惻憫，宜嚴立法禁。」

〔一〕瘐死 「瘐」原作「庾」，據文意改。

4. 六月十六日，詔：「川路接夷界地，自今取有請射開懇〔一〕，以違制論。」

〔一〕自今取有請射開懇 「取」當作「敢」，「懇」當作「墾」。

5. 二十日，臣僚言：「官員年六十以上及曾犯贓罪情重不注知縣，進納授官不許權縣事。」從之。

6. 七月四日，臣僚言：「成都府泛科民間織造錦綺等非便，令約束，無使暴吏抑配擾民。」

7. 十八日，臣僚言：「應許舉辟官司不得奏辟權貴親屬。除依元豐舊制外，不得旋置窠闕，增辟冗員。乞申告戒，常切遵奉，稍有違戾，必罰無赦。」

8. 九月十七日，詔：「比年遣使，不計重輕，皆以詔使為名，淩脅州郡，甚非觀風察俗之意。應文武臣僚奉使，只依所領職任稱呼，其供饋依監司。巡歷所至州縣迎送不許出城。沿邊自來合差人馬防護，不得過數。如違，以違制論。」

9. 十一月十二日，臣僚言：「竊惟陛下親御詔墨，訓迪厥官，所以申勸沮，示好惡，可謂至矣。然而士大夫昧於擇術，至有廢人事而談天，捨儒術而言命。馳辯穿鑿，時乎幸中。故權門貴勢或悅其面佞，鯫生狂士〔一〕或籍以善鑽，寖淫成風，為害不細。臣願特降睿旨，申以戒飭，專尚儒學，勿談術數。庶幾習是勝非，安於義命。」詔牓朝堂禁止，如日後違犯，有玷士風，當行停廢，永不齒錄。仍令御史臺覺察糾劾以聞。

〔一〕鯫生狂士　「鯫」原作「鮿」，據文意改。

10. 二十三日，臣僚言：「士大夫有詣僧寺，參請入室，至去冠帶，衣緇褐，折腰俛首，合爪作禮，立侍席末，師受其說而弗慚。其甚至有少妻寡婦屏去侍妾，密隨其徒，更入迭出。敝教化，壞風俗，莫此為甚。乞非其徒而於僧寺入室者，以違制論。婦妻有犯，仍坐尊長。」詔：「士大夫習聖人之正道，服先王之法服，而反易緇素，擎跽曲拳於釋子之前，曾無愧恥。觀此流且以純素恬淡寡合自高，要譽於鄉曲之間，較其實，則奔競躁進，毀譽是非，未必不甚於常輩。加之婦女出入，揉雜無間，誠宜禁止。可依所奏。」

11. 二十四日，詔：「毀傷人體，有害民教。況夷人之教，中華豈可效之？宜增賞禁止，監司不舉同罪。」

二年（壬辰，一一一二）

1. 二月五日，臣僚言：「一時特旨，乃人主威福操縱御下之權，豈容攀援為例？乞詔有司，恪遵成法，不得以例決事。頃歲命一司敕令所以六曹事可為永制者修為法，其出自特旨、非有司所決者，編集以備稽考。閱歲斯久，未聞奏御。亦乞立限修纂。」詔自今援例破條者徒二年。令御史臺覺察彈奏。

2. 四月十二日，臣僚言：「福建愚俗，溺子不育，已立禁賞。頑愚村鄉，習以為常。鄰保親族，皆

與之隱。州縣勘鞫，告者認妄。究其弊源，蓋緣福建路厚其婚葬，至如殯葬，不得其力。供祭羅列焚獻之物，創新繒帛，里閭之間，不問知識，盡行送禮。不顧父母具存，藏凶服以待送喪用，利赴凶齋，意在所得。使遭喪者所費浩瀚，遂致有父母之喪，歲月深久而不葬。愚貧之俗，避於葬費而焚棄。伏乞有司詳議，士庶等各立格法。」刑部看詳：「福建路溺子已有增立新法外，所有江南東西、荆湖南北路溺子，雖有大觀四年四月敕生子而殺刑名告賞，今乞於逐項條內『生子』字下各添入『孫』字一字，並於敕內第一項『放逐便』字下添入『賞仍依格』四字。」又禮部看詳：「福建路婚葬豐厚等條已有海行外，今重別擬定下項：　諸父母存，非本宗及內外有服親而輒凶服送喪受顧行喪人非，若遇父母喪而過百日無故不殯者〔一〕，各杖六十。」從之。

〔一〕無故不殯者　「殯」原作「嬪」，據文意改。

3. 六月二十二日，臣僚言：「訪聞入蕃海商自元祐後來押販海船人，時有附帶曾經赴試士人及過犯停替胥吏過海入蕃。或名為住冬，留在彼國，數年不回。有二十年者，取妻養子，轉於近北蕃國，無所不至。元豐年中，停替編配人自有條禁，不許過海。及今歲久，法在有司，未常檢舉。又有遠僻白屋士人，多是占戶為商，趨利過海，未有法禁。欲乞睿斷指揮，檢會元豐編配人不許過海條，重別增修，及創立今日已後曾預貢解及州縣有學籍士人不得過海條賞，明示諸路沿海、次海州軍。」詔依。有條令者坐條申明行下，其曾預貢解及有學籍士人〔一〕不得過海一節，於元條內添入。

〔一〕有學籍士人　「有」字原脱，據本條上文「有學籍士人」補。

4. 七月三日，宣州布衣臣呂堂上書：「東南數州之地，尚有安於遺風，狃於故習，忮害不悛，公然殺人，賊父子之仁，傷天性之愛，男多則殺其男，女多則殺其女，習俗相傳，謂之『薅子』。即其土風，宣、歛為甚，江寧次之，饒、信又次之。願委守令以禁戒之，聯保伍以督察之，立重賞以收捕之。有不變者，寘以極刑，殺一警百，使人有畏懼之心，則所活人命不可勝計矣。」詔依福建已得指揮，仍委監司按察，如有違犯，重寘於法。

5. 八月一日，詔：「比來內外職事諸司官等有同列處，多是獨陳本處利害。賞罰之類，專一畫旨，不候通簽，一面施行，使賞恩不出於公上，罰怨歸於人主，殊失事上之義。自今諸司局所雙員以上者，並不許獨員畫旨。如違，官員坐流刑，吏人決配。令尚書省立法以聞，仍御史覺察糾劾聞奏〔一〕。」

〔一〕仍御史覺察糾劾聞奏　「仍」後當有「令」、「委」等字。

6. 十一月，詔：「古我先王，綏厥兆民，一夫不獲，時予之辜。朕嗣守祖宗鴻業，休養生息，四海泰定，夙興夜寐，罔不惟民之承。比年以來，詔令數下，訓迪戒諭，毋得騷動〔一〕，播告之修，不匿厥旨。吏輒託法自便，廢格違戾，奪其農時，害其常生，役使無藝。其令諸路監司檢舉，前後不得科買、科配、率斂、差顧、假借、製造、紐折之類條詔，申明牓諭，咸使知之。自今後有違者，罪加一等，吏人配二千里。即以彊為和〔二〕、以抑勒為情願者，罪亦如之。因而乞取以自盜論贓，輕配千里，若陳訴而不為理直者，徒二年。其大觀三年以後許差顧及和預買指揮可更不施行。」

〔一〕毋得騷動　「毋」原作「母」，據文意改。

〔二〕即以彊為和　「彊」原作「疆」，據文意改。

7. 十一月十一日，臣僚言：「自今已後，諸在外見任官，如私置機軸，公然織造匹帛者，並科徒二年。仍乞下有司立為永法。」詔依奏，許人告，立賞錢二百貫，及許越訴。

8. 二十一日，臣僚言：「竊見近時士大夫或居本鄉，或寄他郡，或居休謝事，或朝廷差與宮觀之類，自係閑居，別無職事干預，則其與在任官固有間矣。其間不自愛重，鮮廉寡恥之徒，自選人以上至曾歷禁從者，交通州縣見任官員，非法受財，囑託公事，為人延譽，干求薦章。倉場庫務，請納錢物。至於廨舍官舟，假借居止，一有不如所欲，則怨謗紛然。又況擅用時估實直騷擾行鋪，人已苦其供應，或有不還價錢者，其弊百端，靡所不有。蓋緣自來別無檢舉，而條禁或有未盡故也。臣愚願降睿旨，行下諸路衝要州縣，應係閑居官非見任者，委自監司密行體究，常切覺察，如有前項一切違犯，許人按舉聞奏。乞賜詳酌施行。」從之。

禁約二〔一〕

影印本刑法二之六〇至一一七
大典卷二一七七八

政和三年（癸巳，一一一三）

1. 三月二日，臣僚言：「陛下肇新官制，自公少而下以及武臣，考古驗今，是正名實。然臣竊謂名雖正矣，而亂名者無禁。律雖設矣，而破律者無誅。官為將仕，尚稱祕校。職列諸曹，仍呼府判。則名實安得而正乎？」詔令開封府曉示約束。

2. 八月十五日，臣僚言：「軍馬敕，諸教象法謄錄傳播者杖一百。訪聞比年以來，市民將教法并象法公然鏤板印賣，伏望下開封府禁止。」詔印板並令禁毁，仍令刑部立法申樞密院。

3. 九月二十七日，詔：「後苑作製造御前生活所翻樣打造纈帛，蓋自元豐初置，以為行軍之號，又為衛士之衣，以辨其姦詐，遂禁止民間打造。日來多是使臣之家顧工開板，公然打造，更無法禁。仰開封府候指揮到，除降樣制，并自來民間打造二紅相纈外，並行禁止。其外路亦不許打造、客旅興販入京，違者，以違御筆論，許人告，賞錢三千貫文。所有〔一〕纈板，許人陳首，赴府送納焚毁。仍令出牓，委四廂使臣告示後限五日，有犯依此施行。」

〔一〕禁約二「二」字原脱，據原文體例補。

〔一〕所有　「有」後原衍「所有」，據文意删。

4. 十月一日，尚書省言：「訪聞諸色人多將京城内私下寄附錢物會子之類出城，及於外處行使，有害鈔法。」詔寄附錢會子輒出新城外行用者〔一〕，徒二年，許人告，賞錢以會子所會錢賞之。

〔一〕詔寄附錢會子輒出新城外行用者　疑「新」當作「京」，參見本條上文「多將京城内私下寄附錢物會子之類出城」。

5. 十三日，荆淮江浙等路發運副使賈偉節奏：「當今太平極治之時，而號名之間，誦習傳道，猶有稱漢官、漢地、漢服之類，士大夫習見為常，因循不改，誠非尊重朝廷齊一海内之意。宜明降詔書，號名之間，悉稱云宋。凡舊稱漢者，一切禁止，亦三代著有夏、有商、有周之義。」從之。

6. 十一月十九日，臣僚言：「江南逐年秋夏之交，深僻溪澗，往往有人卒暴死亡者，皆因取魚之患。愚民採毒藥置於水中，魚食之而死，因得捕之。蓋止知取魚之利，而不知害人之命也。欲望嚴立罪賞禁止。」詔以毒藥捕魚者，杖一百，因食魚飲水而殺人者，減鬥殺罪一等。

7. 十二月二十七日，詔自今應内外非刑禁官司，不得輒置小荊杖拷訊。

8. 二十九日，臣僚言：「諸帥臣、監司凡按察之官，所以表率一道，每於朝拜行香之日，往往敢憚夙興，稱疾免赴。曾未愈時〔一〕，廼復出謁，遊從燕飲。上下相習，無或顧忌。欲望嚴立法禁，如既以疾病不赴而輒出入游賞宴飲者，以大不恭論。庶幾傲慢不虔之吏，有所懲畏。」詔刑部立法，申尚書省。四年三月二十三日，刑部修立到條：「諸按察官遇朝拜行香以疾免赴而輒出謁若遊宴者，各徒一年。」從之。

〔一〕曾未愈時　「愈」原作「喻」，據文意改。

四年(甲午，一一一四)

1. 二月五日，臣僚言：「欲乞下諸路括責州縣，前此有以講說、燒香、齋會為名而私置佛堂、道院為聚眾人之所者，盡行毀拆，明立賞典，揭示鄉保，仍令逐都保每季具有邪法聚眾申縣，縣申州，州申提刑司，類聚以上朝廷。結集徒黨，事非細密，申令已明，儻復違犯，當嚴鄰保之法。州城兵官、縣巡尉，其不覺察之罪，比佗官宜加等坐之。庶止邪於未形，且使無知之人免陷於刑戮。」從之。

2. 三月十八日，尚書省契勘：「密州接近登、萊州界，係南北商賈所會去處，理合禁止蕃船及海南舟船到彼。今添修下條：諸商賈海道興販不請公憑而行，或乘船自海道入界河及往登、萊州界者，販諸蕃及海南州縣物回，若海南州縣船到密州界，同徒二年。往大遼國者加二等。已買賣取與者徒三年。私相交易者仍奏裁。船物給賞外，仍沒官。不請公憑而未行者徒一年，並許人捕。以上保人減犯人三等，同行人各杖八十。」從之。

3. 六月十九日，權發遣提舉利州路學事黃潛善奏：「仰惟陛下推崇先志，凡非先聖賢之書，若元祐學術政事害於教者，悉毋習。士宜强學待問，以承休德。而比年以來，於時文中采摭陳言，區別事類，編次成集，便於剽竊，謂之決科機要，偷惰之士，往往記誦以欺有司。讀之則似是，究之則不根於經術本源之學，為害不細。臣愚欲望聖斷，特行禁毀，庶使人知自勵，以實學待選。」詔立賞錢一百貫告捉，仍拘板毀棄。仰開封府限半月，外州縣限一月。

4. 二十七日，開封府奏：「太學生張伯奮狀奏，乞立法禁止太平純正典麗集。其間甚有詐偽，可速行禁止，仍追取印板繳納。」詔已賣在諸處者，許限一月繳納，所在官司繳申尚書省。如違，杖一百。

賞錢五十貫，許人告。

5. 七月五日，御筆：「取會到入內內侍省所轄苑東門藥庫，見置庫在皇城內東北隅拱宸門東，所藏鴆鳥、蛇頭、葫蔓藤、鈎吻草、毒汗之類，名品尚多，皆屬川、廣所貢。典掌官等三十餘人，契勘元無支遣，顯屬虛設。蓋自五季亂離，紀綱頹靡，多用此以剿不臣者，沿襲至于本朝。自藝祖以來，好生之德，洽于人心，自干憲綱，莫不明寘五刑。誅殛市朝，何嘗用此？自今可悉罷貢額，並行停貢，仍廢庫，放散官吏，比附安排。應毒藥並盛貯器皿并交付軍器所，仰於新城門外曠闊迥野焚棄，灰燼於官地坎瘞，分明立堠標識，無使人畜近犯。疾速措置施行。」

6. 十二日，詔：諸路提刑司常行覺察夜聚曉散徒眾及督責，仍每年具部內委無夜聚曉散徒眾申尚書省。

7. 十三日，詔中外不許越職侵官，援例申請，以害成法。

8. 八月十三日，權發遣廣南東路轉運判官公事李堯文奏：「竊見諸州外縣，多以公事付廂收繫，動成底滯。縣之有廂，止於地分廂界，非有舍獄之設也，類以邸店逐月輪受。廂吏恣行乞取，其毒有甚於囹圄，願行禁止。應諸縣不得以公事付廂收繫，委監司常切覺察。庶幾人均恤隱之澤，可以仰副陛下子育庶民之意。」從之。

9. 三十日，詔：「河北州縣傳習妖教甚多，雖加之重辟，終不悛革。聞別有經文，互相傳習鼓惑致此，雖非大文、圖讖之書，亦宜立法禁戢。仰所收之家，經州縣投納，守令類聚繳申尚書省。或有印板石刻，並行追取，當官棄毀。應有似此不根經文，非藏經所載，準此。」

10. 九月八日，臣僚言：「訪聞惠州海豐縣長橋亭壁上張掛白絹水墨畫龍圖子一面，四畔用紫絹緣。兼本路民庶之家多有上件龍圖子，並是久未來置造。其愚民不曉，因循習以成風。蓋是自來官司失於奏請，全失奉君之禮，無所禁約。」詔仰監司體究因依，如別無他弊，特免根究，繳申尚書省，仍速行禁止。民庶之家，仰限一月，經州縣首納免罪。逐州縣類聚納尚書省，逐旋進納。

11. 十一月二十五日，臣僚言：「竊見民間尚有師巫作為淫祀，假託神語，鼓惑愚眾。二廣之民信向尤甚，恐非一道德、同風俗之意也。臣愚欲乞申嚴法禁以止絕之。若師巫假託神語，欺愚惑眾，徒二年，許人告，賞錢一百貫文。」

五年（乙未，一一一五）

1. 四月二十三日，臣僚言：「江南盜賊間作，蓋起於鄉閭，愚民無知，習學槍梃弓刀，藝之精者從而教之。一旦糾率，惟聽指呼，習以成風。乞詔有司，責鄰保禁止，示之厚賞，敢為首者，加以重刑，庶免搔擾。」從之。

2. 八月十一日，刑部、大理寺奏：「修立到條法，諸臣僚樞密院都承旨、左右司郎官一省錄事都事、樞密院逐房副承旨，差守闕當官，法司及貼司同。大理寺、開封府、國子監、太學、辟廱官，赤縣若左右廂縣勾當公事，不許出謁及接見賓客。翰林學士承旨、翰林學士、給事中、中書舍人、起居郎、起居舍人、太子侍讀侍講、尚書刑部、殿中省官、司農寺長貳丞，並禁出謁假日即見客。尚書省官、六曹、秘書省及寺監、御史臺檢法主簿，遇假日聽出謁，仍許見客。」從之。

3. 十一月四日，臣僚言：「諸色人燃頂、煉臂、刺血、斷指，已降指揮，並行禁止，日來未見止絕，乞行立法。」詔：「毀傷支體，有害風教。況夷人之法，中華豈可效之？累有處分，終未能革，可偏行

下，違者以大不恭論。添賞錢三千貫文。監司、守臣知而不舉覺，與同罪。京師委開封府嚴行禁止。」

六年（丙申，一一一六）

1. 正月二十三日，詔：「近來京師姦猾狂妄之輩，輒以箕筆聚眾立堂，號曰『天尊大仙』之名，書字無取，語言不經。竊慮浸成邪慝。可令八廂使臣逐地方告示，毀徹焚燒。限三日外立賞錢三千貫收捉，犯人斷徒二年，刺配千里。官員勒停，千里編管。若因別事彰露，本地分使臣與犯人同罪。每月二次，檢察告示，取使臣知委，繳連聞奏。京城內外準此。」其後閏正月二十七日，臣僚又言乞遍下諸路約束，詔依前降指揮行下。

2. 閏正月八日，尚書省言：「訪聞士庶之家，以閏月為嫌，至於几筵之類，收藏不復祭饗，失禮為甚。自今許人告，以徒二年坐之。」從之。在京令開封府止絕。

3. 五月十五日，提舉寶籙宮兼詳定一司敕令王詔奏：「內外官司應今後行遣文字，並用真楷，不得草書。至於州縣請納鈔旁，亦依此例。乞令尚書省立法。」詔諸官文書輒草書者杖八十。

4. 二十一日，詔：「訪聞成都府大慈寺門樓斜廊安設鴟尾，沿襲五季專恣之弊，僭侈無度。其帥府〔一〕、監司七夕率皆登臨宴飲，無復忌憚，吏民聚觀，不可以訓。今後七夕排當登寺門事可罷。如更有以此虧違典禮者，仰帥臣禁止施行。」

〔一〕帥府　「帥」原作「師」，據文意及本條下文「帥臣」改。

5. 六月十一日，詔：「訪聞諸路民間多是銷毀銅錢，打造器皿，毀壞錢寶，為害不細。仰尚書省申明條法，重立賞，嚴行禁止。」檢會政和賞格，告獲鉟銷、磨錯、翦鑿錢取銅以求利及買之者，杖罪，錢

一十貫。徒一年，錢二十貫。每等加一十貫。流二千里，錢七十貫，每等加一十貫。詔於賞格内杖罪添作五十貫，徒一年七十貫，流二千里一百貫，餘並申明行下。

6. 七月三十日，詔：「訪聞相州林慮縣〔一〕、邢州龍岡縣天平、陵霄二山高崖之上有捨身臺，每歲春月，村民燒香，聞有僧行誘惑使人捨身者，導以法事，欲悔不能。僧行利其貲財衣物，愚民無罪而就死地，不有禁止，何以愛民？仰本州縣當職官常切覺察，犯者以故殺論，仍令主僧償命。許人告捕，每名支賞錢一千貫，白身與補進義校尉，有官人轉兩官，諸色人轉兩資，並不原赦。官司失覺察，以違御筆論。仍版牓揭示二縣山路。監司走馬失按劾者與同罪，仍著為令。」

〔一〕林慮縣「慮」原作「攄」，據宋史卷六十二、太平寰宇記卷四十五、說郛卷九十六下改。

7. 十月十八日，入内内侍省武翼大夫、淮南路走馬承受公事王道奏：「外路州軍百姓有報仇怨，包藏禍心，多用砒霜毒藥密以中人。伏望特降睿旨，盡收入官，不得私相買賣。」詔違者徒二年，許人告，賞錢三百貫。

8. 十一月十日，詔：「冬祀赦〔一〕：勘會累降指揮及嚴立法禁，諸路州縣不得科配、率斂、差顧、假借什物、製造紐折之類，及租賦和買，不得前期催理，并和買之物須得即時支價錢。訪聞州縣循習既久，經赦猶未盡革。仰監司點檢，速行改正。所有不即支給價錢，仍互相按劾以聞，違者徒三年，許人告，吏人配千里。」

〔一〕詔冬祀赦「詔」字後原衍「令」字，今刪。

9. 二十九日，詔：「比聞諸局擅遣大小使臣出外計置物件，所遣官騷動州縣，擾害良民。自今無付受朝旨，輒遣使臣出外，若所在受而為施行者，並違御筆論。令監司覺察，御史臺彈劾以聞。」

10. 十二月十日，刑部奏：「修立到諸監司依監司例，人凡可按刺州縣者同。〔一〕輒赴州郡筵會及收受上下馬供饋者各徒二年等條。」從之。

〔一〕人凡可按刺州縣者同 「刺」原作「剌」，據文意改。

七年（丁酉，一一一七）

1. 六月九日，臣僚言：「近詔吏部有禁謁之文，諸部中亦有職任煩重於天官者，而謁制未行，恐難獨異。」詔戶、禮部，兵、工部並依吏、刑部法禁謁。

2. 二十五日，前提點江南東路刑獄周邦式奏：「江南風俗循楚人好巫之習，閭巷之民一有疾病，屏去醫官，惟巫覡之信，親戚鄰里畏而不相往來，甚者至於家人猶遠之而弗顧，食飲不時，坐以致斃。乞立法，責鄰保糾告，隱蔽而不言者坐之。」詔令監司守令禁止。

3. 七月六日，臣僚言：「臣竊惟朝廷大恢庠序，養士求材，每患晚進小生蹈襲剽竊，不根義理。頃因臣僚奏請，嘗降御筆，明行禁絕。書肆私購程文，鏤板市利，而法出姦生，旋立標目，或曰編題，或曰類要，曾不少禁。近又公然冒法如昔，官司全不檢察。乞令有司常切檢舉，緝捕禁絕。」從之。

4. 十七日，詔：「廣東之民多用白巾，習夷風，有傷教化，令州縣禁止。」

5. 八月三日，詔：「訪聞河朔郡縣，凡有逐急應副河埽梢草等物，多是寄居命官子弟及舉人、伎術、道僧、公吏人別作名目攬納，或干托時官權要，以攬狀封送令佐，恣其立價，多取於民，或令民戶陪貼錢物，郡縣為之理索，甚失朝廷革弊恤民之意。今並以違御筆論，不以蔭贖及赦降、自首原減。許人告，賞錢一千貫，以犯事人家財充。當職官輒受請求者，與同罪。」

6. 十一月六日，臣僚言：「伏覩令州官及本縣官不許託縣鎮寨官買物。訪聞貪吏違法，禁託買而不禁自買，故州官行屬縣，縣官行鎮寨，多出頭引收買疋帛絲綿等物，外邑鎮寨之民尤甚苦之。欲乞今後州縣官非廨宇所在，如因事至邑鎮寨，唯許買飲食藥餌日用之物外，餘悉禁之。仍立法行下。戶部供到政和敕諸監司依監司例，人凡可按刺州縣者同〔一〕。不係置司去處，每遇出巡，止許收買飲食藥餌及日用物色，其餘輒置買者，依託所部命官賣買物色法。契勘即無州縣官非廨宇所在，因事至屬邑鎮寨，唯許收買飲食藥餌日用之物外，不許買他物法條禁。」詔於上條內「賣買物色法」字下添入「州縣官出外準此。」從之。

〔一〕依監司例，人凡可按刺州縣者同 「刺」原作「刺」，據文意改。

7. 十二月十三日，詔除刑部斷例外，今後應官司不得引例申請。

八年（戊戌，一一一八）

1. 正月十二日，詔：「訪聞洪州每年社會賽城隍土地，聚集百姓軍人張黃羅繖及唱喝排立起居行列。兼本州南寺幹辦年例作葬佛會，多是僧行預散帖子，糾率縣下鄉民戶百姓，男女同處，身服布衣，首施紙花，沿路引迎紙佛。及經由道路，林木皆用紙錢裝掛，選地焚燒，數千餘人並行舉哭事。奉御筆，為累經赦宥，特免根究，可下本州禁止。今後除宮觀崇奉天神許存留紅黃繖扇外，餘遍下諸路，州軍委知通，縣委令佐，官司躬親契勘，有處仍與免罪，當官焚毀訖，申本路轉運司覈實，保明有無漏落以聞。所有葬佛服縞素等舉哭一節，仰止絕。如日後有犯，為首糾率人並杖脊，黥配遠惡去處，預會人各等第科罪。州縣守令常切覺察，仍遍行下。守倅失覺察，徒二年。監司按劾，廉訪使者互察。」

2. 二月十二日，詔：「君出命以尹眾，主道也。古之人言聖君、明君、人君，以尊天子。帝君、大君、元君，以嚴高真。循名而攷實，豈人臣可得而稱者？今則或以制名，或以命字，或指相謂為君，紊上下之分，乖君臣之義，不可以訓。宜行禁止，以詔萬世，違者以大不恭論。」

3. 同日，臣僚言：「應官司不得引例申請，法所不載，故用例以相參，則事不失輕重。且元豐即無不許用例之制，惟元祐例立法禁，不得引用。今一切不用，則皆元祐之事。又有司臨時高下其手，可以為弊。」詔除無正條引例外，不得引例破條，及不得引用元祐年例。

4. 二十五日，詔：「朕君臨萬邦，富有四海，天下之奉，何有所闕？除依歲格任土作貢外，未始有抑配科率。詔誥訓飭，止絕搔擾，形于翰墨，丁寧備至，未嘗少寬科率之刑。間有御前自京給降見錢、度牒、銀絹付諸監司，於出產州軍仍以市價私相和買口味木石之類者有之，以備薦饗宗廟，頒宣大臣戚里，亦非以專於奉己為事。監司敢以御前錢物計置到物用為己有，以充苞苴饋獻，罔上弗虔，罪何可逭？當重為禁之。今後有犯者，以大不恭論，不以赦降去官原減。違者御史糾劾以聞。」先是，臣僚上言：「臣訪聞天下收買御前上供等物，有司多以御前為名，廣行計置。或虛抬價直，侵漁入己；或過數收買，不盡供貢；或分為苞苴，公行獻饋。奉上弗虔，人皆切齒。如日前兩浙漕臣劉既濟、無錫縣丞張興等，並以夤緣為姦，上干典憲。蓋是自來別無法禁，難以禁察，遂至如此。伏望特降睿旨，措置立法，專差御前官司受納天下收置上供之物。如某鈔某日買到某物若干價錢若干，逐一開坐，據數交納，即時投進，聽給印鈔收附文字令歸本處照會。」故有是詔。

5. 三月一日，臣僚言：「一人之尊，先天弗違，以道為本，而遐方外郡，俳優之賤，猶敢為道家者流戲於庭墀之下，臣竊憤之。伏願特降睿旨，使民知禁。」詔合行禁止，如違，以違制論。

6. 四日，詔：「訪聞江東路饒州管下鄉落之間，信用師巫，蔽溺流俗，多以紙帛畫三清上真，與邪神同祀，以祈禳為事，葷茹雜進，殊不嚴潔，甚失崇奉高真之意。自今仰本路提點刑獄行下所屬州縣，嚴行禁止。後有犯者，以違制論。仍拘收三清等畫像赴逐處宮觀收掌。諸路準此。」

7. 五月四日，尚書戶部管勾公事李寬奏：「臣聞大而化之之謂聖，兆於變化謂之聖人。如孔子雖有先聖之號，至於聖則不敢居。嘗曰：『若聖與仁，則吾豈敢？』自非有聖人之位，為天下君，豈得而言聖哉？今則制名命字率多以聖為稱，甚非所宜。欲乞凡以聖為名、字，並行禁止，以正名稱。」從之。

8. 七月十二日，饒州浮梁縣丞陸元佐上言：「近世有取王者之實以寓其名者，有取霸者之迹以寓其名者。有里名東宮者，不可不改其里。有院名中宮者，不可不易其額。有僭玉皇之尊者，其禁尚未廣。有褻瀆三清者，不可不嚴。」詔行下逐處并所屬，令改正禁之。

9. 二十四日，詔：「訪聞川陝民庶因饗神祇，引拽簇社，多紅黃羅為繖扇，僭越無度，理當禁止。可檢會近降『不許裝飾神鬼隊仗』指揮，內添入『民庶社火不得輒造紅黃繖扇及彩繪以為祀神之物紙絹同』。犯者以違制論，所屬常切覺察。」

10. 八月五日，臣僚言：「近者臣僚被旨保明官吏等姓名推賞，欲乞今後止得開具等第姓名，不得指定陳乞，違者重立憲禁，以正國體，以重君命。」詔依奏，違者以違制論。

11. 九月十三日，詔：「州縣遏糴以私境內，邊將殺降以倖功賞，殊失惠養元元、招撫羌戎之意。自今有犯，必罰無赦。」以刑部尚書范致虛言：「州縣擅下遏糴之令，實為民害。邊將殺降，沮外夷嚮化之心。乞立法，輒殺降者如殺人之罪。」故有是詔。

12. 閏九月十一日，提舉河北西路學事張綽奏：「伏見士大夫有造私第而干謁者，無雨暘寒暑之憚。故命令一出，人皆知之，曰某官乃某人門下也。既得之，獲舉者必謝，受謝者不辭，恬不以嫌疑為避。欲望睿斷，應有公舉而輒私謝者，立法以禁止之。」詔諸省臺寺監官以公事見宰相、執政者，詣都堂及所聚廳處。若得替赴任參辭者準此。即屬官及所請召若親戚，不以有無服紀，聽詣府。

13. 二十六日，給事中趙野奏：「士庶之間，豈宜以天字為稱？凡世俗以君、王、聖三字為名、字，悉命革而正之，然尚有天字為稱者，竊慮亦當禁約。」詔莫尊於天，而人名之，瀆莫甚矣，可依所奏。

重和元年（戊戌，一一一八）

1. 十一月十五日，中書省言：「乞在京官司遇壬戌日不奏刑殺。」從之。

2. 十二月十二日，臣僚言：「姦人巧詐，妄為命令，恐動官司規求貨財者，都城之内尚或有之，況萬里之遠耶？詐稱御筆於左藏庫公取金銀，有若開封王師旦者；詐奉御筆齎金字牌搔擾人民，有若濬州趙士諴者；有詐紐折收贖產業，詐撰御筆手詔，如威德軍趙滂者；有稱本路勾當，乞取錢物，詐作御前菴篋，如唐州許洵、丁韶者。其姦狀敗露，臣之所知者數人而已。乃若蹤跡詭祕，假詔命於州縣之間而事未發露者，又不知其幾人也。陛下常降親翰，謂自今無付身受朝旨，輒遣使臣出外計置物件，所在受而為施行者，並以違御筆論。宸衷所念，有及於此，亦恐詐偽者，因之而肆姦也。然臣竊謂方其真偽未分，是非未辨，託朝廷之命如前所疏數人者，所在官吏豈得不信而奉承乎？伏望特詔州縣當職官，凡遇有勾當之人，常切覺察，或事有可疑，許取索付受文字看驗。如此，則真偽是非判然可見，而詐稱御筆以惑州縣者必不能容其跡，庶幾仰奉君親益尊命令。」從之。

3. 十五日，開封尹盛章奏：「竊惟陛下即位以來，屢詔有司討論禮制，張官庀局，首尾十年，始克成書。伏自新書之頒，累年于茲矣。比者帝子下降帥臣之家，始修舅姑饋盥之禮，位置棗栗，進拜唯謹。事既傳聞，下至閭巷，細民無不咨嗟歎息，以謂雖王姬之貴，陛下猶且以新儀從事，況我曹之賤而敢有不遵者乎？日者陛下又慮所頒新儀天下遵行未遍，在京流俗尚又沿循舊例者，再降處分，令本府立法施行。臣契勘民間冠昏，所用之人，多是俚儒媒妁及陰陽卜祝之人。臣已令四廂並籍定姓名，逐旋勾追赴府，令本府禮生指教。候其通曉，即給文帖，遇民庶之家有冠昏喪葬之禮，即令指受新儀。如尚敢沿循舊例，致使民庶有所違戾，及被呼不赴，因緣騷擾，邀阻賄賂，並許本色人遞相覺察陳告，勒出本行。其不係逐廂籍定之人，不許使令。所貴各務講尋新儀，上下通曉。本府恭依處分，立到條法，一違儀不奉行者以違制論，不以去官、赦降原減。」從之。

宣和元年（己亥，一一一九）

1. 正月二十一日，詔：「昨降指揮，諸路州軍除奉天神之物許用紅黃繖扇等外，其餘祠廟並行禁絕。訪聞諸處畫壁、塑像、儀仗之類，尚多僭侈，或用龍飾。可限指揮到日，本州長貳、當職官檢察僭侈名件，圬墁改易，仍加嚴飾，不得褻慢。委廉訪使者覺察以聞。」

2. 二月四日，提舉道籙院奏：「伏覩僻遠鄉邑，畫三清、玉皇儀像於尺素方紙間，每薦以盤葷盃酒，混雜諸神。習之既久，不為禁止。欲望特降睿旨下諸路，委監司、廉訪、守令及以次當職官吏嚴行下覺察搜訪，正以典刑，仍以捕獲强盜之賞賞之。」從之。

3. 三月十四日，詔今後官司稽違，三經臺察，事大者，不以赦降原減。

4. 二十日，權發遣京畿計度轉運副使賈讜奏：「仰惟聖治法令全具，名分不逾，而天下州府儀門之外，猶立碑刻，文曰『應軍州官於此下馬』，此蓋藩鎮僭擬之弊，因循未除。欲望特降睿旨，悉令除毀。」從之。

5. 四月一日，詔：「滄州清池縣饒安鎮市户張遠、無棣縣新豐村張用、清州乾寧縣齊玘等，各為燒香受戒，夜聚曉散，男女雜處，互相作過，見今根勘。仰承勘官子細研窮，不得漏失有罪，亦不得横及無辜。兼訪聞滄、清、恩州界，日近累有夜聚曉散公事，從來條約甚明，深慮愚人易惑，因而滋長，害及良民。仰本路提點刑獄司檢會條貫，申明行下，令逐州縣鎮粉壁曉示，重立告賞。其為首人於常法之外，當議重行斷罪。」

6. 二十二日，臣寮言：「五禮禁令〔一〕，斷自聖學，著為成書，嚴若防範，不可踰也。臣伏見郡守、縣令奉法不虔，士俗民風故習猶在，昏葬之禮務為僭奢，有司孰視，恬不呵止，五禮之禁令，僅掛牆屋。謂宜申嚴詔旨，責監司按舉而行之，使太平盛典不為空文。」詔仰禮部檢會前後累降指揮申明行下，監司以時按劾。

〔一〕五禮禁令 「禮」原作「部」，據文意及本條下文改。

7. 五月四日，權發遣福建路轉運判官公事鄭可簡奏：「應任刑獄官，不許兼他職及容本州權暫差委，庶幾心不兩用，事得其情。」從之。

8. 八日，臣僚言：「欲望出自宸斷，唯知、通許用妓樂，其次郡縣官除赴本州公筵及遇外邑聖節開啟與旬休日聽用伎樂外，餘乞並依教授法。」詔郡縣官公務之暇，飲食宴樂，未為深罪。若沉酣不節，因而廢事，則失職生弊。可詳臣僚所奏，措置立法，將上取旨施行。

9. 十四日，臣僚言：「臣竊見近日臣僚多稱官名，選人自一命以上，例呼『宣教』，所謂七階，鮮有稱者。文臣朝請郎、武臣武功郎以下，通呼『大夫』者，往往有之。其妄冒稱呼，不可概舉。況政和職制令，諸命官不得容人過稱官名，自有明文，但未舉而行之耳。伏望聖慈特賜申敕，今後如有違犯，在京委御史臺，在外委監司糾劾以聞。」詔依奏，如「承宣使」稱「節度使」，「節度使」稱「相公」，「王」稱「大王」之類，並悉行禁止。如違，並以違制論。委御史臺、東上閤門覺察彈奏。

10. 六月十四日，臣僚言：「竊見邇來凡朝廷進用人材、除授差遣之類，曾未擬議，而士大夫間好事者樂於傳播，撰造無根之言。欲望明詔有司，嚴為禁止。」詔今後妄有傳報差除，以違御筆論，委三省、御史臺、開封府覺察，仍令開封府捉事使臣告捉。

11. 八月十八日，京東西路提舉學事司奏：「本司管勾文字職事與他司屬官不同，每歲看詳文武學生上舍等試卷及州學講義，每年上舍等題目文字，最為浩繁，其禁止接送之法，乞依諸路州學教授條禁施行。」從之。

12. 十九日，河東路都轉運司奏：「伏覩律節文，『諸堂外甥女不得為婚姻，違者杖一百，離之。』刑統疏議：「外甥女亦係堂姊妹所生者，於身雖無服，據理不可為婚。」契勘上件律文，止為堂外甥女不得為婚，即未審再從姊妹所生女合與不合成婚，有此疑惑。乞申明降下。」刑部參詳：「律稱己之堂姨及再從姨、堂外甥女並不得為婚者，蓋為母之同列及己身卑幼，使尊卑混亂，人倫失序，故不得為婚姻。雖刑統疏議〔一〕止稱堂外甥女，謂堂姊妹所生，緣律內稱男不得娶己之再從姨，其再從舅者婚再從姊妹所生女〔二〕，即與男娶再從姨尊卑事體無異，於理亦合禁止。」從之。

〔一〕刑統疏議　「疏」字原脫，據本條上文「刑統疏議」補。

〔二〕其再從舅者婚再從姊妹所生女　「生」字原脫，據本條上文「再從姊妹所生女」補。

13. 九月二十二日，臣僚言：「比者關中使命往來，州縣循襲舊例，以和顧為名，前期追集農民，以備驅役，拘繫占留，動經旬月，民力不堪。乞立法禁止，仍令監司覺察。」從之。

14. 十月二日，河北路轉運副使李孝昌奏：「近歲諸路上戶有力之家苟免科役，私以田產託於官戶。或量立價錢，正為交易；或約分租課，券契自收。等第減於豪強，科役併於貧弱〔一〕。雖有法禁，莫能杜絕。其間亦有假於官戶久而不歸者，起訟滋獄。傷教敗俗，莫此為甚。乞委監司、郡守嚴加檢察。」詔尚書省立法。

〔一〕科役並於貧弱　「貧」原作「貪」，據文意改。

二年（庚子，一一二〇）

1. 正月二十八日，臣僚言：「乞自今後諸司及州縣當職官若被受朝省拋降應國用所須之物，輒敢不依元數拋置妄有增加者，不以已未供納，其剩數並乞計贓論罪。若敢依前違犯，許人陳告，及乞委廉訪使者常切覺察。」從之。

2. 三月十九日，朝奉郎、守開封府右司錄李侗奏：「伏見監司被受御筆處分，或暫攝帥府，或托故在假，身不行而委官以代之。被委小吏，請託避免，動涉月日，莫肯就道，慢命不虔，於此為甚。欲望嚴立約束。」詔今後監司被受御筆處分，無故不親往輒委官者，徒二年，不以失減〔一〕。

〔一〕不以失減　「失」當作「去」。

3. 四月十四日，權發遣提舉淮南西路學事〔一〕楊通奏：「今竊見州縣官陞朝以上，因仍舊例，多

用主、斧為從物，其事甚細而於禮非所宜。蓋主為君道，斧象君德。前日以有主為言者，陛下一切禁止矣。今用主、斧，則其為儀物名稱若近於僭。欲乞睿旨特行禁約。」從之。

〔一〕學事 「事」原作「士」，據輯稿・職官六十九之六宣和二年九月五日條改。

4. 十八日，詔：「今後應勾追被盜人到官，對會訖便行疎放。或委有事故，聽獄官具情由稟長吏，通不得過五日，庶幾革去姦弊。仰刑部檢詳立法。」

5. 六月十二日，詔自今衝改元豐法制，以大不恭論。

6. 二十日，詔：「先帝董正六部，應依條式，事奏鈔畫。聞近來差注、轉官、支賜、支破、請給、封贈、回授等事，不合具鈔及應取旨者，皆批狀送鈔旁，有違官制。自今後並遵依元豐法令，如違，仰御史臺彈奏。今日以前特免改正。」

7. 七月二十一日，詔應諸路工役去處，不得支破犒設等。

8. 十一月四日，臣僚言：「一、溫州等處狂悖之人，自稱明教，號為行者。今來明教行者各於所居鄉村建立屋宇，號為齋堂。如溫州共有四十餘處，並是私建無名額佛堂。每年正月內取歷中密日，聚集侍者、聽者、姑婆、齋姊等人，建設道場，皷扇愚民，男女夜聚曉散。一、明教之人所念經文及繪畫佛像，號曰訖思經、證明經、太子下生經、父母經、圖經、文緣經、七時偈、日光偈、月光偈、平文策、漢贊策、證明贊、廣大懺、妙水佛幀、先意佛幀、夷數佛幀、善惡幀、太子幀、四天王幀。已上等經佛號，即於道釋經藏並無明文該載，皆是妄誕妖恠之言，多引爾時明尊之事，與道釋經文不同。至於字音，又難辨認。委是狂妄之人偽造言辭，誑愚惑眾，上僭天王、太子之號。」奉御筆：仰所在官司根究指實，將齋堂等一切毀拆。所犯為首之人，依條施行外，嚴立賞格，許人陳告。今後更有似此去處，州縣官並行停廢,以違御筆論。廉訪使者失覺察,監司失按劾,與同罪。

9. 二十七日,臣僚言:「背公徇私而忘出位之戒者,尚或未能仰體聖意,至有因陛對而輒薦所知者,有緣創局而格外奏辟者,有欲使便於營私而乞與對移者,有將秩滿而乞與再任者,籍籍紛紛,不可概舉。是以冗濫百出,漫不可支。臣願陛下明詔輔臣,精加進擬,必度德而後定位,必量能而後授官,開公正之路,塞邪枉之門。其或職非得以進退人材而妄伸薦引如臣前所陳者,乞賜睿斷,重行竄殛。」詔依所奏,仰三省遵守,御史臺彈奏。

三年(辛丑,一一二一)

1. 正月十三日,詔:「兩浙、江東路賊發,應知州、通判,應州縣等官,並不得陳乞致仕、尋醫、侍養,并請假離任。已陳乞及離任者,令本路監司疾速勾還本任。托疾、致仕者,令中書省記錄,候賊平取旨。」

2. 二十一日,詔:「訪聞兩浙、江東路因備禦群賊,修完城壁,計備糧食之類,大段騷擾。方賊徒嘯聚,深為不便。仰逐路監司嚴切覺察,應修完城壁、計備糧食等,不得妄有抑配及因緣乞取,違者並具事因取旨,當議重加典憲。仍令宣撫司鈐束覺察。」

3. 二十五日,詔:「自來收買計置花竹果石,造作供奉物色,委州縣監司幹置,皆是御前預行支降錢物,令依私價和買。累降指揮,嚴立法禁,不得少有抑配。比者始聞贓私之吏借以為名,率多並緣為姦,馴致搔擾,達於聞聽。可限指揮到,應有見收買花石、造作供奉之物,置局及專承指揮計置去處一切廢罷,仍限十日結絕,官吏、作匠、錢物並撥歸元處。已計置造作收買到見在之物,所在樁管具奏。

若爾後尚敢以貢奉為名，因緣科擾，以違御筆論。」

4. 二月一日，詔：「水陸船車輒置旗號牌牓，妄稱御前急切綱運物色，因而搔擾州縣者，以違制論。係臣僚之家私物及興販而輒稱御前綱運物色者，以違御筆論。許人告，賞錢五百貫。」

5. 二日，詔：「近來臣庶之家於淮南、兩浙、福建等處計置山石花竹之類，致有騷擾，可令禁止，違者以違制論。」

6. 四月一日，臣僚言：「忻、代州、寧化軍界山林險阻，仁宗、神宗常有詔禁止采斫。積有歲年，茂密成林，險固可恃，猶河朔之有塘濼也。比年採伐漸多，乞立法禁。」從之。

7. 九日，懷安軍奏：「奉聖旨，尚書省公相廳改作都廳，內外都廳並行禁止。契勘本軍職官目前並於都廳聚議文字。今準前項指揮，欲將本軍都廳改作簽廳為名。如蒙允許，其條令內所載亦乞準此貼改施行。」從之，諸路依此。

8. 二十四日，詔：「臣僚章疏，不許傳報中外，仰開封府常切覺察，仍關報合屬去處。內敕黃行下臣僚章疏，自合傳報；其不係敕黃行下臣僚章疏，輒傳報者，以違制論。」

9. 二十五日，臣僚言：「欲乞應官司出賣鈔旁，如諸色人輒敢販賣，於官價外增搭一文以上，乞重寘於法。仍立賞，許人告，庶絕搔擾細民之弊。奉御筆相度施行。尚書省勘會，諸色人增價販賣鈔旁定帖，即與公吏人等增價轉賣事體無異，緣五文未明〔一〕，今相度，欲諸色人增價販賣鈔旁定帖罪賞，並依公吏人增價轉賣已降指揮施行。」從之。

〔一〕緣五文未明　「五」當作「令」。

10. 二十七日，中書省、尚書省言：「勘會僧尼所用鐃鈸，已措置令在京文思院廣行製造出賣。訪聞多有昨來首納未盡數目，竊慮影帶私造，難以禁戢。」詔應首納未盡鐃鈸，限一月，許隨所在官司陳首，特與免罪。官為鐫鑿字號，給據照驗使用。如出限不行陳首，斷罪、告賞並依私有銅法。仍仰所屬嚴行覺察〔一〕，公吏人等不得阻節接便乞取騷擾。

〔一〕仍仰所屬嚴行覺察　「嚴」原作「言」，據文意改。

11. 五月十六日，中書省、尚書省言：「四月二十八日奉御筆，應諸路和糴，比較優劣及糴場官吏乞取減剋、邀阻留滯、取樣過數，或妄立名目收錢，若命官、進士、僧道、公人等請託入中等事，仰尚書省檢會見行條令，措置增立刑名及告賞條格，行下諸路遵守。勘會和糴斛斗、請託入中，罪賞已嚴。其宣和二年正月十九日指揮，止為東南六路，餘路亦合依此。今措置諸路斛鬥和糴、請託入中等，欲並依前項東南六路已降指揮施行。」從之。

12. 閏五月七日，尚書省言：「契勘江浙喫菜事魔之徒，習以成風。自來雖有禁止傳習妖教刑賞，既無止絕喫菜事魔之文，即州縣監司不為禁止，民間無由告捕，遂致事魔之人聚衆山谷，一日竊發，倍費經畫。若不重立禁約，即難以止絕，乞修立條。」從之。

13. 十九日，臣僚言：「古者府吏〔一〕胥徒皆有常職，今州縣小吏或濫躋仕版，不欲去里閭、遠親戚，則又求仕鄉邦，夤緣請託。乞今後州縣人吏緣勞績入官者，不許任本州縣差遣。」從之。

〔一〕府吏　「吏」原作「史」，據文意及本條下文改。

14. 六月十四日，京西南路提舉常平司奏：「准御筆，近歲諸路州軍公吏人違條顧覓私身，發放文字及勾追百姓，或謂之家人，擅置繩鏁，以威力取乞錢物，為害遍於四方。監司、守令坐視，漫不省察。可令諸路提舉常平官躬親巡按，點檢覺察。應公吏人除依許顧家人外，輒置家人或貼身之類者，並以

違制論。許人告，賞錢一百貫。仍許民戶詣監司越訴。本司官除已不住點檢覺察施行外〔一〕，看詳公吏人令本家親戚或他人顧到人力，以借為名，下鄉勾當，追呼搔擾乞取，即與私置家人事體無異。緣未有該載明文，欲乞應公吏人令本家親戚或借請他人力等，發放文字，勾追百姓，並依前項御筆指揮施行。」從之，諸路依此。

〔一〕本司官除已不住點檢覺察施行外　「察」字原脫，據本條上文「點檢覺察」補。

15. 二十七日，中書省、尚書省言：「竊聞諸州軍公使庫置造陳設及從人衣裝之類并筵會，多是不支見錢收買，只出頭子於行戶取索，動經歲月，不即支還價錢。或遇守臣移替，新官更不管認，使行戶雖執頭引，無處支請。及聞州縣見任官員亦有不支見錢，只用頭子取索，不即支還價錢者，以致替罷不能還足而去，委屬搔擾，殊不體認朝廷愛民之意。欲下逐路監司體訪，如有官中及官員未還行人價錢，嚴立法禁，勒限支還，常切覺察。勘會見任官及公使庫并買物充官用、支還價錢，各已有立定日限、斷罪法禁，所屬監司及廉訪使者並合常加按察，約束遵守。所有前官買過公使及官用物色，若有未還價錢，如已出違條限，合依法科罪外，其後官自合認數支還。今欲申明行下，如後官不為支還者，仰所屬監司、廉訪使者覺察，按劾聞奏。」詔從之。

16. 七月六日，三省言州縣祀神，聚眾相毆，未有禁約，詔今後為首罪輕者徒二年。

17. 八月二十五日，詔：「諸路事魔聚眾燒香等人所習經文，令尚書省取索名件，嚴立法禁，行下諸處焚毀。令刑部遍下諸路州軍，多出文牓，於州縣城郭鄉村要會處分明曉諭。應有逐件經文等，限今來指揮到一季內於所在州縣首納。除二宗經外，並焚毀。限滿不首，杖一百，本條私有罪重者自從重，仍仰州縣嚴切覺察施行。及仰刑部、大理寺，今後諸處申奏案內如有非道釋藏內所有經文等，除已追取到聲說下本處焚毁外，仍具名件行下諸路照會，出牓曉諭人戶，依今來日限約束首納，焚毁施行。」

18. 九月二日，臣僚言：「臣聞四海之廣，所與共治者莫嚴守令而監司刺舉之官也。伏見近歲以來，任非其人，背公自營，倚令擾衆。到職之後，上之德意弗務宣究，民之利病弗務詢採，一意以附託權勢為計，委之營緝田產，製造器用，與辨治其私者，公然不以為嫌。由是傍立名目，侵用公錢，須索誅求，靡有藝極，公私被害，有不可勝言者。甚則指名其人，假託氣焰，强市横斂，抑配追呼，弗酬其直，弗顧其力，類多有之。伏望特降詔旨，自今有敢蹈習抵犯，重立典刑。內令御史臺，外委廉訪使者覺察按治。」詔：「被委及委之者並以枉法自盜論。御史臺、廉訪知而不按，與同罪，仍鏤版印給諸路監司。」又詔：「以降指揮禁止監司守令為人營治私事，如差使臣等出外勾當，而憑藉聲勢干託監司州縣，或搔擾百姓者，並依已降指揮，仍並以違御筆論。」

19. 二十二日，臣僚言：「官守鄉邦，著令有禁。陛下待遇勳賢，優恤後裔，故其子孫宗族有除授本貫差遣，不以為嫌，示眷禮也。而邇來非勳賢之後，多任本貫及有產業州縣官。其田舍連屬，悉皆親舊，而胥吏輩並緣為姦，民訟在庭，以曲為直。撓法營私，莫此為甚。乞除勳賢之後得旨令子孫任本州官及曾任宰執外，餘令自陳，對移一等差遣。願罷者聽。匿而不言或冒居者，必罰無貸。」從之。

20. 十月八日，詔：「訪聞城寨掌兵官，近年已來多規求差出，妄作假故，動經數月離去本任。其一寨職事並付權官，比及任滿，虛受賞典，深屬僥倖。今後諸路城寨掌兵官，除軍興許差外，餘並不得差出、給假、離任，違者以違制論。」

21. 二十一日，詔：「諸非應奉司輒遣使臣來往州郡計置收買什物果石者，以違御筆論，守臣、監司應付者，與同罪。」

22. 二十九日，詔樞密院：「禁軍闕額請收受租、保甲封樁錢物，非專承樞密院及三省、樞密院同降指揮，不許使用，不得一例作朝廷諸司封樁錢物借支支那。如違，以違制論。」

23. 十二月十五日，臣僚言：「邇者因事援例侵紊成憲者，間出於疏遠之吏，開端之漸，不可不杜也。乞嚴行禁止。」從之。

24. 二十七日，詔進奏院朝報非定本事輒傳報者，令尚書省檢會以降指揮，別行措置約束取旨。

四年（壬寅，一一二二）

1. 四月十二日，中書省、尚書省言：「勘會官司被受條制，置籍編錄，以元本架閣，并應注衝改而不注，或編錄不如法，若脫誤有害，所掌吏人替日交受，並已有斷罪約束條法，自合遵守，更不銷別有增立。伏乞申嚴行下。」詔應被受條制置册編錄者，並用印。當職官以所受真本逐一校讀訖，付吏人掌之。如違，杖一百。

2. 二十八日，詔：「國朝置禁旅於京師，處則謹守衛，出則扞邊境，故擇諸爽塏，列屯相望，將校步騎，馳走教閱，分都置舍，多寡往來，各有區處，以相保守，其法甚嚴。比來官司臣僚指射干請，置局增第，致令禁旅暴露湫隘，不安其居，聞之惻然。夫介冑之士，所與共患難，惟有以恤其私，然後可使之竭力。自今敢有如前指射者，以違制論。」

3. 七月六日，臣僚上言：「伏見自來州縣官奉行法度，或有殿負，則本司檢舉書罰，曾不踰時。至若究心職事，悉力公家，於格合該推賞，則猾胥老吏多方沮抑遷延，以倖賕謝，不為保明，甚者經涉歲

月之久不能得，遂致士大夫接武臺省，喋喋陳訴不已。令著令除獲盜推賞有限三十日保明之文外，餘並未有立定期限，有司留難而有情弊，罪亦止於杖八十而已，法不勝姦，遂成文具。臣愚伏望特賜明詔，令後官員奉行熙、豐、崇、觀以來成法，合該推賞，所屬保明勘會應報之際，比類獲盜法，量立期限。如留難而有情弊者，加等坐罪。庶幾信賞不為黠吏所持，止息士大夫爭訟，實有補於政教。」詔申明行下。

4. 八月十六日，三省言：「命官所得轉行及回授恩賞，或未至止官及未該回授，並不許收留，俟該使日陳乞，以絕僥冒。」從之。

5. 二十二日，詔諸沿邊官吏輒以私書報邊事，以違制論。

6. 十月十八日，詔：「訪聞州縣倉場受納，多不以時，留滯鄉民，物斛露積，或遇風雨，遂成棄物，非理退換，為害不細。今後應退換物，並書文籍。違者，以違制論。」

7. 十二月七日，詔：「應買物斛差官稱量，被差官不躬親監臨，或指數約貌，量收出剩，或得支用過數目為已稱量出數者，各杖一百。赴本處宴會者加一等。」

8. 十二日，權知密州趙子晝奏：「竊聞神宗皇帝正史多取故相王安石日錄以為根柢，而又其中兵謀、政術往往具存，然則其書固亦應密。近者賣書籍人乃有舒王日錄出賣，臣愚竊以為非便，願賜禁止，無使國之機事傳播閭閻，或流入四夷，於體實大。」從之。仍令開封府及諸路州軍毀板禁止。如違，許諸色人告，賞錢一百貫。

9. 二十四日，臣僚言：「林虙編進神宗皇帝政績故實，其序稱先臣希嘗直史館，因得其緒，纂集成書。鬻於書肆，立名非一，所謂辭場新範之類是也。乞禁止。」從之。

五年（癸卯，一一二三）

1. 五月二十七日，中書省言：「訪聞外路縣官多有不恤民力，抑勒侵擾事件。鄉村陳過詞狀，未論所訴事理如何，却先根刷陳狀人戶下積久，不問蠲放分數、倚閣年限，並行催索，百姓避懼，遂致不敢到官披訴冤抑。或因對證，勾追人戶到縣，與詞狀分日引受。若遇事故，有遷延至五七日不能辨對了當。非理拘留，妨廢農事。又有保正長、甲頭之類，日限分催稅數，仍令三日赴縣衙出頭比磨期限，迫促趨赴下辨。鄉村地里寫遠，多是不得及時催督，皆屬未便。今乞轉運司覺察，如有上項去處，並行止絕，日後常切點檢。仍遍行曉示鄉村知悉。勘會租稅輒勾催稅人赴官比磨已有法禁外，縣道民訟與追會到公事，并合每日受理行遣，不當分日引受。其人戶有欠，自合平日催督，若遇赴訴，却根刷出戶下積欠催索，顯是故為抑塞，並屬違法。」詔令戶部坐條申明及遍下諸路監司，常切覺察點檢。如有前項違慢去處，並仰按劾施行。

2. 六月十一日，中書省言：「近降指揮，禁止市井營利之家，不得以官號揭榜門肆，其醫藥鋪以所授官號職位稱呼，自不合禁止。檢準宣和五年三月十七日延康殿學士趙遹奏，乞降睿旨，禁止市井營利之家、伎巧賤工不得以官號揭榜於門肆，詔令開封府禁止，外路依此。」詔宣和五年三月指揮更不施行，令開封府出榜曉諭。

3. 七月十三日，中書省言：「勘會福建等路近印造蘇軾、司馬光文集等。詔令後舉人傳習元祐學術以違制論，印造及出賣者，與同罪，著為令。見印賣文集，在京令開封府，四川路、福建路令諸州軍毀板。」

4. 十一月二十七日，提舉潼川府路常平等事呂希莘奏：「竊見近來州郡多差軍人散在市井，以捉事為名，侵漁百姓，恐嚇求取，其弊百端，小不如意，肆為淩暴，良民被害，甚於盜賊。欲望特詔有司立法，諸州郡非廂巡捕兵而輒差軍人散在街市以捉事為名者，重為之禁。提刑司覺察，每季檢舉，出榜曉示，使民間通知。庶使太平之民，各享安業之樂。」從之。

5. 十二月四日，尚書省言：「勘會禁止蕃裝、胡服，斷罪、告賞指揮已嚴，近日士庶於頭巾後垂長帶有類胡服，亦合禁止。」詔申明行下，仍令閤門、御史臺、太常寺、開封府常切覺察及彈奏。

6. 五日，權發遣萬州李載奏：「本州非時監司呼索採取石硯，民無休息。欲乞於農務之月不許採取。」虞部供到即行禁止、不許採取指揮及無立定上供之數條法：「看詳萬州硯石，監司相承勞民採取，顯屬騷擾。欲乞立法，應見任官輒下州縣差人採取者，並科違制之罪，仍計庸坐贓論。」從之。

六年（甲辰，一一二四）

1. 正月十三日，秦鳳路經略安撫使郭思奏：「訪聞管下州縣將人戶籍充樂人、百戲人，尋常筵會接送，一例有追呼之擾。乞降指揮，除聖節開啟外，截日改正。」禮部狀稱：「將人戶籍充樂人、百戲人〔一〕，勒令閱習百戲、社火，尋常筵會接送追呼等，即未有禁約條法。看詳除聖節開啟并傳宣撫問之類外，并合立法禁止。」詔州縣輒抑勒人戶充樂人、百戲、社火者杖一百。

〔一〕百戲人　「戲」原作「戰」，據本條上文「百戲人」改。

2. 二月四日，臣僚言：「比者紛然傳出一種邪說，或曰五公符，或曰五符經，言辭詭誕不經，甚大可畏。臣竊意以謂其書不可留在人間。奉聖旨令刑部遍下諸路州軍多出文榜，分明曉諭。應有五公

符，自今降指揮到，限一季於所在官司首納，當時即時焚毀，特與免罪。如限滿不首並依條斷罪施行。仍仰州縣官嚴切覺察。」詔限一季首納，限滿不首，依讖書法斷罪，許人告，賞錢一百貫。餘依已降指揮。

3. 三十日，詔：「諸路州縣公人犯贓私罪，依格雖會恩永不收敘，或雖許敘，皆有期限。若有所規避，改易名姓應召募，官司明有法禁。訪聞州縣近來多以不應敘或合敘而歲月未滿，或曾斷罪而改易姓名之人，輒敢違法收補，容庇姦猾，肆為欺擾。可申明條約行下，仍令逐路監司常切覺察。」

4. 三月四日，詔：「臣寮將帶人從，依格各有定數，其輒借人力，除宗室已立法外，在內供職臣僚亦合一體禁止。今後應臣僚輒帶借債或售顧人力入宮門，罪賞並依宗室法。將帶過數，止坐本官。若兼領外局，所破人從非隨本官輒入者，自依闌入法。」

5. 同日，提舉荊湖北路常平等事鄭庭芳奏：「契勘天下坊場所入，酒利最厚。比年買撲坊場之家，類多敗闕，多因州縣官令酒場戶賣供給酒及薦送伶人之類。欲乞朝廷立法，勘會除在任官薦送人於所部已有法禁自合遵守外，餘合取自朝廷指揮。」詔見任官將所得供給酒抑配令酒場戶出賣者，以違制論。

6. 八日，詔：「諸路提刑司奏請申發根催，各有日限。訪聞吏緣不虔，公然弛慢，憲司州縣恬莫加恤〔一〕，或法寺退駁，致有往復留滯。可自今奏案並限三日申發，除依條闕申外，仍仰御史臺檢察稽滯去處，彈劾以聞。」

〔一〕憲司州縣恬莫加恤　「恤」原作「血」，據文意改。

7. 閏三月二十五日，中書省言：「臣僚言〔一〕，神宗皇帝肇修免役之法，罷豪右管勾公庫，增吏祿以養廉。而近歲士大夫奔競成俗，饋獻苞苴之風盛行於時，不可不禁。詔令立法。今擬諸命官以金繒、珠玉、器用、什物、果實、醯醢之類送遺按察官及權貴，若受之者，並坐贓論。」從之。

〔一〕臣僚言 「言」字後原衍「臣僚言」，今刪。

8. 二十九日，中書省、尚書省言〔一〕：「勘會諸色因祀賽社會之類，聚眾執引利刃，從來官司不行止絕。其利刃之具雖非兵仗，亦當禁止。」詔應諸色人因祠賽社會之類執引利刃，雖非兵仗，其罪賞並依執引兵仗法，仍仰州縣每季檢舉條制，出榜禁止。如以竹木為器，蠟紙等裹貼為刃者，不在禁限。

9. 四月二日，詔：「河南府中嶽有受戒亭一所，內立石刻，并嵩山戒壇院嶽寺竹木洞見塑中嶽聖帝受戒之像及碑文等並行毀棄。應有似此褻瀆聖像去處，仰所屬常切覺察，遵依已降指揮施行。輒敢存留，並以違制論。」

10. 四日，臣僚言：「乞詔有司，應諸州公使庫輒均配人戶米麥，及在任官令機戶織造匹帛者，重立憲法，庶使黷慢之吏少知畏戢。」詔令尚書省立法。尚書省修到：「諸外任官自置機杼或令機戶織造匹帛者，各徒二年。計所利贓重者以自盜論，仍並許越訴。」從之。

11. 五月六日，臣僚言：「伏覩宣和二年御筆：『在京官司輒置櫃坊收禁罪人，乞取錢物，害及無辜，已降指揮，並令去拆。及已重立法禁，又訪聞外路尚有沿襲置櫃坊去處，為民之害尤甚，限一日去拆。自今敢置者以違御筆論。』臣謹按詔書數下，訓辭深厚，恩施甚美，盛德之事也。然豪吏擅私，貪夫求利，覆出為惡，無所畏忌。四方萬里之遠，耳目所不及者，其為害可勝言耶！或鎖之櫃坊，或幽之旅邸，近則數月，遠則一年，守貳不能察，監司不以聞，銜冤之民，無所告愬，殊失陛下勤恤民隱之意。欲望特降處分，在京選強明郎官一員，遍詣捉事使臣家，毀拆禁房。於法應捕人，限當日解府。有不及者，許送廂寄禁。輒經宿者，許人告，重坐以罪。在外委監司，各據分界，歲巡州縣，親詣點檢，毀拆私置櫃坊、禁房。見有拘留人戶去處，按劾以聞。庶幾少副詔書懇惻本旨，實天下幸甚。」詔依宣和二年已降御筆指揮，餘令尚書省立法。

12. 十七日，臣僚言：「竊見監司、守令皆赴寄居之家酒食，甚者雜以婢妾，深夜方散。交通所部，弛廢職事。一者固已違法，因緣稔熟，遂至請囑公事，無所不至。如此，豈復虔奉詔條、嚴戢官吏！伏望特降睿旨，重立法禁。」詔守令依監司法。

13. 九月二十三日，詔：「諸路監司沿流合破舟船，訪聞多差定牽挽人兵，每遇出巡，歸司依舊占留，不即發遣。可令立法禁止，仍不以失減。」

14. 十月一日，詔：「品官之家，依格鄉村田產免差科，其格外之數並同編戶。隨龔官依品格置到田產，並充贍墳，特免夫役，夏秋稅物並免支移折變，於本縣止納本色，及所居莊舍宅宇亦免加抬等第。日後子孫並不許典賣。如有一切衝改，並特依今降指揮。餘人自不合援例。」

七年（乙巳，一一二五）

1. 正月二十四日，詔：「民間私置博刀及爐戶輒造，並依私有禁兵器法。見有者限一月赴官首納，限外罪賞依本法，仍令諸路提刑司行下所屬州縣。」

2. 二月二日，詔曰：「朝廷詔爵祿以待士，士修身潔己以奉公，故廉恥之道行而各安其分。比者士或玩法貪污，遂致小大循習，貨賂公行，莫之能禁。外則監司守令，內則公卿大夫，託公徇私，誅求百姓，公然竊取，略無畏憚，將何以安上訓下乎？昔我祖宗，未嘗容貸，至杖脊朝堂，配流嶺表〔一〕，內外

以治，至於不平。今其風浸興，不大黜責，莫之可懲。其令被擾之人及盜取公私財物并指引過度者，並許赴尚書省陳訴，當重寘於法。仍令御史舉按以聞，毋或緘默阿徇，以稱朕意。」

〔一〕配流嶺表 「嶺」原作「領」，據長編卷四百六十元祐六年六月丙辰「配流嶺表」改。

3. 三月十三日，中書省、尚書省言：「諸路當職官多是亂出頭引下行過收買物色，行人見其數目甚多，少肯應副，即便收送下廂。本廂禁繫，動是旬日，不免貴價鄰州鄰路收買應副，且免杖責。遠方尤甚，民戶無所告訴，良可憫恤。」詔官員收買物將行人輒送廂收禁者，以違制論。仍令廂司置簿，如有送廂公事，即時抄上，巡押州縣按察官、監司、廉訪出巡點檢。如違，按劾以聞，當重寘典憲。

4. 四月五日，尚書省條下條〔一〕：「諸非見任官有貪恣害民、干撓州縣而迹狀顯著者，監司按劾以聞。」從之。

〔一〕尚書省條下條 「條下條」，疑第一個「條」字當作「修」、「修到」等。

5. 五月二日，詔：「內外官以苞苴相賂遺，其賂遺并收受人並以坐贓論。如有違犯，必行竄責，令御史臺常切覺察彈奏。」

6. 同日，詔：「今後內外官遵依已降詔旨，並以三年為任。如治狀顯著，仍許再任。輒敢陳乞替成資，以違御筆論。」

7. 七月一日，詔曰：「朕惟王者之法，易避而難犯，若苛舉細故，使人拘畏而忌諱，非所以示大體也。臣僚建請，士庶名、字有犯天、王、君、聖及主字者悉禁。既非上帝名諱及無經據，諂佞不根，貽譏後世。並壬戌日宰執燒香住斷刑釋輕罪，至留繫伕罰，皆非朕意，可並勿行。」

8. 八月二十日，中書省、尚書省言：「契勘諸州軍每遇受納糴買，往往差公使庫官領之，其害不可勝言。應管公使庫官並不得差充受納糴買，違者重行流竄。」詔應管勾公使庫官輒差充受納糴買及受差者，各以違制論。

9. 十月一日，中書省言：「奉議郎、守尚書都官員外郎葉三省奏，昨見諸路財計之臣有以羨餘為獻而被賞者，臣竊惑之。欲自今有以羨餘獻者勿復推賞，仍令別路監司驅磨覈實以聞。其間稍涉虛偽，則重加竄斥，驅磨不實與同罪。庶幾誕謾之風熄，而人之忠厚之歸。」詔坐條申嚴行下。

10. 十二月十九日，詔：「二浙漕計積弊之久，訪聞自來多務看謁，妨廢職事。自今可恪守詔條，迎送之類，除專使外，餘一切並罷。如違，以大不恭論。」

11. 同日，詔：「市戶非聖節不許假借，自有定制。比來貪吏以和顧、和賃為名，須索無厭，不為給還，仰諸路監司覺察。」

欽宗 靖康元年（丙午，一一二六）

1. 五月五日，臣僚言：「醫官周道隆、王舜康、王永言、荊璋初以大請官錢，奉旨勘鞫，及至案具，準內降御寶批，特與放免。竊以謂法者，太祖、太宗之法，所與天下共之，不得而私也。若使獄具可以幸免，則人人安然玩法，無所懲艾。前日之弊，殊未易革。乞正典刑，以厲其餘。」從之。

2. 同日，監察御史余應求言：「開封府尹王時雍奏：奉御批：開封府禁勘御前使喚西兵蔡宗等三人，並不曾刼盜。捉事使臣范振亂捉平人，可依理施行。又言：其人係屬京畿等路制置使（一）盧功裔下，止因被盜人暮夜錯認賊人頭面，以至范振涉疑收捉。伏見近年官司類以『御前』二字刼持上下，具六軍之眾（二），當齊以一法，不可更分御前使喚之人，以失其余軍士之心。兼自來權貴之家及諸

局分多占蔽部曲〔三〕，盜博縱恣，稍加繩治，反遭屈辱。懲革此風，誠在今日。臣待罪天府，請坐不能戢盜之罪，有旨放免。臣詳觀時雍所言，則是近年宦官用事，淩轢百司，其弊皆若此也。范振宜在釋放，此事宜在懲革〔四〕。今但赦時雍之罪而已，振猶取勘具案，所陳之弊曾未禁戢。夫以軍卒犯公事而乞降御寶，以被盜人錯認而云亂捉平人，以宦者當直而稱御前使喚，此皆可深疑者。奏請之臣以微末私事誣罔聖明，其罪固不容誅，而陛下又為之作御前使喚之名〔五〕，特降御寶行下〔六〕，則其失又甚矣。陛下往者下詔，有曰不任中人〔七〕，言猶在耳。今乃遽信其言，為之委曲批降。陛下即位之初，內侍莫不恐懼畏避，靡敢輒干以私。曾未數月，遽復為此。宦者之權自此復盛，而以私事求請者何所不至也。自今若此等類，乞一切杜絕。敢以私事干請御寶者，重寘于法。然後正功裔誣罔之大罪，明范振涉疑之無辜，其時雍所陳，嚴加禁約。庶幾抑宦者，尊主威，絕近習請謁欺弊之原，伸百司屈辱刬持之弊。」從之。

〔一〕京畿等路制置使　「京畿等路」，靖康要錄卷五作「京畿、河北、河東」；「使」原作「司」，據靖康要錄卷五改。
〔二〕具六軍之眾　「具」當作「其」。
〔三〕諸局分多占蔽部曲　「諸」字原脫，據靖康要錄卷五補。
〔四〕此事宜在懲革　「革」原作「格」，據靖康要錄卷五改。
〔五〕御前使喚之名　「前」字原脫，據靖康要錄卷五補。
〔六〕特降御寶行下　「御」字原脫，據靖康要錄卷五補。
〔七〕有曰不任中人　「有」原作「又」，據靖康要錄卷五補。

3. 六日，臣僚言：「去秋四方豐稔，粒米狼戾，至今春夏物價猶賤，而官私錢幣匱乏〔一〕，無以收糴。不唯公上費出無節，兼恩倖之家收蓄不訾，亦緣鑄錢銅料為他工匠盜寫奇玩什器及銷毀錢寶，以營厚利，致官冶銅料闕絕不登課額。錢幣匱乏〔二〕，職此之由。欲乞申明銅禁，除照子、磬、鈸籍記工匠姓名許造外，餘一切禁止。」從之。

〔一〕錢幣匱乏　「幣」原作「弊」，據文意改。

〔二〕錢幣匱乏　「幣」原作「弊」，據文意改。

4. 十日，禁士庶之家以銷金為飾。

5. 七月十五日，詔：「祖宗以來，歲有拋買合用之物徧下諸路，既不過數，又復有常，故物不踊貴，民易供應。自崇寧以來，大臣誤國，庶事紛起，而侈靡隨之，無有紀極。太上皇帝念黎元之困，革舊政之弊，乃下明詔，罷非泛拋買。朕恭承德意，要在裕民。聞省部尚有檢舉年例，便行拋買非不可闕之物及不可減之數，致州縣官吏並緣為姦，未免前日困民之弊。可具祖宗拋買之額，酌今日合用之數，立為定式。如係軍須或急闕之物不得已者亦指定合用，不得濫增數目，及取特旨。如州縣被受拋買多增物數，或貼納錢物，官吏分盜，雖入己數少，據所剩準全入己論。按察官失於按發，並以等第議罪。」

6. 八月二日〔一〕，臣僚言：「祖宗以來，天下禁兵，皆使之習攻守戰陣之法，挽强擊刺之利〔二〕，至於他伎，未嘗學也，故用心專而藝能精。近年以來，帥臣、監司與夫守倅、將副，多違法徇私，使禁卒習奇巧藝能之事，或以組綉而執役，或以機織而致工，或為首飾玩好，或為塗繪文縷，公然占破，坐免教習。名編卒伍而行列不知，身為戰士而攻守不預。至有因緣請託，陞遷階級，或在衆人之上。遂使轅門武功之士困於差役之勞，末作庇身之人復享安閑之利。所以兵陣教習之法日廢，工匠技巧之事日多。兵政之弊，一至於此。欲乞除廂兵〔三〕合用工匠外，其末作他技皆嚴行禁止。」從之。

〔一〕二日　靖康要錄卷八作「三日」。

〔二〕挽强擊刺之利　「刺」原作「剌」，據靖康要錄卷八改。

〔三〕廂兵　原作「行兵」，據靖康要錄卷八改。

7. 二十三日，臣僚言：「朝廷比令六曹、寺監條具逐歲拋科物色，多不盡實。聞即令〔一〕京東所科買如泗水上供綿木炭及燕山絲之類，並如宣和七年以前，元不少減。至於不要今色〔二〕，止督價錢，炭每秤、每兩〔三〕皆至六百。逐州縣所取名色不同，其視詔令為空文而已。方命虐民，曾無體國之意。望申飭有司，條上其實，如有應罷催擾如故及並緣為姦、規利入己者，並重賜施行。」詔犯者並從違制科罪，姦利入己以贓論定之。

〔一〕聞即令　「令」，疑當作「今」。

〔二〕至於不要今色　「今」當作「本」。

〔三〕每兩　「每」字前當有「綿」字。

8. 二十八日，臣僚言：「陛下昨以章服之濫，悉從釐正。在京委禮部，在外委郡守移文告諭，俾之自陳。除在京臣僚不住繳申禮部及外路十餘州已申照會外，其餘去處久未聽從，尚有僥倖之意。望量立日限，再俾自陳，仍令在外州軍具數申禮部。自今尚敢違慢，許覺察舉劾。」從之。

高宗　建炎元年（丁未，一一二七）

1. 六月二十二日，詔曰：「方時艱難，兵革未息，中原經刦掠之禍，四方有調發之勞。方徹樂菲食，夙宵在念，與群臣共圖康濟。訪聞州郡官吏歌樂自若，殊無憂國念民之心。未欲便行誅責，可自今未得用歌樂筵燕，敢有違犯，監司按劾以聞。」

2. 七月十一日，詔：「近年〔一〕在京并外任官多求差出，託故便私，般家東下，假勢作威，搔擾百端，及外州縣奉使、寄居、待闕官甚多，委是坐費廩祿。今吏部關牒諸部省臺寺監、諸路監司，具自今年五月一日以前差出官罷歸元任，及月具奉使并寄居待闕官申尚書省。」

〔一〕近年 「近」字原脱，據文意補。

3. 八月二十四日，詔州縣官不得於見任科役人匠造竹木等什物，從中書舍人劉珏之請也。

4. 二十七日，臣僚言：「淮南真、揚、楚、泗等州係九路沿流之沖，舳艫相銜，不下數十州郡，終日將迎，職事盡廢。況即今祇備車駕巡幸及防姦禦寇，事務非一，乞一切迎送並行住罷，雖非泛使命及本路監司太中大夫以上等官，亦不許接送。所貴郡縣官吏各得一意修舉職事。」從之。淮南、江浙並依此施行。

5. 十二月二日，詔曰：「朕側身寅畏，與二三大臣宵旰圖治，罔貴奇玩，罔好畋遊，罔昵近習使干政事，罔有邪封、墨敕以濫名器，夙夜正心持誠，祈天助順。訪聞小人為姦，或詐欺請託，鬻爵是謀；或臂鷹走犬，畋獵是習。乃狂百姓〔一〕，輒謂御前之物，朕之好惡何以昭示外人？何以格於上帝？慮近習餘風未殄，朕不遑寧。仰三省、樞密院榜諭戒約，言官覺察彈奏。敢有違者，重寘於法。並許人告，賞錢一千貫。內畋獵之人輒稱御前鷹犬者，根治得實，配沙門島。」

〔一〕乃狂百姓 「狂」當作「誑」。

二年（戊申，一一二八）

1. 正月六日，戶部侍郎呂頤浩言：「臣嘗聞官軍所至，爭取金帛之罪猶小，刦掠婦女之禍至深。

嘗觀唐李晟復京師，秋毫無所犯，惟別將高明曜取賊妓一，即斬以徇。願以此事申諭主兵將帥，各令體認聖朝仁政，儻或有犯，必罰無赦。昨來鎮江府賊中婦女有尚在軍中者，亦乞速令放歸。」詔劄與都統制、行軍諸將知委。

2. 七日，知鎮江府錢伯言奏：「已依處分，螺鈿椅卓於市中焚毀，萬姓觀者，莫不悅服。」上曰：「還淳返樸，須人主以身先之，天下自然嚮化。」先是，鎮江府軍資庫，杭州、溫州寄留上供物有螺鈿椅卓并脚踏子三十六件。前十日降聖旨：「螺鈿淫巧之物，不可留，令錢伯言於通衢遣官監毀。仍榜諭，使人知朕崇儉去華、還淳返樸之意。」上因伯言〔一〕奏至，故又及此。

〔一〕伯言　「伯」原作「信」，據本條上文改。

3. 二十一日，令揚州開具見稱御前頓放金玉等物、亂占屋宇寺院去處，申尚書省，不得漏落。及訪聞兩浙路有妄稱御前收買海味等物者，仰本路提刑司收捉根勘，先具聞奏，仍令尚書省出榜曉諭。

4. 二月二十三日，詔曰：「先王省方，所以觀民；天子巡守，蓋將展義。粵朕纂臨之歲，肇為時邁之行。爰繇睢陽，來撫淮甸，詢究民瘼，采聽風謠。頗聞東南，極困征斂，繹騷未定，憯怛靡忘。方將孚惠澤以感人心，躬節儉以先天下，卑宮菲食，刑家御邦，而掊克之臣，奉行失指，務為奢利，志在悅諛。營繕〔二〕廣於磚灰，期會急於星火。轉輸罷極，趣督暴苛。自聞張皇，旋即貶黜。以至率私財而助國，下及胥徒；納經稅以輸倉，大增概量。亦既訓告，俾悉蠲除，尚餘弊端，猶鬱輿議。若郡縣沿供須以奉公上，侵漁民貲；監司妄犒設以市私恩，耗蠹邦用。豈不知民貲匱則斂怨於國，邦用竭則復取於民？吏弗知思，朕復何望？豈表儀之不至，將播告之未修，云何糾紛，自作詿謬。茲申嚴於儆飭，庶咸變於恪恭，克黜乃心，丕從朕志。嗚呼！高宗遯於荒野，爰知稼穡之勤；宣帝興於閭閻，洞悉艱難之務。茲見自昔中興之主，未有不通眾志之微。朕久涉兵間，深燭民隱，況撫巡之滋久，顧情偽之益分，每聆怨咨，重軫矜憫。自今詔令到日，其各懇款恤民，務銷愁歎之聲，同底樂康之俗。布告列位，深體至懷，否有常刑，朕不汝赦。故茲詔示，想宜知悉。」先是，江南西路安撫使胡直孺言：「竊見〔二〕經制司拋科塼灰〔三〕等萬數浩瀚，錢出民間，怨歸公上，此害一也。勸誘忠義之人以私財助國，而憲司往往均科錢數，此害二也。諸州軍受納苗稅，大加合耗，此害三也。朝廷所須，郡縣取之於行戶，所欠數千計而尚闕不足以償，此害四也。監司多不體國，巧為犒設之名，動搖軍情，人益驕恣，帥臣、郡守威令不伸，此害五也。望下寬恤之詔，除此五害，然後汰監司之躁妄，黜帥守之懦庸，懲縣令之貪殘，去官兵之愚怯者。」故降是詔。

〔一〕營繕　「繕」原作「繕」，據文意改。

〔二〕竊見　「竊」原作「切」，據文意。

〔三〕拋科塼灰　繫年要録卷十三作「拋科灰塼」。

5. 三月十一日，臣僚言：「江淮荊浙等路州縣，輒於賊過之後科率百姓金銀錢米等物，或稱犒賞，或稱創置防城軍器之屬，往往並緣為姦，肆行侵盜。伏望嚴立約束，委監司覺察，敢有抵冒者，重行黜責，監司知而不糾與同罪。」從之。

6. 四月十日，詔：「非警急不得擅閉城門，非因圍閉急闕不得輒拘城中房錢，拘到錢置歷收支，專充軍須，不得他用。」

7. 五月十一日，曲赦河北、陝西、京東路。昨降詔曰：「今後如聞見任官有涉疑異志者，止許經不干礙官陳告，如迹狀明白，委非誣罔，即收捕付獄以聞。如輒一面擅行殺戮，事雖有實，亦坐擅殺官吏之罪。仍仰上下覺察，為賊反間、妄亂語言姦細，許諸色人捕捉赴官，比常格倍賞推恩。」又詔：「聞軍旅及小民內有頑惡兇悍之人，輒敢淩犯官吏，欺壓良民，苟不如意，誣以姦細之名，反中賊計，遂使被誣者枉遭刑戮。令帥司偏下所部〔一〕，出旁約束〔二〕，立賞錢三百貫，許人捕捉，並從軍法處斷。」建炎四年十月十四日，通判臨安府鄭作肅言：「去冬賊馬過江，州縣驚擾，鄉分輒因把隘結社，率眾刦奪財物，甚者指平人為姦細，殺戮良善。乞令逐州行下諸路，令本保內每十家結為一甲，遞相委保，不得刦奪財物及妄以姦細為名殺戮平人。如有違犯，聽甲內人詣保陳首，賞錢一百貫省。如本保內不即陳首，却致因自敗露，並一等科罪。仍乞限十日結甲了當。其鄉村把隘處如遇實有姦細，亦須解送本保，解縣施行。」從之。紹興四年四月十二日，大理寺丞韓仲通〔三〕言：「近因泗州申請，獲偽齊姦細依化外姦細推賞轉官，或恐遠方兇悍之徒貪賞，妄殺良善，為害滋大。乞應知有姦細，並告官司收捕，依條結賞。若擅收捕致殺傷，不經官司勘證者，為首人坐以故殺傷人罪。契勘江、湖、閩、廣之遠，西北士民流寓者眾，若被誣執，因而遇害，其必不能〔四〕遠赴行在伸訴。仍乞鏤板遍行。」詔刑部限三日勘當。

〔一〕令帥司偏下所部　「偏」當作「遍」。
〔二〕出旁約束　「旁」當作「榜」。
〔三〕韓仲通　「通」原作「綺」，據繫年要録卷七十五改。
〔四〕其必不能　「其」字後原衍「其」字，今刪。

8. 七月十六日，詔：「自來入川陝之人〔一〕，依法經官司投狀，給公憑聽行。今多事之際，尤宜幾密，若詐冒入川杖一百，已度關者加一等，所犯重者從重，候事息日即依常法。」

〔一〕川陝之人　「川陝」，疑當作「川峽」。

三年（己酉，一一二九）

1. 二月二十三日，詔：「江浙等州軍應客旅般販米斛，並從便往來，其經由官司如敢非理騷擾阻節，許客人經尚書省越訴，官員停替，人吏決配。仰提刑司覺察。」四年二月二十三日，德音：「禁米穀鋪戶停米邀勒高價，如違杖一百。」紹興元年三月十九日，詔：「比來行在米價騰踴，或重稅以困其興販，或遏糴以扼其流通，或奪舡以害其往來。今後仰州縣特蠲收稅，嚴止遏糴，及不得奪裝載米斛舟船。如違，並以違制論。」六月十九日，詔：「浙西州縣米價翔貴，雖有南船載到瀕海諸州，多被米牙人邀阻，用大斗低價量糴私停，高價出糶。仍令溫、台、明、越州嚴行約束。」

2. 同日，詔：「監司州縣有擅立軍期司為名，諷諭迫脅，掊刻民財，自今盡令止罷。違者，委御史臺專切糾察，當重寘典憲。」從尚書右丞葉夢得之請也。

3. 九月十日，詔：「監司、守臣今後不得並緣軍興，妄有橫斂。如違，命官竄海外，吏人決配。」

4. 十二日，詔：「江東西、湖南北、兩浙、福建守倅，今後並不許出謁及受謁、接送，違者徒三年，雖監司亦不許接送。如係休務假日準此。官屬非實緣幹辦事，妄作名目，輒求差出，與差者各徒二年。」十一月九日，都省言：「近以軍興之際，州郡將迎送謁，妨廢日力，遂降指揮，立守倅受謁、出謁之文。訪聞緣此却有端坐廨宇一兩日不出廳者。」詔自今及有職事及急速利害並許接見外，受謁、出謁依已降指揮。如依前廢事，仰監司按劾以聞。

5. 十一月三日，德音：「訪聞州縣近因軍興，並緣為姦，非理科率，如修城科買塼石，採斫材木，及沿江州郡科造木筏，致費四五十千，大困民力。並令日下住罷，如依舊科率，許人戶越訴，及採訪得知，其當職官並竄嶺表。」

6. 十五日，衢州盈川縣進士呂南翼言：「近來場務私置巡子四五十人，常持杖鄉村往來，及夜半舉火，以捉私酒為名，破毀人家什器，挾勢刦掠財物。竊恐夜深，民間不知，或相鬬敵，因茲成事。」詔逐州縣長貳常切覺察，如違，重行黜責。

7. 二十五日，詔：「今後舡戶輒敢攬載無券引軍人，不以曾與不曾作過，許諸人告捉，每名支賞錢五十貫。其犯人並依軍法施行，及舡戶名下船沒官，或給告捕人充賞。如軍人散往私小路鄉村僻靜處作過，其經從官司失覺察，致透漏去處，並科違制之罪。」

四年（庚戌，一一三〇）

1. 正月二十八日，詔：「訪聞士大夫避難入福建者，所至守隘之人以搜檢為名，拘留行李，又不聽去，稍自辨明，至有被害者，不免復還溫、台，而逐州不許入城，至今縣鎮有不得安泊之禁。老幼流離，進退無所，甚非朕存恤衣冠之意。可行下戒飭逐州，令約束所在防托官辨驗，如來歷分明，不得輒有邀阻。」

2. 二月一日，詔：「巡幸所至，令御營使司嚴切覺察，如有官員、將兵、人吏强占民間舍屋，輒奪商旅舟船，買物不還價直，及諸般騷擾等事，將上取旨，犯人重作施行。應干官司取索等事，不經三省、樞密院取旨行下事件，州縣不得回報，亦不得應副。三省、六曹不得發白帖子勾喚人吏，須經官長印押勾追方許發。如違，官員勒停，吏人決配。仍出牓曉示。」

3. 四月三十日，詔：「比年以來，爵賞失實，名器寖輕，人不加勸。蓋自童貫、譚稹之流統兵，乘時射利，預乞空名告敕、宣劄，任意書填，馴致今日，未能遽革，深屬冒濫。可自今後應將帥、監司、守臣等，並不得陳乞空名告敕、宣劄。如係實有功人，即仰保明申奏，以憑推賞。雖大臣出使，亦當遵守。如違，重寘典憲。」

4. 五月二十三日，詔：「訪聞行在諸軍及越州內外，多有宰殺耕牛之人，可令御營使司出榜禁止，諸色人告捉，賞錢三百貫。犯人依軍法，如係軍兵，其本軍統領官取旨施行。」十月十四日，詔：「知情買肉興販者徒二年，許人告，賞錢五十貫。」紹興元年九月二十九日，詔：「越州內外殺牛、知情買肉人並徒二年，配千里，立賞錢一百貫。」十一月二十六日，詔左藏庫支錢三百貫，於尚書省都門椿垛充賞，許諸色人告捉。如紹興府內外捕盜兵官不切用心緝捕，並先勒停。仍令尚書省檢坐指揮，出榜曉示。二年九月四日，赦：「五家結為一保，鄰保知而不糾及主兵官失覺與同罪。」三年二月六日，禁影帶宰殺，妄以斃死投報，其賞格並如上條。五年二月二十五日，詔：「應殺官私牛罪一等，官司斷罪不如法，杖一百。其告獲殺官私牛及私自殺者，每頭賞錢三百貫。」二十三年三月二十四日，以軍器監丞黃然言，復申嚴條法禁止。二十八年十一月二十三日赦，禁農生牛犢創使納錢者。

5. 六月八日，詔：「行在受納米斛、錢帛倉庫，今後須管兩平交納，不得大量升合，非理退剝，阻節騷擾。如違，許納人經尚書省越訴，其合干官吏並科二年之罪。及許人告捉，每名支賞錢二百貫。仍令尚書省出榜曉示。」

6. 九日，尚書省言：「勘會三省、樞密院、六曹、百司人吏，自軍興以來，全無忌憚，請託受賕，弊端不可概舉。除已差人密行覺察，如有漏泄朝廷未下有司政事差除之類，又受請託賄賂，私相看謁，六曹百司等處因公事受乞錢物等事，即具姓名密報，送所司根勘，即依法施行。竊慮未知上件措置尚有

抵犯，理合檢會條法，申嚴曉告。」詔三省、樞密院、六曹令尚書省出榜，百司等處令六曹隨所隸出牓，並於門首曉諭。是日進呈，令海巡八廂密行視察〔一〕，兼出榜曉諭。」上曰：「人吏請託受賕，不可不革。然此風已久，須三令五申，使上下通知而不敢犯。恐一旦付之八廂，犯法者必眾。」范宗尹曰：「更望訓諭八廂，止為人吏，不可使及百姓。若行在百姓因此恐懼不安，則亦非便。」上曰：「不惟不及百姓，公人受賕固有可闊略者，如大程官送敕告、宣劄之類，各有所得，豈人吏受賕之比？朕當一一諭之。」

〔一〕令海巡八廂密行視察　「察」原作「密」，據本條上文「密行覺察」改。

7. 十七日，閤門言：「奉旨，近來臣僚為患在朝假，往往赴局治事及看謁，並無約束。自今後如在假輒赴局〔一〕治事及看謁，令閤門覺察彈奏取旨。內文臣令御史覺察彈奏。」詔臣僚為患在朝假，若不妨本職自合赴局治事外，餘依已降指揮。

〔一〕赴局　原作「起局」，據本條上下文「赴局治事」改。

8. 二十三日，詔：「諸軍統制官常切鈐束，不得容縱軍兵等帶領無圖百姓，挾持兵勢，採打魚蚌、蓮荷、菱草，踐踏苗稻及拆去笆籬，斫伐墓園桑竹等。如有違犯之人，並依强刈田苗已降指揮，立賞錢五百貫，許諸色人告捉。犯人並申解樞密院，重作施行。其統制官不切覺察，亦當重寘典憲。仍出牓禁約。」

9. 七月六日，詔閩、粵商賈常載重貨往山東，令廣南、福建、兩浙沿海守臣措置禁止。

10. 七月十九日，禁明、越州、山東遊民來販糴〔一〕。紹興二年三月九日，禁江浙之民販米入京東，及販易縑帛者，瀕海巡捕官覺察止絕，告捕人賞錢三千貫，白身補承信郎，有官人取旨推恩，犯人並依軍法。三年二月一日，禁販箭簳往山東，其有透漏并元裝發州縣，當職官吏並流三千里，各不以去官〔二〕赦降原減。三年八月七日，詔應水陸興販出界，其知情負載及隨舡售顧火兒，並徒二年罪。三年十月二日，禁商人以箬葉重龍及於茶節中藏膠鰾漆貨過淮〔三〕，前往外界貨賣，許人告捉，並行軍法。所販物充賞外，其當職官吏等並依客舡泛海往山東法，並流三千里，不以去官、赦降原減。每旬具申以聞。京西等路州縣界首並依此。四年二月十九日，禁商人收買〔四〕諸軍春衣絹往偽界貨賣，罪賞並依透漏膠鰾條法〔五〕。五年五月十九日，以沿海人戶五家結為一保，不許透漏舟舡出北界。如違，將所販物貨盡給充賞外，仍將應有家財田產並籍沒入官，同保人減一等。六年六月二十一日，禁販海金沙往偽界。十二年八月三日，禁客旅私販茶貨，私渡淮河與北客私相博易。若糾合火伴，連財合本，或非連財合本而糾集同行之人數內自相告發者，與免本罪，其物貨給告人。若同伴客人令本家人告發者，亦與免罪，減半給賞。仍比附獲私茶鹽法，令戶部立定賞格。二十二年八月二十六日，禁泉州商人泛海私販。上宣諭曰：「累有約束，禁止私泛海商人，聞泉州界尚多有之，宜令沿海守臣常切禁止，無致生事。」

〔一〕來販糴　當作「來往販糴」。

〔二〕不以去官　「去」字原脫，據輯稿刑法二之一〇七頁十月二日條「不以去官、赦降原減」補。

〔三〕禁商人以箬葉重龍及於茶節中藏膠鰾漆貨過淮　「商」原作「客」，「膠」原作「節」，據繫年要録卷六十九改。

〔四〕禁商人收買　「商」原作「客」，據繫年要録卷六十九改。

〔五〕罪賞並依透漏膠鰾條法　「膠」原作「節」，據繫年要録卷六十九改。

11. 九月十五日，臣僚言：「近年州縣之吏贓貪頗眾，望應官員犯入己贓，許人越訴。其監司守倅

不即究治，並行黜責。」從之。

12. 十八日，進呈越州勘到岢嵐軍狂人王師昊怪妄惑衆事，上曰：「必是狂蕩，可只送鄰州編管。朕大開言路，皷檢院進狀日闢聽覽。言有可採，至命以官。言或不當，雖斥朕躬，朕亦置而不問。至於狂誕惑衆，不免畧須禁止。卿等可以此意曉諭士民。」

紹興元年（辛亥，一一三一）

1. 三月十七日，詔：「諸州軍依已降指揮，免行錢並罷，見係行人戶更不作行戶供應。見任官買賣並依市價，違者計贓，以自盜論，許人戶越訴。監司所部州軍，分明出榜曉諭，如有違戾，按劾〔一〕聞奏。候邊事寧息日，令戶部取旨依舊法。」

〔一〕按劾　「劾」原作「刻」，據文意改。

2. 四月四日，詔令樞密院劄下諸軍統制，今後遇軍兵出城打草，須差使臣部押，不得將人戶田苗收刈。如或違犯，許人告捉，賞錢一百貫。其統兵將佐不切覺察，亦當重黜責〔一〕。

〔一〕亦當重黜責　疑當作「亦當重行黜責」。

3. 五月十四日，詔曰：「朕遭時艱難，盜賊蜂起，比分遣將帥，招來平蕩，而民力久困，不可枝梧。訪聞縣令夤緣為姦，廉者取羨餘，悅權貴，為進身之術。貪者充家，民無所聊，朕甚憫惻。雖累降指揮，州縣不得非理科率，緣其間實因軍期急切，有不得已合須索之物。竊慮州縣假此聲勢，過數率斂，為害不細。仰自今後州縣如有似此合科物色，須管明以印榜開坐實數於前，次具鄉村戶口若干，依等第每戶合出若干，仍具一般印榜申監司，因出巡親行按察，不得更似日前先多科其數，然後輕重出沒。如

違，官竄嶺表，人吏決配。仍許民戶越訴。」

4. 九月二十五日，詔：「福建路轉運司不得齎牒下所部州縣抑勒士民出備助軍錢物，如違，仰提刑司覺察聞奏。」以福州寄居陳義夫〔一〕願以人戶一錢之產均出十錢以助軍資，於是本路運司遣官齎牒諭下四州，知漳州綦崈禮言其事，故有是命。

〔一〕福州寄居陳義夫 「寄居」，繫年要録卷四十七作「土居」。

5. 十月四日，詔：「已降指揮，令逐軍自二月十三日後權住採斫。若闕少柴薪，申取指揮，給限於買到山内採斫。如擅出城斫柴，當依軍法。將佐不鈐束，重寘典憲外，今後諸軍并三衙遇得朝廷指揮，許打柴軍兵並令長官給號，差官部押。如無押號及雖有而採斫墳塋林木作過，許巡尉、鄉保收捉，赴樞密院取旨，部押官重作行遣。」從臣僚請也。

二年（壬子，一一三二）

1. 正月二十一日，樞密院言：「訪聞日近有諸軍使臣軍兵等趕逐居民，强占屋宇，致人戶不得安居。」詔令樞密院出榜禁止，如違犯之人，仰臨安府收捉，申解赴樞密院，重作行遣。

2. 二月十一日，詔：「臨安府居民多不畏謹火燭，雖已差殿前馬步軍司人兵救護，緣措置未嚴，致多攘奪財物，民甚苦之。可更令本府差定救護人兵，仍令逐司并臨安府依東京例，各置新號并救火器具，俟撲滅即時點齪搜撿訖，方得放散。及仰臨安府差緝捕使臣，立賞錢收捉遺火去處作賊之人。犯人並依前項指揮，其寄贓隱匿之家，許依已立日限陳首，仍與免罪給賞。」二年三月四日，詔：「臨安府城内犯强盜及放火燒有人居止之室，並依開封府條法斷罪。告捕人除依條推賞外，令所屬具詣實聞奏，當復與推恩，仍令尚書省出榜。」二年三月二十八日，知臨安府宋輝言：「日近有遺火去處，其犯人多是避罪走閃，根捉不獲。乞每五家結為一保，互相覺察。逃亡軍人及姦細盜賊停藏之家，仰同保人赴官陳告，特與免罪。仍令後人戶有遺火去處〔一〕，本保人先次收捉正犯人赴府，如正犯人走失，其同保人並一例科罪。」從之。二年十二月十二日，尚書省言：「臨安府近來累經遺火，至焚燒官司舍屋，間有存在，皆是瓦屋。今措置朝天門以南除諸軍營寨外，應官司舍屋舊用茅草搭蓋者，限十日改造瓦屋，限滿差官點檢。」詔依，尚書省出榜曉諭。二年十二月三十日，詔行在榷貨務火禁并行在省倉、草料場火禁，並依皇城法。三年十二月九日，詔：「臨安府官司已改造瓦屋，開通瓦巷，各有專降指揮。今後如有違犯之人，依條根治，命官降一官，民戶徒一年，當職官奉行滅裂，亦從降官行遣。」三年十二月十一日，殿中侍御史常同言：「乞委臨安府守臣多方措置，於緊切地分專置防火司，立望火梯樓，多差人兵，廣置器用，明立賞罰。」從之。三年十二月十七日，詔：「今後火發去處，委官及臨安府當職官監轄軍民，約度火勢，遠近拆截，不得乘時作過。其救火之兵，並不得帶刀劍軍器出寨，因而邀奪物色。又乘火之際，於相去遠處尋求有力之家，用鐵猫鈎索於屋上鈎定，商量乞覓錢物，稍不滿意，即便拆拽。令臨安府覺察犯人，計贓斷罪，重者取旨。又因火發，有良民妻女人口迷路，為人誘引，知下落不肯收贖者，許赴尚書省陳訴。」七年十一月九日，進呈臨安府火禁條約，放火者行軍法，失火延燒數多者亦如之。上曰：「放火、失火，豈可同罪？大凡立法太重，往往不能行。」趙鼎曰：「失火延燒多者，止可將上取旨斷遣。」上曰：「止於徒亦足矣，庶幾可以必行。兼刑罰太重，非朝廷美事。」

〔一〕仍令後人戶有遺火去處　「令」當作「今」。

3. 八月二十七日，詔：「訪聞行在漸賣花木窠株〔一〕或一二珍禽，此風不可長。及有舟船興販，多以旗幟妄作御前物色，可嚴行禁止。如或官司合行收買者，須明坐所屬去處。其花木窠株、珍禽，可劄下臨安府諸門曉示〔二〕，不得放入。」

〔一〕訪聞行在漸賣花木窠株　「賣」原作「賞」，據咸淳臨安志卷四十改。

〔二〕臨安府諸門曉示　「諸」字原脱，據咸淳臨安志卷四十補。

4. 九月二十五日，詔令三省、樞密院：「常切戒飭檢察，將兵不得妄有拖拽舟船、開發篋笥及因而攘奪物色。如違，軍兵重行斷配，將官取旨施行。」從殿中侍御史黃龜年請也。

5. 十月二十九日，樞密院言：「宣和間，溫、台村民多學妖法，號喫菜事魔。鼓惑衆聽，劫持州縣。朝廷遣兵蕩平之後，專立法禁，非不嚴切。訪聞日近又有姦猾改易名稱，結集社會，或名白衣禮佛會，及假天兵，號迎神會。千百成群，夜聚曉散，傳習妖教。州縣坐視，全不覺察。」詔令浙東帥憲司，溫、台州守臣疾速措置收捉，為首鼓衆之人依條斷遣。今後遵依見行條法，各先具已措置事狀以聞。三年四月十五日，申嚴收捕徽、嚴、衢州傳受魔法人。四年五月四日，詔令諸路措置禁止喫菜事魔。六年六月八日，詔：「結集立願〔一〕、斷絕飲酒，為首人徒二年，鄰州編管，從者減二等。並許人告，賞錢三百貫。巡尉、廂耆、巡察人并鄰保失覺察，杖一百。」七年三月二十四日，禁東南民喫菜有妄立名稱之人，罪賞並依事魔條法。九年七月八日，以臣僚言喫菜事魔立法太重，刑部遂立：「非傳習妖教，除為首者依條處斷，其非徒侶而被誑誘不曾傳受他人者，各杖一百斷罪。」十一年正月九日，臣僚乞黜責婺州東陽縣官吏，以不能擒捕事魔之人。詔自今州縣守令能悉心措置，許本路監司審覈以聞，除推賞外，量加獎擢。十一年正月十七日，尚書省檢會紹興敕：諸喫菜事魔或夜聚曉散、傳習妖教者絞，從者配三千里，婦人千里編管。託幻變術者減一等，皆配千里，婦人五百里編管，情涉不順者絞。以上不以赦降原減。情理重者奏裁，非傳習妖教流三千里。許人捕至死財產備賞〔二〕，有餘沒官。其本非徒侶而被誑誘不曾傳授他人者，各減二等。又紹興九年七月八日，刑部看詳臣僚劄子，喫菜事魔本非徒侶而被誑誘不曾傳授他人者各從徒二年半，委是立法太重，請各杖一百斷罪。詔依紹興敕斷罪，其紹興九年七月八日指揮更不施行。十二年七月十三日，詔：「喫菜事魔夜聚曉散、傳習妖教、情涉不順者，及非傳習妖教止喫菜事魔，並許諸色人或徒中告首，獲者依諸色人推賞，其本罪並同原首。自今指揮下日，令州縣多出印榜曉諭，限兩月出首，依法原罪。限滿不首，許諸色人告如前。及令州縣每季檢舉，於要會處置立粉壁，大字書寫，仍令提刑司責據州縣有無喫菜事魔人，月具奏聞。」十五年二月四日，上曰：「近傳聞軍中亦時有喫菜者，若此輩多食素，則俸給有餘，却恐驕怠之心易生。可諭與諸處統兵官，嚴行禁戢。」於是降旨行下。二十年五月二十七日，詔：「申嚴喫菜事魔罪賞，仰提刑司督切檢察，須管每月申奏，務在恪意奉行。」三十年七月二十日，知太平州周葵言，乞禁師公勸人食素。刑部看詳：「喫菜事魔，皆有斷罪、告賞，前後詳備。準紹興六年六月八日，係結集立願、斷絕飲酒。今來所申為師公勸人食素，未有夜聚曉散之事。除為首師公立願，斷酒，依上條斷罪追賞外，欲今後若有似此違犯，同時捕獲之人，將為首人從徒二年斷罪，鄰州編管，仍許人告，賞錢三百貫。其被勸誘為從之人，並從杖一百。如徒中自告，免罪追賞。」

〔一〕結集立願　「立」原作「五」，據輯稿·刑法二之一一三七月二十日條「結集立願、斷絕飲酒」改。

〔二〕死財產備賞　「死」後當有「以」字。

6. 十二月三日，詔：「大理寺官自卿少至司直、評事，雖假日亦不得出謁及接見賓客，令本寺長貳常切覺察，仍令尚書省出榜於本寺門曉示。」七年七月十五日，三省言：「謁禁之制，皆有專條，比緣多事，因循廢弛。昨因臣僚論列，已降指揮申嚴。訪聞近來依前不遵法禁，非唯以杜絶請求，亦恐妨廢職事。」詔令刑部再檢坐條法申嚴，委御史臺常切覺察，仍出榜曉諭。如有違犯之人，具名聞奏。七年十二月十三日，臣僚言：「國家著令，臺諫不許出謁，而賓客之造請者許見不以時。給舍不許出謁既與之同，而受謁乃特在於假日，使論思獻納者例壅於見聞而不得盡知是非利害之實。乞詔有司更定給舍受謁之令，一視臺諫。」詔依。九年七月十六日，詔：「申嚴謁禁之制，仍今後御史臺每季檢舉。」九年八月十七日，臣僚言：「乞申嚴謁禁，及在外新任待闕官吏(一)，寄居於新部，與吏民私相往還者，並乞禁絶。」從之。十年八月四日，詔：「謁禁之制，具有成法，仰御史臺覺察彈劾。」十一年三月十三日，中書門下省奏：「契勘紹興七年十二月十三日臣僚言，乞更定給舍受謁之令，一視臺諫。今來頒降新書，修立臺諫、兩省官不許出謁，雖非假日，亦許見客。切緣臺諫許風聞言事(二)，欲廣耳目，故雖非假日亦許見客。其兩省官所掌書牘、繳駁、制誥、記注等事，盡是朝廷機密利害，即與臺諫事體不同，兼有紊祖宗舊制。」詔依崇寧舊法，給事中、中書舍人、起居郎、舍人並禁出謁，假日許見客。十八年七月十三日御史臺主簿陳夔、二十二年四月二十七日國子監主簿史才、二十二年七月十三日祠部員外郎李嵓老，並乞申嚴內外謁禁之制。二十六年九月四日，尚書省劄子，申嚴檢正都司官不許出謁及接見賓客之令。二十七年四月十八日，詔：「除臺諫、兩省依令雖非假日亦許見客外，餘官非旬假日並不許出謁、受謁。如違，御史臺彈奏。」二十七年五月五日，詔：「給事中、中書舍人、起居郎、起居舍人並依紹興十一年三月十三日已得指揮禁出謁，假日許見客。」從兩省請也。二十七年十二月二十一日，左正言何溥言：「乞推行外官謁禁之令，大要監司視臺諫，典獄視大理，自餘官概同在京百司，而職事相干者勿坐。」

〔一〕及在外新任待闕官吏　「闕」原作「聞」，據文意改。
〔二〕切緣臺諫許風聞言事　「切」，疑當作「竊」。

7. 八日，上諭輔臣曰：「昨日因看韓琦家傳，論戚里多用銷金衣服，嚴行禁止。朕聞近來行在銷金頗多，若日銷不已，可惜廢於無用。朕觀春秋正義，謂質則用物貴，淫則侈物貴，蓋淫侈不可不革。」越二日，復有旨：「古者商旅于市以視時所貴尚而為低昂，故淫則侈物貴也。訪聞此來民間銷金服飾甚盛〔一〕，可檢舉舊制，嚴行禁絕。都省勘會，民間以銷金為服飾，紹興敕內雖有立定斷罪，其小兒婦人自合一體禁止。」詔申明行下，如有違犯之人，並依敕條斷罪。仍令尚書省出榜曉諭。後五年十一月二十四日，上復謂輔臣曰：「銷金翠羽為婦人服飾之類，不惟糜損貨寶，殘殺物命，而侈靡之習，實關風化，朕甚矜之。已戒宮中內人不得用此等服飾，及下令不得放入宮門，無一人犯者。尚恐士民之家未能盡革，可申嚴止之，仍下廣南、福建禁採捕者。」十二月七日，諸王宮大小學教授錢觀復乞檢會祥符、天聖、景祐以來敕條，申嚴約束。詔：「今後銷金為服，增賞錢三百貫。其採捕翡翠及販賣并為服飾，並依銷金為服罪賞。其以金打箔并以金箔粧飾神佛像、圖畫、供具之類，及工匠並徒三年，賞錢三百貫。鄰里不覺察，杖一百，賞錢一百貫〔二〕，許人告。其見存神佛像、圖畫、供具，諸軍撚金錦戰袍，並許存留。所有翠羽、銷金服飾，限三日毀棄。」九年五月十七日，申嚴金、翠。十年五月四日，詔：「其犯金、翠人并當職官，除依條坐罪外，更取旨重作行遣。」二十六年九月二日，沈該等奏：「安南人使欲買撚金線段〔三〕，此服華侈，非所以示四方。」上曰：「華侈之服如銷金之類，不可不禁。近時金絕少，緣小人貪利，銷而為泥，不復可用，甚可惜。蓋天下產金處極難得，計其所生不足以供銷毀之費。朝廷屢降指揮而奢侈成風，終未能禁絕，須申嚴行下。」該等曰：「謹奉聖訓，便當嚴立法禁。」二十七年三月二十一日，内降詔曰：「朕惟崇尚儉素，實帝王之先務，祖宗之盛德。比年以來，中外服飾過為侈靡，雖累行禁止，終未盡革。朕躬行敦朴以先天下，近外國所貢翠羽六百餘隻，可令焚之通衢，以示百姓。行法當自近始，自今後宮中首飾衣服並不許鋪翠銷金，仰幹辦内東門司常切覺察〔四〕，如違，以違制論。」次日，復詔：「自今後宮中如有違犯之人，令會通門捉獲，先於犯人名下追取賞錢一千貫充賞。如不及數，令内東門司官錢内貼支，將犯人取旨。其元經手轉入院子儀鸞等從徒三年罪。」於是有司條具：「乞自今降指揮，應士庶貴戚之家，限三日毀棄。如違，並徒二年，賞錢三百貫。今後不得採捕翡翠并造作鋪翠銷金為首飾、衣服，及造貼金、縷金、間金、圈金、剔金、陷金、解金、明金、泥金、楞金、背金、影金、盤金、織金、線金、鋪蒙金、描金、撚金線、真金紙。應以金泥為粧飾之類，若令人製造及為人造作并買賣及服用之人，並徒二年，賞錢三百貫，許諸色人告。婦人并夫同坐，無夫者坐家長，命官婦申奏取旨。仍并下諸路州軍嚴行禁止，每季檢舉，巡捕官、當職官常切覺察。如違，仰監司按劾。」從之。

〔一〕訪聞此來民間銷金服飾甚盛　「此」當作「比」。

〔二〕一百貫　繫年要錄卷九十六作「二百千」。

〔三〕安南人使欲買撚金線段　繫年要錄卷一百七十四作「安南人欲買撚金線緞」。

〔四〕常切覺察　「常」原作「當」，據本條下文「當職官常切覺察」改。

禁約三〔一〕

影印本刑法二之一一八至一四六
大典卷一九三九二

淳熙元年（甲午，一一七四）

1. 四月二十八日，詔：「諸非僧結集經社及聚眾行道者，並依紹興二十一年正月二十八日詔旨，仍令敕令所修立條法。」

〔一〕禁約三　「禁」字前原衍「續宋會要」，「三」字原脱，據原文體例刪補。

2. 六月十三日，詔：「已授差遣人朝辭訖，限半月出門。如元在臨安府住居之人及現任行在官、同居有服親與免出門，不許出謁。若有違戾，令御史臺覺察彈奏。」

3. 十二月十五日，盱眙軍守臣言：「乞自今有蔭應贖之人，並不許通放過淮博易，如有違犯，透漏錢銀，事發到官，並不許引用蔭贖，止依無蔭人例斷遣。」從之。

二年（乙未，一一七五）

1. 二月十二日，詔：「自今將舉人程文並江程地里圖籍興販過外界貨賣或博易者，依與化外人私相交易條法施行，及將舉人程文令禮部委太學官點勘訖，申取指揮刊行。」

2. 二月二十三日，中書門下省言：「湖南北路每歲販茶，除官司差撥軍兵戍守彈壓，訪聞所差官以巡綽為名，將過往客旅興販物貨不問有無文引，攔截搜檢騷擾。」詔湖南北帥、憲司戒約部轄兵將官，各嚴行鈐束所部官兵，務要鎮靜，毋令非理騷擾生事。如有違犯，重作施行。

〔一〕二月二十三日　前原衍「二年」二字，今刪。又該條及其下「五月七日」條原在「十月十五日」條後，今按時間順序移此。

3. 五月七日〔一〕，詔：「民間採捕蝦蟇，殺害生命，訪聞多是臨安府緝捕使臣所管火下買販，及主張百姓出賣。令本府日下先次出榜曉諭，三日外別差人收捉赴府懲治。如捉獲火下貨賣，即將所管使臣一例坐罪。」

〔一〕五月七日　前原衍「二年」二字，據全書體例，今刪。

4. 五月十四日，詔湖北轉運司約束州縣，應有科敷軍器物料錢或招軍去處，截日住罷。遇合支招軍例物，止令逐州省司公庫通融支遣。以監察御史劉藩言：「湖北州縣收買分拋軍器物料科擾於民，多不支錢。近年以來，帥司劄下，免行起解，止令出備招軍例物，民始受弊。近降指揮，招人雖減分數，比之送納物料猶為煩費。蓋皮筋、鐵葉，屠夫、冶戶容或有之，若轉而為錢，則私家所無，必致資易穀帛，以備輸納，甚為民害。」故有是詔。

5. 六月一日，詔：「諸路監司遇巡歷到州縣，檢照有無科罰民戶錢物。如敢違戾，即令給還，官吏重寘典憲。」從司諫湯邦彥請也〔一〕。

〔一〕從司諫湯邦彥請也　「湯邦彥」原作「湯邦孝」，據宋宰輔編年録卷十八改。

6. 七月十日，詔：「六曹等處人吏不得與諸路作承受規圖厚利，探報利害入斥堠轉送。如違，計贓坐罪。及諸司遞發筒牌，令當官入遞印押發於〔一〕，不得私帶移文字傳遞。」從度支郎中王松老請也。

〔一〕令當官入遞印押發於　「於」當作「放」。

7. 八月十七日〔一〕，臣僚言：「臨安府前有人戶私置牢房，與公人通同作弊，專一鎖閉理對知在公事之人，號曰關留店，每夜不下一二十人，雖無腳匣，亦有門鎖。」詔本府常切覺察，不得依前違戾。

〔一〕八月十七日　該條及其下「二十六日」條在原「五月七日」條後，今按時間順序移此。

8. 二十六日，中書門下省言：「累降指揮約束州縣，不得輒因公事科罰〔一〕百姓錢物，許人越訴，坐以私罪，非不嚴切。近來尚有人戶經臺省陳訴不絕。」詔自今有經臺省陳狀事實干己者，仰戶開具科罰官職位、姓名申尚書省。

〔一〕不得輒因公事科罰　「不得輒」原作「不輒得」，據文意乙正。

9. 十月十五日，詔兩淮州軍及帥臣、監司並駐劄御前諸軍，應有事干邊防軍機文字、緊切事宜，許具奏並申三省、樞密院，不得氾濫申發，或作劄子具報他處。如敢違戾，具職位姓名取旨，重作施行〔一〕。

〔一〕重作施行　「行」下原衍「切」字，據文意刪。

10. 十月十六日，中書門下省言：「已降指揮禁約奢侈踰制事件，緣輦轂之下，四方取則，奉法行令，當自近始。若臨安府不切遵守，則外路必將倣傚，視同文具。」詔行在專委臨安府守臣嚴切禁止，斷在必行。如有違戾，令御史臺覺察彈奏，先次將守臣重行責罰，其犯人依條斷罪追賞有官人取旨施行。外路州軍依此，仍委監司覺察按劾，多出文榜曉諭。

11. 十七日，中書門下省言：「訪聞鄉民歲時賽願迎神，雖係土俗，然皆執持真仗，立社相誇，一有忿爭，互起殺傷，往往致興大獄，理宜措置。」詔諸路提刑司行下所部州縣，嚴行禁戢。如有違戾，重作施行。

12. 十二月七日，詔臨安府城外占據江岸之家收掠撞岸錢等，日下住罷，仍於沿江一帶出榜曉諭。臣僚言：「自六和塔至黑樓子沿岸沙地為形勢之家所占，析而為八，或收撞岸錢，或收賃地錢，雖柴薪果實之屬，無有免者。稅場既已取之於公，形勢之家又取之於私，咫尺之間而有公私兩稅〔一〕，民何以堪？乞行住罷。」故有是命。

〔一〕公私兩稅　原作「公稅兩稅」，據本條上文及文意改。

13. 十二月十七日〔二〕，慶壽赦：「臨安府西湖係放生池，專降指揮，不得採捕。邇來小民冒利採取，所屬本當禁止，可令本府嚴立罪賞，出牒禁戢，專責巡警官司，毋得容縱。應諸路州軍放生池依此。

〔二〕十二月十七日　前原有「淳熙二年」，今刪。此條及後條原在嘉定十七年二月二日條后，據天頭舊批「淳熙二年十二月十七日及三年五月八日兩條，移前第一百十九頁前半十五行四年二月七日條上」，前移至此。

三年（丙申，一一七六）

1. 五月八日，詔：「民間採捕田雞，殺害生命，雖累有約束，貨賣愈多。訪聞多是緝捕使臣火下買販，及縱容百姓出賣。令出牓曉諭，差不干礙人收捉。如火下貨賣捉獲，其所管使臣一例坐罪。

四年（丁酉，一一七七）

1. 二月七日，監察御史齊慶胄言：「沿海諸處屯駐水軍，多因土地所產，輒置軍團。遇有民旅將到物貨，雖已經商稅，未許貨賣，必令赴團上歷給牌解牙息，方得自便。客販由此妨滯，物價因而騰踴。乞令住罷。」從之。

2. 四月二十八日，詔：「曾經編配吏人及見役吏人，並不許充官民戶幹人。如違，許人陳告，依冒役法斷罪追賞。」先是，前知常州晉陵縣葉元凱言：「州縣形勢官戶及豪右之家，多蓄停罷公吏以為幹人，恃其姦惡，持吏短長，官物抵頑不輸，詞訟則變白為黑，小民被害。乞立條制行下禁止。」故有是命。

3. 六月二十日，詔江東提刑司下所屬州郡禁止採捕蜂兒，從知寧國府蔡洸請也。〔一〕

〔一〕此條原為「禁約三」之末條，據天頭舊批「四年六月二十日條應移第一百十九頁後半第六行八月二十七日條上」，移此。

4. 八月二十七日，詔：「累降指揮，立法禁止私販耕牛過界。如聞近來邊界多有客旅依前私販，顯是沿邊州軍奉行滅裂。自今如有一頭透漏過界，因事發覺，其守臣以下取旨，重作施行，帥臣、監司亦坐以失覺察之罪。」

5. 十一月十二日，詔：「已降指揮，江上四川駐劄諸軍兵官不許接見賓客，恐妨軍務及干求騷擾。如有違戾，將受謁及看謁之人一例重作施行。幹求乞覓若借舟船人馬之類，並計贓論。」

五年（戊戌，一一七八）

1. 六月二十日，詔：「湖北、京西路沿邊州縣，自今客人輒以耕牛並戰馬負茶過北界者，並依軍法。其知情、引領、停藏、乘載之人及透漏州縣官吏、公人、兵級，並依興販軍須物斷罪。許諸色人告捕，賞錢二千貫，仍補進義校尉，命官轉兩官。其知情、停藏同船同行稍工、水手能告捕及人力女使告首者，並與免罪，與依諸色人告捕支賞。知、通任內能捕獲，與轉兩官。」從知興隆府辛棄疾請也。

2. 七月十二日，濠州言：「隆興元年二月十三日敕興販耕牛過界罪賞，與乾道編類指揮不同。緣本州乃是極邊，慮奉行抵牾不便。」詔自今興販過淮，知情、引領、停藏、負載之人並透漏去處，賞罰並依隆興元年五月九日臕膠過淮已得指揮，令戶部遍牒兩淮州軍遵守。

3. 九月九日，詔：「沿江船戶五家結為一甲，如有透漏姦細、盜賊及違禁之物，甲內人一等科罪。仍立賞錢二百貫，許告。如甲內人能自首獲與免罪，亦支賞錢。沿江州軍依此。」

4. 十二月十一日，詔：「訪聞興元府大軍有總領所發到紅漆牌子金書聖旨，每過打請日分，掛於倉中廳上。監倉先著公裳拜訖，次令統領將官以下著公裳拜畢，方令軍中打請。可劄下四川總領所日下禁止。」

5. 十八日，臣僚言：「沿淮州軍多有透漏錢銀茶貨及違禁等物，其最甚者莫若正陽之水寨。蓋水寨每發一船，其管事將官各有常例。乞嚴行禁止。」詔本路帥、憲、守臣常切覺察，犯人依條斷罪追賞。仍約束水寨首領，違者，重作施行。

七年（庚子，一一八〇）

1. 四月十五日，臣僚言：「已降指揮放免行錢，繼罷市令司，非不嚴切。諸路州軍間有別作名色如行頭之類，收買物色，未免科擾。乞令所屬申嚴行下，不得循習前弊。」從之。

2. 五月二十日，詔：「自今諸路監司並州郡吏卒，除依條差出勘旁借請外，輒用白狀借請，並計贓斷罪。」

3. 二十八日，詔：「自今應諸司屬官止令置司州軍依格支破，當直人不得下外州取撥，及收受錢粮衣賜等入己。如有違戾，令諸司互察，重寘典憲。」

4. 六月十六日，詔：「監司、郡守毋得以寬剩為名，刻刷州縣非正額錢物。其巡歷處，到任之初亦不得抑勒州縣，輒取獻納。如有違戾，在外許監司互相覺察，在内令臺諫按劾以聞。」

5. 七月九日，臣僚言：「乞戒飭州縣，非帥臣、監司不許用紫帟幕，列郡不許用牙旗及轎前列扇，通判、知縣不得用紫轎衣，州郡遠接不得發遣旗幟、圍子、槌劍之屬，止於所部界内隨宜迎迓。」從之。

6. 八月十九日，詔：「旱傷去處，如客旅興販米斛過稅場，即時免稅通放，不得妄作雜稅及船力勝收錢。」

7. 十月二十四日，臣僚言廣南諸郡創鬻沙彌、師巫二帖以滋財用，緣此鄉民怠惰者為僧，姦猾者則因是為妖術。除出給沙彌文帖已立限收毀外，詔廣東西路帥司行下所部州軍，將給過師巫文帖並傳習妖教文書，委官限一月根刷拘收毀抹，嚴行禁止，毋致違犯。

八年（辛丑，一一八一）

1. 正月二十一日，臣僚言：「愚民喫菜事魔，夜聚曉散，非僧道而輒置庵寮，非親戚而男女雜處。所在廟宇之盛，輒以社會為名，百十為群，張旗鳴鑼，或執器刃橫行郊野間。此幾於假鬼神以疑眾，皆王制所當禁。」詔諸路提刑司嚴行禁戢，州縣巡尉失於覺察，並寘典憲。

2. 五月一日，上謂輔臣曰：「近日都下銷金鋪翠復行於市，不必降指揮，只諭王佐，嚴加禁戢。若有敗露，京尹亦安能逃責〔一〕耶？朕以宰耕牛、禁銅器及金翠等事刻之記事板，每京尹初上輒示之。」

〔一〕安能逃責　原作「能安」，據文意乙正。

3. 七月十一日，詔：「四川制置生日慶賀之禮，如有循襲違戾，饋者受者並寘典憲。」

4. 十二月五日，詔：「自今州縣學校、倉庫有大頹弊者，許隨宜修葺，不得別假名色以擾民。內則臺諫，外則監司，各以狀聞，重寘典憲。」

九年（壬寅，一一八二）

1. 三月二十一日，詔：「諸路轉運司行下所部州軍，將見賣舉人時務策並印板日下拘收焚毀，令禮部檢坐見行條法，申嚴禁約，延致違戾〔一〕。」以給事中施師點言：「文字過界，法禁甚嚴，人為利回，多所抵冒。竊見書坊所印時文，如詩、賦、經義、論，因題而作，不及外事。至於策試，莫非時務，而臨軒親試，又皆深自貶損以求直言，所宜禁止印賣。」故有是命。

〔一〕延致違戾　「延」當作「毋」，參見輯稿刑法二之一二三五月二十九日「毋致違戾」。

2. 四月九日，詔：「自今州郡文武官再任，並不得講到罷禮數，及不得令府庫更新製造應干物色。」

3. 九月十三日，明堂赦：「保正副依條所掌，止於煙火、盜賊、橋道等事。訪聞官司動以一切取辦，如修葺材料、差顧夫力，至於勸令催科，並是違法。今後州縣遵守條令，不得泛有科擾。如違，許充役家越訴，仍令監司按劾以聞。」

4. 同日，赦：「罪人財產自有應籍沒法。訪聞州縣輒用私意違法拘籍，以資妄用。自今如有依法合行籍沒財產人，並須具情犯申提刑司審覆，得報方許籍沒。仍令本司常切覺察，如有違戾，按劾以聞，許人戶越訴。」

5. 二十五日，臣僚言：「四川州郡常職之外，有所謂檢察局務、提點倉場者，類皆於員外創添，以周給親舊。身非正員，無職事繫慮，徒以耗蠹國用，於月給外巧求以便私計。乞下逐路監司覺察，如有違戾，按劾以聞。」從之。

6. 十月二日，詔諸路帥司、監司、州軍遍行曉諭，富室上戶因舊年旱傷，借貸人戶米穀，不得高折價錢，並還學色〔一〕，仍取利不得過五分。敢有違戾，許欠戶經監司、帥守陳訴。或人戶拋欠不還〔二〕，亦許經官理索。

〔一〕並還學色　「學」當作「本」。

〔二〕拋欠不還　「拋」當作「拖」。

7. 十一月二十一日，詔：「廣東經略司曉諭大奚山民戶，各依元降指揮，只許用八尺面船採捕為生，不得增置大船。仍遞相結甲，不得停著他處逃亡人。如有逃亡人，令澳長民戶收捉，申解經略司，重與支賞。」以樞密院言：「大觀間曾降指揮，大奚山民戶所置船面不得過八尺，近年多有興化、漳、泉等州逋逃之人聚集其處，易置大船，創造兵器，般販私鹽，剽刼商旅。」故有是命。

十年（癸卯，一一八三）

1. 正月四日，詔禁淮西州郡採捕。臣僚言：「淮南州郡有里正、保長，又有總首、緝捕等人，緣地饒麞鹿鶉兔之屬，當官者欲得以為包苴，歲科此輩採捕，例成白取。每至冬間，盡將漁者拘集，名曰綱船，督以使臣軍兵，課日採捕，復立賞禁，其私市，戕物性，奪人力，莫此為甚。嚴行禁止〔一〕。」故有是命。

〔一〕嚴行禁止　「嚴」字前當有「乞」字，以與本條上文「臣僚言」相呼應。

2. 十一月六日，詔州縣文移、市肆牌額，不得輒犯廟諱，違者依法坐罪。

十一年（甲辰，一一八四）

1. 九月二十九日，詔：「諸路州軍犯盜等人間有意欲報讎，及受吏人教唆妄將本處富室上戶及沿海有船之家以停藏資給之類，攀引追逮，州縣不審是否，便行捕治。及所在巡尉弓兵、商稅場務以搜檢銅錢為名〔一〕，輒將船戶舟中所需之具指為軍器，欺詐錢物，致使無辜之人枉被追擾。令諸路提刑司及沿海帥臣、制置司各約束所部州縣，常切禁止。如有違戾，覺察以聞。仍出榜曉諭。」

〔一〕商稅場務以搜檢銅錢為名　「商」原作「商」，據文意改。

十二年（乙巳，一一八五）

1. 三月八日，右正言蔣繼周言："今蕃樂有名渤海樂者盛行於世，都人多肆習之，往往流傳宮禁，乞行禁戢。"從之。

2. 二十五日，前發遣筠州趙謐言："湖外風俗，用人祭鬼，每以小兒、婦女生剔眼目，截取耳鼻，埋之陷穽，沃以沸湯，糜爛飢膚〔一〕，靡所不至。蓋緣販弄生口之人偷竊小兒、婦女，販入湖之南北，貪取厚利。乞行下諸路州軍，應興販生口入湖南北者，嚴立賞罰。委自監司、守臣專責巡尉，如能捉獲此類强盜〔二〕，與之酬賞。"從之。

〔一〕糜爛飢膚 "飢"當作"肌"。

〔二〕此類强盜 "此"原作"比"，據文意改。

3. 二十八日，詔："内外諸軍兵將官赴樞密院審察，其官司諸色人往往巧作名色，乞覓欺詐。自今許諸色人指名赴樞密院陳告，將犯人送所屬根勘，重作施行。其告人每一名支賞錢三百貫。事理重者取旨，特與轉官資。仍出牓曉諭。"

4. 七月二日，右正言蔣繼周言："乞明詔諸軍將佐於屯駐去處自今後並不許私置田宅、房廊、質庫、邸店及私自興販營運。"從之。

5. 八月二十九日，詔殿前司行下韶州屯駐摧鋒軍："嚴行禁止軍中回易，將見科敷錢物日下除放〔一〕。仍仰廣東經畧、提刑司取見營運科抑名色及除放過錢數，開具申樞密院。日後帥臣、監司如失覺察，並行責罰。"從知英州許從龍請也。

〔一〕將見科敷錢物日下除放　「放」原作「於」，據本條下文「除放過錢數」改。

6. 九月二十三日，詔：「應被差郊祀景靈宮、太廟行事等官，如敢仍前托故避免、申乞改差之人，委臺諫密切覺察，具名彈奏，取旨施行。」

7. 十月二日，詔：「淮南東路帥、憲司差使臣二員，專一機察楚州北神鎮私渡〔一〕，仍令繫銜。如失覺察，仰逐司按治。」

〔一〕專一機察楚州北神鎮私渡　「機」當作「譏」。

8. 十一月二十二日，南郊赦：「在法，病人無緦麻以上親同居者，廂耆報所屬官為醫治。訪聞比來店舍、寺觀遇有病患，避免看視，聞官趕逐出外，及道路暴病之人，店戶不令安泊，風雨暴露，往往致斃。可令州縣委官檢察，依條醫治，仍加存恤，及出榜鄉村曉諭。」十五年明堂赦同。

9. 同日，南郊赦：「州縣間有將人戶計口抑負食鹽，嚴限催錢，過於常賦，深山僻遠，無得免者。稍有違限，便行追斷號令。可令提舉司覺察禁戢，如有違戾，按劾施行。」十五年明堂赦同。

10. 同日，赦：「官司輒立茶鹽鋪，虛給帖子，均科人戶，勒令齎錢赴鋪繳納，未嘗支給茶鹽，顯是違法科抑。仰提舉司及諸州主管官嚴行禁戢，仍許人戶越訴。」十五年明堂赦同。

11. 同日，赦：「州縣酒坊多就人戶賖糴米麥，不支價錢，即將酸黃酒擡價折還，或因節朔、吉凶、修造之類，抑勒酤賣，監係追納官錢，顯屬騷擾。可令監司常切覺察，如有違戾去處，按劾以聞，仍許人戶越訴。」十五年明堂赦同。

12. 同日，赦：「州縣以權勢親戚過往干托，輒於鄉村差借人夫，顯屬違法。仰監司常切覺察，按劾以聞，仍許人戶越訴。」十五年明堂赦同。

13. 同日，赦：「人戶折帛錢，已降指揮，聽以錢會中半輸納。訪聞州縣間有抑納銀兩，重困民力，可令監司覺察按劾。」十五年明堂赦同。

14. 十一月十一日，兵部勘會：「擅入溪洞及典買田產與夷人，斷罪、告賞非不嚴備，蓋緣當職官吏奉行不虔，致有臣僚陳請。」詔令廣西帥司約束逐州，遵依見行條法，常切嚴行禁止，今後如有違戾，仰本司將當職官吏按劾施行。

十四年（丁未，一一八七）

1. 正月二十三日，新知秀州趙亮夫奏：「所在州縣有神祠去處，每歲秋成豐稔，多用器械之屬前後導引。乞申嚴條令，行下諸路州軍，告諭民間，應有所藏迎神兵器，立限出首，赴官交納，許以木錫代用。」從之。

十五年（戊申，一一八八）

1. 正月二十日，詔：「近聞不逞之徒撰造無根之語，名曰小報，轉播中外，駭惑聽聞。今後除進奏院合行關報已施行事外，如有似此之人，當重決配。其所受小報官吏取旨施行。令臨安府常切覺察，御史臺彈劾。」

2. 五月二十九日，知南安軍趙不遝言：「乞令江西守令遇有祈禱，只許用香花鼓樂迎神，不得輒持兵器。」詔令諸司常切覺察禁戢，毋致違戾。

3. 十二月五日，臣僚言：「日來都城之內，士庶盡持青傘。始時不過二三尺，今乃悉是重簷巨蓋

〔一〕。又帥臣、監司、通判出入，隨轎皆有乘馬胥吏，稍遇晴熱，例使人持黑油傘遮日，多至三五十柄，見者歎駭，謂駕後亦不如此，非所以尊崇輦轂，觀示四方。乞下有司嚴行禁戢。」從之。以上孝宗會要〔二〕。

〔一〕今乃悉是重簷巨蓋　「今」原作「令」，據文意改。

〔二〕以上孝宗會要　原為大字正文，據天頭舊批「小字大寫」改為小字注文。

淳熙十六年（己酉，一一八九）

1. 二月四日，登極赦：「私放軍債及質買所轄請給、賞賜，前後約束甚嚴，尚慮有力之人依前牟利侵剋，致使軍士不能贍家，可令主帥嚴行覺察，將見欠債負並行除放。訪聞諸軍回易市帛等物，賒與官兵，重搭息錢，却於請給內過數除剋，及輒差請受最多人掌管庫務、店肆，稍有虧欠，勒令陪償。又有見占私役、科攤造作及買工之類，弊幸不一，致令軍士貧乏。前後約束雖已嚴切，深慮未能盡革，仰主帥嚴行禁戢，將見欠本軍錢物並行除放。尚有違戾，在內委御史臺、在外委總領所覺察以聞，重寘典憲。」

2. 七日，禮、刑部言：「將來遇丁卯皇帝本命日，依例合禁屠宰禁刑。」從之。

3. 五月十一日，前權發遣洋州王知新言：「竊見本州真符縣沿邊所置關隘，皆高山峻嶺，林木參天，虎豹熊羆，不通人行，自可以限隔。自辛巳歲以來〔一〕，歸正之人將關外空閒山地給令耕種，今已三十年，生子生孫，蕃息甚眾，儘是斫伐林木，為刀耕火種之事。一二年間，地力稍退，又復別斫一山。兼又皆射獵，故於深山窮谷持弓挾矢，探虎豹之穴。又將林木蓊翳之處開踏成路，採取漆蠟，以為養生

之具。如此一年復一年，林木漸稀，則關隘不足恃矣。或有姦細潛伏於關外，去州縣極邊，官司無緣得知，如此則叛亡難禁，姦細不防矣。」詔令四川制置司行下沿邊州郡，將應有林木關隘去處措置嚴切禁戢，毋致采斫。

〔一〕自辛巳歲以來　「以」原作「比」，據文意改。

4. 十六日，戶部郎中豐誼言：「沿江並海深水取魚之處，乞許令衆戶舟楫往來從便漁業，勿有所問，不得容令巨室妄作指占，仍舊勒取租錢。雖昔係耕種之地坍落，今為深水，亦不在占據之限。豪强尚敢違戾，州縣儻或縱容，即許人戶越訴，擇其首倡，重作懲戒。」從之。

5. 閏五月二十日，詔：「今後有私撰小報，唱說事端，許人告首，賞錢三百貫文，犯人編管五百里。」

6. 六月五日，詔：「諭前不曾差人往榷場並海外去處收買物貨，深慮或有假作名色，夾帶銅錢、銀兩過界。仰沿邊官司密切機察〔一〕，如有似此之人，先次拘管，即時具奏聽旨。」

〔一〕仰沿邊官司密切機察　「機」當作「譏」。

7. 七月三日，詔：「鎮江、建康都統制司嚴行約束，今後修城軍人並搬運甎灰等人將帶銅錢至沿邊諸州，或因事敗露，其統兵官或管押將副、使臣等，並仰逐州取會名銜，具申朝廷取旨施行。如州郡或行容庇，一例行遣。」以臣僚言：「楚州修築城壁，鎮江萬兵往來更替，並隨行親屬裝載船隻，因而藏匿銅錢過江。又本軍與建康軍中津發甎灰官船動以百計，經從揚州、高郵管下乃至楚州，逐處雖行禁戢，勢力不加，誰敢向邇？兼聞近來軍人結党，遞相提防，負錢於前，持挺於後，間有掩捕，公然搶奪，雖死不顧。乞行禁止。」故有是詔。

8. 十一月二十五日，詔：「福建路監司嚴戒州縣，如有盜賊緊急，不得輒於數里之外起動保甲，役使農民。有或違戾，特許越訴，必寘典憲。」以右正言黃掄請也。

紹熙元年（庚戌，一一九〇）

1. 三月八日，詔：「建寧府將書坊日前違禁雕賣策試文字日下盡行毀板，仍立賞格，許人陳告。有敢似前冒犯，斷在必行。官吏失察，一例坐罪。其餘州郡無得妄用公帑刊行私書，疑誤後學，犯者必罰無赦。」從起居郎諸葛廷瑞請也。

2. 四月十七日，詔：「臨安府今後江上客人販到柴薪，不得侵近居民屋舍，仍舊於塘岸寬闊處或沙地上垛放，常切檢舉約束。」

二年（辛亥，一一九一）

1. 二月二十五日，詔：「盱眙、安豐軍每遇客旅過淮博易，差官檢視，不許差歸正歸朝人。」

2. 三月十七日，侍御史林大中言：「近有造匿名詩嘲訕宰相、學官及樞臣、侍從者，乞申嚴法禁，有犯毋貸。」詔本府多出文牓曉諭，如有捉獲之人，送獄根勘，重作施行。

3. 六月十一日，臣僚言：「長官曹屬相遇於塗，自有定制，今也不問別曹異局，必揭簾相揖，甚則並輿相語，有駭觀瞻，識者以謂避遇之制廢矣。至於夜集眾以諷誦梵文，立社首以掠民財，假巫祝以誑惑庶眾，興妖祠以張惶禍福，其在明時，皆所當禁。乞謹飭有司，申嚴厥令，一或有犯，必加以罪。」從之。

4. 十二日，臣僚言：「沿邊無賴之民渡淮行劫、殺人放火，蹤跡敗露則復竄淮南。有司究治，乃比附亡叛歸本所，減二等坐之。今淮北作刼而復歸淮南，正以淮之南作窠穴耳。乞明詔有司，申嚴行下沿邊州郡，出榜曉諭，一季之後作過徒伴供通贓證分明者，並照現行條法。罪不致死，合從寬貸，亦乞照應已降指揮，分配屯駐軍施行。」從之。

5. 十月四日，湖南提刑孫逢吉言：「近年以來，為守令者不修其官，以待考察，往往崇飾虛僞，撰造政績，或葺一亭舍，或疏一陂渠，或於常費薄有所蠲，或於舊弊微有所革。自職事而言，皆其所當，違者，而刊刻碑記，張大其事，繪畫圖册，表聞於朝，甚者摹印裝褾，遍納中外。至於分配坊市，建立生祠，陰諷士民借留再任，其間餉遺請託，何所不有？監司在遠，難盡察知，蓋有誤以其姓名登徹天聽者矣。此誕謾詐巧之大者，誠不可不禁遏也。」詔檢坐建祠、立碑、舉留條制，申嚴行下。

四年（癸丑，一一九三）

1. 六月十九日，臣僚言：「朝廷大臣之奏議，臺諫之章疏，內外之封事，士子之程文，機謀密畫，不可漏泄。今乃傳播街市〔一〕，書坊刊行，流布四遠，事屬未便，乞嚴切禁止。」詔四川制司行下所屬州軍，並仰臨安府、婺州、建寧府照見年條法指揮，嚴行禁止。其書坊見刊板及已印者，並日下追取，當官焚毁，具已焚毁名件申樞密院。今後雕印文書，須經本州委官看定，然後刊行。仍委各州通判專切覺察，如或違戾，取旨責罰。

〔一〕傳播街市　「傳」原作「傅」，據文意改。

2. 十月四日，臣僚言：「恭惟國朝置進奏院〔一〕於京都，而諸路州郡亦各有進奏吏，凡朝廷已行

之命令，已定之差除，皆以達於四方，謂之邸報，所從久矣。而比來有司防禁不嚴，遂有命令未行，差除未定，即時謄播，謂之小報。始自都下，傳之四方，甚者鑿空撰造，以無為有，流布近遠，疑悟群聽。且常程小事，傳之不實，猶未害也。倘事干國體，或涉邊防，妄有流傳，為害非細。乞申明有司，嚴行約束，應妄傳小報，許人告首。根究得寔，斷罪追賞，務在必行。」又言：「朝報逐日自有門下後省定本，經由宰執，始可報行。近年有所謂小報者，或是朝報未報之事，或是官員陳乞未曾施行之事，先傳於外，固已不可。至有撰造命令，妄傳事端，朝廷之差除，臺諫百官之章奏，以無為有，傳播於外。訪聞有一使臣及閤門院子，專以探報此等事為生。或得於省院之漏泄，或得於街市之剽聞，又或意見之撰造，日書一紙，以出局之後，省部、寺監、知雜司及進奏官悉皆傳授，坐獲不貲之利，以先得者為功。一以傳十，十以傳百，以至遍達於州郡監司。人情喜新而好奇，皆以小報為先而以朝報為常，真偽亦不復辨也。欲乞在內令臨安府重立賞牓，緝捉根勘，重作施行。其進奏官令院官以五人為甲，遞相委保覺察，不得仍前小報於外。如違，重寘典憲。」從之。

〔一〕置進奏院 「進」原作「建」，據上下文改。

3. 十二月四日，樞密院進呈：「兩淮、荊襄控扼去處，全藉山林蔽護。訪聞民間采斫，官司更不禁止。」上曰：「屢有約束，久而人玩，宜再禁戢。」

五年（甲寅，一一九四）

1. 二月十八日，臣僚言：「遏糴之風，近日尤甚。去歲江浙、湖南皆有旱傷去處，唯是江東為甚，而湖南、江西所損差多。米價甚賤，足可遠近通流，州縣各顧其私，聽信城市之民妄言不可放米出界。

乞督責兩路監司，約束州縣，不便遏糴，以惠斯民。」從之。

2. 四月十四日，刑部、御史臺、太常寺、臨安府先承指揮同措置臨安府諸門，緣以祀事，中夜啟閉。本部照得如遇行事官有合赴受誓戒及朝參等官，從太常寺預夜關報經由門戶，於五更二點開門放入，即行鎖閉。令監門官吏嚴緊守鑰，不得搭闢攏鎖，狥私出入，須候依時開門。其餘行事官祀祭畢，依時入門。」從之。以上光宗會要

紹熙五年（甲寅，一一九四）

1. 七月十七日，禮部、太常寺言：「伏覩皇帝御名並同音計一十八字：擴闊鑊切、廓、郭、鞹、崞、霩、鞹、韕、彉、彍、鄺、霩、擲、籗、籗、啷、漷。乞下刑部、國子監，於文書式並韻畧內添入，從禮部行下，都進奏院頒降回避。」從之。

2. 九月十四日，明堂赦：「訪聞湖、廣等處州縣殺人祭鬼及畧賣人口〔一〕，並貧乏下戶往往生子不舉，條法禁約非不嚴切，習以為常，人不知畏。可令守令檢舉見行條法，鏤板於鄉村道店、關津渡口曉諭，許諸色人告捉，依條施行。仍仰監司嚴行覺察，毋致違戾。」

〔一〕畧賣人口　「賣」原作「賞」，據輯稿刑法二之一四七十月十七日條「畧賣人口」改。

3. 十一月二十四日，刑部言：「乞照昨來浙西提舉司所申行下內外諸軍，嚴行約束所遣回易官兵，不得以收買軍須為名，公然販賣私鹽。如有違戾，重作施行。」詔令刑部鏤板行下內外諸軍主帥約束。

慶元元年（乙卯，一一九五）

1. 八月十七日，詔：「有司檢坐見行條法，給榜下州軍縣鎮，今後現任官收買飲食服用之物，並隨市直，各用見錢，不得於價之外更立官價。違，許人戶越訴〔一〕。在外令監司按劾，在內令御史臺覺察。」從臣僚請也。

〔一〕許人戶越訴　「人」原作「入」，據文意改。

2. 十二月二十四日，樞密院言：「勘會有不畏公法之人，謁見兵官，乞覓錢物，或占據屋舍，或椏賣物貨〔一〕，或告求關節。稍不如意，撰造事端，誣謗迫脅，必欲從其所欲。甚者教唆他人上書伏闕，投納短卷，恐嚇主帥，疑惑眾聽，以逞其私。若不嚴加禁約，無緣止絕。」詔令內外諸軍今後如有似此不畏公法等人，許押赴所在州軍先次收禁，具申樞密院，送有司根勘。如事理頗輕，依條施行，特送僻遠州軍居住。或稍涉情重，取旨施行。仰諸軍出榜軍門曉諭。

〔一〕或椏賣物貨　「椏」當作「掗」。

二年（丙辰，一一九六）

1. 二月十二日，知臨安府謝源明言：「向蒙高宗皇帝、孝宗皇帝矜恤本府支費百出，遂降指揮，應諸軍等處收買物色，併依條收稅。近交權勢之家及官司、寺觀等處收買木植浩瀚，或執官司公據，或守申請指揮，不問多寡，盡免抽解，遂使前項詔令皆為虛文。乞申嚴前項指揮行下本府照應施行。」從之。

2. 六月十五日，國子監言：「已降指揮，風諭士子專以語、孟為師，以六經子史為習，毋得復傳語錄，以滋盜名欺世之偽。所有進卷、待遇集並近時妄傳語錄之類，並行毀版，其未盡偽書並令國子監搜尋名件，具數聞奏。今搜尋到七先生奥論發樞、百煉真隱李元綱文字、劉子翬十論、潘浩然子性理書、江民表心性說，合行毀劈。乞許本監行下諸州及提舉司，將上件內書板當官劈毀。」從之。

3. 八月十四日，中書門下省言〔一〕：「訪聞臨安府城內外私鹽盛行，多是無賴之徒脅持鋪戶、寺觀、營寨或士庶之家隨門挜賣，理合措置。欲令臨安府日下大字鏤板曉諭，以前罪犯一切不問，若今後再敢違犯，許諸色人告，依格給賞，犯人送獄根勘，依法斷罪、追賞。如自能執捕販人赴官陳首，降與免罪外〔二〕，更與依格推賞。」從之。

〔一〕中書門下省言　「言」字原脫，據文意補。
〔二〕降與免罪外　「降」當作「除」。

4. 二十七日，臣僚言：「鉟銷之禁，不可不嚴。且如輦轂之下，實為法令之始，孝宗皇帝固嘗親有訓戒矣。今乃列肆負擔，無非銅器，打鑄稜作，公然為業。又如建康之句容，台州之城下，專以古器得名，今則紹興、平江等處皆有之。江西之撫州專以七筯器皿得名，今則四明、隆興、鄂州、靜江等處皆有之。且今治司歲鑄生銅，所入蓋自有限，其餘皆是取給於淋銅、浸銅。夫毀一錢則有十餘之獲〔一〕，小人嗜利十倍，何所顧藉？欲責之守令，凡臣庶家所有銅器及僧道供具，立以近限，赴官鐫鑿，不得續行置造。如有違犯，坐以違制之罪，不以廕論。官吏失覺察，罪亦如之。其皷鑄打造爐戶，仰所屬州縣括籍姓名，監令日下改業，犯者決配海外，永不放還。仍乞重立賞格，許人告捕。」詔令三省措置條具將上。

〔一〕夫毀一錢則有十餘之獲　「則」下原衍「則」，據文意刪。

三年（丁巳，一一九七）

1. 正月，三省措置下項：一、令諸路監司、守臣行下州縣等結甲，立罪賞，粉壁曉諭。一、令諸路監司、守官根刷私鑄銅器之家〔一〕，免罪改業，再犯立賞斷配。一、有於軍寨、寺觀、舟船內鑄造，仰主兵官、巡尉嚴切緝捉。一、官民戶除日前現有腰帶銙鐸及鞍轡、作子、照子外，應有銅器並有銅釘飾器具不許使用。一、巡尉、都監捉獲鉟銷銅錢到官，即與保奏推賞。一、內外應奉官司等處，法物等應用銅鑄釘飾，限一月申朝廷，仍舊使用。一、僧道鍾磬等並民間及船戶日前置到銅鑼，係防托使用者，仰寺觀主首及民戶各開具件數，經州府陳狀鐫鑿，限一月申官。一、鑄造之家未賣器皿，委官置場，立限聽人戶投賣。一、鍾磬等、鞍轡、作子，令文思院鑄造，聽人戶、僧道請買。一、應造軍器須用銅者，申所屬支降。一、民間照子，令湖州拘籍工匠在官鑄造，從人戶請買。一、諸路監司、州軍公然呼集工匠鑄造，今後敢自違戾，外責監司互察，內委御史臺彈奏。一、自今降指揮之後，官員、士庶尚敢私下收買者，許人陳告。一、今降指揮到日，仰諸路監司等鏤板曉示。一、有關防未盡事件，許所在官司限一月降具申聞〔二〕。」詔令刑部疾速遍牒施行。

〔一〕令諸路監司、守臣根刷私鑄銅器之家　「臣」原作「官」，據本條上文「監司、守臣」改。
〔二〕許所在官司限一月降具申聞　「降」當作「條」。

2. 十一日〔一〕，監察御史沈繼祖言：「不得輒與朝例通書〔二〕，其合通書只許一幅，如慶賀之類止於三幅。及在外書問往來，並不許過數，若過數不許接受。如違，並許彈劾，重加責罰，以儆有位。」

從之。

〔一〕十一日 「十一日」前原衍「三年正月」四字，今删。且此條及後兩條原在十月「十三日」條後，据时间先後顺序前移至「十月七日」條前

〔二〕不得輒與朝例通書 「例」當作「列」。

3. 五月二十一日，臣僚言：「乞戒敕朝士，今後不得輒與謁士、術人等書，騷擾外路。如有持書以取錢酒者，並計贓，與書及與錢物者同罪，許人告。著之令甲，務在必行。外令監司，內令御史臺覺察奏聞。」從之。

4. 二十五日，臣僚言：「古者宰衡出鎮則曰判。判者，專制之稱也，非庶僚可擬。今一州一軍一縣皆曰判，下至丞、簿、税亦曰判，何判之多也。判司簿尉以朝議為未足則曰中大，令倅而上稱以中大為未足則曰太中。且夫朝議，八十一元士也。太中大夫，天子之侍從臣也。今使人得以自相推予，何僭濫如之！不特此耳，服食器用，率多踰越。且三簷青蓋，昔時郡國長吏用之，以其遠君而伸也。輦轂之下，雖貴極一品，亦惟獨簷。今州縣之間，官無大小，下至士庶以及皁隸，率用三簷，填街塞巷，蔽空如雲。混殽若此，何以正名分、別姦慝耶？欲望斷自聖衷，官稱各從其實，出而御蓋，非長吏無得用三簷。敢有越者，重寘於憲，亦反樸還淳之漸也。」從之。

5. 十月七日，知臨安府趙師鼎言：「元祐五年，蘇軾奏西湖有五不可廢，而放生池首居其一。至紹興十三年，議臣謂今之臨安，鑾輿駐蹕，尤宜涵養，以示渥澤。乞檢會天禧故事，仍舊以湖為放生池，禁止採捕。高宗皇帝賜可，令本府措置，申明約束。淳熙二年慶壽赦文，嘗令本府立賞禁戢，專責巡警官司，毋或縱容。臣蒙恩假手，首當遵奉，然揭之具未立，無以示虔寓敬，而天禧之碑淪於草莽，匿於居

民，往來之人不知其為放生池。欲於西湖之濱，置立亭宇，書以扁牓，每遇誕節前一日，從守臣率官吏於亭縱釋鱗翼，推廣上澤。仍明具條制及前後頒降指揮牓亭左右，庶幾表制嚴備，人知崇敬。」從之。

6. 十三日，潼川安撫司言：「瀘、敘州、長寧軍沿邊，連接夷蠻，全藉禁山林箐以為限隔，從條不許漢人擅將物貨輒入蕃界，侵越禁山，斫伐林木。照得蠻人載馬敘敘州〔一〕，互有齎帶板木前來本州變賣，是致諸司遞年常下敘州打造舟船，州縣夤緣騷擾。乞令敘州委知、通常切覺察檢舉，毋令漢人將物貨擅入蕃蠻界販賣，斫伐禁山林箐，須候蠻人齎帶板木出江，方得就敘州溉下交易。如有違犯，被捉到官，送獄根究，從條斷罪，追賞施行。如遇打造舟船，自行差人收買板材置造，無得準前直下敘州打造，免致騷擾。」從之。

〔一〕照得蠻人載馬敘敘州　「敘敘州」當作「於敘州」。

7. 十二月二十七日，臣僚言：「州縣之間，害民者莫甚於科罰，虐民者莫甚於慘酷。且如以贖罪並緣而責其獻納，以酒稅牽連而責其認錢，或科敷於里正、保正長，或橫斂於師巫僧道，或利富室之財而啟誣告之風。監司所當廉察也，或以頭子錢為名而科取州縣。郡守所當表帥也，或以助州錢為名而科取屬邑。此科罰之害民者也。非州縣長官不許受辭，而他官輒受禮。非親民不許科決杖罪，而鎮寨敢自專推司，輒自訊囚，荊杖代用藤條，觀望鍛煉，備極荼毒。此慘酷之虐民者也。前後禁約科罰、慘酷條令，大字鏤板行下諸路郡邑，揭於通衢，其有犯者，必罰無赦。」從之。

四年（戊午，一一九八）

1. 二月五日，國子監言：「福建麻沙書坊見刊雕太學總新文體，內丁巳太學春季私試都魁郭明

卿問定國是、問京西屯田、問聖孝風化。本監尋將案籍拖照得郭明卿去年春季策試即不曾中選，亦不曾有前項問目。及將程文披閱，多是撰造怪辟虛浮之語，又妄作祭酒以下批鑿，似主張偽學，欺惑天下，深為不便。乞行下福建運司，追取印版，發赴國子監交納。及已印未賣，並當官焚之。仍將雕行印賣人送獄根勘因依供申，取旨施行。」從之。

2. 三月四日，詔：「吊祭使人過界，仰經過州縣嚴行禁止民間不許歌樂及觀看，人戶毋致衣服華飾。」

3. 十一日，臣僚言：「今天下郡邑鄉聚每歲立社，計戶裒金以造作兵器，小有忤意，變故隨生。近者都城鬻賣娛悅童稚之具，多有裝飾兵器，弄偽成真。乞今後遇有獻神禱旱等事，不得以頭刃為戲，凡物之像兵器者亦不許復鬻於市。」從之。

4. 二十一日，臣僚言：「乞將建寧府及諸州應有書肆去處，輒將曲學小儒撰到時文改換名色，真偽相雜，不經國子監看詳及破碎編類，有誤傳習者，並日下毀板，仍具數申尚書省並禮部。其已印未賣者，悉不得私買。如有違犯，科罪惟均。」從之。

5. 四月二十九日，詔：「應朝士以下並不許講旦朔慶賀私謝苛禮，惟議職事，陳利害，方許相見。其有無故看謁、躁進不悛者，朝士則令御史臺覺察，局務則令所屬長官按劾。」

6. 五月六日，臣僚言：「楚俗淫祠，其來尚矣。惟是戕人以賽鬼，不宜有聞於聖世。俗尚師巫能以禍福證兆簧鼓愚民，歲有輸於公，曰師巫錢，自謂有籍於官。官利其一孔之入，於是縱其所為，無復誰何，浸淫妖幻，詛厭益廣，遂至用人以祭。每遇閏歲，此風猶熾。乞告戒湖北一路監司、帥守，先嚴官吏收納師巫錢之禁，然後取其為巫者，並勒令易業，不帥者與傳習妖教同科，庶幾此俗漸革。」從之。

7. 十三日，詔今後女冠、道士不得出入宮禁，三宮準此。

8. 十六日，臣僚言：「邇歲以來，革私鑄之姦，嚴銷毀之禁，猶沙毛猶未盡戢。乞下所屬監司州縣，督責廂分，警飭巡尉，嚴保伍之法，申粉壁之禁，使盜鑄之弊銷，般販之習弭，行用之患革。一有違戾，鋤去本根，庶幾窒其弊於本厚〔一〕，享其利於經久。」從之。

〔一〕庶幾窒其弊於本厚　「厚」當作「原」。

9. 八月二十九日，臣僚言：「南恩州介於德慶府、新、高、雷、化數州之間，程途相去三五百里之遠，久例凡有送迎〔一〕並過往，類差農民以為夫腳，既妨農時，遂失本業。他處遞相倣傚，實為民害。又軍兵所押馬綱經從州縣鄉村，最為擾民。每綱馬二疋，係差一人牽駕，故路無壅遏。今乃成群散走，馳突于道，過城市則衝踏人物，遇秋成則踐損禾稼。乞下諸路監司禁約州縣，不得輒差農民充夫腳，所屬約束取馬官兵嚴行部轄，不得擾害州縣，損傷禾稼。如違，並寘典憲。」從之。

〔一〕久例凡有送迎　疑「久」當作「舊」。

10. 九月一日，臣僚言：「浙右有所謂道民，實喫菜事魔之流，而竊自托於佛老以掩物議，既非僧道，又非童行，輒於編戶之外別為一族。姦淫汙穢，甚於常人，而以屏妻孥、斷葷酒為戒法。貪冒貨賄甚於常人，而以建祠廟、修橋樑為功行。一鄉一聚，各有魁宿。平居暇日，公為結集，曰燒香，曰燃燈，曰設齋，曰誦經。千百為群，倏聚忽散，撰造事端，興動工役，夤緣名色，歛率民財，陵駕善良，横行村疃間。有鬭訟則合謀併力，共出金錢，厚賂胥吏，必勝乃已。每遇營造，陰相部勒，嘯呼所及，跨縣連州。工匠役徒悉出其黨，什器資粮隨即備具。人徒見其一切辦事之可喜，而不知張惶聲勢之可慮也。及今不圖，後將若何？乞行下浙西諸郡，今後百姓不得妄立名色，自稱道民，結集徒黨。嚴切曉諭，各令四

散着業。如敢違戾，將為首人決配遠惡州軍，徒党編管。務要消散異類，使復齒於平民，以推廣陛下抑誕怪、暢皇極之意。」從之。

五年（己未，一一九九）

1. 正月二十六日，臣僚言：「聞二廣州軍凡為僧者，豈真出家之人？蓋遊手之徒遍走二廣，貪緣州郡，求售偽帖〔一〕，號曰沙彌，即擅自披剃為僧，或即營求住持寺院。不數年間，常住財物掩為己有，席捲而去，則奔走他鄉，復為齊民。乞明詔二廣監司禁約州軍，自今後不許妄給沙彌偽帖。如已給，立限許自首納，嚴示賞罰，毋致違戾。」從之。

〔一〕求售偽帖　「偽」原作「為」，據本條下文「自今後不許妄給沙彌偽帖」改。

2. 八月二十八日，臣僚言：「乞令所在官司自到任之日，即具吏人姓名，保明申常平司。如已經斷罷不該收敘之人，不許存留。其合敘用之人，非經元犯官司陳乞，不許收敘。其州縣官任滿日，仍於印紙內畫一批書不曾違法收敘經罷吏人，以憑稽考。庶幾為吏者稍知斷罷敘役之難〔一〕，亦皆有以自愛，是亦檢柅吏姦之一端也。」從之。

〔一〕稍知斷罷敘役之難　「役」當作「復」。

3. 十一月十八日，臣僚言：「乞今後祠祭，須管候禮畢班退，方許徐徐收徹。如吏卒準前讙譁，御史臺重行斷治。或是攝察監察〔一〕，即仰具申本臺，敢有縱容，併加彈劾。」從之。

〔一〕或是攝察監察　「監察」當作「監祭」。

4. 同日，臣僚言：「乞今後隨駕儀衛，須管各依次序接續安行，不得參差錯雜群臣班列。仰班吏

遵依儀式，務令整肅。或遇庭廡窄處，亦須隨宜措畫，略依雜壓，稍成班序。如敢違戾，並令御史臺彈劾，重寘典憲。」從之。

六年（庚申，一二〇〇）

1. 五月六日，詔令內外諸軍主帥，應軍士見欠營運息錢，日下並與除放，今後不許科抑差撥不願營運之人。儻違今來所降指揮，在內委御史臺，在外委總領所，不係總領、制司去處委守臣，各常切覺察，稍有違戾，取旨施行。仰主帥日下給牓，諸軍寨門曉示。從樞密院〔一〕請也。

〔一〕樞密院 「樞密院」原作「樞察院」，據文意改。

嘉泰元年（辛酉，一二〇一）

1. 二月十七日，臣僚言：「邇來姦人往往藏形匿影，緣飾語言，或密牓通衢，或潛投訟匭，用以動搖州縣，誣衊善良。大抵守令行法奉公，群小類多不悅，按察之官設或先有憎惡，誤采其說，必致守令枉罹罪譴，姦人因得武斷一方。其風始於州縣，寖淫入於都城，甚至詆訐朝臣，譏訕時政，其跡若近於公，而其心實根於搖撼。此風漸長，非國之福。乞頒詔旨，嚴戒諸路按察官，不許采聽暗昧不根匿名文書。有如民間冤抑，自當明著年月，指陳實事，親經所屬陳訴，即為施行。其有上書陳說利害，即委之納言之官，擇其果忠於為國、不涉私邪者，即為敷納于上。如是，則州縣守宰各得展布，不為巧猾之所傾陷；公朝親信盡忠竭節之臣，得以功名終始，而不為讒邪之所動搖。姦萌杜絕，國勢尊安，實宗社之幸。」從之。

2. 四月十三日，御筆：「風俗侈靡，日甚一日，服食器用，殊無區別。雖屢有約束，終未盡革。今回祿之後，凡官民戶起蓋屋宇，一遵制度，務從簡樸，毋事華飾。銷金鋪翠，並不許服用。除先將宮中首飾衣服等令內東門司日下拘收焚之通衢，其中外士庶之家，令有司檢照前後條法，嚴立罪賞禁止。貴近之家，尤當遵守。如有違犯，必罰無赦。」

3. 二十四日，新權知資州劉述言：「臣竊見蜀之邊郡多與蕃界相接，深山峻嶺，大林巨木，綿亙數千百里，虎狼窟宅，人迹不通，自無窺伺之虞。祖宗禁止採伐，不為不嚴。有如施州邊民嗜利冒禁，公然斫伐，萬一夷人從此出沒，則八寨防托遂成虛設。嘗申諸司力行禁止，曾未數歲，侵斫如初。乞行下施州，令守倅任責，差人於水溢十二渡等處巡邏，月具申樞密院。如敢犯禁，重寘典憲。守倅失於覺察，亦乞罷黜。凡蜀郡禁山，各於要害之地一例照應施行。」從之。

4. 九月十九日，臣僚言：「臣昨試郡吳興，首問獄囚，自當年正月至月終，境由已殺四十九人〔一〕，而鄰里掩蓋不以聞者不預焉。臣甚駭之，力詢其故，皆淫祠有以啟之。所謂淫祠者，始因愚民無知以謂殺人而死可得為神，其家父子兄弟與夫鄉黨鄰里又憚聞官之擾，相與從臾，使之自經，於是立廟以祠，稱之為神。故後之凡欲殺人者三五為群，酹酒割牲謂之起傷，起傷之廟蓋遍於四境之內矣。生不正典刑，死乃得立廟，遞相仿效，皆以殺人為喜，豈清明之世、近畿之地所宜有哉！臣近禱雨祠山，訪之道途，頗言廣德愚民殺人之風漸入吳興。寖寖不已，其害將有不可勝言者。乞行下所屬，應淫祠不載祀典者盡行毁拆，勿令再造。凡有殺人而自經者，以法戮屍；其父母兄弟妻孥不即諫止，與夫已殺人而逼令自經祠之以廟者次第坐罪，徒之遠方。」從之。

〔一〕境由已殺四十九人「由」當作「內」。

5. 十二月十一日，詔：「已降指揮，禁止銷金鋪翠，非不嚴切。訪聞外方州縣視為文具，畧不禁止，可專委逐路提刑專一禁戢。如守令奉行滅裂，仰具名聞奏，切待重作行遣。如所部内尚有製造服著之人，併將提刑一例責降。」

二年（壬戌，一二〇二）

1. 二月二十八日，新差權知隨州趙彦衛言：「恭惟國家祖功宗德，超冠百王。真賢實能，遠踰前代。史館成書，有三朝國史、兩朝國史、五朝國史，莫不命大臣以總提，選鴻儒以撰輯，秘諸金匱，傳寫有禁。近來忽見有本朝通鑒長編、東都事畧、九朝通畧、丁未錄與夫語錄、家傳，品目類多，鏤板盛行於世。其間盖有不曾徹聖聽者，學者亦信之，然初未嘗經有司之訂正。乞盡行取索私史，下之史館，公共考核，或有裨於公議，即乞存留，仍不許刊行。自餘悉皆盡絕〔一〕。如有違戾，重寘典憲。」從之。

〔一〕自餘悉皆盡絕　「盡」當作「禁」。

2. 六月十三日，臣僚言：「比年以來，有所謂白衣道者，聾瞽愚俗，看經念佛，雜混男女，夜聚曉散，相率成風，呼吸之間，千百回應。江浙於今為盛，閩又次之。臣恐此風寖長，日甚一日，其患有出於意料之外者。乞申飭有司，必舉而行，以正風俗，不許私刱庵舍。」詔令逐路監司常切覺察，如有違戾去處，條具聞奏。既而又詔諸路監司各行下所部州縣，出牓曉諭，限半月許令本州自陳，給據付主庵人收執。如出限不自陳及再有創置之人，告受支給賞錢一千貫〔一〕，先以官錢代支，却與犯人名下追納。其庵舍產業盡行籍沒入官，候出給公據足日，逐州置籍申監司類聚施行。

〔一〕告受支給賞錢一千貫　「受」當作「首」。

3. 七月九日，詔：「令諸路帥憲司行下逐州軍，應有書坊去處，將事干國體及邊機軍政利害文籍，各州委官看詳。如委是不許私下雕印，有違見行條法指揮，並仰拘收繳申國子監，所有板本日下並行毀劈，不得稍有隱漏及憑藉騷擾。仍仰江邊州軍常切措置關防，或因事發露，即將興販經由地分乃印造州軍不覺察官吏根究〔一〕，重作施行。委自帥憲司嚴立賞牓，許人告捉，月具有無違戾聞奏。」以盱眙軍獲到戴十六等輒將本朝事實等文字欲行過界故也。

〔一〕即將興販經由地分乃印造州軍不覺察官吏根究　「乃」當作「及」。

4. 十二月九日，權知萬州趙師作言：「峽路民居險遠，素習夷風，易惑以詐，易煽以惡，致使淫巫得肆簧鼓。凡遇疾病，不事醫藥，聽命於巫，決卜求神，殺牲為祭，虛費家財，無益病人。雖或抵死，猶謂事神之未至。故凡得疾，十死八九。又其俗以不道千富祀諸昏淫之鬼，往往用人僥冀作福，流為殘忍，不可備言。乞行下本路，先禁師巫，俾之改業，嚴結保伍，斷絕禁呪及祭鬼器用，庶幾拔本塞源，不致滋長。」詔仰本路提刑嚴切禁止，務要盡絕，如有違犯，重作施行。

三年（癸亥，一二〇三）

1. 五月十八日，臣僚言：「臣聞治道之要在正風俗，而風俗之別則有二焉，曰民俗，曰士俗。民俗不正，士俗救之。士俗不正，而欲正其在民者，不可得也。厥今之正風俗，莫先銷金鋪翠之飾〔一〕。竊見近日以來，街坊賈人公然貨鬻，倡優下妾恣為服飾，以至游手之徒為左道之奉，迎神祠佛，千百為群，裝修隊仗，曳地為衣，金翠奪目。臣推其本，弊不在民，實緣士夫之家狃於豪貴之習，服用華侈，則下而民俗得以轉相視效。乞申嚴法禁首飾，士夫犯者痛罰，雖貴不赦，告者立賞，雖多不吝。若此則士

俗既正，民俗不正者未之有也。」從之。

〔一〕莫先銷金鋪翠之飾　「鋪」原作「補」，據輯稿刑法二之一一六、一一七之「鋪翠銷金」及一三二之十二月十一日「銷金鋪翠」改。

2. 七月二十一日，臣僚言：「今日民力殫匱，極可憐憫，州縣之間，恬不顧恤。守臣知財富之當急，而不知民力之不支，或委曹職，或差監當，或檄異縣之僚，惟敏健是擇，又輔之以殘刻之州吏，其人稟承風旨，奔赴期會，不復知有百姓之痛癢。戶稅合輸之外，㓸刷殘零，驅磨隱漏，已納者，迫以重輸。產去者，抑令陪納。編氓役戶，冤痛無訴；邑長縣佐，旁觀而不敢言。國家倚民為命脈，而州郡視縣猶子舍，豈應不恤如此。乞嚴戒諸路守臣，今後不許以拘催稅賦、㓸刷官錢為名，別差本州官吏及外縣官下屬邑騷擾。其間知縣果有罷軟不勝任者，只就當邑僚佐選委，仍須斟酌緩急，使應期會。若本縣素來限節已定，不許破限迫趣，重為戶長之害。或有違戾，監司覺察按劾，重寘典憲。」從之。

3. 十一月十一日，南郊赦文：「訪聞形勢之家違法私置獄具，僻截隱僻屋宇，或因一時喜怒，或因爭訟財產之類，輒將貧弱無辜之人關鎖饑餓，任情捶拷，以致死於非命。雖偶不死，亦成殘廢之疾。被苦之家不敢伸訴，深為可憫。自今赦到日，仰守臣多立賞牓，遍示縣鎮，嚴行禁止。如有詞訴到官〔一〕，須管盡情根究，依法施行。或州縣奉行不虔，仰提刑司按劾，月具有無違戾以聞。」

〔一〕如有詞訴到官　「詞」原作「祠」，據文意改。

四年（甲子，一二〇四）

1. 三月九日，樞密院奏：「步軍都虞候李郁言，街市鋪戶、典當質庫輒將弓弩箭鑿之屬公肆出賣收當，乞下所屬重立罪賞約束，但係軍器，不許收當出賣。」從之。

2. 二十五日，閤門舍人林伯成言：「驢騾駞馬有乘載之功，宜禁輕殺，以備般運。牛皮筋角受納去處，毋致散失，以供軍須之用。」從之。

3. 五月十四日，知桂陽軍王斐言：「乞下沿江屯駐等處嚴戒主帥，不得容令統制官已下輒役部曲修造私室。仍委總領專一覺察，將違戾兵官具姓名奏劾，並坐主帥失察之罪。」從之。

4. 十六日，臣僚言：「牛皮、筋角惟兩淮、荊襄最多者，蓋其地空曠，便於水草，其民用之不恤，所以多斃。姑以臣前任安豐一郡言之，每歲官收皮角不下千餘件。尋常皆係姦民計會所屬估賣，却行轉賣與北人。蓋緣州解至臨安，重有所費，而不解發者，省部未嘗稽考。若從朝廷委自提刑司專一拘刷申解，仍許於係省或經總製錢內支破腳剩縻費之類，嚴加禁約，如州縣輒賣及拘占不發者，必寘重罰，如此則非惟朝廷省支買之費矣。膠鰾翎毛，載在令甲，禁止甚嚴，比年公然過界，累有敗獲，甚至見任官親戚僕從等專以此為優潤之資。蓋緣外借應副民間使用之名，其實在於過界，獲利數倍。今若頓加杜絕，不許過江，又恐民間闕用。欲做鉛轡乳香體例，從雜賣場量立數目給官引，隨膠鰾翎毛撥付沿邊州郡，置曆給賣。其無官引者不許過江，沿路覺察，並同販鉛轡之法而加嚴焉。如此，則姦民無所容其計矣。」從之。

5. 六月十七日，詔：「累降指揮，三衙江上諸軍不得私借人馬舟船，非不嚴切。訪聞日來畧不遵守，至於巧作名色，輒差權攝，支送月餽，蠹耗財賦，自今截日住罷。除赴趂朝叅官許量差借馬外，餘並限一日拘收回軍馬，亦不踏逐將隊戰馬。尚或不悛，必罰無赦。」

6. 八月二十七日，臣僚言：「廣西諸州之土丁，初為防盜設，命土豪首領選其壯而可用者部為隊伍，教以弓弩擊刺之法，有司歲一點集撫勞之。今諸州之民無非土丁，凡有工役，驅馳迫逐，不以人類待之。壯者去而為盜，弱者東逃西走，有死而已。廣東鹽司捕私鹽之令，每日責弓兵必要獲鹽。小人並緣為虐，客船有零鹽三五觔，則陰取湊數，解之鹽司。甚者散入鄉民之家，取其食鹽為私鹽，抖擻漁船淹造之鹽為私鹽，鹹魚汁為煎鹽水。英德府之山石，其南取掘已盡，其北隸浛光縣，峭拔萬仞，下臨大江，近山之民驅而取石，不問能否。沿崖攀木縛閣棧，於半空之間穴山洗石，有性命之憂。肇慶府之硯石歲鑿不已，致江水滲入。今則候冬月岩水稍淺，命農夫車水，硯匠伐石。人有新坑南坑〔一〕，搜挾殆遍。夫匠絡繹山間，歲失生業，不能自存。廉州之合浦產珠，或云古有是語，實未嘗有珠。貪者影響傳聞，拘籍漁船為采珠戶，其擾不可一二計。海南四州黎洞地與南蕃相望，有所謂茅葉沉香，黎人得之甚艱，買者傳以為珍。一路士夫競囑四州收買，或差人入洞强買，竟不得主還〔二〕。又有脅之以威，遂至出省地焚劫生事，一方之民何辜！乞詔二廣監司常切覺察，諸州縣官吏等人不得投使土工〔三〕，不得科抑鹽丁，不得以食鹽厚誣平民，不得以淹造之鹽、魚汁羅織客旅，英德不得放取山石，肇慶不得取硯石，廉州不得取海蚌之屬，海上四州不得遣人入黎洞買香。有一違戾，官吏按劾，以違制論，餘人決配。」從之。

〔一〕人有新坑南坑　「人」字疑有誤。

〔二〕竟不得主還　「主」當作「生」。

〔三〕諸州縣官吏等人不得投使土工　「投」當作「役」。

7. 十月二十七日，臣僚言：「在廷之臣，自一命而上，至位絕百僚，莫不各以其官職為稱。今州縣官之初品與夫一再循轉者，即取卿監、侍從、兩府之階官過為稱呼。如彼右列，抑又甚焉。以至守令丞簿之屬，僭稱曰判，小小監當例以判院呼之。欲戒飭州縣，一遵中都事體，隨其官職為稱，不得輒循故習，僭有過制。」從之。

開禧元年（乙丑，一二〇五）

1. 五月十八日，工部郎官吳鑄言：「昨者朝廷禁止私鑄銅器，閭巷遊手末作鑄造賣鬻之風，一旦寢息，而在京官司工役之處，或因製造軍器及公廨用度之物，旁緣打造，潛行貨鬻。竊恐人見輦轂之下尚敢如此，遠州遐邑相率効尤，漸不可制，乞申嚴禁約。」從之。

2. 二十五日，詔：「訪聞内外諸軍將合干等人有詐作百姓名色私放軍債，已是違戾法禁，又輒將物貨高價抑賣，每遇支散衣糧料錢等，輒於打請之際，倚恃部轄，徑行兜取，顯屬掊克。自今降指揮到日，仰主帥嚴行禁戢，如敢仍前違犯，主帥覺察，開具姓名申樞密院取旨，重寘典憲。主帥不行覺察，亦當重議鐫罰。可令三省、樞密院給降黄榜，下諸軍曉示。」

3. 十一月九日，淮東提舉陳績言：「主將尅剝至重，莫甚於今日。私役之弊，買工之弊，差使營運之弊，未嘗少革。是猶曰公家之事然也，至於屯駐之所私買田宅，役官兵以為之管幹，役軍匠以為之營造，竹木甎瓦之屬悉取之官。國家竭民力以養兵，而主將迺竭兵力以奉己。乞今後應管兵官輒敢於屯駐之所私置田宅〔一〕，許民間告首，以違制論。」從之。

〔一〕管兵官輒敢於屯駐之所私置田宅　「於」原作「放」，據本條上文改。

二年（丙寅，一二〇六）

1. 四月十七日，臣僚言：「都城之内，連甍比屋，脱有火災，隨時撲滅，獨於彈壓一事，猶未深講，臣請條其利害而備言之。方欝攸之滋熾也，姦民幸災，乘時剽掠，張皇聲勢，動搖人心，為害一也。河渠貴相貫通，政欲舟檝無壅，而公私巨舫，舳艫相銜，竹木排筏縱横，偪塞阻礙，傷害人命，其為害二也。古者棟宇之盛，謂之木祆，曩者一爇之後，土木之侈反過於前，是欲以人勝天，豈不悖理傷道，其為害三也。欲令臨安府於通判、幕職官及本府兵將官内，先次推擇彊敏有才之人，以備緩急。遇有遺漏，即差委於要害處分布彈壓。仍分差總轄使臣撥隸彈壓之官，拘集頭項火下四散幾察，如有姦民乘勢掠人財物、皷譟驚衆者，即時收捕，枷送所屬根勘，情重者依軍法施行。應公私坐船，常時並不得放令入城及於裏河擺泊。應公私修造竹木，並用舟船乘載，不得編成排筏撐駕入城。應官民户不得以板木器用壅塞河道。令臨安府多出文牓，豫先曉諭約束。犯人以違制論，彈壓官吏等不切覺察，次第責罰。」從之。

三年（丁卯，一二〇七）

1. 正月十六日，行在榷貨務狀：「行在務場每歲收趁課額八百萬貫，應副左藏西庫，就支大軍給遣及朝廷封樁財計。建康一千二百萬貫，鎮江四百萬貫，應副淮東總領所給遣屯戍軍馬支費，並解發上供封樁之數，事係重害。今諸州府却依安撫司行下，更不顧客販，茶鹽舟船並行拘雇〔一〕。設有不敷之人，便作有悮軍期行遣，遂使客人畏懼，不肯興販，三務所收課利全然稀少。乞指揮下三務場，遍牒曉諭興販茶鹽客人知委，有茶鹽船經本務場陳乞，送鋪戶保明詣實，給黃旗公據收執興販，州縣等處不得妄有拘擾。違仰客人指實越訴，將官吏重行施行。」從之。

〔一〕茶鹽舟船並行拘膚　「膚」當作「敷」。

2. 十月十七日，臣僚言：「乞申飭諸路監司，嚴切覺察部內，如有因科買而不還價錢，以和糴而輒作姦弊，即州追都吏，縣追典押及承行人吏，並行決配，仍許人戶越訴。內守令縱容，情理巨蠹，即併按劾以聞。」從之。

嘉定二年（己巳，一二〇九）

1. 七月四日，權知漳州薛揚祖言：「科罰之為民病，在在有之。夫以小小爭訟而姑從科罰，已非息爭之道。今有以殺傷而至死者，亦或以罰而苟免，則冤氣何所伸！乞明詔四方，使為郡縣者不至科罰病民。」又言：「古有四民，捨士、農、工、商之外無他業。自佛法流入中國，民俗趨之，而南方尤盛。有如漳郡之民，不假度牒，以奉佛為名，私置庵寮者，其弊抑甚。男子則稱為『白衣道者』，女子則號曰『女道男人』，失時不婚不嫁，竊修道之名，濟姦私之行。乞嚴切禁戢，應非度牒披剃之人，並係各歸本業。」從之。

三年（庚午，一二一〇）

1. 三月二十日，臣僚言：「淮甸旱蝗，江湖中熟，商販不通〔一〕。乞下諸路監司，嚴戒州縣官通販米之舟，弛下河出界之禁，無得出稅截糴。或巧作名色拘留米舟，許客人經所屬陳訴，監司按劾以聞。」從之。

〔一〕商販不通　「商」原作「商」，據文意改。

四年（辛未，一二一一）

1. 十二月二十五日，臣僚言：「今日之習俗，僭擬踰制，冒上無禁，流弊至此，不可不革。青蓋之制，輦轂之下非親王、宰執不得輒用，今通都大邑，不問貴賤，憧憧往來，蔽空如雲。黃幄之設，尚方所用，今編戶齊民一有醮設，張之私室。宜令臨安府帥臣具見行條令一切禁止，如有違戾，必寘諸罰〔一〕。」從之。

〔一〕必寘諸罰　疑「諸」當作「重」。

五年（壬申，一二一二）

1. 二月十九日，臣僚言：「今之任於廣者，凡有出產，皆賤價收之而歸舟滿載。南方地廣民稀，民無蓋藏，所藉土產以為卒歲之備。今為官吏彊買〔一〕，商旅為之憚行，若不禁戢，慮傷民力。乞下廣東、西兩路監司、帥臣嚴行約束，違者按劾，重寘典憲。」從之。

〔一〕今為官吏彊買　「彊」原作「疆」，據文意改。

2. 八月一日，臣僚言：「州郡商稅，經費所繇出也。今沿江場務較之往年所收十不及四五，推原其繇，皆士大夫之貪黷者實為之。巨艘西下，客貨如山，經由場務，曲為免稅，沿江諸郡因此凋弊日甚，其可不思所以扶持拯捄哉！乞令沿江州郡揭榜稅場，嚴行禁戢，如有違戾，許令守臣密具職位姓名申尚書省及御史臺。」從之。

3. 九月二十八日，臣僚言：「竊見漳、泉、福、興化，凡濱海之民所造舟船，乃自備財力興販牟利而已。朝廷以備邊之務不可弛，間籍定其數，更番以備防托。奈何州縣創例科取，胥吏並緣搔擾百出，利歸於下，怨歸於上。乞行下漳、泉、福、興化等郡禁戢，沿海諸邑凡大小海船除防托差使外，應干科斂無名色錢並行蠲免。如溫、台、明等有海船去處，亦一例禁戢，毋得非法科取。若水居小船，不應丈尺，不得拘籍騷擾。如違，許船戶越訴，官吏計贓，重寘典憲。」從之。

4. 二十九日，臣僚言：「沿江有諸屯，州郡有禁旅，蓋欲專備緩急，豈容輒充私役！今不惟私役，至於寄居，皆得借事，教閱披帶一切蠲免。平時不習紀律，不識行陣，方時閑暇，恬不為恠，脫有緩急，何所倚伏〔一〕！乞嚴戒江上諸屯依時教閱，並不許差借私役。諸路州軍禁軍，自監司、守倅而下，不許占破役使及非法差出，須令逐日盡赴教閱。諸屯責總餉之官，諸路責帥臣，嚴行覺察。不測委官點檢，如或違例，從實具申朝廷，將主帥、守臣重賜懲戒，庶幾武備修明。兼諸縣土軍弓手近日專充州縣役使及下鄉追呼，教閱一事尤不之問。乞並下諸路提刑司嚴切約束，違者提刑司從公奏劾，例行降黜，亦可為緩急之備。」從之。

〔一〕何所倚伏　「伏」當作「仗」。

5. 十二月二十日，臣僚言：「州縣之間，頑民健訟，不顧三尺，稍不得志，以折角為恥，妄經翻訴，必欲僥倖一勝。則經州、經諸司、經臺部，技窮則又敢輕易妄經朝省，無時肯止。甚至陳乞告中，微賞未遂其意，亦敢輒然上瀆天聽，語言妄亂，觸犯不一。不有以懲之，則無忌憚，不但害及善良，官司亦為其紊煩。乞遍下州縣揭牓曉示，今後經州、縣、監司及至臺部，的然虛妄者，必行收坐，妄經朝省者重作施行〔二〕，欺罔天聽者定行編配。」從之。

〔一〕安經朝省者重作施行　「省」原作「首」，據本條上文「安經朝省」改。

六年（癸酉，一二一三）

1. 四月二十六日，右諫議大夫鄭昭先言：「張官置吏，各有司存。獄有重囚，差官審覆，委之倅貳令倅，或辭避不行，至委幕職代之，隨司吏胥不受約束，不過具成案涉筆紙尾而已，冤枉何自而伸？縣闕正宰，權攝當屬邑佐，今縣官不差至委郡僚或外官兼攝，擅作威福，非理擾民，民力安得不困？苗稅自有省限，固當責之令佐，今乃差官交納，或差州吏下縣，已納再輸，已放復催，監係鞭笞，殘虐如此。酒稅自有定額，監官皆係正員，今乃欲應人情，酒務則差官提督，稅場則別委拘收，規圖添給，且利贏餘，紊亂如此。乞明示中外，自今仍前違戾，外則委監司覺察，內則許臺諫風聞，重寘典憲。」從之。

2. 六月二十九日，臣僚言：「曩歲，權姦用事，讒邪得志，四方游士紛集都城，假借聲援，簧鼓是非，甚至脅持朝士，淩駕言路，動如所欲，同聲相應，實繁有徒。更化以來，斥遠輕浮亦當漸變，不意此風復長，士大夫惴惴然，有朝不謀夕之憂。乞下臨安府嚴行禁止，如有仍前撰造脅持鼓惑，令總轄使臣密切根緝追勘施行。」從之。

3. 十月二十八日，臣僚言：「國朝令甲，雕印言時政、邊機文書者皆有罪。近日書肆有北征讜議、治安藥石等書，乃龔日章、華嶽投進書劄，所言間涉邊機，乃筆之書，鋟之木，鬻之市，泄之外夷，事若甚微，所關甚大。乞行下禁止，取私雕龔日章、華嶽文字盡行毀板。其有已印賣者，責書坊日下繳納，當官毀壞。」從之。

4. 十二月六日，臣僚言：「陛下嘗降御筆〔一〕，官民戶造屋一遵制度，無事華飾。今都城內外多

建大第，傑棟崇梁，輪奐相高。至於釋老之宫，峻殿邃閣，僭擬莫狀。此土木奢僭之弊也。陛下亦嘗降御筆，銷金鋪翠不許服用，令有司檢照條令，申飭中外，務在必行。今禁防既寬，銷金日盛，什物器用、燕羞果核無一而不施金。此銷金奢僭之弊也。監司、郡守迎新供帳，泰侈特甚，幃幕俱用綾羅，褥裀包以綺錦，此州縣奢僭之弊也。執侍管軍戎服乘騎，此軍將之當然，今内管軍之官出則乘轎，暖幄自衛，作為奇巧以充饋送，盛飾優伶以供宴娛，此軍官奢僭之弊也。甚至民德不一，衣服無常，都城皂隸高巾大袖，混雜士流，民庶妻妾冠帔珠翠，僭擬貴族，其他未易悉數。教化不明，法制廢壞，夫豈細故。乞申嚴土木之制及銷金條令，所在官司供帳不得徇例過數，管軍官不許循習舊弊。仍風厲中外，率循禮範，以為民則，共革奢僭之俗，助成殷富之風。」從之。

〔一〕陛下嘗降御筆　「嘗」原作「當」，據本條下文及文意改。

七年（甲戌，一二一四）

1. 三月十六日，臣僚言：「辰、沅、靖三州内則省民居之，外則為熟戶山猺，又有號曰峒丁，接近生界，迤邐深入，團峒甚多。平時省民得以安居，實賴熟戶之猺與夫峒丁相為捍蔽。刱郡之初，區處詳密，隄防曲盡，故立法有溪洞之專條，行事有溪洞之體例，無非為綏邊之策。近年以來，生界猺獠多有出沒省地而州縣無以禁戢者，皆繇不能遵守良法。夫溪峒專條，山猺、峒丁田地並不許與省民交易〔一〕，蓋慮其窮困無所顧藉。今也州郡悉聽其與省民交易，利於牙契所得輸税可以資郡帑泛用。而山猺、峒丁之丁米掛籍自如，催督嚴峻，多不聊生，反引惹生界出沒省地。若駸駸不已，其害有不可勝言者。乞明敕湖、廣監司行下諸郡，凡屬溪峒去處〔二〕，所有山猺、峒丁田業一遵成憲，不得擅與省民交

易，犯者科以違制之罪。」從之。

〔一〕並不許與省民交易　「許」原作「計」，據文意改。

〔二〕凡屬溪峒去處　「溪」原作「奚」，據上下文改。

2. 五月十六日，嘉興府狀，乞令倭船前來本部住泊趂歲計。詔權令嘉興府行下華亭縣住泊海南船隻抽解，如客人陳給公據，仰本府具申戶部出給，及不得住泊高麗倭船。其客人起發前往海南州軍，仰本府縣嚴行覺察，不得容令夾帶銅錢，申提刑司委官搜檢，亦不許將元船再販物貨往廣、泉州軍。如輒有夾帶銅錢到於別處，官司敗獲，守臣、知縣並行鐫責。仍行下兩浙轉運司、慶元府照會，及浙西提刑司專一覺察施行。

3. 九月二十六日，臣僚言：「今之風俗，自京畿以至江浙，其微之不可不謹者非一。社稷之所報有常祀也。今愚民之媚於神者每以社會為名，集無賴千百，操戈被甲，鳴鉦擊鼓，巡行於鄉井之間。萬一有嘯呼其間如竊弄潢池之兵者，則里社何以禦之？此習俗之不可不謹，其微者一也。古者衣服有常，民得歸一，今愚民以迎神為名，妄一男子，目以為神，如古者立尸以祭〔一〕，冠冕之華，服色之僭，飾金車，張皇蓋，縱觀者不駭，執法者不訶，僭亂之俗，莫此為甚。此習俗之不可不謹，其微者二也。古之命名者不以日月山川，非獨欲其不難於避也，蓋名以立義，義以正行。今之士夫與豪傑之旁午於鄉井者，或襲古帝王之名，殆將何為耶？此又習俗之不可不謹，其微者三也。天下之事必自其微而謹之，微之不謹，積習至著，殆有難於改者。乞明詔大臣，申嚴行下，監司、郡守鏤牓曉示，嚴行禁戢。其或不悛，必置重憲。」從之。

〔一〕如古者立尸以祭　「尸」原作「户」，據禮記集說卷一百二十五改。

八年（乙亥，一二一五）

1. 正月二十八日，臣僚言：「京師，風俗之樞機。禮教，人心之防範。陛下崇尚樸素，躬履儉約，固嘗特降御筆，首嚴銷金鋪翠之禁。曾未數月，冒犯如故。臣以為行法固自近始，而尤當禁絕其源。竊見京城内外有專以打造金箔及鋪翠銷金為業者，不下數百家，列之市肆，藏之篋笥，通販往來者往往至數千人。若於其源而盡絕之，販造者既無所容，則服用者不期革而自革矣。乞行下臨安府，檢坐見行條法，申嚴牓示，其打造金箔及銷金鋪翠工匠等人，仰日下改業，將應干作具經官首納。如限外不首，仍前製造販賣，並許人告，犯人從杖罪科斷，枷項號令監賞，候犯人替。外路州軍專委轉運司嚴切禁戢，準此施行。」從之。

2. 五月一日，禮部尚書兼給事中曾從龍等看詳殿中侍御史兼侍講應武奏：「去年江浙災傷州郡，多為官司掩蔽，減放租稅率不以實，權與倚閣四等以下當年所欠二税，直俟今秋成熟，方許催納。所有六年以前諸色税賦零欠悉與蠲放。」從龍等看詳，欲下戶部疾速具申尚書省。「一、諸州科折綾綿、豆麥之類，惟計一歲所費，科之上戶。蓋上戶力勝重賦，無可辭難，自二等而下則非其比。近年以來，州郡利於贏餘，大率多科數目，乃使二等之末例同科折。乞令戶部、轉運司行下諸州〔一〕，除折帛自有成法外，其綾綿、豆麥之類，止合指定合用數目，如科折過數，許人戶越訴。」從龍等看詳，欲下戶部嚴行約束。如違，許人戶越訴。「一、諸路州縣人戶多有坍江落溪之田，業既不存，税則如故，州縣不與除減，遂至人戶困於虛賦，監錮斷决，無所告愬。乞令上司差官檢覆，除豁二税，毋掛簿籍，久為民害。」從龍等看詳，欲下諸路運司嚴行約束，如遇人戶陳訴，即與差官覈實，除豁施行。「一、諸州坊場多有敗闕既久，額錢仍舊。或界限已滿，抑使抱認，或敷攤衆戶，使之均納。追呼監繫，無由了絕。乞令所屬監司審核，如敗闕日久，合與體減，不許抑勒抱認。敢有違戾，令監司覺察。」從龍等看詳，欲下所屬監司覈實，取見敗闕去處具申尚書省，取旨除豁，劄內藏庫照會施行。「一、預借人戶稅賦，臣僚屢有奏請，朝廷屢行禁止，非不嚴切。訪聞州縣奉承不虔，多是循習。如役錢一項，或借及三兩年，盡被官吏侵欺，故民間每受預借之苦。乞令諸路提舉常平司行下諸州縣照應施行。其餘諸色稅賦，亦合照已降指揮，不得先期預催。如有違戾，許人戶越訴。」從龍等看詳，欲下戶部照累降指揮申嚴行下，約束施行。並從之。

〔一〕乞令戶部、轉運司行下諸州　「令」原作「今」，據文意改。

3. 十一日，右正言兼侍講倪千里言：「版曹歲買綿絹於諸郡，不以時估定價，率以官價抑民，倅廳督諸縣，諸縣責牙儈，紛紛追擾，民胥怨咨。乞令戶部，如諸郡申發到綿絹則樣，仰依時估定價，不得減尅。仍行下轉運司嚴行禁戢，諸郡不得科擾。如違，按奏施行。」從之。

4. 七月四日，主管戶部架閣文字周勉言：「今日生民之苦，其最甚者，稅斂之日急。郡守以豐裕為能，縣令以峻急祈免。一縣之賦十分而解九分之九，可以少舒矣，然文移之出，如雷如霆，縣吏逃逸，故為令丞者日坐湯火塗炭而每不聊生，奈之何長吏不恤也。版曹大計，臣不能知，專人下郡，豈曰美事？求無陵暴，賂必不貲。若是，欲郡之寬縣，郡胥之無為侵竊，不可得也。夏秋二稅，法有省限，今兩浙州郡有以三月末而催夏稅者矣，有責絹以錢必四月取，又因買絹他郡而規取其贏者矣。均之稅也，貧者稱貸子錢〔一〕，則一月之先有一月之害。然則版曹、州郡專人亦可無遣乎？稅斂苟及九分有奇，亦可少緩乎？省限亦可復乎？兼給事中曾從龍等看詳，欲乞嚴行禁戢，仍許御史臺覺察。」從之。

〔一〕貸者稱貨子錢 「貨」當作「貸」。

5. 八月二十二日，臣僚言：「竊見兩浙、江淮等路今歲旱魃為虐，種不入土者什七八，加之飛蝗肆毒，所過一空，民心嗷嗷，甚可憂也。且州縣之間，正使有無相通，未至艱食。今聞帥臣、守令各私其境，以鄰為壑，禁遏米斛，並不出本路州縣之界，遂至上戶閉糶，望風翔貴，盜賊間作，流離餓莩不絕於道。遲以旬月，其害有不可勝言者。乞行下並仰通販米斛，舟楫往來不得禁遏，經由場務不得收力勝等稅錢，聽民旅從便糴糶，官司不必定其價直。如有違戾，外委監司，內而臺諫覺察彈劾，重寘典憲。」從之。

6. 二十七日，臣僚言：「竊惟朝廷張官置吏，上下相維，無非使之奉行主德，乃有立意本善而流弊滋甚者，諸路監司差官，餽送之弊是也。冬夏慮囚則差官踈決，義倉慮移易則差官覈實，楮價慮折閱則差官體訪。路凡幾州，州凡幾縣，而監司不能以徧歷，故聽遣其所屬而互察之。承其命者固當體其分遣之意，今乃奉檄而行，惟利是圖，稍不滿欲，多端羅織。餽遺悅心，雖有過愆，置而不言。為監司者，亦將何從而察之耶？乞今後諸路應差官吏，須釋清廉介潔之人〔一〕，除批券之外，其餘餽送並不許接受，比以贓論。」從之。

〔一〕須釋清廉介潔之人 「釋」當作「擇」。

7. 十二月四日，臣僚言：「銅錢銷毀，最為大患，今欲嚴行禁戢，非必剏為條令，但遵守舊法，務在必行。如有冒禁者，以銷毀不多或從闊畧〔一〕。一遵條令，庶幾銅錢不至消耗，實非小補。」從之。

〔一〕以銷毀不多或從闊畧 疑有脫文。

8. 三十日，臣僚言：「比者旱蝗為孽，民食奏艱，朝廷經理，不遺餘力，蠲廩朝奏夕可，惠至渥也。

臣久歷州縣，備究疾苦，凶年饑歲，惟中戶最可憫憐。蓋中人之家，入僅償出，粒米狼戾，尚鮮蓋藏，不幸遇災，自救不給，州縣例行科抑，使之出粟，期會督迫，逾於常賦，鬻田貸室，轉糴應輸。富者乘時高價取贏，反遂其吞並之計。胥吏並緣推排，以飽谿壑之欲。乞行下應旱荒州縣，出粟賑糶，未免亦科及中戶，當量察其有無，不可專論產錢，多方招誘，不可專事抑勒。如官司過於暴刻，胥吏緣此取受，許人戶越訴，當擇其甚者重寘典憲。」從之。

9. 同日，臣僚言：「臣簉跡會朝，或因奏對，備見內諸司之吏與夫仗衛之人，離次而錯立，聚首而簇談，心竊恠之。至於身之冠服，各有常度，或廼持幞帽於手，繫衫服於腰，短褐便衣，恬無忌憚。乞行下所屬，嚴立約束，應入出宮門，衣冠並須如儀裹戴服繫。行立之際，務在整肅。其或不恭，重寘典憲。所隸官司或不覺察，亦加責罰。庶幾天極崇嚴，主勢隆重。」從之。

九年（丙子，一二一六）

1. 正月二十五日，臣僚言：「州縣之間，事力有限，而遊士挾書以干懇者，甚非所宜。乞申飭有位，應有求書抵州縣干乞，或親書，或連銜，並不許發。其州縣得書，亦不許輒有應副。違者示以懲罰。」從之。

十年（丁丑，一二一七）

1. 三月一日，臣僚言：「近因職事，檢獄天府，其間王正國等屢入番國漏泊一事，案櫝所供，殊駭觀聽。復聞沿海州縣如華亭、海鹽、青龍、顧逕〔一〕、江陰、鎮江、通、泰等處，姦民豪戶廣收米斛，販入

諸番，此尤利害之切者。乞行下沿海州軍，各勅所屬縣鎮，籍定海舟。應有買販入番，先具所載名件經官給據，委官檢實，方得出海，巡警官司看驗公憑，方許放行。如係禁之物，許令徒黨告首，重者以舟中之物充賞。至若米斛在舟，只許會計舟人期程食用。庶幾姦民知所畏戢。」從之。

〔一〕顧遥　「遥」字原脫，據輯稿刑法二之一四二之十一年四月四日條「顧遥」補。

2. 八月二十九日，臣僚言：「比日以來，海多寇盜，剽掠平民。如廣之多槳船，温、台之捕魚船，所至為害。沿海官兵皆相為囊橐，一旦有警，不肯極力追捕。間有捕獲，類多故縱。乞行下沿海州軍及逐州巡捕等官，應界分之火遇有劫盜，立限緝捉，踰時刻不獲者，即行責罰。或行劫之盜續被他處捉獲，兵級與賊一同坐罪，其官屬有失覺察，重賜鐫責。」從之。

3. 十月四日，臣僚言：「選侯擇令，所以分民社之寄，重藩宣之託，職任盖不輕也。而彊梗弗率〔一〕，猶得以為州縣之橈，則亦積習既深，而其類非一爾。何者？倚勢干請，挾公濟私，則有寄居之擾；事力有餘，刼制是務，則有豪富之擾；抵冒法禁，刑責不加，則有宗室之擾〔二〕；鼠牙雀角，珥筆健訟，則有頑民之擾；隱占逋賦，怨怒督促，則有攬戶之擾；甚而侵撓事權，陵轢傾陷，則又有同官之擾。臣備數臺察，每遇受詞，目覩其弊，尋行體訪，皆無籍之徒陷於微利，受情而來，多者或至數十為群，竄易顛末，巧飾詞理，期於必中。聽受之際，固不容不致其審。近者，畿邑之民有訴其長者，至有司究詰乃得其所使之實，聞者為之駭愕。夫以天府耳目之近，官聯之密，且猶若此，則四方萬里之廣，盖可知矣。欲行下諸路郡縣，明行揭示，俾各知分義之守。仍令聽受官司或遇此等詞訴，必須公心究竟其實。若州縣長吏貪謬殘虐，悖理傷道，則嚴行按奏，重寘於法。或彊橫姦欺之輩〔三〕，妄為陵犯，亦必遵照申令，嚴與施行。」從之。

〔一〕而彊梗弗率　「彊」原作「疆」，据文意改。

〔二〕則有宗室之擾　「有」字原脱，據本條上下文「則有」補。

〔三〕或彊横姦欺之輩　「彊」原作「疆」，据文意改。

4. 十一月二十九日，臣僚言：「臣聞楮幣〔一〕之折閲，原於銅錢之消耗。銅錢之消耗，原於透漏之無涯。乞行下慶元、泉、廣諸郡，多於舶船離岸之時差官檢視之外，令綱首重立罪狀。舟行之後，或有告首敗露，不問緡錢之多寡，船貨悉與拘没。仍令沿海州郡多出牓示於灣澳泊舟去處，重立賞格，許人緝捉。每獲到下海銅錢一貫，酬以十貫之賞，仍將犯人重與估籍，庶幾透漏之弊少革。」從之。

〔一〕楮幣　「幣」原作「敝」，據文意改。

十一年（戊寅，一二一八）

1. 四月四日，臣僚言：「朝廷以浙左諸郡去歲小歉，民生艱食，權宜通變，從商販運米過江〔一〕，救災恤民，不容不爾。夫何乘隙好利之徒，抵冒法禁，一離江岸，蕩無禁止，遵海而往，透入虜界者不一。邇者浙右如華亭、海鹽、江陰、顧逕等處，其為漏泄米斛不可勝計。且天禍彼國，連年饑饉，猶且逞其兇暴，而吾之姦民趍利玩法以資盜粮，利害豈小。乞行下淮、浙漕司及沿海州郡，各飭所屬措置關防。如獲到違戾之人，研窮勘鞫，處以軍法。其能告捕者，官司給賞之外，盡以所載之物與之。斷在必行，期以無犯。」從之。

〔一〕從商販運米過江　「商」原作「啇」，據文意改。

十二年（己卯，一二一九）

1. 六月二十八日，都省言：「勘會見錢稀少，會價漸至低減，訪聞日來皆由銅錢下江並番舶偷載，與夫越界販賣出外。已劄下諸路提刑、提舉、轉運、市舶司，日下各嚴切行下所部州軍，差人嚴行搜檢船戶，不許偷載銅錢下船。如有違犯之人，許同舟徒伴並諸色人告首，即將犯人送獄根勘，仍於名下重與追賞，犯人並船戶與所販物貨並船盡籍沒入官，一體決配斷罪。仍仰州縣分明重立罪賞，多出文牓曉諭，常切從公緝捉，無使透漏。仍仰所部監司覺察州縣違慢去處，切待取旨，重行鐫責施行。」

2. 八月九日，臣僚言：「今日楮券之弊，較之開禧之前固不若彼之甚。州縣稱提久而厭玩不無折閱去處，然振起其折閱之漸，而杜絕其致弊之因，其策在錢而不在楮，蓋錢者所以權乎楮也。今日之錢，鼓鑄不登，滲漏不貲，銋銷日盡，私家藏匿。疊是四弊，固宜銅錢日少，而無以濟楮幣〔一〕之流行。乞申明禁令，凡坑冶鼓鑄責之所司，必欲歲數增衍。至於蕃賈之滲漏，工匠之銋銷，豪民贓吏之藏積，嚴行禁止，無尚虛文，無恤浮議，則銅錢可以漸裕，子母可以相權，楮幣之價不至於隨起而隨朴矣〔二〕。至若州縣稱提之策，則民賦輸納、官吏俸給一用錢會中半之說，猶可奉行，而嘉定九年臣僚所奏具在可覆。乞檢舉頒下州縣，務在必行。」從之。

〔一〕楮幣 原作「楮弊」，據文意改。

〔二〕楮幣之價不至於隨起而隨朴矣 「朴」當作「僕」。

3. 十一月十一日，臣僚言：「錢塘為天子之行都，神京之禁地，三數年來，庸人販夫詭親王貴冑之名，占他人墳壠之地，以為石蕩，打擊穿鑿，豈獨山川鬼神為之不寧，而山居之民亦不得安跡。乞行下所屬嚴切禁止，不許仍舊公然打鑿，所是已鑿空洞，亦乞旋行填塞，以實舊址。」從之。

4. 十二月三日，臣僚言：「天祐我宋，百年故土，挈之來歸，虜日敗亡，正不足慮。第惟邊城穡事屢以稔告，而彼疆〔一〕旱潦無歲無之，反聞虜得竊糴吾境，姦民趨利，公然般販，非細故也。虜之長技，所恃為馬，連年師徒販擾十耗七八。彼平時取馬，或於西界，仇怨以來，既不復通，遂乃厚捐珍寶，竊市於吾襄、漢間，甚而膠鰾亦從而往，借寇兵、資盜糧，莫此為甚。乞行下沿邊州郡，應民間移運米穀及有交易，並令本鄉總保或鄰甲保識，委無出界情弊，方許通行。如已保識而故違出界者，併保識人同罪。及販賣膠鰾軍須等物，併令所屬官司嚴切巡捕。如或奉行不虔，別致發覺，官吏〔二〕重行責罰鐫罷。」從之。

〔一〕彼疆　「疆」原作「彊」，據文意改。

〔二〕官吏　「吏」原作「史」，據文意改。

十三年（庚辰，一二二〇）

1. 九月六日，臣僚言：「折科之弊，利不歸於公上而害切於生民。始也惟係省務，其斂尚微，自後諸務從而效之，所征無藝，民賦頓增，上供暗滅〔一〕，歲復一歲，至今極矣。乞令兩浙轉運司先行約束，專差精彊官屬覈實，若數外多科升合，許民戶越訴，當職官皆坐以違制之罪。」從之。

〔一〕上供暗滅　「滅」當作「減」。

十四年（辛巳，一二二一）

1. 二月十二日，臣僚言：「國朝差役，有保正，有戶長。保正主掌煙火，奉行文引，而又有收捕兇暴盜賊之虞。戶長夏則催稅，秋則催苗，而又有並催二稅役錢之苦，所以任民之力不為不重矣。今州縣官吏於斯二者，不惟不加優恤，又且乘時刻剝，勢單力窮，必致破蕩。乞行下州縣，令保正專任煙火、文引之責，諸色科斂並行禁絕。戶長惟任拘催二稅役錢之責，其有恃頑拖欠之戶，即與嚴行追斷。庶使充役之家不至重困。」從之。

2. 六月十六日，德音赦文：「勘會蘄、黃州並管下縣鎮民戶，昨緣避地，流移渡江，今欲復業之人，應隨行衣物、牛具、驢、馬之類，並不得邀阻收稅，舟船免力勝。如有違戾，許民戶越訴。仍多出文牓曉諭。」

3. 九月十日，明堂赦文：「勘會漳、泉、福、興化四郡瀕海細民以漁為業，所得其實無幾，州縣官吏不恤，却行征取。自今赦到日，仰本路轉運、提刑司常切覺察，如州縣仍前違戾，按劾聞奏。」

4. 又赦文：「勘會諸縣起解本州及上司財賦，如糴本錢、牙契錢、忠順官錢、經總製錢之類，各有立定窠名。訪聞諸州軍不恤縣道，逐時添立項目錢數，遂為永額。可令日下改正，或有違戾，仰監司覺察，按劾以聞。」

5. 又赦文：「勘會保正副依條止掌烟火、盜賊、橋道等事，訪聞官司動用一切取辦，如修葺材料、差顧夫力，勒令催科，並是違法。仰今後州縣遵守條令，不得泛有科擾。如違，許充役之家越訴。仍仰監司覺察，按劾聞奏。」

十五年（壬午，一二二二）

1. 十月十一日，臣僚言：「國家置舶官於泉、廣，招徠島夷，阜通貨賄。彼之所闕者，如甆器、茗、醴之屬，皆所願得，故以吾無用之物易彼有用之貨，猶未見其害也。今積習玩熟，來往頻繁，金銀、銅

錢、銅器之類，皆以充斥外國。頃年泉州尉官嘗捕銅鋌千餘斤，光爛如金，皆精銅所造，若非銷錢，何以得此？頗聞舶司拘於歲課，每冬津遣富商請驗以往，其有不願者，照籍點發。夫既驅之而行，雖有禁物，人不敢告，官不暇問。銅日以耗，職此之由。臣愚謂宜戒飭舶司，俾之從長措置，至冬不必遣船，只如初制，聽其自至。彼既習用中國之物，一歲不通，必至乏用，勢不容不求市於我〔一〕。吾以客主之勢坐制其出入，機察其違犯〔二〕，較夫津遣豪民賫物求售、坐視其弊而莫之禁者，得失有間矣。乞亟賜行下，是亦禁戢銅錢、稱提官會之一助也。」又言：「泉、廣每歲起綱，所謂麤色，雖海運以達中都，然水脚之費亦自不貲。今外帑香貨充斥，積壓陳腐，幾為無用之物，臣以為當令舶司就地頭變賣，止以官券來輸左帑。乞併賜行下，其於稱提官會亦非小補。」又言：「蕃夷得中國錢分庫藏貯，以為鎮國之寶。故入蕃者非銅錢不往，而蕃貨亦非銅錢不售，利源孔厚，趨者日眾。今則沿海郡縣寄居不論大小，凡有勢力者則皆為之，官司不敢誰何，且為防護出境，銅錢日寡，弊或由此。儻不行嚴行禁戢，痛加懲治，中國之錢將盡流入化外矣。乞亟賜行下，應興販銅錢下海入蕃者，別立賞格，許人指告。命官追官勒停，永不敘理。百姓籍沒家財，重行決配。」並從之。

〔一〕勢不容不求市於我　「求」字後原衍「求」，據文意刪。

〔二〕機察其違犯　「機」當作「譏」。

2. 十一月六日，臣僚言：「比年以來，游宦不得志之士，犇謁無顧忌之儔，專事口吻，論議橫生，勃乎不知底止。大則以此希榮干進，小則以此搖尾乞憐，稍弗快意，撰造事端，驚聽駭聞。萬一有激，其關繫至不細也。乞下臣此章，以風厲之，仍行下臨安府揭榜曉示，俾之改過自新。如或不悛，臣當指實彈奏，重行懲治。」從之。

十六年（癸未，一二二三）

1. 正月五日，臣僚言：「年來偽楮日甚，丁卯舊楮綴補以為新者有之，蜀道楮綱潛易於中流者有之，小夫寠人之家盜天子之權私鑄印文者亦有之。如一界之楮為數若干，行之數年之間，耗於水火，耗於破損，耗於遐方，踰界而不易者，又不知其幾也。及其界滿而收也，其數常溢，則偽楮之多可知。今偽造有禁，刊之印文，徧之敕令，非不嚴具，而愚民無知，抵冒自若，意者朝廷過於仁厚，前後犯禁之人，未必盡論如法，故小人猶得以玩之歟。乞條具累朝偽造官會之禁，嚴立黃版，揭示都闉，仍下逐路鏤版，其有犯者，斷在必行。官司或失覺察，並寘典憲，仍重捕獲之賞。」從之。

2. 十一日，臣僚言：「六飛駐蹕錢塘閱數十年，宮殿所峙，實在鳳山之前，蓋古人所謂自天目山龍飛鳳舞而至者。鄉來鳳山一帶路南未闢，車馬冠蓋多由嘉會門路。比年八盤嶺屢經砌疊，其平如砥，遂為通衢。殊不思前近帝闕，後涉禁山，行人敢爾紛擾，非所以示尊崇也。乞下殿前司，日下自和寧門相近八盤嶺路口建立門關，麗正門西舊自有門，並行關閉。除巡徼軍兵往來外，應干官員等轎馬、買賣物貨等人，並立牌禁止，不得經行，違者具名申尚書省，重作行遣。官兵並不許假徼巡之名，因而取道。仍乞指揮令臨安府嚴揭賞牓禁約，增重帝都，實為利便。」從之。

3. 八月五日，詔令戶部日下遍牒諸路州軍，嚴行約束當職官吏，將受納苗米，不得過數增收，多量斗面。如有違戾，許人戶越訴。並行下逐路轉運司更切覺察，將違戾去處按劾施行。仍多出文牓曉諭。

十七年（甲申，一二二四）

1. 二月二日，詔令刑部關牒六部、御史臺、諫院、寺監、帑庾，應胥吏凡經斥逐，不以元犯輕重、曾無勘決，日後並不許引赦限及特行收敘入役，以幸吏姦。

2. 四月八日，臣僚言：「臨安府、轉運司凡所施行公事，兩造在庭，有押到而未供者，有已供而未呈者，未免押出召保。幸卒毆打乞覓，輒於委巷之中僦客邸為關留之所，名曰窠里。得錢則聽其責保而去，無錢則執縛拘縶，魚貫蟻聚，臭穢薰蒸，隆暑嚴寒，備極其苦。安邊所及南北兩廂，錢塘、仁和兩縣，循習放傚。已令轉運司、臨安府委官嚴行根刷追斷，毀拆窠柵，鏤牓曉示。自今知在人關留窠里，仰家屬經御史臺越訴，將犯人重斷編管。四鄰不告，一例懲治。」從之。

3. 九日，臣僚言：「今進奏有邸吏，各分郡以掌之。苟事出於公，則凡案牘〔一〕之要程，緘滕之彝具，俾之申達，足副使令。其如利己自營，務求巧便，知私人之可用而不知常度之不可違，知曲徑之可從而不知公法之為可憚，於是部曹寺監之吏，有因州郡委囑，冒充承受。郡守明知其人可以倚仗，委心屈己而聽之，動以二三千緡捐予其家，供請託之費。或馳書要位，控露欵私，必使委曲投陳，探求意向。或公銜列事，未即緘封，必使審細斟量，旋行改易。又甚至結連吏黨，皷倡浮言，附托賄徒，播騰虛說。守之所短，則多方掩覆，更謂循良。守之所忌，則撰事興誣，力為排訾。以賤吏而敢與侯牧〔二〕交通，罪固不容於誅矣。謹按御史臺、三司人吏結甲，不得充州郡承受，月狀申省，具有明文。矧在諸司，並居朝職，嚴於戢吏，理亦宜然。乞行下六部寺監等處，依倣御史臺見行條制，月具逐司人吏自主令而下並不得充州郡承受，結狀保明申尚書省，仍申台證會。若官吏通同，故相容庇，並許覺察彈奏，追鞫

犯吏，重作施行。其諸州申達文字，奏邸屬吏專一稟承，但示至公。併下臨安府備揭賞牓，責令緝捕使臣常切密探，有外郡差人齎持書魄復往舊為承受之家，即行收捉。究勘得實，計贓估配，將守臣之違戾者取旨鐫罷。」從之。以上續會要〔三〕

〔一〕案牘　「牘」原作「櫝」，據文意改。

〔二〕侯牧　「侯」原作「候」，據文意改。

〔三〕天頭舊批「以上續會要」，實應為寧宗會要。

禁約四〔一〕

影印本刑法二之一四七至一五九
大典卷二一七七九

紹興三年（癸丑，一一三三）

1. 三月十八日，知臨安府盧知原言：「車駕駐蹕臨安府，屯兵既眾，居民浩穰。今欲相度每夜三更斷夜，五更依舊許人行往。」從之。

〔一〕四　原作「三」，據原文體例改。

2. 七月四日，浙東、福建路宣諭朱異言：「衢州所盖東嶽神祠氣象雄偉，州人每遇嶽神生日，人戶連日聚集，百戲迎引，其服飾儀物大段僭侈。竊慮所在崇奉淫祠之人，遞相倣傚，別致生事。應州縣奉祀神祠，設祭迎引，輒以旗鑼、兵仗、僭擬服飾為儀數者，令提刑司行下諸州縣，嚴行禁止。」詔坐條行下。

3. 二十二日，詔：「江北流寓之人賃屋居住，多被業主騷擾，添搭房錢，坐致窮困。又豪右兼并之家占據官地，起蓋房廊，重賃與人，錢數增多，小人重困。令臨安府禁止，仍許被抑勒之人詣府陳告。根究得實，將業主重行斷遣，其物沒納入官。本府不為受理，許詣朝省越訴。」

4. 同日，詔：「宗室及有蔭不肖子弟多是酤私酒，開櫃坊，遇夜將帶不逞，毆打平人，奪取沿身財物。令臨安府寅夜密行收捕，如獲上件作過之人，先行收禁枷訊，具奏聽旨。」

5. 十月十七日，監察御史、廣南東、西路宣諭明槖言：「訪聞邕州之地南鄰交趾，其左右江州洞五鎮寨〔一〕，諸坑場多有無賴之徒，畧賣人口，販入交趾。又邕、欽、廉三州與交趾海道相連，逐年規利之徒貿易金、香，必以小平錢為約，而又下令其國小平錢許入而不許出。二者之弊，若不申嚴禁止，其害非輕。臣已檢坐見行條制行下三郡外，欲乞自今二廣邊郡透漏生口、銅錢，應帥臣、監司、守倅、巡捕、當職官失覺察者〔二〕，乞比犯人減等坐罪。」詔依奏，令戶、刑部限三日立法申尚書省。立法見刑制。

〔一〕其左右江州洞五鎮寨　「州洞」，繫年要録卷六十九作「諸峒」。

〔二〕失覺察者　「失覺察者」四字原脫，據繫年要録卷六十九補。

6. 十一月八日，臣僚言：「淛東衢、嚴之間，田野之民每憂口眾為累，及生其子，率多不舉。又旁近江東饒、信皆然。望賜止絕。」刑部檢準見行條法，為係江南東西、荊湖南北、福建路，其兩浙東西路未有，乞依上條。」詔依。五年閏二月九日，臣僚言：「不收養子孫，二廣尤甚。」詔其該載不盡路分，依兩淛等路見行條法。八年五月十六日，詔：「應州縣鄉村第五等、坊郭第七等以下人戶及無等貧乏之家，生男女而不能養贍者，每人支錢四貫，於常平或免役寬剩錢內支給。官吏違慢，以違制論。仍委守令勸諭本處士豪、父老及名德增行常切曉喻禍福或加賙給。如奉行如法，存活數多，許本路監司保明，並無推賞〔一〕。」十五年六月二十一日，臣僚言：「已降指揮，生男女每名支錢四貫文，於常平或免役寬剩錢內支。竊聞州縣免役錢所收微細，乞發義倉之粟以賑之。」詔於見管常平義倉米內每人支米一碩。二十年六月四日，以臣僚言復申嚴行下。二十八年十一月三日，以臣僚言，詔敕令所立法。

〔一〕並無推賞　「無」當作「與」。

四年（甲寅，一一三四）

1. 二月二十三日，詔：「今後諸路有頒降詔令，並仰監司關報州縣，真書文字，鏤板印給于民間。仍約束巡尉不得以修葺粉壁為名，差人下鄉騷擾。」以臣僚言置立粉壁之弊也〔一〕。

〔一〕以臣僚言置立粉壁之弊也　原为小字注文，今改作大字正文。

2. 四月十五日，御史臺言：「訪聞西北流寓之民乍到行在，往往不知巷陌，誤失人口，其廂巡人不即收領送官，責問本家識認，至被外人用情誘藏在家，恐嚇以言〔一〕，或雇賣與人為奴婢，或折勒為娼者甚眾。雖有常法斷罪告賞，緣未曾申嚴約束，望下臨安府措置禁止，常切覺察。」從之。

〔一〕恐嚇以言　「嚇」原作「赫」，據文意改。

3. 二十九日，上諭宰輔曰：「前日王居正上殿劄子，論收買御爐炭須胡桃紋、鵓鴿色者，何嘗有此指揮？」續檢到兩浙轉運司下婺州買炭牒，果有上件紋、色，上蹙然曰：「宮中每常用炭，並不揀擇，當艱難之時，豈宜以此擾人，可令速罷。仍令戶部講究，更有似此之類，並行禁止。」

4. 七月六日，臣僚言：「乞下諸路，今後有賞陣亡恩澤自首及因人告首，所給付身便行毀抹，餘人悉免根究。如自首之人，特與放罪。若因人告發，合推究斷罪、給賞，不得枝蔓。」詔若有賞陣亡恩澤自首之人，不以所犯在今降指揮前後，并合遵依已降指揮施行。

5. 十月十七日，宰執進呈臣僚奏疏：「車駕進發有日，恐州縣以供億擾民，朝廷雖已降約束，乞粉壁曉諭。」上曰：「朕常出使河朔，見宣和間茶鹽條法粉壁列屋長廊，徒為文具，適以害民，不如多出文榜。」趙鼎曰：「陛下聖慮及此，幸甚。」

6. 十一月六日，宰執進呈監察御史田如鼇論幾事不密則害成：「朝廷近來未行之事，中外已自宣傳，及號令之出，往往悉如衆人所料。嘗推求其故，皆緣人吏不能謹所致。」上曰：「此緣呂頤浩不知大體，雖賣物人亦縱之入政事堂，每每漏泄。」趙鼎曰：「前此中書省、樞密院置皇城内，如在天上，何由探知？自渡江屋宇淺隘，人跡錯雜，自然不密。」上命申嚴法禁，又詔應漏泄邊機事務，並行軍法，賞錢一千貫，許人告。仍令尚書省出榜。

五年（乙卯，一一三五）

1. 閏二月二十三日，都省言：「三省、樞密院人吏約束條貫，其輒入酒肆並開置邸店、沽賣酒食之類，所立告賞，切恐太輕〔一〕，理當增立。」詔各更增立賞錢一百貫，餘並依累降指揮，仍出牒曉示三省制敕院門、樞密院宣旨門。

〔一〕切恐太輕　疑「切」當作「竊」。

2. 五月十九日，户部言：「禁戢私鑄銅器，已有見行條法罪賞。若私置爐烹煉、鉟銷、磨錯、剪鑿錢寶鑄造銅器，乞以五家結為一保，自相覺察。除犯人依條外，若鄰保内不覺察，亦乞依私鑄錢鄰保知而不糾法。」詔依。六年五月二十七日，詔：「今後有銷毀錢寶及私以銅鍮石製造器物賣買興販者，一兩以上並依服用翡翠法徒二年，賞錢三百貫。鄰保失覺察鑄造，並杖一百，賞錢二百貫，許人告。仍令州縣每季檢舉。」六年六月二十五日，申嚴禁止，仰逐路監司月具有無所犯及捉獲人數申尚書省。八年八月二十七日，臣僚言：「乞將諸路見存鍮石、銅器許存留外，後來更不許鑄造販賣，許人告捉，罪賞依法外，有民間合用之物，就官鑄造出賣。」詔申明行下。十年五月十三日，户部言：「續降禁銅器指揮〔一〕，一兩以上並依翡翠服用法，徒二年，賞錢三百貫。緣立法太重，諸路州縣未見遵依。今欲並依紹興舊法，一兩杖一百，一斤加一等，令衆三日，配本城，十斤配五百里。廂耆、巡察人失覺察，杖八十。杖一百罪，賞錢五十貫；徒二年，錢七十貫，每等加十貫；流二千里，錢一百貫，每等加十貫。鄰保知而不糾者，以犯人減一等。仍州委通判、縣委令丞，先將見造賣銅器之家應有動用作具限一日並行毀棄，及將自來私造銅器之人先籍定姓名，版榜曉示。其民間見賣銅器，限一月令人戶赴所屬送納，隨斤兩給還價錢。州縣當職官吏違戾，具名取旨。」十二年四月三日，戶、工部言：「今欲將民間見買賣銅器之物立定每兩價錢不得過二十文足，輒增價錢一文以上，並依紹興十年五月十三日指揮。」二十六年六月二十二日，戶、工部言：「其買銅器之人未有約束，欲並從杖一百私罪科斷。」七月十一日，御史中丞湯鵬舉言：「乞將已成坯而未鑄者、已鑄而未出賣者，並許諸色人告，盡以家業充賞，仍以犯人斷配錢監。」二十七年四月八日，左司諫淩哲言：「欲將天下寺觀佛像、銅磬之屬官為籍記存留外，自後鑄造者許人告首，僧徒工匠施與受施，並依見行罪賞斷遣。」二十八年七月二十四日，戶部言：「士庶之家除照子及寺觀佛像、鍾磬鐃鈸、官司銅鑼存留外，其餘所有鍮石銅器，如違限不納入官，不滿十斤，杖一百，賞錢一百貫。十斤以上並徒二年，賞錢三百貫，許諸色人告。或豪富、命官之家限外尚敢沉匿，依條給賞、斷罪外，具名取旨。當職官奉行違慢，重行黜責。鑄銅器匠人立賞錢三百貫，許人告捉，從徒二年斷罪，配鑄錢監重役。」二十八年十月十日，提領鑄錢所言：「乞行下逐州府，如有鑄銅工匠願投充近便鑄錢監工匠之人，更不刺軍號，日支食錢二百五十省、米二勝半，常加存恤，無至失所。」並從之。

〔一〕續降禁銅器指揮　「銅」原作「錮」，據下文改。

3. 八月二十四日〔一〕，德音：「應潭、柳〔二〕、鼎、澧、岳、復州，荊南、龍陽軍，循、海〔三〕、潮、惠、英、廣、韶、南雄、虔、吉、撫州，南安、臨江軍，汀州管內，訪聞逐路州縣昨因捕盜，創置軍期司，行移公文，追科差役，猾胥姦吏以此恐嚇良善，無所不至。今來軍事已定，仰提刑司委官點檢，並行住罷。如尚敢存留，按劾以聞，當議重寘典憲。又前項管內州軍應見收藏驅虜到人，或展轉雇賣買人，知情至今未令逐便，如限滿依舊拘留，並從略人為女使法科罪。鄰保知而不糾，減犯人罪一等，許被虜人或親屬次第陳訴。」

〔一〕天頭舊批：「渭清按：此八月二十四日是紹興五年，此德音卷一萬三千二百二十田訟門引有，正作五年，可證。」繫年要録卷九十二紹興五年八月丙寅可證五年為是，只是「丙寅」為二十五日有異。

〔二〕柳　繫年要録卷九十二、文獻通考卷二十七作「郴」。

〔三〕海　繫年要録卷九十二、文獻通考卷二十七作「梅」。

六年（丙辰，一一三六）

1. 二月八日，監察御史梁弁言：「行在倉官任滿有出剩之賞，每交納諸州綱運必多般加量，遂致虧折，追納監繫，桎梏相望。欲望寢罷監官出剩之賞，若任內交納不擾，特與推恩。」從之。

2. 十九日，中書門下省言：「訪聞臨安府並諸路州縣，多有邪偽之人于通衢要鬧處割截支體，刳剔腸胃，作場惑眾，俗謂南法，遞相傳習。若不禁止，為害不細。」詔令刑部檢坐斷罪條法，遍牒諸路州縣，申嚴禁止。

3. 四月二十四日，太常博士李弼直言：「川陝四路邊面聯屬〔一〕，綿亙數千餘里，所恃為形勝者，非特山蹊險阻，蓋有林木以為障蔽，謂之禁山。祖宗時，每帥臣到官，即分遣屬吏檢閲禁山為典故。頃歲以來，以軍興而制器械，運粮而造船筏，自近及遠，采斫殆盡。異時障蔽之地，今乃四通八達。望詔有司檢會禁山條例，嚴行約束。」詔令四川安撫制置大使司相度禁止。

〔一〕川陜四路邊面聯屬　「陜」當作「峽」。

七年（丁巳，一一三七）

1. 六月十五日，尚書省勘會：「浙江西興兩岸濟渡多因過渡人衆，爭奪上船，或因渡子乞覓邀阻，放渡失時，致多沉溺。自紹興元年至今年，已三次失船，死者甚衆。其監渡官係兼職，難以專一，理合措置。有旨，如裝載過數，梢工杖八十。致損失人命，加常法二等。監官故縱與同罪，不覺察杖一百，輒以渡船私用或借人並徒一年，其新林、翕山私渡人杖一百。仍許人告，賞錢五十貫。」

2. 九月二十二日，明堂赦：「訪聞虔、吉等州專有家學，教習詞訴，積久成風，脅持州縣，傷害善良。仰監司、守令遍出文榜，常切禁止，犯者重寘以法。」

十三年（癸亥，一一四三）

1. 閏四月十二日，尚書度支員外郎林大聲言：「江西州縣有號為教書夫子者，聚集兒童，授以非聖之書，有如四言雜字，名類非一，方言俚鄙，皆詞訴語。欲望播告天下，委監司、守令如有非僻之書，嚴行禁止。」詔令本路提刑司繳納，禮部看詳取旨。

八年(戊午,一一三八)

1. 三月七日,台州州衙門外有匿名文字,其間稱常平主管官李椿年刻薄等事,欲率衆作過,言頗不遜。上諭宰臣曰:「兵火以來,官錢多有失陷。既差官檢察,若稍留心職事,便生誣毀,此必州縣人吏所爲,萬一作過,當遣兵剿殺。」趙鼎已下退而嘆服上之英明。

2. 十九日,御史中丞常同言:「吏部差注、關陞、磨勘、奏補等事,人吏書鋪邀求常例,數目至多。」上曰:「官員到部,所費如此,則到官之後,豈免貪取,何以責廉?令尚書省出榜部門,嚴行約束。」

十年(庚申,一一四〇)

1. 四月二十一日,詔:「新復州軍官員到行在整會差遣之類,如所屬胥吏非理阻抑,乞覓一錢以上,取與並過渡人並一等計贓,重行科罪,不以赦降原免。許告,賞錢五百貫。仍令尚書省出榜。」

十一年(辛酉,一一四一)

1. 正月十二日,桂陽監〔一〕言:「皇帝本命日,近降指揮,禁止屠宰,所有禁刑一節,不曾該說,理合禁約。」刑寺看詳:「雖紹興令内未曾修立成法,緣今來既已降指揮,丁亥日禁止屠宰一日,所有決大辟並流以下罪,如遇丁亥日亦不合行決。」從之。

〔一〕桂陽監 「陽」原作「楊」,據宋史卷八十八地理志四十一改。

2. 八月七日，詔：「應干托州縣雇人，輒差科或以官錢應付，及於寺觀人戶借夫，或以借夫為名，收受雇直入己，本罪輕者並以違制論，不以赦降原減。按官屬出巡及官員被差幹辦公事合雇人夫輒過數，及於街市驅逐賣物村民準此。」

十二年（壬戌，一一四二）

1. 五月十四日，詔：「皇城週迴高阜望見禁中去處並州城上人行，先立法收捉，從徒二年科斷。其候潮門上及城上平視禁庭，並不禁止。可令臨安府日下壘塞踏道，有犯罪依已降指揮施行。」

十三年（癸亥，一一四三）

1. 五月十九日，中書舍人楊愿言：「乞天申令節天下訪求遺跡，各置放生池，申嚴法禁，以廣好生之德。」詔諸路監司措置以聞。是日，工部郎中林乂言：「臨安府西湖自來每歲四月八日郡人會於湖上，所放羽毛鱗介以百萬數。比年以來，往往採捕，殆無虛日，至有竭澤而漁者，傷生害物，莫此為甚。乞檢會天禧故事，依舊為放生池，禁民採捕。」從之。十七年十月二十一日，知荊門軍趙士初言：「恭覩條法，畜有孕者不得殺，禽獸雛卵之類，仲春之月禁採捕。今來伏遇丁亥日禁屠宰，未嘗禁漁獵，乞添入『丁亥日禁漁獵』之文。」詔依。詳見禁採捕〔一〕。

〔一〕詳見禁採捕　原作大字正文，據文意改作小字注文。

2. 六月十九日，左修職郎趙公傳言：「近年以來，諸路書坊將曲學邪說不中程之文擅自印行，以瞽曨學者，其為害大矣。望委逐路運司差官討論，將見在板本不係六經子史之中而又是非頗繆於聖人者日下除毀。」從之。十五年七月二日，兩浙東路安撫司幹辦公事司馬伋言：「建州近日刊行司馬溫公記聞，其間頗關前朝政事。竊緣曾祖光平日論著即無上件文字，妄借名字，售其私說。」詔委建州守臣將不合開板文字並行毀棄。十五年十二月十七日，太學正孫仲鼇言：「諸州民間書坊收拾詭僻之辭，託名前輩，輒自刊行，雖屢降指揮禁遏，尚猶未革。欲申嚴條制，自今民間書坊刊行文籍，先經所屬看詳，又委教官討論，擇其可者許之鏤板。」從之。

十三年（癸亥，一一四三）〔一〕

1. 十二月九日，上諭輔臣曰：「朕前日降出錢樣，卿等見否？更不成錢，仍是銷鎔好錢私自鼓鑄。可降指揮，盡令銷毀。民間不得行使，官司亦不許受納。今日若不嚴為之禁，將來盜鑄愈多，則尤費力也。」於是詔民間應現在私鑄輕薄當二毛錢並拋毀。

〔一〕十三年　原脫，據天頭舊批「渭清按：十二月九日是十三年。宋史·本紀·高宗七，十三年十二月辛卯毀私鑄毛錢。是月癸未朔，九日則辛卯也。」補。

十四年（甲子，一一四四）

1. 正月二十九日，詔：「北使所過州軍如要收買物色〔一〕，令接送館伴所應付，即不得縱令百姓與北使私相交易，引惹生事。可劄下所屬立法禁止。」

〔一〕北使所過州軍如要收買物色　「使」原作「史」，據本條下文「北使」改。

2. 九月一日，詔：「士庶與國姓同，單名偏傍並連名相犯之人，令刑部遍牒州軍，限一月改正。

如違，從杖一百斷罪。」

十五年（乙丑，一一四五）

1. 十一月十六日，右諫議大夫何若言：「伏見近降指揮，應有差遣人五日朝辭出門，蓋以息奔競、絕窺覦也。而苟得無恥之徒，猶留宿不去。欲望申戒敕，日後有犯，重賜黜責。」從之。

十六年（丙寅，一一四六）

1. 二月三日，臣僚言：「近來淫祠稍行，江浙之間，此風尤熾，一有疾病，唯妖巫之言是聽，親族鄰里不相問勞，且曰此神所不喜。不求治於醫藥，而屠宰牲畜以禱邪魅，至於罄竭家貲，畧無效驗，而終不悔。欲望申嚴條令，俾諸路監司、郡守重行禁止。」詔令禮、刑部坐條行下，如不係祀典，日下毀去。

二十年（庚午，一一五〇）

1. 六月二十四日，宰執進呈直秘閣、前權發遣閬州王湛言：「乞守令每遇勸農，不得輒用妓樂〔一〕，宴會賓客，仍責郡縣之官因農時躬駕鄉亭，出入阡陌，糾罰游惰〔二〕，以田萊墾辟為之旌賞。」上曰：「四川去朝廷遠，雖降指揮，多奉行滅裂，可令戶部立法。」

〔一〕不得輒用妓樂　「樂」原作「藥」，據輯稿刑法二之一五三之三月十八日條「許用妓樂」改。

〔二〕糾罰游惰　「惰」原作「隋」，據文意改。

2. 八月十九日，太醫局言：「本草玉石部中有砒霜一味，委有大毒，並無起病之功。望令出產州軍今後不許收採，商旅不得依前貨賣，見在者並令燒毀。重立斷罪，許人告捉施行。」從之。

3. 十二月十五日，詔：「應貸農民以米穀者，止許以米穀償之，如輒敢準折以前及重增其利〔一〕，致有欠負，官司不得收理。」

〔一〕如輒敢準折以前及重增其利　「前」當作「錢」。

二十一年（辛未，一一五一）

1. 閏四月十六日，知沅州傅寧言：「湖南北兩路風俗，每遇閏月之年，前期盜殺小兒以祭淫祠，謂之採牲〔一〕。望下逐路帥臣、監司，督責巡尉，如一任之內糾察採牲〔二〕七人以上，依獲彊盜法〔三〕，特與推賞。失於糾察，因事發覺，巡尉坐失捕彊盜之罪。」從之。

〔一〕謂之採牲　「牲」原作「生」，據輯稿・刑法二之四淳化元年八月二十七日條「採牲」改。

〔二〕採牲　「牲」原作「生」，據輯稿・刑法二之四淳化元年八月二十七日條「採牲」改。

〔三〕依獲彊盜法　「彊」原作「疆」，據文意改。

二十二年（壬申，一一五二）

1. 十一月十八日，南郊赦：「近來州縣違法差公吏、兵級、廳子之類賫執文引，遍下鄉村民戶假借什物器用，妄行需索所無之物，抑令置備，因而搔擾乞取，民被其害。仰監司覺察按劾，如敢容庇，許監司互察。」

二十三年（癸酉，一一五三）

1. 四月十五日，上宣諭輔臣曰：「近令臨安府收捕破落戶編置外州，本為百姓除害。前日有論訴緝捕下人恐嚇取覓，妄有供具，可令有司子細根治，務要得實。恐小人無知，及有搔擾，甚非除害安民之本意。」

二十四年（甲戌，一一五四）

1. 八月十三日，宰執進呈溫州平陽縣布衣黃元壽進狀，內一項：「溫州科柑，每歲保正和買百顆以為常額。所納者須及尺寸，稍有分毫不至，或五六顆然後折當一顆。稍有違拒，鞭笞兩至。」上曰：「可劄下本州照會，不得非理科擾。並福建荔枝，不曾使令收買，今後亦不得供進。」

二十五年（乙亥，一一五五）

1. 十一月二十七日，三省、樞密院言：「頃者輕儇之子，輒發親戚箱篋私書訟於朝廷，遂興大獄，因得美官。緣是之後，告訐成風。考簡牘於往來之間，錄戲語於醉飽之後，雖朋舊骨肉，實相傾陷，薄惡之風，莫甚於此。乞令有司開具前後告訐姓名，議加黜罰。」詔令刑部開具取旨。二十六年正月二十四日，御史湯鵬舉言：「乞申嚴州縣，今後應有告訐私事者，或雜以公事，不許受理，則事不干己之法必行，而此風自息。稍或不悛，追證不實者，重寘編配。」從之。

2. 十二月九日，參知政事董德元等言：「監司守臣競事刻剝，重為民蠹者。一郡常賦自有定額，

乃取無名之資，謂之羨餘。官有常俸，猶或不繼，而乃祿無用之人，謂之權攝。學校則有校正、講書之職，庫務則有檢察、指教之名，創置不一，誅求日繁，民力困弊。望嚴行禁約，或有違戾，仰御史臺及監司彈奏，重寘典憲。」上曰：「此等無非害民者，可依此行下。」

3. 二十六日，辛執〔一〕進呈張晟差除。上曰：「張晟是會稽人，前日論及紹興府科買箭笋，大擾百姓，皆前此曹泳、趙士粲〔二〕所為。」魏良臣等奏：「聞士粲在紹興日事苞苴，不獨此郡箭筍，如平江府洞庭柑每對直二千〔三〕，宣州蜂兒每斤不下三十千，近增至四十千，科於民間，極以為苦。」上乃詔悉罷之，因宣諭曰：「朕尋常未曾毫末有取於民，如日用紙，亦不令臨安府收買，恐至騷擾，只自令人於市肆中買，仍得佳者〔四〕。」魏良臣等奏：「陛下聖德恭儉如此，雖古帝王何以加。」

〔一〕辛執　「執」原作「職」，據文意及中興小紀卷三十六改。

〔二〕趙士粲　浙江通志卷一百十四作「趙士璨」。

〔三〕洞庭柑每對直二千　「直」字原脫，據繫年要録卷一百七十補。

〔四〕仍得佳者　「仍」，繫年要録卷一百七十作「便」，宋史全文卷二十二上作「更」。

二十六年（丙字，一一五六）〔一〕

1. 二月二日〔二〕，左朝請大夫、提舉江州太平興國宮劉才邵奏：「近年民間受弊，莫甚於受納、追催、差役三事。倉場官吏與攬子為市，阻節人戶，米則多加合數，絹則抑取輕錢，或於一碩一疋別責常例。計其浮費，已過正數一二倍，此受納之弊也。追催本屬戶長，今則差公人，或差土豪、土軍，所至將帶槍手動十數人，驚擾鄉民，煩費百出，此追催之弊也。民間田業，稅貫高低灼然，差役自上及下，而猾吏求賂，每闕一名，必進十數戶，請求脱免，所費不貲，此差役之弊也。欲委諸路監司詢訪民間利病以聞，詳為法禁。」上可其奏，曰：「此三者，皆民間大事，宜速行之。」

〔一〕二十六年　原脱，據繫年要錄卷一百七十一補。

〔二〕二月二日　繫年要錄卷一百七十一記此事在紹興二十六年二月癸酉朔，即二月一日。

2. 三月十八日，侍御史湯鵬舉言：「近年州縣許用妓樂，遂有達旦之會，監司、郡守或戒約之，則哄然生謗。此風起於通判，行於司理，至於盜用官錢、官酒，苦刻牙人、鋪戶，恣縱市買，以至縣官筵會之費，盡科配於公吏。乞於天申節及人使往來之處，守臣休務之日，許用妓樂於公筵，其餘自總管、謀議官、通判以下，並不許擅用借用，違者委監司、郡守即時具奏。」從之。

3. 五月十六日，新授起居舍人兼權給事中淩景夏〔一〕、新除授中書舍人吳秉信，各論奏錢塘縣百姓楊康以市井駔會輒敢進狀，欲專一府屠宰之利，使其儕輩拱手失業，乃以廟享及御膳為辭，輕量朝廷，媟瀆宗廟。乞送大理寺根治，重行斷遣。並從之。時楊康進狀，以元係浙江賣羊官圈都牙人，今乞依舊在圈專一管幹，其賣羊贏落錢每年二萬三千貫文，盡乞獻納歸官，買辦四季酌獻等使用，及買獻內膳御膳羊，仍乞朝省降約束，其他牙人不得在圈作弊。事下臨安府看詳，故有是論列。

〔一〕新授起居舍人兼權給事中淩景夏　「授」原作「受」，據下文「新除授」改。

4. 七月五日，御史臺檢法官褚籍言〔一〕：「近年以來，州縣守令類多貪墨，每有等第豪戶及僧道富贍者犯罪，一至訟庭，往往視為奇貨，連逮禁繫，動經旬月，方令入狀，以願獻助錢物為名，或作贍軍支用，或作修造亭館，更不顧其所犯輕重，一例釋放。乞嚴立法禁，凡犯罪者，輕重自有斷罪條法。如或巧作名目，令犯人獻助錢物以自勉者〔二〕，官吏當以坐贓論。」從之。

〔一〕御史臺檢法官褚籍言　「官」原作「宮」，據文意改。

〔二〕令犯人獻助錢物以自勉者　「勉」當作「免」。

5. 十三日，御史中丞湯鵬舉言：「逐州私置稅場〔一〕，廣收醋息，倍有所入，盡歸公庫，恣己所用，波及僚屬，兼局添給所在有之。如蘇、湖、秀之兵職、曹官、令佐請給，其間月有二三百千者，而居民、僧道、店鋪、舟船經由場務，無不科斂以納醋息，其害不可言者。伏乞申嚴守倅，遵依紹興赦令，按月支見任官供給〔二〕，違者並以自盜論，令臺諫、監司按劾〔三〕。」從之。

〔一〕逐州私置稅場　「逐」，繫年要錄卷一百七十三紹興二十六年七月壬子作「諸」。

〔二〕按月支見任官供給　「官」字原脫，據繫年要錄卷一百七十三補。

〔三〕令臺諫、監司按劾　「劾」原作「刻」，據繫年要錄卷一百七十三改。

6. 九月一日，太學錄范成象〔一〕言：「昨者大臣專國，權傾天下，乃於始生之日受四方之獻，寶貨珍奇，輻湊其門。至於監司、州郡，轉相視效，屬吏諂奉，爭新效奇。屯兵所在諸將，遺賂金珠綵帛，貲以萬計。甚者給綵張樂，百戲迎引，所至騷然，逾於誕節。夫以州郡而為朝廷之儀，人臣而享天下之奉，名分不正，未有甚於此者，乞嚴禁止。」詔令有司立法。刑部立法：諸內外見任官因生日輒受所屬慶賀之禮，及與之者，各徒一年，所受贓重者坐贓論。

〔一〕范成象　原作「萬成象」，據繫年要錄卷一百七十、一百七十五改。范成象，范成大兄。

7. 十一日，太學博士何俌言：「伏見元降指揮，將送饋折會之類紐計過數者，皆以贓坐。近年監司、郡守蓋有供給之外，遞相送遺，公行博易，月至千緡者〔一〕。至於官屬，往往虛創名件，謂之兼局、提點、檢察、監催之名，其所入亦有月至二三百緡者。而閑慢小官合得供給俸錢，或虛折酒醋，或累月倚閣，其為不均如此。望下按察官司嚴行禁止，悉遵見行條法。」從之。

〔一〕月至千緡者　「緡」原作「綿」，據文意及下文改。

8. 十月十九日，詔：「訪聞街市貨賣熟藥之家，往往圖利，多用假藥，致服者傷生，深為惻然。自今後賣藥人有合用細色藥，敢以他物代者，許其家修合人陳首。如隱蔽〔一〕，却因他人告首者，與貨藥人一等斷罪，並追賞錢三百貫，先以官錢代支。其犯人不理有官及蔭贖，並依不如本方殺傷人科罪。令臨安府及諸路州縣出榜曉諭。」

〔一〕如隱蔽　「蔽」原作「敝」，據文意改。

9. 閏十月十五日，刑部看詳臣僚劄子：「在法，州縣違法差雇夫轎車馬之類及驅逐街市賣物村民，並以違制論，不以赦降原減。官吏亂作名色拘占舟船者徒一年科罪，並許人戶越訴。其州縣見任官私役工匠即未曾申嚴禁約。今欲乞見任官如敢於所部私役工匠，營造己物，依律計庸準盜論。若緣公興造，即具事因送所屬量事差撥，仍依籍內姓名從上輪差，務要均平，及令所役官司優支雇直〔一〕。如有違犯，並許人戶越訴。監司不行覺察，依條科罪施行。」從之，仍令敕令所編入成法。

〔一〕優支雇直　「優」原作「擾」，據文意改。

10. 十一月二十五日，尚書吏部員外郎王晞亮言：「比年以來，承平寖久，侈俗益滋。婚姻者貿田業而猶恥率薄，以至女不能嫁，多老於幽居。送終者罄力追修而營繕無資，以至親不能葬，多留於淺土。富者競侈而越法，貧者强效而墮業。欲望委監司明加誡飭，使稱家有無，各遵禮制，毋尚侈靡。」從之。

11. 十二月十八日，宰執進呈知盱眙軍吳說劄子，乞今後禁止取蝛人。上曰：「暴殄天物，是誠可禁，第恐貧民以取蝛為生，一旦禁之，遂至失業。此與捕魚一般，何由禁得？古之聖人先仁民然後愛物，今但令官司不得買蠘，民間各聽從便。

三十年（庚辰，一一六〇）

1. 三月十四日，臣僚言：「今錢塘南山〔一〕士庶墳墓極多，往往與形勢之家〔二〕及諸軍寨相鄰，橫遭包占平夷，其子孫貧弱，不能認為己有。乞令臨安府出牓，嚴行禁約，並本縣官吏不得受賂容情，擅行給佃。如有違犯，仰人戶徑詣台府越訴，重行斷治。」從之。

〔一〕今錢塘南山　「今」原作「金」，據文意改。

〔二〕形勢之家　「形」原作「刑」，據文意改。

2. 四月十九日，詔：「應已得差遣人遵依舊法，限半月出門。州縣闕官，應專攝者，不得差本處寄居官。內已有差遣人，不得於行在並臨安府權攝。狥情冒差者，並以私罪收坐。」從吏部請也。

3. 十一月二十一日，知黎州馮時行言：「本州係極邊，與吐蕃、南蠻接境，全仰百姓土丁防托，而官吏求索紅桑木、琵琶槽交椅，楠瘤影洗鑼、吐盂、土酥、蕃葡萄、川椒、紅花、虎豹皮，百色騷擾，是致土丁逃亡，不能自存，乞行禁止。」詔下本路轉運司覺察，如違，即行按治。仍出牓曉諭。

4. 十二月六日，臣僚言：「邕州管下官吏受賄，停留販生口之人，誘畧良口，賣入深溪洞。左江一帶，七源等州〔一〕竊近交趾，諸夷國所產生金、雜香、朱砂等物繁多，易博買。平民一入蠻洞，非惟用為奴婢，又且殺以祭鬼。其販賣交易，每名致有得生金五七兩者，以是良民橫死，實可憐惻。乞申嚴法禁，仍每季令帥、憲司檢察，行下邕州及沿路州軍，取別無興販，結罪保明，詣實帳狀申。」詔令刑部增立賞格。

〔一〕七源等州　「七源」原作「七元」，據宋史卷三百四十八張莊傳改。

三十一年（辛巳，一一六一）

1. 五月八日，知臨安府趙子潚言：「訪聞街市無圖之輩插帶掉篦，及著臥辣，用長藤為馬鞭，聚衆於酒肆，吹唱鷓鴣，手撥葫蘆琴，跪膝勸酒，有傷風教。今立賞錢一百貫文禁止，違者從重斷遣，有官廕人申取指揮。及近有官員出城外，張小涼傘，上用紅油火珠，亦乞禁止。」從之。

2. 八月十八日，知臨安府趙子潚言：「近來品官之家典雇女使，避免立定年限，將來父母取認，多是文約內妄作妳婆或養娘房下養女，其實為主家作奴婢役使，終身為妾，永無出期，情實可憫。望有司立法。」戶部看詳，欲將品官之家典雇女使妄作養女立契，如有違犯，其雇主並引領牙保人，並依律不應為從杖八十科罪，錢不追，人還主，仍許被雇之家陳首。從之。

3. 十月十八日，詔：「將來視師經由去處，排辦頓遞，修治道路，不得過為華飾，勞民費財。三省行下約束，如有違戾，令監司按劾，御史臺彈奏。」

三十二年（壬午，一一六二）

1. 二月二十九日，臣僚言：「訪聞州郡尚有以獻助為名而下科率之令，如福州每產錢一文，輒科八文；建州每產錢一文，輒五文或三文，民甚病之。往往它郡間有此類，望賜止絕。如有輸納難再給還，即乞理為本戶將來稅賦之數。仍乞鏤板行下，違者許民戶越訴，當寘嚴憲。」從之。以上中興會要〔一〕。

〔一〕以上中興會要　原為大字正文，今改作小字注文。

2. 十月二十七日〔一〕孝宗已即位未改元，戶部言：「近日民間多有貨鬻銅器者，公然銷錢鑄造。乞行下州縣，將逐處銅匠籍定姓名，如有違犯人，先次斷罪，押赴鑄錢監充役。」從之。

〔一〕十月二十七日　原作「孝宗紹興三十二年未改元」，據文例改。

隆興元年（癸未，一一六三）

1. 三月十三日，中書門下言：「檢會已降指揮，應諸軍不得令軍人回易及科敷買物，尅剝士卒請給。訪聞諸軍近日放免虛錢，仍前勒令回易及俵散布帛、柴炭之類，並開坊造酒，分俵量其請給，每月尅除，合嚴行禁止。」詔三衙諸軍遵依已降指揮，如敢再有違戾，許軍人徑赴三省、樞密院越訴，願移軍別入役或願離軍者聽。

2. 四月七日，臣僚言：「邇來風俗侈靡，日甚一日。民間泥金飾繡，競為奇巧，衣服器具皆雕鏤粧綴〔一〕，極其華美。望飭守臣，嚴切禁止。」詔檢會紹興二十七年禁鋪翠銷金手詔申嚴行下。

〔一〕衣服器具皆雕鏤粧綴　「粧」當作「妝」。

3. 七月二十五日，中書門下省言：「竊見邇來臨安府士庶服飾亂常，聲音亂雅，如插棹篦、吹鶻鴿、撥胡琴、作胡舞之類，已降指揮嚴行禁止外，訪聞歸朝、歸正等人〔一〕往往不改胡服。及諸軍有倣傚蕃裝，所習音樂雜以胡聲。乞行下諸軍及諸州縣，並行禁止。」從之。

〔一〕歸正等人　「歸」字原脫，據文意補。

二年（甲申，一一六四）

1. 正月十日，知潭州黃祖舜言：「竊見湖南、北多有殺人祭鬼者，耳目玩習，遂成風俗。乞委兩路監司嚴行禁戢，如捕獲犯人，依法重作行遣。」從之。

2. 十四日，詔：「諸州飲燕之費，豐侈過當，傷財害民。自今各令務從省約，敢有違戾，必寘之罰。仍令戶部條約行下。」

3. 同日，詔：「諸州公庫合支見任官供給，止許送酒，仍不得過數。敢以錢物私饋，並以違制論，令提刑司常切覺察。」

4. 二月六日，知潭州黃祖舜言：「竊見湖南人戶有欠負客人鹽錢貧無以償者，至以男女折充奴婢。望敕湖南提舉司嚴切禁戢。」從之。

5. 三月二十七日，德音：「勘會高、藤、雷、容等州累降指揮禁止採捕翠羽、蚌珠、玳瑁、龜筒、鹿胎之屬，非不嚴切，尚慮貪吏抑勒民戶採捕，傷害物命。仰本路監司常切覺察，如違，按劾聞奏。」

6. 六月三日，權給事中葉顒言：「淮南州縣例以丁夫迎送過客，多至百餘人，少不下一二十人，甚者使供菲屨之直，陪道里之費，謂之差借。去歲饋餉給邊，有司不能預辦舟楫，盡奪客舟以載，甚者既歸而復往，謂之摺運。欲望明詔本路監司常切覺察，如州縣或有違戾，具名按奏。」從之。

7. 七月二十日，知賀州秦巋言：「贛、吉、全、道、賀州及靜江府居民常往來南州等處興販物貨，其間多有打造兵器出界貨賣者，乞行下諸州縣巡尉及津務鎮場，嚴行禁止。如遇商人有夾帶兵器，並拘沒入官。」從之。

8. 九月十九日，權發遣昌化軍李康臣言：「竊見二廣婚姻喪葬，習為華侈，誇競相勝，有害風俗。乞行下二廣〔一〕，委帥守、監司常切覺察。如違，重寘典憲。」從之。

〔一〕乞行下二廣　「乞」字原脫，據文意補。

9. 同日，戶部言：「淮送下寧江軍申，四川近日多有浮浪不逞之人規圖厚利，於恭、涪、瀘州興生口牙人通同誘略良民婦女，或於江邊用船津載，每船不下數十人。其劍門關即自鳳州興販入對境州軍，茶馬司押馬軍兵即自金、房州興販入京西、湖北、湖南一帶，亦有即自瀘州販入夷界者。欲乞行下四川監司，遍牒所部州縣，置立粉壁，令民間通知。仍仰巡尉常切覺察，如有違犯人，收捕赴官，依法施行。」從之。

乾道元年（乙酉，一一六五）

1. 正月一日，大禮赦：「勘會宰殺耕牛罪賞非不嚴備，因州縣失於檢察，使愚民多有違犯。仰具指揮于鄉村要鬧處分明出榜曉示，仍督責合捕官司嚴行覺察。」

2. 同日，赦：「勘會州縣輒將犯罪人不問輕重，巧作名色，勒令獻助錢物，顯是違犯。仰監司覺察按劾。」

3. 同日，赦：「勘會豪右兼并之家多因民戶欠負私債，或挾怨嫌，恣行絣縛，至於鏁閉，類若刑獄，動涉旬月，重違條禁，良善受弊。仰州縣嚴行覺察。」

4. 同日，赦：「勘會累年以來，已將日前科須敷率一切罷去，竊慮州縣不體至意，尚有違戾，及縱容公吏巧作誅求。可令諸路監司常切覺察，如違，按劾以聞。」

5. 同日，赦：「勘會諸州公使醋庫累降指揮不得科抑人戶。訪聞州府利於所入，依舊抑配，至及人戶、軍營、寺觀，甚為苛擾。仰監司舉察按治。」〔一〕三年十一月二日、六年十一月六日、九年十一月九日，南郊同此制。

〔一〕此後文字原作大字正文，今改作小字注文，且疑「郊」字後脫「赦」字。

6. 八月三日，臣僚言：「伏見朝廷以比年服飾侈靡，故嚴鋪翠銷金之禁，詔旨叮嚀，務在必行。今都城約束雖嚴，民不敢犯，而遠方風俗習為華靡，未容遽革。欲望申敕諸州，嚴行禁止。」從之。

二年（丙戌，一一六六）

1. 三月十二日，詔：「應私鑄銅器，盡壞錢貨，建康府、台、明州尤甚，可專委守臣嚴切禁止。」

2. 七月一日，三省、樞密院言：「勘會已降指揮，沿海州軍興販物貨往山東者，已立定罪賞，非不詳備。訪聞尚有冒法之人，公然興販，理合申嚴約束。」詔沿海逐路帥臣常切檢察，仍每季具有無興販過北界船隻開具奏聞。

3. 十月三十日，四川茶馬司言：「園戶收販茶子入蕃界，已有中書罪賞指揮。近日輒有持茶苗人蕃博賣，深屬不便。欲乞行下，並依茶子罪賞施行。」從之。

4. 十一月十一日，詔：「諸路兵官經由州軍按教，輒以饋送、私受錢物，并合坐贓論，仍令監司檢察。」

三年（丁亥，一一六七）

1. 三月二日，臣僚言：「伏見錢寶之禁，非不嚴切，而沿淮冒利之徒〔一〕，不畏條法，公然般盜出界，不可禁止。乞劄下沿邊州縣，嚴加覺察，如捕獲犯人，與重寘典憲。」從之

〔一〕而沿淮冒利之徒　「淮」原爲「准」，據文意改。

2. 五月十四日，知邵武軍王份言：「本軍管下鄉村多有不畏公法之人，私置兵器，結集人丁，歲以為常，謂之関社。持鎗杖，鳴鑼鼓，千百成群，動以迎神為名，甚者倚恃徒黨，因而為盜。欲望約束行下，自今有犯，並依結集立社法，庶幾頑俗有所畏憚。」從之。

3. 七月四日，詔：「淮東西路安撫司行下沿邊州軍，嚴切立賞，禁止私渡買馬人。如有違犯，具姓名申三省、樞密院取旨重作施行。」

4. 十一月二日，大禮赦：「勘會民間多有殺人祭鬼及貧乏下戶往往生子不舉，甚傷風俗。可令逐路州軍檢舉見行條法，令于縣鎮鄉村曉諭，嚴行覺察，許人陳告。」九年十一月九日，同此制。

四年（戊子，一一六八）

1. 八月十四日，尚書省言：「檢會累降指揮，令沿邊州軍禁止私擅渡淮，如遇捕獲私渡人，並依軍法。訪聞近日禁防不密，仍多私渡，深慮透漏姦細，合再行約束。」詔沿邊州軍常切遵守，仍鈐束縣令、巡尉嚴行關防。若有透漏，致它處官司捕獲，其當職地分官並取旨行遣。

2. 十月九日，權知廉州唐俊義言：「本州昨蒙朝廷降詔罷貢珍珠，然官吏不能仰體上意，公然採

取，日甚一日，以至逼勒蜑戶深入無涯之淵，墜身殞命，皆不之恤，期于得珠而後已。行下本路監司〔一〕，嚴行禁戢。如違，具職位姓名按劾聞奏。」從之。

〔一〕行下本路監司　「行」字前當有「乞」字。

六年（庚寅，一一七〇）

1. 四月二十八日，臣僚言：「近日每遇批旨差除，朝殿未退，事已傳播，甚者諸處進奏官將朝廷機事公然傳寫謄報〔一〕。欲乞嚴行禁止。」詔三省檢坐條法，出榜曉諭。

〔一〕傳寫謄報　「報」原作「執」，據文意改。

2. 十月二十八日，權發遣盱眙軍龔鋈言：「每年津發歲幣過淮交割〔一〕，其隨綱軍兵及使臣等日不下四五十人，往往循習年例，私傳錢寶出界，並夾帶私商，不容搜檢。欲乞劄下本軍，自今隨綱兵士、使臣不許過淮，止於本軍句直官兵據合用人數差撥，庶可革銅錢過界之弊。」詔依，今後仍有違犯人，具姓名申取朝廷指揮。

〔一〕發歲幣過淮交割　「幣」原作「弊」，據文意改。

七年（辛卯，一一七一）

1. 三月十一日，知明州兼沿海制置使趙伯圭言：「伏詳銅錢出界〔一〕，法禁甚嚴，緣海界南自閩、廣通化外諸國，東接高麗、日本，北接山東，一入大洋，實難拘檢。乞自今應官司銅錢不得輒載入海船，如有違犯人，重作施行。」從之。

〔一〕伏詳銅錢出界　「出」原作「同」，據文意改。

2. 二十二日，權吏部侍郎王之奇言：「竊見關外諸州連接敵境，多有歸正、忠義之人及逃亡惡少之徒，以興販為名，嘯聚邊境，動輒成群。久而不禁，將有未萌之患。欲望申敕州縣，嚴行禁止。」詔宣撫司措置施行。

3. 六月十八日，知紹興府〔一〕、兩浙東路安撫使蔣芾言：「據本司參議官高敞劄子，頃在北方，備知中原利害。如山東沿海一帶，登、萊、沂、密、濰、濱、滄、霸等州，多有東南海船興販銅鐵、水牛皮、鰾膠等物，虜人所造海船、器甲，仰給於此。及唐、鄧州收買水牛皮、竹箭桿、漆貨，係荊襄客人販入北界。緣北方少水牛，皮厚可以造甲。至如竹箭桿、漆貨，皆北所無。伏望敷奏，於沿海沿淮州軍戾行禁絕，如捕獲客人有興販上項等事，與重寘典憲。」從之。

〔一〕知紹興府　「紹興府」原作「興州府」，據宋史卷三百八十四蔣芾傳改。

八年（壬辰，一一七二）

1. 二月二十九日，浙東提點刑獄公事程大昌言：「竊見豪民私置牢獄，前後詔旨禁戢非不嚴備。訪聞近日形勢之家，仍前私置手鐐枷杖之屬，殘害善良，恣為不法。欲乞申嚴禁約。」詔依，內情理重害者，令州縣具姓名申奏取旨行遣。

九年（癸巳，一一七三）

1. 三月六日，臣僚言：「伏見朝廷禁止見錢，三貫以上不得出城門，五貫以上不得下江，已立定

罪賞。其諸軍每月支請券食見錢動計萬數，往往出城歸寨支散衆軍〔一〕，却將見錢衷私般載外州回易，以致行在見錢稀少。乞行下殿前馬步軍嚴行約束，如有違戾，即依立定罪賞施行。」從之。

〔一〕往往出城歸寨支散衆軍　第二個「往」字原脱，據文意補。

2. 六月八日，詔：「諸路監司、郡守不得非法聚斂，並緣申請，妄進羨餘。違者重寘於罪，令御史臺常切覺察彈奏〔一〕。」

〔一〕令御史臺常切覺察彈奏　「奏」字原脱，據文意補。

禁採捕〔一〕

影印本刑法二之五九至一六一
大典卷二一七七九

太祖 建隆二年（辛酉，九六一）

1. 二月十五日，詔曰：「鳥獸蟲魚，宜各安於物性。置罘羅網，當不出於國門。庶無胎卵之傷，用助陰陽之氣。其禁民無得採捕蟲魚，彈射飛鳥，仍為定式。」

〔一〕禁採捕　原脫，據文意補。

太宗 太平興國三年（戊寅，九七八）

1. 四月三日，詔曰：「方春陽和，鳥獸孳育，民或捕取，甚傷生理。自今宜禁民二月至九月無得捕獵及持竿挾彈，探巢摘卵。州縣長史嚴勑里胥，伺察擒捕，重致其罪〔一〕。仍令州縣於要害處粉壁揭詔書示之。」

〔一〕重致其罪　「致」，長編卷十九太平興國三年四月丙辰作「置」，疑是。

真宗 景德四年（丁未，一〇〇七）

1. 二月十三日，詔：「方春用事，前令禁採捕鳥獸，有司當申明之。」

大中祥符二年（己酉，一〇〇九）

1. 十一月二日，詔曰：「朕承天育物，體道臨人，宗上聖之無為，期有生之咸遂。況列真秘宇，大覺仁祠，式示創崇，豈宜褻瀆！自今應傷生鷙禽之類，粘竿彈弓等物，不得攜入宮觀、寺院及有屠宰，違者論如法。仍令開封府條約民間，無使廣有採捕。」

三年（庚戌，一〇一〇）

1. 二月十九日，詔：「諸州應粘竿、彈弓、罝網、獵捕之物，於春夏依前詔禁斷，犯者委長史嚴行決罰。自後每歲降詔申戒。」

2. 八月二十四日，詔：「以將祀汾陽，沿路應有粘竿、彈弓並罝網及諸般飛放獵捕禽獸並採取雛卵等，並令禁斷。」

3. 九月十七日，詔：「將來祀汾陰，百司並從駕臣僚等，應網罟、鷹鷂傷生之物，並不得將行。令御史臺採察聞奏〔一〕。」六年將幸亳，亦下此二詔。

〔一〕令御史臺採察聞奏 「採」當作「覺」。

四年(辛亥,一〇一一)

1. 正月二十五日,帝謂宰臣王欽若曰:「已禁斷採捕,尚慮隨駕臣僚從人以鷙禽、網罟妄稱於廟內獻送,宜嚴戒約之。」

2. 八月五日,詔曰:「火田之禁,著在禮經。山林之間,合順時令。其或昆蟲未蟄,草木猶蕃,輒縱潦原〔一〕,有傷生類。應天下有畬田,依鄉川舊例,其餘焚燒田野,並過十月,及禁居民延燔。」

〔一〕輒縱潦原　「潦」當作「燎」。

3. 十二月十二日,上封者言:「京城多殺禽鳥、水族以供食饌,有傷生理。」帝謂近臣曰:「如聞內庭洎宗室〔二〕市此物者尤眾,可令約束,庶自內形外,使民知禁。」

〔二〕如聞內庭洎宗室　長編卷七十六大中祥符四年十二月辛亥作「如聞內庭及皇親諸縣」。

八年(乙卯,一〇一五)

1. 八月二十四日,禁獲龍河魚者。初,皇城司言民有私捕河魚,故命開封府諭禁之。

九年(丙辰,一〇一六)

1. 四月二十四日,詔:「江南民先禁黐膠,自今復有違犯者,一斤已上從不應為重,一斤已下從輕斷之。」

2. 八月四日,禁京城殺雞者,違即罪之。初,帝曰:「始聞京中烹雞者滋多,增害物命。」故行此禁。

3. 十一月一日，詔：「應因修三宮觀採斫木植山林之處，公私永禁採伐，餘處亦住採，取樵薪者聽從便。」

天禧元年（丁巳，一〇一七）

1. 八月十一日，詔禁捕採取狨毛。

2. 十一月八日，詔：「淮南、江浙、荊湖舊放生池廢者，悉興之。元無池處，沿江、淮州軍近城上下各五里並禁採捕。」

三年（己未，一〇一九）

1. 二月七日，詔禁諸色人不得採捕山鷓。

2. 十月十六日，禁京師民賣殺鳥獸藥。

仁宗 天聖四年（丙寅，一〇二六）

1. 四月十八日，詔：「山澤之民採取大龟，倒植坎中，生伐去肉，剔殼上薄皮，謂之龟筒，貨之作玳瑁器。暴殄天物，茲為楚毒。宜令江淮、兩浙、荊湖、福建、廣南諸路轉運司嚴加禁止。如官中須用，即臨時計度之。」

六年(戊辰,一〇二八)

1. 二月十二日,詔:「禁止諸色人等持黐竿、彈弓、罝網及諸般飛放獵捕禽獸,採取雛卵,犯者嚴斷。」

景祐三年(丙子,一〇三六)

1. 二月五日,詔曰:「國家本仁義之用,達天地之和。春令方行,物性咸遂,當明弋獵之禁,俾無麛卵之傷。眷乃攸司,各謹常憲。應有持粘竿、彈弓、罝網及諸般飛放獵捕禽獸並採取雛卵及鹿胎人等,於春夏月並依條嚴切禁斷,今後春首舉行。」

2. 六月十五日,詔曰:「冠服有制,必戒於侈心。麛卵無傷,用蕃於庶類。惟茲麀鹿,伏在中林,俗貴其皮,用諸首飾,競刳胎而是取,曾走險之莫逃。既澆民風,且暴天物。特申明詔,仍立嚴科,絕其尚異之求,一此好生之德。應臣僚士庶之家,禁戴鹿胎冠子,及無得輒採捕製造。」乃購賞以募告者。

慶曆四年(甲申,一〇四四)

1. 六月二日,詔蓄猛獸而告人者,以違制論。

高宗 紹興十三年(癸亥,一一四三)

1. 五月十九日,中書舍人楊愿言:「天申令節,詔天下訪求國朝放生池遺跡,申嚴法禁,仰祝聖

壽。」從之。

2. 十九日，尚書工部郎中林乂言：「竊見臨安府西湖實形勝之地，天禧中王欽若嘗奏為放生池，禁採捕，為人主祈福。比年以來，佃於私家，官收遺利，採捕殆無虚日，至竭澤而漁者，傷生害物，莫此為甚。今鑾輿駐蹕，王氣所存，尤宜涵養，以示渥澤。望依天禧故事，依舊為放生池，禁民採捕，仍講利害而浚治之。」詔令臨安府措置。

3. 十一月十四日，詔諸路州軍每遇天申節，應水生之物，係省錢贖生，養之於池，禁止、斷罪依竊盜法。

十四年（甲子，一一四四）

1. 五月一日，宰執進呈諸路已置放生池事，上曰：「此事固善，但恐有妨細民漁採，所害亦大，其元有處可令復舊。」

十七年（丁卯，一一四七）

1. 十月二十一日，知荊門軍趙士初言：「丁亥日禁屠宰，未有禁漁獵，望於條禁内添入丁亥日禁漁獵之文。」從之。

二十年（庚午，一一五〇）

1. 二月三日，軍器監丞齊旦言：「今江浙之民樂於漁捕，往往飾網罟、罩弋，以竢春時操以入山林川澤，所取必竭，蓋未有斷罪。望詔有司，申嚴法禁。」刑部看詳，禁止採捕，在法止科違令之罪，欲從杖八十科斷。從之。

二十七年（丁丑，一一五七）

1. 九月二十九日，宰執進呈知均州呂遊問奏：「城下邊接漢水，乃是放生去處。公使庫歲收魚利錢補助收賣天申節進銀，自金州以來，密布魚枋，上下數百里，竭澤而漁，無一脫者。乞將本州魚枋盡行毀拆，除免公使庫魚利錢窠名，嚴立法禁，後來不得復置，仍禁止應干沿流不得採捕。」上曰：「均州所貢銀數不多而經營至此，必是別無窠名錢物可以應辦。且放生雖有法禁，亦細民衣食所資，姑大為之防，豈能盡絕？今自官中竭澤採捕以供誕節，其亦不仁甚矣，宜依奏。」

二十九年（己卯，一一五九）

1. 二月九日，詔：「比得太宗皇帝尹京日禁斷春夏捕雛卵等榜文，訓敕丁寧，唯恐不至，仰見深仁厚澤及於昆虫。今付三省，可申嚴法禁行下，以廣祖宗好生之德。」既而宰臣沈該等言：「伏奉御筆，頒降太宗皇帝尹京日禁採捕，仰陛下以不殺之仁，再造區宇，推愛人之心普及含生，恩被動植，雖鳥獸魚鱉，罔不咸若。好生之德，用符祖宗，實萬世無疆之休。乞宣付史館，垂示無窮。」於是可其請。

2. 十二日，知樞密院事陳誠之言：「竊見民間輕用物命以供玩好，有甚于翠毛者，如龟筒、玳瑁、鹿胎是也。玳瑁出於海南，龟則山澤之間皆有之，取其殼為龟筒，與玳瑁同為器用。人爭採捕，掘地以為，倒直坎中〔一〕，生伐其肉。至於鹿胎，抑又甚焉。殘二物之命以為一冠之飾，其用至危〔二〕，其害

甚酷。望今後不得用龟筒、玳瑁為器用，鹿胎為冠，所有興販製造，乞依翠毛條禁。」從之。

〔一〕倒直坎中　「直」當作「植」，參見辑稿·刑法一之一六〇、長編卷一百四天聖四年四月甲子。

〔二〕其用至危　「危」當作「微」，參見長編卷一百四天聖四年四月甲子條禁龜筒中的「得直至微，而殘物尤甚」。

禁造偽金〔一〕

影印本刑法二之一六二
大典卷二一七七九

太祖開寶四年（辛未，九七一）

1. 十月七日〔二〕，開封府捕得偽造金民王玄義等案問〔三〕，皆伏辜，帝怒，並決杖流於海島。因下詔曰：「昔漢法，作偽黃金者棄市，所以防民之姦弊也。比云京城之內競習其術，轉相誑耀，此而不止，為盜之萌。自今應兩京及諸道州府〔四〕，禁民無得作偽金，違者，捕繫案驗得寔並寘極典。」

〔一〕天頭舊批「雜禁」，應指「禁造偽金」、「詔禁市金」、「禁服用金」、「禁金出關」四門。

〔二〕十月七日　原脱，据長編卷十二開寶四年十月己巳，即七日补。

〔三〕偽造金民王玄義等案問　「造」字原脱，據長編卷十二開寶四年十月己巳補；「王玄義」原作「王元義」，據長編卷十二開寶四年十月己巳改。

〔四〕自今應兩京及諸道州府　「今」原作「京」，據長編卷十二開寶四年十月己巳改。

詔禁市金

影印本刑法二之一六二

大典卷二一七七九

大中祥符元年（戊申，一〇〇八）

1. 正月十三日〔一〕，帝以京城金銀價貴，以問權三司使丁謂〔二〕，謂言多為西賊回鶻所市入蕃〔三〕。詔約束之。

〔一〕正月十三日　原脫，據長編卷六十八大中祥符元年正月乙亥補。

〔二〕權三司使丁謂　「權」字原脫，據長編卷六十八大中祥符元年正月乙亥補。

〔三〕西賊回鶻所市入蕃　「西賊」，長編卷六十八大中祥符元年正月乙亥作「西戎」。

禁服用金

影印本刑法二之一六二

大典卷二一七七九

孝宗隆興元年（癸未，一一六三）

1. 上封者言：「乞詔有司，自今拍造金箔、金線之家，尚敢取金以靡壞器用，衣服與神佛之像尚敢取金以妝飾，皆論如法，仍許人陳告。」詔戶、工部檢坐見行條法，申嚴行下。

禁金出關

影印本刑法二之一六二至一六三
大典卷九四八四

淳熙元年(甲午,一一七四)

1. 五月十五日,盱眙軍守臣言:「銅錢、金銀並軍須違禁之物,不許透漏過界,法令甚嚴。本軍係與泗州對境,逐時客旅過淮博易,射利之徒殊不知畏。且本軍與泗州以淮河中流為界,渡船既已離岸,無由敗獲。今欲自客旅往渡口正路本軍西門外立為禁約地分,遇有違犯之人,分別輕重斷遣,庶幾有所畏憚。今條畫如後:一、照應榷場逐時發客過淮博易,係經由本軍西門出入,今欲每遇榷場發客,令搜檢官先就西門搜檢,如無藏帶金銀、銅錢並違禁之物,方得通放。若客人經由西門搜檢之後,於西門外未至淮河渡口搜獲藏帶金銀、銅錢者,欲將犯人比附越州城未過減一等斷遣,仍將搜獲到金銀、銅錢、物貨盡數充賞。一、今欲於淮河渡口築土牆、置門戶以為禁約地分。如客旅或諸色人藏帶金銀、銅錢輒過所置牆門,雖未上舡或已上舡而未離岸,即與已過界事體無異,欲並依已出界法斷罪,犯人應有錢物盡數給與搜獲之人充賞。」從之。

定贓罪

影印本刑法三之一至九
大典卷七五二〇

國朝之制，凡犯贓者據犯處當時物準上估絹平贓。如所犯贓去見禁處千里外及贓已費用者，皆於事發處依犯時中估物價約估〔一〕，亦依上估絹平贓，兼具贓物已費、見在，其生產之類有無蕃息及以贓轉易得物，皆具言之。內有經赦即言在赦前後贓錢絹匹。入按估時，皆長吏、通判、本判官面勒行人估定實價，其制勘推鞫者，亦勘官監估。

〔一〕約估　「估」原作「佑」，據上下文意改。

太祖　建隆二年（辛酉，九六一）

1. 二月二十五日，詔：「自今犯竊盜，贓滿三貫文坐死，不滿者節級科罪。其錢八十為陌。」先是，周廣順中敕，竊盜計贓絹三匹以上者死。絹以本處上估為定，不滿者等第決斷。至是，以絹價不等，故有是詔。

三年（壬戌，九六二）

2. 二月十三日，詔曰：「竊盜之徒，本非巨蠹，姦生不足，罪抵嚴科。今條法重於律文，財賄輕於

人命，俾寬憲網，用副哀矜。今後犯窃盗，贓滿五貫處死，以百錢足為陌；不滿者决杖、徒、役，各從降殺。」先是，漢法，一錢之罪必加重法。周初以所犯贓滿絹三匹坐死。帝以死者不可復生，以錢代絹，滿三千又處死〔一〕，及是又改。

〔一〕滿三千又處死　疑「又」當刪或改作「文」。

太宗　太平興國二年（丁丑，九七七）

1. 八月二十五日，知資州、著作佐郎成肅上言：「先是，開寶六年六月丁亥詔書，劍南西川吏民犯窃盗贓，以鐵錫錢計之，滿萬錢者抵罪，犯强盗贓滿六千者亦抵法。鐵錫錢輕，四直銅錢之一，願均定其法。」事下有司，法寺言：「劍南諸州官市金銀、絲絹、茶鹽，悉以鐵錫錢四當銅錢之一，他物價随時高下，不可以為準。自今本犯窃盗、强盗及他贓，並望以銅錢一千為銀一兩定其罪，亦猶內郡國以絹論。」從之。

四年（己卯，九七九）

1. 九月二十六日，詔曰：「先是，江浙諸州所定法，以絹計贓物，絹價錢每二疋當江北之一，今宜以千錢為絹一疋〔一〕計贓論其罪。」

〔一〕絹一疋　「絹一」二字原脫，據長編卷二十太平興國四年九月丙午補。

五年（庚辰，九八〇）

1. 三月二十一日，詔：「荊湖、嶺南等處絹價錢自今所定法〔一〕如江浙例，悉以千錢為絹一匹論其罪。」

〔一〕自今所定法　「自」原作「目」，據文意改。

八年（癸未，九八三）

1. 十二月二十三日，福州言：「先是銅、鐵錢兼用，鐵錢三直銅錢當一。吏受賕盜用官物，參以銅、鐵錢計其贓差重，自今望悉以銅錢定罪。」從之。

至道三年（丁酉，九九七）

1. 七月二十二日，詔逐處將鐵錢依時價準折銅錢實數定罪施行。

大中祥符六年（癸丑，一〇一三）

1. 二月一日，詔川峽四路〔一〕贓錢、賞罰錢以小鐵錢十當一。

〔一〕川峽四路　「峽」原作「陜」，據長編卷八十大中祥符六年二月癸亥改。

天禧元年（丁巳，一〇一七）

1. 十月二日，殿中侍御史薛奎言：「災傷州軍，有饑民為盜者，望止以見贓估斷，餘已費者不計。」詔審刑院、大理寺定奪以聞。

三年（己未，一〇一九）

1. 二月十二日，殿中侍御史董溫其言：「自今凡認贓，當官員前令變主識認〔一〕，題號著字內不是元贓即勘官著字，至錄問時，令本判官更切覆問。又準先降敕命，應諸色贓物委長吏著字記號，令被盜家識認斷訖，當面給付。當納官司者籍其數，金銀匹段等送軍資庫，衣甲器械送甲仗庫，自餘品配折支料錢及估計貨賣充禁囚紙筆，不堪者焚毀。又被盜之家，如是認贓之時明知不是己物，虛有識認，或舊有嫌讎，致官司承誤斷殺平民者，其認贓人從誣告死罪已決法科處。」從之。

〔一〕令變主識認　「令」原作「今」，據文意改。

仁宗　天聖八年（庚午，一〇三〇）

1. 三月，詔審刑院、刑部、大理寺：「今後案內有收理合納官名件，除係干錢穀物色數目稍多，即依自來體例申奏外，自餘錢帛不及貫、匹、石，秤並棒杖器刃之類，並於案內節掠合納官數，候降敕下寺〔一〕，直牒三司勘會，依例施行。內無還寺敕文者，候奏上公案，直牒三司。」

〔一〕候降敕下寺　「敕」原作「刺」，據下文「內無還寺敕文者」改。

景祐元年（甲戌，一〇三四）

1. 閏六月二十九日，法寺請今後凡勘賊盜所通贓物，稱於人戶處典質，即先取簿歷照證〔一〕，方得追取。若官司挾情教令指說，又追取贓物，抑令民陪備，並科違例罪。從之。

〔一〕取簿歷照證　「照」原作「詔」，據包孝肅奏議集卷五改。

三年（丙子，一〇三六）

1. 四月二十三日，開封府言：「客司李簡三受人錢，並經杖罰。今又使却欠負錢，乞特決停。今後公人犯贓杖已下經三次者，依此奏。」以上國朝會要。

神宗元豐二年（己未，一〇七九）

2. 十二月四日，成都府、利州路鈐轄司言：「往時，川峽絹匹為錢二千六百，以此編敕估贓，兩鐵錢得銅錢之一〔一〕。近歲絹匹不過千三百，估贓二匹乃得一疋之罪，多不至重法，盜賊寖多。法寺乞以一錢半當銅錢之一」。從之。

〔一〕兩鐵錢得銅錢之一　「得」，長編卷三〇一元豐二年十二月戊戌作「當」。

紹聖二年（乙亥，一〇九五）

1. 四月二十三日，詔：「陝西雜用銅錢、鐵錢地分，計贓者以銅錢為準。如只用鐵錢處，即紐計

銅錢定罪。」

徽宗 建中靖國元年（辛巳，一一〇一）

1. 九月六日，刑部言：「元符令，定罪以絹者，每絹一匹準錢一貫三百。近歲物價踴貴，非昔時比，一絹之直多過於舊價，乞於令文添入『若犯處絹價高者，依上絹計直。』」從之。

2. 二十二日，中書省檢會元符三年十一月七日指揮，强盜計贓應絞者，贓數並增一倍。贓滿不曾傷人及雖傷人情理輕者，奏裁。其用兵仗、湯火之類傷人及殘虐財主並情狀酷毒者，或污辱良家，或入州縣鎮寨內行劫，不在奏裁之限。若驅虜官吏、巡防人等罪不至死，仍奏裁。詔强盜應絞者並依舊計贓，其前降指揮內增倍一節更不施行。

大觀元年（丁亥，一一〇七）

1. 閏十月二十日，詔：「計贓之律，以絹論罪。絹價有貴賤，故論罪有重輕。今四方絹價增貴，至兩貫以上，而計絹之數獨循舊例，以一貫三百足為率。計價既少，抵罪太重，可以一貫五百足定罪。」

政和五年（乙未，一一一五）

1. 三月二十一日，刑部尚書慕容彥逢等奏：「窃見刑獄官司承勘公事，內有合備贓賞之人，先盡拘本家財產，遣出家屬，封閉室宇，以備填納。其間贓賞數少而財產數多，及勘證不合出備者，事決之後給還，稽違動經歲月，妨廢營生，因致失所。乞詔有司立法，應承勘官司，如犯人合備贓賞，先下所屬估定財產，據合備的數擗截拘管。如勘證不合備贓賞者，斷訖，限當日給還。」從之。

六年（丙申，一一一六）

1. 四月十九日，刑部奏：「檢會當年閏正月二十四日敕，中書省刑部員外郎李揆奏：『窃見天下諸縣推鞫彊盜，依條解州結斷，其間有所通贓數稍多，初勘官司以追究未足，不敢解送，動經歲月，未能結施〔一〕。乞特詔有司立法。』詔令刑部立法申尚書省。本部尋下大理寺修立到諸縣推鞫彊盜而追到贓已滿，或別有輕罪，各不礙撿斷者〔二〕，先次結解，餘贓從後追。」從之。以上續國朝會要

〔一〕未能結施　疑「施」當作「絕」或「斷」。
〔二〕各不礙撿斷者　「撿」當作「檢」。

高宗〔一〕建炎元年（丁未，一一二七）

1. 六月七日，大理正、權尚書刑部郎中朱端友言：「看詳見今犯罪計絹定罪者，舊法以一貫三百足準絹一匹，後以四方絹價增貴，遂增至一貫五百足。州縣絹價比日前例皆增貴，其直高下不一，欲應州縣犯贓合計絹定罪者，隨當時在市實直價計貫佰紐計絹數科罪。其鐵錢地分，並以銅錢計數科罪。」詔自今計絹定罪，並以三貫為準。

〔一〕高宗　「宗」原作「祖」，據文意改。

二年（戊申，一一二八）

1. 二月十七日，詔犯枉法自盜贓罪至死者，籍沒家產入官。

三年（己酉，一一二九）

1. 八月二十三日，大理寺言：「陝西路舊法唯許行鐵錢，不許私用銅錢，所以計贓以鈔面為準，紐銅錢定罪。今來本路既得通使銅錢，即計贓者合據犯處以銅錢估價為準，如元贓即以銅錢計絹價準贓。」從之。〔一〕謂如犯時本處絹每匹鐵錢三十貫文，銅錢三貫足，即元贓鐵錢一十貫足準銅錢一貫足計贓之類。

〔一〕以下原爲大字正文，據文意改作小字注文。

紹興三年（癸丑，一一三三）

1. 九月八日，詔曰：「朕聞子產鑄刑書，叔向罪之，蓋刑罰世輕世重〔一〕，有倫有要而已。昨因臣僚有請，舉行祖宗之制。欲杖脊贓吏於朝堂，痛恨椎膚剝體於斯民，亦以刑止刑之意也。復思紐絹之法，與祖宗立意大不相侔。是時，絹值不滿千錢，故以一貫三百計匹，是官估比市價幾過半矣。其後嘗因論例〔二〕，遂增至二貫足。目今絹價不下四五貫，豈可尚守舊制耶？可每匹更增一貫通作三貫足，俟戎馬平定，絹價低小，別行取旨。而今而後，贓吏犯法，夫復何言。」

〔一〕刑罰世輕世重「罰」原作「法」，據尚書·呂刑改。

〔二〕其後嘗因論例「例」當作「列」。

2. 十月十四日，臣僚言：「按敕，窃盗以贓準錢及四百以上，即科杖罪；纔及兩貫，遂斷徒刑。且承平之日，物價適平，以物準錢則物多而錢寡，故抵罪者不至遽罹重法。迨今師旅之際，百物騰踴，贓雖無幾而錢價以多，一為盗窃，不下徒罪，情實可憫。乞將紹興敕犯盗定罪者遞增其數，庶使無知窮民免致輕陷重憲。」詔令刑部勘當。契勘計絹定罪者，元估每匹價錢二貫足。近承今年九月八日手詔，每匹增錢一貫足，通作三貫足，即是二貫以十分為率增及五分。所有應赦內計錢定罪，既係錢輕物重，即與紐絹事體無異，理合隨宜比附定罪。除彊盜緣情理兇惡以錢定罪自合遵依舊制外，今參酌臣僚所乞，將赦內犯竊盜以錢定罪者遞增其數事理，緣在法不止竊盜一事，其餘計錢定罪者，理合一體措置。今欲權宜將赦內應以錢定罪之法各與遞增錢五分斷罪，謂如犯竊盜三貫徒一年之類。〔一〕候邊事寧息、物價平日依舊。」從之。

〔一〕謂如犯竊盜三貫徒一年之類　原爲大字正文，據文意改作小字注文。

十九年（己巳，一一四九）

1. 十一月十四日，南郊赦：「勘會犯罪籍沒財產條法，皆是情犯深重，本以禁奸戢吏。訪聞州縣輒挾私意，違法籍沒罪人財產，因而妄用，殊非立法本意。如有罪犯依法合行籍沒財產之人，並令所屬具情犯條法申提刑司，審覆得報方許拘籍。仍仰監司常切覺察。」〔一〕二十二年十一月十八日南郊赦、二十五年十一月十九日南郊赦、二十八年十一月二十二日南郊赦、三十一年九月二日明堂赦，並同此制。

〔一〕以下原爲大字正文，據文意改作小字注文。

2. 同日，南郊赦：「勘會已降指揮，應緣經界乞受財物，如見係給重祿公人因本職乞受錢物見行重祿法斷罪〔一〕。若不係給重祿人並百姓差役等人受請求曲法作弊等事，並依見行紹興條法律文斷遣。內公吏人犯枉法自盜罪至流即籍沒家財。所有未降指揮已前斷配、籍沒家財之人，如依今來指揮不該斷配、籍沒家財，並特與改正。」

〔一〕「重祿法斷罪」「祿」原作「錄」，據上下文改。

二十六年（丙子，一一五六）

1. 四月十七日，祕書少監楊椿言：「伏覩紹興二十二年、二十五年赦文，如有今後籍沒財產之人，並令所屬具情犯條法申提刑司，審覆得報，方許拘籍，仍仰監司常切覺察。其所以約束關防周悉如此，而所至猶有不遵赦令，輒任私意籍沒罪人財產者，蓋緣未曾立法斷罪故也。望詔有司，申嚴行下，如是違法籍沒罪人財產及不先申提刑司審覆得報便行拘籍者，科以某罪。監司不覺察者降一等坐之。庶幾政平訟理，不致濫及無辜。」上曰：「此須立法斷罪，但刑名不必太重，務在必行。」五月十七日，乃詔：「諸財產不應籍沒而籍沒者，徒二年。若應籍沒而不申提刑司審覆及雖申而不待報者，杖一百。監司不覺察者，各減一等。著為令。」

二十七年（丁丑，一一五七）

1. 三月七日，權尚書刑部侍郎張杓〔一〕奏言：「法者，天下之平。今泉貨之用，銅鐵相準，在法有制。然四川郡縣俗行錢引，以引定價，準之銅錢以定罪犯，遂致不侔，則有自笞入杖、入徒，或應徒而流，或應流而死者。謂如彊盜持杖，銅錢五貫，鐵錢十貫，俱坐絞刑。若盜錢引十道，便以十貫為罪，市價止八貫，比之銅錢止是四貫，少一貫，遂處以死。又如枉法二十匹絞，計銅錢六十貫，鐵錢一百二十貫，若受錢引一百二十道，便以一百二十貫計罪，市價止計九十六貫，比之銅錢止是四十八貫，少一十二貫，亦處以死。由是言之，四川之法偏重，極可憫恤。欲望行下四川州縣，凡以錢引定價科罪者，並依犯處市價為數〔二〕。」從之。

〔一〕張枃　繫年要録卷一百七十六作「張袀」。

〔二〕市價為數　繫年要録卷一百七十六作「市價紐計錢數」。

三十年（庚辰，一一六〇）

1. 九月二十三日，臣僚言：「伏見外路州郡或以闕乏為名，挾私喜怒，因事檢估人戶家產〔一〕，侵欺妄用，不申朝省，難以稽考。乞自今於合行檢估之家並坐條先申審刑部，及將諸估錢物實數關戶部拘收，並令解赴行在庫分交納，州縣不得侵用。如違，乞重寘典憲。」從之。

〔一〕檢估人戶家產　「檢」原作「撿」，據本條下文改。

三十一年（辛巳，一一六一）

1. 八月二十二日，詔：「知臨安府趙子潚拘籍到王繼先房廊、田園、山地並應干物件，並令臨安府估價出賣，其賣到錢，逐旋赴激賞庫送納。內木植如有堪好者，存留樁管使用。金銀見錢並鞍馬，令激賞庫拘收，令項樁管，專充犒賞將士。海船交付李寶。元封雜物並箱籠令本府委清彊得力官逐一開拆抄劄，具名件申尚書省，不得容縱偷盜。」

訴訟

影印本刑法三之一〇至四二
大典卷一三三二〇

太祖 乾德二年（甲子，九六四）

1. 正月十二八日，詔曰：「設官分職，委任責成，俾郡縣以決刑，見朝廷之致理。若從越訴，是紊舊章。自今應有論訴人等，所在曉諭，不得驀越陳狀。違者，先科越訴之罪，却送本屬州縣，依理區分。如已經州縣論理，不為施行，及情涉阿曲，當職官吏並當深罪。仍令於要路粉壁揭詔書示人。」

二年〔一〕（乙丑，九六五）

1. 六月三日，宋州觀察判官何保樞上言：「民爭訟婚田，多令七十以上家長陳狀，意謂避在禁繫，無妨農務。又恃老年不任杖責，以此紊煩公法。欲望自今應年七十以上不得論訟，須令以次家人陳狀。如實無他丁而孤老惸獨者，不在此限。」從之。

〔一〕二年　原作「明年」。

太宗 太平興國二年（丁丑，九七七）

1. 九月八日，有司言：「詔問老而訟不實者，不可以加刑，當詳定其法。準名例律，八十以上十歲以下及篤疾，聽告謀反、叛逆、子孫不孝，及同居之内為人侵犯者，餘並不得論告。官司受而為理者，各減所理罪三等。又乾德四年六月詔〔一〕：七十以上，爭訟婚田〔二〕，並令家人陳狀。又律：家人共犯，上坐尊長，於法不坐者，歸罪其次。疏云：於法不坐者，謂八十以上、十歲以下及疾患者。自今應論訟人有篤疾及年七十以上，所訴事不實，當坐其罪而不任者，望移於家人之次長，又不任，即又移於其次。其論訟訴人，若老及篤疾，當其罪不任者，論如律。」從之。

〔一〕六月詔 「詔」原作「訟」，據文意及下條「六月詔書」改。
〔二〕爭訟婚田 「訟」原作「詔」，據文意及上條「民爭訟婚田」改。

雍熙四年（丁亥，九八七）

1. 四月四日，詔曰：「悼耄之歲，刑責不加，斯聖人養老念幼之旨也。然則爭訟之端，不可不省。姦險之作，抑亦多途。或有恃以高年多爲虛誕者，並從乾德四年六月詔書從事。」先是，太平興國二年九月詔書，老人論訟事虛，罪其次家長。至是有司以爲或不知情，虛坐其罪，請依乾德詔書，七十以上不得論訴，當令宗族中一人同狀，官乃爲理。若實孤老即不在此限，乃下此詔。

至道元年（乙未，九九五）

1. 三月十五日，詔：「諸道州府軍監，今後部下吏民有再詣闕陳訴，朝廷勘鞫，事皆不實者，更改陳訴，州不得爲理，即禁錮具前後事狀，奏取進止。」

2. 五月二十八日，詔曰：「古者二千石不察黃綬，故事丞相府不滿萬錢，不爲移書，所以明慎經制，而斥去苛碎，各守職分，而不至踰越也。今分建轉運之任，以按察風俗，州縣吏皆文學高第，朝廷慎選。甘棠聽訟，固惟舊焉。肺石稱冤，安及於此。應諸路禁民不得越訴，杖罪以下，縣長吏決遣，有冤枉者，即許訴於州。」

真宗 咸平元年（戊戌，九九八）

1. 七月三十日，詔：「論事人如所訴虛妄，素好持人短長，爲鄉縣之害，再犯徒、三犯杖者，令所在具前後所犯，械送軍頭引見司。」從陝西轉運使陳緯之請也〔一〕。

〔一〕從陝西轉運使陳緯之請也　「也」字原脫，據文意補。參見輯稿·刑法三之一三「從河北轉運使劉綜之請也。」

六年（癸卯，一〇〇三）

1. 七月十八日，詔軍士因將校科責，挾恨訴訟，推劾虛妄者，並禁錮奏裁。

2. 十一月十七日，詔曰：「國家選擇群材，明慎庶獄，列州縣之職，屬在審詳。委漕運之臣，俾其

聽察。而詣闕越訴，頑猾亦多，不顧憲章，妄陳文狀〔一〕，洎行推鞫，頗有紊煩。特舉詔條，用清刑辟。應論訴公事，不得驀越，須先經本縣勘問，該徒罪以上送本州，杖罪以下在縣斷遣。如不當，即經州論理。本州勘鞫，若縣斷不當，返送杖罪，並勘官吏情罪依條施行。若本州區分不當，既經轉運司陳狀，專委官員或躬親往彼取勘，盡理施行。情理重者，備錄申奏，仍於鄰路差官鞫問斷遣，若實有不當，干繫官吏一處勘訖結案申轉運使。流罪以下，先次決放，死罪及命官具按聞奏。如轉運使收接文狀，拖延避事，不切定奪，致詣闕陳論，差官制勘，顯有不當，即並勘轉運司官吏。如公然妄興論訴，玷瀆官員，該徒罪以上者，逐處決訖，禁奏取裁〔二〕。其越訴狀，官司不得與理。若論縣許經州，論州經轉運使，或論長吏及轉運使在京臣僚，並言機密事，並許詣鼓司、登聞院進狀。若夾帶合經州縣轉運論訴事件，不得收接。若所進狀內稱已經官司斷遣不平者，即別取事狀與所進狀一處進內。其代寫狀人不得增加詞理，仍於狀後著名。違者勘罪。州縣錄此詔當廳懸掛，常切遵稟。」

〔一〕妄陳文狀　「妄」原作「忘」，據文意改。

〔二〕禁奏取裁　「禁」當作「進」。

景德二年（乙巳，一〇〇五）

1. 六月十三日，詔：「諸色人自今訟不干己事，即決杖枷項，示衆十日〔一〕。情理蠹害，屢訴人者，具名以聞，當從決配。恐喝贓重者，處死。被恐喝者，許陳首，免其罪。」時曹州民趙諫與其弟讚皆凶狡無賴，恐喝取財，交結權右。長吏多與抗禮〔二〕，率干預郡政。太常博士李及受詔通判州事，諫適來京師，即投刺請見，及拒之，諫大怒，慢罵而去。因帖榜言及非毁朝政。及得之，以匿名書〔三〕未敢

發。會大理寺丞任中行本諫同鄉里，盡知其奸慝，密表言之。真宗即遣中使就訪，京東轉運使〔四〕施護、知曹州謝清〔五〕並及皆條疏諫兄弟醜跡〔六〕，乃逮係御史獄。又詔開封府、曹州吏民，先為諫、謂恐喝者，得自首釋罪。命搜其家，得朝士、內職、中貴所與書尺甚眾，計贓鉅萬。詔並斬於西市。黨與悉決杖流嶺外，與之遊者並坐降黜。故有是詔。

〔一〕示眾十日　「示」原作「令」，據長編卷六十景德二年六月己丑改。

〔二〕長吏多與抗禮　「抗」原作「亢」，據長編卷六十景德二年六月己丑改。

〔三〕匿名書　「書」，長編卷六十景德二年六月己丑作「事」。

〔四〕轉運使　「使」字原脫，據長編卷六十景德二年六月己丑補。

〔五〕謝清　長編卷六十景德二年六月己丑作「謝濤」。

〔六〕條疏諫兄弟醜跡　「醜」原作「配」，據長編卷六十景德二年六月己丑改。

2. 七月十三日，詔：「自今詣闕論事人須具州縣施行不當、曾經轉運使披訴日月，鼓司、登聞院乃得受之，越訴虛妄論如法。」

3. 十四日，詔曰：「先是咸平六年十一月勅，禁論訴驀越。近日詣闕進狀人多稱轉運司不爲收接，及至降勅施行，多未經轉運司陳狀。自今應論訴稱州縣斷遣不當者，轉運使即時收接看詳施行。如合候務開及別有違礙格勅不合施行者，亦當面告示，取索知委結罪狀。如所訴事理合與施行，轉運使行遣不當，不與收接，須詣闕披陳者，並具曾經轉運〔一〕陳訴日月、因依，方許詣鼓司、登聞院進狀。若將來勘鞫却有虛妄，依法科罪。」從河北轉運使劉綜之請也。

〔一〕轉運　當作「轉運司」，見本條上文。

四年（丁未，一〇〇七）

1. 五月十三日，詔：「自今文武官無例於閤門上封者，並諸色人並許詣皷院進狀。本院官看詳，其告機密及論訟在京官吏，許實封進內，自餘刑訟寃枉、朝政闕失、民間利害，並許上言。事有可採亦依例進入，違理不可行者罷之。其皷院不行，如本人稱不盡情理〔一〕，即許詣檢院披訴。仰詳酌事理〔二〕，如委是允當，即判書狀付之。如實不當，即繳連聞奏。如檢院不判審狀給付〔三〕，即許御史臺陳訴。其兩院委實行遣不當者，方得邀車駕進狀，兩院官必行朝典。如涉虛妄，科上書詐不實之罪。如未經皷院進狀，檢院不得收接。未經檢院，不得邀駕進狀。如違，亦依法科罪。如是令人代筆爲狀，即不得增添情理，別入言詞，並元陳狀人本無枝蔓論奏事，被代筆人誘引妄有規求者，以代筆人爲首科罪。」

〔一〕不盡情理 「理」字原脫，據職官分紀卷十四補。

〔二〕詳酌事理 「酌」字原脫，據職官分紀卷十四補。

〔三〕不判審狀給付 職官分紀卷十四作「判審狀給付」。

大中祥符元年（戊申，一〇〇八）

1. 正月二十九日，詔曰：「朕務闢言路，期清化源。念庶獄之斯繁，多蒸人之誤犯，宜遵寬簡，式示哀矜。前詔條約接駕進狀。又近日以來，所犯猶衆，悉坐徒刑，頗軫朕意。雖從減等，尚恐未明，特審載於情由，免陷人於刑法。自今車駕出，如入內內侍省送到接駕人等，仰軍頭司官密詢事宜訖，內有

未依敕命經歷逐處者，具録劄子分明曉示。如堅訖施行〔一〕，即取責乞施行〔二〕。如稱不細認敕命誤來接駕進狀者，取乞不施行狀，當議更不勘罪。若内稱已曾經歷逐處依得敕命者，即不取狀，本司逐色具狀實封聞奏，候御寶批出，即得施行。」先是，内出條約邀車駕陳狀人及禁中所録進狀數，詔樞密曰：「下俚愚民，不知條法，偶來進狀，便至重刑。今後更令引見司逐名據事理及曾與不曾經鼓、檢院進狀，具合經某司行遣，内中但批合與指揮，免使愚民陷於法也。」時上元行幸，訴事希恩者衆，有司舉前詔，悉以違制論〔三〕，特詔寬其罰焉。

〔一〕如堅訖施行 「訖」當作「乞」。参见下文「取乞不施行狀」。

〔二〕即取責乞施行 「乞」當作「訖」。

〔三〕悉以違制論 「制」原作「治」，據長編卷六十八大中祥符元年正月己丑改。

四年（辛亥，一〇一一）

1. 九月十日，詔：「自今訴訟，民年七十以上及廢疾者，不得投牒，並令以次家長代之。若己自犯罪及孤獨者，論如律。」

五年（壬子，一〇一二）

1. 四月二十四日，詔：「比來因公事勘斷人，經年遇赦，多詣闕訴枉。自今宜令制勘官每獄具則請官録問，得手狀伏辨，乃議條決罪。如事有濫枉，許詣録問官陳訴，即選官覆按。如勘官委實偏曲，即劾罪同奏；如録問官不為申舉，許詣轉運、提刑司，即不得詣闕越訴。」

六年（癸丑，一〇一三）

1. 三月十七日，開封府勘三司磨勘吏訟判官楊嵎款狀，帝曰：「此誠申嵎行遣不當。大凡因公事送人吏付有司劾問，須俟推鞫得實，法寺定斷，方見刑名，豈有行下文字，便須合招違敕罪，致小吏興訟，是不解事。役使公人，然雖可恕，其如顯是違敕文。不欲因人吏責降，嵎特免追官，與監當，元訴人決杖停職。

七年（甲寅，一〇一四）

1. 三月十三日，殿中侍御史曹定言：「諸州長吏有罪，恐為人所訟，即投牒本州首露，雖情狀至重者，亦以例免，請行條約。」詔自今知州、通判、幕職官、使臣等首罪，如實未彰露，則狀報本路轉運使〔一〕，令檢格條，縱當原免，亦書於曆〔二〕。

2. 九月十日，詔：「如聞外州百姓詣登聞院釘足斷指訴事者，有司以妄自傷殘，並先決杖，流離道路，深可嗟憫。自今並送所屬州縣，依法決罰。」時忻州有民詣檢院釘手訴田，帝因謂宰臣曰：「朕頃蒞京府，有蘄州女子訴父經縣理田產被杖。千里而來，不為田而為父也。此事或有枉撓，即傷和氣。」因有是詔。

〔一〕轉運使「使」，長編卷八十二大中祥符七年三月戊戌作「司」。

〔二〕書於曆「曆」，長編卷八十二大中祥符七年三月戊戌作「律」。

天禧元年（丁巳，一〇一七）

1. 十月十一日，詔：「如聞諸班直、諸軍坊監庫務官健，飲博無賴，或部分稍峻，即捃摭興訟。今後所訴事，並須干己，證佐明白，官司乃得受理，違者坐之。情或巨蠹〔一〕，具案以聞。人員被欺嚇者，仰自首露，並釋其罪。」

〔一〕情或巨蠹　長編卷九十天禧元年十月丙子作「或情理巨蠹」。

三年（己未，一〇一九）

1. 六月九日，詔：「兵部郎中、直史館陳靖，頃以典領藩條，決遣民訟，知胥徒之納賄，列事狀以上言。既歛怨於寺司，遂受誣於吏議。載披封奏，深用軫懷。非汝瑕疵，宜從洗滌。」靖先知泉州，有民張績、張雅訟父産。績、雅皆假子。靖奏條理待報未下，又覆奏其事，並發法寺胥吏受請納貨得實。既而法官摘靖奏中有「必是不經聖覽」之語，以爲指斥乘輿，抵靖私罪。及是靖訴雪前事，故有是詔。

2. 七月十八日，詔：「今後有進狀稱累經勘斷不當、披訴抑屈事，下本路轉運司或提點刑獄司，詳所陳，取索前後公事案看詳，如實有抑屈，未盡情理，勘斷不當〔一〕，即仰依公盡理施行訖奏。如勘斷已得允當，即告示知委。如不伏，再陳訴，即勘本人情罪區分。如是指論本路轉運、提刑司，即下別路施行。」

〔一〕勘斷不當　「勘」原作「堪」，據本條上文「勘斷不當」改。

五年（辛酉，一〇二一）

1. 六月九日，詔：「廣南路民訟命官不公者，須本官在任，及得替未發，事實干己，及條詔許訴者，乃得受理。如已離任在路〔一〕，除犯贓及私罪徒已上，即委轉運、提刑司〔二〕體量證佐，明白非誣構者，乃得追攝。自餘杖以下私罪，飛驛以聞。」時侍御史燕肅言：「嶺南遐遠，攝官校吏多務阿私，在任命官順之以情則惠奸，糾之以法則聚怨。故有無端之輩，或遭刑責，或違請求，聞其得替，將到闕庭，捃拾微釁，興起訟詞。官司不詳事理大小，即行追對，徃來萬里煙瘴之鄉，或懼迢遙，便行擬伏，以此負譴，亦可憫傷。故有懼致此患，務於因循者，望行條約。」故有是詔。

〔一〕離任在路 「任」字原脫，據長編卷九十七天禧五年六月癸丑補。

〔二〕提刑司 「刑」原作「點」，據長編卷九十七天禧五年六月癸丑改。

仁宗天聖八年（庚午，一〇三〇）

1. 八月一日，詔：「登聞檢院今後諸色人投進實封文狀，仰先重責結罪狀，如委實別有冤枉沉屈事件，不係婚田公事，即與收接投進。如拆開却夾帶婚田公事在內，其進狀人必當勘罪，依法斷遣。所有爭論婚田公事，今後並仰詣登聞鼓院投進，依前後條貫施行。」

九年（辛未，一〇三一）

1. 八月九日，審刑院言：「請自今鞫劾盜賊，如實枉抑者，許於慮問時披訴。若不受理，聽斷訖

半年次第申訴，限內不能翻訴者，勿更受理。」從之。

十年（壬申，一〇三二）

1. 正月二十二日，詔：「制置轉運使、知州奏劾所部官吏罪，返爲被劾人論奏者，自今無得受理。凡按察官悉如此比。」

景祐元年（甲戌，一〇三四）

1. 六月十五日，中書門下言：「檢會條貫，諸色人訴論公事，稱州軍斷遣不當，許於轉運司理訴，轉運不理，許於提點刑獄陳訴者，慮諸色人方欲轉運披理，却值出巡地遠，難便披訴。自今如因提點刑獄巡到諸般公事，未經轉運理斷者，所訴事狀顯有枉屈，即提點刑獄收接，牒送轉運司，即不得收接常程公事。」從之。

三年（丙子，一〇三六）

1. 七月七日，淮南轉運副使吳遵路言：「民被骨肉指論本父亡沒，元是異姓養男，奪却田業。年歲既遠，事理不明，欺罔幼孤，規圖賄財。乞自今論伯叔以上尊親〔一〕是違律養男，其被養本身、所養父祖並已亡殁，官司不在受理之限。」奏可。

〔一〕伯叔以上尊親　「尊」原作「遵」，據輯稿刑法三之四三改。

康定二年（辛巳，一〇四一）

1. 正月二十六日，詔：「自今諸討捕獲劫賊，須於現任州軍轉運司陳狀，保明申奏。如官司不爲申奏，或自因事故離任，許參選日進狀敘陳，送刑部定奪。如定奪未了，限一年別具申訴，送別司再定。委是刑部不當本人妄訴，並依法施行。如不曾進狀及披述經隔三年，更不在敘述之限。」

2. 八月，詔：「軍人差出戍邊，如有事訴理，一面前去，委所隸官司移牒訊問。若須對理，候軍廻乃得陳訴。」

慶曆七年（丁亥，一〇四七）

1. 三月十七日，權御史中丞高若訥言：「近年以來，犯罪之人已經斷遣却來訴雪者，多下逐處看詳定奪，除合別行根勘結絕外，有定奪得顯是理訴不實及更有妄論他人或帶不干己事者，乃至再三進狀，紊煩朝廷。定奪得不合訴雪者，承例多止報罷。以此狂愚之輩，僥倖理雪，亦有官司因循爲之雪罪者。一成之法，遂可苟免。欲乞今後理雪罪名者，除定奪得合行別勘斷遣外，如顯然不實，及妄論他人或帶不干己事者，令逐處分明聲說勘罪，依法施行。如經三度虚妄論訴不息者，委執政臣僚量遠近取旨，安置羈管，所冀稍抑姦妄。」從之。

2. 十月二十二日，詔：「今後命官犯罪，經斷後如有理雪者，在三年外更不施行。」

皇祐元年（己丑，一〇四九）

1. 十一月十三日，詔：「民有訴冤枉而貧不能詣闕者，聽投狀轉運、提點刑獄司，附遞以聞。」

四年（壬辰，一〇五二）

1. 四月九日，詔：「應今後命官犯罪理雪，如曾丁憂，並與除出持服月日外，依編勅年限釐革施行。」

五年（癸巳，一〇五三）

1. 八月一日，詔災傷之民訴于轉運司而不受者，聽逐州軍繳其狀以聞。

2. 十一月二十七日，詔廣南州縣簿書被蠻賊焚刼，而已經官司理斷者，勿受理。

嘉祐三年（戊戌，一〇五八）

1. 閏十二月七日〔一〕，詔：「中外有陳敘勞績，或訴雪罪狀，中書批送省司者〔二〕，謂之送殺〔三〕，更不施行。自今宜令主判官詳其可行者，別奏聽裁。」

〔一〕閏十二月七日　此事，長編卷一百四十四在慶曆三年十月己未，二十五日。

〔二〕中書批送省司者　「省」，長編卷一百四十四慶曆三年十月己未作「有」；范文正奏議卷上作「逐」。

〔三〕謂之送殺　「殺」，長編卷一百四十四慶曆三年十月己未、范文正奏議卷上皆作「煞」。

四年（己亥，一〇五九）

1. 十月十二日，詔：「應今日以前因過犯經斷，有司引用刑法差誤，後來爲礙條貫，三年外不許理雪致久負冤抑者，並仰經所在投狀以聞，當議別委官司定奪改正。」

神宗　元豐三年（庚申，一〇八〇）

1. 六月十五日，如京使高通上其叔永亨獄中訴冤文字二十二〔一〕紙，乞移永亨別路州軍，待報免，爲呂惠卿等刑禁，冤死牢獄。上批：「永亨邊遠小臣，犯法而主帥治其姦狀，尚不知懼，乃敢飾情自言，凶頑之實，於此可見。仰見勘官司分析寬縱罪人、漏泄獄情因依以聞。仍將來遇恩不原。」

〔一〕二十二　長編卷三百五元豐三年六月丙午作「三十二」。

五年（壬戌，一〇八二）

1. 五月四日，詔：「訴訟不得理，應赴省訴者，先詣本曹。在京者，先所屬寺監，次尚書省本曹〔一〕，次御史臺，次尚書都省，次登聞鼓院。六曹諸司、寺、監行遣不當，亦詣尚書省。」

〔一〕次尚書省本曹　「次」原作「依」，據長編卷三百二十六元豐五年五月甲申改。

哲宗　元祐元年（丙寅，一〇八六）

1. 三月十四日，詔：「熙寧元年正月已後，至元豐八年三月六日赦前，命官諸色人被罪，合行訴理，並限半年進狀，先從有司依法定奪，如內有不該雪除及事理有所未盡者，送管勾看詳訴理所。」

2. 四月十二日，看詳訴理所言：「應係內降探報公事，於法不合受理者，如內有情可矜恕，具事理申奏。」從之。

3. 十三日，看詳訴理所言：「刑部等處送到官員諸色人犯罪進狀理雪公案，其間有一案干連數人，內有情犯一般者，並合一體施行。緣係不經進狀之人，致未敢便行一處看詳奏聞。」詔令一處看詳以聞。

三年（戊辰，一〇八八）〔一〕

1. 正月十八日，詔看詳訴理所：「應元祐元年明堂赦恩以前，內外官司所斷公事，內有情可矜恕者，並聽於元限內進狀訴理，依前詔看詳。」

〔一〕三年　長編卷三百九十四正月辛未在元祐「二年」。

八年（癸酉，一〇九三）

1. 十月十八日，御史中丞李之純言：「欲望朝廷嚴飭省部，勾檢前後詞狀文簿名件行下，在京者令本部長貳〔一〕緊行催驅，在外者令府界及諸路監司互行取索，責限促期，早令與決了當。如察見委有情弊，即按劾奏聞，等第降黜，以警慢吏。其所差定奪官員，如承受經百日不爲結絕者，雖得替交割，並須勒留。候畢了日，方給與批書曆子前去，如此則不敢遷延幸免，民間訴事早得辨正。」從之。

〔一〕長貳　「貳」原作「二」，據文意改。

紹聖元年(甲戌，一〇九四)

1. 六月十九日，殿中侍御史郭知章言：「近年官吏、軍民詣闕，辨明酬奬，理訴冤抑，司勳、刑部會問稽留，有逾一二年不決者，辨訴之人致竭資産，困躓道塗，而官吏習爲鹵莽，惟以沮格爲能。乞令左右司每季分取司勳、刑部辨訴未了事，具情節及詰難踈駁因依，如望作滋蔓〔一〕，行遣稽留，随事大小罪之。」詔左右司郎官取索司勳、刑部酬奬、敘雪事催促。如有違滞，舉劾施行。

〔一〕望作滋蔓　「望」當作「妄」。

二年(乙亥，一〇九五)

1. 三月十七日，江南西路轉運副使馬瑊言：「訴事而自毀傷者，官不受理。事干謀叛以上不用此制。」從之。

元符元年(戊寅，一〇九八)

1. 六月二十五日，御史中丞安惇言：「伏思神宗皇帝勵精圖治，明恤庶獄〔一〕，天下莫不知之。而元祐之初，陛下未親政事，奸臣乘時議置理訴所，凡得罪於熙豐之間〔二〕者，咸為雪除，歸怨先朝，收恩私室。意者呼吸罪黨〔三〕，用為己助。未審當時有司如何理雪，儻出奸意，不可不行改正。欲乞朝廷委官，將元祐中理訴所公案〔四〕看詳，如合改正〔五〕，即乞申明得罪之意，復依元斷施行。」詔蹇序辰、安惇看詳，内元狀陳述及訴理所看詳語言於先朝不順者，具職位姓名以聞。

〔一〕明恤庶獄　「恤」，長編卷四百九十九元符元年六月壬寅、宋史卷二百、輯稿職官三之七六皆作「審」。
〔二〕熙豐之間　「熙豐」原作「元豐」，據九朝編年備要卷二十五、文獻通考卷一百六十七、宋史卷二百改。
〔三〕意者呼吸罪黨　「黨」原作「當」，據長編卷四百九十九元符元年六月壬寅改。
〔四〕理訴所公案　「公案」原作「公按」，據長編卷四百九十九元符元年六月壬寅、治跡統類卷二十四、輯稿職官三之七六、九朝編年備要卷二十五、文獻通考卷一百六十七、宋史卷二百改。
〔五〕如合改正　「合」原作「何」，據長編卷四百九十九元符元年六月壬寅改；治跡統類卷二十四作「故」。

2. 十月二十三日，看詳訴理所奏：「元祐訴理公案〔一〕內，如語言止係稱美，置訴理事未審合與不合聞奏。」詔語言過者貼說。

〔一〕訴理公案　「案」原作「按」，據文意及上條改。

二年（己卯，一〇九九）

1. 正月二十一日，詔：「元祐訴理事內公人、軍人、百姓，其語言非于先朝不順者，令看詳訴理文字所左右司更不看詳。」

徽宗　崇寧元年（壬午，一一〇二）

1. 三月十八日，詔：「應諸色人詞訟，六曹行下別處定奪理斷經赦尚未了者，內事小並令依條結絕，若事大合差官置司推究者，令本曹量事大小給限，催促結絕。如違，仰本曹檢按究治。若本曹失催及不切檢察究治，並令御史臺及尚書省催驅房點檢申舉。如催驅房不切檢舉，令左右司申舉施行。」

二年(癸未,一一〇三)

1. 四月八日,臣僚言:「乞令内外應受詞訟官司並如六曹法置退狀簿,其六曹詞訟不屬本處者,即具事因關送施行,庶幾有以關防檢察。」從之。

三年(甲申,一一〇四)

1. 六月十八日,中書省言:「勘會命官、諸色人陳乞理訴功罪之類,稱熙寧、元豐條制因元祐改更,既行看詳勘當,却係熙寧、元豐舊有條例; 或係別無定制,出於朝廷臨時詳酌處分; 或所訴事理,計其年限,依條釐革。」詔今後如有似此妄亂陳訴之人,並量輕重取旨施行。

政和元年(辛卯,一一一一)

1. 二月五日,詔:「應邀車駕陳訴人係尚書省釐會事,可令左右司置籍拘管,候結絕勾銷,月具已未與決名件進入。」

四年(甲午,一一一四)

1. 七月四日,中書省言:「勘會官司承受諸色人詞訴,狀内稱『上命』及『與民作主』之類,其受狀之官便將陳狀人根勘,及一面具奏待罪。上件語言雖不當稱(一),緣愚民無知,別無情意,即與言語不順事體有異。」詔今後官司承受諸色人詞訴,狀内有上件語言者,並勿受理,令別陳狀。

〔一〕上件語言雖不當稱　「語」字前原衍「言」字，據本條下文「上件語言」删。

八年（戊戌，一一一八）

1. 閏九月十四日，臣僚言：「伏覩州縣聽訟，其間或有冤濫，即詣監司申訴，而監司多不即為根治，但以取索公案看詳〔一〕為名，久不結絶，或只送下本處，或不為受理，致無所控告。自來非無法禁，蓋官吏玩習，恬不介意。雖廉訪使者許摭實以聞，而訟牒難以悉陳，上瀆天聽。臣愚欲乞詔有司立法，諸路監司有能改正州郡所斷不當，總其實數，歲終考校，以為殿最，庶幾訴訟獲申，以副陛下愛民之意。」詔臣僚所言切中今日監司之弊，可措置立法行下。

〔一〕取索公案看詳　「案」原作「按」，據文意改。

2. 十月十三日，臣僚言：「臣自到臺，日閲四方詞訟，訴酬賞稽違者，率居其半。遠者至十餘載，近者或五六年，結根銜冤，深可憐憫。夫賞不踰月，欲人知為善之利也。今留滯如此，何以勵之使勸乎？臣究其所以然，為弊有七：酬賞保明，自有條式，所屬未嘗參對，致省曹點照不完，旋行取會，又不如期應報，其弊一也。邸吏承受文狀，不即時投下，候伺求覓，視多寡為後先，至有沉匿經年而不上者，其弊二也。六曹猾吏倚法為奸，賄賂公行，則洗垢吹毛，曲為沮抑，其弊三也。間有不圓，理須整會，則自應會問，徑行催促，却令重別保明，便作結絶，其弊四也。掌典代替，文案並不交承，多有漏落，無憑舉催，其弊五也。司勲勾復，專務自營，謂稽留之罰輕而差失之罪重，故根蔓牽連，以問難為得計，其弊六也。省曹行遣，無故稽違，于法自當彈奏，然經隔歲時，率以赦恩原免，故公然無所忌憚，其弊七也。凡此積有歲年，胥吏舞文，惟有力者往往緣奸而得志，孤寒寡援者一歸於無奈何。近者胥吏因循，

不以為事，日趨於廢弛，而終更赴訴者稽留待報，困於羇旅，皆由此也。陛下循名責實，設慶賞以馭群臣，而輕重與奪之權乃歸胥吏。然此數者，關防舊有成法，若但申明行下，深恐玩習，徒為虛文。兼聞六曹住滯酬賞無慮萬計，願頒睿旨，別行措置。見今積壓，立限催督，尚有違戾，則赦恩不原。庶幾賞信必行，人無觖望。」詔尚書省取六曹未結絕名件，應賞未賞如言者所論，開具以聞，當行黜責，輒隱漏不實以違詔，赦降不原。

宣和元年（**己亥，一一一九**）

1. 十二月六日，臣僚言：「省部應年月未絕公事並行根刷，責近限結絕。仍乞今後省部催促究治，每及二年以上而未結絕者，並類聚申朝廷，勘會住滯因依取旨黜責。庶幾諸路警畏，不敢慢易，而理訴之人早獲伸雪。」詔依奏，仍限一月。

二年（**庚子，一一二〇**）

1. 六月二十五日，詔：「應陳訴事，遵依累降指揮，不得用例破條。條所不載者，仍不得援引優例。違者以違制論。」

三年（**辛丑，一一二一**）

1. 三月二十三日，詔被賊人戶復業，如有論訴，並不得受理。應以前罪犯一切不問，並與釋放。

五年（癸卯，一一二三）

1. 正月二十八日，詔：「諸被受監司行下辭訟，應追治者，先追陳訴人，方許推治，著爲令。」從提點京兆府路刑獄鄒子崇之請也〔一〕。

〔一〕從提點京兆府路刑獄鄒子崇之請也　原作小字注文，今改作大字正文。

高宗　建炎四年（庚戌，一一三〇）

1. 二月二十三日，德音：「昨差張浚爲川陝、京西、湖北路宣撫處置使，見在秦州置司，所有川陝等路去行在地里迂遠，民間疾苦，無由得知，或負冤抑，無緣伸訴，仰宣撫處置司詢訪疾苦以聞。民有冤抑，亦仰經宣撫處置司陳訴。」

紹興元年（辛亥，一一三一）

1. 十一月十三日〔一〕，詔：「官員犯入己贓，許人越訴。其監司、守倅不即究治，並行黜責〔二〕。」從知瓊州虞開之請也〔三〕。

〔一〕十三日　繫年要録卷四十九、宋史全文卷十八作「十二日」。

〔二〕並行黜責　「並」，繫年要録卷四十九、宋史全文卷十八作「重」。

〔三〕從知瓊州虞開之請也　此句原作小字注文，今改作大字正文。「虞開」，繫年要録卷四十九、宋史全文卷十八上皆作「虞沇」；「之」、「也」字原脫，據文意及上文宣和五年條補。

二年（壬子，一一三二）

1. 九月四日，赦：「應經斷人依限三年外不許訴雪，如元因有司勘斷委有不當，致久負冤抑，在五年限內者，並仰經所屬投狀以聞，刑部審實改正。」四年九月十九日明堂赦，七年九月二十二日明堂赦，十年九月十日明堂赦，十三年十一月八日南郊赦，十六年十一月十日南郊赦，十九年十一月八日南郊赦，二十二年十一月十八日南郊赦，二十五年十一月十九日南郊赦，二十八年十一月二十三日南郊赦，三十一年九月二日明堂赦，並同此制。

三年（癸丑，一一三三）

1. 十月二十二日，詔：「諸路州縣自紹興二年〔一〕正月一日以前，應因羣寇殘破占據去處乘時作過之人，限今降指揮到日，將已受理詞訴限十日結絶，不得枝蔓。日後更有詞訴，並不得受理。曾經金人占據去處，依紹興府已降指揮施行。」以臣僚言：「所在寇亂，愚民無知，乘時作過，何所不有。事既滅息，而奸人或挾怨仇，或規賄利，轉相告訴，無有已時，党與未平，連逮繫證，按獄久不决，死者甚眾。」故有是詔。

〔一〕二年　繫年要録卷六十九作「元年」。

四年（甲寅，一一三四）

1. 十二月十一日，刑部言：「臣僚劄子，乞立法應人戶於條許越訴，而被訴官司輒以佗故捃摭者，隨其所訴輕重，以故入人罪坐之。本部看詳立法，『諸人戶依條許越訴事而被訴官司輒以他事捃摭

追呼赴官者，家屬同杖八十，若枷禁棰拷者加三等』。欲乞遍牒施行。」從之。

六年（丙辰，一一三六）

1. 十二月十九日，江州進士孫復禮進狀訟德安令黃覿等〔一〕，御筆批令監司體究，已下本路漕司施行。上曰：「孫復禮亦須知管，如體究所訟不實，即痛與懲誡。檢鼓院〔二〕止許士庶陳獻利害，儻挾私怨，有所中傷，不惟長告訐之風，亦非求言本意。」

〔一〕黃覿等　繫年要録卷一百七作「黃覿不法」。

〔二〕檢鼓院　「檢」原作「撿」，據繫年要録卷一百七改。

十二年（壬戌，一一四二）

1. 五月六日，詔：「帥臣、諸司、州郡自今受理詞訴，輒委送所訟官司，許人戶越訴，違法官吏並取旨重行黜責。在內令御史臺彈糾，外路監司互察以聞。仍月具奉行有無違戾申尚書省。」紹興令：諸州訴縣〔一〕理斷事不當者，州委官定奪。若詣監司訴本州者，送鄰州委官。諸受訴訟應取會與奪而輒送所訟官司者，聽越訴，受訴之司取見詣實，具事因及官吏職位姓名，虛妄者具訴人，申尚書省。

〔一〕諸州訴縣　疑「諸」當作「詣」，參見本條下文「詣監司訴本州」。

十三年（癸亥，一一四三）

1. 八月二十三日，禮部言：「臣僚劄子，江西州縣百姓好訟，教兒童之書，有如四言雜字之類，皆詞訴語，乞付有司禁止。國子監看詳，檢準紹興敕，諸聚集生徒教辭訟文書，杖一百，許人告。再犯者不以赦前後鄰州編管。從學者各杖八十。今四言雜字皆係教授詞訟之書，有犯，合依上條斷罪。欲乞行下諸路州軍、監司，依條施行。」從之。

十四年（甲子，一一四四）

1. 四月七日，刑部言：「臣僚劄子：『民有冤抑，訴於郡守、監司，其所委定奪之官，或不即與決，緣是案牘亡失〔一〕，間被折換，亦無從稽考。欲乞令縣官每月終具所承定奪事目，畫一開坐被受年月日，若干件已回申，若干件見索按已未索到結無漏落文狀申本縣，本縣類申本州〔二〕，本州類申逐司。如此，一閱盡在目前，易爲督責，不惟下情無壅，且可以察官吏之能否。』本部看詳，欲依所乞行下。」從之。

〔一〕緣是案牘亡失　「案」原作「按」，據文意改。

〔二〕本縣類申本州　「本縣」二字原脫，據文意補。

十五年（乙丑，一一四五）

1. 四月二十二日，尚書省言：「民戶理訴詞訟，遠詣朝廷披陳，慮有冤抑，遂改委他司定奪。訪聞元行官司惡其指論，捃以他事，非理科罪，是使抱冤之民不敢伸訴。」詔令諸路監司、州縣將民戶陳訴事務並仰長官躬親審詳，依公理斷，無致少有偏曲。仍仰所屬監司覺察按劾，當議重作行遣。監司違戾，仰帥司互察。

2. 七月二十日，臣僚言：「昔王符作愛日篇，深言民之不獲理於州縣，故遠詣公府，復不能察而延之日月，此小民所以易侵苦而天下所以多困窮。方今之弊，何以異此。乞令諸路各置籍，凡民戶經由臺部及朝廷訴事行下所委官司去處，除程期外，並限一季或至半年具申。如敢稽慢，則從本部檢舉奏聞，特賜行遣，非特以戒慢吏，將見遠民舉無冤枉。」從之。

十八年（戊辰，一一四八）

1. 二月十四日，刑部言：「臣僚奏請，在法，放停人吏與詞訟之人交涉者徒一年，因而計屬公事加一等，受財重者自從重。此良法也。然於放停人吏則知畏，而見役人吏及雖橫有力之家〔一〕，與健訟之人陰爲奧援，表裏相通，致使良善之人深被其害。欲望更加參訂，重立法禁。本部看詳，見役人吏與詞訟之人交涉，欲元條徒一年上加一等，從徒一年半。若因而爲計囑公事，更加一等，從徒二年斷罪。各係遞加一等。」從之。

〔一〕雖橫有力之家　疑「雖」為「强」之誤。

二十一年（辛未，一一五一）

1. 十一月十七日，刑部言：「臣僚陳乞禁約健訟之人，本部欲於見行條法指揮外，其訴事不干己並理曲或誣告及教令詞訴之人，依法斷訖，本州縣將犯由、鄉貫、姓名籍記訖，縣申州，州申監司照會。若日後再有違犯，即具情犯申奏斷遣，從斷訖再注。仍先次鏤板曉諭。」從之。

二十二年(壬申,一一五二)

1. 五月七日,臣僚言:「今後民户所訟,如有婚田、差役之類,曾經結絶,官司須具情與法敍述定奪因依,謂之『斷由』,人給一本。如有飜異,仰繳所給斷由于狀首,不然不受理。使官司得以參照批判,或依違移索,不失輕重。將來事符前斷〔一〕,即痛與懲治。」上宣諭宰臣曰:「自來應人户陳訴,自縣結斷不當,然後經州,由州經監司,以至經臺,然後到省。今三吳人多是徑至省〔二〕,如此,則朝廷多事。可依奏。」

〔一〕將來事符前斷　繫年要録卷一百六十三「將」字前有「而小人之情狀不可掩矣」十字。

〔二〕徑至省　「徑」原作「經」,據繫年要録卷一百六十三改。

二十四年(甲戌,一一五四)

1. 四月九日,上宣諭宰臣曰:「前日孟饗,有利州民王孝先邀駕,訴閬州守臣王陞〔一〕在任不法,用刑慘酷,枉遭决刺。宜差人押送本路官司究實〔二〕。慮蜀道險遠,追逮為勞也。」

〔一〕王陞　中興小紀卷三十六同;繫年要録卷一百六十六作「王陟」。

〔二〕押送本路官司究實　「官司」,中興小紀卷三十六、繫年要録卷一百六十六皆作「監司」。

二十六年(丙子,一一五六)

1. 七月三日,臣僚言:「比年臣僚有緣誣告不測之罪,投竄遐裔,無路自明者,迺因郊赦,與之昭

洗〔一〕，甚盛德也。然中外陳訴辨雪，檢、鼓院上封者滋多，頗涉冒濫。如其所犯元因語言疑似之類，誠可矜憫。至於奸贓狼籍，已經按治，跡狀顯著人所共知者，亦復巧飾詞理，公肆誕謾，咸稱向曾違忤權臣所致，例圖解免。望詔有司，應自今陳雪過名之人，並須檢會元犯事因〔二〕。如係贓罪已經勘劾者，乞止依元斷條法施行。刑部看詳，命官犯罪，若元因人戶論訴及因監司、郡守按發鞫勘，贓證結按，曾經錄問，別無翻異，已行斷遣，如日後陳訴者，欲具元斷因依分明告示。其餘一時被罪或因緣連累等斷遣之人，若有訴雪，從有司更行看詳。委有寃抑，即行開具因依申取朝廷指揮。」從之。

〔一〕與之昭洗　「昭」原作「照」，據繫年要錄卷一百七十三、文獻通考卷一百七十三改。

〔二〕元犯事因　「事因」原作「因事」，據繫年要錄卷一百七十三、文獻通考卷一百七十三改。

2. 十月二日，臣僚言：「向者風俗婾薄〔一〕，告訐大興，士大夫陷於憲網者，前後非一。比降詔旨，檢舉追復，仍許自行陳訴。然有司尚多艱阻，能自伸雪者，十無一二，誠為可矜。欲望嚴飭有司，將紹興二十五年十月二十日以前應斷過之人，除犯大不恭、不孝及蠹國害民，並枉法不枉法、監主自盜、强乞取，已上並因人告發跡狀明白者，各論如法。其餘犯在上件月日前者，不以年限，許自陳訴，委官看詳。如實係無辜，則與行改正，理元斷月日。若稍涉疑似，則且與除落過名，所有元斷官吏並免收坐。」從之。

〔一〕風俗婾薄　「薄」原作「簿」，據靖康要錄卷二及繫年要錄卷一百五十六改。

二十七年（丁丑，一一五七）

1. 七月二十二日，侍御史周方崇言：「民間詞訴，必有次第經由〔一〕，若僥妄驀越，則坐之以罪。

苟情理大有屈抑，官司敢爲容隱，乃設爲越訴之法，而勅令該載者，止十數條。比年以來，一時越訴指揮亡慮百餘件，頑民反恃此以擾官司，獄訟滋長。望行下刑部，將一時許越訴指揮非編勅所載，並令勅令所重加删除，以省訟牒。」從之。

〔一〕次第經由　「由」原作「曰」，據文意改，參見輯稿・刑法三之三二「次第經由」。

二十八年（戊寅，一一五八）

1. 八月二日，上諭大臣曰：「近來州縣人戶詞訟稍多，既經監司，又經臺省，又復進狀乞送大理寺，比比皆是，無他，其弊有二：其一，不治妄狀，其二，受理官司沿襲舊例，却送元來去處。如此，不唯善良受弊，無所赴愬，而訟牒紛紜，至有一二十年不決者。卿等竊爲措置〔一〕。」於是詔諸色人進狀及詣朝省陳訴州縣等處理斷不當公事，送所屬曹部施行，仰今後不得却送所訴官司，別委官司立限依公結絶。若所訴虛妄，依條施行。候結絶訖，申尚書省，令本省置籍拘催。如有違戾，三省覺察取旨。

〔一〕竊爲措置　「竊」當作「切」。

三十年（庚辰，一一六〇）

1. 十月七日，詔：「應民間訟牒，有事不干己，並仰參照成憲，依公施行。其訴州縣不法，自當受理，不許輒加以告訐之罪。」從左正言王淮之請也〔一〕。

〔一〕從左正言王淮之請也　「從」字原脫，據文意補。

三十二年〔一〕（壬午，一一六二）

1. 八月二十三日孝宗即位，未改元，詔：「所在罷役人吏，多誘導姦豪，巧生詞訟，實爲鄉曲之蠹。自今如或不悛，當議刺配，永不移放。」

〔一〕三十二年 原作「三十年」，據繫年要録卷二百改。「三」字上原衍「紹興」二字，據原文體例删。

2. 十二月〔一〕二十四日，詔：「比來省部人吏隨事生弊，命官士庶理訴公事，法雖可行，賄賂未至，則行遣迂回，問難不已。若所求如欲，則雖不可行，亦必舞法以遂其請。自今如有寃抑之人，許詣登聞鼓院陳訴，當議重寘於法。」

〔一〕十二月 原脱，據繫年要録卷二百補。

孝宗 隆興元年（癸未，一一六三）

1. 九月二十二日，臣僚言〔一〕：「命官斷罪，其始悉由刑部、大理寺擬定刑名，今於既斷之後，遇有雪訴，却付外路監司委官看定，徇情出入，則是外路監司及得駁正刑寺，事屬倒置。乞自今遇有命官陳訴元斷不當者，並不許送外路監司，先委大理寺官參酌情法，保明申部，再委刑部郎官、長貳重行看定，續次申省，送左右司審詳，取旨施行。」從之。

〔一〕臣僚言 「言」字原脱，據文意及本條下文「從之」補。

二年（甲申，一一六四）

1. 正月五日，三省言：「人戶訟訴，在法先經所屬，次本州，次轉運司，次提點刑獄司，次尚書本

部，次御史臺，次尚書省。近來健訟之人，多不候官司結絶，輒敢隔越陳訴，理合懲革。」詔除許越訴事外，餘並依條次第經由，仍令刑部遍牒行下。

2. 二十日，臣僚言：「伏覩刑部關牒，不許人戶越訴，甚爲至當。然州縣、監司所受詞訟，多有經涉歲月不爲結絶者，欲乞行下刑寺，將州縣、監司詞訴分別輕重，立限結絶。如限滿尚未與決，許人戶次第陳訴。」從之。

3. 八月十三日，臣僚言：「伏見御史臺訟牒日不下數十紙，皆由州縣斷遣不當，使有理者不獲伸，無辜者反被害，遂經省部以至赴臺。乞令御史臺擇其甚者，具事因與元斷官吏姓名奏劾取旨行遣。」從之。

乾道元年（乙酉，一一六五）

1. 正月一日，大禮赦：「應過犯經斷人依條限三年外，不許雪訴。如元因有司違法勘斷不當，實在五年内者，並經所屬投狀以聞，當議實責改正施行。」

2. 同日，赦：「勘會進士枉被州縣刑責，依條令所屬審定，保明聞奏。慮恐所屬多係元斷官司嫌避遷延，不爲保奏，仰諸路監司遇有訴理之人，即取索元案委官看定〔一〕，如係枉斷，即令所屬疾速依條保奏施行。」九年十一月九日同此制。

〔一〕即取索元案委官看定　「案」原作「按」，據文意改。

3. 十七日，中書門下省言：「近日四方之人多有經省部、御史臺陳訴寃抑者，有司事無果決，遂至久困逆旅，情實可憫。」詔三省、樞密院開具應干人結絶事件，分委刑部、大理寺，限一月與決。如合追逮及案牘未具，委逐路監司限兩月理斷，並各具已斷事目聞奏。

二年（丙戌，一一六六）

1. 七月九日，臣僚言：「比來民訟至有一事經涉歲月，而州縣終無予決者，緣在法縣結絕不當而後經州，州又不當而後經監司。乞自今詞訴，在州、縣半年以上不爲結絕者，悉許監司受理。」從之。

四年（戊子，一一六八）

1. 六月十八日，權戶部尚書曾懷言：「近來監司、州縣承受省部看詳定奪事件，動經歲月，不爲結絕。今欲行下諸路，自指揮到日並限一月結絕，具名件申尚書省。」從之。

2. 七月十三日，臣僚言：「竊惟守令治所部之凶頑犯法者，監司郡守劾所隸之贓私不法者（一），皆所以奉行天子之法也。比年多有所部之民、所隸之吏曾遭治劾者，往往懷怨挾恨，公肆論訴。使其訟得行，則爲守令、監司者殆將縮手而不敢問矣。小人長惡不悛，何所忌憚。望特降指揮，如敢以私事訟元治劾之官者，更不究問虛實，即以告訐之罪罪之，庶幾此風衰息。」從之。

（一）監司郡守劾所隸之贓私不法者　「劾」原作「刻」，據本條下文「治劾」改。

3. 十六日，三省言：「邇來健訟之人，多巧作緣故，妄經臺省越訴，理合措置。應所訴事並須依條次第經由，仍真謹書寫，通不得過五百字，亦不許連粘畫一單子在前。應遇詞狀日，輪都司官一員點檢，如不依式該說已經某處結絕者，並即時退還。所受訟牒，專一置簿抄上赴左右司斟量行遣。或已經陳辭，見送有司看詳定奪，如限外未有結絕，或官司理斷不當者，方許經朝廷陳訴。應陳詞人除軍期

急速、事干人命許越訴外，餘敢於宰執馬前投陳白紙及自毁傷者，並不得受理。」從之。

4. 八月十六日，中書門下言：「近來無賴健訟之人，自知理曲，意謂官司不爲受理，往往妄自毁傷，合行約束。」詔今後如有似此等人，先依條斷罪，將所訴事更不受理。

五年（己丑，一一六九）

1. 七月一日，大理寺丞魏欽緒言：「越訴之法，前後申嚴，非不詳備，今有所訟至微而輒以上聞者，又有冒辜而伏闕者，則越訴之法，殆爲虚設。欲望明詔有司，嚴立法制，庶幾人稍知畏。」詔送刑部看詳。已而刑部看詳到條制，詳見刑制門。

六年（庚寅，一一七〇）

1. 八月二日，宗正少卿兼權戶部侍郎王佐言：「朝廷慮猾吏之爲民害，故開冒役越訴之門。然頑民姦巧，往往假此爲脅持縣道之計，甚至舉論闔縣之吏。乞自今有論訴冒役者，必須指陳所犯及收敘不當因依，如敢挾私妄訴，與重作行遣。」從之。

2. 六日，刑部侍郎王柜言：「近日詞訴滋繁，其弊有二：一曰妄訴之弊，二曰改正之弊。夫詞有當決於州縣、監司者，有當決於省部、朝廷者。州縣頑民狃於健訟，例皆投牒省部，紊煩朝廷。乞自今除身負冤抑、事繫利害方許陳訴，其餘瑣屑並不許受理，則妄訴之弊可以少革。刑部詞雪過犯，前後非一，其間亡辜坐累固不爲無人，然巨姦積惡有不可不正典刑者。小人粉飾事情，百端伸訴，蓋未嘗治其誕妄之罪。乞自今遇有詞雪過犯之人，令別勘官司，精加覆治，果有冤抑，即與洗滌。如妄有陳列，

更與重作行遣，則改正之弊可以少革。」從之。

3. 十一月六日，大禮赦：「勘會已降指揮，命官雪訴罪犯，刑寺見得委實冤抑、合行改正之人，其元斷月日令一就看定。近來胥吏故作沮抑，意在請求，却兩次申省，顯是迂枉。自今後應命官理雪冤抑，如委合改正，其元斷月日並令刑寺一就看定，申省取旨。」

七年（辛卯，一一七一）

1. 三月三日，中書門下省檢正諸房公事司馬伋言：「近有爭產業（一）、理雪過名之人，輒作公私利濟、軍期機密文字具奏，紊瀆天聽，委涉欺罔。乞自今遇有士庶進狀陳訴，並赴鼓院投匭，方許進入。」從之。

（一）有爭產業　「爭」字後原文空一格，疑為「訟」或「訴」。

2. 十二月十四日，臣僚言：「民間詞訟，多有繇論理斷不當者，政緣所斷官司不曾出給斷由，致使健訟之人巧飾偏詞，紊煩朝省。欲望行下監司、州縣，今後遇有理斷，並仰出給斷由。如違，官吏取旨行遣。」從之。

九年（癸巳，一一七三）

1. 十一月九日，大禮赦：「勘會命官犯罪，曾經體究勘鞫被斷之後，雪訴冤抑，已有別定、別勘條法。其元因官司按發，一時直降指揮先次停罷降官衝替之類，不曾經體究根勘，或有實負冤抑，緣無理訴條限，有司拘文，不爲受理，情實可矜。可並與照別定、別勘年限施行。」

2. 同日，赦：「勘會民間諸色人訟訴事節，州縣、監司各有結絕日限。近來官司往往縱容人吏，故作遷延，或枝蔓行遣，希望求囑，至有經涉歲月不爲結絕者，使實被枉之人困於逆旅，其當職官恬不加恤。今赦到日，將應未結絕名件限一月依公結絕。如違，許人戶越訴。」

淳熙元年（甲午，一一七四）

1. 三月二十九日，御前忠佐軍頭引見司言：「每遇車駕行幸，有唐突人所訴事，不經次第，本司降奏指揮，從杖一百斷罪。乞自今有似此唐突人，令臨安府斷罪訖，報軍頭司照會取旨。」從之。

2. 十月十四日，詔：「自今監司被受三省六曹委送民訟，並令躬親依公與決，疾速回報。若事干人衆或涉遠路，須合委定奪，亦令立限催促，候到，從本司再加詳審，別無不當，方得具申。仍令所屬曹部置籍稽考住滯申尚書省，具所委監司取旨。」

五年（戊戌，一一七八）

1. 八月十三日，知平江府單夔言：「詞訟改送，止欲別議是非，使不失實而已。若前斷之官，已經移替，自不妨復付之本處，于事既已無嫌，更得舊訟悉理，民無遠赴之患。」從之。

六年（己亥，一一七九）

1. 九月十六日，明堂赦：「命官雪訴罪犯，刑寺見得委實冤抑，合行改正，所有元斷月日，若再令陳乞，却致往返虛延歲月，可令刑寺一就看定，申尚書省。」

2. 十月十六日，詔：「諸路監司自今應有脅持州縣訴不干己者，籍定申聞臺省，候將來再犯，累其罪狀，重寘典憲。」先是，刑部尚書謝廓然言：「郡縣、臺省訟牒繁夥，皆閭里亡賴憑籍囂訟，以爲囊橐。縱使守令稍有風力，猶不免其指摘舊例已行之事，撰造無根難明之謗，甚者俟其任滿到關〔一〕，公然攔拽，淩辱無禮。故近來州縣坐是愈不可爲。」故有是命。

〔一〕任滿到關　疑「關」當為「闕」。

七年（庚子，一一八〇）

1. 六月十三日，詔監司、郡守：「應所屬官吏或身有顯過而政害於民者，即依公按刺。或才不勝任而民受其弊者，亦詳其不能之狀，俾依近例，改受祠祿，不得務從姑息，致有民訟，方行按刺。若廉察素明而的知其興訟不當者，則當為白其是否，以明正其妄訴之罪，不得一例文具舉覺。」

2. 十二月十六日，詔：「自今獄事委送鄰郡，或鄰郡追逮稽慢不遣。今具申監司，從監司差人追發。若被訴人在禁而詞主再追不出，即將被訴人先次知責。」

九年（壬寅，一一八二）

1. 八月二十六日，詔：「諸路監司自今人戶訟訴有合送別州追人索按推治者，止就鄰近州軍，仍不得過五百里。」

十五年(戊申,一一八八)

1. 八月二十六日,詔:「諸路凡有訟事,斟酌大小輕重,於送獄之際不許輕率。仍令刑獄長貳常切稽考,御史臺常切覺察。」

淳熙十六年(己酉,一一八九)

1. 閏五月七日,大理卿陳倚言:「近來人戶理訴婚田等事,皆有監司、州縣自可理斷者,其間有不曾次第經由官司,或雖曾經由不候與奪,及有已經官司定奪,自知無理,輒便越經天庭進狀妄訴,於貼黄指定,乞送大理寺,顯是全無忌憚。乞今後應有進狀訴事,從自來體例,先次降付尚書省,量度輕重,合與不合送寺取旨施行。」從之。

紹熙元年(庚戌,一一九〇)

1. 六月十四日,臣僚言:「州縣遇民訟之結絕,必給斷由,非固爲是文具,上以見聽訟者之不苟簡,下以使訟者之有所據,皆所以爲無訟之道也。比年以來,州縣或有不肯出給斷由之處,盖其聽訟之際,不能公平,所以隱而不給。其被冤之人或經上司陳理,則上司以謂無斷由而不肯受理,如此則下不能伸其理,上不爲雪其冤,則下民抑鬱之情皆無所而訴也。乞諸路監司、郡邑自今後人戶應有爭訟結絕,仰當廳出給斷由,付兩爭人收執,以爲將來凴據。如元官司不肯出給斷由,許令人戶徑詣上司陳理,其上司即不得以無斷由不爲受理,仍就狀判索元處斷由。如元官司不肯繳納,即是顯有情弊,自合

追上承行人吏重行斷決。」從之。

五年〔一〕（甲寅，一一九四）

1. 九月十四日，明堂赦：「州縣民戶詞訴已經朝省、監司受理，行下所屬州縣追究定奪之類，往往經涉歲月，不與斷理，使實負冤抑之人無由伸雪。仰諸路監司催促，限一月依公結絶。如仍前遷延，許人戶越訴。將當職官吏重作施行。」自後赦並同。

〔一〕「五年」上原衍「紹熙」，今删。

慶元元年（乙卯，一一九五）

1. 六月二十一日，知臨安府錢象祖言：「日來頗多滯訟，乞戒飭御史、監司常切覺察。有飜理不決〔一〕之訟，必差官吏分互委送，閲實審訂，使是非枉直咸得其當。至有經投匭進狀者，亦先從都司詳所屬曹部見今所行果有未盡，朝廷别委清彊明練〔二〕之吏重爲看定。」從之。

〔一〕飜理不決　「理」疑當作「異」。

〔二〕清彊明練　「彊」原作「疆」，據文意改。

三年（丁巳，一一九七）

1. 三月二十七日，臣僚言：「乞申嚴舊法，行下諸路，應訟事照條限結絶，限三日内即與出給斷由。如過限不給，許人戶陳訴。」從之。

四年（戊午，一一九八）

1. 八月五日，臣僚言：「乞行下諸路監司、州縣，如有告訴事干人命，並須實係被害之家血屬，其所訴事理，證據分明，方許追勘。倘涉誣罔，須與反坐。其詐稱被盜放火之人，如正賊敗獲，究證得實，曾將平人誣罔騷擾，必坐以坐〔一〕。其他誣告之事，罪當反坐者，並須從條斷治，州縣具情節申提刑司，提刑司具申刑部照會。庶幾姦罔之風稍戢，實清獄訟之切務也。」從之。

〔一〕必坐以坐　當作「必坐以罪」。

2. 十月二日，臣僚言：「百姓有冤，訴之有司，將以求伸也。今民詞到官，例借契錢，不問理之曲直，惟視錢之多寡。富者重費而得勝，貧者銜冤而被罰。以故冤抑之事，類皆吞聲飲氣。乞行禁止。」從之。

六年（庚申，一二〇〇）

1. 閏二月五日，臣僚言：「乞申敕戶、刑兩司刷其詞訴名件，斟酌事宜，立定日限，趣令結絕。其或所屬官司仍前稽違滅裂不報，及雖回報而定斷失當，飜論不已者，則從省部擇其甚者申奏一二，乞行責罰。不惟止及監司、郡守，而經由官司例皆懲治。」從之。

2. 五月十四日，中書門下言：「戶部詞訴公事，多是移送定奪，枝蔓遷延，遂致積年不曾結絕。」詔戶部行下所屬曹部，將日今應干累年未了詞訴公事，須管目下盡行定斷，不得仍前循習舊弊，復致積壓，詞訴不絕。各具已結絕名件申尚書省。

嘉泰元年（辛酉，一二〇一）

1. 二月十二日，監察御史施康年言：「乞戒飭諸路監司，凡有詞訴，必使盡情處斷，務要結絕。如或淹延歲月，與決不當，猶或上聞，令御史臺擇其尤者，將本路監司彈劾聞奏，仍將所屬州縣官吏重寘如法。若頑民健訟，事涉細微，輒敢投匭進狀，亦令所屬常切檢舉，重作行遣。」從之。

開禧元年（乙丑，一二〇五）

1. 六月二十一日，臣僚言：「乞下諸路郡縣，應干獄訟並令照條令理斷，如有淹延數年、重為民害者，委監司糾察。如監司不糾察或自爲淹延者，從台諫論奏。」從之。

2. 十一月十一日，監登聞鼓院章燁言：「進狀之弊，有一事而累經進狀，或經年而未曾結絕者，是法令之不立、賞罰之不行故也。前來奏劄所以願重朝廷之事體，申飭諫院，自今進狀，凡所送官司除程與限一月結絕，仍具結絕因依備申諫院。如違限不與結絕，或結絕、或未結絕而所斷不當，以致冤民再進狀者，許諫院稽考，隨事輕重劾奏而責罰之。或官司結絕已得公當，而頑民健訟，復敢虛妄進狀者，當從狀尾所甘坐以上書虛妄不實之罪，務在必行。如是，則冤枉可以伸，嚚訟可以息。」從之。

3. 十三日，臣僚言：「州縣之間，獄訟繁多者，告訐未盡革也。蓋罷役胥徒與夫武斷鄉曲、頑賴無業之人，交相表裏，窺伺善良。始則搜剔疑似，鈐制恐脅，詐取財物。繼以巧飾虛詞，公形訴牘。州縣類多不察，與之受理，根連株逮，鍛錬非辜。加以貪刻之吏利其資財，抄估籍沒，肆其慘毒。間有得直者，固已家破産亡，而所誦告訐之人〔一〕未嘗反坐，不過科以不應爲不干己之罪而已。乞行下監司、

州縣，申嚴告訐之禁。官吏有敢故縱違犯者，重寘典憲，其告訐之人照條反坐。」從之。

〔二〕而所誦告訐之人 「誦」疑當作「訟」。

二年（丙寅，一二〇六）

1. 二月五日，臣僚言：「省部送下公事，有已經州縣、監司累年不决者。臣初恠其健訟，及探討本末，始知多因官司不能分明剖析，致使兩詞經臺、經部、經都省而不以爲瀆。乞自今省部送下公事，送之監司者，監司不可付之郡太守。送之郡太守者，郡太守不可付之郡縣吏。大率地位稍近者易囑託，分勢稍高者難請求，必須監司、太守自行理斷。」從之。

嘉定三年（庚午，一二一〇）

1. 四月二十四日，臣僚言：「詞訴之法，自本屬州縣以至進狀，其資次遼絕如此。今捨縣而州，捨州而監司，等而上之，至於臺省，乃有不候所由官司結絕而直敢進狀，或至伏闕。乞自今進狀，如係臺省未經結絕名件，許令繳奏取旨行下所送官司，催趣從公結絕。如所斷平允，即從斷施行。如尚未盡，却行一按追究，即不得径行追會根勘，則紀綱正而刑罰清矣。」從之。

五年（壬申，一二一二）

1. 八月一日，臣僚言：「乞自今令左右司以進狀之籍，照程限稽考，必令所送官司分辨曲直申上，朝省見得日前所斷果有屈抑，將官吏重寘之罪。若所訴事未經定奪而輒詣鼓院者，都司勿與施行。

本無屈抑而妄言屈抑者，必與懲治。」從之。

2. 九月二日，臣僚言：「竊照慶元令，諸受理詞訴限當日結絕，若事須追證者，不得過五日，州郡十日，監司限半月。有故者除之，無故而違限者聽越訴。今州縣、監司理對民訟，久者至累年，近者亦幾一歲，稽違程限，率以爲常。乞戒飭監司、州縣，照應條法，應詞訴稽程不爲結絕者，即與次第受理。已結絕即與出給斷由。仍下戶、刑部，如受理詞訴，即時出給告示。不受理者，亦於告示內明具因依。庶使人戶憑此得經臺省陳理，民情上達，冤枉獲申。」從之。

六年（癸酉，一二一三）

1. 六月七日，權刑部尚書曾從龍言：「乞今後每遇歲終，從本部具諸路及諸州軍詞訟未結絕名件申尚書省，摘其歲月最久者，劄下本處具析不能結絕因依，仍具當職官姓名并吏人取旨，量行責罰，庶幾民訟免至淹延。」從之。

2. 八月二日，臣僚言：「自今部中所受民訟，棘寺所勘公事，須令從公予奪，盡情根究，不得更循囑託，觀望顧慮。其或不悛，本臺密切體訪彈奏。」從之。

3. 十月二十六日，權戶部侍郎李珏言：「竊惟今日中外之弊，莫甚于案牘積滯〔一〕，吏習因循，視民政爲不切之務。近因置籍稽考諸路監司并州郡承受本部妥送民訟〔二〕，截至九月終，未結絕共一千三百三十四件。其間盖有經數年尚未結絕。近而兩浙轉運司未結絕者，亦二百四十餘件。是致人戶不住經部、經臺催趣〔三〕。乞許從本部倣財賦殿最之法，歲終將諸路、諸郡所受臺部符移，擇其淹延最甚者申朝廷，量行責罰。至於留意民政，獄訟平理，並無違滯，亦許以姓名上聞，特加旌擢，庶使爲政

者皆知以民事爲急。」從之。

〔一〕案牘積滯 「案」原作「按」，据文意改。

〔二〕州郡承受本部妥送民訟 疑「妥」字有误。

〔三〕不住經部、經台催趣 疑「趣」當作「趨」。

七年(甲戌，一二一四)

1. 九月十九日，臣僚言：「四方投匭之辭，正緣屢涉有司，未平兩造。及上達廉陛之前，乃必分枉直之地，若復付之悠緩，終將無所予決。乞明敕有司，今後應經匭院進狀，都省竊詳，嚴限送部，盡索前後所斷照法指定，不許復行改送。如委屬冤枉，即與申雪。或元斷已當，嚚訟不悛，必加懲治。本部逾限不爲結絕，或致再詞，仍議官吏稽違之罰。則天聽尊嚴，民情洞達，朝省訟牒立至簡清，益廣聖主明目達聽之意。」從之。

十年(丁丑，一二一七)

1. 十一月四日，臣僚言：「近年彊宗大姓〔一〕武斷尤甚，以小利而漁奪細民，以彊詞而妄興獄訟，持厚賂以變事理之曲直，持越訴以格州縣之追呼，大率把持官吏，欺壓善良。乞戒飭監司、守臣，其有訟訴，必詳加審察。已結絕者，則取索斷由，重加審定。未結絕者，則立限催斷，具由情節。如見得委有情弊，予奪不公，即與追治承吏。若乃憑恃兇狡，飾詞越訴，意在挾持，即將犯人嚴與根究，必罰無赦。」從之。

〔一〕彊宗大姓　「彊」原作「疆」，據文意改。

十二年（己卯，一二一九）

1. 十二月二日，臣僚言：「夫民必有爭而後刑於訟〔一〕。訟之所起，始於其鄉而達於其邑，使邑有賢宰，則訟可息，爭可定。自其縣未足以平其心，然後訴之于州，州又未足以平其心，然後訴之於監司。已出於其勢之不得已，孰知其又有經臺部而猶未止者。乞下此章，申儆州縣，凡有民訟，隨時斷遣。或遇臺部送下狀詞，亦仰監司及所部郡縣察詳事理，疾速施行。其或以獄爲市，淹延歲時，紊亂曲直，臣當次第覺察以聞〔二〕，重寘典憲。」從之。

〔一〕民必有爭而後刑於訟　「刑」當作「形」。

〔二〕臣當次第覺察以聞　疑「臣」字有誤。

田訟

影印本刑法三之四三至四八

大典卷一三二二〇

太祖 乾德四年(丙寅,九六六)

1. 閏八月五日,詔:「應先隔在劍外人蜀平來認田宅者,如已過十五年,除本戶墳塋外,不在理訴。」

太宗 淳化二年(辛卯,九九一)

1. 正月二十六日,詔:「荊湖、淮南、江南、兩浙、西川、嶺南管內諸州民訴水旱害田稼,自今夏以四月三十日,秋以八月三十日。違限者,更不得受。」

真宗 景德二年(乙巳,一〇〇五)

1. 六月九日,詔:「河東管內有訴認仍僞命前祖先莊產者,止給荒田、墳墓,其桑熟地土不在分割之限。」

大中祥符九年（丙辰，一〇一六）

1. 九月十六日，詔：「昨緣蝗旱，今始得雨。諸處務開公事比常年更延一月。八年以前婚田等事未得受理，俟豐稔如舊。」

2. 十八日，詔：「諸路州縣七月以後訴災傷者，準格例不許。今歲蝗旱，特聽收受。」

仁宗 天聖七年（己巳，一〇二九）

1. 五月十一日，太常博士王告言：「昨通判桂州，每歲務開，民多爭析財產。洎令追鞫，多是積年舊事。按偽劉時，凡民祖父母、父母在，子孫始娶，便析產異爨。或敏於營度，資業益蕃；或惰不自脩，田畝蕪廢。其後尊親淪逝，及地歸中國，乃知朝廷編敕，須父亡歿始均產，因萌狡計，以圖規奪。或鄉黨里巷傭筆之人替為教引，借詞買狀，重請均分。洎勾捕證佐，刑獄滋彰；或再均分，遂成忿競。故每新官到任，動須論訴。遊手之輩，僥倖實多；勤懇之民，冤抑無告。今請限乾興元年正月一日以前，凡廣南民，若祖父母、父母〔一〕在日分產與子孫者，悉以見佃為主，不在論理之限。」詔如所奏，仍以敕到日為限。其限後若祖父母、父母〔二〕在而別籍者論如律。

〔一〕祖父母、父母　「母、父母」三字原脫，據長編卷一百八天聖七年五月己巳補。

〔二〕祖父母、父母　「母、父母」三字原脫，據長編卷一百八天聖七年五月己巳補。

九年（辛未，一〇三一）

1. 五月十二日，京兆府言：「涇陽縣民劉顒等五戶訴，先於二十年前以田竭產鬻於富戶。其時割稅不盡，自後無田抱稅，相繼輸納，累經披訴，未蒙蠲改，即移本縣覆驗得實。按新編敕，凡立契十年以上，縱有未盡稅數，亦不在均送之限。竊詳上件，百姓累嘗披訴，蓋是縣司徇豪民之意，未曾改正。不田而稅，於理無文。兼當府諸縣似此貧戶，田盡稅在者甚多。望下有司，別定規制。事下大理寺，具言編敕未行之前，已經官司論理，合下本府改正。仍慮諸路有似此官吏阨塞細民，曲徇豪倖者。望以敕到日給限一年，聽白官司改正。限滿不首，勿更論理。」從之。

景祐四年（丁丑，一〇三七）

1. 十月二十三日，御史臺言：「威勝軍狀，錄事參軍楊中孚訴於澶州，請買官莊，為宗璘爭買，乞賜定奪，詔付詳定。看詳，如依澶州及刑部，用敵倖隱稅條定奪。緣元按衛南稅簿點檢，中孚所請買田元在樓店簿內開閣稅賦，今來已收入催科簿內樁管稅額，三司稱未落簿盡未為失陷。若依法寺引用迴避，詐匿不輸條，却給地與中孚。又緣中孚違限不納價錢，告囑手分未出戶帖，虛鑿稅簿，避兩料稅物，以此難給與中孚仍舊為主。所隱稅物，若無宗璘告論，官司無因得知。欲望給田宗璘，用為激勸。中孚昨於澶州以財行求鄉縣手分，用倖免兩料稅物〔一〕，見充錄事參軍，躬掌簿籍，輕冒典章。乞行降黜，以戒群倫。今後但用倖隱，避不納省稅，不以稅額落與未落，其田土並給與告事人充賞。」從之。中孚特令衝替。

〔一〕兩料稅物　「料」原作「科」，據本條上文「避兩料稅物」改。

五年（**戊寅**，**一〇三八**）

1. 五月三日，詔：「諸色人論田上詣闕進狀，朝廷下轉運、提刑差官推勘者，並依令十月一日以後施行，不得有妨農務。」從中丞晏殊之請也〔一〕。

〔一〕從中丞晏殊之請也　「之」、「也」字原脫，據文意補。

慶曆二年（**壬午**，**一〇四二**）

1. 十月五日，詔〔一〕：「訪聞諸處有廕子恃其罰贖，遇小有水旱，即糾集人眾，為辭牒之首，妄擾州縣。自今後不得聽為狀首，如違，鞫實奏斷。」

〔一〕詔　原脫，據文意補。

治平四年（**丁未**，**一〇六七**）

1. 閏三月十八日神宗即位，未改元，詔：「天下有閑官並彊徒之輩，昏賴田土，有妨農業，令轉運、提刑司早催促結絕施行。」

哲宗　紹聖元年（**甲戌**，**一〇九四**）

1. 八月二十六日，左正言張商英言：「許州陽翟縣豪民盖漸家貲累巨萬計，女兄弟三人，有朝士

之無耻者利其財，納其仲為子婦，以漸非盖氏子，關通州縣，訟而逐之。三分其財而有之。盖漸無所生養父母，法合承分，詣朝省理訴，終為勢力者所扼。欲乞送不干礙官司推究情弊，以伸沉冤。」詔令戶部選差郎官依公根勘，具案以聞。

2. 十一月十六日，左司諫張商英〔一〕言：「潁昌府〔二〕百姓盖漸遮執政馬首聲冤，稱侍御史來之邵滅絕本家祭祀，規奪父祖財產。臣以之邵在風憲之任，為小民毀辱，不自奏辨，送具劄子論奏〔三〕，蒙送戶部選郎官看詳。按法：諸義子孫身雖存，而所養所生父母、祖父母俱亡，被人及自有所論訴，各不得受理。據臣所聞，盖漸曾有姑，證是庶生親侄男，又有改嫁母阿張證是義男，於法皆不可用。乃是所養祖父母於其母嫁之後，養以為孫，于條正是義孫。若無所生父母，即官司不當受理，此訟止是片言可決。訪聞潁昌府公案内〔四〕自有之邵手書，欲將盖氏住宅兌換房錢。審若有之，知情明甚。文昌從官，舉動如此，深可嗟駭。望早賜施行。同並後由此罷〔五〕。事具黜監門。」

〔一〕張商英　「張」字原脫，據上文及資治通鑑後編卷九十一補。

〔二〕潁昌府　「潁」原作「穎」。据上条知盖漸是許州民，宋史卷十六神宗三元豐三年春正月癸酉陞許州為潁昌府，故改之。

〔三〕送具劄子論奏　「送」當作「遂」。

〔四〕潁昌府公案内　「潁」原作「穎」，「案」原作「按」，據文意改。

〔五〕同並後由此罷　「同並」当作「商英」。此事資治通鑑後編卷九十一记在紹聖二年二月乙未，即二十九日，「左司諫張商英除尚書左司員外郎，會知開封府王震言商英遣人與盖漸謀害來之邵，坐謫監江寧府稅。」

高宗 紹興二年（壬子，一一三二）

1. 三月十七日，兩浙轉運司言：「準紹興令，諸鄉村以二月一日後為入務，應訴田宅、婚姻、負債者勿受理。十月一日後為務開。竊詳上條入務不受理田宅等詞訴，為恐追人理對，妨廢農業。其人戶典過田產，限滿備贖，官司自合受理交還。緣形勢豪右之家交易，故為拖延至務限，便引條法，又貪取一年租課，致細民受害。」詔應人戶典過田產，如於入務限內年限已滿，備到元錢收贖，別無交互不明，並許收贖。如有詞訴，亦許官司受理，餘依條施行。是年八月十五日，臣僚言：「法之有務限，要所以大為之防，今若一決其防，不免于爭競，但既在務限前投狀，自可申飭有司〔一〕，嚴行理贖，或寄錢在官，給據為憑業。今若改法，恐有其弊，至于害民。」戶部契勘，人戶典田年限已滿，于務限前收贖，自有見行條法。若于務限內年限已滿或未滿，錢、業主兩情願收贖，自聽從便。若有論訴，自合依紹興務限條法。詔依。

〔一〕申飭有司　「飭」原作「飾」，據文意改。

2. 四月十一日，德音：「訪聞福建路范汝為等賊徒及上四州軍曾係作賊招安之人，自前占據鄉村民田耕種，或雖不占據而令田主計畝納租及錢銀之類，今賊魁已行誅戮，深慮尚敢憑恃恩貸，占奪民田，認為己業。仰州縣出榜曉諭，許人戶陳訴，官為斷還。」五年八月二十四日，德音：「應潭、郴、鼎、澧、岳、復州，荊南、龍陽軍，循、梅、潮、惠、英、廣、韶、南雄、虔、吉、撫州，南安、臨江軍，汀州管內，訪聞昨來作過首領，多是占據民田，或雖不占據而令田主出納租課。今來既已出首公參，尚慮依舊拘占，人戶畏懼，不敢爭訟。仰州縣多出文榜曉諭，限一月陳首，退還元主。如依前占吝，許人戶陳訴，官為斷還。」

3. 閏四月十日，戶部言：「賣田宅〔一〕，依法滿三年而訴，以利息債負準折，或應問鄰而不問者，各不得受理。邇來田價增高於往昔，其賣、典之人，往往妄稱親鄰至及墓田鄰至不曾批退，或稱卑幼瞞昧代書人類百端規求。雖有滿三年不許受理條限，緣日限大寬，引惹詞訟。」詔典賣田產不經親鄰及墓田鄰至批退，一年内陳訴，出限不得受理。

〔一〕賣田宅　「賣」疑當作「典賣」，參見本條下文「典賣田產」。

十三年（癸亥，一一四三）

1. 六月二十八日，大理寺參詳：「戶部所申違法典賣田宅陳訴者，依敕自十八歲理限十年，係謂典賣田宅之時年小，後來長立，方知當時違法之類，即合依自十八歲理限，十年陳訴。其理三年限自陳，係謂陳乞恩賞、理訴罪犯之類，與十件事理不相干〔一〕。欲依本部看詳施行。」從之。

〔一〕與十件事理不相干　疑「件」當作「年」，參見本條上文「理限十年」、「十年陳訴」。

十九年（己巳，一一四九）

1. 十二月十三日，權尚書戶部侍郎宋貺言：「湖湘、江淮之間，昨經寇盜，多有百姓遺棄田產。比年以來，各思復業，而形勢戶侵奪地界，不許耕鑿。欲望立法誡飭。」戶部措置，欲乞下江南東西、荊湖南北、淮南東西路安撫、轉運、提刑司，檢坐見行條法，出榜曉諭。如被上戶侵奪田土之人，仰赴官陳訴。若幹當人係自身或軍人，即仰依條重行斷遣。如有官人，即同形勢、官戶人家，並具情犯、姓名申

朝廷，依法重作施行。州縣觀望，不為受理，仰監司按劾。其四川、兩浙東西、兩廣、福建、京西路亦乞依此。從之。

孝宗 隆興元年（癸未，一一六三）

1. 四月二十四日，大理卿李洪言：「務限之法，大要欲民不違農時，故凡入務而訴婚田之事者，州縣勿得受理。然慮富强之家，乘時恣橫，豪奪貧弱，於是又為之制，使交相侵奪者受理不拘務限。比年以來，州縣之官務為苟且，往往借令文為說，入務之後，一切不問，遂使貧民橫被豪奪者無所伸訴。欲望明飭州縣，應婚田之訟，有下戶為豪强侵奪者，不得以務限為拘。如違，許人戶越訴。」從之。

勘獄

影印本刑法三之四九至八八

大典卷一九九七八

太宗太平興國五年(庚辰,九八〇)

1. 閏三月二十四日,詔:「應命官犯徒已上罪,去官事發者,宜令逐處追尋勘鞫,以其狀聞。」

八年(癸未,九八三)

1. 八月二十日,詔:「今後勘諸司使副、供奉官〔一〕、殿直等,案内須具出身入仕因依,法寺斷罪亦取敕裁。」

〔一〕供奉官 「官」原作「宫」,據文意改。

雍熙三年(丙戌,九八六)

1. 九月二十三日,著作佐郎劉芳言:「朝廷差出制勘使臣,自來只於本州附遞,竊慮漏洩獄情,今後望許直發遞。」從之。

2. 十月二十二日,有司言:「準太平興國六年五月〔二〕詔書,諸道刑獄,大事限四十日,中事二十日，小事十日〔二〕。笞十下三日加一等〔三〕，罪止杖八十。自來諸道刑獄出限三十日以下者，比官文書稽程定罪，故違日限稍多者，即引上件詔書，從違制定罪。今請別立條制，凡違四十日以下者，比附官文書定斷，罪止杖八十。四十日以上奏取旨。如事有闕連，須至移牒刺問致稽緩者，具以事聞奏。」

〔一〕五月　長編卷二十二記此在太平興國六年三月己未。

〔二〕十日　原作「十一日」，據長編卷二十二太平興國六年三月己未、文獻通考卷一百六十六、宋史卷一百九十九、宋史全文卷三改。

〔三〕笞十下三日加一等　疑此句有誤，長編卷二十二太平興國六年三月己未、文獻通考卷一百六十六、宋史卷一百九十九有「不須追捕而易決者，毋過三日」、「而後又定令決獄違限準官書稽程律」之句。

四年（丁亥，九八七）

1. 八月八日，將作監丞辛著言：「今後差使臣制勘公事，望令於所勘事州軍鄰近處據名抽差司獄。」從之。

端拱元年（戊子，九八八）

1. 十二月二十七日，兗州判官劉昌言：「竊見外州府推勘刑獄，多於禁人本狀之外根勘他罪。欲乞今後除事該劫盜、殺人須至根勘外，其餘刑獄並不得狀外勘事。」從之。

二年（己丑，九八九）

1. 二月十八日，詔：「今後應宣敕差出勘事使臣朝辭日具所勘公事因依，回日具招對情罪事節進呈。」

淳化二年（辛卯，九九一）

1. 四月一日，詔：「諸路轉運使今後差官勘事，並於幕職、州縣內揀選清强官一員，仍於本州別選清干礙〔一〕監當京朝官或監押幕職一員同推，務要盡公，以絕枉曲。」

〔一〕清干礙　疑有誤。

2. 十四日，詔：「應差官制勘，並轉運司差官推勘及省寺公案不圓、合行取勘等事，敕下之日，先具事由送大理寺，仰本寺置簿抄上，候勘到公案，下寺斷遣了日勾鑿。內有延遲過違日限者，便仰舉行勘責。」

3. 八月十八日，光祿寺丞奏言：「勘鞫公事，欲乞今後命官、將校等合該杖罪，則牒送本州仍舊勾當，候敕命指揮。如徒罪，仍舊收禁。」從之。

三年（壬辰，九九二）

1. 五月十九日，御史臺言：「欲乞今後慮制勘官約束一行人等〔二〕，不得容有囑求，及到州府無泄事情。如違，並許逐處官吏舉覺。」從之。

〔一〕欲乞今後慮制勘官約束一行人等 疑「慮」字有誤，當作「應」。

2. 七月十六日，詔：「訪聞諸州事應刑獄公事，若是州府受情，須至經轉運司論訟。其間須富豪形勢之輩，却於轉運司請求司吏揀選州縣將欲任滿之人推勘，令逐路轉運司今後並須使副親自差强幹能勘事人，不得更似日前，致有違越。」

3. 三十日，峽路轉運使崔邁言：「川峽之民好訟，皆稱被本州抑屈，又闕官抽差，乞今後如非疑獄及不關人命，只依元敕行遣，減去同共勘斷二人，仍乞縣令之中容選清强差使。」詔逐路轉運司今後應勘事只差勘官一人，如公案了當，依舊例請錄問官、檢法官一員，或有大段刑獄公事，臨時取旨。

四年（癸巳，九九三）

1. 五月二十九日，詔：「御史臺應有刑獄公事，御史中丞以下躬親點檢推鞫，不得信任所司，致有冤濫。」

2. 七月三日，淮南路提點刑獄尹玘言：「今後制勘使臣，乞不指射州縣〔一〕踏逐係官空閑舍屋充制勘院。」從之。

〔一〕指射州縣 「射」原作「謝」，據文意改。

3. 十一月十五日，知制誥柴成務言：「應差官勘事，及諸州推鞫罪人，案成，差官錄問，其大辟罪別差職員監決。如錄問翻變或監決稱冤，即別差官推勘。此誠重刑之至，然臣詳酌滋長弊倖，且人之犯罪至重者死，數有飜變，或遇赦免，則奸計得成。縱不遇恩，止是一死。近見蓬州賈克明為殺人前後禁係一年半，七次勘鞫，皆伏本罪，錄問翻變。賴陛下英明，經赦不放，差轉運副使蔣堅白、提點使臣董

循再同推勘，方得處斷。其如干連證逮，州縣追禁，此又何辜？欲望今後朝廷、轉運司、州府差官勘鞫，如伏罪分明，錄問翻變，輕者委本州處別勘，重者轉運司鄰州遣官鞫勘。如三經推勘，伏罪如初，款辨分明，錄問翻變，監決稱冤者，並依法處斷。」事下大理寺詳定，本司言：「檢會刑統，唐長慶元年十一月五日敕，應犯罪臨決稱冤，已經三度斷結，不在重推之限。自今以後有此色，不問臺與府縣及外州縣，但通計都經三度推勘，每度推官不同，囚徒皆有伏款，及經三度斷結，更有論訴，一切不在重推問之限。其中縱有進狀敕下，如已經三度結斷者，亦許執奏。如告本推官典受賂，推勘不平，反稱冤，事狀有據驗者，即與重推。如所告及稱冤無理者，除本犯死刑外，餘罪於本條加一等。如官典取受有實者，亦於本罪外加罪一等。如囚徒冤屈不虛者，其第三度推事官典本法外加等貶責，第二度、第一度官典節級科處。今詳刑統內雖有此條，承前官吏因循，不能申明，自今請成務起請施行〔一〕。」從之。

〔一〕請成務起請施行　「請」後原有小字「原空」，疑當為「依」或「遵」等字。

五年（甲午，九九四）

1. 三月二十一日，黃御河催運葉傚言：「河北轉運使李若拙先差邢州〔一〕散參軍廉成式〔二〕往通利軍勘公事，近七十日尚未了當。文式元是犯事人，若拙不合抽差。乞令逐路轉運司今後更不得差散參軍、文學、長史、司馬、別駕並配衙前人等勘鞫公事。」詔文式見勘公事，令轉運司疾速別差官替訪，送樞密院與記姓名。

〔一〕邢州　「邢」原作「刑」，據文意改。

〔二〕廉成式　與本條下文兩處「文式」異，疑當作「廉文式」。

2. 四月十一日，詔：「開封府左右軍巡、司錄司，炎暑之月，禁繫極多，皆是淹延，令御史臺差官取勘知府張宏等情罪以聞。」

3. 十一月四日，著作佐郎夏象言：「制勘公事，只令於鄰州府抽差司娙〔一〕，其間或是親姻必有倖門。乞令制勘官取便抽差。」詔今後凡差官推勘公事，所要司獄取便抽差，即不得全然隔驀州府。

〔一〕抽差司娙　「娙」當作「獄」，參見本條下文「司獄取便抽差」。

至道元年（乙未，九九五）

1. 正月十一日，詔曰：「朕君臨大寶，子育群生，漸致隆平，匪務煩劇，而禁者尚密，深用疚懷。諸州長史〔一〕，雖職在親民，而動多率意，恐致枉濫，須革因循。宜令轉運使申諭諸州，應勘鞫罪人，如情理別無枝蔓，杖罪以下〔二〕，長史與通判量罪區分〔三〕，徒以上結正行遣。」

〔一〕諸州長史　「史」當作「吏」。

〔二〕杖罪以下　「杖」，疑當作「徒」，參見本條下文「徒以上」。

〔三〕長史與通判量罪區分　「史」當作「吏」。

2. 十一月二十九日，詔：「審官院自今不得差京朝官往本鄉里制勘勾當公事諸般。如中書、樞密院要京朝官差遣，並仰具本官鄉貫去處供申，其推勘官仍令御史臺亦依此指揮。」

二年（丙申，九九六）

1. 九月十四日，河北轉運使高象先言：「欲乞今後除降宣敕令差官外，所有經本州軍指論公事，只委是知州、通判、職官事依公推勘斷遣，更免差官支費。」從之。

三年（丁酉，九九七）

1. 四月二十七日，審刑院言：「并州推官羅伯英起請，乞今後授宣敕及轉運司差官推勘公事，所到推勘處，州府不得置延會〔一〕迎待，及到推勘院相見。看詳並得允當。」從之。

〔一〕延會 「延」當作「筵」。

真宗 咸平元年（戊戌，九九八）

1. 三月二十日，判大理寺尹玘言：「諸州奏案多不圓備，欲別定推勘條式頒下。」從之。

2. 十月十九日，帝謂輔臣曰：「往者憲司承詔推事，多詣中書稟命，或有愛憎，尤為非便。」張齊賢曰：「推勘官但執詔命，不原事理，箠楚之下，何情不得？漢相周勃下獄，見獄吏則頭搶地〔一〕，故云『削木為吏議不對』是也。」帝曰：「斯尤可念，卿等當慎用刑，期於平允。」

〔一〕見獄吏則頭搶地 「搶」原作「梠」，據前漢書卷六十二司馬遷傳改。

3. 二十日，詔：「應降宣敕，推勘公事，並須據實勘鞫，不得抑勒令禁人須依宣敕，虛有招通。今後所差勘事官敕內入此聖旨。」

二年（己亥，九九九）

1. 四月八日，御史中丞張詠上言〔一〕：「請自今御史、京朝官使臣受詔推劾，不得求升殿取旨，及詣中書稟命。」從之。

〔一〕張詠上言　「上言」二字原脱，據長編卷四十四咸平二年四月辛酉補。

2. 十四日，帝謂宰臣曰：「所差京朝官推勘公事，承命之後，多聞稱疾，此有所規避也。」張齊賢等曰：「朝廷比選儒臣，冀明理道，使之鞫獄，殊未盡心，案文多所不圓，疏駁更勞推覆，動罹枉撓，實起怨咨。若不塞其弊源，恐有傷於和氣。欲望於三班中選定詣會推鞫刑名者〔一〕十人，以備差使。」從之。尋以殿直孫遜等赴中書祗候，勘事依勘官支料錢，見收仍與食直錢，及定三年一替。

〔一〕詣會推鞫刑名者　「詣」當作「諳」。

3. 九月二十日，詔：「差殿中丞毌邱震〔一〕托刑州制勘公事〔二〕，放朝辭，便令進發，所有盤纏錢，令閤門依例支給。仍自今後制勘公事放朝辭者，準此。」

〔一〕毌邱震　「毌」，雞肋集卷三十三作「毋」。

〔二〕托刑州制勘公事　疑「托」當作「赴」，參見長編卷三百三十六元豐六年閏六月戊戌「遣大理寺丞郭槩赴廣州制勘公事」；「刑」當作「邢」。

四年（辛丑，一〇〇一）

1. 四月十四日，知沂州王矩言：「轉運司差轄下官吏推勘公事，如不得了當者，乞量定責元〔一〕。」詔諸路轉運司，今後並須選差詣會刑獄清强者〔二〕，不得鹵莽差遣，致刑禁淹延。

〔一〕乞量定責元　「責元」，疑當作「責罰」。

〔二〕詣會刑獄清强者　「詣」當作「諳」。

五年(壬寅,一〇〇二)

1. 八月六日,水部郎中何蒙言:「今後如有經轉運司陳狀論理公事,乞且於本州選官將狀看詳,如必然,即差官推勘。」詔諸路轉運司有論訴公事,並先取索本州公案參酌事理,不得便憑文狀。如事須推治,即選清强官勘鞫。

景德元年(甲辰,一〇〇四)

1. 八月十一日,詔:「諸差勘事官等,有犯贓私罪官員,並須具從來有無舉主入案,令審刑院、大理寺更加檢覆。」先是,帝曰:「向來中外奏薦,並令連坐。有被舉者,或罹僭犯,多匿舉主姓名。」故有是詔。

二年(乙巳,一〇〇五)

1. 四月八日,右諫議大夫薛映言:「兩浙民多因屠牛、私犯酒麴茶鹽並盜竊賊隨贓捉獲,亦有屯駐禁軍酒醉或軍人賭錢。逐事證驗詣實,不必追證,雖係徒刑,自來只當直司勘狀,當日依法斷遣。及有外縣勘證結正到諸雜徒罪公案看詳,情節圓備,所送罪人當面引問,别無未同者,只重責審狀,依法施行,不更下司禁勘。今轉運司牒州,今後當直司不得輒斷徒罪公事。臣以為事理分明,不宜虛須刑禁〔一〕,乞依舊許當直司斷徒罪公事。」帝曰:「苟事狀章明,不須繫獄者,固當即時决遣。」

〔一〕虛須刑禁　「須」當作「煩」。

2. 八月十八日，左巡使艾仲儒言：「在京勘公事，乞依外處例，許指射推司姓名，抽差一兩人祗應。」詔只得定名一人，餘令本府差定。既而知開封府司錄參軍王諫奏，乞罷御史臺及制勘所指差曹司。詔除在京勘公事依前詔外，其餘公事不得定名抽差。

3. 九月，詔：「應差推勘錄問官，除同年同科目及第依元敕迴避外，其同年不同科目者，不得更有辭避。」

三年（丙午，一〇〇六）

1. 八月二十八日，詔今後宣檄院勘使臣，非贓污及公罪徒以上，並不在禁限。

大中祥符二年（己酉，一〇〇九）

1. 七月二十九日〔一〕，詔：「大辟罪人案牘已具，臨刑而訴冤者，並令不干礙明幹官吏覆推。如本州官皆礙，則委轉運、提點刑獄司〔二〕就近差官。」時光化軍斷曹興〔三〕，將刑稱冤，復命縣尉鞫治。刑部上言：「縣尉是元捕盜官，事正干礙，望須制以防枉濫」故也。

〔一〕七月二十九日　長編卷七十二大中祥符二年七月辛巳，即二十八日。
〔二〕提點刑獄司　「司」，長編卷七十二大中祥符二年七月辛巳作「使」。
〔三〕光化軍斷曹興　長編卷七十二大中祥符二年七月辛巳作「光化軍民曹興為盜」。

2. 十一月十日，御史臺推勘官章得一言：「奉宣赴懷州制勘都監王懷一踰違事，緣本人掌兵，乞先差官衝替，然後捕鞫。」帝曰：「懷一犯罪被推，將惴恐不暇，得一之奏過也。」帝令依所受命速往追勘。

三年（庚戌，一〇一〇）

1. 四月十九日，詔：「内外官犯罪被推，情理昭然，不即引伏，窺望滯留者，並權格仍不得領務，常從人亦罷去之。」先是，虞部員外郎、知通州李慕清以不察鹽場官為盜，累遣官按劾不承，為御史臺所舉，故有是詔。

四年（辛亥，一〇一一）

1. 十一月十六日，詔：「今後差官覆劾事，如前案大事既正，雖有小節目不圓，但不是出入罪者，其元勘録問、檢斷官更不行勘，只收理聞奏。審刑院、大理寺候奏到取旨。」

2. 二十六日，大理寺言：「推鞫公事，並須當職官躬親監轄。向來定斷刑名，輕重未適。欲自今除司理參軍並專受命鞫獄之官，如不躬親，並依舊制。自餘諸色勘鞫，偶有違犯，具事以聞。如所劾罪出入重於前條，即依元制。」從之。

五年（壬子，一〇一二）

1. 閏三月二十六日，詔：「應官吏犯徒以上徒罪〔一〕去官事發者，宜令逐處鞫之。以其狀聞。」

〔一〕犯徒以上徒罪　「上」字后的「徒」字衍，當删。

2. 四月二日，詔：「遣官制勘公事，所差推鞫獄卒，如經七次無法司駁難者，遞遷一級。如未有

闕，即令守闕。」

3. 十八日，詔：「文武官被制劾者，所司移報閤門，禁止朝謁。」時常參官有別制推問或因事到京，即便入見及上殿奏事，閤門及所由司不知故也。

4. 八月二十九日，詔：「制劾刑獄無特處分者，並依推勘條式決遣，流罪及命官別具案以聞。」時詳議官查拱之〔一〕言：「諸州奏案，多以所降宣命止言制劾，應干繫官吏情罪具案以聞，乃悉拘禁以伺斷敕，頗成留滯。」故有是詔。

〔一〕查拱之「查」原作「杳」，據長編卷七十八大中祥符五年八月甲子改。

5. 十月二十五日，詔：「掌獄之官，累降詔條，務從欽恤。今承景貺，尤軫深衷。今後案鞫罪人，不得妄加逼迫，致有冤誣。」

七年（甲寅，一〇一四）

1. 正月十七日，詔：「推勘公事干連女口〔一〕當為證者，千里之外勿追攝，移牒所在區斷。」時鼎州判官孫韙受財坐罪，轉運使牒鄆州追其妻證，三子皆幼，帝愍之，故有是詔。

〔一〕女口「口」原作「亡」，據長編卷八十二大中祥符七年正月己亥改。

2. 四月十二日，詔：「諸路差官推勘刑獄，已追劾而受敕移官者，俟決訖方得赴任。」先是，金部員外郎梁象言：「外州推劾有方行追鞫或當結案次以勘官受命移官者，皆避事牒本州而去，洎再差官，復有追擾，淹延刑禁，漏泄獄情。乞行條約。」故有是詔。

3. 八月十九日，詔曰：「齊俗之刑，蓋非獲已，苟違詳審，必爽至和。如聞推劾之官，罔遵欽恤之念，加於巧詆，迫以自誣，遂使憲章或虧平允。自今勘鞫官須盡理推勘，本犯不得以刑勢〔一〕及元奏抑令招服，致有枉曲。如囚事冒罣及被訴虛招情罪，别勘詣實，其元勘官當行朝典。」先是三司、開封府奏劄子劾事〔二〕，止依元降事意，令人伏辨。帝慮誤入其罪，故有是詔。

〔一〕不得以刑勢　「刑」當作「形」。

〔二〕奏劄子劾事　「劾」原作「刻」，據文意改。

八年（乙卯，一〇一五）

1. 七月九日，詔：「今後公事干連知州、通判、都監贓私罪，許轉運司差官取勘外，自餘知州、通判、都監公罪，並就本州差無干礙官取勘。其統屬官長吏量公私贓罪輕重，於州院司理院及差職員取勘。」

九年（丙辰，一〇一六）

1. 正月七日，糾察在京刑獄王曾、趙稹上言：「咸平縣民婦盧與義子爭財〔一〕，府縣官吏恣受其賄，知府慎從吉男亦為請求。慮軍巡訊問，有所顧避，望移鞫他所。」宰臣奏曰：「若委臺司，又稹知雜御史，亦為礙事。即令殿中侍御史王奇、三司戶部郎官〔二〕梁固鞫治其事〔三〕，中使譚元吉監鞫。」帝又謂王旦曰：「昨譚元吉監劾公事，並不知的然管勾之事。降敕具條樣名目，自今監劾，逐時付與，使有所遵據。」

〔一〕民婦盧與義子爭財　「子」原脱，據長編卷八十六大中祥符九年三月壬子補。

〔二〕三司戶部郎官　「三」原作「王」，據長編卷八十六大中祥符九年三月壬子及文意改。

〔三〕鞫治其事　「鞫」原作「雜」，據長編卷八十六大中祥符九年三月壬子改。

2. 六月二十三日，樞密直學士任中正言：「昨見吉州奏姜遵知縣日取銀百兩，眾以遵清幹，必無此事。朝廷合差官押赴制勘，免為轉運斷鍊。」宰臣王旦曰：「王曾嘗保任遵，近到中書言亦如此。朝廷雖差官押去，豈便能保明實無贓濫？但常指揮江南轉運、提點刑獄官專切管勾。如稍偏曲，罪在兩司受之。」

3. 八月二十八日，詔：「大辟罪臨刑聲冤者，並送不干礙刑獄留禁。具馬遞申轉運、提點刑獄就州選官覆勘。」

4. 十月十二日，詔中書、樞密院今後差官勘事，各置簿記之，庶見逐州治跡能否。

天禧元年（丁巳，一〇一七）

1. 正月十日，詔：「諸路轉運、提點刑獄每受朝廷降下及訴訟公事，不體事理，先取公案看詳，便於別州差官，置司推鞫，妨廢所差官職事及多煩擾。自今須詳事理施行。」

2. 十一月七日，侍御史知雜呂夷簡言：「臺直官所劾公事，自來有同科同年及第者，多援詔文〔一〕稱有違礙，望行條約〔二〕。」詔自今勿復迴避。

〔一〕多援詔文　「援」原作「授」，據長編卷九十天禧元年十一月辛丑改。

〔二〕望行條約　「約」原作「納」，據長編卷九十天禧元年十一月辛丑改。

3. 十二月二十六日，玉清昭應宮判官夏竦乞代母赴台證事，從之。如事須問母者，聽就其家。

二年（戊午，一〇一八）

1. 二月，詔：「軍巡院所勘罪人，如有通指合要干證人，並具姓名、人數及所支證事狀〔一〕申府勾追，候詔證畢〔二〕無非罪者，即時疎放。」

〔一〕支證事狀　「支」疑當作「指」。

〔二〕候詔證畢　「詔」當作「照」，參見辑稿刑法三之六〇「照證人」。

2. 三月二十三日，知虢州查道言：「諸路承例遣幕職官鞫問本路轉運、提刑獄官公事〔一〕，體頗未便〔二〕。望自今止令兩司互相推問。」從之。

〔一〕轉運、提刑獄官公事　長編卷九十一天禧二年三月丙辰作「轉運使、提點刑獄官」。

〔二〕體頗未便　「體」，長編卷九十一天禧二年三月丙辰作「事」。

3. 四月十四日，判大理寺李虛己言：「請自今命官犯贓，不以輕重，並劾舉主，私罪杖以下勿論。」從之。

4. 七月八日，詔應制勘公事，不得援例於御史臺差推司。

三年（己未，一〇一九）

1. 五月一日〔一〕，詔：「自今管軍將校、沿邊總管鈐轄〔二〕，犯贓私罪當禁錮者，即以本司事付長吏訖禁勘。」時鄜延鈐轄高繼勳犯私罪勒停後，始以本司事付知州，因有是詔。

〔一〕五月一日　長編卷九十三記此事在天禧三年五月壬戌，即六日。

〔二〕沿邊總管鈐轄　長編卷九十三天禧三年五月壬戌作「緣邊部署鈐轄」。

四年（庚申，一〇二〇）

1. 正月二十三日，詔：「桂州職官〔一〕宜令流內銓各添注及五員，仍揀選壯年辦事人往彼。除供本職外，祗候轉運、提點刑獄司差遣推勘，定奪公事。」

〔一〕桂州職官　長編卷九十五天禧四年正月丙子作「桂、廣等州幕職官」。

2. 二月，詔：「大理寺自今駁勘並留案及翻變再勘公案等，候札送都進奏院催促，即具申審刑院，令本院置簿抄上，委詳議官一員管勾，仍與眾官同簽書，知院、通判押。點檢日數稍多，令本寺移文催促，或更未奏，即同牒本路提點刑獄司催促，候斷奏訖，即判院官當面勾銷簿曆。」

3. 五月一日，太常少卿、直館陳靖言：「竊見逐路轉運、提刑司差推勘公事並支口食，其間官典輒或取舍不公，以俯近赦宥，因循勘結，不務專研。乞今後應差勘官勘正前來公事，其餘官典並須取勘罪僭。」詔逐路轉運、勸農司，今後應勘鞫公事，並選差清幹官。如或鹵莽及拖延，俟赦仰具元由，別差官勘結元勘官吏情罪以聞。

仁宗天聖二年（甲子，一〇二四）

1. 正月，詔：「開封府自今禁勘公事干係外州軍，追捉照證人及合行會問公文，令入馬遞發放，不得將常程公事一應發遣。」

2. 六月一日〔一〕，右巡使張億言：「伏覩右京官員〔二〕過犯，下臺差官取勘，乞今後更不於開封府抽差，所司只就本臺差人勘鞫。」中書門下奏：「臺司自有四推人吏，限以年歲，遷轉出職，而公事至少，絶無勞績。乞依億所奏。」從之。

〔一〕「六月一日」上原衍有「二年」，今删。

〔二〕伏觀右京官員　疑「觀」當作「覩」，「右京」當作「在京」。

3. 十一月六日，御史臺推直官林永言：「奉敕往相州勘鞫前大名府永濟縣令崔道升指論百姓劉寧打折母手及强奪地上事〔一〕，道升前後推勘五年，逐度招承虚誑，每經録問，多是翻變。頑猾恃賴罰銅繫治平人，以致貧民嗟怨廢業。況本人已經編配，不改前非。望詳察事理，時降指揮〔二〕。」詔以道升為安州參軍，其餘干連人並放。

〔一〕强奪地上事　「地上」，疑當作「地土」。

〔二〕時降指揮　「時」當作「特」。

四年（丙寅，一〇二六）

1. 六月二十三日，中書門下言：「據安州奏，轉運司差荊南府節度推官徐起到州置院取勘，本州官吏為不覺察參軍崔道升衷私逃走歸鄉事。凡推勘公事，須事理稍大，或錢穀刑獄，或事干兩詞，須要對定勾追干證者，即合特置院推勘。今詳安州公事情理，顯然於理不須差官置院。兼檢會今年閏五月八日敕命，條貫分明，欲申明告諭。」從之。

七年（己巳，一〇二九）

1. 十二月，詔：「開封府自今府界諸縣推鞫賊徒獲半以上，贓證分明，公事解狀内大情已正，止有小可未盡事意，宜令更不收理本縣。」

八年（庚午，一〇三〇）

1. 十一月二十八日，詔：「今後差臺官並三司判官、開封府推判官勘鞫公事，並與本任添支。」

景祐元年（甲戌，一〇三四）

1. 正月五日，京東路提點刑獄崔有方言：「今後應承準宣敕推勘公事，除命官、使臣、將校或死罪及情理切害者奏聞外，其餘流罪以下，雖所受宣敕內言具案聞奏，並乞推勘條敕先次斷遣。」詔流罪以下除指定姓名具案聞奏外，其餘干連人並依推勘條施行。

2. 二十四日，殿中侍御史龐籍言：「勘鞫知定州馬洵美據祁州通判成璧磨勘出分使錢物支銀羅，送與高繼勳等充送路，乞責逐人詣實文狀，以憑定奪。」詔公用文曆更不磨勘，其已磨勘出事件更不施行。仍令龐籍疾速結案聞奏，不得淹延刑禁。

3. 六月十七日，御史中丞韓億言：「準敕勘鼓司官吏〔一〕不合接馬季良乞致仕狀。朝廷比置鼓司，蓋使申理冤枉，豈可未經奏御，更許退還？皷司官吏，更不取勘〔二〕。」詔億合具奏裁，不合擅繳敕放罪，仍勘皷司官吏〔三〕以聞。

〔一〕準敕勘鼓司官吏　「勘」，長編卷一百十四景祐元年六月庚子作「劾」。
〔二〕更不取勘　「勘」，長編卷一百十四景祐元年六月庚子作「劾」。
〔三〕仍勘皷司官吏　「勘」，長編卷一百十四景祐元年六月庚子作「劾」。

4. 閏六月二十九日，審刑院、大理寺言：「欲乞今後凡勘盜賊所通贓物，稱於人戶處典質，即先抽取簿曆照證，方得追取。若是官司挾情，教令賊人妄有指説，及官司追取賊人等抑令戶民賠償贓物，並科違制之罪。」從之。

5. 七月十六日，河東轉運司言：「今後諸州刑獄中，如有轉運、提刑巡歷，審問得大情未正，差官推勘，大情顯别者，所屬理一次重難勘事，批上歷子。」從之。

三年（丙子，一〇三六）

1. 二月七日，龍圖閣直學士燕肅言：「諸般公案，乞申明前敕，如無情弊枉曲，不得駁勘，及依條不得用例破敕。委知審刑官，如妄行駁勘，並令申舉。」從之。

四年（丁丑，一〇三七）

1. 正月十三日，詔：「諸州勘大辟罪人，結成公案，聚聽錄問，或罪人飜變，骨肉申冤，本處移司差無干繫官吏推勘，或再飜變，即申轉運、提刑司差官推勘。」

寶元二年（己卯，一〇三九）

1. 五月一日，兩浙路提點刑獄周陵言：「今後命官犯罪係州府禁勘者，乞案成錄問後，並就近申轉運或提刑司，於轄下别郡選差官吏再行錄問，如事理分明，即繳案申奏。若事無證據，顯有抑屈，即明具抑屈不平事件申本司，别差不干礙官員覆勘。」從之。

康定二年（辛巳，一〇四一）

1. 九月十七日，翰林學士聶冠卿言：「天下州府勘到命官公案，內有干連收理，人數甚多，亦有情理至輕及本不合得罪，枝蔓推究，頗害良善。緣奏案之時先已決訖，法司雖行點檢，免其緣坐，亦追究不及。且愚民無知，制在官吏，誅求驅使，何敢不從。即事原情，誠可嗟憫。欲乞今後所勘命官、使臣內有干連人，須是灼然有過，於法明有正條，方得收罪。自餘連累，若須要照證，暫勾分析，事了先放，只於案後聲說。」從之。

慶曆二年（壬午，一〇四二）

1. 十一月六日，詔：「今後御史臺鞫獄，自依舊令外，或有別制委官劾事，合止所劾臣僚朝參者，不得直牒閤門，並從御史臺關報。」從御史中丞賈昌朝之請也〔一〕。

〔一〕從御史中丞賈昌朝之請也　「也」字原脫，據文意補。

二年〔一〕（壬午，一〇四二）

1. 三月二十二日，詔：「諸路轉運、提刑司，今後準朝旨差官勘鞫公事，仰具所差官職位姓名入馬遞以聞。」

〔一〕二年　疑當作「三年」。

四年(甲申，一〇四四)

1. 二月二十七日，知諫院余靖言：「竊聞太常博士王翼西京勘公事回，賜緋章服。伏以朝廷賞罰，當慎其源，勸沮之本，不可不惜。伏見真皇御宇，敦尚仁愛。勘事之官，惟能雪活人命，乃得敘爲勞績，至今書於甲令。又伏覩工部郎中呂覺陳留勘公事迴，上殿自陳着緋年深，乞改章服。陛下曰：『待別因差遣與換章服，朕不欲因勘事與人恩澤。』臣在殿門詢問呂覺，初聞此語，乃知陛下聰明照見隱微，書於起居注，以爲美事。伏緣朝廷之士，貪得務進者多，故須每於事端，抑其奔競。今來陸經以交通財賄自取深罪，而勘事之官先得恩澤，外人以爲深文重法能合上旨，今後苛酷之吏，望風希進衣冠下獄，必加深罪，有傷陛下欽恤之仁、慎罰之義矣。伏乞今後勘事臣僚上殿，不得妄乞恩澤。如有陳乞，並委閤門、御史臺彈奏，特行嚴斷，以示陛下仁愛之德。」詔今後臣僚上殿，令閤門將前後條貫分明曉諭，不得因進呈公事後輙有乞恩澤。

五年(乙酉，一〇四五)

1. 七月二十五日，詔：「諸州自今有犯死罪公案，仰於卷内分明開說有無祖父母、父母年八十以上及篤疾、家無期親成丁，一處聞奏，免往復淹延。」

七年(丁亥，一〇四七)

1. 十月十二日，赦書：「應諸道州府軍監諸色人詣闕披訴冤枉事，自來行下諸路轉運、提刑司差

官置院推勘，甚有狥情偏曲，及所差官不曉道理，承前勘鞫，致元訴之人冤狀不伸，例遭重斷。憫其抑塞，宜令中書門下別爲約束者。」詔今後應有訴冤枉事，中書置簿籍其姓名、事件，封元狀下本路轉運司。如已經轉運司，即下提刑司，選清彊官置院推勘〔一〕，務要窮究事端，伸理冤枉。候斷放日，具節略公案入馬遞開奏，中書對簿銷落。推勘官如在任三次差勘，別無紕異，特與理爲勞績。如或準前鹵莽，別致詞訟，亦當嚴行降黜。」

〔一〕選清彊官置院推勘　「清彊官」原作「清疆宮」，据文意改。

皇祐三年（辛卯，一〇五一）

1. 六月三日，詔：「昨差推直官郭申錫〔一〕往慶州華池縣置院勘馬祐公事。勘官自二年十二月到彼。馬祐至次年三月方勾追到院。今後朝廷差官往外州軍院推勘公事，須預先劄下置院州軍，仰先勾追元進狀人收管知在，或關禁訖疾速入馬遞申奏，以憑發遣推勘官往彼，免致推獄虛有留滯。」

〔一〕郭申錫　「申」原作「伸」，據宋史卷三百三十郭申錫傳改。

五年（癸巳，一〇五三）

1. 九月二十二日，侍御史毋湜言：「伏睹祖宗朝，有中外臣僚公事發露，多送御史臺推勘，當時群臣頗有畏懼。自承平既久，此制漸隳，官吏犯法，罕有置御史獄者。近日道士趙清貺等請求公事，干連執政大臣，固宜於御史詔獄。竊恐今後習以爲常，有事干大臣，止於所司及差官推勘。儻不能盡公伸法，或容苟免，則挾私冒禁者豈有懼朝廷之意也。乞今後公事不以大小，但干涉執政臣僚者，並乞送御史臺勘鞫，與新人聽，以協公議。仍須降詔旨，以爲定式。」詔應有合行取勘公事，並臨時取旨。

嘉祐五年（庚子，一〇六〇）

1. 三月二十四日，江浙等路提點鑄錢公事沈扶言：「準詔，赴邵武軍推勘院監勘曾均打殺阿黄公事。勘會建昌軍上件爭競公事，始自嘉祐三年事發，四年六月方始斷遣，在禁及在獄病患到家身死者一十八人。乞下本軍應係經兩次勾追照證，除係公人之外，特加存恤。其死亡之家與免色役一次。」詔令江西轉運司勘會，本軍應曾經禁勘照證公事身死人之家，不問有無罪犯，並與免户下二年差徭科配。其餘被追照證曾在禁者，與免一年，内有罪者更不免放。

七年（壬寅，一〇六二）

1. 正月七日，權御史中丞王疇等言：「聞糾察在京刑獄司嘗奏，府司、左右軍巡皆省府所屬，其錄大辟之翻異者，請下御史臺。竊唯府縣之政，各存官司，臺局所領，自有故事。若每因一囚飜罪，用御史勘劾，是風憲之職下與府司、軍巡共治京獄也，恐不可遽行。」從之。

神宗　熙寧二年（己酉，一〇六九）

1. 閏十一月八日，遣舉勾當當公事〔一〕沈衡鞫前知杭州、龍圖閣學士祖無擇於秀州，遣内侍管押無擇乘驛騎就對獄〔二〕。又遣權御史臺推直官張景直鞫前知明州、光祿卿苗振於越州。皆以御史王子韶得其不法事故也。景直以親嫌辭，命職方員外郎徐九思代之。

〔一〕舉勾當公事　當作「提舉司勾當公事」。

〔二〕内侍管担無擇乘驛騎就對獄　「管担」当作「管押」。

2. 二十二日，命崇文院校書張載劾苗振事。初遣徐九思未行，而王子韶乞別選人，故改命載。於是吕公著與程顥等皆言：「載賢者，不當使鞫獄。」上曰：「鞫獄豈賢者不可爲之？」弗許。

九年（丙辰，一〇七六）

1. 四月三日，詔：「遣權提點開封府界諸縣鎮公事蔡確乘驛騎劾秦鳳路轉運司及熙河路官吏以聞。」

2. 八月二十九日，詔：「司農寺不合擅令天下出賣祠廟，爲首之人已令取勘，其後來失覺察改正官吏，並取勘以聞。」

3. 九月二十三日，手詔：「訪聞秦州制勘院見收禁熙河路官員人數不少，今本路都、副総管既新移易，或未知任〔一〕，萬一或有邊事，乃是都無人倚託。可速令制勘院見禁繫熙河路官員，如徒罪以下，候詔勘訖，疾速發歸本任。內有因追禁闕官去處，仰轉運司〔二〕於本路及鄰路選差得替待闕見任官權行管勾訖以聞。」

〔一〕或未知任　「知」當作「之」或「至」，參見長編卷二百七十七熙寧九年九月丙子「或方在道」。

〔二〕轉運司　「運」字原脫，據長編卷二百七十七熙寧九年九月丙子補。

元豐元年（戊午，一〇七八）

1. 閏正月五日，上批：「近降相州吏人於刑寺，請求失入死罪刑名事〔一〕。緣開封府刑獄與法寺日有相干，深恐上下忌礙，不盡情推劾，致姦贓之吏得幸免，宜移送御史臺〔二〕。」

〔一〕請求失入死罪刑名事　「請」，長編卷二百八十七元豐元年閏正月庚辰作「謂」。
〔二〕御史臺　「御」字原脫，據長編卷二百八十七元豐元年閏正月庚辰補。

2. 四月三日，詔：「宰臣吳充免進呈及簽書相州獄，候案上，中書、樞密院同取旨。令知諫院〔一〕蔡確、黃履，監察御史裏行黃廉就臺劾實，仍遣御藥院李舜英監之。」先是，充言：「御史臺鞫相州獄，連臣婿文及甫，其事在中書有嫌，乞免進呈，或送樞密院。」又御史上官均言：「臣與蔡確治相州獄踰兩月，觀其執法刻深〔二〕，不考情實。大理持天下之平，若挾情重輕其手，朝廷所宜深治也。如陛下必欲令蔡確兼領獄事〔三〕，亦乞止就本臺與臣等參治。」故有是詔。

〔一〕知諫院　「諫」原作「監」，據長編卷二百八十九元豐元年四月丙午改。
〔二〕執法刻深　「執」原作「刑」，據長編卷二百八十九元豐元年四月丙午改。
〔三〕如陛下必欲令蔡確兼領獄事　「如」、「獄」兩字原脫，「令」原作「今」，據長編卷二百八十九元豐元年四月丙午補、改。

二年（己未，一〇七九）

1. 正月十七日，知大理卿崔台符言：「乞自今〔一〕大理勘事，內有情法不稱者，許依三司條例斷奏。事若重密，仍依審刑院、三司、開封府例，上殿奏裁。」從之。

〔一〕自今　「自」原作「目」，據長編卷二百九十六元豐二年正月丁亥改。

2. 八月十二日，中書言：「應朝旨置獄究治事，欲委審刑院、刑部置簿主管〔一〕，非特旨立限者，及一季未，奏下所屬催促，無故稽留若行移迂緩〔二〕並所屬不催舉，並劾奏，責刑房季終點檢〔三〕。」

從之。

〔一〕置簿主管　「置」原作「主」，據長編卷二百九十九元豐二年八月丁未改。

〔二〕行移迂緩　「迂」原作「宿」，據長編卷二百九十九元豐二年八月丁未改。

〔三〕季終點檢　「終」原作「中」，據長編卷二百九十九元豐二年八月丁未改。

四年（辛酉，一〇八一）

1. 三月六日，詔：「自今諸司見勘未結案公事，令御史臺刑察不得輒取索情節，其承受官司亦不得供報。」

2. 六月四日，詔：「開封府治蓋漸之獄，禁繫已久，詳其所治，在民間至爲小事。本府所以如此淹延者，以御史所言，致爲意外推求，盛暑之際，追逮不已，冀附致近臣之罪，以塞言者之口〔一〕。宜限五日結絕〔二〕，無得枝蔓。」

〔一〕以塞言者之口　「塞」原作「奉」，據長編卷三百十三元豐四年六月己未改。

〔二〕宜限五日結絕　「五日」，長編卷三百十三元豐四年六月己未作「百日」，疑誤。

五年（壬戌，一〇八二）

1. 六月一日，詔：「鄜州制勘公事，追繫八十一人。當此盛暑，非人情所堪，可限十日結案。景思誼〔一〕、張誼〔二〕、張堯發來赴闕，如有罪，案後以聞。其得力蕃官，亦先疎出，有罪就鞫之。」

〔一〕景思誼　原作「景思詣」，據長編卷三百二十七元豐五年六月辛亥改。

〔二〕張誼　原無，據長編卷三百二十七元豐五年六月辛亥補。

2. 十二月十七日，奉議郎王欽臣言：「諸路監司被制書鞫事，所降指揮有差官取勘者，有取勘聞奏者，一例差官。伏緣詔旨自有區別，伏望申明。自今朝旨稱取勘者，監司自勘，委勘處或鄰近通判錄問檢斷；如干繫者衆，須當置司，乃得差官。」從之。

3. 同日〔一〕，承議郎、試比部員外郎宇文昌齡自鄜州制勘回，進對，賜緋章服。

〔一〕同日　長編卷三百三十一元豐五年十二月「甲子」，即十八日。

哲宗元祐元年（丙寅，一〇八六）

1. 正月十八日，御史安惇〔一〕言開封府推官胡及推勘公事漏泄獄情〔二〕，詔送吏部與降等差遣。

〔一〕安惇　「惇」原作「敦」，據長編卷三百六十四元祐元年正月丁未改。

〔二〕漏泄獄情　「泄」字原脫，據長編卷三百六十四元祐元年正月丁未補。

2. 四月二十四日，殿中侍御史林旦言：「竊聞在京、諸州獄推問囚徒，勘官或多畏避嫌疑、苟簡，不肯親臨訊問，箠楚枷錮，一委胥吏。」詔刑部立法以聞。

三年（戊辰，一〇八八）

1. 五月二日，三省言：「大理寺右治獄並罷，請依三司舊例，於戶部置推勘、檢法官，治在京官司應干錢穀公事。」從之。

四年（己巳，一〇八九）

1. 正月二十二日，詔：「開封府妨礙公事，事體小者送戶部取勘。」以刑部言大理寺右治獄廢故也。

五年（庚午，一〇九〇）

1. 八月二十五日，刑部言：「犯罪會恩及去官應原，而特旨猶推者，雖又會恩及去官，推奏如旨。」從之。

七年（壬申，一〇九二）

1. 三月十四日，河東路經略司言：「應邊防或機密軍政公事，係帥臣一面推勘者，監司更不點檢。如察得冤濫，許具狀聞奏。」從之。

紹聖二年（乙亥，一〇九五）

1. 五月二日，詔戶部推勘官令本部長貳舉第二任知縣資序以上、實歷親民或刑獄人充。

三年（丙子，一〇九六）

1. 正月十九日，刑部言：「權提點湖北路刑獄周鼎言：按例，鞫獄必據告者本章，非本章所指而蔓求他罪，以故入人罪坐之。比有司劾囚，囚茫然莫知所以被劾者，或自疏他過，奏請窮治，滋長犴獄，絕無愛利之風，與律意不合。」詔鞫獄請治狀外事者，論如求他罪律。

元符元年（戊寅，一〇九八）

1. 六月四日，尚書言：「大理寺修立到：大辟或品官犯罪已結案，未錄問而罪人翻異，或其家屬稱冤者，聽移司別勘。若已錄問而翻異稱冤者，申提刑司審察。事有不可委本州者，差官別勘。」從之。

徽宗　大觀元年（丁亥，一一〇七）

1. 八月四日，尚書省言：「大理少卿任良弼劄子奏：竊聞州縣推獄，承勘盗賊，多容妄稱山林田野宿泊，更不根究的實窩藏去處，不惟使代支官賞無從追理，兼藏盗之家、干繫鄰保等人，無所憚畏，致有公然容養，縱令他界作過，侵害良民。欲乞應州縣推治强盗，並須根究窩藏住止，鄰保地分，依法施行。理當明立條約，諸推强盗而不根究窩藏之家及住止鄰保地分人者，各徒二年。不盡者減二等。監司當行檢察，其違慢官吏並從違制科罪。」從之。

四年（庚寅，一一一〇）

1. 二月十三日，刑部尚書白時中奏：「今後應奉制令監司推鞫公事，如合委官，候省符到日，具所委官職位姓名及置司處所申部。仍令所委官依條供申。如違，許從本部奏劾施行。」從之。

政和四年(甲午,一一一四)〔一〕

1. 四月十八日,刑部奏:「晉寧軍申,承敕,應諸路推勘掾官,除本職及依條該載許差窠名,餘不得泛領庫務,仍不許接送。本軍係不置掾官,自來止是曹官兼推勘公事,與掾官事體一同,即未審合與不合依上條施行。大理寺參詳到本軍係不置掾官,止是曹官兼推勘,即與掾官事體無異,理合依上條施行。」從之。

〔一〕政和 「政」原作「致」,據文意改。

2. 十二月十八日,中書省言:「檢承政和令,諸犯罪會恩或去官,應原免勿論。而特旨猶推,雖又會恩或去官,並奏取旨。勘會朝廷降指揮取勘聞奏,或具案申尚書省公事,後來遇赦降,係命官、將校如所犯合該恩原,依法合具事因申尚書省或樞密院、刑寺約法,上朝廷處分。其餘色人〔一〕所犯,元係朝旨取勘,後來會恩非應結案者,若止從有司一面施行,慮其間所犯情理重輕不倫,亦合具情犯申取朝廷指揮。」從之。

〔一〕其餘色人 疑當作「其餘諸色人」。

五年(乙未,一一一五)

1. 十二月十八日,刑部尚書慕容彥逢奏:「竊見被鞫罪人自知不免,往往泛引讎怨,妄有指執,終雖辨明,而已枉遭追訊。乞照有司〔一〕誣執人並結勘別科,事發更為之罪。」從之。

〔一〕乞照有司 疑「照」當作「詔」。

六年（丙申，一一一六）

1. 十一月四日，詔：「今後不法官吏已被按察所劾而輒論告按察官〔一〕者，雖係指斥等事，須候結斷罪了絶，再將論告之人與按察官同共推勘，明正典刑。如是不實，即將誣告之人特於法外别行重斷。」尚書省檢會陝西、河東路宣撫使童貫奏：「朝廷置監司郡守之官，皆付以按察之權，所以澄清所部。若不法之吏以被按察官所發而告論按察官之罪，欲以遷延苟免，則按察之職不得行法。雖囚禁不許告論，在律已有明文，然近年以來，陝西頗有似此。」故有是命。

〔一〕按察官　「按」原作「案」，據本條下文「按察官」改。

七年（丁酉，一一一七）

1. 四月三日，詔：「州縣有刑禁處，推司獄子最為急切。仰諸路提點刑獄檢察所部獄子有未行重禄法〔一〕處，並依重禄法施行。其移勘公事，須先次契勘後來承勘司獄與前來司獄有無親戚，令自陳迴避。不自陳者，許人告，賞錢三百貫，犯人决配。」

〔一〕重禄法　「禄」原作「録」，據下文「重禄法」改。

2. 八月二十五日，詔：「應命官、命婦犯罪，在法三問拒抗，輒不承伏，方具奏禀，乞行追攝勘鞫，示與常人有異。累年以來，刑法官往往不遵條法，不顧官品，未知所犯輕重，更不三問，習常奏乞，直行追攝，枷訊栲掠，無所不至。如此，與常人何異？則命官終不得蔭身，豈不有違祖宗法令、輕朕爵禄乎？可自今後命官、命婦犯罪，依法須俟實有三問不承，方行奏禀追攝，再一問枷，又一問訊。以上並

爲不承者，即不得依前違法輒有奏稟及亂行收禁、枷訊拷掠。可立條令，載在斷獄，著為永法。如違，其官吏以違御筆科罪。仍仰御史臺出榜，在刑獄官深切按察糾劾。」

宣和元年（己亥，一一一九）

1. 十月八日，提點潼川府路刑獄公事蒲卣奏：「乞自今後被受御筆及特旨體究根勘公事，應合差推勘官並依本條，更不拘礙諸司。雖不拘常制，亦不得違專條，所貴差請得行，不致淹滯。」從之。

二年（庚子，一一二〇）

1. 九月二十三日，中書省言：「勘會諸路監司、郡守被奉特旨，置司推勘公事，其指差司獄支破請給及緣獄司費用之類，皆有條法。近來往往旋行申請畫一，致有數千里待報去處，顯是淹延刑禁。」詔今後被奉特旨置推勘公事，不得申請畫一。如違，重行黜責。

2. 十二月六日，臣僚言：「推勘事畢，不得輒具官吏有勞，乞行推賞。如違者，取旨黜責。」從之。

三年（辛丑，一一二一）

1. 六月五日，臣僚上言：「官員所犯，已有旨先次停罷取勘之人，其間却有已得替不在本處，或任川、廣差遣。在法，須差人賫問目取勘，往來已淹結絕，雖該霈宥，不獲沾恩。欲乞應官員有犯已得旨先次停罷取勘之人，並令同在一處，就便供答文字，則是非曲直便可判見，不至遷延。若五百外〔一〕，除贓私罪自合究治外，其犯公罪只乞以衆證為定，案後書坐，庶免留獄滯訟。」詔徒以上罪並依奏

〔二〕。

〔一〕五百外　疑當作「五百里外」。

〔二〕詔徒以上罪並依奏　「詔」字原脫，據文意補。

四年（壬寅，一一二二）

1. 正月二十八日，刑部奏：「應犯罪會恩或去官應原免勿論。被旨取勘者，如所降指揮內聲説雖已該恩或去官而令取勘，合作特旨猶推外，若無此聲説，泛降指揮取勘，自不合作特旨猶推。欲申明行下。」從之。

六年（甲辰，一一二四）

1. 四月一日，尚書省言：「提舉兩浙路鹽香茶礬事李弼據申，獄官推勘鹽茶公事不當，已有奉行違戾，徒二年，不以赦降去官原減條法外，今相度諸州獄司官吏逐年承勘私鹽茶公事，如無違戾不當，欲乞量立賞格。」從之。

2. 二十五日，前權發遣京西南路提點刑獄公事周因奏：「臣每見諸大辟已錄問得飜異，提刑司自合依條差不干礙官司別推。至臨赴刑時飜異，本州不免再申提刑司，乞差官別推，若只差本部官，竊慮有所觀望，未盡冤抑。欲望睿旨，今後已經提刑司詳覆行下本州論決，臨赴刑時飜異，乞令鄰路提刑司差官別推，庶得別無觀望。」詔今後大辟已經提刑司詳覆，臨赴刑時飜異，令本路不干碍監司別推。如本路監司盡有妨礙，即令鄰路提刑司別推。

七年（乙巳，一一二五）

1. 六月二十二日，臣僚上言：「臣願陛下亟命刑部，悉令開具見今體究與推勘未了公事以聞，取其稽滯淹久、屢推不報者，重賜降黜，以為慢令容姦之戒。仍命刑部舉行元豐稽留奏劾之令，嚴立近限，使之結絶。若刑部失糾，亦當坐罪。」詔令尚書省責限下刑部舉催〔一〕，餘依奏。刑部失糾，令尚書立法。今修立下條：「諸差官被旨推鞫追究公事，下所屬及御史臺差官就推官〔二〕，無故稽違而不奏劾者，杖一百。」從之。

〔一〕下刑部舉催　「部」字原脱，據文意補。

〔二〕此句原作小字注文，據文意改作大字正文。

高宗　建炎二年（戊申，一一二八）

1. 二月十六日，德音：「應見被根勘、取勘未畢，除該今降德音外，尚有餘者，仰監司點檢，督限十日結絶了當，無致淹延。」

2. 七月五日，江東提刑司言：「取勘本路監司違慢，乞委鄰路監司。」從之。

紹興元年（辛亥，一一三一）

1. 二月二十五日，江南西路提刑蘇恪言：「州縣見勘强盜公事已招認者，其勘司猶候追贓齊足及捉獲到同盗人，方始勘結。方今盗賊擾攘，欲乞將本路見勘强盜、傷殺人等重罪已係招認、情犯分

明，並限日下先次斷結，其贓物從後推究，所貴無留滯。」從之。

2. 十月二十四日，宰執進呈呂頤浩推偽造告劄文字，事連潘永思。上曰：「永思雖戚里，既有過，安可廢法？」於是詔永思罷見任閤門執事，就逮。

三年（癸丑，一一三三）

1. 三月十五日，臣僚言：「乞今後有特旨推勘及具情犯申尚書省及樞密院者，除止留正犯及依法合奏之人具案聞奏外，餘並許令先次決遣，著為定制。」續具大理寺看詳：「紹興敕，諸獄案以非本處得論之人上聞者，杖一百。今來罪人若不係元降指揮取勘人數，依法非應奏裁，謂如非情重法輕之類，若行先次決遣，即別無妨礙。〔一〕欲依臣僚所乞施行。」從之。

〔一〕謂如非情重法輕之類　此文及以下原爲大字正文，據文意改爲小字注文。

2. 九月十七日，廣南東路宣諭明橐言：「二廣去朝廷遠，官吏奸贓狼籍，見今合勘者，廣西運判王據、南恩州司戶莫憲章、陽春縣令〔一〕陳子鎮、桂陽縣令馬緘、廣州通判韓禧〔二〕，皆已積年，未曾結絕。竊緣嶺南官吏淹延刑禁，巧作姦幸，避免罪罰，久已成俗，徒使朝廷法令不行於遠方，不信於遠人。姦贓之徒無所畏憚。」詔並令見承勘官司疾速根勘結絕原案聞奏，如尚敢稽違，當重置憲典。仍令帥司〔三〕先具體究遷延不當並不切用心催促當職官職位、姓名申尚書省。

〔一〕陽春縣令　「陽春」原作「原空」，據繫年要錄卷七十三補。
〔二〕韓禧　「韓」原作「原空」，據繫年要錄卷七十三補。
〔三〕帥司　「司」原作「師」，據文意改。

3. 十二月十一日，江南東路提刑司言：「撫州司理院見禁周七十等，為周三十七身死公事，將及一年，淹禁坐獄，並不結絕。又本院見罪人陳俊為行刀殺死張進，至今亦及一年有餘未曾結絕，以致張俊脱去枷杻，跳牆逃走，見今未獲。其司理參軍宋仲和顯是弛慢不職，已牒信州取勘。」詔宋仲和先次放罷，令本路提刑司催促信州疾速取勘，具案聞奏。

四年（甲寅，一一三四）

1. 三月二十一日，臣僚言〔一〕：「伏見江西安撫大使趙鼎奏，為馬居中根勘李操〔二〕、曾欽臣等公事。內李操受本司統領官文廣金二百兩，乞止令文廣在外供答文字，與免追攝入院。詔令趙鼎指揮文廣依實供答。竊宣諭司元按李操四事〔三〕，唯受金一事尤為要切。陛下既已灼見其情，為之謫大帥，罷二漕，停憲臣，斥勘官，固欲盡得贓狀以明懲戒。而一年之後，乃復滅裂如此，則不若不治之為愈也。望下帥司及勘院，密追文廣赴獄根勘。如文廣近嘗宣力捕盜有功，即乞候上斷罪日量行減降施行，庶幾獄訟早得結絕。勘會趙鼎已赴行在，除參知政事，所有文廣〔四〕，竊慮在外供答未圓，枉致淹延刑禁。」從之。

〔一〕臣僚言　三字原脱，據文意及下文「從之」補。
〔二〕李操　忠正德文集卷二作「李澡」。本條下文其他處同。
〔三〕竊宣諭司元按李操四事　「竊」後當有「見」、「謂」、「以」等字。
〔四〕所有文廣　疑此句有誤。

五年（乙卯，一一三五）

1. 二月二十八日，尚書省言：「勘會紹興令文，事已經斷而理訴者，一年內聽乞別勘。法意蓋謂元勘不當，負冤抑之〔一〕。近來命官、諸色人不論元勘當否，陳乞別勘，致奸贓之人干請行賄，動終歲月〔二〕，不能結絕。」詔應命官、諸色人陳乞別勘，在條限內者，行在令刑部，在外令提刑司〔三〕先行責限，委不干礙官體究詣實。如委涉冤抑不當〔四〕，即分明開具事狀申尚書省，下所屬依條別勘施行。

〔一〕負冤抑之　「之」字下原空一格，疑有缺，待補。

〔二〕動終歲月　「終」當作「經」，參見辑稿·刑法三之七六「動經歲月」。

〔三〕在外令提刑司　「令」字原脫，據文意補。

〔四〕如委涉冤抑不當　疑「涉」當作「實」。

2. 閏二月六日，尚書省言：「勘會宣諭按發過諸路未結絕公事，續降指揮，令刑部每三日一次舉催。如有住滯，取旨重行黜責。尚未見奏到案狀，顯屬違滯。」詔令逐路提刑司及承勘官，自今降指揮到，限十日勘結了當，專差人賫奏案赴行在。如敢依前違慢，當職官重實典憲，人吏決配海外。

3. 七月十五日，詔：「今後刑獄官司承受案發命官犯贓公事，仰先決拘留正身，候聽參對，依條決絕。如失行拘留，致得逃竄，當職官吏仰提刑司按劾，申尚書省取旨，重作行遣。」

4. 十月九日，刑部言：「監司按發公事應推鞫，不得送廨宇，所在州軍已有立定條法外，其諸州軍發劾屬吏即無不許送本州取勘條法。今來若將合取勘公事送別州取勘，竊慮干連追呼，轉致淹延。乞今後止送本州，依公取勘，若勘結未圓，獄官不得稟受。如違，依監司稟受法斷罪施行。候勘結圓

備，即差鄰州官前來錄問，庶得日後杜絕詞訟。若諸州軍按發屬吏已申監司，一例按削，如後有陳訴，欲令監司並不作妨礙。其監司按發官吏如有陳訴，欲除初按發司外，餘司並不作妨碍，免致移獄追證，重成留滯。」從之。是年六月二十八日，都省劄子奏：「官員理雪元勘不當，有司用防嫌例皆送鄰路追證滯淹等事，刑部得旨，具致如右。」

5. 十二月二十一日，辛執進呈知衡州向子忞不法取勘事。上曰：「監司，外臺耳目之官，既按劾，自當推治。然有罪者家居待命，而證佐無辜之人往往淹延囚禁，動經歲月，深可憫也。子忞罪狀既明，别不須干证，第黜責其身足矣。」趙鼎乞將子忞落職放罷，更不須取勘。從之。

六年（丙辰，一一三六）

1. 正月二十五日，殿中侍御史王縉言：「乞應置司推鞫公事有干證及陳訴等人死於獄中，及拷掠慘毒、責出即死者，候結案訖，令提點刑獄司委檢法官取索詞欵看詳〔一〕，有詞欵異同而申報病死者，研究情實，如有冤枉，即具事因申尚書省。」從之。

〔一〕取索詞欵看詳　「詞」原作「碎」，據本條下文「詞款異同」及文意改。

2. 六月八日，詔：「今後外路諸司應承勘公事，並仰依條根勘結絕。若計程過半年不見申奏到案狀，令刑部具被受官司職位姓名申尚書省，取旨行遣。其見勘未結絕去處，各仰照應元降指揮勘結施行，不得依前住滯。」

3. 七月八日，右司諫王縉言：「竊見諸處推勘姦贓之吏，干連追禁，有至一二百人者。蓋司獄之利在於枝蔓，而無辜受害，有不勝言。望令諸路應推勘公事，其干係人並依湖南路已得指揮施行。」從

之。時以湖南路運司起大獄，無辜就逮，死者甚衆。詔委本路提刑司躬親疎放干繫人，故縉援此為請。既而侍御史周祕又言：「命官犯贓，合用干证人者，不可一概放釋，乞令時暫勒留對证〔一〕。如有司故作淹留，並令監司按劾〔二〕。」從之。

〔一〕時暫勒留對证　「時暫」，繫年要録卷一百三作「暫時」。

〔二〕並令監司按劾　「監司」，繫年要録卷一百三作「憲司」。

4. 八月一日，中書舍人董弅言：「近取會到刑部諸路見勘命官公事，計二百二十四件。其間姦贓不法等罪為數百二十有一。其干連禁繫有及三四年未結絶，死於狴犴，又不知其幾何人。臣愚欲望申敕諸路提點刑獄官詳加檢察，務在平允。其有事匪究實，妄作滯係，並按劾以聞。如提點官故縱不舉，他司自合互察，亦乞申嚴條令。」從之。

5. 是年十一月七日，詔：「諸路體量取勘公事人，刑部開具住滯尤甚者申尚書省，取旨施行。」以臣僚言諸路未結絶公事有二百八十九件，其間有自紹興二年淹延至今日故也。

七年（丁巳，一一三七）

1. 十月六日，刑部開具下項：「一、鼎州為循職郎〔一〕舒邦彦於安撫司使臣何商處受寄李允文激賞庫并宅庫金銀，侵欺入己，委邵州根勘。本部計一十次催促，並無回報。一、廣東經略安撫司奏，本州訪聞得進義副尉、權廣州香山鎮林智在任，與本鎮副坊洪浩為保，領黃世通不納牛皮，林智〔二〕取乞洪浩銀七十兩等，已牒廣州送所司根勘施行。據申，林智逃走，乞下高州催勘施行。本部已勘會，自合一面移文高州，發遣前來本州根勘，計二十九次符下廣州，四次申到因依，兩次根治，即目未有結絕。」詔知州、勘官各特降一官，餘當職官展二年磨勘，遂處〔三〕當行人吏各杖一百，决訖勒罷，永不得充役。被受推治不回報官，罰銅十斤，人吏從杖一百科斷。仍令帥司開具合降官、展年、罰銅人職位、姓名申尚書省，其逐年件公事，各限十日依條勘結施行。

〔一〕循職郎　疑當作「修職郎」。

〔二〕林智　「智」原作「知」，據本條上下文「林智」改。

〔三〕遂處　疑當作「逐處」。

2. 十一月十八日，廣南東路提刑司言：「德慶府根勘封州縣令林廷輝在任不法，上下受囑，故作違慢。本司推勘，計八十八次，經七個月未見申到結絕。其本府官吏係在朝散大夫、權知軍府文彥博，右朝奉郎、權通判陳泳，左從政郎、錄事參軍兼司戶司法吳廷賓。」詔各降一官。

八年（戊午，一一三八）

1. 五月二十七日，福建轉運判官范同言：「贓吏翻異〔一〕，不改前勘，乞并初勘共不得過三次。」上曰：「官吏犯贓，既已斷罪，多進狀訴雪，何也？比年尤多。」宰臣趙鼎曰：「意在徼倖改正，須更令體究。」執政劉大中曰：「在法雖許雪訴，却合再勘。」上曰〔二〕：「若再勘，委實無罪，元勘官吏固應黜責。若勘得所訴不實，却合別勘妄訴之罪。」宰臣秦檜曰：「當送刑部施行。」

〔一〕贓吏翻異　「贓」原作「職」，據繫年要録卷一百十九改。

〔二〕上曰　繫年要録卷一百十九作「劉大中曰」。

2. 六月八日，刑部言：「今後諸路州縣及推判官司勘鞫公事，雖有緣故，若經一年之外不决者，並具因依申本路提點刑獄司，備申刑部及御史臺看詳有無冤滯，申取朝廷指揮施行。」從之。

3. 十一月五日，詔：「令諸路帥司各選委强明官一員，將本路應見禁一年以上公事並專一催促勘結〔一〕，仍逐旋具已結勘過名件〔二〕申尚書省。」

〔一〕並專一催促勘結　繫年要録卷一百二十三無「並」字。

〔二〕已結勘過名件　「件」字原脫，據繫年要録卷一百二十三補。

九年（己未，一一三九）

1. 八月三日，臣僚言：「契勘廣右避遠禁每多淹延〔一〕。其弊有三：其一，監司輕於按發，不加審劾，或所勘與所按不同，則疏駁移推，必欲如其所按。又諸郡申請移推、詳覆之類，皆不即報應，有及三五月者，率以為常。其二，罪人易於飜異，多緣奸吏之所教令。每一移推，旋改情節，或自招伏而令家屬稱冤，或故為不圓以使監司疏駁，或沉溺遞角以致奏案不到，遷延歲月，以待按發之官去任，或徒伴有死亡者，然後計囑官司，盡脫其罪。其三，追證取會及差官審錄之類，一涉他州，互相推避，文移往返，動經歲月。以上三弊，皆有成法，特有司奉行不虔，遂致弛廢。欲乞檢坐申嚴行下，遵守按察施行。」從之。

〔一〕廣右避遠禁每多淹延　「避」當作「僻」；「遠」字下原空一格，疑脫「見」字。

十一年（辛酉，一一四一）

1. 六月十五日，臣僚言：「伏見紹興五年臣僚起請，諸鞫獄明白而妄行飜異，雖罪至死者，三經

別推，即令逐路提刑司申察繳奏，加本罪一等，仍著為令。至紹興七年指揮流罪以下雖不繳奏，亦依此施行。蓋緣當時偶有奸民抵法，有司始為此請。然而其間豈無冤濫？萬一吏非其人，情未盡得而概以此律論之，不無失入者矣。欲望除贓罪自合依前項繳奏外，其餘死罪流以下移推之法，悉依祖宗舊制。」從之。

十二年（壬戌，一一四二）

1. 正月十四日，門下省勘會：「專差三省、樞密院六人行遣制勘文字，參照案牘，委得平允，頗見究心。詔各與轉一官資，碍止法人依條回授。轉資人候入正韻額入〔一〕支破請給，願換支賜者，仍聽支本色。」

〔一〕正韻額入　疑有誤。

2. 二月二十三日，臣僚言：「比者，諸路推究飜異公事，或朝廷委之鞫勘，多於閑慢可差出之官，例皆初官蔭補子弟及新第進士，於法令實未暇習，其勢必委之於其下，老胥猾吏得以輕重其手。欲乞行下諸路逐司應有勘鞫公事，並須擇曾經歷任人，庶幾奸吏無所措手。」

十三年（癸亥，一一四三）

1. 三月十三日，刑部言：「奉詔令大理寺選差寺丞一員，前去荊州取勘知雍州俞儋冒請遥郡全俸事，仰一就催結湖南北、廣西見禁淹留公事，餘路令刑部、大理寺體倣措置催促。今契勘諸路見承聖旨、朝旨取勘公事計一百三十三件。欲候今降指揮到日，專委本路提刑躬親前去逐州取索檢點〔一〕，

限十日勘結。內有委合守待追取會問公事，即嚴立近限催促。如或出違所責日限，仰提刑具職位、姓名申部，取朝廷指揮施行。」從之。

〔一〕取素檢點　「素」當作「索」。

2. 閏四月二十九日，刑部言：「今後翻異及駁勘公事，應合該二案勘結官吏內有替移者，免行拘留鞫，令供願於某處聽候供狀結罪狀，如不在元指去處，令提刑司具因依申朝廷，先次施行。」從之。

十四年（甲子，一一四四）

1. 四月三日，詔：「刑部將半年以上未結絕公事開具名件，行在委本部，外臺委所屬監司，量事輕重，責限催促結絕。內月日稍遠者，取問因依申奏。仍檢舉前後已得指揮，申嚴約束。如敢違戾，並當具職官吏〔一〕申尚書省，取旨施行。其不係申奏本處一面論決公事，或有淹留，許被追干证之家越訴。」

〔一〕當具職官吏　「當具」當作「具當」，參見輯稿・刑法三之八四「具當職官吏姓名」。

十五年（乙丑，一一四五）

1. 正月十日，刑部言：「勘會監司差官推鞫公事，如錄問有翻異，或家屬稱冤，依法合行移文鄰路提刑、轉運司差官別推。今來淮南路提刑司係本路轉運司通行主管，若逐司有翻異或稱冤，合依法別推公事，欲乞移文鄰路提刑、轉運司差官施行。」從之。

十六年（丙寅，一一四六）

1. 三月一日，刑部言：「宣和二年御筆，諸路州軍推勘公事，干照之人，每程給米一升半、錢五文。紹興修書，即不該載。今欲檢照前項修立成法，諸鞫獄他處追到干照人，若無罪合遣還而貧缺者，推鞫官司計程於囚粮內以錢米當官給之。又鞫獄他處，追到無罪干照人合遣還而貧闕者，每程人給米一升半、錢一十五文。」從之。

2. 五月十四日，吏部看詳：「福建提刑司奏，應鞫獄、錄問、檢断、體量公事，于非坑冶具發去處縣丞內通行選差經任寔曉法之人，如或缺官，即于合差出初任已經一考以上員數內通行選委。本部欲依所乞，餘照應紹興十四年五月已降指揮。」從之。

二十一年（辛未，一一五一）

1. 八月十九日，詔：「今後諸州軍承勘兇惡强盜案成，候審錄訖，將前元勘始末一宗案欵錄白二本，審錄問官具詣寔保明文狀申繳，赴提刑司并刑部行下大理寺收管。候所屬保奏到陳乞推賞之人，參照並同，方許依格定賞。餘依見行條法施行。」

二十二年（壬申，一一五二）

1. 八月六日，大理正孫敏修言：「州縣胥吏因緣推究强窃盜罪人，而教令虛通贓物，追逮無辜，因而受賂。又有推鞫强盜，捕盜官希賞，求囑獄吏，鍛鍊平人，誣服其罪，奸詐不可概舉。欲望申嚴法

禁行下。仍令監司覺察似此去處，重作行遣。庶幾刑無濫及。」從之。

二十三年（癸酉，一一五三）

1. 十月十一日，大理寺丞環周言：「乞自今後諸州有結解公事〔一〕，不得退還下縣。如委有情節不圓，長官審寔推鞫，依限結斷。庶使吏不得容奸，民受其賜。」刑部看詳：「在法，犯徒以上及應奏者送州。若本州見得所勘情節未圓，事碍大情，委合取會事件，仰行下所屬取會，斷結施行，即不得將解到罪人退送下縣，重行勘結。庶免囚徒迂往，淹延刑禁。今看詳，欲行下諸州軍，各仰常切遵守。」從之。

〔一〕諸州有結解公事　「諸州有」三字原脫，據繫年要録卷一百六十五補。

二十七年（丁丑，一一五七）

1. 二月二十一日，監察御史何溥言：「伏見在京諸獄，刑察御史〔一〕每季點檢，夏、冬仲月刑部郎中循行替遣，而郎官所指如遇勘鞫失實，事理妨礙，直行移送，惟御史未有明文。乞今後御史點覆察諸獄〔二〕，許依刑部已得指揮施行。」從之。

〔一〕刑察御史　疑「刑」當作「監」。

〔二〕御史點覆察諸獄　疑「點」當作「臺」。

2. 十一月六日，詔：「今後遇有勘鞫公事，並于京朝官曾經任人內選差諳曉刑獄及有材幹之人。如缺京朝官，即從提刑司於一路選差〔一〕。提刑司妨礙，即於轉運司。」以臣僚言「所差選人僥倖升改，顧望出入，獄失其平。乞選差京朝官，庶幾事體稍重，不為威勢搖奪」故也。

〔一〕提刑司於一路選差 「差」後原衍「提刑司於一路選差」，今刪。

二十八年（戊寅，一一五八）

1. 五月七日，刑部言：「今後應中外翻異駁勘及別推公事，若前勘有不當，依條合一案推結者，其官吏未有替移事故，即依紹興九年指揮施行。如委有替移事故、難以追會者，候供證盡寔，先次結案。其不當官吏雖遇恩、去官，仍取伏辨，依條施行。合一案推結者，其檢斷、簽書、錄問官包括在內，除無勿原指揮外，依指揮雖遇赦去官，亦合取責伏辨。」從之。

2. 十一月二十三日，南郊赦文：「一應鞫干證如係緊切，方得時暫追證，有罪先次摘辨，無罪日下疎放。尚慮當職官不切究心，仰監司常切覺察，不得容庇。」

二十九年（己卯，一一五九）

1. 二月二十四日，詔：「今後諸路應被差推勘官，指定所屬州郡司獄姓名，徑申元差官司，即時行下所屬發遣，無得巧作規免。」以刑部侍郎黃祖舜言「被差之官指名申所屬差司獄等人多為挾州郡之勢，巧作推避，及至別項指差，類皆庸懦之吏，對翻異之囚，不得推詰得情」故也。

2. 五月十一日，廣西提刑王孝先言：「殺人無證、屍不經驗公事，依條先具按奏裁〔一〕，候朝廷斷下專委提刑前去審問施行。若或情犯稍有可疑，或罪人翻異申冤，具奏取旨，方行下差官重勘。往來待報，經隔年歲不得決遣。今欲乞案成先申提刑親行審問訖，後具奏取旨斷遣。刑部看詳：奏裁公事，雖斷敕下日尚委提刑司審問，蓋防冤濫，重惜人命。若先申提刑審問訖具奏，竊慮或有失寔。今後訖將〔二〕諸路初奏到上件狀降斷敕下日，委提刑親行審問，如有可疑及翻異，即從本司選差清强官重別勘鞫。候案成，申本路不干礙監司，先漕臣次提舉官躬親審問，如無翻異，即报所差官，於案内聲說聞奏。若依前翻異，從審監司一面差官別勘。如監司俱有妨碍，即申安撫司差官。尚行翻異，令本司具案並翻異因依申取朝廷指揮。」從之。

〔一〕具按奏裁　「按」當作「案」。

〔二〕今後訖將　「訖」當作「乞」。

三十年（庚辰，一一六〇）

1. 五月十三日，詔：「今後外路翻異之囚，悉祖宗條格施行〔一〕，更不移送大理寺。」先是，有司建議外路之獄三經翻異，在千里内者移送棘寺。刑部侍郎張運言其非祖宗法，至是給舍看詳，故有是命。以上中興會要

〔一〕悉祖宗條格施行　疑「悉」後缺「依」、「遵」等字。

三十二年〔一〕（壬午，一一六二）

1. 八月二十三日，孝宗已即位，未改元。詔：「州縣捕獲盜賊，獄吏往往教導，使廣引豪富之人，指為窩藏，至有一家被盜，鄰里騷然，賊情未得而胥吏之家賄賂充牣。自今除緊切干證外，不得泛濫追呼。如違，許被擾人越訴及反坐吏人以藏匿之罪。」

〔一〕三十二年　「三」字前原衍「紹興」，今刪。

2. 十一月二十五日，詔樞密院刻將〔一〕張耘送大理寺根勘。以殿中侍御史張震言其刻剝士卒、侵盜錢粮故也。

〔一〕樞密院刻將　疑「刻」有誤。參見繫年要録卷一百九十四紹興三十二年十一月己巳「御前忠鋭第五將張耘」。

3. 二十八日，大理寺丞蔡洸〔一〕言：「乞自合監司差鞫獄之官，仰於當日具姓名申刑部。若在法當避，即別具改差之官申聞。倘有稽違，許刑部究察之。」

〔一〕蔡洸　「洸」原作「況」，據繫年要録卷一百八十五改。

4. 二十九日，樞密院檢詳刑房文字許樞言：「在法，獄囚翻異，皆委監司差官別推。若犯徒流罪，已録問後引斷翻異，申提刑司審詳。如情犯分明，則行下斷遣。或大情疑慮，推勘未盡，即令別勘。然近者翻異，多係滑吏犯贓、奸民犯盜之類，未至引斷，只於録問便行翻異，使無辜之人濫被追證。乞自今如有似此等類，即從前項引斷翻異申提刑司審詳指揮施行。」從之。

隆興元年（癸未，一一六三）

1. 二月十七日，詔大理寺丞俞長吉前往吉州根勘豪民易致堯不法公事。以右正言周操論致堯「家資豪富，雄據一方，收養亡命至數百人，陷害良善，致之死地，官司熟視，莫敢誰何」故也。

二年（甲申，一一六四）

1. 二月初一日，中書門下省言：「訪聞廣州縣鞫獄，推吏受贓，往往指教罪人翻異，移司別勘，累歲不決，使干連無辜之人枉被刑禁，間有死亡，甚失朝廷好欽恤之意。乞令本路提刑司常切覺察，如違戾去處，具當職官吏姓名按劾聞奏。」從之。

2. 五月二十三日，詔：「今後內外贓私不法官吏，或已按劾，稽於勘鞫，不即結絕，可令尚書省置籍檢舉，月具節目聞奏。」

3. 八月十三日，知潭州益陽縣謝純孝送本路提刑司取勘，以言者論其拆換赤歷、盜用官錢故也。

乾道元年（乙酉，一一六五）

1. 正月一日，大禮赦：「應鞫獄干證如係緊切照勘，方得時暫追證，有罪先次摘斷，無罪日下疎放。前後約束，非不嚴備。尚慮當職官不切究心，止憑胥吏枝蔓追逮，連及無辜，有失恤刑之意。仰監司常切覺察，不得容庇。」

2. 五月十四日，刑部言：「據舒州申，本州諸縣犴獄淹延，動涉歲月。蓋由淮南之人多自浙江遷徙，在法合於本貫會問三代有無官蔭及祖父母、父母有無年老應留侍丁，及非犯罪事發見行追捕之人。若數人共犯，則自東徂西，皆合會問。道途往返少亦不下數千里。竊謂往及七年以上者，自可以見住州縣為本貫，庶幾官司易勘為結。本部今契勘，如犯死罪及徒以上並合用蔭人，根勘官司自合依條逐處會問，所有其餘罪犯，欲從本州申請施行。」從之。

3. 六月十一日，詔：「自今諸縣結解大辟，仰本州長吏先審情寔，如無冤抑，方付獄，獄官親行勘鞫，仍委長吏逐旬慮問。如違，許監司按劾以聞〔一〕。」

〔一〕按劾以聞　「劾」原作「刻」，據文意改。

4. 二十三日，權刑部侍郎方滋言：「乞自今命官曾為監司按發不經所司推勘之人，並免。」從之。

5. 七月二日，詔：「今後諸路州軍被差體究官，務要從寔，如輕重出入，並寘典憲。」

二年（丙戌，一一六六）

1. 二月八日，以新知貴州姚孝資言：「在法，諸錄囚有翻異者聽別推，然後移推。初無止限，至有一獄經六七推不得決者。證佐之人，追呼拘繫，率被其毒。乞自今內外之獄至三推未成者，其證佐人免行追呼，庶幾無辜得免殞於非命。」詔今後承勘翻異公事，如經三推者，其緊切干證人若干碍出入情節，方許追証，其餘不得泛濫追呼。

三年（丁亥，一一六七）

1. 正月二十五日，大理少卿劉敏求言：「伏見州縣之獄追逮最多、淹延最久者，無如强盜、贓吏，皆擇其重罪，研窮詳備。其餘輕罪非應累併者，惟令鞫正大情，雖有小節未圓，勿復追証，並須依限結案，庶使早正典刑，免枝蔓留滯之弊。」從之。

2. 十二月二日，臣僚言：「竊見近歲以來，大理獄多取決於大臣，州縣獄多取決於太守。獄官不循三尺，專以上官私喜怒為輕重，求民無冤，不可得矣。欲望明敕中外，自今有忘公循私、阿意為獄者，重作行遣，庶幾冤抑獲伸，而刑罰不至濫及。」從之。

四年（戊子，一一六八）

1. 正月二十一日，權刑部侍郎姜詵言："乞自今遇有翻異公事〔一〕，先須本路提刑、轉運、安撫司遍行差官推勘。倘尚伸冤，却于鄰路再差，勿復隔路。其已遍經鄰路置勘而又翻異者，令後勘官開具前後所招及翻異因依，申取朝廷指揮。"從之。

〔一〕乞自今遇有翻異公事　"乞自今"原作"自乞今"，據文意改。

2. 六月十四日，臣寮言："竊見監司、守郡按發所部，或有止據一時訪聞，便具申奏，致降指揮先次收罷，後來勘結，止係公罪，於法不至差替、衝替、追官、勒停，其被按之官，情理可憫。欲望特降睿旨，如有似此濫被按發之人，並依舊與本等差遣。"從之。

五年（己丑，一一六九）

1. 正月二十八日，臣寮言："竊見監司、郡首發摘官吏，必先委官體究，體究有罪則繼以鞫勘，若云無罪則寘而不問，所係亦甚重矣。比來體究官或迎合上官，或阿蔽黨與，或力報怨仇，或委胥吏逮至鞫勘，則體究之事如此，鞫勘之寔如彼，紛錯無據，莫可考証。乞自今凡體究不寔者，並令案後收坐。"從之。

2. 十二月二十五日，詔大理寺丞單夔前往潮州根勘知州曾造不法公事。以臣僚論造贓污狼籍，為監司所劾，凡三置勘，造輒翻異故也。

六年（庚寅，一一七〇）

1. 二月十八日，臣浙東提刑程大昌言〔一〕：「自今審問重勘公事，于選人致仕已及一考以上內有諳曉刑獄〔二〕及有材幹之人與京官通行選差。」從之。

〔一〕臣浙東提刑程大昌言　疑「臣」字衍，當刪。

〔二〕諳曉刑獄　「諳」原作「暗」，據文意改。

2. 三月二十六日，權刑部侍郎汪大猷言：「契勘諸路推勘翻異公事，在法於提刑、轉運、安撫司以次差官。竊詳近制，提舉常平亦係監司，乃於法特不許差，委有未當。乞自今諸路遇有推勘翻異公事〔一〕，許提舉常平依諸司差官。」從之。

〔一〕推勘翻異公事　「異」字原脫，據本條上文「推勘翻異公事」補。

3. 同日，權刑部侍郎汪大猷言：「竊見諸勘鞫公事，多是翻異別勘，錄問官未嘗詰問，纔聞冤便取責短狀以出。後勘官見累勘不承，慮其翻訴不已，獄情一變或坐失入之罪，故為脫免。乞特降指揮，自今錄問官遇有翻異，當廳令罪人供具寔情，却以前案並翻詞送後勘官參互推鞫，不得更於翻詞之外，別生情節，增減罪名。其累勘不承者依條選官審勘。」從之。

4. 四月十九日，權刑部侍郎汪大猷言：「勘會昨降指揮，今後監司按發官吏，不得送置司州軍根勘。今來諸路多不遵守，其承勘州軍被受不同，旅行申審〔一〕，文移往復，遂成稽滯。乞將元降指揮申嚴行下。」從之。

〔一〕旅行申審　「旅」當作「旋」。參見輯稿刑法三之七一「旋行申請畫一」。

5. 六月三日，權刑部侍郎汪大猷言：「大理寺擬斷案後收坐者不一，其間多有去官及經恩赦者。緣法有具事因申寺之文，故有司不敢但已必候元勘官司取責逐官腳色犯由申寺，方敢結絕。緣法有住居江浙而守官在福建，其事發，却在湖廣，亦有干連數十人者，必欲一一取責，方得圓結，遂致經隔數年，紛紛無已。今乞將案後收坐除不該赦及非自首、去官之人，及雖該赦亦合候結案取旨伏辨自依本法外，其他所犯，令元勘官司於結案之後開具干連名銜定斷。兼所具事因即是犯由，既真案已到，則所犯輕重亦可概見，不必一一取責。」詔刑部看詳申尚書省。已而刑部看詳〔一〕，乞於斷獄令「命官、將校犯罪自首、遇恩去官，開具事因」令文下添入「若因事干連者，元勘官司於正犯人結案後，限五日取干連官名銜声說所犯因依随案供申。如不見得名銜，即具因依及所犯處地分、月日申刑部。」從之。

〔一〕已而刑部看詳　「刑部」原作「部刑」，據本條上文「詔刑部看詳申尚書省」乙正。

5. 八月九日，臣寮言：「窃見州縣鞫勘未圓，于檢斷有碍，不得不疏駁會問者，而承準官吏殊不介意，有堅執前勘已當而不復審寔者，有所問數事而略报一二以塞責者，有故為迂迴曲折而終不得其寔情者。乞下刑部棘寺將諸處取會事件加嚴程限，有稽違者，具官吏姓名糾舉以聞。」從之。

6. 十七日，刑部言：「凡勘鞫體量公事有不當者，雖於案後收坐，往往在任或有親故避免，或有離任及事故之人。乞自今應案後收坐官吏，即時行下所屬，具職位、姓名、事因申朝廷，嚴賜施行。」從之。

7. 十一月十六日，大理少卿周自强言：「伏見監司、郡守按發贓吏，多送鄰州根勘，其干連人被追逮者，多至一二百人，少亦不下数十人。獄成之後，往往翻異，差官別勘，至有經年不决者。乞自今見任官公事，止差官本州根勘，不得輒送鄰州。若獄成翻異，惟據所翻之事別勘，所有干証止許追緊切人。或有濫追淹禁，並令提刑司案奏。」從之。

七年（辛卯，一一七一）

1. 九月十八日，江東路提點刑獄公事胡襄言：「竊見諸州軍推勘大辟已經申奏，蒙朝廷依條斷下，罪人或臨刑翻異或家屬稱冤，在法更合申取指揮。緣伺侯回降，動經數月。今後如有似此等人，乞令提刑司一面差官别勘，却申省部照會。」從之。

2. 十月四日，詔〔一〕：「諸路見勘公事内有五次以上翻異人〔二〕，仰提刑司躬親前去審，具案聞奏。如仍前翻異，即根勘着寔情節取旨施行。内有合移送大理寺者，即差人管押赴闕。」

〔一〕詔　原作「昭」，據文意改。

〔二〕内有五次以上翻異人　「上」原作「止」，據文意改。

八年（壬辰，一一七二）

1. 九月十七日，詔大理寺吳淵前往處州置勘右從政郎、專一措置處州庫山等處銀場管准不法公事，以准侵盜官銀入己故也。

2. 十二月八日，詔大理寺正潘景珪前往泉州根勘提舉市舶陸沅不法公事，以沅在任贓污狼籍故也。

九年（癸巳，一一七三）

1. 閏正月十一日，以中書門下省言「命官獲賊合該推賞者，多有計囑獄司，將無辜人煆煉，例目為賊，希求賞典，有司观望，結案保奏，合行禁戢」，詔：「自今諸路州軍推勘强盜，止將正賊根治，不得以無辜人狗情勘鞫。保奏官以元案再行審寔，倘無偽冒，方得申奏。如違，許監司按劾以聞〔一〕。」

〔一〕按劾以聞　「劾」原作「刻」，據文意改。

2. 五月十六日，新知潮州趙師夔言：「竊見諸州軍重囚或有翻異，必于鄰郡差官再勘。承勘官吏深慮犯人供具異同，則為元勘官司之累，往往循習舊案，相為符合，使有冤抑者不得自伸。乞下諸路監司，嚴行戒約。」詔依。仍令監司遇差官推勘，仰檢坐故失故入〔一〕、失出失入條法，移文所差官照會，不得違戾。

〔一〕故失故入　「入」原作「人」，據下條「故出失入」改。

3. 二十六日，兩浙東路提點刑獄公事鄭興裔言：「獄者，所以合異同之詞，差官置勘，正欲得其寔情。今之勘官，往往視為常事，出入其罪，上下其手，及至翻異，則又別勘，或後勘駁正所犯不至前勘之重，或前勘已得寔情而後勘却與出脫，雖在法有故出故入、失出失入之罪，徒為文具。欲望明詔有司，俾之遵守。」詔刑部檢坐見行條法申嚴行下。

4. 十一月九日，大禮赦〔一〕：「勘會被差鞫獄錄問，起發違時〔二〕及輒占留詞避者，皆有成法。近來所差之官，往往不即起發，飾詞避免，或妄稱它司先以差委。文牒往來，迁延月日。致使罪人久被囚繫。今後如有似此之人，仰監司守臣覺察按劾，重寘典憲。」

〔一〕大禮赦　「禮」原作「理」，據文意改。

〔二〕起發違時　「時」字原脫，據本條下文「往往不即起發」補。

5. 同日，赦：「勘會鞫獄之官，多不親臨，惟憑推吏鞭楚，傅致深文，審錄引斷，随即翻異，追逮干連，經涉歲月，深可憐憫。今後並仰獄官依條親行勘鞫，務得寔情，除緊切干証人外，不得枝蔓追呼。如有違戾，許監司按劾以聞。」

6. 十二月一日，臣寮言：「竊見諸路帥臣、監司差官置院〔一〕，雖勘大辟贓吏，有合具案聞奏者，勘官往往止俟結錄畢，即時出院，將帶人吏歸元處，旋寫奏案。窃慮有暗受出脫、變換情節者。乞自今勘推大辟贓吏合具案奏聞者，須就院申發，敢有違戾，當重作行遣。」從之。

〔一〕監司差官置院　「司」原作「師」，據文意改。

7. 九日，臣寮言：「獄貴初情，初情利害寔在縣獄。今大辟之囚，必先由本縣勘鞫圓備，然後解州。州獄一成，奏案遂上刑寺擬案，制之於法，則死者不可復生矣。窃見外郡大辟翻異，鄰州鄰路差官別勘，多至六七次，遠至八九年，未嘗不因縣獄初勘失寔。乞自今後遇有重囚翻訴，委官根勘，見得當來縣獄失寔，將官吏並坐出入之罪。」詔刑部看詳，申尚書省。

淳熙六年（己亥，一一七九）

1. 六月，刑部言：「昨乾道重修法，增立『縣以杖笞及無罪人作徒流罪，或以徒流罪作死罪送州者，杖一百。若以杖笞及無罪人作死送州者科徒一年』。緣縣獄比之州獄，刑禁事体不同，止合結解送州，故縣不坐出入之罪。今欲依乾道重修法科罪。如係故增減情狀，合從出入法施行。」從之。

嘉定五年(壬申,一二一二)

1. 十二月十四日,臣寮言:「刑獄,民之大命。州縣之間,其弊有可言。如勘死囚,雖得其情,或憚于詳覆之縻費而徑用奏裁。如該徒、流,法所不宥,或畏于州郡之疏駁而止從杖責。罪至死徒者,法當錄問,今不復差官,或出於私意而徑從特判。獄有翻異者,法當別鞫,今被差之官,或重于根勘,而教令轉欵。寒暑必慮獄囚,法也,今監司按行之時,多是詭為知在。遇夜不得行杖,法也,今郡邑斷遣之際,或至燈下行刑。獄許破常平錢米,亦皆法也,今守令不以經意或從減尅,或支不以時,遂至囚多瘐死〔一〕。凡是數者,冤抑寔多。乞行下諸路提刑司嚴行覺察,照見行條法,或有違戾,罪在必刑。」從之。

〔一〕遂至囚多瘐死　「瘐」原作「庾」,據文意改。

十五年(壬午,一二二二)

1. 九月二十四日,臣寮言:「民之犯罪,至於重辟,勘結自有限日,而近之作縣者,委成于吏,枝蔓鬻弄,動淹歲月。或導囚翻異,變亂獄情;或牽執平民,妄行追擾;或根連干証,與囚同禁。致失農業,甚至瘐死〔一〕,豈有不傷和氣!乞嚴敕郡縣,自今民有麗於刑辟,凡有關於人命者,悉遵日限結正,無得淹留。其或奉行不虔,許監司具官吏姓名聞奏。」從之。

〔一〕甚至瘐死　「瘐」原作「庾」,據文意改。

宋會要輯稿·刑法

（下）

馬泓波　點校

河南大學出版社

配隸

影印本刑法四之一至六八

大典卷一五一六八

國朝凡犯罪，流罪決訖配役，如舊條。杖以上情重者，有刺面不刺面配本州牢城，仍各分地里近遠，五百里、千里以上及廣南、福建、荊湖之别。京城有配窑務、忠靖六軍等，亦有自南配河北屯田者。如免死者，配沙門島、瓊、崖、儋、萬州，又有遇赦不還者。國初有配沙門島者，婦女亦有配執鍼者，後皆罷之。

太祖　建隆二年（辛酉，九六一）

1. 五月一日，詔：「應有配流人及流貶官在邊遠處者，並與移置近地。如見在近地者，不在更移之限。所有移置處所申奏取裁。應配流人除刺面及曾任職官人别行指揮外，其餘不刺面及配役婦人，並放逐便。」其後赦書德音，約此著條。

2. 八月二十六日，詔刑部：「應諸道州府有犯鹽、曲之人〔一〕合配役〔二〕者，祇令本州充役。」

〔一〕有犯鹽、曲之人　「鹽、曲」原作「監者」，據長編卷二建隆二年八月丁巳改。

〔二〕配役　原作「役配」，據長編卷二建隆二年八月丁巳乙正。

三年(壬戌,九六二)〔一〕

1. 七月十九日,詔:「搜索内外諸軍不逞者,悉配隸登州沙門島。」先是,雲捷軍逃卒李興僞刻侍衛司印,捕得,斬之。故有是命。

〔一〕三年 原作「二年」,據長編卷三建隆三年七月乙亥改。

乾德四年(丙寅,九六六)

1. 八月二十一日,詔搜索殿前諸軍亡賴者得數十人,悉黥面配通州義豐監。

五年(丁卯,九六七)

1. 二月十四日,御史臺言:「伏見大理寺斷徒罪人〔一〕,非官當贖銅之外〔二〕,送將作監役者,其將作監舊兼充内作使,又有左校、右校、中校署〔三〕,比來工役,並在此司,今雖有其名,無復役使。或遇祠祭供水火,則有本司供官。欲望令大理寺依法斷遣徒罪人後,並送付作坊應役。」從之。自後命官犯罪當配隸〔四〕者,多於外州編管,或隸牙校。其坐死特貸者,多決杖黥面〔五〕,配遠州牢城,經恩量移,即免軍籍。大凡命官犯罪,多有特旨,或勒停,或令釐務,贓私罪重,即有配隸;或處以散秩〔六〕,自遠移近者,經恩三四,或放從便。所以禁貪濫而肅諸品也。

〔一〕斷徒罪人 「罪」字原脱,據長編卷八乾德五年二月癸酉補。

〔二〕非官當贖銅之外 「官當」原作「當官」,據長編卷八乾德五年二月癸酉、文獻通考卷一百六十八、宋史卷二百一改。

〔三〕中校署　「中校」二字原脫，「署」原作「局」，據長編卷八乾德五年二月癸酉、文獻通考卷一百六十八、宋史卷二百一補、改。

〔四〕配隸　「配」字原脫，據長編卷八乾德五年二月癸酉補。

〔五〕多決杖黥面　「多」字原脫，據長編卷八乾德五年二月癸酉補。

〔六〕處以散秩　「以」字原脫，據長編卷八乾德五年二月癸酉補。

2. 四月十六日，閲殿前承旨不逞者百二十六人，往隸鄆、齊、冀、博、德〔一〕、滄等州。

〔一〕德　原脫，據長編卷八乾德五年四月甲戌補。

太宗　太平興國二年（丁丑，九七七）

1. 正月二十八日，詔曰：「先是罪人配西北邊者多亡投塞外，誘羌戎為寇。自今當徒者，勿復隸秦州、靈武、通遠軍及沿邊諸郡。自江南、湖廣平後，罪人皆配南方〔一〕。」

〔一〕皆配南方　「方」原作「房」，據宋史卷二百一、長編卷十八太平興國二年正月己丑改。

五年（庚辰，九八〇）

1. 二月四日，溫州言捕獲養貓鬼呪詛殺人賊鄧翁並其親屬，械繫送闕下。鄧翁腰斬，親屬悉配隸〔一〕遠惡處。

〔一〕鄧翁腰斬，親屬悉配隶　原作「腰斬，鄧翁親屬悉配隶」，據長編卷二十一太平興國五年二月戊申改正。

七年(壬午,九八二)

1. 閏十二月八日,詔曰:「朕宵衣旰食,未嘗暫忘於憂勞。分職設官,豈可不思於勤瘁。況復刑名至重,且州郡寔繁,若動取於勑裁,則何勝於利祿。雖累行詔諭,而尚慮因循,仍有事宜,更從條約。應諸道州府犯徒、流罪人等,並配隸所在牢城禁錮,不須轉送闕下〔一〕,仍不得輙以案牘聞奏,稽留刑獄,並所在決遣,違者論其罪。」

〔一〕不須轉送闕下　「轉」原作「傳」,據長編卷二十三太平興國七年十二月丁酉改。

雍熙四年(丁亥,九八七)

1. 十二月十三日,詔:「應諸道擒獲刧賊獄成,遇赦者隸本城軍,仍廩給之。」先是,江南轉運使許驤上言「刧盜遇赦,得原還本鄉,讎告捕者,多行殺害,請以隸軍」故也。

淳化元年(庚寅,九九〇)

1. 十一月十八日,詔窃盜强盜至徒以上〔一〕並刧賊罪在赦前而少壯者,並黥面配本城。

〔一〕至徒以上　「上」原作「北」,據文意改。

三年(壬辰,九九二)

1. 四月十四日,詔江南、兩浙、荊湖等處吏民先犯罪配嶺南,諸禁錮者並還本郡,仍禁錮之。

2. 八月二十八日，詔廣南東、西路先是犯罪配隸人皆荷校執役，自今除之。

四年（癸巳，九九三）

1. 正月二日，詔：「西川、江南、兩浙、荊湖、廣南、泉、福等路僞命軍校及官吏配隸諸州禁錮者，所在以聞，並給牒許歸故郡。」

2. 七月六日，詔凡婦人有罪至流者，免配役。

3. 閏十月四日，詔今後應諸色罪犯人配衙前者，並不得與本貫州府。

真宗 咸平元年（戊戌，九九八）

1. 十二月二十日，詔：「雜犯至死貸命者，不須配沙門島，並永配諸軍牢城。兇惡情重者，審刑院奏裁。」

四年（辛丑，一〇〇一）

1. 七月五日，詔：「福建、廣南、江淛、荊湖遠地，應强盜及持杖不至死者，依法决訖，刺配本處五百里外充軍。」先是，并其家部送上京，多殞於道途。特有是命。

景德元年（甲辰，一〇〇四）

1. 正月一日，詔：「川、廣犯事人解送赴闕配逐及已逐便者，正身已亡，兒幼小無以存濟者，委逐處勘會，給與公憑，放還鄉里。又所送罪人赴闕，多是與一房老幼同來，抛廢田園，流散道路。自今止得押送本身并妻，如骨肉願從者亦聽〔一〕。」

〔一〕如骨肉願從者亦聽　「如」原作「知」，據文意改。

2. 二月，詔御史臺：「自今應流配罪人止令逐州轉遞，如合差使臣官吏押送者，即於逐州閑慢勾當並因巡歷使臣及公吏内抽差，押送前去，逐州交割。」

二年（乙巳，一〇〇五）

1. 四月二十三日，詔曰：「先是，諸路部送罪人至闕下者，軍頭司引對便坐，即將決遣〔一〕，或刑名疑誤〔二〕，則無所準詳〔三〕。自今委本司召法官一人，審定以聞。」

〔一〕即將決遣　「即將」，長編卷五十九景德二年四月己亥作「皆即」。

〔二〕或刑名疑誤　「疑誤」，長編卷五十九景德二年四月己亥作「疑互」。

〔三〕則無所準詳　「準詳」，長編卷五十九景德二年四月己亥作「詳準」。

2. 九月二十九日，詔：「廣南西路州軍有縱火焚人廬舍，情理凶蠹者，依法決訖，刺配五百里外牢城。」

3. 十月二十一日，詔：「今後應盜賊合刺配牢城者，並配千里外。其河北、河東州軍並配過黄河南，陝西州軍配潼關東，荊湖南路州軍配嶺南，北路州軍配過漢江，江南、兩浙並配江北，川峽州軍配出川界，廣南州軍近嶺者配嶺北，不近嶺者東西路交互移配，福建路亦配廣南、江浙，其同火人量遠近散配。」

三年(丙午，一〇〇六)

1. 六月一日，詔：「川峽民爲盜配軍者，如再犯至徒及情理難恕，並部送出川峽界，配諸州軍牢城。」

2. 七月十七日，樞密院言：「諸路部送罪人赴闕者，皆令軍頭司引對，頗爲煩細，望止令本司依例降配。」帝曰：「朕慮其間或有枉濫〔一〕及情理可矜者，令銀臺司自今諸處送到罪人，並先取審狀，送樞密院進擬，付軍頭司施行。其情涉屈抑者，不須取狀，即令引見。」

〔一〕或有枉濫　「枉」，長編卷六十三景德三年七月丁巳作「冤」。

3. 十二月二十九日，廣南西路安撫使邵曄言：「今後犯罪人配隸廣南牢城者，乞委轉運使詳元犯情理〔一〕兇惡者，以便宜分配隸所部州軍。」從之。

〔一〕乞委轉運使詳元犯情理　「詳」當作「看詳」。參見長編卷一百六十九皇祐二年十二月己丑「看詳諸州軍編配罪人元犯情理輕重以聞。」

大中祥符元年(戊申，一〇〇八)

1. 正月六日，詔：「左降官配隸諸州衙前者，所在件析以聞。配流徒役人及奴婢鍼工並放從便，黥面配隸者具元犯取旨。」以天書降也。

2. 二十五日，詔軍頭引見司：「自今諸處部送罪人至司，先上其數，如近休假，即日以聞。」

3. 十月二十六日，東封赦：「應配罪人先委逐處決配五百里外州軍者，今後秪配本州，情理重

者，配隸鄰近州府。」

三年（庚戌，一〇一〇）

1. 二月二十四日，詔：「如聞兩京、諸路隸忠靖徒役人，刺配者即給衣粮，不刺配者止給囚人日食，各有家眷，或至匱乏，宜令自今依例給之〔一〕。」

〔一〕宜令自今依例給之　「自今」二字原脫，據長編卷七十三大中祥符三年二月甲辰補。

2. 閏二月七日，詔：「江南、福建路罪人配廣南充軍，至配所逃歸者，自今止委逐處勘罪，差人押送元配州軍，依法決訖收管。」舊條，應配廣南罪人逃歸者，逐州奏裁。工部郎中袁煒以謂繫獄淹久，故有是命。

3. 五月，知昇州張詠言：「當州水陸要衝多有兇惡之輩放火爲盜，準詔刺配潭、賀州充軍訖。檢會舊條，累犯惡跡者禁身奏裁。請應自來兇惡之人，犯杖罪十次，徒罪七次，或犯徒杖罪作賊違戾父母者五次，及廂界與兇惡通情，搔擾侵淩人者，所犯杖罪三次，及犯侵擾人至徒一次者，並許刺配登、萊、沂、密、福建路州軍充軍。」詔須累犯兇惡合申奏者，及放火、盜財，杖訖刺面，配一千里外牢城。

4. 十二月二十二日，詔沙門島流人量給口粮。初，使至，言其多殍死，請粗給菽粟。樞密副使馬知節曰流人無廩食之理，帝憫之，特有是詔。

五年（壬子，一〇一二）

1. 四月十三日，詔江、淮南諸州不刺面配役人咸釋之。從安撫使李迪等奏請。

2. 十六日，雄州言：「邊人越入北界賭博者，望準法決訖，徒隸河南軍籍〔一〕。」從之。

〔一〕徒隸河南軍籍　「徒」，長編卷七十七大中祥符五年四月戊申作「徙」；「河」原作「向」，據長編卷七十七大中祥符五年四月戊申改。

3. 六月二十九日，詔：「諸軍故斷手足指〔一〕以避征役及圖徙便郡者，自今決訖，並隸本軍下名〔二〕，罪重者從重斷，傷殘甚者決配本鄉五百里外牢城。」從知昇州張詠之請也〔三〕。

〔一〕手足指　長編卷七十八大中祥符五年六月乙丑無「指」字。

〔二〕並隸本軍下名　「下名」，疑當作「名下」。

〔三〕從知昇州張詠之請也　「也」字原脫，據長編卷七十八大中祥符五年六月乙丑補。

4. 十月一日，帝謂宰臣曰：「天下犯罪配牢城者多非，令總括其數，非盡朝廷配去。蓋外州承准宣勅犯罪情重不可留於鄉邑者，以故移配稍多。時久承平，所宜斂恤〔一〕。」遂詔法寺「取開封府、殿前侍衛軍頭司等處見用宣勅，凡干配隸罪名，悉送樞密院，詳所犯量行寬恤，改易配牢城罪名。內軍人須合配者，並降填以次禁軍，及本城諸色人情重須配者，量所犯輕重，更不刺面配，定官役年限，令本處使役。如遇赦，不以役滿未滿，咸釋之。俟詳定訖進納入內，朕自省審訖付中書門下，與法寺再加詳度，如皆允當，即降指揮」。

〔一〕所宜斂恤　「斂」當作「欽」，參見下文六年正月八日條「益懷欽恤」。

5. 閏十月一日〔一〕，詔：「京城盜賊該決杖配隸者，免其令衆，即送配所，情理重者奏裁。」

〔一〕一日　原脫，據長編卷七十九大中祥符五年「閏十月乙丑朔」補。

六年（癸丑，一〇一三）

1. 正月八日，詔曰：「配隸之人，刑科至重，屬膺善貺，交舉鴻儀，載念黎氓，益懷欽恤。其先降宣勅，罪不至死，配隸逐州五百、千里外牢城及沙門島，憫其稍重〔一〕，特議從寬。宜令審刑院〔二〕、大理寺、三司將前後條貫編類以聞。」既而取犯茶、鹽、礬、麯，私鑄錢，造軍器，市外蕃香藥，帶銅錢、誘漢口出界，主吏〔三〕盜貨官物〔四〕，馬遞卒盜官物，夜聚爲妖，皆比舊法，咸從輕減。

〔一〕憫其稍重　「其」原作「甚」，據宋大詔令集卷二百一改。
〔二〕審刑院　「院」原作「部」，據宋大詔令集卷二百一、長編卷八十大中祥符六年正月庚子改。
〔三〕主吏　「主」原作「至」，據長編卷八十大中祥符六年正月庚子改。
〔四〕盜貨官物　「盜」字原脱，據長編卷八十大中祥符六年正月庚子補。

2. 二月一日，詔：「廣南、福建、川峽路軍民兇惡爲患者，依法斷訖，並家眷械送赴闕；其非兇惡者，令轉運司散隸部內牢城。三司、開封府、殿前侍衛軍頭引見司應配人，除奉宣大刺面外，餘並依招軍例小刺。諸處已刺『指揮』字者，止添所配處。應押赴闕及配隸諸處者，并家眷並給口食，川峽路贓錢斷罪者，以小鐵錢十當一〔一〕。」

〔一〕以小鐵錢十當一　長編卷八十大中祥符六年二月癸亥無「小」字。

3. 三月十六日，詔沙門島罪人除該赦遣赴闕外，自餘量其所犯輕者，徙至近地〔一〕。

〔一〕徙至近地　「至」，長編卷八十大中祥符六年三月丁未作「置」。

4. 五月十一日，詔：「諸州凡配隸罪人於鄰州者，皆錄其犯狀移送逐處置簿謄錄，以防照會。」先是，令揀配軍外隸上軍者，舊例移配第云『賊某配某所』，而隱其狀犯，難於證驗。京西提點刑獄周寔言其事，因請條約之。

七年（甲寅，一〇一四）

1. 二月二日，詔：「負犯人刺面者，多大刺文字，毀傷既甚，深可哀矜。自今官吏點檢，如有違越，委所司覺察聞奏，永爲定制。」

2. 十二月三日，詔：「諸路部送罪人赴闕及他州者，並所在爲券，給以口粮，仍令依程而行，不得非理縶撲〔一〕，倍道起發。有疾，牒所至州縣醫治；死者，雖檢視無他故，即給公憑赴部送人〔二〕。違者，所在官司劾罪以聞。」先是，淄州遣牙校送罪人赴闕，塗中致斃者多，懲其懈慢，因條約之。

〔一〕非理縶撲　「撲」原作「樸」，據長編卷八十三大中祥符七年十二月乙卯改。

〔二〕即給公憑赴部送人　長編卷八十三大中祥符七年十二月乙卯作「即以公驗付部送吏」。

八年（乙卯，一〇一五）

1. 閏六月八日，詔：「廣州自今不逞之民五犯罪者，依法決杖，刺配嶺南州軍牢城〔一〕。內未滿五次而情理切害者，亦准此。」

〔一〕嶺南州軍牢城　「嶺南」，長編卷八十五大中祥符八年閏六月丙戌作「嶺北」。

2. 八月十九日〔一〕，知密州孫奭言：「本州累有强刼賊結案遇赦或赦後捉獲，准詔配本城，據官吏衆稱準例配本城者並配牢城。朝廷以本城、牢城分爲輕重，今若一概處斷，慮失詔意，請下法官參議。」詔自今準詔刺配本城〔二〕者，並止配本城有軍額指揮，不得例配牢城。

〔一〕八月十九日　長編卷八十五大中祥符八年八月甲申，即七日。
〔二〕本城　「本」原作「牢」，據長編卷八十五大中祥符八年八月甲申改。

九年（丙辰，一〇一六）

1. 正月，詔開封府：「自今應勘到罪人，除顯有條法合行配遞編管外，其餘並須進呈取旨。」

2. 七月十九日，詔：「强劫賊人，罪當死，以德音降從流者，決訖，仍隸本城。」初，磁州賊逯憲持杖行劫，德音降，罪免配。州疑刑輕，狀下法寺詳定，而有是詔。

3. 十一月八日，河西軍節度使、知許州石普坐私習天文〔一〕，妄言日蝕，除名配賀州。詔聽其挈族從行。先是，帝聞普在禁所〔二〕思幼子輒泣下，謂宰臣曰：「流人有例携家否？」王旦等曰：「律令無禁止之文。」乃有是詔。

〔一〕私習天文　「習」，長編卷八十八大中祥符九年十一月戊申作「藏」。
〔二〕在禁所　「禁」，長編卷八十八大中祥符九年十一月戊申作「流」。

天禧元年（丁巳，一〇一七）

1. 七月二十一日，上封者言：「江南有因事配軍人，悉兇惡之徒，既不許差出又無役使，望檢會元犯罪名輕重，升隸廂軍〔一〕。」從之。

〔一〕升隸廂軍　「升」當作「並」。

2. 八月五日，詔：「諸路民爲盜〔一〕而質狀小弱當配本城者，如所犯情重，並配牢城〔二〕。」先是，知潞州錢惟濟〔三〕言：「準前詔，今後爲盜者刺配本城。臣自到任以來，累捉到穿牆賊，並贓滿五貫已上，身首小弱，準條並配本城永寧指揮。永寧，雖本州有軍額，請給甚厚，所募之人並少壯任披帶者，今爲盜小弱免死之輩，參於其中，深未允當，乞行條約。」故有是詔。

〔一〕諸路民爲盜 「民」字原脱，據長編卷九十天禧元年八月庚午補。

〔二〕如所犯情重，並配牢城 長編卷九十天禧元年八月庚午作「自今悉配牢城」。

〔三〕知潞州錢惟濟 「知」字原脱，據長編卷九十天禧元年八月庚午補。

3. 九月詔自今軍人、曹司賭錢罪犯，並依法决刺面配外處牢城。

二年（戊午，一〇一八）

1. 三月十七日，詔：「諸班殿直、諸軍妻坐姦者，决訖即放，不須隸作坊鍼工，其見役者〔一〕百五十七人皆釋之。」

〔一〕其見役者 「者」字原脱，據長編卷九十一天禧二年三月庚戌補。

2. 閏四月十九日，詔：「諸州經四月二十七日赦文〔一〕，刦盜至死降徒〔二〕、流，傷人者刺配沙門島，内廣南路配瓊、崖、儋、萬安州〔三〕，益梓路配商、虢、均、金、襄、鄧等州，利夔路配荊湖南路州軍，並隸牢城；不傷人者刺面配千里外牢城。罪不至死，並刺面配本州牢城。」先是，赦書强刦盜賊〔四〕不殺人者悉奏裁。濱、棣州〔五〕巡檢趙繼昌言：「如此等人，朝廷若配本州，慮不悛革。」故條約之。

〔一〕諸州經四月二十七日赦文 「經」原作「該」，據長編卷九十一天禧二年閏四月辛亥改。

〔二〕刦盜至死降徒 「徒」原作「從」，據長編卷九十一天禧二年閏四月辛亥改。

〔三〕萬安州 原作「萬州」，據宋史卷九及元豐九城志卷九。

〔四〕强刼盗賊　「賊」字原脱，據長編卷九十一天禧二年閏四月辛亥補。

〔五〕棣州　「棣」原作「隸」，據長編卷九十一天禧二年閏四月辛亥改。

3. 九月十八日，詔：「配沙門島人，仰遂州選吏部送〔一〕，差兵防護，州府遞相交割。」舊有此條。是年泗州亡失配沙門島軍士，故申明之。

〔一〕遂州選吏部送　疑「遂州」當作「逐州」。

4. 二十八日，起居舍人呂夷簡言：「按編勑，配罪人父母妻子不欲同行者，亦聽。其有并一房家累部送赴闕者，未有著令，極有老幼馳走，以至夭歿。望自今當配送者，長吏召問，如不願同行者，聽。若不至强梁者，止決配近州。情重與鄉里爲患不可留者，部送京師。」奏可。

三年（己未，一〇一九）

1. 二月五日，詔：「沙門寨監押不得挾私事非理殺配流人，委提點五島使臣常察舉之。違者，具事以聞，重置其罪。」先是，著作佐郎高清〔一〕、襄州文學焦邕〔二〕皆以罪配隸，監押董遇因事殺之。至是，清長子伐登聞鼓，上言遇責賂不足，誣以構叛。詔詰遇，而清既死，無以證辯，故有是命。

〔一〕高清　「清」原作「情」，據長編卷九十三天禧三年二月甲午改。

〔二〕焦邕　「焦」原作「蕉」，據長編卷九十三天禧三年二月甲午改

2. 八月九日，詔：「自今京城内犯盗賊人合刺配忠靖者，並配外州軍牢城，其人力偷盗并京城外窃盗賊，數合刺配武肅、武和者，分配京東西、淮南州軍。」先是，開封府言：「承前窃盗等第決配忠靖六軍，慮於輦轂聚集稍多，望分配外州牢城〔一〕。」寇準請止配京東西、淮南州軍，乃下是詔〔二〕。

〔一〕外州牢城　「城」原作「臣」，據文意改。

〔二〕乃下是詔　「乃」原作「仍」，據文意改。

3. 十八日，詔：「謀殺、故殺、刼殺人罪至死，用今月三日赦原者，諸州並依强刼賊例刺配〔一〕本城，情重不可宥者，部送京師。自今著爲定式〔二〕。」

〔一〕刺配　「刺」字原脱，據長編卷九十四天禧三年八月壬寅補。

〔二〕著爲定式　「著」原作「用」，據長編卷九十四天禧三年八月壬寅改。

4. 十月十四日〔一〕，中書門下言：「準詔，犯銅鍮石、私酒麯，並免極刑。今參詳〔二〕，罪至死者，請令所在杖脊、黥面配五百里外牢城。」從之。

〔一〕十月十四日　長編卷九十四天禧三年作「十一月乙卯」；宋大詔令集卷二百二作「十二月乙卯」。

〔二〕令參詳　「令」當作「今」。

四年（庚申，一〇二〇）

1. 六月十六日，益州路安撫呂夷簡言：「淳化五年，西川有從草寇，刺面充應運雄軍百姓，請擇罪重者，分配潼關以東州府牢城。」從之。

2. 十二月，知開封府呂夷簡言：「請今後應賊人窃盜持杖穿牆五貫以上，强盜滿三貫及持杖罪不至死者，更不部送赴闕，只委逐處依法决脊杖二十。內身首强壯者，刺配五百里外牢城；兇惡難恕者，刺配千里外遠惡州軍牢城。若老小疾病久遠不堪充軍役者，依法施行。」事下法寺，既而言：「舊條皆押赴闕，今請如夷簡所奏。」詔可，仍候斷訖刺「指揮」二字，取轉運使指揮移配。

乾興元年（壬戌，一〇二二）

1. 七月，永興軍言：「民王延福累犯巨蠹，已刺面杖配蔡州牢城。」詔今後不得直行刺配，如有此類，依決訖收禁奏裁。

仁宗　天聖元年（癸亥，一〇二三）

1. 七月，侍衛步軍司、開封府勘斷：「不刺面配忠靖徒役人，本司只是令本指揮收管，日支口食，差節級監赴八作司徒役，至夜歸營。欲乞今後直送八作司轄下司分收管。」從之。

2. 閏九月十一日，陳州言：「近宛丘縣盜牛賊人決訖收禁，申取轉運司移配，禁繫四十餘日，方得牒配舒州牢城。伏緣當州去轉運司地里不遠，尚爾稽緩，竊慮諸道似此，轉有淹延。欲望自今只委知州、通判等依法決訖，酌情輕重刺面配五百里或千里外牢城。」奏可。

3. 二十一日〔一〕，詔：「南北作坊見管配到諸軍家口充鹹工，并裁造院先召到女工，並放逐〔二〕，今後更不配充鹹工。如有犯此刑名者，依斷訖配窑務及致遠務無家累兵士〔三〕。」

〔一〕二十一日　長編卷一百一天聖元年閏九月甲午，即三日。

〔二〕並放逐　長編卷一百一天聖元年閏九月甲午作「並放從便」。

〔三〕依斷訖配窑務及致遠務無家累兵士　長編卷一百一天聖元年閏九月甲午作「以妻窑務或軍營致遠務卒之無家者」；宋史卷二百一同。

二年（甲子，一〇二四）

1. 二月，開封府言：「應斷訖賊情重兇惡者〔一〕，乞字樣稍大，仍於兩面分刺，所貴與招募之人稍異，難爲逃走，燒炙塗藥。」詔如委寔兇惡臣蠹，只一面刺稍大字樣。

〔一〕應斷訖賊情重兇惡者　疑「賊」當作「盗賊」或「劫賊」。

2. 四月，開封府言：「準近詔，應過犯軍士，合移配者，並配鄭州賈谷山採造務。今得車營務狀，本務軍士故要配採造，以故多有叫反，以冀移配。請自今後軍人合移配者，依原舊條外，應不喫酒叫反及叫萬歲，並刺配商州坑冶務〔一〕。」奏可。

〔一〕商州坑冶務　「商」原作「啇」，據文意及辑稿·刑法四之一三四年二月條改。

3. 八月，開封府言：「醋庫刺面曹司徐政坐逃走，該赦捕獲，按格條即無『諸軍刺面不刺面曹司逃走捉獲』之文。今欲依廂軍逃走三年以上，不曾取却字號，杖一百，刺配千里外牢城。自今應諸軍、諸司庫務刺面曹司不以有無料錢逃走，並依廂軍條。其不刺面曹司亦乞明降條制。事下法寺，請不刺面曹司不以有無料錢，如逃走三年內捉到者，第一次杖七十，首身杖六十。再犯捉獲首身，並於逐次上遞加一等，仍舊收管。至第三次及逃走三年已上，決訖刺配五百里外州軍。近軍分首身決訖，仍舊皆以赦後爲坐。」奏可。

三年（乙五，一〇二五）

1. 四月，詔：「如聞開封府軍巡院見禁罪人內有已決配遞外州及側近州府轉送者，動經旬日，尚

未監送往彼，暑月虛有淹延。自今並須晝時差人〔一〕監送所配去處，病患差人醫治，損日押出，如更淹滯，並當嚴斷。」

〔一〕並須晝時差人　「時」字下原衍「時」字，據文意刪。

2. 七月，詔：「自今馬遞鋪軍士受贓、窩盤刼賊、供食、指導、偵探巡捕者，所在具事狀聞奏，當遠配。」時嵓嵐軍郵鋪軍士有爲賊嚮導者，配沙門島，逢恩不放，因有是命。

3. 八月，臣僚言：「諸州斷强賊，決配遠惡州軍或沙門島，多在路走透。蓋部送之人，不切監防，請行條約。」事下樞密院，勘會天聖元年十二月宣，監防遞配强刼賊須選有行止衙校前去，若受錢縱去，重行斷遣。又按編勑，配送罪人，須分明置歷管係，候到配處，晝時具交割月日回報元配之處。若經時未報，即移文根問。若在路走失者，随處根逐元監送人，緊行捕捉。遂詔申明前制，仰逐處據所配罪人約度地里、日數移文會問，每年終具數聞奏，轉運使每半年一次舉行指揮，常切關防，不得曠慢。

4. 十月，開封府言：「百姓陳文政及妻阿宗坐誘虎翼兵士妻傭雇得錢，法當徒一年半。夫妻皆雙瞽應原。文政恃瞽爲惡，乞送外州編管。自今有恃老疾不任決故作過犯情難恕者，勘罪取旨，送外州編管。」奏可。

5. 十一月二日，給事中王随言：「諸州罪人合該配遞不送赴闕直行斷遣者，或有憎愛組織便行配移，或并妻男女之荒遠，鮮有生還，慮傷至和。望自今令長史已下〔一〕，依公勘鞫，集廳錄問，依法施行訖，錄案坐條，具所配地里，上刑部詳覆。」奏可。既而開封府言：「京府準條配罪名件不少，與外州不同，兼於次日具罪由、刑名、配處報糾察司訖，今如随所奏，更下詳覆，枉費行遣，虛負曠慢，欲具依自來條例。」從之。

〔一〕長史已下「史」當作「吏」。

6. 二十日，車營務言：「扶駕軍士元額多闕，緣係重役，無人招募。欲望今後雜犯罪人合配南山、賈谷山採造務者，並配本務。」奏可。

四年（丙寅，一〇二六）

1. 正月二十二日，知益州薛田〔一〕言：「先準詔西川犯罪配牢城人如遇赦，委寔老病不任征役者放停，許於所配州軍居住，不放歸鄉。今得邛州狀，有係宰牛配軍之人，即非老疾，未敢放停，奏取旨。」帝曰：「遠方細民犯罪，雖不至重，遇赦歸農，亦是寬恩。然田意欲羈縻，又非欽恤之旨。」

〔一〕知益州薛田「知」字原脱，據宋史三百一補。

2. 二月，開封府言：「檢會條貫，凡作賊三犯徒，軍人不喫酒叫反，喫酒再犯，因與人相爭忿叫萬歲，舊例決訖並刺配商州坑冶務及配西京南山、鄭州賈谷山採造務。近準詔，並權住配。自今有合配罪人，乞指定去處。」詔合配坑冶務罪人，並配廣南遠處牢城。

3. 八月，開封府言：「東窑務軍士儲慶等各不飲酒呼萬歲，準格當配廣南。本務工役最重，又江浙人務求決配家鄉，規免重役。望自今犯者，依法杖訖，却送本務，再犯刺配沙門島。」奏可。

4. 九月，殿前司言：「秦州勘斷，駐泊渤海軍士郝斌，杖配白州牢城，州牒發遣妻子付本夫，尋轉遞往彼。續準本處牒，所配軍不到，根究，稱在道病死。欲乞自今犯事配軍，委逐處相度，如所配處路從京師，不至迂遠，即令押就本營，搬取妻男。路遠即問本人，如要妻男，即發遣前去。不要，即放逐便。」詔從之。其妻男同往者，仍據數給沿路口食。

5. 十月二十六日，戶部副使王博文言：「陝西沿邊蕃族捕送逃軍，頗有因差勾當，或遠探伏路，伐木採柴，偶逢蕃賊，拒敵不下，被虜掠前去。蕃部利於賞給，經涉年月，返捕送官。有司勘鞫，但招背漢投蕃之罪，依條處死。請降赦，邊臣不令下司。自今如有蕃部捕到兵士，根勘，但如此類，稍有憑據情理分明者，特與貸命，減死一等，決配遠惡州軍牢城。」詔自今但不是故投蕃部，詳酌稍有證據根勘分明者，特與貸命，決配外州牢城訖奏。情至輕者奏裁。

6. 十二月，詔今後應在京工巧匠人等犯罪該配流者，具事奏裁。

五年（丁卯，一〇二七）

1. 正月十七日，中書門下言：「累據諸處勘到衙前軍人部送配軍，在路逃竄，望下諸路，今後應配送罪人，内有强惡罪並須牢固監防，不管走失，仍先具元犯因依移文所配州軍。」從之。

2. 八月六日，詔：「諸路州軍刺犯罪人，仰點檢随行物色，具數牒交付防送公人管押前去，沿路罪人使用，置歷支給。」

3. 九月八日，汀州言：「兵帳見管雜犯配軍三百五十九人，並是景跡賊盗之輩，人數稍多，望權住配。」奏可。凡諸州有奏配軍多，皆如此例。

4. 十九日，臣僚言：「嶺外雜犯配軍至多，皆凶彊頑狡〔一〕，積惡難改，聚之遠方，黨扇非便。如所犯切害，合配遠惡處外，自餘請稍減去，以安遠方。如江淮篙工、水手使遇水脚錢之類，但於嶺北重役皆可移配。望除元條明言配嶺南外，今後毋得擅配往彼。合移配者，止於嶺北量地里、有役處，情理切害須配遠惡以誡衆者奏裁。」從之。

〔一〕凶彊頑狡　「彊」原作「疆」，據文意改。

六年（戊辰，一〇二八）

1. 正月，勾當汴口康德輿言：「沿汴河清軍士盗伐榆柳，自來杖配西京開山指揮，緣比便河〔一〕功役憂輕，故要移配。欲望自今後止配汴口廣濟指揮。」奏可。

〔一〕便河　疑即「汴河」。

2. 五月二十三日，京東轉運使蕭貫言：「乞今後流配軍人如有盤纏錢物、於長牒内具數交與管押之人，如罪人要用，即於牒内批鑿給付，庶免侵盗，以安流竄。」奏可。〔一〕

〔一〕天頭舊批「『奏可』下脱四條，補在末頁。」而在辑稿·刑法四之六八有小字注文「以上四條補本卷第十五頁前半十一行『奏可』下。」故下文「七月二十二日」至「閏二月一日」條，即按批註移於此處。

3. 七月二十二日，開封府言：「今後京城内偷盗牛馬駞驢宰殺，爲首者並刺配廣南本城。又府司每勘該赦彊盗劫賊〔一〕，並配武肅、武和指揮，人數已多，今後應罪人配上件軍者，散配遠處本城。」並從之。

〔一〕彊盗劫賊　「彊」原作「疆」；「盗」字原脱，據文意改、補。

4. 八月，知永興軍姜遵言：「關中之民，性多剛愎，鮮勤耕鑿。村落之間，貧者恃强攘窃，敗獲止是決杖縱去，凶頑不畏刑責。請應陝西捉獲强盗賊，贓及一貫已上，永配牢城；一貫已下再犯及窃盗，不計赦前後，但經三犯，並配軍。庶令悛改，肅清關輔。」奏可。

七年(己巳,一〇二九)

1. 正月二十四日,屯田郎中崔立言:「編勑,應配遞罪人有父母妻子不願随者,亦聽。本處多不審問,一例起遣,經過州府又不接狀,老幼流離,多至損失。望勑諸道所過州郡,子細取問,不願随者逐旋放還。」從之。

2. 閏二月一日,荆湖南路轉運使言:「諸州雜犯配軍,比來多轉送全、邵、郴、道州,皆無重役。本路惟潭州水運牽挽,又造船、冶鐵工役尤衆,望傳諭諸州,自今應配當路者,悉送潭州。」奏可。

3. 三月二日,開封府言:「準詔,軍人作賊不以廂、禁軍逃亡捉獲、曾持杖罰牆罪皆至流者,並決訖配千里外牢城。犯徒者配五百里外牢城,即不言刺面與否,欲請該上條移配者,悉刺面。」奏可。

4. 五月,文思使、知邕州曹充明言:「近日諸路以雜犯軍人配當州本城、牢城者甚多,並是累犯兇惡與民爲害。當州地連交趾,窃恐别結徒黨,難以鈐束。望自今後住配罪人往邕、欽、廉州。」奏可。

5. 六月,隰州防禦使何俊言:「昨知慶州,窃見京城近上禁軍因過犯配環慶牢城者,多是少壯武藝之人,或有不改前非,投入蕃部,教習武藝,勾引結集,望自今住配。」奏可。

6. 七月四日,知滑州李若谷〔一〕言:「河清軍士盜伐堤埽榆柳〔二〕,準條,凡盜及賣、知情者,贓不滿千錢,以違制失論。軍士刺配西京開山軍,諸色人決訖從之。千錢已上繫獄,裁如持杖鬥敵,以持杖窃盜論。臣所部州多此輩,蓋堤埽重役,故圖徒配。欲望自今河清軍士盜不滿千錢者,決訖仍舊充役;千錢以上及三犯者,決訖刺配廣南遠惡州牢城;諸色人準舊條施行。事下法寺,請如所奏,凡京東西、河北、淮南瀕河之所,悉如滑州例。」從之。

〔一〕李若谷　「李」原作「季」，據長編卷一百九天聖八年八月癸卯改。
〔二〕伐堤埽榆柳　「堤」原作「提」，据本條下文「堤埽」改。

八年（庚午，一〇三〇）

1. 四月，法寺言：「請今後陝西犯青鹽罪至加役流者，決訖，内少壯堪披帶者，配蕃落指揮，給與請受。自來販青鹽經徒罪願充軍者，委自長吏選少壯堪披帶者，亦配蕃落。」事下涇原、環慶、鄜延路相度。既而諸路言：「蕃落〔一〕指揮係禁軍招填，皆選人材弓力有勇猛者。今犯鹽百姓皆游惰之輩，既加徒罪，豈惜行止，不惟紊瀆軍法，兼慮間變蕃情。欲乞自今罪至加役流決訖，取少壯堪披帶配近裏州軍牢城。犯鹽經徒之人願投軍者，亦不收充蕃落。」奏可。

〔一〕蕃落　「落」字原無，据本條上文「蕃落指揮」補。

2. 八月七日，詔：「如聞犯罪配流廣南、福建、荊湖有帶妻子者，本身道死，妻子無託，自今願回鄉里者，逐處遞送還鄉，仍給口券。如本犯罪於律妻子不合還鄉者，自如律。」

九年（辛未，一〇三一）

1. 二月二十二日，詔曰：「朕以禋燔潔祀，雷雨推恩，念茲配隸之人，特示矜寛之典。或許歸田里，或移近鄉園，用推在宥之仁，咸啓自新之路。惟彼均輸之寄，逮於牧守之權，宜盡詳明，庶符委屬。宜令廣南東西、荊湖南北、江南東西、淮南、兩浙、京東、京西路轉運使副親往本路諸州軍監，取赦前見管雜犯刺面不刺面配軍，與逐州長吏、兵官同共取索配犯因依，勘會配到後有無違犯，看詳揀選，就近

體量移配。其廣東西、荆湖南北、福建並移江浙州軍，江南、兩浙並移配淮南州軍，淮南並移京東，京西亦與量移側近州軍牢城及本城無料錢軍分。元不刺面人不得刺面，亦依此移配。元係廣南、荆湖、福建配江北州軍，即量移往近南州軍，不得移過嶺南及大江，仍相度大小州軍合銷人數均配。其年老病患者，看驗委寔不堪醫治充役，即給公憑放停，遞歸本貫州縣知在係帳編管。元奉宣敕〔一〕永不放停及情理巨蠹，累行惡跡，攪擾州縣，豪彊欺壓良善，恐嚇錢物并借詞論訴不忤己事，僞造符印，或持杖驚刼，傷殺人命及不受尊長教訓父母陳首人等，不得移配，亦不得以老患爲名放停。其餘雜犯人中，少壯堪披帶者，即押赴闕，送軍頭司揀選分配諸軍安排。如不願量移及赴闕者，亦聽從便，仍具分析聞奏，當量遷改軍分，不得將赦後配及經赦已量移人一例揀選。自來選遷至威邊騎射及本城有料錢人，相度本處合銷執役數外，分配於事務多處州軍一般軍分諸雜差使。候了日，具析都數開坐，驛置以聞。」

〔一〕元奉宣敕　「宣」原作「宜」，據文意改。

2. 閏十月八日，三司塩鐵判官蕭律上言：「廣州每歲押雜犯罪人配嶺北、福建者，其數甚衆，皆不計赦前後，但杖罪三次，悉不黥面徒配，又不給日食，所過縻以鐵索，求丐口粮。苦痛如此，有惻行路。窃以遠方之民，魚鹽自給，縱犯笞杖，未爲巨蠹，本因一時奏請，累經赦宥，未滌宿負。望除此勅，以惠遐陬。」詔自今犯徒並赦前二次、犯杖赦後五次者，委本州審度情理，移配嶺北州軍或止羈管。

十年（壬申，一〇三二）

1. 六月十二日，詔：「自今鄉書手移減稅務，雖决杖，亦黥面配五百里外本城，犯徒奏裁。」

2. 二十七日，右諫議大夫趙賀請自今配罪姦惡之人，本房老小若病不願行，亦聽從便。奏可。

3. 七月三日，益州路鈐轄司言：「西川決配充軍之人，奏乞停者，自今望下本路閱元犯保委聞奏，免縱兇惡還鄉，復爲搔擾。」從之。

4. 十月十六日，侍御史李紘上言：「前領陝西轉運，沿邊有老病軍士，多是川峽配到，蹇瘦甚多。蓋元配一房，日食不足，深可憫傷。望自今川峽配軍牢城之人，如女年十五以上，已訂婚及子婦不欲從，乞放逐便。」從之。

明道二年（癸酉，一〇三三）

1. 五月十四日，詔：「刼盜在今年二月丁酉及三月庚寅赦書以前合刺面隸五百里外州者，有司不須具奏，並按赦文施行。刼盜傷人，仍隸千里外。疏決以前諸罪人，追逮未至，須至具欵準疎決施行。若疑獄及死罪者，聽奏取指揮。軍籍逃亡能自歸，若獲者，更不刺面，許還舊籍。」

2. 十一月三日，龍圖閣直學士狄棐言：「廣州雜犯罪人，五犯杖罪，不以赦前赦後，決訖，配嶺北州軍本城。近改更赦後五犯方行刺配，欲乞並依元勑。」詔五犯杖罪，赦前者，送鄰州編管；赦後者，即依前降指揮施行。

景祐元年（甲戌，一〇三四）

1. 三月十八日，京東轉運使張存言：「點檢兖、沂、萊、密四州見管配役三百餘人，乞今後窃盜犯流人權免配役。」詔見配役人，並放還歸農。今後如有情理輕者，特免配役，候豐稔日依舊。

2. 四月二十九日，中書門下言：「諸路州軍明道二年三月赦前配軍人，除十惡、殺人、放火、父母陳首及元是軍人作過配到者依舊外，自餘雜犯配軍人並放逐便。」

3. 五月二日，中書門下言：「檢會編敕，應配軍該恩放逐便，後有恃憑兇惡、不務農桑、盜竊資財、恐嚇民户罪不致死者，並決訖刺配牢城。」詔應合該放停人以此告示，仍責誡勵文狀。

4. 二十二日，提點京東路刑獄崔有方言：「應災傷州軍，捉獲强刼賊人，有因饑困與家人共犯，俱合重斷者，乞數内勘會一名元不是行兇惡情理輕者決放。」詔從之。仍決徒刺配本州牢城，候豐稔日依舊。

三年（丙子，一〇三六）

1. 七月五日，詔：「諸道新犯罪人内準宣勅合配沙門島者，今後止刺面配廣南遠惡軍牢城，如南人即配嶺北〔一〕。」

〔一〕如南人即配嶺北 「南人」，長編卷一百十九景祐三年七月辛巳作「廣南罪人」。

2. 九月二十三日，國子博士盧南金言：「今後沙門島罪人，日支口食一升，不得妄以病患别致殺害，及本寨船栰當切有管。」詔殺害人命、船栰嚴加鈐轄，餘不行。

康定元年（庚辰，一〇四〇）

1. 七月六日，中書門下言：「開封府、京東西、河北、淮南應罪人合配千里、五百里外牢城者，請並配永興軍，仍令本軍自今取爲盜貸命并雜犯罪人，候及三二百人，團作指揮，以威捷爲額，選軍校教閲，分隸逐路。如遇戰鬥，令于陣前驅使，果能用命立功，保明聞奏，當議酬奬，内貸命刼賊人本以情理可憫及有疑慮貸命者，若至配所，更作過犯，罪法至徒、情理兇惡者，處斬訖奏；其餘非貸命配到者，如有過犯，加常法一等斷遣。」詔可。

2. 十月二十三日，權知開封府吳遵路言：「乞今後京城內偷盜犯贓錢十貫以上，並配永興軍或二千里外牢城。」詔京城內偷盜贓錢十貫已上、年五十已下、無病並決配永興軍牢城；年五十已上，並決配二千里外牢城。

3. 二十五日，詔：「應諸處捉到彊刼賊人，並依法施行，不得解赴開封府。乞降朝旨，却納中書，其合配五百里、千里外牢城者，刺配永興軍牢城。」

二年（辛巳，一〇四一）

1. 八月三日，知儀州、禮賓副使曹僖言：「應開櫃坊停留軍伍樗博之人，乞依法決訖，刺配清邊弩手。」從之。

慶曆元年（辛巳，一〇四一）

1. 八月二十日，詔沿邊弓箭手於近裏州軍別置産業以避役者，決配近南州軍本城。

二年（壬午，一〇四二）

1. 三月十六日，詔軍頭司擇沙門島放還罪人之伉健者，隸近京歸遠、壯勇指揮。

2. 五月十八日，陝西轉運使卞咸言：「所部民有累犯罪而其理兇悍者，請籍其姓名，毋令出外。」

從之。

3. 十一月十八日，詔罪人累犯爲盗及諸兇惡，依法决訖，並黥面徒，以逐州遠近差次籍爲役兵。

三年（癸未，一〇四三）

1. 五月十一日，詔諸路配役人在踈决以前者並釋之。

2. 七月十六日，詔諸路犯罪人〔一〕，自今不得配隸河北沿邊州軍。

〔一〕諸路犯罪人　「路」字原脱，據長編卷一百四十二慶曆三年七月辛巳補。

3. 二十五日，詔廣南轉運司〔一〕：「諸配軍有累犯情涉兇惡者，許便宜處斬以聞。」

〔一〕轉運司　長編卷一百四十二慶曆三年七月庚寅作「轉運使」。

四年（甲申，一〇四四）

1. 四月二日，詔廣南東西、荊湖南北路轉運司、提刑司：「比者群盜結集〔一〕，未盡捕滅，其體量逐路配軍及編管人内，有兇惡不可存者，徙配近裏州軍，仍令諸路罪人權住配往四路。」

〔一〕群盜結集　「群」原作「郡」，據長編卷一百四十八慶曆四年四月癸巳改。

2. 三日，詔：「自今諸處合移配罪人，除不配往川界及沿邊州軍外，餘據地里遠近均配逐處，各置簿拘管，不得只配以南州軍，轉運、提刑司常切體量，如配到人多，即具申奏，移於一般軍分地里罪人少處。」

3. 七月十六日，法寺言：「自今差出屯駐、駐泊禁軍，妻口在營及諸處犯姦，各加姦罪二等，軍人改配鄰州一般軍分下名收管，父兄子弟並刺面。諸色人不刺面配鄰州本城。」從之。

4. 八月七日，詔：「在京犯罪配隸外州軍者，不得因差役上京，在京諸司亦不得指名抽差。」時內東門吏犯贓配黄州，其親戚多內臣，求駕綱上京，而南作坊〔一〕射爲甲匠。權三司度支判官李參奏以謂恐毋以懲姦〔二〕，故禁止之。

〔一〕南作坊　長編卷一百五十一慶曆四年八月丙申無「南」字。
〔二〕毋以懲姦　「毋」，長編卷一百五十一慶曆四年八月丙申作「無」。

五年（乙酉，一〇四五）

1. 十一月十二日，審刑院、大理寺言：「參詳乞諸處不刺面配本城牢城人願從軍者，當職看驗，如人材少壯，别無疾病，與刺面充之下廂軍，不支例物。如充軍後不犯徒罪，依條遷補，官司不得抑勒充軍。」從之。

六年（丙戌，一〇四六）〔一〕

1. 七月七日，詔：「如聞州郡民，若犯輕罪，而多行刺配他處，使其有離去鄉里之歎，朕甚憫之。自今非嘗受朝廷指揮，毋得擅於法外施行。」

〔一〕六年　原作「六月」，據長編卷一百五十九慶曆六年七月乙酉、宋史卷二百一改。

八年（戊子，一〇四八）

1. 十月九日，上封者言：「決配親從、親事官、輦官，請不得占留當直，及令上京，雖有該揀，不得放停。」從之。

皇祐二年（庚寅，一〇五〇）

1. 十一月〔一〕六日，詔知制誥曾公亮、李絢，看詳諸州軍編配罪人元犯情理輕重以聞。自今每降赦後即命官看詳如例。

〔一〕十一月　長編卷一百六十九皇祐二年作十二月己丑，即十二月六日。

2. 十五日，審刑院、大理寺言：「荊湖南路安撫司奏：『近爲潭州不住準逐處推院公文，追呼鄉縣干證人數頗衆，有妨農業。望自今勘斷公事，內有累作過犯之人，並令官司根檢元犯逐度公案照驗入案。若委是毁失公案檢尋不得，即暫勾元犯罪時干連之人，取責證據，的確不虛，亦許累爲度數。如依應得上項編勑，即行刺配。如檢尋元犯公案不得，又無從初干連人照證，即不入連累之數，仍令轉運、提刑常切覺察點檢。如又違犯，其官司從違制分故定罪〔一〕。所有軍民〔二〕、公人犯罪，內有情理兇惡、條法不該刺配，不可存留在彼，即依慶曆六年七月七日朝旨奏裁。所貴别無枉失，追擾平民，有妨農務。』寺司參詳，其累犯該配人已有前項編敕外，有似此經隔年歲，其間或與州縣官吏通同作弊，偷毁公案，後却經官司論理，稱刺配不當，蓋是未有釐革條貫，以致引惹詞訟。欲乞應累作過犯罪人依條刺配後却稱元初刺配不當者，限一年內許經逐處理訴，如在一年限外，官司不得受理。」從之。

〔一〕分故定罪　「故」字下缺一字，此字左右結構，其左邊存「古」字，右缺。
〔二〕所有軍民　「有」字下原衍「有」字，據文意删。

三年（辛卯，一〇五一）

1. 十月十三日，翰林學士曾公亮言：「昨奉敕，以明堂赦後看詳諸道編管配軍人罪犯輕重，逐時具狀貼黃奏訖。伏思自前南郊赦令，雖與今一體，及其奏到罪人犯狀，久不蒙移放。不惟赦令失信，其間甚有州軍妄行編配，遂至一二十年，羈囚至死，傷害和氣，衆所共聞。欲乞特降恩旨，今後依此，永爲著例。兼詳益、梓、利、夔四路地里至遠，凡取索干證文字，經年未得齊足，況此四路各有鈐轄司。欲乞今後益、梓、利、夔四路編管配軍人，如經大赦，只就本路轉運、鈐轄司同共看詳，據犯狀輕重量移釋放。」詔依奏，其益、梓、利、夔路編配人内情理重及干礙條貫者奏裁。

五年（癸巳，一〇五三）

1. 十月二十七日，臣僚上言：「切見諸州軍犯罪人〔一〕送逐處編管，若非不肖之流即是無圖之輩，不自知非，恐生異意。欲乞今後有編管人，逐州軍及十人以上即送鄰近州軍編管，仍不許在極邊之處，切慮誘衆糾集作過〔二〕。」詔今後編管人更不配沿邊州軍。

〔一〕切見諸州軍犯罪人　「切」當作「竊」。

〔二〕切慮誘衆糾集作過　「切」當作「竊」。

2. 十一月四日，詔：「南郊赦應東西兩川配出川界之人永不放還鄉里者，其間有情輕偶被詿誤之人，宜令所在件析以聞。」

3. 十二月二十一日，詔川峽人刺配爲内地軍者，遇揀停，毋得放歸，其令關津常譏察之。

至和二年（乙未，一〇五五）

1. 七月二十日，詔蕃部犯青白鹽坐法當死者，自今並配沙門島。若群黨爲民害者，聽奏裁。

嘉祐三年（戊戌，一〇五八）

1. 十二月六日，京東轉運使王舉元言：「登州沙門島每年約收罪人二三百人，並無衣粮，只在島戶八十餘家傭作，若不逐旋去除，即島戶難爲贍養。蓋諸州軍不體認條法，將罪人一例刺面配海島，內亦有情不深重者，如計每年配到三百人，十年約有三千人，內除一分死亡，合有二千人見管，今只及一百八十人〔一〕，足見其弊。蓋無衣粮，須至去除，有足傷憫。望嚴戒諸路州軍，除依編勑合配海島外，餘罪不得配往。登州〔二〕年終具收配到沙門島罪人元犯因依，開項申奏，委刑部點檢，如不合該刺配〔三〕往彼者，具事由以聞。」從之。

〔一〕一百八十人 「人」字原脫，據長編卷一百八十八嘉祐三年十二月壬寅補。

〔二〕登州 「州」字原脫，據長編卷一百八十八嘉祐三年十二月壬寅補。

〔三〕如不合該刺配 長編卷一百八十八嘉祐三年十二月壬寅作「如不係編敕合該刺配」。

五年（庚子，一〇六〇）

1. 三月二十五日，詔登州配沙門寨罪人〔一〕三十二人於諸州牢城。

〔一〕登州配沙門寨罪人 「配」，長編卷一百九十一嘉祐五年三月甲寅作「改配」。

七年（壬寅，一〇六二）

1. 九月七日，明堂赦：「陝西路北犯青白鹽配逐處充軍者，如經一赦，並押送本路安撫司，以人材壯健者，改配原住州軍蕃落或保捷指揮；小弱者，止隸本城。經今赦者，且與量移，編管人年七十已上或篤疾者，不以赦數並放逐便〔一〕。在京雜犯配軍隸步軍司者，自來不得量移揀放，今並與量移揀放。」

〔一〕並放逐便　「逐」原作「遂」，據文意改。

八年（癸卯，一〇六三）

1. 五月十三日，詔：「赦前雜犯編管人，除情理兇惡並吏受贓徒以上，川峽人編管在銅錢地分，依嘉祐七年十月十八日指揮不移放外，命官、使臣即具元犯以聞，餘量重輕及赦數移放。」

2. 十月二十八日，詔：「明堂赦後特行編管人，經即位赦未放者，諸路轉運司指揮諸州軍，具元犯以聞。」

治平四年（丁未，一〇六七）

1. 六月二十五日神宗即位，未改元，登州並沙門寨監押李慶奏依赦分析罪人二百七人，詔特取三十二人，仍選使臣二人管押赴闕，交付軍頭司，刺面分配淮南路牢城。內一名，遇赦不還，改配荊湖南路牢城。餘係所犯情重及在彼未久，並仍舊。

神宗 熙寧三年（庚戌，一〇七〇）

1. 正月二十四日，審刑院、大理寺斷通州百姓仇承廣等九人持杖彊刼〔一〕，贓滿合處死，特貸命，決脊杖二十，刺面配廣南東西路逐州牢城。御批：「可分析移配，仍今後應持杖彊盜群隊賊人，不要全火置在一路州軍。」於是承廣等分配廣南、陝西、河北諸州軍。

〔一〕彊刼　「彊」原作「疆」，據文意改。

2. 三月四日，詔：「今後彊刼賊合該刺配廣南者，如同火五人以上，不得同配一路州軍，並須分擘兼配河北、河東、陝西邊遠州軍。如係河北等三路賊人，即分配廣南、福建州軍。」

3. 六月二十六日，詔諸路提刑司，勘會逐州軍經略、安撫、鈐轄司將刺配充軍人元犯因依聞奏。

4. 十一月十六日，詔：「諸路編管人，令提刑司於逐州軍選官與當職官吏看詳元犯，檢坐條貫詳定，委是州郡法外編管，即放逐便訖具事理聞奏。雖於法不合編管，情理重害者，奏請朝旨〔一〕。」

〔一〕奏請朝旨　「旨」後，長編卷二百十七熙寧三年十一月癸卯還有「其已經詳定編配罪人所奏請朝廷指揮量移者，亦準此」之文。

5. 二十六日，京東轉運司言：「準詔揀選雜犯配軍，鄆州揀中兵內〔一〕朱信等三人，元係親從官配到，未敢一例送陝西宣撫司。」樞密院言：「欲令勘會，如不是慶曆八年殿內作過，即依例招填。」上批〔二〕：「配填龍猛〔三〕、龍騎，蓋是在京禁旅，於理不便。今止選於極邊効用，雖是慶曆八年雜犯註誤人亦不妨，可並令一例揀選。」

〔一〕鄆州揀中兵內　「兵」字後原衍「事」字，據長編卷二百十七熙寧三年十一月癸丑刪。

〔二〕上批　原脱，據長編卷二百十七熙寧三年十一月癸丑補。

〔三〕配填龍猛　「配填」二字原脱，據長編卷二百十七熙寧三年十一月癸丑補。

四年（辛亥，一〇七一）

1. 四月十二日，詔：「慶州叛軍已就戮，其同居骨肉，配充奴婢，及年二十以上，刺配京西牢城者，令永興軍路安撫司勘會，内有服紀於法不該緣坐者，即放令逐便。内充軍者，仍給與公據。所有元係軍人配往湖北牢城者，即令依舊收管，更不改配。」

五年（壬子，一〇七二）

1. 閏七月二十一日，知審刑院崔台符言：「看詳沙門島量移罪人，令先次編排到熙寧元年以前罪人趙能等共九十三人，情理輕者〔一〕，分作兩等〔二〕。」詔：「趙能等四十四人並量移過海，相度情理輕重〔三〕，分配逐路牢城；姚素等依舊收管。」先是，知登州李師中言「島之流人多，戍兵少，不便，請減徙」故也。

〔一〕情理輕者　長編卷二百三十六熙寧五年閏七月戊辰作「原情理輕重」。

〔二〕分作兩等　長編卷二百三十六熙寧五年閏七月戊辰「等」字後有「輕者徙之。」

〔三〕相度情理輕重　「相度」，長編卷二百三十六熙寧五年閏七月戊辰作「再詳」。

六年（癸丑，一〇七三）

1. 六月四日，審刑院〔一〕言：「登州沙門寨罪人，請以二百人爲額〔二〕，額外有二百一人，若移配過海，恐非禁姦之意。自今配沙門島罪人〔三〕並配瓊、崖、儋、萬安州〔四〕牢城，其見在人依例隨赦量移。」詔以三百人爲額。

〔一〕審刑院　原作「樞密」，據長編卷二百四十五熙寧六年六月丙子、宋史卷二百一改。
〔二〕請以二百人爲額　「以」後原衍「以」字，「人」字原脱，據長編卷二百四十五熙寧六年六月丙子、宋史卷二百一刪、補。
〔三〕自今配沙門島罪人　「人」字原脱，據長編卷二百四十五熙寧六年六月丙子補。
〔四〕萬安州　原作「萬州」，據宋史卷九〇改。

2. 七月十八日，知登州李師中言：「近累奏乞移沙門島罪人，今來者未已，不惟事繫防虞〔一〕，兼罪人已無處存泊，更添戍兵亦無着處。今後許本州月具沙門島罪人姓名、鄉貫、犯由申樞密院，置簿抄錄，更不下本州取索額外人數，但據簿量移。如此，則令出惟行，行之可久。」詔除朝旨刺配外，諸處因德音續配到人，且於登州收禁，驛奏犯由以聞，仍增兵防守，餘從之。

〔一〕不惟事繫防虞　「繫」，長編卷二百四十六熙寧六年七月己未作「煩」。

七年（甲寅，一〇七四）

1. 六月十八日，詔〔一〕：「諸班直并皇城司親從官配隸諸路州軍充牢城、本城，年五十以下情理輕者，班直改配龍騎〔二〕，親從官配壯勇，仍令刑部立諸班直敘法。」先是，衛士以小罪或連坐降配者多，其居南方者，尤不便風土，多死焉。自恃才武，窘於衣食，或亡爲盜賊，故命收卹。

〔一〕詔　原作「籍」，據長編卷二百五十四熙寧七年六月甲申改。
〔二〕班直改配龍騎　「改」字後原衍「罷」字，據長編卷二百五十四熙寧七年六月甲申刪。

十年（丁巳，一〇七七）

1. 正月二十九日，詔自淮以南州軍應合配罪人，並配廣源州。

2. 二月四日，中書門下言：「廣南東、西路權住配罪人，今事宜寧息，欲下逐路復令如故。」從之。

3. 十二月十一日，詔：「應配在衙前并刺面配本城、牢城編管、羈管人等，在京委三司、開封府、步軍司，諸路委轉運使副、判官、提點刑獄司，分詣轄下州軍同當職官取索犯由看詳，依赦移放。」

元豐三年（庚申，一〇八〇）

1. 八月十四日，詔知成都府張詵覺察姦盜〔一〕，存撫人戶，務令安靜。應犯罪情涉兇惡、法不至編配者，聽編配出川〔二〕，俟瀘州事平日如故。

〔一〕覺察姦盜　「察」字原脫，據長編卷三百七元豐三年八月甲辰補。

〔二〕聽編配出川　「川」原作「州」，據長編卷三百七元豐三年八月甲辰改。

2. 九月二十二日，詔：「熙寧十年以前配沙門島罪人，具配到後有無過犯以聞。百姓移鄉十年不〔一〕犯徒者，轉運司酌情輕者放逐便。」

〔一〕不　「不」字下原衍「不」字，據文意刪。

五年（壬戌，一〇八二）

1. 七月三日，上因論刑曰：「先王之制，肉刑蓋不可廢。夫人受形於天，以法壞之，故謂之肉刑。

揚子曰：『肉刑之刑，刑也。』周穆王訓刑：大則五刑，次則五宥，又次則贖，凡十五等，輕重有倫。至漢文帝罷之。若革秦之弊，欲休養生民，則可矣；如格以先王之法，則不得爲無失。三代之時，民有疆井，分别圻域，彰善癉惡，人重遷徙，故以流爲重。後世之民，遷徙不常，而流不足治也，故用加役流；又未足懲〔一〕也，故有刺配；猶未足以待，故又有遠近之别。蓋先王教化明，習俗成，則肉刑不爲過也。」

〔一〕又未足懲「懲」原作「徵」，據長編卷三百二十八元豐五年七月壬午改。

2. 十月二十三日，知蘭州李浩乞諸路雜犯罪刺配人，一二千里者免決，充蘭州本城廂軍。從之。

六年（癸亥，一〇八三）

1. 二月二十五日，种諤言：「自今捕獲侵犯邊界西人，依朝旨施行外，若諸處探子〔一〕捕獲非作過西界人，並乞刺配荆湖或京西本城。」從之。

〔一〕若諸處探子「探子」原作「捕子」，據長編卷三百三十三元豐六年二月辛未改。

2. 三月二十六日，上批：「早來擬奏配軍畫一法，内稱『刺充某指揮配軍』，恐於上軍稱呼有嫌，可諭修法官改云『某指揮雜役』。」時犯罪法應配流者，其罪輕得免配行，盡以隸禁軍營爲雜役，然禁卒素憚配法，嘗恥言之故也〔一〕。上於人情至微，無不曲盡。

〔一〕嘗恥言之故也「故也」二字原脱，據長編卷三百三十四元豐六年三月辛丑補。

3. 五月十二日，詔降配禁軍營雜役卒，在京可輪月刺配，先殿前司，次馬軍司，次步軍司，周而復始。

4. 閏六月二十三日，詔尚書刑部：「應移鄉人情理輕者，十年；稍重者，二十年。遇赦檢舉，放令逐便。令刑部著爲令。」

5. 八月七日，兩浙轉運司言：「犯盜徒五百里外州軍，無放還法，乞比移鄉人例放。」從之。

八年（乙丑，一〇八五）

1. 九月四日，三省、樞密院言：「該配，合從本府（一）及軍馬司斷遣者，並依法配行。無軍名者，五百里以上，並配牢城鄰州，本府並配本城。强盜或三犯竊盜，因盜配軍後更犯罪，若謀殺並以刃故傷人、放火、强奸或人力姦主已成（二）、造畜蠱毒及教令人，並傳習妖教、故沉有人居止舟船、拒捕，已上於法合配者，並諸軍犯階級及逃亡應配千里以上，並依法配行。無軍額、五百里以上，配牢城鄰州或本州配本城。已係本城，配牢城；已係牢城，配重役。」從之。

（一）合從本府　長編卷三百五十九元豐八年九月乙未作「開封府」。

（二）人力姦主已成　「力」原作「刁」，據長編卷三百五十九元豐八年九月乙未改。

2. 十月八日，詔改新配法。初，神宗以流人離去鄉邑，或疾死於道，而護送禁卒失教習，有往來勞費，故倣古法，犯罪應流者加決刺，隨所在配處（一）諸軍重役。至是，中丞黄履有言，故令改應配者悉配行，並如舊法。

（一）隨所在配處　長編卷三百六十元豐八年十月己巳無「處」字，宋史卷二百一同。

哲宗　元祐元年（丙寅，一〇八六）

1. 六月十四日，詔：「雜役配軍，諸路州、軍並配本州牢城。在京者，元犯配廣南，分配東、西窑務。三千里者，配車營務。二千里者，分配廣固指揮。自今犯杖以上罪〔一〕，並依元犯配行。」

〔一〕犯杖以上罪　「上」原作「下」，據長編卷三百七十九元祐元年六月庚子改。

2. 十二月二十一日，刑部言：「赦書節文：『應赦書該載不盡事，所屬看詳，比類條析聞奏。』看詳開封府界諸路，向來違犯常平法編配之人，比違犯重祿法事理尤輕。其經今赦未合放逐便者，欲乞比類推行重祿法，編配之人並具元犯保明聞奏。」從之。

二年（丁卯，一〇八七）

1. 六月十七日，開封府言：「續降朝旨，『河北、河東、陝西、京東西、淮南路、開封府界，窃盗贓滿五百文以上，並强盗不該刺配，内杖罪免决，徒減從杖，並給招軍例物，刺填本處或鄰州廂軍。』看詳在京犯盗，一貫至徒，即無編管，六貫已合刺配。行此重法，尚無畏懼。欲請本府界有犯更不行減免，並準法斷罪，給例物刺充廂軍。」詔開封府界窃盗贓滿一貫以上並强盗不該刺配，從所請。

三年（戊辰，一〇八八）

1. 二月八日，三省言：「配軍及逃亡軍人應部送者，遇寒月，隨所斷州及所過州權留工役，給請受，至二月乃遣。」詔在京及諸路特展至三月。

2. 二十一日，詔：「應刺面、不刺面配本城牢城編管、羈管〔一〕，經明堂赦恩不該放人，通今年德音已前年月已及格令，其緣坐編管、羈管人，亦通及十年以上者〔二〕，聽依赦移放。」

〔一〕羈管　原脱，據長編卷四百八元祐三年二月丁亥補。

〔二〕十年以上者　「者」字原脱，據長編卷四百八元祐三年二月丁亥補。

3. 四月二十一日，監察御史趙屼言：「元豐勑，重法地分刼盗者，妻子編管；元祐新勑，一切削去。前此編管者，宜不少，請令從便。」從之。

四年（己巳，一〇八九）

1. 十月十九日，刑部言：「開封府奏：『元降權宜指揮，欲乞將竊盗至徒刺填一節先往住罷外〔一〕，其强盗不該刺配之人〔二〕，乞依舊存留刺填廂軍。』欲依所奏。」從之。

〔一〕先往住罷外　「往」，長編卷四百三十四元祐四年十月乙卯作「次」。
〔二〕不該刺配之人　「該」原作「刻」，據長編卷四百三十四元祐四年十月乙卯改。

六年（辛未，一〇九一）

1. 八月十二日，詔京城内諸官司，向來因推行重禄法行賂並違犯常平法編配之人，並依元祐二年三月二十五日指揮移放。

2. 二十三日，滄州言：「按元祐敕，錢監及重役軍人合配者，除沙門島及遠惡處依本條外，餘並勒充本指揮下名。其不可存留者，即配別監及它處重役州司〔一〕。則是係以廣南爲輕，重役爲重，遂不配行。今重法地分〔二〕，重役人多是累曾作賊，却令徒伴〔三〕會於一處，易於復結爲盜。其告捕之人，見其依舊，只在本營或別重役處相去不遠，惧其讎害，不敢告捕。欲乞於上條『沙門島』字下添入『廣南』二字。」從之。

〔一〕它處重役州司　「州司」二字原脱，據長編卷四百六十四元祐六年八月庚戌補。
〔二〕今重法地分　「今」原作「令」，據長編卷四百六十四元祐六年八月庚戌改。
〔三〕却令徒伴　「却」原作「劫」；「伴」原作「半」，皆據長編卷四百六十四元祐六年八月庚戌改。

3. 閏八月十七日，大理寺言：「配軍並不許特行投换。在京已投换者，但犯杖已上罪，並依元犯里數配出〔一〕。若自首并已投换，充作坊工匠，而犯杖以上罪，非犯盜及餘犯非情重者〔二〕，聽免。」從之。

〔一〕元犯里數配出　「里」，長編卷四百六十五元祐六年閏八月癸酉作「重」。
〔二〕餘犯非情重者　長編卷四百六十五元祐六年閏八月癸酉無「非」字。

4. 十一月十九日，刑部言：「配沙門島人，强盜親下手，或已殺人放火，計贓及五十貫，因而强姦、親毆人折傷、兩犯至死，或累贓滿三百貫、贓滿二百貫以上，謀殺人造意或加功因而致死，十惡本罪至死，造畜蠱毒藥已殺人〔一〕，不移配。沙門島人遇赦不該移配〔二〕并遇赦不還，而年六十已上、在島五年，移配廣南牢城；在島十年，依餘犯格移配；篤疾或年七十、在島三年已上，移配近鄉州軍牢城；犯狀應移而老疾者同。其永不放還者，各加二年移配。」從之。

〔一〕造畜蠱毒藥已殺人　「畜」，長編卷四百六十八元祐六年十一月癸卯作「蓄」。
〔二〕沙門島人遇赦不該移配　原脱，據長編卷四百六十八元祐六年十一月癸卯補。

紹聖元年（甲戌，一〇九四）

1. 十一月十八日，刑部言：「廣西轉運司奏，海北罪配過海南人數稍多，別無功役，今立到朱崖等軍牢城額數。」從之。

元符元年（戊寅，一〇九八）

1. 十二月二十六日，詔：「應犯罪合配本州、鄰州之人〔一〕，身手强壯而願免決配、填逐路軍者聽；輒抑勒者，依故入人罪法。」

〔一〕之人　原脱，據長編卷五百四元符元年十二月庚子補。

三年（庚辰，一一〇〇）

1. 正月二十六日徽宗即位，未改元，沅州奏：「本州牢城軍元置一百人，役使不足，乞依辰州以三百人爲額，仍下諸路將罪人合配者，並與免決，刺送本州牢城。」兵、刑部請如本州所乞，從之。

2. 九月十六日，陝西轉運司奏：「準刑部符，都省送下保平章奏〔一〕，勘會陝西州縣多盗賊，内有逃軍者，見今虢州賊徒，驚擾一方，皆緣諸路賊人免決配到，工役辛苦，因逃走，恣爲不法。伏乞指揮，天下應免決刺配陝西諸路罪人，内有元係犯强盗情理稍重者，並鑄錢之人，不得配陝西州軍。」本部下逐路相度。本司相度，陝西申請委是允當，兼諸司亦相度得穩便，唯鄜延路要兩色人依舊刺配。詔元符元年九月七日犯罪該配免決次配陝西、河東逐路廂軍指揮，更不施行。元符元年九月七日指揮，檢未獲〔二〕。

〔一〕都省送下保平章奏　「章」當作「軍」。

〔二〕元符元年九月七日指揮，檢未獲　此句原爲大字正文，據文意改爲小字注文。

徽宗 崇寧三年(甲申,一一〇四)

1. 三月十四日,尚書省言:「比年强盜累犯,習知案問,皆能巧法求免,或累十犯猶入生議。又配流者,盡往東南諸路,歲無慮千計。至配所者,則聚為寇掠;中道亡命者,復暴橫鄉閭,為良民害。今欲倣周官司圜之法〔一〕,令諸州築圜土以居强盜貸死者,晝則役作,夜則拘之。視罪之輕重以為久近之限,許出圜土日充軍,無過者縱釋之。」從之。

〔一〕司圜之法　「圜」字下原衍「土」字,據東都事略卷十、文獻通考卷一百六十七及卷一百六十八刪。

五年(丙戌,一一〇六)

1. 正月十九日,詔罷圜土。

大觀元年(丁亥,一一〇七)

1. 五月二十八日,通判河陽張竦言:「圜土之法,乞檢會前後所修圜土成法,早賜頒降施行。」從之。

2. 七月十五日,池州言:「勘會永豐監除見管兵匠及外州軍差來兵士六百九十五人外,見闕六十四人。敕黜鑄御筆,大觀通寶小平錢,字精細,係背赤仄,合增添烏磨錢工共二十五萬三千工。今來所闕人工,雖已一面剗刷廂軍,和雇百姓,相兼烏磨錢寶,闕少人工數多。今相度,欲乞下諸路,將合配罪人除本犯罪至死貸命刺配,并合配遠惡州及沙門島,並强盜殺人合該刺配人,各依法刺配外〔一〕,餘犯徒杖合配之人，並乞免決配填本州永豐監。如犯人年五十五以上，及瘦弱不勘工役之人，不許一例刺填，候額足日住配。」從之。江、饒、建此並依此〔二〕。

〔一〕各依法刺配外　「刺」原作「剩」，據文意改。

〔二〕江、饒、建此並依此　第一个「此」字當作「州」字；此句原爲正文，據文意改爲小字注文。

3. 閏十月二十日，靖州奏：「本州只管牢城一指揮外，別無廂軍，委是差使不足，窃慮緩急闕人。乞添置宣節一指揮，以五百人為額，依崇寧三年四月九日敕命指揮下諸路州軍，除合配本州、鄰州及沙門島、廣南西路并强盜及元犯情理兇惡人外，將扶杖窃盜〔一〕並其餘合配之人免決刺配本州宣節指揮，候人額足日住配。」從之。

〔一〕將扶杖窃盜　「扶」當作「持」。

4. 十一月五日，詔：「訪聞配沙門島罪人已踰額數一倍，所配隸皆貸命强惡之人，防托之兵，其數甚少，慮不足以制奸惡，可更增二百人。」

二年（戊子，一一〇八）

1. 三月二十一日，都省劄子：「勘會圜土法，後來犯罪之人，方合配入圜土，其已前已配牢城、本城重役等人，自合依舊，更無改入圜土之法。窃慮諸路不曉法意〔一〕，誤將已配之人一例改配入圜土，合申明行下。」從之。

〔一〕窃慮諸路不曉法意　「窃」原作「切」，據文意改。

2. 八月十九日，臣僚言：「窃見黎賊〔一〕自去秋結集作過，攻刼諸軍，殺害官吏，致煩朝廷遣官

選將捕殺。體訪得海南諸州軍甚有逃背配軍走投黎界，緣海南配軍，盡是所犯情理兇惡或免死配流之人，昨東西兩路進兵，逢賊戰鬥，率先迎敵，多是大字配軍，滋長賊勢，邊防為患。乞將應今後所犯情理兇惡合刺配海南之人，權且配海北水土惡弱州軍，候將來黎人馴熟，別降指揮施行。」從之。

〔一〕窃見黎賊　「窃」原作「切」，據文意改。

3. 九月十五日，中書省據廣南西路經畧司勾當公事關沅劄子，乞立法，凡有作過流竄之人，入本路界，官司即時偏報本路監司，差人管押，置行程歷，批上所過。寔有疾病即所至結罪保明，庶不敢違慢朝廷法令。仍乞立法，應編管海南人秖於循、梅、恩、新等處，自係惡弱之地，免致惡党逃入黎峒，並常與黎人交通。詔編管海南人，依大觀二年八月十六日指揮編管海北水土惡弱州軍，候將來黎人馴熟，別降指揮，餘依。仍令刑部立法。

四年（庚寅，一一一〇）

1. 三月二十七日，詔配圜土法並罷，已配圜土之人，且依舊法，候銷盡日，其圜土即行去拆。

政和二年（壬辰，一一一二）

2. 二月十二日，尚書刑部侍郎馬防等奏：「契勘昨降指揮，應配沙門島人為溢額，權配廣南遠惡處，海南州權配海北。緣遠惡處內海南住配外，海北新、循等九州前後配過人數不少，深恐未便。乞除合配沙門島並海南人依已降朝旨配海北遠惡處外，將其餘應配遠惡處人權配廣南諸州軍，將來沙門島並海南人配行，即依〔一〕並依舊。」從之。

〔一〕即依　疑「依」字衍，當删。

三年（癸巳，一一一三）

1. 正月二十一日，靖州奏：「本州運粮兩指揮各五百人為額，見管一百餘人，所闕人兵，欲乞於大觀元年閏十月二十一日指揮，諸路州軍除合配本州、鄰州及沙門島、廣南西路并强盜及元犯情理兇惡人外，其餘合配之人，免決刺配靖州運粮兩指揮，候額足申乞住罷。」從之。

2. 二月二十五日，永興軍等路提刑司申：「商、虢兩州界多係山林，素來逃軍盜賊聚集作過去處。乞今後應强盜人更不配填商、虢州外，將其餘合配之人配填施行。」從之。

3. 閏四月五日，權提轄措置陝西路坑冶蔣彝奏：「昨來本路錢監招刺人匠未足，間係諸處降配到罪人充諸監人數，後因減廢錢監，並行住罷。今來乞仍舊下刑部，遍下諸路合配二千里以上，本路千里以上牢城情重人，並乞轉押付本司分擘刺填入監，候將來人匠足日住罷。」並從之。

四年（甲午，一一一四）

1. 八月十三日，工部奏：「定國軍狀，契勘韓城縣東、西兩錢監人匠見闕，乞下諸路州軍，除犯强盜及合配廣南遠惡、沙門島並殺人放火兇惡之人外，將其餘犯流徒合配之人，並乞免決，先刺同州韓城縣錢監等，候額足住配。刑部欲依，行下諸路，仍於刺『錢監』字定『東』、『西』一字，候刺填數足日，申乞住配。仍以所降指揮年月先後、資次配填施行，所有止犯流徒不該刺配之人，難議施行。」從之。

五年(乙未，一一一五)

1. 三月七日，刑部奏：「府畿轉運司狀〔一〕，為拱州復為輔郡，合置牢城指揮，所有人兵，乞先次量度配填。欲下諸路州軍，將合配之人量度地里，先次配填本州施行。」從之。

〔一〕府畿轉運司狀　「府」當作「京」。

六年(丙申，一一一六)

1. 四月三日，大理卿李伯宗奏：「契勘自來合編配之人，如有瘡病未任科決合編配，所至一面看驗疾損日科決訖銷籍。緣犯人有送廣南遠惡州軍編配之人，往回萬里，移文取會，若沿路別無失墜，動經半年，方有報應，致久掛事阻，不能結絕。乞今後有合編配瘡病之人，報本路提點刑獄司置籍拘催科決施行。」從之。

七年(丁酉，一一一七)

1. 二月二十一日，詔：「懷、衛二州界於太行、大河之間，奸宄憑恃險阻，倚為淵藪。訪聞諸處間將犯强盜之人，配填逐州，至則逋逃，難於緝捕。可依商、虢二州例，更不配填。立法行下。」

2. 六月四日，河東路經署安撫使薛嗣昌奏：「據知平定軍郭價申，契勘本軍，係河東山嶮最幽僻去處，緣此盜賊、逃軍隱藏。昔日李免一卒，動河東、北兩路，將兵不能收捉，必至於厚賞招出，即非李免有智謀强勇，止是藏泊於山林幽隱去處所致也。欲乞申明朝廷，乞今後免降配强盜人至本軍，寔為

利便。兼臣契勘遼州與平定軍事體一般，乞下諸路州軍及開封府，今後將强盜罪人並免降配平定軍、遼州。」從之。

3. 九月二十五日，手詔：「明堂大赦，加恩寓內應沙門島見禁罪人，雖皆巨蠹，亦既貸死，而晝監夜禁，與死為鄰。天道貴生，在所矜恤。可令本州當職官檢會元犯〔一〕，據罪重輕，分為三等，具年月久近，限半月申刑部取旨，移配遠惡州軍，以示生意。仰刑部遍牒京畿諸路，今後罪人除特旨外，權住配流海島，候及額日仍舊。」

〔一〕檢會元犯 「檢」原作「撿」，據文意改。

八年（戊戌，一一一八）

1. 五月二十三日，陝西、河東、河北路宣撫使童貫奏：「檢會昨鄜延路經略使賈炎奏：『乞今後城寨官、公使庫官員使臣收買漢蕃弓箭手、廂禁軍、馬遞鋪之類，請受文旁〔一〕，興販轉放，違犯之人，仍乞朝廷不以入己，各依本罪外，不論有無戰功，並不以去官、赦降原減，一例重行廢斥。內寔有膽勇戰功、禦邊得力之人，乞委帥臣相度奏留，充本路準備使喚或充効用，候立到奇功與甄敘。』詔從之。契勘鄜延路第二將張安元，係鄜延路蕃弓箭手長行，累立戰功，轉至武功大夫。昨因買文旁事〔二〕，追官韶州編管。其人委有膽勇，緩急可以驅使。乞依前項賈炎申明，許留自效。」從之。

〔一〕請受文旁 「旁」當作「榜」。

〔二〕昨因買文旁事 「旁」當作「榜」。

2. 九月十六日，詔：「開封府今後應斷配盜賊，令本府每名添差防送兵士一名，千里以上添二

名，湖南、廣南添兵級三人，海島添兵級五人監防。經歷州縣，依此差人交割，監轉前去。內配二千里以上罪人，從府尹量酌所犯，如係情重及兇惡之人，一面下吏部添差小使臣一員、院虞候一名管押，直至配所交割。內院虞候除支口券外，每日給食錢二百文，取配所收管公文報府，保明聞奏，仍置籍勾銷。」

宣和二年（庚子，一一二〇）

1. 十月三日，翰林學士趙野奏：「竊詳犯罪應編配之人，在法皆以本犯情罪輕重立定地分遠近，依令不得過應配地里三百里，蓋欲刑當其罪也。昨大觀元年因白波輦運司等處申請，將諸路合配千里以上及本路、鄰路合配鄰州五百里罪人，並配西京白波窑務及汜水輦運司廣濟重役。其間有增加地里大段不同者，謂如京西鄰路數內，京東路登州犯罪合配鄰州或五百里之人，若配窑務、廣濟係配及二千里以上；又加餘路瀘州有合配千里之人〔一〕，即係配及四千餘里者，委是情法未稱。乞應諸路合配罪人，並以地里相當，依令不得過應配處所三百里，方得配所。所貴遠近得宜，少副陛下恤刑愛民之意。」詔從之。

〔一〕又加餘路瀘州有合配千里之人　「加」當作「如」。

2. 十二月十八日，中書省、尚書省言：「勘會命官犯罪編配遇赦應量移者，自來止是刑部以地里〔二〕、赦數量移近鄉州軍，即未有立定紐計地里遠近，隨赦數量移條，至有遠近輕重不倫之弊。除見行條法自合遵依外，今擬修下條：『諸命官犯罪編配遇赦應量移者，以編配地里隨所犯情理輕重，依移放格赦數紐計為分，元編配地里外，剩數不計，每赦量移一分謂如合二赦放，元係三千里，以一千五百里為一分。合三赦放，以千里為一分之類。若所移地里內無州者，移以次近鄉州徙之。元犯編配鄰州或量移已至鄰州，若遇赦未該放逐便合量移者，即移近鄉州。如不願移者，聽仍理為赦數。』以上奏抄內擬定合移地里州軍，并取到刑部狀，稱所修條下別無未盡未便。」從之。

〔一〕地里　「里」原作「理」，據文意及本條下文改。

三年（辛丑，一一二一）

1. 二月三日，刑部奏：「均州狀：『為本路舊管禁軍效忠一指揮、勁武牢城廂禁兩指揮，今來效忠全指揮，準宣往利州路防戍，計差發却三百五十一人，本路安撫司只差到一百人補戍，見今闕人彈壓防守。契勘牢城見管兵員二百四十三人，其間一百九十三人，並係諸州軍强劫盜賊配到，自來有効忠一指揮數百人彈壓，則容元犯强劫盜一百九十餘人在州，未至可虞。今既闕少禁軍，州司不敢別有陳請，只乞指揮諸路州軍將强劫盜賊權住配填本州牢城，候滿三年，別取朝廷指揮。』本部勘會，自來牢城溢額，並依條申本部，乞行住配。今來均州牢城，雖不係溢額，緣為本戍闕禁軍彈壓防守，事屬未便。今勘當欲依本州所乞事理權行住配施行〔一〕。」從之。

〔一〕權行住配施行　「住」原作「在」，據文意及本條上文改。

2. 八月二十日，刑部奏：「嚴州申：『本州牢城指揮額管廂軍二百人，因方賊燒劫，多被殺傷逃避，見缺一百八十八人。欲乞下諸路州軍，將合配罪人配填。』本部勘會，欲乞下諸路，將所强姦盜除殺人放火及情犯兇惡之人外，契勘應配地里填額施行。」詔依所申，其被賊去處，徽、杭、衢、婺、處等州，依此施行。

3. 十二月二十九日，中書省言：「勘會沙門島罪人已降指揮，候及五百人，令具奏聽旨。及配海南人，昨來係為黎人作過，權配海北，今來黎人已是馴熟。」詔大觀二年八月十九日、政和二年二月十二日指揮更不施行。

四年（壬寅，一一二二）

1. 三月二十六日，臣僚上言：「竊見犯罪編配之人，有量移敘免之法，遇赦則原之，錄犯由二本，一則附遞至所配隸州軍，一則隨罪人前去，此著令也。蓋有所犯之由，則知元罪之重輕與歲月之久近。故赦至則看詳奉行，無復淹滯。必二本者，防遺失也。乞申勅有司遵奉成法，仍加大字真書。遇有編配之人〔一〕，本曹官吏須先錄犯由點對訖，乃得書斷訖到州軍。無犯由、不全者並申提刑司取會劾治。尚或違慢，例加顯黜。」從之。

〔一〕遇有編配之人　「配」字原脫，據本條上文「竊見犯罪編配之人」補。

五年（癸卯，一一二三）

1. 六月五日，大理少卿聶宇奏：「伏覩政和赦，祖父母、父母老疾應侍養，家無期親成丁者，犯配沙門島、遠惡州及廣南，並配千五百里以上配鄰州，而雜犯移鄉者，初未有損減之法。乞將殺人會赦應移鄉者，如合給丁侍親，許依法犯量移鄰州，庶使配移之人，均不失其養親之心。」從之。

七年（乙巳，一一二五）

1. 五月九日，德音：「京東、河北路州縣，應兩路編管、羈管及配到人，並與減三年移改，命官理為一赦。如元犯係杖已下特旨編配，並開具元犯，申尚書省，當議特與移放。」

2. 十一月十九日，南郊制：「應犯流罪配役人，並放逐便〔一〕。應刺面、不刺面配軍、編管人等，除謀叛以上，緣坐入强盜已殺人外，並特與減三年，理為檢放年限。在京委所屬、開封府、步軍司，在外委諸州當職官，量元犯輕重，依條揀選移放訖，節略犯由，在京申尚書刑部，諸路申提刑司審覆訖，類聚申刑部。其配軍、編管、羈管人係不移放者，年五十五以上至今及十二年，年六十以上及七十〔二〕，其餘緣坐編管、羈管人至今及七十並具元犯聞奏，當議量輕重移改，或放逐便。若篤疾並年七十以上，編配及五年，驗寔特與放逐便。雖年限未足，而祖父母、父母年及八十以上無兼侍或篤疾者，具元犯因依奏裁，當議看詳情理罪犯，特與量移。應罪人元犯止係杖罪，因官司奏請，特旨編配、羈管人者，除依條合放與諸州當職官限一季內具元犯申刑部，看詳情理輕重聞奏，當議特與移放。應諸色人因殺傷强窃盜並殺人賊及合捕死罪人，而編管及刺面不刺面在逐州軍者，除赦前依條合放外，餘候編配到及三年，具元犯因依聞奏。」

〔一〕並放逐便　「逐」原作「遂」，據文意及本條下文改。

〔二〕年六十以上及七十　疑「七十」當作「七年」。否則與後文「及七十」的規定相矛盾。此外，亦可參見輯稿·刑法四之四六之文。

高宗 建炎元年(丁未,一一二七)

1. 五月一日,赦:「應編配移鄉人〔一〕永不移放者,並放逐便。沙門島罪人,不以年歲遠近,並移近鄉五百里州軍。」

〔一〕應編配移鄉人 「編配」,三朝北盟會編卷一百一作「編管」。

2. 五月〔一〕一日,德音:「應編配、羈管、安置、居住命官並與理爲一赦,編配諸色人,特與減三年,三歲理爲揀放年限。其蔡京、童貫、王黼、朱勔、李彥〔二〕、孟昌齡、梁師成、譚稹及其子孫並係誤國害民〔三〕之人,並苗傅、劉正彥、王均甫、馬柔吉、王世修、張逵、苗翊、苗瑀、范瓊及其家屬,皆係反逆之家,更不移放。」

〔一〕五月 原作「紹興元年正月」,據清波雜志卷二、宋史卷二十四、三朝北盟會編卷一百一、宋史紀事本末卷十四改。此條原在刑法四之四二「紹興元年九月十四日」條之後,今按編年順序,移此。

〔二〕李彥 原作「李邦彥」,據清波雜志卷二、宋史卷二十四、宋史紀事本末卷十四改。

〔三〕誤國害民 「害」字前原衍「之」字,據清波雜志卷二、宋史卷二十四、三朝北盟會編卷一百一、宋史紀事本末卷十四刪。

二年(戊申,一一二八)

1. 十一月二十二日,赦:「應犯流罪配役人並放逐便,沙門島人限敕到兩月內,具元犯因依、配到年月日、自到有無過犯,開拆聞奏〔一〕,當議特與量移。」三年四月八日,同元年五月一日之制,内情理重者,仰所在州軍具元犯申尚書省取旨移放。〔二〕

〔一〕開拆聞奏　「拆」當作「析」，見輯稿・刑法四之四二。

〔二〕三年四月八日以下文字原爲大字正文，據文意改爲小字注文。

二年（戊申，一一二八）〔一〕

1. 六月五日，臣僚言：「建炎元年五月一日赦書，內『應編配移鄉人永不移放者〔二〕，並放逐便。』且如秦州兵士該赦者幾及百人，元係隸牢城指揮收管鈐制，嚴於它軍，僅免作過。今一旦盡給公據，放令逐便，乃爲游手，散處城市，小則剽竊，大或嘯聚，爲患不細。欲權勾收公據寄官，依舊月給錢糧，本營居住，仍與優輕窠坐，俟其歸鄉日，給據聽行。」從之。

〔一〕二年　疑當作「三年」。

〔二〕永不移放者　「永」原作「并」，據輯稿・刑法四之四一五月一日條改。

2. 十一月二十二日，赦：「應刺面、不刺面配軍、編管、羈管人等，除謀叛已上緣坐人强盗已殺人外，並特與減三年，三歲理爲揀放年限。其係永不移放而祖父母、父母年及八十以上或篤疾者，具元犯因依奏裁。以上情理巨蠹及蕃部溪洞人，具元犯因依及自到後有無過犯，開析奏裁，當議看詳情犯，時量移〔一〕。紹興元年九月十八日明堂赦，四年九月十五日明堂赦，七年九月二十二日明堂赦，十年九月十日明堂赦，十三年十二月八日南郊赦，十六年十一月十日南郊赦，十九年十一月十四日南郊赦，二十二年十一月十一日南郊赦，二十三年十一月十九日南郊赦，二十八年十一月二十三日南郊赦，三十一年九月二日明堂赦恩〔二〕，並同此制。〔三〕

〔一〕時量移　「時」當作「特與」，見輯稿・刑法四之四一。

〔二〕明堂赦恩　疑「恩」衍，當刪。

〔三〕自「紹興元年」至「並同此制」所有文字原爲大字正文，據文意改爲小字注文。

四年（庚戌，一一三〇）

1. 十月二日，臣僚言：「欲乞應州縣吏人緣罪犯隸它州者，須行驗寔，不得輒有停放。如以寔病放還者，更不許再敘入役。」詔令尚書省申嚴行下。

2. 十一月十二日，刑部言：「乞應諸路人犯配沙門島，權配海外州軍，謂萬安、昌化、吉陽軍，瓊、欝林州〔一〕。廣南〔二〕、福建、江西、湖南北路人應配廣南遠惡及廣南者，並止依本法配行，仍須各及二千里以上州軍，無二千里以上州軍，止於廣南東路、西路從一遠配，候道路通快日依舊。」從之。

〔一〕欝林州　原作「欝州、林州」，據文意及宋史卷九〇改。此句自「謂」字以下原爲大字正文，據文意改爲小字注文。

〔二〕廣南　疑此有誤。

紹興元年（辛亥，一一三一）

1. 九月十四日，詔政和敕〔一〕免決刺配靖州運粮等指揮更不施行，皆以虜人入冦向北道路未通故也。

〔一〕政和敕　「敕」上原衍「殿」字，今删。

2. 五月二十二日，詔：「今後持杖刼盜并其餘合配之人，並令依法真決，據地里配行。其政和三年正月二十一日免決刺配靖州運粮指揮更不施行。」以泉州言「比緣賊馬，路途梗澁，配去之人，不到配所。乞今後依法真決配行，候道路通快日依舊」故也。未幾，汀州又言：「免決刺配池州錢監、靖州運

粮等指揮，乞並依法決配。」詔依上條。

二年（壬子，一一三二）

1. 九月四日，詔：「四川見編配、羈管及因事停降命官，有已遇恩或期限已滿合該移放及敘復者，令宣撫處置使司依便宜指揮，一面依條施行訖，類聚具奏。」

2. 十八日，刑部言：「今年九月一日赦書內一項，應命官、公人、軍人犯罪除名，有特旨斷例，並刑部、大理寺合斷刑名外，一時特旨除名、停替、羈管、編配、安置之類，本不合坐罪者，並與除落，仍理元斷月日。本日勘會〔一〕，本不合坐罪，非謂全不合坐罪者，其雖有犯罪而止係杖笞公坐、情理不至深重者，亦合依赦除落，仍理元斷月日。」從之。

〔一〕本日勘會　「日」當作「部」，與前「刑部言」相應。

三年（癸丑，一一三三）

1. 二月十五日，詔：「部送罪人，所至州軍，不差人交替，如通並從徒一年科罪〔一〕。仍差職官一員專一主管，令詳定一司勅令所立法，申尚書省。」

〔一〕如通並從徒一年科罪　疑「如通」有誤，當作「知通」。

2. 三月十九日，詔：「今後應差兵級、公人等部送罪人，除合破口券外，每人逐日添支食錢五十文，所至州縣即時批支，仍令監司常切覺察。」

3. 五月二十九日，臣僚言：「窃見邇來編管之人，各賂管押人，往往不達其所至之地，或止出門，

或於半途而遂反。雖有差禁軍部送罪人之法，緣紹興條格並無立賞許告之文，是致防送者尚得以受情而縱釋，使作過之人道亡而歸，萃於行在，肆爲姦慝。乞檢舉依在京開封府、六曹通用勑，許人告捕給賞，庶使防送者不敢擅縱，而過惡者不敢遁還。」從之。

四年（甲寅，一一三四）

1. 正月二十三日，臣僚言：「車駕駐蹕臨安府，即與開封府事體無異，若有犯盗合配本府之人，理難止配本府。今欲權行引用在京法，並配近本府州軍。所有臨安府四至州軍，有犯罪合配本府之人，亦乞比附罪人不得編配入京條，配臨安府，候車駕回鑾日依舊。」從之。

2. 三月二十日，大理寺言：「決配指揮，紹興元年正月十四日勑，行在見任官，三省、樞密院、六曹、百司人吏等，並不得於五軍并諸頭項統兵官下兼帶差遣，及諸軍人不得互換相兼。今後有犯被差又差之者，有官人除名勒停，無官人決配。」紹興元年五月二十四日，詔：「自今後州縣如有合科催物色，須管明以印榜開坐寔數若干，仍具一般印榜申監司。監司因出巡視行按察，不得更似日前，先多科其數，然後輕重出入。違者竄嶺表，人吏決配，仍許民戶越訴。嘉祐勑一宣勑言，當行極斷決配除名之類，本犯輕者，並以違制論，仍具案奏聽勑裁。大觀尚書六曹寺監庫務通用勑：諸稱配及編管少言地理者〔一〕，並五百里外。其前立定決配明文，庶使承用官司有以遵守。」勑令所看詳：「犯罪之人情狀輕重不一，本罪刑名自有等差，決配之法，不得不異。若謂前項元無立定決配之文，立爲定法，恐或罪不稱情。今欲申明，如於逐項指揮有違犯之人，除依法定斷本罪外，取旨量輕重決配施行。」從之。

〔一〕諸稱配及編管少言地理者　「理」當作「里」。

3. 九月十五日，明堂赦：「勘會流配役人依條會恩則放，訪聞州軍不遵條令，遇赦則尚行拘留，情寔可矜。仰限赦到日，須管日下放令逐便。仍仰提刑司覺察，如違奏劾。」七年九月二十二日明堂赦〔一〕，十年九月十日明堂赦，十三年十一月八日南郊赦，十六年十一月十日南郊赦，十九年十一月十四日南郊赦，二十二年十一月十八日南郊赦，二十五年十一月十九日南郊赦，二十八年十一月二十三日南郊赦，三十一年九月一日明堂赦，並同此例。

〔一〕此句以下原爲大字正文，據文意改爲小字注文。

五年（乙卯，一一三五）

1. 七月二十一日，臣僚言：「窃聞前此朝廷之議，以宣州勘黄大本及秀州〔一〕勘應問二人所犯，候其獄具，中取一人尤甚者，用祖宗舊制真決刺配，以警贓吏。今大本既依法論決，而應問贓罪貫盈，止從編置。自去年九月十二日在秀州準敕編管化州〔二〕，十七日至平江府，即作在道會赦量移，且應問〔三〕贓罪百倍大本，吴中士庶皆能言之，而經斷五日之内，便用赦量移，何應問之幸而大本之不幸也〔四〕。望特降指揮，不許用今赦量移之文，差人管押前去化州編管，庶幾貪贓之吏知不可以計免，或少懲艾〔五〕。」從之。

〔一〕秀州　「秀」原作「充」，據繫年要録卷八十八改。
〔二〕準敕編管化州　「敕」原作「刺」，據繫年要録卷八十八改。
〔三〕應問　「問」原作「門」，據繫年要録卷八十八改及本條上文。
〔四〕大本之不幸也　「幸」字下原衍「幸」字，據繫年要録卷八十八删。
〔五〕或少懲艾　「或」，繫年要録卷八十八作「咸」。

九年(己未，一一三九)

1. 正月五日，新復河南州軍〔一〕中，應配及編管、羈管人並特與減三年，三歲理爲揀放年限。永不量移或不放還者，若篤廢疾及年七十以上，仰所屬驗寔特與放還。配軍年五十以上到本處已及十年，年六十以上五年，編管、羈管人情重及五年，稍重及三年，情輕及一年，亦與放還。仰所屬限一月疾速依赦移放施行。若元係緣坐及所犯情理巨蠹、事干邊界蕃部溪洞人，仰所屬開析元犯因依。其配吉陽、昌化、萬安軍、瓊州罪人，雖永不量移，或永不放還者，限赦到十日内，所屬各具元犯人到配所有無過犯聞奏，當議量輕重特與移放。十二年九月十三日，徽宗梓宮還赦同此。〔二〕

〔一〕新復河南州軍　疑「新」字前當有「制」、「赦」等字。參見輯稿・刑法四之四〇之文。

〔二〕此句「十二年」以下原爲大字正文，據文意改爲小字注文。

十三年(癸亥，一一四三)

1. 十二月十七日，階、成、岷、鳳州提刑司言：「在法，罪人不得編配入京及往三路沿邊、川峽路。今來逐州密接北界，委是無處配行。刑部勘當，欲將階、成、岷、鳳州犯罪合該刺配之人計地里，權行配入川峽路州軍。」從之。

十七年(丁卯，一一四七)

1. 十二月一日，刑部言：「契勘編配、羈管等命官及事干邊界情理重害之人，遇赦依法合係所管

州軍勘驗，別無過犯，方許保奏。本部以所犯情理輕重，依法具奏〔一〕鈔擬奏，聽旨移放。訪聞近來州軍往往更不依法具奏，一面引赦移放，深屬不便。欲遍下諸路州軍，各守成法，仍仰提刑司檢察違戾去處按劾。」從之。先是，右文林郎周行己計囑本州一面引赦移放，爲衢州人户告發，故有是請。

〔一〕依法具奏　「依」原作「接」。據文意及本條下文「更不依法具奏」改。

十九年（己巳，一一四九）

1. 八月二十二日，刑部看詳：「捕獲沿海劫盜，並係持杖凶惡徒衆，理宜措置關防。今欲將合該刺配廣南及三千里之人斷訖，權行刺配鄂州都統制軍下。二千五百里〔一〕以下之人斷訖，量地里遠近，權行刺配池州、鄂州〔二〕、建康府都統制軍下，並收管重役使喚。其刺字欲以配州府屯駐軍重役字為文，候盜賊衰息日依舊法。」從之。

〔一〕二千五百里　「五」原作「三」，據文獻通考卷一百六十八改。

〔二〕鄂州　文獻通考卷一百六十八作「太平州」。

二十三年（癸酉，一一五三）〔一〕

1. 二月二十三日，有旨：「今後將臨安府已配盜賊逃歸之人，並以合該配地里，分配江州、鄂州軍下重役。」

〔一〕二十三年　原作「二十三年」，據輯稿·刑法四之四七「二十四年二月二十三日」條言此内容为「紹興二十三年已降指揮」改。

2. 四月二十三日〔一〕，詔：「編管、羈管人在諸州軍者，於法止許月赴長吏廳呈驗。訪聞比來多不用法，囚禁鎖閉，甚於配隸，可令遵守成憲。」

〔一〕四月二十三日　原作「二十三年四月二十三年」，據文意改。四月二十三日，繫年要録卷一百六十四、宋史全文卷二十二上皆作「辛巳」，即「四月二十二日」。

二十四年（甲戌，一一五四）

1. 二月二十三日，詔：「臨安府今後捕獲正犯盗賊，已行斷配，逃走復回，合該展配之人，並以合配地里，依紹興二十三年已降指揮，分配池州、鄂州都統制軍下重役，各以所配州屯駐軍重役刺字，常切監管，毋致走逸。以知臨安府〔一〕曹泳有請，從刑部看詳也。」先是，紹興二十三年十二月十三日，知臨安府曹泳劄子：「契勘本府近緣賊盗稍多，雖不住緝捉根勘，斷配往遠惡州軍，其配軍多是不旋踵復到本府作過。緣本府係車駕駐蹕去處，理宜措置禁止。今相度今後凡遇斷配賊人，欲望許依海賊例，應有合配之人，量遠近分配池州、建康府、鎮江府、鄂州、太平州駐劄軍分重役。不唯免至盗賊仍前歸府作過，兼可補填軍額。」刑部看詳：「欲令臨安府將日後勘斷正犯盗賊依法合配之人，候斷訖量地里遠近權行刺配諸軍下收管，其合配千里已下之人，斷訖權行分配池州，其合配千里已上之人，權行分配鄂州，並都統制軍分，送將下收管重役，各以所配州〔二〕屯駐軍重役刺字，常切監管，毋致走逸，仰斷遣處差人錮監押前去〔三〕，餘依見行條法施行。」從之。

〔一〕臨安府　「安」字原脱，據本條下文「知臨安府曹泳」補。

〔二〕各以所配州　「配」原作「酬」，據文意及本條上文改。

〔三〕仰斷遣處差人錮監押前去　「仰」字下原衍「仰」字，據文意刪。

2. 十一月二十二日，詔：「今後臨安府所差使臣管押編配廣南並遠惡州罪人及兩次押到編配所，別無疏虞，與減一年磨勘；　在路有死損人數及兩次，與展一年磨勘。其管押編配千里以上〔一〕罪人及兩次，押到配所交管，與減半年磨勘；　如在路有死損人數及兩次，與展半年磨勘。以上展、減磨勘，對行比折外，理數賞罰，並至二年止。　餘依見行條法施行。」以大理正許興古〔二〕請下刑部看詳，故有是命。

〔一〕千里以上　「以」字下原衍「以」字，據文意刪。

〔二〕許興古　「古」下原衍一「古」字，今刪。

3. 十二月二十三日，詔諸路州軍如有編管之人，願充廂軍者聽。　上因宣諭大臣曰：「朕昨在元帥府，見河朔州軍將編管人穿鎖傳送旅店，三五相聯，乞丐於市，蓋緣不支口食〔一〕，以致於此，誠可憫惻，可申嚴約束行下。」

〔一〕不支口食　「不」字下原衍「不」字，據文獻通考卷一百六十八、繫年要錄卷一百六十七刪。

二十六年（丙子，一一五六）

1. 閏十月十七日，大理寺丞莫濛言：「竊見江西及浙東沿海强盜應配者，並分配諸軍重役。　蓋以江西之與沿海乃盜賊素之處〔一〕，故犯盜之强劫者，然後配以重役，而犯竊盜初不與焉。　比於紹興二十四年，因臣僚建請，凡諸路應犯盜合配之人，不分强竊，悉從重役之配。　竊謂諸路强盜俾同於江西及沿海去處，增重其配可也。　至於竊盜穿窬之徒，其情理豈可與兇惡强悍者同日而語哉！　乞更加參詳，使輕重各適其當。」刑部看詳，除正犯强盗之人照應已降指揮，其犯竊盗之人，並仰依見行條法。從之。

〔一〕乃盗賊素之處　疑有脱漏。

二十七年（丁丑，一一五七）

1. 九月二十一日〔一〕，尚書省言：「勘會諸路州軍斷犯强盗合配廣南並遠惡州軍，已依舊配行外，其餘見配諸軍重役人，緣積以歲月，人數漸多，理合措置。」詔今後並依舊法施行，更不配填諸軍，其逐軍已配到人，令户部量行增添請受，開具申省〔二〕。

〔一〕二十一日　繫年要録卷一百七十七作「乙亥」即「十三日」。

〔二〕開具申省　原脱，據繫年要録卷一百七十七補。

三十年（庚辰，一一六〇）

1. 五月四日，領殿前都指揮使職事楊存中言：「本司大軍在明州定海縣駐劄，逐時收捕海賊，解赴所屬根勘，罪不至死者配。竊慮逃竄，復爲盗賊。本司見招人填闕，欲於内選人材及等者刺填龍猛、龍騎指揮闕，支破全分請給，所貴海道安静。」從之。

2. 八月，刑部看詳：「乞將犯强盗貸命並遇赦及兇惡强盗合該刺配之人，仰元勘州軍除合配海外及老弱怯懦疾病人依舊配行外，將少壯人斷訖，量地里遠近押赴本路帥司，躬親審量，如强壯堪充軍役，即刺填本路闕額將兵下等，支破請給。如日後逃走，捉獲，當行軍法。」從之。後刑部言：「諸路州軍有至帥司路遠，窃慮罪人往返走逸，欲與本州軍長史〔一〕親行量審，將勘充軍人申本路帥司，待報合刺填某州軍，徑自押赴，即不得放本州及鄰州充軍役。」從之。

〔一〕本州軍長史 「史」當作「吏」。

3. 八月二十三日，詔：「諸路將犯罪合編管人不得配隸行在傍近五百里内州軍。」從知信州徐林之請也。

孝宗 紹興三十二年（壬午，一一六二）

1. 六月十三日，登極赦：「應編配及移鄉人并永不移放者，並放逐便。」

2. 十四日，臣僚言：「近降指揮，將强盜並持杖劫盜貸命流配之人，并押赴屯駐軍，隨等仗依招軍法刺填。窃詳犯人皆是兇惡强横之徒，若至軍前方行刺配，深慮在路逃竄，無以辯驗。乞令〔一〕元勘州軍從長貳擇健壯堪充軍者，先次刺填龍猛或龍騎指揮，然後差人押赴屯駐軍，庶幾沿路免致逃竄。」從之。

〔一〕乞令 「令」原作「今」，據文意改。

3. 十月二十六日，臣僚言：「防托海道全藉水軍，乞將海賊貸命人互配諸處水軍，令元斷州郡多差兵級管押，如三人已上，即逐旋發遣。」從之。

隆興元年（癸未，一一六三）

1. 正月八日，臣僚言：「諸州斷配海賊，例送廣南遠惡州軍，緣其間瀕海，多有盜船嘯聚，深慮滋長姦惡，乞自今並分撥赴淮上水軍收管。」從之。

二年（甲申，一一六四）

1. 正月九日，臣僚言：「近日强盜貸命之人，多是配隸二廣，其間州郡往往一例差使，並無關防，遂致逃逸，聚成郡盜〔一〕。乞自今强盜更不配入二廣，止配諸軍重役使唤，其見在諸州配軍，各仰嚴作關防，無令出入。」從之。

〔一〕聚成郡盜　疑「郡」當作「群」。

2. 八月十四日，臣僚言：「諸軍兵効用，亦有犯罪合行刺配之人，在法，却配隸諸州牢城。緣此等元係揀中及有素習武藝者，乞依倣强盜配屯駐軍法，令主兵官鈐擇强壯量地里遠近刺填别軍分。」從之。

乾道元年（乙酉，一一六五）

1. 正月一日，大禮赦：「勘會犯流配役人，依條會恩則放。訪聞州軍不遵條令，遇赦到，尚行拘留，情寔可矜。仰限赦到，除元犯惡逆及事干邊界外，須管日下放役〔一〕。仍仰提刑司覺察，如違按劾。」三年十一月二日，六年十一月六日，九年十一月九日大禮赦，並同此制。〔二〕

〔一〕須管日下放役　「放役」，輯稿・刑法四之四五「九月十五日」條作「放令逐便」。

〔二〕此條「三年十一月二日」以下原爲大字正文，據文意改爲小字注文。

2. 八月十二日，册皇太子赦：「應配軍、編管、覊管人永不移放者，祖父母、父母年及八十歲以上

無兼侍或篤疾者，具元犯因依奏裁。」

二年（丙戌，一一六六）

1. 六月三日，淮西總領楊倓言：「近日將强盜罪不至死者，擇其健壯配屯駐諸軍。訪聞諸州多將老弱不堪充軍之人一例分配，深慮虚占軍額，緩急不足倚仗。欲乞申飭諸州，委自長貳一一精加選擇。」從之。

三年（丁亥，一一六七）

1. 十月三日，翰林學士、知制誥劉珙言：「窃見自來强盗貸命配流之人，往往纔至配所，即行竄逸，亦有道殺防卒而歸者。昨降指揮，令擇其壯健刺填充軍，此法甚當。比來諸處多將情重者，配遠惡州郡。情輕者，分隸諸軍。不流遠郡者皆竄逸〔一〕，隸軍中者少遁逃。欲乞自今應有減死一等之人，其情重者，並大字配屯駐軍，情輕者止刺填軍分，庶幾惡少知所警惧。」從之。

〔一〕不流遠郡者皆竄逸　疑「不」字衍，與文意矛盾，當删。

2. 十一月二日，赦：「應刺面不刺面配軍、編管、羈管人等，除謀叛以上緣坐人及事干邊界或强盗已殺人外，並特與減三年，三歲理爲揀放年限。」六年十一月六日、九年十一月九日大禮赦，並同此制。〔一〕

〔一〕此條「六年十一月六日」以下原爲正文，據文意改爲小字注文。

四年（戊子，一一六八）

1. 三月九日，知臨安府周淙言：「近來所至郡縣，時有小竊，三五爲群，剽刼民旅。蓋因諸處斷配人未至配所，中路逃竄，或已至配所，官司縱釋，及有分往諸處屯駐軍軍中失於拘管，遂至散逸。既無所歸，聚集爲盜。乞令諸州知、通及屯駐軍統兵官，常切點檢，每一季具所管編配人姓名、有無逃亡，保明申朝廷。仍委諸路帥臣及提點刑獄覺察施行。」從之。

五年（己丑，一一六九）

1. 八月四日，龍神衛四廂都指揮使、廣州觀察使、充鄂州駐劄御前諸軍都統制趙撙言：「强盜減死配隸屯駐軍人，近日人數漸多，其間有累犯不悛、相結逃竄者，若不措置收捕，竊慮聚集爲害。乞自今如有擒獲似此等人，將爲首結連者，依軍法處斬，自餘徒黨並嚴行斷遣。」詔依從來軍中條法施行。

2. 十日，權刑部侍郎汪大猷言：「近降指揮，江、池州屯駐軍，并韶州摧鋒軍，緣近年擬配人數已多，各權免二年配填。竊見建康、鎮江、荊南、鄂州與三處事體不同，所有强盜貸命刺配之人，乞更不分隸，並依地里遠近配諸州軍牢城。」從之。

六年（庚寅，一一七〇）

1. 閏五月二十八日，臣僚言：「近降指揮，應强盜合配隸屯駐軍人權行住罷，依舊配諸州牢城。竊緣犯强盜者，皆是積惡亡命之徒，深慮州郡不能拘制，或有走逸，嘯聚爲盜。乞將强壯堪披帶者，依

舊配隸屯駐軍。」從之。

2. 九月十七日，詔：「刑部行下外路駐劄諸軍將，諸處犯强盗貸命配到重役之人，如今後輒敢逃亡，捕獲勘證情犯，本軍可徑依軍法施行。」

九年（癸巳，一一七三）

1. 七月一日，樞密院言：「强盗配隸屯駐軍人，多有短少癃老及殘疾不堪執役者，虚填軍額，理宜措置。」詔今後合配人免配屯駐軍〔一〕，各隨所配地里遠近配諸軍州牢城收管。

〔一〕免配屯駐軍　原作「免駐屯配軍」，據文意乙正。

淳熙元年（甲午，一一七四）

1. 五月三十日，詔：「自今走失强盗配軍，依犯流已決未役，已役未滿，而主守不覺亡罪，杖一百斷遣。或有妄作緣故，放停强盗配軍，比附取配軍充宣借、被差官司輒遣，徒二年斷罪。違戾去處，委本路安撫、提刑司按劾。」以知隆興府龔茂良言：「斷配罪囚未到配所，中路託病，爲之寄留，往往更不發遣，乞立法禁。」故有是命。

2. 八月十五日，詔廣州：「自今有正犯强盗、持杖劫盗之人，如人材少壯，並量遠近分配潮、韶兩州摧鋒軍。」以知廣州曾汪言：「本州去鄂州屯駐處隔越嶺嶠，雖差人防押，多致竄逃作過，乞止配隸摧鋒軍。」故從之〔一〕。

〔一〕故從之　「之」字原脱，據文意補。

3. 九月十二日，知靜江府張栻言：「近來配隸之人，雖有指揮，刼盜罪不致死〔一〕，逐州長貳躬親審量少壯之人配屯駐軍，此誠良法。若逃亡出首又押配元配所，竊慮復致竄逸，欲將首身人審量強壯，刺填軍兵，其餘刺充作院壯城指揮。」從之。

〔一〕刼盜罪不致死 「死」字原脱，據文意補。

三年（丙申，一一七六）

1. 六月五日，詔諸路帥、憲司：「自今所部州軍有犯罪應配人，更不分隸屯駐諸軍〔一〕。依見行條法，指揮斷配施行。」從樞密院請也。

〔一〕更不分隸屯駐諸軍 「軍」字下原衍「諸」字，據文意删。

2. 十月四日，詔：「犯私鹽除應配及杖以下，自依法外，將合科流罪人相貌強壯及得等仗堪充征役，並依已降指揮免罪、免追贓，刺填軍額。其元係舟船内被獲之人，即刺充本路水軍。」

3. 十四日，詔：「辰州深接溪洞，與沅、靖一等邊郡，自今諸州軍應配強盜及情理兇惡之人，不得配隸辰州。」從本州請也。

4. 十一月十二日，南郊赦：「應刺面配軍、編管、羈管人等，除謀叛以上緣坐人及事干邊界，或強盜已殺人及貸配重役人外，並特與減三年，理爲揀放年限。令諸州當職官量元犯輕重，依條揀選移放訖，節略犯由申提刑司審覆，類刑部〔一〕，内命官具元犯聞奏。其永不移放人，祖父母、父母年八十以上或篤疾者，保明以聞。情理巨蠹及溪洞蠻人等，並錄元犯并後來有無過犯開析奏裁。」自後郊赦同。

〔一〕類刑部 疑當作「類申刑部」，參見輯稿·刑法一之四八「類申刑部」。

5. 同日，赦：「編管、羈管人，如無保識人，鎖閉廂房，別無口食，其間饑餓疾病死亡。自今編管、羈管人無保識者，本州日支米二升、錢二十文贍養。如有疾病，即時差人醫治，無致死亡。」自後郊祀赦同〔一〕。

〔一〕自後郊祀赦同　「後」原作「今」，據上條改。

四年（丁酉，一一七七）

1. 四月二十二日，詔：「廣南東、西路，重行修葺牢城營，其有闕處，即行創造，盡收管配隸人在營著役。」從樞密院請也。

2. 十二月十二日，楚州言：「準勅：犯私鹽科徒、流罪人，刺充水軍。緣本路即無屯駐水軍，未審合配是何軍分。」法寺契勘，楚州既無屯駐水軍去處，即合依六路犯私鹽被獲，依已降指揮刺填軍額施行。其他諸路理合一體。從之。

五年（戊戌，一一七八）

1. 二月一日，知廣州周自强言：「諸路專委通判、簽判，縣專委令，各置籍，遇有傳到配軍，即時注籍，差人押往前路州縣，候取到交領，亦注於籍。有竄逸者，嚴責部送之人根捕。仍令通判常切覺察，每月本州交傳過人數有無截留走失，申本路帥司檢察。其諸州斷配過人，若計程應至配所而未有報到交收者，即時移文沿路州縣會問。若詢究得有截留役使之人，並申所屬帥司，根治施行。」從之。

六年（己亥，一一七九）

1. 九月二十七日，詔自今大理寺并諸州勘到强盜，内有貸命人，並令勘會的寔鄉貫，遠行分配，不得相近，庶使其徒相遠，無以啓其姦謀，免致生事。

七年（庚子，一一八〇）

1. 九月十四日，詔：「私鑄銅器，須并其家屬押赴鑄錢監，則將來不致逃竄。」

八年（辛丑，一一八一）

1. 四月十五日，詔：「自今强盜人貸命，並配隸廣東摧鋒軍、福建左翼軍、湖北神勁軍，湖南、江西、江東安撫司親兵，成都府飛山軍、雄邊軍，及諸路州郡係將、不係將禁軍重役，專聽部轄人役使，刺字以『某軍』或『某州重役』爲文，仍隨罪犯輕重酌地里遠近分配。内摧鋒等諸軍軍額，每五十人，諸州禁軍軍額每一百人，逐年各與支破諸州牢城長行請給。候及五年無過犯，與免重役。如敢逃走，依軍法施行。其本轄人從杖一百科斷，更降本職名一等。仍責部轄人每月具存在報所屬，備申三省、樞密院。」先是，紹興三十二年六月，詔强盜並持杖窃盜貸命流配之人，令元勘州軍長貳擇壯健堪充軍者，先次刺填龍猛或龍騎指揮，差人押赴屯駐軍。至乾道五年以後，議者屢以不堪執役爲請，嘗廢不行，止隨所配地里遠近配諸州軍牢城。淳熙元年，臣僚或謂配屯駐爲便，立爲永制。至是復改命焉。

2. 五月十六日，詔：「自今强盜抵死特貸命之人，並爲額上刺『强盜』二字，餘字分刺兩臉。若額

上曾經刺字者，即元係貸命之人，不須更行追會。」以浙西提刑司言：「强盜內有逃軍已經貸命斷配之人，避免再犯重刑，到官不寔通元犯及元配去處，追會有至數四，終不得寔。」故有是命。

3. 十九日，刑部言：「已降指揮，强盜貸命，並配充諸路州軍郡係將不係禁軍下重役，尚慮諸州所差部送人或致竄逸及故作住滯。乞自本部排千字文號，每名給行程歷一道，開具前後部送條法指揮，隨斷勑行下。候到本州，將犯斷人斷配訖〔一〕，如法錮身，依條差人防送。所過州軍限一月差人交替，仍批上到發日時，當職官印押訖，催發前去。罪人在路病患，即申官司，州委兵官，縣委巡尉，交管醫治，候痊安即時發遣，仍批行程歷。」從之。

〔一〕將犯斷人斷配訖　疑前「斷」當作「罪」。

十二年（乙巳，一一八五）

1. 三月八日，詔：「應過淮盜馬見今編管人，仰各州軍差人押赴本路帥司，刺充禁軍收管。」沿淮竊馬之人特旨編管諸路州軍者，緣事干邊界，獨無年限移放，因臣僚有請，故有是命。

2. 八月二十五日，廣東經略安撫司言：「殿前司摧鋒軍統制、韶州駐劄關璿申，乞將滿及五年重役者，許令揀選少壯堪披帶迭〔一〕等仗人刺填軍額放行義兵請受錢米。」詔特與刺填義兵一次，令諸路軍今後照應淳熙八年指揮，不得過數配充本軍重役。

〔一〕少壯堪披帶迭　疑「迭」衍，參見輯稿・刑法四之一六、一七。

3. 十一月五日，詔：泉州駐劄殿前司左翼軍前後所收諸州軍刺配强盜重役人，有長大少壯者，到官稱本寺何由引用蔭減不遇，只據見任之官約法申上，注擬之際，利害非輕。乞令吏部四選，今後合約法之人，須開具四代、官稱一併行下刑寺，依條約法施行，庶使九品之官被罷免者，得以改過自新。吏部勘當：「若蒙許從所請，乞行下諸州軍，日後遇有刑獄奏案文字〔一〕，即開具前項四代姓名、官稱就案内一併具申刑部施行。」從之。

〔一〕奏案文字 「奏」原作「秦」，據文意改。

嘉泰三年（癸亥，一二〇三）

1. 五月二十一日，右正言李景和言：「大辟之獄，在縣則先以結解，在郡則申以審勘，罪狀明白，刑法相當，郡申憲司，以聽論決，是謂『詳覆』。情輕法重，情重法輕，事有疑慮，理可矜憫，憲司具因依繳奏朝廷，將上取旨，率多從貸，是謂『奏案』，著在令典。二者皆屬憲司之職，初無許令諸司自奏之文。比年以來詳覆之獄固已絶無而僅有，奏案一事乃委諸郡，冒法自爲，漫不復問。其事皆起於提刑失職，縱吏受贓，以致於此。乞行下諸路提刑，悉令條具，故違典憲，嚴爲之法，以警其失職之罪。」從之。

〔一〕

〔一〕此條及下條似非本門内容，其内容與「勘獄」門條文相似，當移至勘獄門。

開禧元年（乙丑，一二〇五）

1. 二月十五日，新權發遣無爲軍張穎言：「乞下監司、州郡，應今後有殺人强盜罪案，須管督責獄官從公盡情勘結，即不許憲司肆意姑息，妄廢祖宗成法，不行詳覆，致令州郡妄指疑慮可憫之類具奏。如或委是疑慮可憫，合行具奏罪案，先從當職官吏，次第守臣契勘得寔，因共結罪保明奏上，庶幾

論決當理，姦謀絕幸。管牢固拘管事理重害之人，如有走逃逸，將守倅當職官吏及監管兵官取旨責罰。」〔一〕

〔一〕據文意推測此處當有「從之」二字。

十五年（戊申，一一八九）〔一〕

1. 十一月十六日，詔湖北神勁軍權住配三年，從本路帥臣之請也。

〔一〕此條十五年，當爲淳熙十五年，開禧無十五年，似亦可佐證前兩條係錯簡。

淳熙十六年（己酉，一一八九）

1. 三月十三日，臣僚言：「竊見諸州軍流配二廣、海南罪人，無非故犯法律而得此也，而乃巧生計謀，創爲截留之例，遠者不過中路，近者只在七五程之間，或假夤緣，或行賄賂，或求書劄，或憑技巧，便得截留，更不到元斷地所，深恐兇惡之人不知所畏，犯者日繁，非刑期無刑之意。乞行下諸路提刑司，將流犯二廣、海南罪人他州不得仍舊截留，須管押至元斷地所。」詔檢坐見行條法，委諸路提刑司嚴切禁止，將違戾去處按劾以聞。

2. 六月十六日，臣僚言：「近降指揮，應諸路州軍見編配、羈管及移鄉等人，除謀叛並緣坐及事干邊界編配并强盜殺人貸配月具存在外，其餘罪犯〔一〕既已該登極赦恩，並放自便。夫編配黥徒，隸藉他州，仰給衣粮，平時州郡窘於用度，常若不給，今聞赦放，即便捐除，困弱者懷饑寒之憂，强悍者思飽煖之策，既無資籍，直有相聚爲盜耳。乞令〔二〕所在州軍編配應赦合放罪人，願歸鄉井者，給據停放；其無所歸不願停放者，改刺存留，庶幾依舊仰給衣粮，不致失所。」從之。

〔一〕其餘罪犯　「其」上原衍「人」字，今刪。

〔二〕乞令　「令」原作「今」，據文意改。

3. 七月十九日，詔刑部行下諸路州軍，將該遇赦恩合放逐便之人，當官審問願與不願放停，如不願放停，仍舊存留，支破請給。從臣僚之請也。

4. 八月十五日，檢正諸房公事王回等言：「諸州軍配隸人因該指揮停放之後，除有力可以歸鄉聽其自便，其餘在道失所之人，行下所在州軍出榜，許合就便陳狀，從各州給據，改充廂軍。依條按月支給衣粮，如願再歸元放停去處，亦與關牒回程州縣，量給口券，送至地頭。如其間有奸猾不逞之人，不願充軍，於道路結集作過。乞令所在州軍巡尉官司等捕捉赴官根勘，重作施行。仍多鏤文榜曉示。」從之。

紹熙二年（辛亥，一一九一）

1. 三月八日，詔：「諸路州軍將登極赦以前所配摧鋒等軍并諸州係將不係將禁軍重役人，自到配所，如不曾經逃走被獲，別無過犯，并元犯不係情理深重巨蠹之人，即開具元犯事因，結罪保明，具申樞密院取旨，特免重役。」

2. 二十四日，詔：「諸州軍如有諸色人犯情理兇惡或强盗合配之人，照沅州條法，不得配往靖州。」以靖州守臣姚粲言：「本州接連溪洞蠻猺去處，在沅州二百里之外，前後作過爲本州之患，多因配隸之卒。乞依沅州例免配本州。」故有是命。

3. 九月十六日，知瓊州黄揆言：「今中外之姦民，以罪抵死而獲貸者〔一〕，必盡投之海外以爲兵，是聚千百虎狼而共寘之一丘也。今其日積者已多〔二〕，而纍纍遞送者，方來而未已，一旦稔惡積釁，潰裂四出，臣恐徧州之民項背不能帖席而卧也。乞自今凡兇惡貸死而隸於流籍者，許分之沿江諸屯及其他遠惡之地，無專指海外，以爲凶藪，庶幾陰銷潛削，不至滋蔓，流毒偏方。」從之。

〔一〕以罪抵死而獲貸者　「者」字原脱，據文獻通考卷一百六十八補。

〔二〕今其日積者已多　文獻通考卷一百六十八無「其」字。

三年（壬子，一一九二）

1. 三月二十一日，臣僚言：「朝廷立法，犯入已贓公吏並强刼盗等人，配至所在州軍，自有年限〔一〕，方許放停逐便。近年以來，州軍更不照應，一二年間隨即放停，是致人皆玩法，以配為常〔二〕，或經三五度刺配者，再至所竄州軍，更不悛改，不過易地居處，愈肆其惡，寔爲民害。乞行下諸路，應犯法刺配人，如至本州，須依條限，方許放停。如限内再有所犯，乞撥入屯駐軍中重役，永不許逐便。」從之。

〔一〕自有年限　「年」字原脱，據文獻通考卷一百六十八補。

〔二〕以配為常　原作「以配面爲」，據文獻通考卷一百六十八改。

2. 六月十六日，權知梅州陳友聞奏：「乞將配隸犯强盗人刺填摧鋒軍，免逋逃山谷，嘯聚爲盗。」上曰：「如此則免嘯聚山谷，爲良善甚好。恐在軍收之，又不相能。」友聞奏：「此曹皆是亡命之徒，尋常配隸。」

3. 九月二日，詔：「今後諸州軍如有兇惡强盜合配之人，照全州已得指揮，不得配往武岡軍。」以本軍言「本軍在溪洞蠻獠腹心之內，朝廷及諸路州軍將兇惡强盜貸命重役之人斷配本軍，竊恐竄入溪洞嘯聚」故也。

四年（癸丑，一一九三）

1. 十一月二十八日，知溫州孫楙言：「本州士人胡袓恃勢把持，詐取錢物，究勘皆是寔跡，姦贓狼籍，爲害一方，偶以祖蔭聽贖，送鄰州編管，尚慮他日還鄉復讎報怨，爲害愈多。乞行下建寧府，將胡袓牢固拘管，雖經赦宥，或年限已滿，不許放還。庶幾永嘉一郡生靈稍獲安居。」詔特不移放。

五年（甲寅，一一九四）

1. 二月三日，樞密院言：「已降指揮，將强盜貸命罪人並配隸摧鋒軍等處，并諸路州軍係將不係將禁軍重役，候及五年無過犯，與免重役。命來節次有已免重役人，據所在州軍申乞改刺軍額收管，并已有改刺充禁軍去處。緣上件重役人犯情理深重〔一〕，所以配充重役，今既以年限與免重役，便得改刺禁軍，不惟正禁軍恥與爲伍，又且永遠得支給禁軍衣粮及在犯配牢城人上，竊恐輕重失當。」詔將諸軍並諸路州軍已得指揮免重役之人，自今後並與改刺充本州牢城收管，支破牢城衣粮，內有係韶州摧鋒軍、泉州左翼軍、江陵府神勁軍，潭州、隆興府、建康府安撫司親兵，成都府飛山軍、雄邊軍，並改刺元駐劄處本州牢城收管。餘依節次已降指揮施行。

〔一〕重役人犯情理深重　「重役人」下原衍「充」字，今刪。

慶元元年（乙卯，一一九五）

1. 正月二十六日，詔令刑部鏤版，遍下諸路州軍，將犯配僞造會子人，須管責令本營每日酉點，嚴切關防，常令存在，不得差出借事，致令走逸。如有違犯，即將兵官合干人等重行降責。

五年（己未，一一九九）

1. 三月二十八日，臣僚言：「遠方豪民一罹大辟，傾其家貲，請求附會，作疑獄奏，多得減死，倖僥已甚。使到配所，居作如法，不許還鄉，猶云可也。又復計囑防送，中途縱逸，公私通知，恬不爲怪。乞行下諸道，今後有疑獄已經奏減者，仰差得力之人防送，具起離日分申刑部。仍令刑部行下所隸州軍，候罪人到日即便繳申照會，如或遇限不見申到，許刑部檢舉，送本路監司根究，按覈以聞，重寘典憲。」從之。

2. 五月二十三日，臣僚言：「乞行下諸路州軍，應貸命配軍罪人，令沿路選差軍兵牢固管押傳遞，取各州交管公文回照，不得容令管押人受囑作弊。如有走透，知、通、兵官各坐以罪，及配隸州軍，須管牢固關防，不得作借事公文縱放，違者，併坐知、通、當職官之罪。令所在州軍專委巡尉根捉見今逃竄在管下搔擾作過之人，解赴所司，押歸元配去處。所有胥吏犯贓罪至徒之人，永不許放敘，亦令各州縣根刷，如有衷私存留在役，日下逐出，大字具姓名用版牓揭于州縣之門，不許復入。如有違戾，其州縣容縱官司亦各坐罪，並令監司常切覺察，御史臺體訪彈劾。」從之。

六年（庚申，一二〇〇）

1. 十月二十二日，臣僚言：「大辟奏讞，貸以重役，在法再犯，必加誅戮〔一〕。今此徒既獲貸死，又無官役，至配所未幾，乃委身求託於貪婪士夫之當官者，强所隸之州給之以放停之據，而遂蓄之於私家，或使之自便。彼無以自養，復嘯聚以害人。乞舉行條法，重役之人州縣不許放停、與之經營給據留於私家，許人告首，重寘典憲。」從之。

〔一〕必加誅戮　「誅」原作「銖」，據文意改。

嘉泰元年（辛酉，一二〇一）

1. 四月二十七日，詔令諸州軍各將見管强刼盜配軍并日後似此配到之人，約束當職官吏常切鈐束，不得輒行差撥。如違，從監司按劾，重作施行。若因事敗露，其守臣並議責罰。

2. 八月九日，臣僚言：「逃軍非為盜，則嘗殺人者也。黥隸之後，或傳送之不專，或拘繫之不謹，或夤緣而差出，或計幸而脫放，散處鄉落，長惡不悛。又有富家臣室，囊橐其姦，則自窃而盜，自結集而嘯聚，爲民之害蓋不少矣。乞戒飭有司，申嚴條令。縣則責之令尉，嚴立保伍〔一〕，有犯同坐。州則責之守臣，明行關報，旬存否〔二〕。凡兇惡强盜，並令牢固拘管。一路刑委提刑司，每遇巡歷，按籍閱視，如有違戾，覺察以聞。」從之。

〔一〕嚴立保伍　「伍」原作「五」，據文意改。
〔二〕旬存否　疑有缺文。

三年（癸亥，一二〇三）

1. 六月十八日，臣僚言：「竊惟人之犯罪，有流配者，罪未至死，故至配所，仍俾著役，猶有自新之中。近緣州郡匱〔一〕，以黥卒溢額，申聞省部，乞令住配，纔得指揮，初未嘗遍牒諸州軍，每遇他郡罪人押到則以住配却之，甚至一二千里之遥，竟以牒回。其間，嚴寒極暑，疾患所侵，斃於非命者不一。況已配之人，又復押還，不知本州軍置之何所。若易他郡，則先以刺定州軍之名，豈容再改刺乎？乞明詔有司，今後諸路州軍有申到配軍溢額去處，先委本路監司差官從寔勘會，果系溢額，方許住配，仍疾速遍牒諸州軍照會，或有已配未到之人，所配州軍雖是溢額，具與收管，不得再行傳押回歸。仍乞遂路提刑司常切糾察，毋得違戾。」從之。

〔一〕近緣州郡匱　疑有缺文。

2. 七月三日，前知漳州方銓言：「爲民之害者，莫甚於猾吏。而爲民害之尤者，又莫甚於已黥之猾吏。今之士大〔一〕乃有蓄之私家以爲鷹犬，收之官府以爲爪牙。民之被害者，雖欲執之以聞於官，則彼已黥矣，尚何所顧籍，往往亦逡巡而退却。乞行下諸路，委自提刑覺察，庶幾姦猾不爲民害。」從之。

〔一〕今之士大　「士大」當作「士大夫」。

四年（甲子，一二〇四）

1. 正月二十三日，臣僚言：「後世衣食之路日蹙，犯法者既衆，配隸之人中路多逸。及到配所，

州郡憚於贍養，往往故縱不捕。此徒雖幸脱免，而其身寔無所容於天地間。饑寒切身，若非羣衆販賣私商〔一〕，即是聚爲强盜。配隸之人，蓋有二種。其間鄉民一時鬥毆殺傷及胥吏犯贓貸命流配等人，設使逃逸，未必皆是强勇，能爲大過。欲止從徒配本州牢城重役，立爲赦限〔二〕，限滿給據，復爲良民。至於累犯强劫及聚衆販賣私商〔三〕、曾經殺傷捕獲之人〔四〕，皆能跳梁山溪，運動兵仗，非村民胥吏之比，欲並配屯駐軍，立爲年限，限滿改刺，從正軍衣粮。此外更有前後逃亡未獲之人，該遇今郊，亦並許出首，投充正軍。不惟人有改過之門，而軍伍之中亦得强壯之助，誠爲利便。」從之。

〔一〕若非羣衆販賣私商　「羣」原作「郡」，據文獻通考卷一百六十八改。
〔二〕立爲赦限　「赦」，文獻通考卷一百六十八作「條」。
〔三〕販賣私商　「商」原作「商」，據宋史卷二百一、文獻通考卷一百六十八改。
〔四〕捕獲之人　「獲」原作「人」，據宋史卷二百一、文獻通考卷一百六十八改。

2. 四月十二日，臣僚言：「兩淮編置之人，多因渡淮作過，遂麗三尺，械頸縶足，閉鎖牢城，聽其死而後已，豈不可憫。欲將諸州所收過淮編置罪人，特令分刺屯駐諸軍，各使自効。」詔令諸路安撫司行下逐路州軍，先次密切開具見拘管編置人姓名、元犯於旬呈日審驗，畫一開具老弱强壯姓名、人數申樞密院。

開禧元年（乙丑，一二〇五）

1. 閏八月十九日，臣僚言：「配隸、羈、編管之條，非姦贓强盜殺人貸命與夫鬥殺情重者，不以是罪人。酷虐之吏，曾不是思，創爲押出外界之例。稽之刑統、新書無是法。欲嚴飭中外，自配隸、編、羈管之外，惟他郡作過之人，許勒還本貫。其餘悉從本條科罪，不得輒將土著之人并家屬押出外界。」從之。

嘉定五年（壬申，一二一二）

1. 十二月十六日，信陽軍申：「信陽最係極邊，今他郡將斷訖兇惡强盜等人編配本軍，未便。」從之。

七年（甲戌，一二一四）

1. 八月五日，知鎮江府史彌堅言：「關防傳送配隸强盜走逸之弊，前後頒降指揮，可謂詳密。然續降申明，頗與舊法牴牾，所合檢坐條法指揮，畫一開具，乞從朝廷更切審訂，分明頒降施行。一、檢準慶元令：『諸應部送罪人，逐州軍常切預差禁軍二十人，籍定姓名，在營祗備。遇有押到罪人，依次差撥，即時交替，不得越過。』彌堅看詳，此項係舊法，應被差防送軍兵，許令逐州交替。一、檢準慶元隨敕申明（一），乾道七年八月內，勅斷配海賊並兇惡强盜，有配廣南遠惡或海外州軍去處，若只循例逐州傳押前去，竊慮交替稍頻，縱其走透。彌堅（二）看詳，此項申明蓋爲海賊并兇惡强盜配廣南遠惡（三）及海外州軍者設，係專差人管押，逐路傳遞，押至路首，州軍交替。一、嘉定四年八月內，臣僚奏請：『凡四方極刑來上，情有可憫，悉從原貸，黥隸遠方。必置之廣南惡弱之地者，所以尉謝死者之冤。今所在州軍押發罪人，名曰長送，往往前途走逸，甚者斃於遠行，沒於無辜。欲乞朝廷遇有貸配，不必使之長送遠役，遇逐州交替即止。除批行程歷外，別具公狀判憑回州照會，以驗至否。倘有走逸，即行根捕，

責以必獲。』彌堅看詳，此項奏請蓋爲矜憐押送軍兵，類因長送，往往至死，故欲將貸配之人使防送軍兵逐州交替，免致無辜斃於遠役。 一、嘉定五年正月内，臣僚言：『守將縱姦，犯盗黥徒或配遐方，郡憚所費〔四〕，付之遞鋪傳押，一得所欲，隨即釋去。所配之郡，守將吝於衣粮，牒至未必受，受則與之空文，無所廩給，率皆竄逃，復出爲害。乞申戒郡將，犯有此徒，必專人押往。憲司歲終檢察，或中道而遁，或回牒不至，先追推吏根究，仍申捕亡之令。其逃軍被獲，詰其竄逸之由，或配所不支衣粮，則將守臣重加鐫責。』彌堅看詳，此項蓋因州郡守將不切留意防傳，或致縱姦，是致臣僚有此奏陳。彌堅看詳舊法，與節次臣僚申明，關防走逸，矜恤無辜，皆有深意，恐難以一時臣僚申請盡行更改，致使州郡引用，未免疑惑。若不畫項指陳，尤恐有違法意，官吏得以用情出入，關繫非輕。欲望送有司審計，分別重輕，某罪可以逐州，某罪可以逐路，某罪可以專人押至配所，明賜指定，頒降諸道州軍，使有憑據，恪意奉行，免有疑惑。」從之。

〔一〕隨敕申明　「明」下原衍「明」字，據文意删。
〔二〕彌堅　「堅」原作「間」，據本條「史彌堅言」改。
〔三〕配廣南遠惡　「配」字原脱，據本條「海賊並兇惡强盗，有配廣南遠惡」補。
〔四〕郡憚所費　「郡」原作「群」，據本條文意及下文改。

九年（丙子，一二一六）

1. 三月二十七日，新知南恩州翟畇言：「乞應羈管、編配之人，不得仍前巧作名色借事，非遇恩赦，不得給據放令還鄉。」從之。

十四年(辛巳,一二二一)

1. 九月十日,明堂赦:「應有犯罪,除從條合行編管并情理重害及曾經奏斷特旨施行外,其餘或因州軍一時任意非法編管人,自令赦到日,仰提刑司取索元犯看詳,如見得情理稍輕,給據放令逐便。」

2. 十二月一日,臣僚言:「民之犯罪至於流放者,其去死刑無幾,蓋欲使天下爲惡者有所戒惧。今流放未幾,皆得因緣而返,此輩本非良善,況復刑餘何所顧籍? 一旦得還,寧復安靜? 乞行下諸路州郡,自今以往,凡刺配罪人須押至竄所。嚴故縱逋逃之禁,絕借事截留之弊。其已逃亡而歸、復恣睢於閭里者,則申嚴舊制,毋爲文具。」從之。

斷獄

影印本刑法四之六九至八四
大典卷一九九七九

太宗雍熙三年(己亥，一二三九)

1. 五月〔一〕，刑部言：「果州、達州、密州、徐州官吏枉斷死罪，雖已駁舉，而人命至重，死者不可復生，非少峻條貫〔二〕，何以責其明慎？按斷獄律，從流罪失入死罪者〔三〕，減三等，當徒二年半，公罪分四等。望自今斷獄失入死刑者〔四〕，不得以官減贖，檢法官削一任，更贖銅十斤；本州判官削一任；長吏並勒停見任〔五〕。」從之。

〔一〕五月　長編卷二十七雍熙三年九月戊辰，長編卷六十景德二年七月辛亥及下条真宗景德二年七月五日追記此事在雍熙三年七月。

〔二〕少峻條貫　宋史卷一九九作「稍峻條章」。

〔三〕從流罪失入死罪者　「流」原作「徒」，據下條及長編卷六十景德二年七月辛亥改。

〔四〕斷獄失入死刑者　「獄」原作「奏」，據宋史卷一九九改。

〔五〕長吏並勒停見任　「長吏」原作「本吏」，據長編卷二十七雍熙三年九月戊辰、宋史卷一九九改。「停」字原脱，據長編卷二十七雍熙三年九月戊辰補。

真宗 景德二年（乙巳，一〇〇五）

1. 七月五日，上封者言〔一〕：「刑部舉駁外州官吏失入死罪，準斷獄律，從流失入死罪者，減三等〔二〕，徒二年半。公罪分四等，定斷官減外徒二年〔三〕。為首者追官〔四〕，餘三等徒罪，並止罰銅〔五〕。伏以法之至重者死，人之所保者生，儻官司不能盡心，則刑辟乃有失入。蓋幕職、州縣官初歷宦途，未諳吏事，長吏明知從坐，因循不自詳究。雍熙三年七月敕，權判刑部張佖起請，失入死罪不許以官當贖，知州、通判勒停。咸平二年編敕之時，輒從刪去。臣以為若以格法舊條，似虧懲勸；或準張佖起請，又未酌中〔六〕。欲望自今失入死罪至追官者〔七〕，斷官衝替，候放選日，注僻遠小處官，繫書幕職、州縣官注小處官，京朝官〔八〕任知州、通判知令録，幕職授遠處監當，其官高及武臣〔九〕、內職奏裁。」詔可。

〔一〕上封者言　「封」原作「刑」，據長編卷六十景德二年七月辛亥改。
〔二〕減三等　「等」原作「年」，據上條及長編卷六十景德二年七月辛亥改。
〔三〕徒二年　「二」，長編卷六十景德二年七月辛亥作「三」。
〔四〕為首者追官　「首」，長編卷六十景德二年七月辛亥作「長」。
〔五〕並止罰銅　「銅」原作「錮」，據長編卷六十景德二年七月辛亥改。
〔六〕又未酌中　「酌」原作「酬」，據長編卷六十景德二年七月辛亥改。
〔七〕至追官者　「至」，長編卷六十景德二年七月辛亥作「不致」。
〔八〕京朝官　「京」原作「景」，據長編卷六十景德二年七月辛亥改。
〔九〕武臣　「臣」原作「品」，據長編卷六十景德二年七月辛亥改。

大中祥符七年(甲寅,一〇一四)

1. 九月十二日,權知開封府王曙〔一〕洎判官等〔二〕,坐斷獄失誤,罰金。初,法寺准詔,長吏為部民所訟〔三〕,罰訖代之〔四〕。帝以京府事繁,與外郡異,止命增贖銅十斤,而復其任。

〔一〕王曙 「曙」原作「曉」,據長編卷八十三大中祥符七年九月乙未、卷八五大中祥符八年十月壬午及輯稿・職官三七之五改。

〔二〕洎判官等 「洎」原作「泊」,據長編卷八十三大中祥符七年九月乙未改。

〔三〕為部民所訟 「所」字原脫,據長編卷八十三大中祥符七年九月乙未補。

〔四〕罰訖代之 「代」當作「貸」。

八年(乙卯,一〇一五)

1. 八月二日,開封府判官、國子博士韓允,殿中丞、權大理少卿閻允恭並除名,允授岳州文學,允恭授復州文學,百姓崔白決杖脊配崖州牢城,白子端決杖配江州本城。白家於京城,素無賴,凌脅羣小,取財以致富。先有滿子路,强狠任俠,名聞都下。又有趙諫,以豪橫伏法。白嘗謂人曰:「滿子路,吾之流輩也。趙諫,吾門人爾。餘不足筭也。」百姓梁文尉與白鄰居,白素欲强買其舍。文尉未之許,屢加詬辱。會文尉〔一〕死,妻張與二子皆幼。白日夕遣人投瓦石以駭之。張不得已徙去,即以其舍求質錢百三十萬,白固以九十萬,因市之〔二〕。張訴於京府〔三〕,白遂增錢三十萬。因潛減賃課,以己僕為證,詣府訟張,且厚賂胥吏。白素與允恭善,遂祈〔四〕允恭達其事於允,允〔五〕坐張妄增屋課,杖之。白因大言，衒其事於鄽閭。皇城司廉知以聞，詔捕白付御史臺，鞫問得實，故並及罪責。

〔一〕文尉　原作「文蔚」，據長編卷八十三大中祥符八年八月己卯及本條上文改。

〔二〕因市之　長編卷八十三大中祥符八年八月己卯無「因」字。

〔三〕張訴於京府　「訴」原作「訢」，據長編卷八十三大中祥符八年八月己卯改。

〔四〕遂祈　「祈」原作「從」，據長編卷八十三大中祥符八年八月己卯改。

〔五〕允　原脫，據長編卷八十三大中祥符八年八月己卯補。

九年（丙辰，一〇一六）

1. 三月八日，給事中慎從吉削一任〔一〕，翰林學士、給事中、知制誥錢惟演罷職守本官。初，咸平縣民張贇妻盧訴侄質被酒詬悖〔二〕。張，豪族也，質本養子，而證左明白。質納賄胥吏。從吉子大理寺丞銳，時督運石塘河，往來咸平。為請求縣宰，本縣斷復質劉姓，而弟令與盧同居。質暨盧迭為訟〔三〕，縣聞於府。會從吉權知府事，命户曹參軍呂楷就縣推問。盧之從叔虢略尉〔四〕昭一納白金三百兩於楷，楷久而不決，且以俟追劉族為名，即還府。盧兄太子中舍文質，又因進士吳及納錢七十萬于從吉長子大理寺丞鈞，以其事白父，而隱其受賄之狀。盧又詣府列訴，即下右軍巡院。昭一兄澄嘗以手書達惟演，云寄語從吉，事連鈞、銳，請緩之。時及已亡命，軍巡請捜捕，且曰：「未得及，則獄不具。」從吉亟召軍巡判官祝坦至聽事後廡詢之，毀所請狀。又令銳密問坦獄情若何，頗自疑懼，因密作奏，請付御史臺，未報。糾察刑獄王曽、趙稹詣便殿以聞，且言事涉從吉，慮軍巡顧避。稹方知雜，請不以付臺。乃命殿中侍御史王奇，三司户部判官、著作郎、直史館梁固鞫治，仍遣中使譚元吉監之，逮捕

者百餘人。獄成，奪楷、鈞二官，配隸衡、郢州；銳、坦、文質皆奪一官，坦貶濠州〔五〕司戶參軍。盧澄本陳留縣大豪也，常入粟，得曹州助教，殖貨射利，侵牟細民，頗結貴要，以是益横。劉綜知府日，嘗犯法〔六〕。綜憤其豪縱，重繩之，奪官，配郢州，仍請後有過不以贖論。詔可其奏。至是，與昭一並決杖，澄配隸江州，昭一特除名。從吉、惟演並坐責，餘責罰有差，情重者配隸外州軍。

〔一〕給事中慎從吉削一任　「給」字前原衍「免」字，據長編卷八十六大中祥符九年三月壬子删。
〔二〕被酒詬悖　「詬」原作「恂」，據長編卷八十六大中祥符九年三月壬子改。
〔三〕質暨盧迭為訟　「暨」原作「洎」，據長編卷八十六大中祥符九年三月壬子改。
〔四〕虢略尉　「虢」原作「號」，據長編卷八十六大中祥符九年三月壬子改。
〔五〕濠州　「濠」原作「豪」，據長編卷八十六大中祥符九年三月壬子改。
〔六〕嘗犯法　「嘗」原作「常」，據長編卷八十六大中祥符九年三月壬子改。

2. 二十一日，右諫議大夫慎從吉追一任官，著作佐郎高清杖脊、黥面，配沙門島。清知大康縣〔一〕，民有詣府訴家產者，清納其賄。時已罷任〔二〕，即逃避他所〔三〕。知府〔四〕慎從吉請對，言其子銳先假清白金七十兩，望傳詔捕繫，仍別置獄。遂命駕部員外郎劉宗言〔五〕、監察御史江仲甫推劾。清匿于進士丁禹家，禹白官捕得之，且搜其家，獲財貨甚衆，衣服有侈靡違禁者，因揭榜許民戶告首，並得他贓狀。獄具，法寺以所受贓不分枉直，改命屯田員外郎丁慎修〔六〕覆按，清枉法當死，帝特貸之。清，庫部郎中士宏之子，景德中進士，宰相寇準以弟之女妻之。準死，故相李沆家復取為婿。歷官以賄聞，頗恃姻援，以是欺蠹小民，務自奢縱，被服如公侯家。初，慎銳就清假貸，清以多納賕，賄事將敗，遂諾之，求其為助。時方鞫盧氏獄，從吉發此事，欲以自解。銳素狡獪，始假清銀，欲為庇護，及聞有訟，即以還之。前以盧氏事奪一任，至是，又坐請求，削衛尉寺丞。從吉坐首露在已發後〔七〕，又奏報不實，用官減當罰金。詔以從吉累犯憲章〔八〕，合當黜竄，特追右諫議大夫，免其安置。銳配單州。自餘決罰配隸者數十人。宗言〔九〕、仲甫以鞫獄失實，並黜監物務。府界提點、虞部員外郎姚潤之，内殿崇班、閤門祇候王承僅〔十〕坐不能察舉，復保任清，並免所居官。

〔一〕大康縣　長編卷八十六大中祥符九年三月乙丑作「泰康縣」。
〔二〕時已罷任　「已」原作「以」，據長編卷八十六大中祥符九年三月乙丑改。
〔三〕逃避他所　「他」字原脱，據長編卷八十六大中祥符九年三月乙丑補。
〔四〕知府　「府」原作「家」，據長編卷八十六大中祥符九年三月乙丑改。
〔五〕劉宗言　「言」原作「古」，據長編卷八十六大中祥符九年三月乙丑及宋史卷二百七十七改。
〔六〕丁慎修　長編卷八十六大中祥符九年三月乙丑作「丁謹修」。
〔七〕從吉坐首露在已發後　「後」字原脱，據長編卷八十六大中祥符九年三月乙丑補。
〔八〕累犯憲章　「犯」原作「奉」，據長編卷八十六大中祥符九年三月乙丑改。
〔九〕宗言　「言」原作「古」，據長編卷八十六大中祥符九年三月乙丑及宋史卷二百七十七改。
〔十〕王承僅　長編卷八十六大中祥符九年三月乙丑作「王承謹」。

仁宗 天聖九年（辛未，一〇三一）

1. 十二月十五日，刑部言：「漣水軍鞫僧處照偽為公驗，抵死。省司詳覆按處照始與人鬭，巡邏者白官，乃持公驗，顯是未嘗行用，失入死罪。望下轉運使選官詳案牘，具當否聞奏。」從之。

十年（壬申，一〇三二）

1. 五月十一日，審刑院言：「虞部員外郎、知睦州劉宗諒坐誤以犯杖囚杖脊配軍人決杖釋放，法

應罰銅二十斤，特黜遠處監當〔一〕。」

〔一〕特黜遠處監當 「黜」原作「絀」，據文意改。

明道二年（癸酉，一〇三三）

1. 十二月六日，刑部言：「潭州四月旬禁狀內，弓手雷遂因根捉賊人，摑打婦人阿劉身死。該赦合移鄉千里，不合刺配漳州牢城。」詔改配潭州本城，其檢斷官吏免勘特放。

景祐三年（丙子，一〇三六）

1. 正月七日，中書門下言：「今據臣僚進狀，洗雪罪犯，尋送別司定奪，屢有改正元斷罪名，顯是前來斷奏及定奪官不切審詳，或有狥私，是致定斷不得盡公。欲令審刑院、大理寺、刑部今後命官使臣披雪犯罪，經別定奪，顯是不當者，元奏斷、定奪、簽書官員，不以赦前赦後，並具姓名聞奏。」從之。

2. 四月九日，法寺奏斷泉州錄事參軍張尋失吳皓死罪，徒二年半公罪定斷，合追一任勒停。支使施收罰銅三十斤勒停，通判張大沖二十斤，知州蘇壽十斤，各與監當。權司法呂喬卿權南安主簿，准條去官，詔特衝替。

3. 八月十五日，知蘄州、虞部員外郎王蒙正責洪州別駕，坐故入林宗言死罪，合追三官勒停，特有是命。判官尹奉天、司理參軍劉渙並坐隨順，奉天追兩任官，渙曾有議狀，免追官監酒。借職崔克明將酸黃酒入己，特免除名，追官勒停。通判張士宗隨順蒙正，虛妄申奏，追見任官。黃州通判潘衢不依指揮，再勘林宗言翻訴事，罰銅三十斤，特勒停。權蘄水主簿〔一〕鄭照搜求宗言事，罰銅九斤。蘄春知縣

蘇諲錄問不當，罰銅十斤，並特衝替。宗言將官麻入己，罰銅八斤，特勒停。殿直皇甫振借銀與蒙正，合罰銅七斤。錄事參軍尹化南、司法參軍胡揆不駁公案，各罰銅五斤。轉運使蔣堂〔二〕、吳遵路以勾當發運勞績免勘，優與知州。提刑徐越、趙日宣為勾提到蒙正，特免勘，越近便知廬州〔三〕，日宣近從便合入差遣。

〔一〕權蘄水主簿　「水」前原衍「州」，據長編卷一百十九景祐三年八月庚申刪。
〔二〕蔣堂　原作「蔣當」，據長編卷一百十九景祐三年八月庚申改。
〔三〕知廬州　「廬」字原脫，據長編卷一百十九景祐三年八月庚申補。

4. 十一月十日，梓州路提刑司言：「法司人吏失出入徒罪，二人以上及二人以下再犯，乞求不差充法司。」詔可。

寶元二年（己卯，一〇三九）

1. 十二月十四日，知廬州〔一〕、祠部郎中、集賢校理王質監舒州靈仙觀，前通判廬州〔二〕、比部員外郎〔三〕陳執方通判潭州，並坐失入囚死罪，自餘幕官、曹掾連坐五人。先是，執方已去官，不坐，又例當知州。帝覽其案，曰：「執方雖去官，乃同知樞密院〔四〕執中之兄也，外方不知者，見其獨免，謂朝廷因執中而私之，可且更令通判大郡一任，亦非降也，但欲均其罰爾，兼與執中免多言之謗。」宰臣以處斷詳允，皆常意所不及。乃奉詔施行。

〔一〕知廬州　「知」前原衍「就徒」二字，據長編卷一百二十五寶元二年十二月辛未刪。
〔二〕廬州　原脫，據長編卷一百二十五寶元二年十二月辛未補。
〔三〕比部員外郎　長編卷一百二十五寶元二年十二月辛未作「比部郎中」。

〔四〕同知樞密院　「同」字原脱，據長編卷一百二十五寶元二年十二月辛未、宋史卷十補。

2. 二十五日，屯田郎中、知閬州張保之言：「縣司解送公事，若犯死罪只作徒以上，或本犯徒却作死罪解送赴州，州司勘正，縣司官吏乞申明合與不合成故失入罪論。事下法寺，衆官看詳：諸縣申解公事，州與縣解罪名差互不同者，縣司官吏依令文更不問罪，或解徒以上，到州推勘，却至杖罪及平人，即從違制失定〔一〕。如挾私故意增減，即以故入人罪論。」從之。

〔一〕即從違制失定　「定」後原缺一字，待補。

至和二年（乙未，一〇五五）

1. 二月五日，廣州司理參軍陳仲約特勒停。仲約任廣州司理參軍，鞫囚失入死罪，從公坐贖銅放〔一〕。帝〔二〕謂知審刑院〔三〕張揆曰：「死者不可復生，而獄吏它日猶得敘用，豈可不重其罰也。」乃特勒停〔四〕，仍遇恩未得敘用。

〔一〕從公坐贖銅放　「坐」當作「罪」，見長編卷一百七十八至和二年二月壬辰。
〔二〕帝　原作「常」，據長編卷一百七十八至和二年二月壬辰、宋史卷二百改；宋史全文卷九上作「上」。
〔三〕知審刑院　原作「知院」，據長編卷一百七十八至和二年二月壬辰、宋史全文卷九上改。
〔四〕勒停　原脱，據長編卷一百七十八至和二年二月癸巳、宋史全文卷九上補。

嘉祐六年（辛丑，一〇六一）

1. 十月十八日，詔：「磨勘選人歷任内曾失入死罪未決者〔一〕，俟再任舉主〔二〕應格聽引見。已決者，三次乃許之。若失入二人以上者〔三〕，雖得旨改官，仍與次等京朝官。」

〔一〕未決者　「未」字原脱，據長編卷一百九十五嘉祐六年十月丁酉、輯稿・職官一一之一五補。
〔二〕俟再任舉主　「舉主」原作「與王」，據長編卷一百九十五嘉祐六年十月丁酉、輯稿・職官一一之一五改。
〔三〕若失入二人以上者　「失」原作「夫」，據長編卷一百九十五嘉祐六年十月丁酉、輯稿・職官一一之一五改。

治平四年（丁未，一〇六七）

1. 十一月二十六日神宗〔一〕已即位，未改元，詔新判大理寺、太常少卿祝諮依舊與提刑差遣。右司諫劉庠言：「諮同任少卿斷銀沙獄〔二〕，失入大辟七八十人，賴朝廷疑其冤，覆於御史臺，皆得減等。諮之用法不詳，見於已試，豈可復主天下之平？」故罷之。

〔一〕神宗　原作「英宗」，據文意改。
〔二〕斷銀沙獄　「沙」疑當作「砂」，見長編卷二百十二熙寧三年六月丁丑「銀砂案」。

神宗　熙寧二年（己酉，一〇六九）

1. 九月七日，詔審刑院、大理寺元簽書檢斷蘇州百姓張朝法官，並命御史臺取勘奏聞。以張朝因堂兄張念六以槍殺朝父死〔一〕，後走却，被朝提見〔二〕，打死張念六。審刑院、大理寺用法斷朝犯十惡不睦，當死奏案，而參知政事王安石引律奏：朝父爲房兄所殺，則於法不得與之私和，則無緣責其不睦，合依條得加役流罪。會赦，合原。上得是奏，乃詔依安石所議施行。其審刑院等法官以用法不當，故有劾也。

〔一〕以槍殺朝父死　「以槍」原作「行搶」，據宋史卷二百一、文獻通考卷一百七十、稗編卷一百十九改。
〔二〕被朝提見　宋史卷二百一、文獻通考卷一百七十皆作「朝執而殺之」，疑「提」有誤。

2. 十二月十一日，詔："今後失入死罪，已决三名，爲首者手分刺配千里外牢城，命官除名編管，第二從除名，第三〔一〕、第四從追官勒停。二名，爲首者手分遠惡處編管，命官除名，第二從追官勒停，第三、第四從勒停。一名，爲首者手分千里外編管，命官追官勒停，第二從勒停，第三、第四從衝替。以上赦降、去官不免，後合磨勘、酬獎、轉官取旨。未决者，比類遞減一等〔二〕；赦降、去官又遞減一等。內使相、宣徽使、前兩府取旨；大卿監、閤門使以上，以類上條降官〔三〕、落職、分司或移差遣；其武臣知州軍，自來不習刑名者，取旨施行。"

〔一〕第三　原脫，據宋史卷二百一補。

〔二〕比類遞減一等　"類"原作"數"，據宋史卷二百一改。

〔三〕以類上條降官　"以"當作"比"，"官"字下原衍"降官"二字，據文意删。

三年（庚戌，一〇七〇）

1. 六月十八日，詔審刑院、大理寺官坐失入秦州百姓曹政死罪未决，判審刑院韓維、齊恢已去官，及會熙寧二年十一月二十六日德音，勿論。詳斷官〔一〕李逵、胡澤並衝替。權大理少卿蔡冠卿〔二〕與小處差遣。權判大理寺許遵，詳議官〔三〕朱大簡、韓晉卿、趙文昌、馮安之並與移一般差遣。

〔一〕詳斷官　"詳"字原脫，據長編卷二百十二熙寧三年六月丁丑補。

〔二〕蔡冠卿　原作"蔡寇卿"，據長編卷二百十二熙寧三年六月丁丑改。

〔三〕詳議官　"詳"字原脫，據長編卷二百十二熙寧三年六月丁丑補。

四年（辛亥，一〇七一）

1. 四月十二日，詔開封府、河東轉運使取勘太原府及經略司、審刑院、大理寺勘斷王育等刑名不當以聞。刑房申「太原太穀縣尉王育權本縣，斷高福行奸，因謀合人白雅並妻阿程隱庇不通，捶拷至死。本府官吏以阿程爲有罪之人，將王育爲失減。法寺又引律稱所拷數不過，合無罪，並依比司攝判去官勿論外，只將令手分族寫獄子申報，及拆粘公案，從不應爲重杖八十私罪，贖銅八斤。今詳阿程係與夫同犯，于法止坐尊長及不合隱庇，既阿程身死，顯是官司于法不應捶拷。準律，鬬殺傷論至死加役流，今王育合于加役流上定斷。會降徒三年追一官，更罰銅十二斤，勒停。所有太原府應干官吏、河東經略司、審刑院、大理寺主判官，並各有上項減誤斷罪名不當。」故也。

五年（壬子，一〇七二）

1. 十一月五日〔一〕，詳定編敕所、開封府言：「定奪沂州軍賊李則，合依條于斬刑上從按問，欲舉自首減二等。」詔依。其沂州官吏失入李則死罪，審刑院、大理寺、御史臺定奪不當官，並取勘以聞。

〔一〕十一月五日　長編卷二百三十九熙寧五年十月庚辰，即「十月五日」。

十年（丁巳，一〇七七）

1. 六月十六日，詔：「刑部、審刑院、大理寺歲終比較刑法官內有失入罪及失錯〔一〕、稽違多者，具名以聞，當量輕重，特與施行。」

〔一〕失入罪及失錯　疑「錯」當作「出」。

元豐二年（己未，一〇七九）

1. 四月二十六日，詔權判南京國子監、尚書駕部郎中鄭宗礪罰銅十斤，致仕。坐前知眉州失入人死罪〔一〕，會赦〔二〕，而宗礪年已七十餘故也。

〔一〕失入人死罪　「罪」字原脱，據長编卷二百九十七元豐二年四月甲子補。

〔二〕會赦　「會」字下原衍「舍」字，據長编卷二百九十七元豐二年四月甲子删。

哲宗元祐元年（丙寅，一〇八六）

1. 十二月十七日，尚書省言：「左司狀，失入死罪未決，并流徒罪已決，雖經去官及赦降原減，舊中書例各有特旨。昨於熙寧中始將失入死罪修入海行勑，其失入流〔一〕、徒罪例爲比死罪稍輕〔二〕，以此不曾入勑，只係朝廷行使。近准朝旨，于勑内删去死罪例一項〔三〕，其徒流〔四〕罪例在刑房者，依舊不廢，即是重者不降特旨〔五〕，反異于輕者，于理未便。本房再詳，徒罪已決例既不可廢，即死罪未決例仍合存留。乞依舊存留元豐編勑全條。」從之。

〔一〕其失入流　「流」原作「死」，據長编卷三百九十三元祐元年十二月辛丑改。

〔二〕比死罪稍輕　「死」原作「元」，據長编卷三百九十三元祐元年十二月辛丑改。

〔三〕例一項　此三字原作「原缺」，據長编卷三百九十三元祐元年十二月辛丑補。

〔四〕其徒流　此三字原作「原缺」，據長编卷三百九十三元祐元年十二月辛丑補。

〔五〕不降特旨　此四字原作「原缺」，據長编卷三百九十三元祐元年十二月辛丑補。

四年（己巳，一〇八九）

1. 五月二十七日，詔：「諸路斷流配罪已當，若本案内徒以下罪有出入者，奏裁。其出入笞、杖及半年徒，從刑部下所屬改正。」

六年（辛未，一〇九一）

1. 八月十六日，樞密院言：「中書省以知岷州康識前任知鄜州日，失入死罪〔一〕，有詔特差替。緣識久在熙河，見係本路鈐轄、知岷州，今防秋是時。」詔識展磨勘二年，罷差替謫命。

〔一〕失入死罪　「死」字原脱，據長編卷四百六十四元祐六年八月癸卯補。

七年（壬申，一〇九二）

1. 八月五日，臣僚言：「伏見法寺斷大辟，失入一人有罰，失出百人無罪。斷徒、流罪，失入五人則責及之，失出雖百人不書過。常人之情，能自擇利害，誰出公心〔一〕爲朝廷正法者？乞今於條内添入『失出死罪〔二〕五人，比失入一人；失出徒、流罪三人，比失入一人』。」從之。

〔一〕誰出公心　「出」下原衍「入」，據長編卷四百七十六元祐七年八月丙辰删。

〔二〕失出死罪　「死」字原脱，據長編卷四百七十六元祐七年八月丙辰、宋史卷二百一補。

紹聖四年（丁丑，一〇九七）

1. 四月十五日，刑部言：「前臨江軍判官李適在任失入三人死罪，合追兩官勒停，兩遇大禮，合

該原免。」詔李適依斷特免勒停〔一〕，與小遠處差遣。

〔一〕特免勒停　「免」，長編卷四百八十五無此字。

元符三年（庚辰，一一〇〇）

1. 五月二日徽宗已即位，未改元，臣僚言：「大理寺讞斷天下奏案，元豐舊法，無失出之罪罰，後因臣僚建言，增修失出比較。逮紹聖立法〔一〕，遂以失出三人比失入一人，則一歲之中偶失出死罪三人者，便被重譴，甚可惑也。夫失出者〔二〕，臣下之小過；好生者，聖人之大德〔三〕。請罷理官〔四〕失出之罰。」詔紹聖四年十一月二十九日指揮勿行。

〔一〕逮紹聖立法　「法」原作「原缺」，據宋史卷二百一、文獻通考卷一百六十七補。

〔二〕夫失出者　「夫失出」原作「原缺」，據宋史卷二百一、文獻通考卷一百六十七補。

〔三〕聖人之大德　「人」字原脱，據宋史卷二百一、文獻通考卷一百六十七補。

〔四〕請罷理官　原作「原缺」，據文獻通考卷一百六十七補；宋史卷二百一作「請罷」。

徽宗 宣和三年（辛丑，一一二一）

1. 閏五月五日，詔朝奉郎汪希旦〔一〕特降一官。刑部、大理寺言希旦前任齊州士掾，鞫獄失出刼盜趙俊死罪，失入申進、王弼死罪，會赦當原，特有是命。

〔一〕汪希旦　「旦」原作「且」，據萬姓統譜卷四十六及本條下文「希旦」改。

2. 十二月五日，臣僚言：「伏見大理寺斷袁州百姓李彦聡令人力何大打楊聡致死公事，其大理寺以元勘官作威力斷罪可憫，寺正、丞、評並無論難，因少卿聶宇看詳駁難，稱是李彦聡止合杖罪定斷，

其寺丞與評事亦從而改作杖罪。案上刑部，看詳疏難，稱大理寺不將李彥聰作威力，使令毆繫致死，斷罪未當，欲令改作斬罪。其寺正、評事議論反復，少卿聶宇執守前斷，供報省部。本部遂申朝廷，稱大理寺所斷刑名未當，已疑難不改，若再問，必又依前固執，枉有留滯。伏乞特賜詳酌。既而大理寺檢到元豐斷例，刑部方始依前斷杖罪施行。訪聞寺正、評事其初皆以聶宇之言爲非，兼刑部駁難及申朝廷詳酌，則以斬罪爲是，杖罪爲非。若聶宇依随刑部改斷，則刑部以駁正論功，聶宇失出之罪將何所逃？直至尋出元豐斷例刑部方始釋然無疑。使李彥聰者偶得保其守領〔一〕，則杖者爲是，斬者乃非矣。伏望聖慈取付三省辨正是非，明正出入之罪，兼詳看法寺案〔二〕宿尤無執守，其議李彥聰案，遂持兩望〔三〕併賜黜責施行。」詔高宿降一官，周懿文罰銅十斤。

〔一〕使李彥聰者偶得保守領　「守」當作「首」。

〔二〕兼詳看法寺案　「詳看」當作「看詳」。「案」字后原文空四格，待補。

〔三〕遂持兩望　「兩」字后原文空四格，待補。

高宗　紹興元年（辛亥，一一三一）

1. 八月二十九日，刑部尚書胡直孺〔一〕言：「大理寺自去年七月以後到今畧舉出入刑名死罪十四件，流罪以下一百餘件，並係郎官王綱親行疏較改正，除徒、流及出入死罪不計數外，其失入死罪五名皆死中獲生。若不附之推恩，則無以激勸尚公之吏。」詔朝請郎、守大理少卿王綱特受朝奉大夫〔二〕。

〔一〕胡直孺　「胡」原作「朝」，據中興小紀卷十、繫年要錄卷四十六紹興元年秋七月丁巳改。

〔二〕特受朝奉大夫　「受」當作「授」。

二年（壬子，一一三二）

1. 六月二十九日，詔大理寺當斷靖州鄭誼作不應爲重杖罪差錯官，左奉議郎、評事黄邦俊，右朝奉郎、行丞路彬各罰銅十斤。

三年（癸丑，一一三三）

1. 四月四日，駕部員外郎韓膺胄言：「凡獄官失入死罪者，乞終身廢之。雖經赦宥不原，如祖宗法。」上曰：「此仁宗之事也，其仁民詳刑如此乎。」乃命有司申嚴行下。〔一〕

〔一〕乎乃命有司申嚴行下　原脱，據宋史全文卷十八下補。

2. 六月二十三日，臣僚言：「中軍統領官張識冒請逃亡軍人米。刑寺元斷公罪，待致朝廷疏問〔一〕，却將盗米贜罪杖斷作贜罪流，顯見前斷不當。」其刑部、大理寺事屬失職，寺臣胥介、評事許絳、權刑部郎官劉藻各特降一官，章誼、元衮各罰銅十斤，仍令李與權將元勘不當人吏疾速根勘施行。續有旨，張識追毁出身以來文字〔二〕，除名勒停，特送筠州編管。

〔一〕待致朝廷疏問　「待」原作「侍」，據文意改。

〔二〕出身以來文字　「來」字原脱，據文意補。

四年（甲寅，一一三四）

1. 二月七日，都省言：「大理寺斷百姓孫昱等案〔一〕，内孫昱所殺人，係屍不經驗〔二〕，作疑慮奏裁，其刑寺並不引用。此緣朝廷疏問，方乞添入，顯屬鹵莽。」詔大理寺當職丞、評各得罰銅十斤〔三〕，刑部人吏各罰銅五斤。

〔一〕大理寺斷百姓孫昱等案　「理寺斷」原缺，據繫年要録卷七十二補。

〔二〕屍不經驗　「不經驗」原缺，據繫年要録卷七十二補。

〔三〕各得罰銅十斤　「得」原作「將」，據下條「各得罰銅二十斤」改。

2. 三月十四日，詔大理寺當職丞、評事各得罰銅二十斤，刑部郎官罰銅十斤，刑部人吏從杖一百科斷。以宣州奏勘到有蔭人檀偕〔一〕及地客〔二〕阮授〔三〕、阮捷〔四〕毆縛葉全三〔五〕等五人致死，內三人係因執盜而殺，外有陳伴弟等三人係故殺平人，衆證分明，止因屍不驗，作疑慮奏裁，有司不駁正，爲臣僚所論，再送御史臺看詳定斷。故有是行遣。

〔一〕檀偕　「檀」原作「擅」，據繫年要録卷七十二改。

〔二〕地客　宋史卷二百一作「佃人」；繫年要録卷七十二、文獻通考卷一百七十作「耕夫」。

〔三〕阮授　原作「院授」，據繫年要録卷七十二、文獻通考卷一百七十、宋史卷二百一改。

〔四〕阮捷　原作「院捷」，據繫年要録卷七十二、文獻通考卷一百七十、宋史卷二百一改。

〔五〕葉全三　文獻通考卷一百七十、宋史卷二百一作「葉全二」。

五年（乙卯，一一三五）

1. 三月十六日，御史臺言：「准詔，委臺屬憲臣常加檢察〔一〕，月具所平反刑獄〔二〕以聞，三省歲終鈎考，當議殿最。契勘本臺官吏奉詔條平反刑獄，職當檢察，緣上件鈎考殿最之法，本臺循習舊〔三〕時取摘案欵點檢，不無希賞之嫌。令後歲〔四〕本臺并諸路提刑司檢察名件，以出入徒以上與杖以下罪爲再者取旨施行，所貴官吏以得舉職。」從之。

〔一〕常加檢察　「加」原作「切」，據繫年要録卷六十二、玉海卷六十七、宋史全文卷十八下改。
〔二〕所平反刑獄　「反」原作「及過」，據繫年要録卷六十二、玉海卷六十七、宋史全文卷十八下改。
〔三〕本臺循習舊　「舊」字后原文空二格，待補。
〔四〕令後歲　「歲」字后原文空二格，待補。

2. 四月九日，給事中陳與義〔一〕言：「臣聞魏相條奏，多採賈誼、晁錯之言；龔勝上言，實本王陽、貢禹之意。本朝道德名臣議論至到，莫如司馬光者。曹州嘗奏强盗趙倩等二人案，作情可憫，乞從寬貸。光則上奏曰：『如趙倩等所犯皆得免死，則盗賊加盛，良民無以自存，殆非懲〔二〕惡勸善之道。乞自今後天下州軍勘到强盗情〔三〕理無可愍，刑名無可慮，輒敢奏聞者，並令刑部舉駁，重行典憲。』泰寧軍勘到姜齊，懷州勘到魏簡，耀州勘到張志松〔四〕，皆爲毆殺人而妄作情理可愍、刑名疑慮奏裁。光則上奏曰：『于殺人者雖荷寬恩，其被殺者何所告訴？非所以禁制兇暴、保安良善也。乞今後應奏大辟，刑部于奏鈔後別用帖黄聲說情理如何可憫，刑名如何疑慮，今擬如何施行，門下省審如何委得允當〔五〕，如有不當及用例破條〔六〕，即奏行取勘。』光以道德名臣〔七〕議論如此，豈其樂殺人也哉？乃所以禁奸暴、申冤枉，期於庶獄之中允，而措一世於無刑也。大批獄之庇無佗〔八〕，有所出入則不得其平。陛下哀矜庶獄，患中外之吏容心毁法，乃紹興三年正月沛然下詔，以訓以戒。天下皆知推廣好生之德，獨州郡妄奏以出人之罪者，尚多有之。乞採用司馬光之言，申嚴立法。」從之。

〔一〕陳與義　「義」字原脱，據繫年要録卷八十八補。
〔二〕非懲　原缺，據傳家集卷四十八、長編卷三百五十八元豐八年七月甲寅、繫年要録卷八十八補。
〔三〕强盗情　原缺，據傳家集卷四十八、長編卷三百五十八元豐八年七月甲寅、繫年要録卷八十八補。

〔四〕耀州勘到張志鬆　「耀」原作「輝」，「勘」原作「堪」，據傳家集卷四十八改。

〔五〕門下省審如何委得允當　長編卷三百五十八元豐八年八月癸酉、傳家集卷四十八皆作「令門下省省審，如所擬委得允當，則用繳狀進入施行。」

〔六〕用例破條　「破」字原脱，據傳家集卷四十八、繫年要録卷八十八補。

〔七〕光以道德名臣　「光」字原脱，據繫年要録卷八十八補。

〔八〕大批獄之庇無佗　疑此句有誤。

六年（丙辰，一一三六）

1. 六月五日，刑部審覆：「大理寺看詳到宋僉元勘林德珍等不係失入死罪分明，其已斷本官作失入公罪徒特差替指揮刑名合與改正。」從之。先是，僉以左迪功郎爲明州司理，勘到林德珍等公事翻異，提刑司再差官重勘，奏僉作失入死罪行遣，僉進狀訟究，一是改正〔一〕。

〔一〕一是改正　「一」當作「至」。

十一年（辛酉，一一四一）

1. 五月二十七日，臣僚言：「知泉州富直柔因本州奏勘殺人海刧黄〔一〕，州院官吏將合斷配陳翁進作陳進哥，領重杖處死〔二〕，却將陳進哥作翁進解押上州。既而直柔將錯誤官吏送司理院取勘外，上章自劾〔三〕，得旨，令直柔根勘官吏，具案以聞。臣以謂上件錯誤係本州事而復令本州勘，恐未肯盡情究治，欲乞令本路監司取勘，候案上取旨，重賜施行。臣契勘直柔身爲前執政而不親郡事，致僚屬施慢如此。直柔知其失職，遂力請奉祠。今雖已得宫觀，亦當其正典刑。竊見近撫州官吏誤殺陳四閑，其知州已下雖去官，猶坐罪有差。若罪同而罰異，不唯無以厭服人心，且使後來者莫知所戒懼焉。」詔令本路提刑司取勘，具案取旨。

〔一〕殺人海刼黃　「黃」字後原有小字注文「原缺」，待補。
〔二〕領重杖處死　「領」字後原有小字注文「原缺」，待補。
〔三〕上章自劾　「自」原作「白」，據繫年要録卷一百四十改。

2. 七月十六日，刑部看詳〔一〕臣僚所論諸州獄官誤殺不應死罪人及巡尉希賞、强執平人以爲寇等，契勘紹興十一年五月十七日詔，自今大辟罪人赴刑日，令長吏遣當職官引囚，親行審問鄉貫、年甲、姓名、來歷，别無不同，即依法施行。若巡尉捕盜，意在希賞，便將平民執以爲寇，係律官司入人罪。若入全罪以全罪論，從輕入重，以所剩論。合從故入人罪法科斷。欲乞朝廷申嚴行下。」從之。

〔一〕刑部看詳　「看詳」原作「詳看」，據文意乙正。

十八年（戊辰，一一四八）

1. 閏八月七日，大理寺丞〔一〕石邦哲言：「伏覩紹興令，決大辟〔二〕皆於市先給酒食，聽親戚辭訣〔三〕，示以犯狀，不得窒塞口耳、蒙蔽面目及喧呼奔逼。而有司不以舉行，殆爲文具〔四〕，無辜之民至有强置之法。如近年〔五〕撫州獄案已成〔六〕，陳四閑合斷放，陳四合依軍法。又如泉州獄案已〔七〕成，陳翁進合決配，陳進哥合決重杖。姓名畧同而罪犯迥别，臨決遣之日，乃誤以陳四閑爲陳四〔八〕，以陳翁進〔九〕爲陳進哥〔十〕，皆已決而事方發露。使不窒塞蒙蔽其面目口耳而舉行給酒辭訣之令，則是二人者，豈不能呼冤以警官吏之失哉？欲望申嚴法禁，如有司更不遵守，以違制論。」從之。

〔一〕大理寺丞　「丞」原作「臣」，據文獻通考卷一百六十七改。
〔二〕决大辟　「决」原作「史」，據文獻通考卷一百六十七改。
〔三〕聽親戚辭訣　「訣」原作「决」，據文獻通考卷一百六十七改。
〔四〕殆爲文具　文獻通考卷一百六十七作「視爲文具」。
〔五〕近年　「近」原作「枉」，據文獻通考卷一百六十七改。
〔六〕撫州獄案已成　「已成」，原有小字注文「原缺」，據文獻通考卷一百六十七補。
〔七〕獄案已　原有小字注文「原缺」，據文獻通考卷一百六十七補。
〔八〕乃誤以陳四閑爲陳四　「誤」字下原衍「設」字，據文獻通考卷一百六十七删。
〔九〕陳翁進　「翁」原作「公」，據文獻通考卷一百六十七改。
〔十〕陳進哥　「陳」字原脱，據文獻通考卷一百六十七補。

二十八年（戊寅，一一五八）

1. 二月二日，殿中侍御史葉義問言：「嘗具奏，殿前馬步軍司差人招軍而吐渾押官潘勝者，强作輦官，得旨行下根究。今刑部將元捉人定斷杖一百，公論殊爲不平。臣聞竊〔一〕路馬芻有誅，以天子之所乘馬也。况夫輦官，最爲親近，孰謂强捉充軍、擬行改刺而可以輕刑處之。刑部官吏不取奏裁而擅行處分，望賜行遣。詔刑部官各罰銅十斤，當行人從杖八十科斷。

〔一〕竊　據天頭舊批改此。

孝宗　乾道六年（庚寅，一一七〇）

1. 八月六日，權刑部侍郎王秬言：「比來犯罪人或經赦宥，刑寺例皆擬以情重，所得之罪往往過

舊遠甚。如赦前所犯贓盜，于法當徒，經赦之後，反置之死配。乞自今凡經赦宥情重法輕之人，有司擬斷，毋得過本罪。」從之。

九年（癸巳，一一七三）

1. 五月二十六日，兩浙東路提點刑獄公事鄭興裔言：「獄者，所以合異同之辭，差官勘鞫，正欲得其實情。今之勘官往往出入情罪，上下其手，或棰楚煅煉，文致其罪；或衷私容情，陰與脱免。雖在法有故出故入、失出失入之罪，幾爲文具。欲望明詔有司俾之遵守。」部檢坐見行條法〔一〕，申嚴行下。

〔一〕部檢坐見行條法　「部」字上原作小字注文「原缺」，疑當作「乃詔刑」。

二年〔一〕

1. 四月二十七日，臣僚言：「獄者，愚民犯法，固其自取，然亦有遷延枝蔓而情實可憫者。竊見春夏之交，疫癘方作，因繫淹抑，最易傳染。一人得疾，馴至滿獄，州縣謂之『獄殟〔二〕』。乞明詔諸路監司、守臣，遵守成憲，入夏之初，躬親或差官慮囚。如犯大辟，立限催促勘結，不得遷延枝蔓。其餘罪輕者，即時斷遣。見坐獄人或遇疾病亦須支破官錢，爲醫藥饘粥之費，具已斷遣人數及有無疾病以聞。仲夏復命憲臣斷行踈決，無致後時，務令囚繫得脱疫癘炎暑之酷。」從之。

〔一〕二年　疑脱年號，且據本條内容，疑當為輯稿・刑法六「禁囚」之文，錯簡於此。
〔二〕獄殟　「殟」當作「瘟」，參見輯稿・刑法六之七五。

獄空

影印本刑法四之八五至九二
大典卷一九九八三

凡諸州獄空，舊制皆降詔勑奬諭〔一〕。若州司、司理院獄空及三日以上者，隨處起建道場，所用齋供之物，並給官錢，節鎮五貫，諸州三貫，不得輒擾民吏。

〔一〕皆降詔勑奬諭　「降」原作「除」，據文意及本門相关條文改。

太宗　太平興國七年(壬午，九八二)

1. 八月十五日，兩浙路轉運使高冕言：「部内諸州繫囚甚多，蓋知州、通判慢公，不即決遣，致成淹延。或虚奏獄空，隱落罪人數目，以避朝廷按問。望自今虚奏獄空及見禁人狀内落下人數、隱縮入禁月日者，許本州官吏互相申糾，重行朝典。」從之。

淳化三年(壬辰，九九二)

1. 四月十二日，詔：「諸州須司理院、州司、倚郭縣俱無禁繫，方得奏爲獄空。如逐司官吏自勤發遣致獄空者，仰長吏勘會詣實，批書印歷，更不降詔奬諭，並依編敕施行。」

真宗 大中祥符二年（己酉，一〇〇九）

1. 四月十二日〔一〕，詔諸州雖封部閑靜〔二〕，而獄空及季者〔三〕，自今亦賜詔獎之〔四〕。

〔一〕四月十二日　長編卷七十一大中祥符二年四月戊戌，即十三日。
〔二〕諸州雖封部閑靜　「閑靜」，長編卷七十一大中祥符二年四月戊戌作「簡靜」。
〔三〕而獄空及季者　「而」字原脫，據長編卷七十一大中祥符二年四月戊戌補。
〔四〕自今亦賜詔獎之　「自今」二字原脫，據長編卷七十一大中祥符二年四月戊戌補。

2. 五月八日，銀臺司言：「降詔書獎諭饒、歙州獄空，看詳皆是州司、司理院互有獄空，不應得編敕條貫。今後乞先委刑部將旬奏禁狀點勘，不謬，即具奏降詔。刑部點勘，如依得編勅，即具以聞。」

3. 十一月一日，權判刑部慎從吉言〔一〕：「伏見〔二〕提點刑獄司所奏獄空狀，本部比對，多不應編敕。外州妄覬獎語〔三〕，沽市虛名。近據邠、滄二州勘鞫大辟罪囚干註數人，纔一夕即行斬決。況前代京師決獄，尚須覆奏，蓋欲慎重大辟，豈宜一日之內便決死刑〔四〕。朝廷〔五〕比務審詳〔六〕，恐有冤濫，即非求急速，如此則不體朝旨，邀為己功〔七〕，但務獄空，必無所益。欲望依準前詔，不行獎諭。今後專委提點刑獄〔八〕、轉運司將州府軍監以公事多少分三等，第一等公事多處五日，第二等十日，第三等二十日，須州司、司理院、倚郭縣全無責保寄店之類，方為獄空。所以知州、通判勘會詣實，各與批上曆子，直俟得替赴闕，具狀開析保明以聞〔九〕。」奏可。

〔一〕言　原脫，據長編卷七十二大中祥符二年十一月壬子補。
〔二〕伏見　「伏」原作「復」，據長編卷七十二大中祥符二年十一月壬子改。
〔三〕妄覬獎語　「語」，長編卷七十二大中祥符二年十一月壬子作「飾」。

〔四〕便決死刑　「便」原作「使」，據長編卷七十二大中祥符二年十一月壬子改。
〔五〕朝廷　「廷」原作「庭」，據長編卷七十二大中祥符二年十一月壬子改。
〔六〕比務審詳　「務」原作「要」，據長編卷七十二大中祥符二年十一月壬子改。
〔七〕邀為己功　「為」字原脫，據長編卷七十二大中祥符二年十一月壬子補。
〔八〕專委提點刑獄　「專」原作「轉」，據長編卷七十二大中祥符二年十一月壬子改。
〔九〕具狀開祈保明以聞　「祈」當作「析」。

神宗 元豐五年(壬戌，一〇八二)

1. 四月一日，知開封府王安禮言三院獄空。詔送史館，安禮遷一官，推官〔一〕許懋、胡宗愈、劉摯、劉仲熊並賜章服。軍巡判官畢之才以下十四人為三等：第一等遷官，第二等減磨勘二年，第三等一年；吏史轉資；仍賜絹千匹〔二〕、銀一百五十兩、錢五百千。

〔一〕推官　長編卷三百二十五元豐五年四月壬子作「推、判官」。
〔二〕仍賜絹千匹　「賜」原作「次」，據長編卷三百二十五元豐五年四月壬子改。

2. 七日，大理卿崔台符言本寺獄空。詔送史館，台符減磨勘二年〔一〕，少卿韓晉卿、楊汲一年。

〔一〕減磨勘二年　「減」字原脫，據長編卷三百二十五元豐五年四月戊午補。

3. 九月十三日，大理卿楊汲〔一〕等言獄空，詔付史館。

〔一〕楊汲　「汲」原作「伋」，據長編卷三百二十九元豐五年九月辛卯改。

4. 十月六日，詔大理寺獄空，官吏量與支賜。

六年（癸亥，一〇八三）

1. 六月二十五日，龍圖閣直學士、朝奉郎、權知開封府王存言三院獄空。詔開封府官吏並依元豐五年推恩。

2. 十月十三日，朝奉郎、試大理卿楊汲〔一〕言大理寺斷絕獄空，詔付史館，以汲試刑部侍郎。

〔一〕大理卿楊汲　「卿楊」原文爲小字注文「缺」，據長編卷三百四十元豐六年十月乙酉補。

七年（甲子，一〇八四）

1. 正月十八日，知開封府王存言：「司録司、左右軍巡院獄空，乞付史館。」詔王存遷一官，餘官吏〔一〕令第勞上司勳。

〔一〕餘官吏　「餘」字原脱，據長編卷三百四十二元豐七年正月戊午補。

2. 二月十一日，以開封府獄空，賜知府王存獎諭勅書，銀、絹百疋兩；推、判官胡宗愈等銀、絹三十疋兩。初，存等奏獄空〔一〕，命如故事遷官，而門下省以謂前此存等以獄空遷官或賜章服，才半歲，今又推賞〔二〕，不可。上乃命止賜詔及銀、絹而已。

〔一〕存等奏獄空　「空」原作「宗」，據長編卷三百四十三元豐七年二月庚辰改。

〔二〕今又推賞　「又」字原脱，據長編卷三百四十三元豐七年二月庚辰補。

3. 四月十九日，大理卿王孝先言本寺獄空。詔降勅獎諭，自今有司上獄空，令御史臺、刑部按實。上以開封府、大理寺比歲務爲獄空，恐希賞不實也。

八年（乙丑，一〇八五）

1. 四月四日，大理卿王孝先等言獄空。詔付祕書省，仍令學士院降詔獎諭。

哲宗 元祐三年（戊辰，一〇八八）

1. 三月二十八日，開封府獄空。詔付史館，權知府錢勰轉一官，推官賜章服。

2. 九月十七日，龍圖閣待制、權知開封府錢勰知越州，朝散大夫、倉部郎中范子諒知蘄州，朝奉大夫、新差提點河北西路刑獄林邵〔一〕知光州，仍各贖銅二十斤。內勰展三年磨勘，邵展二年磨勘，坐奏獄空不實也。

〔一〕林邵 「邵」原作「郡」，據長編卷四百十四元祐三年九月庚戌及本條下文改。

紹聖二年（乙亥，一〇九五）

1. 正月二十六日，龍圖閣直學士、權知開封府王震言：「司錄司、左右軍巡院狀，並無見勘公事及門留知在人請官。」詔送史館，賜銀絹章服，減磨勘年有差〔一〕。

〔一〕減磨勘年有差 「差」字原脫，據文意補。

2. 二十八日，前副都指揮使、保康軍節度使苗授言殿前司獄空。詔賜銀絹有差。

徽宗崇寧四年(乙酉,一一〇五)

1. 閏二月六日,詔開封府獄空,王寧特轉兩官。兩經獄空,推官晏幾道、何述、李注,推官轉管勾使院賈炎並轉一官,仍賜章服; 法曹曾謂轉一官,減二年磨勘; 倉曹楊允、戶曹劉湜、兵曹陸偕、士曹張元膺,各減三年磨勘; 軍巡判官賀項、張華、孫況、張必,檢法使臣李宗謹、程諒各轉一官,減二年磨勘。一經獄空,推官曹調賜金紫,工曹王良弼轉一官; 司錄李士高減二年磨勘,候敘用了日收使; 檢法司〔一〕臣劉禹臣特與轉一官,減二年磨勘。

〔一〕檢法司 「司」當作「使」。

2. 九月十三日,大理寺劄子:「勘會本寺今月七日獄空,已具奏聞去訖。伏覩開封府第一次獄空,申乞支破雜供庫錢管設官吏,依立春祈神例,用衙前樂祗應。二獄空,蒙下戶部支降錢二百貫文。欲望朝廷〔一〕特依近例,支賜錢下寺排設。」詔依例支賜錢二百貫文。

〔一〕朝廷 「廷」原作「庭」,據文意改。

五年(丙戌,一一〇六)

1. 十月三日,開封尹時彥奏開封府一歲內四次獄空,乞宣付史館。從之。

大觀元年(丁亥,一一〇七)

1. 九月二十九日勅:「檢會大觀元年八月刑部、大理寺斷絕獄空〔一〕,夫曾推恩〔二〕。取到大

理寺狀，勘會七月二十五日起首稱辨，至二十九日終斷罪盡絕，八月一日申奏。今具到斷絕官職位、姓名，數内王依〔三〕、周澤、商守拙、林淵並目七月二十六日中書差〔四〕，依崇寧四年例減半推恩。内周澤、商守拙各與減二年磨勘，王依、林淵比類施行，大理寺卿馬防、少卿任良弼各轉一官」。

〔一〕斷絕獄空　「絕」下原衍「天」字，據文意刪。
〔二〕夫曾推恩　「夫」當作「未」。
〔三〕王依　「依」原作「衣」，據本條下文改。
〔四〕並目七月二十六日中書差　「目」當作「自」。

二年（戊子，一一〇八）

1. 五月二十四日，中書省勘會大理寺今年四月二十七日獄空。詔崇寧五年六月三日例推恩〔一〕，朝請大夫、大理卿曹調，朝議大夫、大理少卿任良弼，各與轉行一官。

〔一〕詔崇寧五年六月三日例推恩　「詔」下疑脱「依」字。

2. 九月十四日，開封府尹宋喬年奏：「勘會今年五月十七日本府獄空，嘗面奏，乞不推恩，而訓戒丁寧，不許辭免，且有勸能之語。臣仰承眷獎，不敢牢辭。今曾旬〔一〕，囹圄再空，其管設官吏之類，已得指揮依例施行外，若更獎賚，顯屬僥倖。欲望慈聖特降睿旨，更不施行。」詔府尹令學士院降詔，餘官降敕書獎諭，人吏依例支賜。

〔一〕今曾旬　原文「曾」字後原作小字「缺」，表示有缺，待補。

三年（己丑，一一〇九）

1. 二月十四日，前淮南東路提點刑獄公事吳慈奏，前任本路管下州縣申到自大觀元年至二年六月終獄空月日、次數。又陝州奏大觀元年二月州院、司理院、平陸等縣獄空月日。詔淮東提刑并陝州知州并降敕書獎諭，平陸縣知佐、通判、司理院當職各指射差遣一次，通判陝州州院、高郵〔一〕軍軍院、海州司理院當職官各支賜絹二十匹。

〔一〕高郵　「高」原作「亭」，據輯稿·刑法四之八七「高郵」及宋史卷八八改。

四年（庚寅，一一一〇）

1. 五月四日，文武百僚、尚書左僕射何執中等言：「復見開封府左治獄空〔一〕，並斷絕上表，乞宣付史館。」從之。

〔一〕復見開封府左治獄空　「復」當作「伏」。

政和元年（辛卯，一一一一）

1. 十二月十一日，朝散大夫、知解州上官行奏：「臣昨任京東西路提刑，准大觀元年八月七日御筆手詔，京師犴獄屢空，四方郡縣又繫不决，令監司慮囚决獄〔一〕，囹圄之空，遍及天下。臣受奉聖訓，躬督州縣，本年終一路州縣並經獄空，京東近郡〔二〕闔境澄清，悉資神化。臣嘗具全路獄空應詔以聞。乞宣付史館，以彰聖德。臣備員使事，無補涓塵，本年獄空，已曾兩被敕書獎諭，州縣獄官亦蒙朝廷漸加激勸。契勘京東舊係重法地分，素號獄訟煩冗。昨來全路獄空，與一州一縣獄空事體不同，皆聖化旁達，民知不犯。考之編簡，前此未聞。小臣區區，不避僭越。伏望特降睿旨，付之信史。」從之。

〔一〕慮囚決獄　「獄」字后原作「缺」字表示有缺，待補。

〔二〕京東近郡　「郡」字后原作「缺」字表示有缺，待補。

二年（壬辰，一一一二）

1. 五月十八日，刑部奏：「知密州曹量奏，竊見諸路州縣凡有獄空，自來未嘗奏聞。欲乞今後令逐路提刑司據州縣申到獄空去處，每月類聚奏聞，庶使無留刑禁，罪辜獲免淹繫。刑部欲依本官奏乞事理行下。」從之。

三年（癸巳，一一一三）

1. 九月十二日，詔大理寺、開封府自今不得奏獄空，其推恩支賜並罷。

四年（甲午，一一一四）

1. 十一月二日，刑部奏：「淮南東路提點刑獄司申，據高郵知縣狀，具到獄空次數。本部看詳，州縣獄空理當立法，令申提刑司類聚，月終奏聞。詔依。今據修下條：諸州縣獄空，並申提點刑獄司類聚，月終以聞。」

五年(乙未，一一一五)

1. 三月，詔：「已降處分，開封府限三日結絕公事。今兩獄奏空，其官吏究心公事，依應批旨，即日奏上，頗見宣力，可依昨獄空例推恩。開封府尹盛章，少尹陳彦修、李孝端，左司錄事李傳正，右司錄事王行可並轉一官，餘有官人減三年磨勘，無官人等第支賜。」

六年(丙申，一一一六)

1. 二月二十七日，大理卿李百宗奏：「伏覩本寺本月二十一日兩推獄空，已具表稱賀奏聞。」詔大理卿李百宗、少卿李傳正及正、丞各特轉行一官，捉事使臣各支賜絹五匹，杖直節級、長行、通引官、捉事人、專知官各支賜絹三匹，表奏司各支賜絹二匹，餘並依崇寧四年十月八日指揮推恩。

2. 四月十五日，中書省言：「奉詔，開封兩獄並四廂赤縣並獄空，可取索官吏推獄等職次、姓名，擬定取旨推恩。除四廂兩縣〔一〕官別作施行外，詔六曹官吏推獄等依兩獄已得指揮推恩。尹王革、少尹張徽言、王規，司錄趙靖、孟楊各轉一官，内張徽言回授本宗有官有服親，王規、趙靖依條施行。左右獄掾官陳翼等四人，議刑掾官范榛等二人，檢法官梁立等四人，催促推勘公事並廳司使臣戚廉等六人，司使臣陳宗道等二人〔二〕，左右獄推級葛思等二人，雜務掾官王直方等二人，奏報使臣戚友直、監門使臣沈皆、催促使臣趙鼎等三人，四廂官滕陶等四人，捉事使臣韓應等十一人，各減磨勘三年。開封、祥符兩縣官〔三〕許大年等九人，各減磨勘二年。左右獄推級賈父等各等第支賜。

〔一〕除四廂兩縣　「除」字后原注「缺」字，據本條上下文所缺為「四」字，故补。

〔二〕司使臣陳宗道等二人　「司」字前原注「缺」字，表示有缺，待補。

〔三〕開封、祥符兩縣官　「封」下原衍「府」字，據文意刪。

稱賀訖。

3. 九月十七日，開封尹王革等奏：「契勘七月初十日，本府六曹兩獄、四廂十六縣獄空，已具表稱賀訖。今保明到合推恩官吏下項。第一等三十一員〔一〕：　尹一員乞不推恩，少尹二員，司錄二員、刑曹三員、左右獄掾四員、議刑掾二員、檢法使臣四員、催督並監勘公事聽司使臣四員、吏人一名、催督並監勘公事准備差遣使臣二員。第二等一十九員：　士曹官二員、議曹官一員、兵曹官二員、工曹官二員、舊新左廂官二員，東明、鄢陵、酸棗、扶溝知縣四員，催促公事官并使臣四員、書狀兼奏報使臣一員、進武副尉一名。第三等三十五員：　舊新右廂官二員，陳留、中牟、雍丘、祥符、長垣、開封、咸平、陽武知縣八員，雜務掾官二員、催督監勘公事准備差遣使臣一員、捉事使臣十七員、進義副尉一名、監大門使臣二員、提轄使臣二員。人吏，第一等四十三人：　左右獄職級二人、推司一十三人、刑曹職級〔二〕一名、典書一十人，戶曹職級二人、典書二人、法司手分八人。第二等六十五人：　左右獄推司二十人，士曹職級二人、典史四人，戶曹典書六人，儀曹職級一名、典書五人，兵曹職級二人、典書一十人，刑曹典書五人〔三〕，工曹職級一名、典書五人，催捉待報公事職級二人。第三等一百八十七人：　士曹典書五人，戶曹典書一十四人，兵曹典書二人，刑曹典書一名，工曹典書一名，奏司職級一名、典書一名，監讀案典書四人，左右獄副典書八人，六曹副典書二十人，左右獄獄子五十人，六曹獄子三十七人，刑獄案職級七人、典書一十九人、副典書四人。詔第一等官員各轉一官，人吏有官資人各轉一官資，無官資人各支賜絹一十匹。第二等官并有官人吏減三年磨勘，無官人吏各支賜絹七匹。第三等官并有官人吏各減二年磨勘，無官人吏各支賜絹七匹。第三等官并有官人吏各減二年磨勘，無官人吏各支賜絹五匹〔四〕。左右獄獄子各支賜絹三匹，六曹獄子各支賜絹二匹。提刑錢歸善等轉一官，屬官減三年磨勘。內王序、錢歸善轉行，餘礙止法人依條回授，年限不同人依條施行。

〔一〕三十一員　下文相加實只有二十五員。以下總數與所列的分數字之和也多不相等。

〔二〕刑曹職級　「職」字原脱，據文意補。

〔三〕刑曹典書五人　疑此處缺刑曹職級數。

〔四〕第三等官並有官人吏各減二年磨勘，無官人吏各支賜絹五匹。此句與上句除「五匹」、「七匹」有別外，其他皆同。疑有誤。

4. 十二月六日，太師、魯國公臣蔡京言：「伏覩開封尹王革奏，奉詔，開封府見禁公事稀少，仰催促結絕，冬祀前奏獄空。十月二十九日，據左右獄等處公事並已斷絕，即日獄空。」詔許稱賀。

七年（丁酉，一一一七）

1. 四月三日，王革又奏：「奉詔，開封府見禁公事稀少，可催促奏獄空。據本府左右獄、六曹四廂並鄢陵縣狀，見禁公事並已斷絕，即日獄空，乞宣付史館。」詔送秘書省，仍拜表稱賀。

重和元年（戊戌，一一一八）

1. 十二月五日，詔開封府獄空，已降指揮，等第推恩，並依政和六年九月例施行。盛章轉一官；張徽言、王吉甫、李中正、梁立、戚廉、龐思轉一官，並回授本宗有官有服親〔一〕；孟彥弼、范榛依條減四年磨勘；秦燾更不推恩。

〔一〕回授本宗有官有服親　「授」原作「後」，據文意及輯稿・刑法四之八八「回授本宗有官有服親」改。

宣和五年（癸卯，一一二三）

1. 十一月二十六日，陽〔一〕元紹直言：「本州兩獄並無見禁公事，各是獄空。」奉詔特許支破係省錢，賜宴犒設官吏。

〔一〕陽　「陽」字之前原有小字注文「缺」，表示缺文，待補。

高宗　紹興六年（丙辰，一一三六）

1. 六月四日，大理寺奏左右推見禁公事，勘斷盡絕，即目獄空。省紀得在京日本寺官上表稱賀〔一〕。詔免上表，令學士院降詔獎諭。十三年六月二十三日大理少卿朱斐等，二十二年五月一日大理卿許大英等，二十六年四月十九日大理少卿章燾等，二十九年正月一日大理少卿金安節等，及三十年四月十八日、三十一年五月八日大理寺並奏獄空，各詔免上表稱賀，令學士院降詔獎諭。〔二〕

〔一〕省紀得在京日本寺官上表稱賀　「紀」當作「記」。

〔二〕「十三年六月二十三日」以下原爲大字正文，據文意改爲小字注文。

十三年（癸亥，一一四三）

1. 正月十五日，臨安府奏左右司理府院禁勘公事，並已結斷了當，即目獄空。詔令學士院降詔獎諭。

2. 是年五月二十八日，臨安府奏左右司理府院并管下錢塘等九縣，內外一十二處，並皆獄空，降詔

如前。

十九年（己巳，一一四九）

1. 三月十四日，上諭宰臣曰：「諸州申奏獄空，是將見禁罪人〔一〕於縣獄或廂界藏寄〔二〕，此風不可滋長。今後如奏獄空，可令監司驗實，或有妄誕，即行按劾，仍令御史臺覺察彈奏。若不懲戒，則奏甘露芝草之類，崇虛誕謾，無所不至矣。」

〔一〕是將見禁罪人　繫年要録卷一百五十九、宋史全文卷二十一下皆作「例皆以禁囚」。

〔二〕廂界藏寄　「廂」原作「相」，據繫年要録卷一百五十九、宋史全文卷二十一下改。

三十一年（辛巳，一一六一）

1. 五月十二日，宰執進呈大理寺獄空，上曰：「今大理寺及臨安府近在闕下，雖未敢謂刑措〔一〕，然獄訟清簡，冤抑得伸，亦庶幾矣。惟是諸路憲臣或不得人，則吏强官弱，民無所訴〔二〕。深恐此弊未革，卿等更宜商量措置。」

〔一〕刑措　「措」原作「錯」，據繫年要録卷一百九十、宋史全文卷二十三上改。

〔二〕民無所訴　「訴」，繫年要録卷一百九十、宋史全文卷二十三上皆作「措」。

孝宗　隆興元年（癸未，一一六三）〔一〕

1. 五月，知盱眙軍周琮言本軍獄空。

〔一〕孝宗　「宗」原作「皇」，據文意改。

2. 十二月二十六日，大理卿李洪言大理獄空，乞上表稱賀，不允。令學士院降詔獎諭，推級等於贓罰錢内等第支給食錢。

二年（甲申，一一六四）

1. 五月，知荊門軍胡儔言本軍獄空。同月，荊湖北路提點刑獄公事富元衡言本路獄空。

2. 十月，福建路提點刑獄公事任盡言〔一〕言本路獄空。

〔一〕任盡言　「言」字原脱，據福建通志卷二十一補。

乾道二年（丙戌，一一六六）

1. 正月，知興化軍張允蹈言本軍獄空。

2. 三月二十一日，知揚州周琮言本州獄空。

四年（戊子，一一六八）

1. 八月十六日，大理卿韓元吉言大理獄空，乞上表稱賀〔一〕，不允，令學士院降詔獎諭，推級等於贓罰錢内等第支給食錢。

〔一〕乞上表稱賀　「乞」原作「倉」，據文意及上文孝宗隆興元年十二月二十六日條改。

2. 十九日，權發遣臨安府周琮言本府獄空，降詔獎諭，推級等本府量行犒設。

五年(己丑,一一六九)

1. 二月二十二日,知揚州莫濛言本州獄空。

2. 六月四日,大理卿沈度言大理獄空,降詔奬諭,推級等於贓罰錢内等第支給食錢。同日,知廬州郭振言本州獄空。

七年(辛卯,一一七一)

1. 十二月二十五日,皇太子領臨安尹惇言本府直司三院獄空,上表稱賀,令學士院降詔奬諭,推級等本府量行犒設。

八年(壬辰,一一七二)

1. 正月,知荊門軍胡傳言本軍獄空。

2. 二月,知贛州洪邁言本州獄空。

3. 九月十一日,大理少卿馬希言大理獄空,免上表,令學士院降詔奬諭,推級等於贓罰錢内等第支給食錢。

4. 十一月,知贛州洪邁言本州獄空。

九年(癸巳,一一七三)

1. 閏正月二十二日,皇太子領臨安尹惇言本府獄空,詔免上表稱賀,推級等本府量行犒設。
2. 二月六日,皇子判寧國府魏王愷言本府獄空,令學士院降詔獎諭。
3. 同日,知荊門軍胡儔言本軍獄空。
4. 七日,知贛州洪邁言本州獄空。
5. 十二月,知成都府薛良朋言本府獄空。

淳熙十六年(己酉,一一八九)

1. 閏五月二十三日,大理少卿陳倚等言大理獄空,乞上表稱賀。詔免上表,令學士院降詔獎諭。

紹熙元年(庚戌,一一九〇)

1. 十二月二十二日,大理寺丞周曄言:「舊例奏獄空,犒賞胥吏,凡所經由,等第支給,至數千緡。寺庫既不能辨,獄雖無繫囚,但申省部,不敢陳奏,遂至賒作獄空,常欠利債。且屢空屢奏,盡善盡美,豈可以犒吏之故有隱於君父乎?臣又見獄空有奉表稱賀之禮,有降詔獎諭之文。陛下謙沖,抑稱賀而不許。人臣何德,受獎諭而不辭。且職事無曠,分所當然。乞明詔寺臣,凡遇獄空,悉以聞奏,無用犒吏,降詔獎諭,亦乞特免。」從之。

三年（壬子，一一九二）

1. 十一月二十六日，知臨安府袁説友言本府獄空，詔學士院降詔獎諭。

嘉泰二年（壬戌，一二〇二）

1. 正月十五日，司農少卿兼知臨安府丁常任言本府獄空，詔令學士院降詔獎諭。詔曰：「天府素號浩穰，比加繕治，庶務尤劇。卿通明詳練，輔以儒雅，從容裁剸，弗弛弗苛，用能數月之間，下安其政，庭無留訟，狴犴空虚。朕以好生爲德，期於無刑，首京師以示四方，卿之功茂矣。載覽封章，良深嘉歎。」

四年（甲子，一二〇四）

1. 七月七日，試太府卿兼知臨安府王輔之言本府獄空，詔令學士院降詔獎諭。詔曰：「京師衆大之區，獄事繁多，刑書填委，惟剸裁無滯，始足以表倡四方。卿本以公平，加之潤飾，從容剖決，務得其情，迄無械繫之民，卒至圄空之效。厥功茂矣，良用歎嘉。繼自今以往，期於無刑，以廣朕好生之德，顧不美哉！」

開禧元年（乙丑，一二〇五）

1. 正月二十三日，權工部尚書兼知臨安府趙師𢍰言本府獄空，詔令學士院降詔獎諭。詔曰：

「犴獄之留，大易所戒。粵我國家，哀民之愚，罹罪者衆。每詔郡國，亡得淹繫，至仁之念，蓋與天通。卿屬籍之英，法從之老，日繇才選，再領京邑，惟其强濟開敏，平决如流，又能本之忠愛，以無冤者，圜扉之内，論讞用單，朕甚嘉之。夫使上之德意志慮無壅，而民被惻隱之實惠，兹朕所望於承流宣化之臣也，顧可靳一扎之褒，不使四方知勸而慕乎！」

2. 二月二十五日，大理卿兼删修敕令官〔一〕曾㮚等言："「本寺數月之間，獄凡再空。昨嘗陳請，欲循故事上表，未蒙朝廷賜報。照得頃年特以犒吏薄費，乞行請免，因此成例，恐非所以彰聖世無窮之休。欲望許令上表稱賀，宣付史館，以明帝王錯刑之極功。所有依例合支犒設，本寺自於見追贓罰籍没錢内那融支遣，取自朝廷指揮施行。」詔免上表稱賀，令學士院降詔奬諭。詔曰："「蓋聞刑者所以輔治，而非所以致治也。今律令煩多，吏或深文，使吾元元，罹于非辜，朕甚痛之。故凡天下具獄，悉上廷尉，庶幾哀矜審克，期於無刑。間者數月之間，圄空不試〔二〕，至於一再〔三〕，非卿等持法平恕蔽斷詳明之效歟。書不云乎："『俾予從欲以治，四方風動〔四〕，惟乃之休。』此舜之所以美皋陶也。覽奏來上，歎嘉不忘。與免上表稱賀。」

〔一〕大理卿兼删修敕令官　「兼」原作「無」，據文意改。
〔二〕圄空不試　「試」，咸淳臨安志卷六作「式」。
〔三〕至於一再　「再」原作「載」，據咸淳臨安志卷六改。
〔四〕四方風動　原脱，據尚書注疏卷三補。

二年（丙寅、一二〇六）

1. 二月十二日，直寶謨閣、權發遣臨安軍府事趙善防言本府獄空，詔令學士院降詔奬諭。詔曰：

「夫刑，所以輔治也。惟教之未孚，民不幸而入于刑，非吾有司蔽斷不留，審克亡濫，則刑者乃將以厲民，豈輔治之意哉！卿履潔抱公，化流京邑，憫茲有衆，或底罪辜，能單厥心〔一〕，濟以明恕〔二〕，俾狴犴無瘐死〔三〕之苦，而國家廣好生之仁，任吾牧守之事者〔四〕，不當如是乎！覽奏嘉歎〔五〕，曷維其已。」

〔一〕能單厥心　「單」當作「殫」。
〔二〕濟以明恕　「明」原作「民」，據咸淳臨安志卷四十一改。
〔三〕無瘐死　原作「毋瘦死」，據咸淳臨安志卷四十一改。
〔四〕任吾牧守之事者　「牧」原作「攸」，據咸淳臨安志卷四十一改。
〔五〕覽奏嘉歎　「嘉歎」原作「歎嘉」，據咸淳臨安志卷四十一改。

嘉定二年（己巳，一二〇九）

1. 七月八日，大理寺言：「本寺獄空，欲遵累降指揮，免上表稱賀，仍免降詔獎諭外，有犒吏一節，欲於本寺贓罰錢內減半支給。」從之。

六年（癸酉，一二一三）

1. 正月二十四日，直煥章閣、兼知臨安府趙時侃言本府獄空，詔令學士院降詔獎諭。詔曰〔一〕：「惟衆大之區，五方之民聚焉，故其俗錯雜而麗于辟者衆，欲犴獄之清難矣。卿儒雅而濟以通，强敏而行以恕，于茲累月，克底圄空者。廣漢神于擿姦，不聞其能止姦。延篤明於聽訟，不能使之無訟。載披

不以示勸。」

卿奏，良用歎嘉。詩不云乎：『商邑翼翼，四方之極。』使朕好生之德，達於天下，端自茲始，何惜璽褒，

〔一〕詔曰　「曰」原作「元」，據文意改。

九年（丙子，一二一六）〔一〕

1. 五月十二日，大理卿錢仲彪言：「本寺獄空實及一年，即與時暫獄空不同，欲遵典故，乞令上表稱賀，宣付史館。所有犒設吏人，即照舊例於本寺贓罰錢內減半支給。」詔依，令學士院降詔獎諭。詔曰〔二〕：「朕觀至治之世，時和歲豐而禮遜之俗興，家給人足而爭奪之風息。是以刑錯不試〔三〕，囹圄屢空，朕甚慕之。比歲旱蝗〔四〕，近延郊甸，每慮飢寒之民冒法抵罪，麗於廷尉者眾也。而期月以來，獄無煩繫〔五〕，實惟汝等明刑弼教，風動四方，以稱朕期於無刑之意。省覽來奏，嘉歎不忘。所請上表宜免。」

〔一〕九年　咸淳臨安志卷六作「嘉定八年四月」。
〔二〕詔曰　原作「詔元」，據文意改。
〔三〕刑錯不試　咸淳臨安志卷六作「刑措不式」。
〔四〕比歲旱蝗　「旱」原作「早」，據咸淳臨安志卷六改。
〔五〕獄無煩繫　「煩」原作「頌」，據咸淳臨安志卷六改。

十一年（戊寅，一二一八）

1. 正月十六日，直徽猷閣、兼知臨安府程覃言本府獄空，詔令學士院降詔獎諭。詔曰：「爾以材

被選，典領神皋，馭吏愛民，恩威相濟，詰姦禁暴，犴獄用虛。使朕庶幾成、康错刑之風，爾尚繼趙、張尹京之政。載披來奏，嘉歎不忘。」

十六年（癸未，一二二三）

1. 六月六日，太府卿、兼權戶部侍郎、兼知臨安府袁韶言本府獄空，詔令學士院降詔獎諭。詔曰：「朕為京師首善之地〔一〕，布德流化，當自近始。德化不洽，刑獄滋煩〔二〕，何以示四方萬里哉？爾以通儒尹畿甸，明恕勤敏，百廢具興，嚴威不施，隱然彈壓之望。刑清獄簡，用奏圄空，斯可為承流者勸矣。批覽來章，不忘嘉歎。」

〔一〕朕為京師首善之地　「為」，咸淳臨安志卷四十一作「惟」。

〔二〕刑獄滋煩　「煩」，咸淳臨安志卷四十一作「繁」。

冤獄

影印本刑法四之九三至九四
大典卷一九九八七

太祖 建隆二年（辛酉，九六一）

1. 九月，詔：「幕職、州縣官、檢法官因引問檢法雪活得人命乞酬奬者，自今須躬親覆推，方得敘爲功勞。餘準唐長興四年、晉開運二年敕施行。若引問檢法雪活，不在敘勞之限。自後凡雪活者，須元推勘官枉死已結案，除知州繫書官駁正本職不爲雪活外，若檢法官或轉運但他司經歷官舉駁別勘，因此駁議從死得生，即理爲雪活。若從初止作疑似，不指事狀，或因罪人飜異別勘雪活者，即覆推官理爲雪活，仍勘元推官一案斷遣。或逢赦，亦須招罪狀。其雪活得人者，替罷日刑部給與優牒，許非時參選。或雪活一人者，幕職循一資；州縣官、幕職二人以上加章服；已有章服加檢校官；檢校至五品以上，及合賜章服，并京朝官雪活，並許比附奏裁。或覆推官妄欲變移，希冀酬奬，却爲元推勘官對衆憑者，其元駁議及覆推官各以出入人罪論。」

真宗 咸平六年（癸卯，一〇〇三）

1. 十二月，敕：「應自今敘雪活及捉賊勞績，文武官等合與不合該酬奬者，並令審刑院詳覆聞

奏。

景德二年(乙巳，一〇〇五)

1. 五月二十一日，詔自今後雪活得人性命者，理爲勞績。先是，著作佐郎曹定奏，長吏雪活，乃其職分，不當更論課最。至是，判刑部慎從吉復上言，以爲長吏誤失用刑，率皆受責，雪活冤獄，曾不霑恩，懲勸之間，未協於理。故有是詔。

仁宗 天聖四年(丙寅，一〇二六)

1. 八月八日，前權知石州、判官馮元吉辨雪得百姓李海等兩人不該極典。帝曰：「特與超授一資，仍賜緋章服。」

景祐二年(乙亥，一〇三五)

1. 十二月二十七日，審刑院定奪太常博士陳希亮雪活合得酬奬，詔賜緋。

三年(丙子，一〇三六)

1. 九月二十一日，大理寺言：「據詳斷官楊務本、焦好問狀，昨知蘄水縣〔一〕、太常博士林宗言爲盜官物，該極典。尋疏駮覆勘，雪活得宗言死罪。乞賜酬奬。」詔各賜銀絹三。

〔一〕「知蘄水縣」原作「蘄州」，據長编卷一百十九景祐三年八月庚申及名臣碑傳琬琰集卷七、「華陽集」卷四十八改。

寶元元年（戊寅，一〇三八）

1. 二月二十九日，刑部言：「虞部員外郎鄭知白雪活得徐德一名性命，合該酬獎。」詔賜金紫。

2. 八月九日，刑部言：「據前右軍巡判官、大理寺丞馮振狀，雪活得許從善一名，乞酬獎。看詳不應編勅酬獎。」詔候依例合移入川通判，與當一任通判。今後正該雪活條貫，即與酬獎。

康定二年（辛巳，一〇四一）

1. 三月七日，審刑院、大理寺言：「廣濟軍録事參軍麻永肩任和州録事參軍日，雪活得賊人于誠、陳益死罪，合該勅酬獎。」詔與兩使職官，賜緋。

神宗 熙寧四年（辛亥，一〇七一）

1. 九月十六日，太子中允、檢正中書刑房公事李承之以駁正法寺大辟四人及刑部失覆大辟一人，特遷太常丞。

高宗 紹興三年（癸丑，一一三三）

1. 三月二十二日，惠州言：「從政郎、前司士曹事兼管左推勘公事孟師尹入議狀，駁正黄四等七名作淩遲處斬，録問駁正，無罪釋放。」詔孟師尹與改合入官。

四年(甲寅,一一三四)

1. 十月四日,詔右宣教郎、新知道州營道縣孟師尹與轉一官。以師尹前任惠州司士曹,入議狀駁正前勘官吏呂克勘入無罪人〔一〕廖九等六人〔二〕斬罪事,作無罪釋放訖故也。

〔一〕勘入無罪人 「入」原作「人」,據文意改。

〔二〕廖九等六人 「六人」,繫年要錄卷六十三、宋史全文卷十八下作「五人」。

五年(乙卯,一一三五)

1. 二月十七日,詔左朝奉大夫、知河州〔一〕鄭彊躬親鞫正汀州寧化縣〔二〕冤獄大辟十人,與轉兩官。其知寧化縣楊耆年勘斷不當,候案到,令刑部於案後聲說。汀州寧化縣以大辟十人其獄上郡〔三〕。彊躬臨審問,親加鞫治,又遣縣官按驗得寔,皆非其罪,十人冤獄並獲平反。刑部侍郎胡交修乞寵以增秩之賞,及乞將耆年勘斷不當,重加譴黜,故有是命。

〔一〕知河州 繫年要錄卷八十五作「新知建州」。

〔二〕寧化縣 「寧」原作「永」,據繫年要錄卷八十五及本條下文改。

〔三〕以大辟十人其獄上郡 「其」當作「具」。

六年(丙辰,一一三六)

1. 七月二十七日,漳州言:「司理參軍、右迪功郎林聘明辨流、死罪刑名五件,計一十人,欲望推

賞。刑部勘當林聘明辨裁决公事五件，已得允當，其元勘不當去處，合下本處依條施行。」詔林聘與減一年磨勘，餘依。

七年（丁巳，一一三七）

1. 十月九日，知信州永豐縣事李景山上書：「見黄岡彊盗〔一〕，初無事發之日〔二〕，復無被盗之人。彼警捕之官，貪功妄作，悉繫平民二十有五人，違法鍛練，致誣服者十有三人。有司觀望，肆其慘毒，卒成其罪。審問之吏，屬之武人，既不能辨其冤濫；議法之官，公事誕慢，又不能條具可否；而姦吏得以舞文，不俟聞而誅戮，實而流竄，斯民抱冤茹苦，籲天莫聞。朝廷移送九江辨正，其事昭然，殊無盗跡。既得其情，悉以上聞。朝廷以九江所推與黄岡不同，移鄰路別勘，委監司親鞫，果皆平人而釋之〔三〕。然黄岡冤濫，以漁爲業，以船爲居，遽爲捕人盡驅而繫之，所居八舟與夫舟中生生之具、衣物錢米之屬，悉拘納于公帑。臣願黄岡盡以元舟錢米衣物歸之，可乎？一時追捕者，十有三人，而家屬無慮十數人〔四〕，閱歲之久，必有流離轉徙，或適他人，或爲奴婢者，願下元勘鞫郡尋訪家屬盡歸之，可乎？黄岡既誣以爲兇惡，洗外淩遲者二人〔五〕，臣願下黄岡訪其親屬，官給錢米以存撫之，可乎？凡此數端，實幽明之急務。」從之。

〔一〕見黄岡强盗　疑「見」字衍，當删；或作「伏見」。
〔二〕初無事發之日　「日」，原作「回」，據文意改。
〔三〕果皆平人而釋之　「皆」，原作「背」，據繫年要録卷一百十八改。
〔四〕十數人　疑當作「數十人」。

〔五〕洗外淩遲者二人　「洗」當作「法」。

二十六年（丙子，一一五六）

1. 六月二十一日，秘書省正字張孝祥言：「乞將去歲郊祀以前官吏犯贓私罪，除州縣監臨之官因民論訴，監司按劾，即依條看詳審實外，如係取怒故相並緣文致，有司觀望，鍛錬成罪之人，乞免審實，便與改正。」上宣諭曰：「近來如此雪正者甚多〔一〕，已令刑部施行。」

〔一〕近來如此雪正者甚多　「多」字原脱，據繫年要録卷一百七十三補。

斷死罪〔一〕

影印本刑法四之九五
大典卷一五四五八

淳熙四年（丁酉，一一七七）

1. 五月二日，詔：「迪功郎、建康府右司理史光祖特改承事郎，仍減三年磨勘。」以駁正死罪李慶等三十人推賞也。

〔一〕斷死罪　此門僅一條，从内容和时间上看，应归入「冤狱」門。

出入罪〔一〕

影印本刑法四之九五
大典卷一五四五八

淳熙元年（甲午，一一七四）

1. 六月四日，勅令所言：「大辟翻異，後來勘得縣獄失實，乞止依乾道勅條科罪。如係故增減情狀，合從出入法施行。」從之。乾道勅增立縣以杖笞及無罪人作徒流罪，或以徒流罪作死罪送州，杖一百。若以杖笞及無罪人作死罪送州者，科徒一年刑名。先是，臣僚言縣獄失實，當將官吏一等推坐出入之罪。刑寺謂縣獄與州獄刑禁不同，故是看詳之。

〔一〕出入罪　此門僅兩條，从内容和时间上看，均应入「断狱」門。

六年（己亥，一一七九）

1. 十二月十六日，詔：「命官犯贓至死，後因理雪，特與減降，而元勘鞫官吏應坐失入死罪者，止從犯人所得流罪理爲失入施行。」

親決獄

影印本刑法五之一至一五
大典卷一九九八十

太祖　乾德四年（丙寅，九六六）

1. 八月二十四日，帝御講武殿，親錄開封府繫囚，會宥者數十人。

太宗　太平興國七年（壬午，九八二）

1. 五月十六日，西窑務役夫夏遇醉毆傷隊長楊彦進，召至便殿，帝親問狀，彦進具伏〔一〕，指揮使牛鸎素嫉遇，因巧誣之。帝怒，斬彦進，流鸎海島，擢遇十將，仍賜束帛、銀帶。先是，内園吏高進誣告役夫朱希惡迹，帝召問狀，乃進嘗求賂於希，希不與，誣之也。帝怒，杖進脊，流海島，希為庶人。至是，宰相以帝親決獄，察見隱微，相率賀，仍請以其事付史館。從之。

〔一〕彦進具伏　「伏」原作「狀」，據長編卷二十三太平興國七年五月甲辰改。

九年（甲申，九八四）

1. 二月十三日，詔曰：「著作佐郎龍士元，告其姪小喜之罪〔一〕。獄既具〔二〕，將加刑，朕疑其

有姦，因令有司再窮問，果得士元姦狀。朕〔三〕方今撫育黎元，欽恤刑憲，豈容照臨之下，尚有冤枉之人，黷亂政經，損傷和氣，望其安治，其可得乎？應兩京及諸道州府，凡有鞫獄，宜令盡心，無致枉撓。」先是，士元居於單州，其兄士安卒十餘年，子小喜承其父業。士元貪利，欲奪之。乃誣告小喜無賴，好蒱博〔四〕，將加罪斥去之。士元嘗笞捶小喜喧呼，其母因驚而死。知州劉察、通判田贊嘗為士元所召飲宴，故為具獄書奏。既引對，帝覽之，疑小喜被誣，付御史臺鞫之，果得實狀。士元決杖配商州衙前禁錮，察、贊具免官，家財仍令中分。乃下是詔。

〔一〕小喜之罪　「罪」原作「獄」，據宋大詔令集卷二百改。
〔二〕獄既具　「獄」原作「罪」，據宋大詔令集卷二百改。
〔三〕朕　原脫，據宋大詔令集卷二百補。
〔四〕蒱博　「博」原作「慱」，據文意改。

2．十五日，御崇政殿引見諸軍人負罪被鉗者，釋之。先是，去年冬，有盜數人夜入人家，劫取財物，經時不獲。帝欲必得之，令厚其貲賞，果有告者，乃軍卒數人結約夜逾壘垣而出〔一〕，同行劫盜。後盡獲其黨而戮之。因徧索軍中〔二〕累有罪罰兇惡無賴者，得數百餘人，不忍悉誅〔三〕，遂以鐵鉗鉗其頸〔四〕，羈於本軍。至是盡釋之，仍各賜錢三十文。舊日受〔五〕。

〔一〕數人結約夜逾壘垣而出　「人」字後原作小字注文「缺」，表示缺文，實不缺；「夜踰壘垣」原作「缺」，據太宗皇帝實錄卷二八補。
〔二〕因徧索軍中　「因徧索」，原作「缺」，據太宗皇帝實錄卷二八補。
〔三〕得數百餘人不忍悉誅　「得數百餘人不」，原作「缺」，據太宗皇帝實錄卷二八補。
〔四〕遂以鐵鉗鉗其頸　原脫二「鉗」字，據太宗皇帝實錄卷二八補。

〔五〕舊日受　「受」字前後原作小字注文「缺」，待補。

3. 六月二十六日，開封寡婦劉氏〔一〕有姦狀，恐事露，憂悸成疾，復懼其子陳告，遂令侍婢陳訴〔二〕，稱其子王元吉女寘毒食中，因疾但未死〔三〕。事下右軍巡按之，未得實狀，移左軍巡。推典受劉賂，掠治元吉〔四〕。元吉自誣。相次，劉以疾死。及本府引問，元吉始以實對，府中徙繫數月不能決，又移司錄司，盡捕兩軍巡元推胥吏，按問之，稍見誣構之跡〔五〕。府中以追捕者眾，列狀引見。帝以元吉藥母事狀暗昧，令免死，決徒開封府。將杖之，元吉大呼曰：「元吉苟受刑府中，官吏豈得了乎？須盡還元吉所用貨賂。」府中不敢決，因問行賂之狀，元吉歷指之，遂具詞欵上言。元吉復令妻張撾登聞鼓，帝覽之，臨軒顧問，悉見其冤狀，亟令中使收捕元推官吏，送御史臺再鞫之。至是，獄具，引見推官張雍、左右軍巡判官韓昭裔、宋延照〔六〕，並奪一官，勒停；左右軍巡使殿直龐則、王業，並降充殿前承旨；又博州博平令楊處仁嘗增改劉氏詞狀，亦追一官；毉人陳上良〔七〕詐稱元吉〔八〕嘗用解毒藥，曹司孫節受賂，並杖脊配沙門島。司吏以依理一推鞫，等第給賞，又賜元吉妻張氏帛十匹。先是，元吉繫左軍巡〔九〕，為獄吏繫縛，謂之「鼠彈箏」，榜治備諸〔十〕慘毒，不勝其苦。至是，帝復令縛獄吏，以其法償之，吏宛轉號叫〔十一〕，唯求速死。帝曰：「汝猶不勝其苦〔十二〕，他人能勝之乎〔十三〕？」及解其縛，兩手不能舉，良久方復。帝謂宰相曰：「刑獄有如此慘酷，京城尚如此，況僻遠乎！」遂以諫議大夫辛仲甫代劉保勳知開封府〔十四〕，保勳洎判官李繼凝〔十五〕各奪一季俸。

〔一〕開封寡婦劉氏　「氏」字原脫，據太宗皇帝實錄卷三補。
〔二〕遂令侍婢陳訴　「陳」字原脫，據太宗皇帝實錄卷三補。
〔三〕因疾但未死　「因」字原作「缺」，據太宗皇帝實錄卷三補。

〔四〕掠治元吉　「掠」字原脫，據太宗皇帝實録卷三補。
〔五〕稍見誣構之跡　「構」原作「講」，據太宗皇帝實録卷三改。
〔六〕宋延照　「照」，太宗皇帝實録卷三作「煦」。
〔七〕陳上良　「上」，太宗皇帝實録卷三作「士」。
〔八〕元吉　「元」原作「之」，據太宗皇帝實録卷三及本條上文改。
〔九〕左軍巡　「左」字原脱，據太宗皇帝實録卷三、宋史卷二百補。
〔十〕榜治備諸　「榜」，宋史卷二百作「搒」。
〔十一〕宛轉號叫　「宛」原作「死」，據太宗皇帝實録卷三、宋史卷二百改。
〔十二〕勝其苦　原脱，據太宗皇帝實録卷三補。
〔十三〕他人能勝之乎　「他」字原脱，據太宗皇帝實録卷三補。
〔十四〕辛仲甫代劉保勳知開封府　「甫代」二字原脱，據太宗皇帝實録卷三補。
〔十五〕保勳洎判官李繼凝　「洎」原作「泊」，「凝」字原脱，據太宗皇帝實録卷三改、補。

雍熙二年（乙酉，九八五）

1. 十月一日，御崇政殿，引問御史臺、開封府禁囚數百人，據罪狀輕重踈决之。既罷，謂宰臣：「朕録辦囚徒，殊不覺勞，但坐少時耳〔一〕。如中外臣僚皆留心政務，天下安有不治者！古人宰一邑，治一郡，或致飛蝗避境、猛虎渡江。況人君能惠養黎庶，伸治冤滯〔二〕，豈不感召和氣乎！」宋琪等對曰：「陛下〔三〕勤勞致治，蒼生之幸也。」

〔一〕但坐少時耳　「坐」原作「座」，據文意改。

〔二〕伸治冤滯　宋史卷一百九十九、長編卷二十六作「審理」。
〔三〕陛下　「下」字原脱，據宋朝事實卷十六、事實類苑卷二、太宗皇帝實録卷三四補。

端拱二年（己丑，九八九）

1. 五月十九日，以旱御崇政殿，録在京諸司繫囚，多所寬宥。分命常參官四十二人決天下獄。時，自季春不雨，帝乃臨軒親決庶獄，是夜，雨足。

淳化三年（壬辰，九九二）

1. 六月十六日，以暑甚，御崇政殿，録在京諸司繫囚數百人，流罪以下悉與原赦。

2. 七月二十五日，御崇政殿，録在京諸司繫囚，流罪以下悉從原宥。尋敕諸路，見禁囚除四殺、官典犯正枉法贓外，餘死罪降從流，流以下遞減一等，杖以下釋之。

五年（甲午，九九四）

1. 正月十三日，以春和在候，閔其幽繫，御崇政殿，録在京諸司繫囚。流以下悉從原宥。帝謂宰相曰：「古人立法非欲察，蓋欲親善遠罪者，覩之以為鑒誡耳。既犯刑憲繫牢獄者，有司宜盡心聽斷，無有壅滯，斯為供職矣。」

2. 四月十日，御崇政殿，録在京諸司繫囚，流罪以下悉從原放。帝以炎月決獄壅滯〔一〕。詔劾知開封府張宏已下。及宏請罪，復釋之。

〔二〕決獄壅滯　「壅」原作「雍」，據文意及上條「無有壅滯」改。

至道元年（乙未，九九五）

1. 二月十二日，入京畿闕雨〔一〕，御崇政殿，録在京諸司繫囚，流已下悉原減，其毀傷支體干人命者，聽從法；　隱没及逋欠者〔二〕，理納償官；　餘罪皆從輕重〔三〕，非故犯者，悉原之。　殿中丞常顯信以前知兖州日坐事，為通判李延所訟，出為團練副使；　大理評事林傚隱漏前任贓罪，除名配商州衙前。大理評事宋克正前知考城縣，擅出官倉斛鬥入己，貸死，除名，配商州衙前。帝又謂左右曰：「外州刑獄，多有淹繫，蓋官吏不能躬親科斷。朕今頃刻間，悉與疎理，又何難哉！」乃諭開封府判官楊徽之已下，應犯杖罪即躬親區處，不得更付所司。

〔一〕入京畿闕雨　「入」當作「以」。

〔二〕隱没及逋欠者　「没」原作「設」，據文意改。

〔三〕餘罪皆從輕重　「輕」字後原衍「重」字，據文意删。

2. 四月二十日，御崇政殿，録在京諸司繫囚，除十惡、四殺、官典犯贓、損散官物外，自大辟罪以下，並與原減。

3. 大理寺丞魏霽坐劾事河陰與官吏宴飲，特免見任。　侍御史張利涉益州為政浚急，洎盜攻劍門〔一〕，亦以此為言。　帝詰其致寇之由，利涉不能對，遣出具欵來上。　帝以三司別有繫囚，多委左右軍巡院，動淹時月，不速斷囚，詔自今三司屢更，可下兩軍巡，只令本部判官當廳推鞫。

〔一〕洎盜攻劍門　「洎」原作「泊」，據文意改。

真宗　咸平元年（戊戌，九九八）

1. 二月六日，帝御崇政殿，録在京諸司繫囚並減等，情理可恕者，並釋之。以詔西京乃諸路繫囚〔一〕，限勑到日，長史盡時決斷〔二〕，如有冤濫，即與申理，限三日内具畢聞奏。追證未圓候對欵者，亦速為結絶。老幼疾患不任科責者，流徒罪準律收罰，杖已下釋之。時以慧星見也〔三〕。

〔一〕以詔西京乃諸路繫囚　疑「以」字衍，當删；「乃」，疑當作「及」。

〔二〕長史盡時決斷　疑「史」當作「吏」，「盡」當作「晝」或「即」。

〔三〕時以慧星見也　原作小字注文，今據文意改作大字正文。

三年（庚子，一〇〇〇）

1. 二月二十日，以京畿闕雨，御崇政殿，録在京諸司繫囚，多所原宥。

四年（辛丑，一〇〇一）

1. 二月十一日，以京畿闕雨，御崇政殿，録在京諸司繫囚，死罪者詳覆之，餘悉從輕，杖已下釋之。

2. 七月十九日，御便殿，引見三司軍將趙永昌臨訊之。永昌兇狠無行，督運江南，所為多不法。知饒州韓昌齡廉得其贓狀〔一〕及違禁事移於轉運使馮亮〔二〕，坐決杖停職。遂撾登聞鼓，訟昌齡與亮訕謗朝政，仍偽為印作亮等求解之狀。詔下御史臺鞫問。帝察其詐，引見，召前饒州録事楊傑證其事，永昌屈伏，遂斬之。釋亮不問，而昌齡以酒過貶郢州團練副使。

〔一〕得其贓狀　「得」字原脱，據長編卷四十九咸平四年七月戊戌補。

〔二〕轉運使馮亮　「使」原作「司」，據長編卷四十九咸平四年七月戊戌改。

六年（癸卯，一〇〇三）

1. 十一月一日，以萬安太后疾，御崇政殿，録在京諸司繫囚，徒以上遞減一等，杖已下並釋之。

景德二年（乙巳，一〇〇五）

1. 四月二十三日，令軍頭司自今引見罪人，召法官先定刑名。時本司言開封府獄囚當引見，不坐格律，請再送引見司定斷，帝慮其稽遲，故有是詔。

三年（丙午，一〇〇六）

1. 四月十五日，命樞密直學士劉琮〔一〕、西上閤門使李允則、工部侍郎董儼、龍圖閣待制戚綸、宫苑使劉承圭〔二〕、知制誥朱巽、龍圖閣待制陳彭年、東上閤門使曹利用，分詣三司、御史臺、開封府、殿前侍衛馬步軍司編敍繫囚。翌日，帝御崇政殿臨決之，雜犯死罪降流，流徒遞降，杖笞釋之。時御史臺引都官員外郎竇諲前知京兆府長安縣，坐苛刻劾罪。帝曰〔三〕：「親民之官，不循理道，酷用刑罰，宜擯弃也。」遂令分司西京。除殺人者論如律，餘罪遞降釋之。日旰既罷。復令軍頭司、引見司覆奏所決刑名，審視訖，乃命施行。自是，每歲暑熱皆遣官偏排〔四〕，親臨疎放，遂為定制。

〔一〕劉琮　長編卷六十二景德三年四月丙戌作「劉綜」。

〔二〕劉承圭　長編卷六十二景德三年四月丙戌作「劉承珪」。
〔三〕帝曰　「曰」字原脫，據長編卷六十二景德三年四月丙戌補。
〔四〕皆遣官偏排　「偏」當作「徧」，見輯稿·刑法五之一三。

四年（丁未，一〇〇七）

1. 閏五月二十七日，御崇政殿，錄在京諸司繫囚，多所原減。

大中祥符元年（戊申，一〇〇八）

1. 五月十七日，御崇政殿，錄在京諸司繫囚，流已下遞減一等，笞杖釋原之。

二年（己酉，一〇〇九）

1. 五月十二日御崇政殿〔一〕，錄在京諸司繫囚，死罪從流，流從徒，徒從杖，其下並釋之，殺人者依法。民有戶絕而妻鬻產適他族者，至是事發，而估錢已費用。有司議，準法產業當沒官，帝令以產業給見主，納估錢者存之〔二〕。

〔一〕崇政殿　長編卷七十一大中祥符二年五月戊寅作「便殿」。
〔二〕納估錢者存之　長編卷七十一大中祥符二年五月戊寅作「納估錢支與存者」。

三年（庚戌，一〇一〇）

1. 五月十七日，御崇政殿，錄在京諸司繫囚，唯彊盜準法，餘死罪降從流，流徒並降從杖，流仍配

隸，杖已下釋之，凡五百五十九人。

四年（辛亥，一〇一一）

1. 五月十四日，御崇政殿，録在京諸司繫囚，殺人者死，自餘死及徒流，遞減一等，杖已下釋之。五年五月十三日、六年五月一日、八年五月十四日、天禧三年五月十五日、四年六月十九日並同此制。〔一〕

〔一〕五年五月十三日　以下原爲大字正文，據文意改爲小字注文。

七年（甲寅，一〇一四）

1. 正月十四日，御崇政殿，録在京諸司繫囚，多所原減，以車駕行幸故〔一〕。

〔一〕以車駕行幸故　原作小字注文，今改作大字正文。

2. 五月二十二日，御崇政殿，録在京諸司繫囚，死罪至徒流遞減，杖已下釋之。贓吏董塋配曰外牢城〔一〕，永不與官。前一日編排外，至日又遣中使以罪目二卷付宰臣王旦等，令與知開封府王曙等〔二〕再詳審訖施行〔三〕。

〔一〕董塋配曰外牢城　長編卷八十二大中祥符七年六月丙辰「董塋」作「黄塋」，「曰外」作「白州」。
〔二〕王曙　「曙」字原脱，據長編卷八十三大中祥符七年七月戊子「知開封府王曙」補。
〔三〕再詳審訖施行　「詳」原作「祥」，據文意改。

天禧元年（丁巳，一〇一七）

1. 五月十三日，御崇政殿，録在京諸司繫囚，死罪情理輕者流海島，徒流遞減一等，杖已下釋之。

五年（辛酉，一〇二一）

1. 五月一日，御崇政殿，録在京諸司繫囚，死罪降從流，流從徒〔一〕，杖已下釋之。

〔一〕流從徒　「徒」字原脱，據文意補。

乾興元年（壬戌，一〇二二）

1. 五月七日仁宗即位，未改元，帝御崇政殿，録在京諸司繫囚，各從原降。

仁宗天聖元年（癸亥，一〇二三）

1. 三月九日，御崇政殿，録在京諸司繫囚，既原減訖，又出軍頭司所録刑名示中書、樞密院，再令看詳〔一〕，始付外施行。

〔一〕再令看詳　「詳」原作「祥」，據文意改。

二年（甲子，一〇二四）

1. 五月九日，御崇政殿，録在京諸司繫囚，雜犯死罪已下遞減一等，杖已下釋之。三年五月九日〔一〕、四年五月十三日、五年五月十三日、八年三月九日、九年五月十九日、景祐元年三月二十三日、二年五月十三日、寶元二年五月十五日、慶曆二年五月九日、三年五月四日、四年五月九日、五年四月一日、六年五月一日、九月七日、七年三月八日、八年三月二十四日、皇祐元年三月三十五日、二年六月二十八日、五年〔二〕五月二十八日、四年三月十六日、六年正月二十六日、嘉祐七年二月五日，並同此制。

〔一〕三年五月九日　以下原爲大字正文，今改爲小字注文。

〔二〕五年　疑「五」當作「三」之誤。如不誤，當移「四年三月十六日」之後。

七年（己巳，一〇二九）

1. 五月十五日，御崇政殿，録在京諸司繫囚，減原者四十三人。軍卒亡命，限一月首露，送所管，依例原減，至死者，奏裁。仍詔今日已前諸處送到及已追未致諸色人〔一〕，候所勘到所犯情罪，仰依踈決例，斷訖奏聞，有疑慮者，奏裁。其逃走軍人，更不刺面，依舊收管，及踈決已前軍人犯死罪者，並奏取旨。十年四月六日〔二〕，減降死罪、原減亡命軍卒同此制。

〔一〕未致諸色人　「致」當作「至」。

〔二〕十年四月六日　以下原爲大字正文，今改爲小字注文。

明道二年（癸酉，一〇三三）

1. 五月十四日，御崇政殿，録在京諸司繫囚，減重罪，事輕罪〔一〕。仍詔踈決其前諸罪人〔二〕，追逮未至，須到吴欵進踈決施行〔三〕，若疑獄及死罪者，聽奏取旨，在籍逃亡能自歸若獲者，更不刺面，許還本所。自後每踈決悉用此制。

〔一〕事輕罪　疑「事」當作「釋」。

〔二〕踈決其前諸罪人　疑「其」當作「以」。

〔三〕須到吴欵進踈決施行　疑「吴欵進」有誤。

景祐二年（乙亥，一〇三五）

1. 五月十九日，御崇政殿，録在京諸司繫囚，死罪從流，流已下原之。

2. 七月二十五日，帝以五月踈決罪人〔一〕，有事發未追，合該降釋，遂詔刑部應三京畿縣見禁罪人，除刼謀故鬬並為已殺人者，並十惡、官典正枉法贓、監主自盜、僞造符印、放火依法外，雜犯死罪並降從徒，情理重及鬬殺情可閔者，依減降決配五百里外牢城，其餘流罪降徒，杖已下並放。先是，詔疑罪奏裁，故始立為定法。

〔一〕帝以五月踈決罪人 「以」原作「已」，據文意改。

四年（丁丑，一〇三七）

1. 五月九日，御崇政殿，録在京諸司繫囚。帝謂宰臣王隨曰：「今旦皇子誕生，踈決固宜寬貸。」隨等拜賀。是日，死罪降從流，配嶺南牢城者五人，流罪配近郡軍籍者五人，徒十三人，杖笞三十一人，並釋之。

寶元二年（己卯，一〇三九）

1. 四月二十五日，開封府言：「今後踈放前，有罪人稱祖父告懃在外及婦人稱有娠，乞且送知在。如無官告、娠孕，不與原免。」從之。

康定元年（庚辰，一〇四〇）

1. 五月十一日，詔以近降德音，更不踈決繫囚。

二年（辛巳，一〇四一）

1. 五月九日，御崇政殿，録在京諸司繫囚，流已下減一等，杖已下原之。

慶曆四年（甲申，一〇四四）

1. 三月十四日，開封府言：「酸棗縣吏受賕，拷掠平人，事發而逃。」帝曰：「吏人舞文受賕，雖仲夏踈理，勿以常例原之。」

皇祐五年（癸巳，一〇五三）

1. 五月十三日，御崇政殿，録在京諸司繫囚，雜犯死罪已下遞減一等，徒已下釋之。至和元年正月二十五日，二年四月二十三日，嘉祐元年四月二十三日，二年二月三日、八月二十六日，三年二月十二日、閏十二月十六日，四年四月二十八日，五年二月三日、五月十九日，六年二月十二日、六月十七日並同此制。〔二〕

〔二〕至和元年正月二十五日　以下原爲大字正文，據文意改爲小字注文。

嘉祐七年（壬寅，一〇六二）

1. 五月八日，詔自今踈决罪人，以降指揮所至時刻為限，在編排後者，毋得以減論〔一〕。

〔一〕毋得以減論　「毋」原作「每」，據文意改。

英宗　治平元年（甲辰，一〇六四）

1. 二月二十二日，帝御崇政殿，録在京諸司繫囚，雜犯死罪已下遞減一等，杖已下釋之，鬭殺情可閔者，決配五百里外牢城，强刼罪至死者廣南牢城，情理重者廣南遠惡州軍。二年二月十七日、六月四日，三年三月十四日、六月二十六日，並同此制。〔一〕

〔一〕二年二月十七日　以下原爲大字正文，據文意改爲小字注文。

治平四年（丁未，一〇六七）

1. 十九日，神宗即位，未改元。上御崇政殿，録在京諸司繫囚，雜犯死罪已下遞降一等，杖已下釋之。熙寧元年三月二十八日、三年八月九日，四年六月十三日，五年四月五日、六年七月十三日、七年三月五日，八年五月一日，十年三月二十一日，元豐元年三月七日、四年四月十五日，六年五月十五日、七年五月十四日，並同此制。〔一〕

〔一〕熙寧元年三月二十八日　以下原爲大字正文，據文意改爲小字注文。

神宗　熙寧九年（丙辰，一〇七六）

1. 六月十五日，上御崇政殿，録在京諸司繫囚，除犯謀殺、鬭殺者，並為已殺人者，並十惡、彊盜、偽造符印、放火、官員犯入己贓、將校軍人公人犯枉法贓、監主自盜贓並依法，其餘犯死罪降徒流，流降從徒，徒降從杖，杖已下並放。內鬭殺情理輕者減一等，並雜犯死罪情理重者，依所降決訖，並刺面配千里外牢城，斷訖録案聞奏。彊盜罪至死情理輕者減一等，刺配本住處三千里外牢城。開封府界諸縣見

禁罪人，一依上項疎決。指揮到時以前，應犯徒罪並降從杖，杖罪已下，只委本縣斷放，徒已下罪即解府，依疎決施行。

2. 九月十一日，詔開封府該今年六月十五日疎決〔一〕，內見禁布孕婦人〔二〕，係杖罪情輕者，並釋之。

〔一〕開封府該今年六月十五日疎決　疑「該」字衍，當刪。

〔二〕內見禁布孕婦人　疑「布」當作「有」。

元豐三年（庚申，一〇八〇）

1. 四月十七日，審刑院、刑部言：「宣州民葉元有，爲同居兄亂其妻，縊殺之，又殺兄子，而彊其父與嫂爲約契，不訟於官。鄰里發其事，州爲上請。」上批：「同居兄亂其妻，或彊或和，既本無證左，又罪人今皆已死，則二者同出於葉元有一口〔一〕，不足以定罪。然以妻子之愛，既罔其父，又殺其兄，繼戕其侄，背逆天理，傷敗人倫，宜以毆兄至死律論。」

〔一〕則二者同出於葉元有一口　「同」原作「周」，「有」字原脫，據長編卷三百三元豐三年四月庚戌改、補。

哲宗元祐元年（丙寅，一〇八六）

1. 正月十七日，上御延和殿，疎決在京繫囚，除常赦所不原外，雜犯死罪已下降一等，杖已下釋之。二年四月七日、六年六月一日，並同此制。〔一〕

〔一〕二年四月七日　以下原爲大字正文，據文意改爲小字注文。

元符三年(庚辰,一一〇〇)

1. 十二月九日,徽宗已即位,未改元〔一〕。詔:「皇太后服藥,宜施恩宥,以速康和。」御崇政殿,疎決在京見禁罪人。

〔一〕已即位,未改元　原作「已元民立」。

徽宗 崇寧元年(壬午,一一〇二)

1. 閏六月八日,上御崇政殿,疎決罪人,如故事。二年六月十五日、三年六月二十二日、四年六月十二日、五年六月十二日,大觀元年六月二十二日,二年五月二日、三年五月十三日、四年八月二十二日,政和元年四月二十四日,二年五月七日,三年五月六日,五年五月十三日、六年六月八日,八年六月十九日,宣和元年五月二十七日,三年閏五月十五日、四年五月二十九日,五年五月十八日,六年五月二十六日,七年六月十一日,並同此制。〔一〕

〔一〕二年六月十五日　以下原爲大字正文,據文意改爲小字注文。

高宗 建炎二年(戊申,一一二八)

1. 六月十一日,疎決行在揚州並屬縣,及行在大理寺、御史臺、殿前馬步三司見禁罪人,除犯刼殺、謀殺、故殺、鬭殺並為已殺人者,並十惡,偽造符印、放火、官負犯入己贓、將校軍人公人犯枉法贓、監主自盜贓,並依法,其餘雜犯死罪降從流,流罪降從徒,徒罪降從杖,杖罪已下並放。內鬭殺情理輕者減一等,並雜犯死罪情理重者,依所降決訖,並刺配千里外牢城,斷訖録案聞奏。强盜罪至死依所降決訖，情理重者刺配廣南遠惡處，情理輕者刺配二千里外並牢城。又詔東京、大理寺、御史臺、殿前馬步三司、開封府，京畿、西京、南京、北京及諸縣准此。三年七月三日，行在疎決建康府，四年六月十二日、紹興元年六月二十三日行在疎決越州，並同此制。〔一〕

紹興二年（壬子，一一三二）

1. 五月二十四日，詔：今月二十五日疎決臨安府並屬縣及行在大理寺、御史臺、殿前司、馬軍司、步軍司見禁罪人，依例差官編排引見，大理寺、御史臺宜差戶部侍郎黄叔敖，同管客省四方館閤門公事劉公彦，臨安府、殿前司、馬軍司、步軍司宜差工部侍郎韓肖胄，同管客省四方館閤門公事宋錢孫。

2. 二十五日，上御後殿，疎決臨安府並屬縣行在諸司繫囚，除犯四殺、十惡、僞造符印、放火、官員犯入己贓、將校軍人公人枉法贓、監主自盗贓並依法，其餘雜犯死罪遞降一等，杖罪已下釋之，內鬭殺情理輕者減一等，並雜犯死罪情理重者，依所降決訖並刺配千里外牢城，斷訖録按聞奏。强盜罪至死依所降決訖，情理重者刺配廣南遠惡處，情理輕者二千里外並牢城。三年六月二十四日，四年六月二十五日，五年五月二十五日、六年六月十六日、七年六月二十二日、八年六月五日，九年六月十三日，十年閏六月二日、十一年六月五日，十二年六月二十三日、十三年五月二十七日，十四年六月二十六日，十五年七月二日、十六年六月十六日、十七年六月二十七日、十八年六月七日，十九年六月十九日，二十年七月四日，二十一年六月九日，二十二年六月十九日，二十三年六月十九日，二十四年六月十二日，二十五年七月四日，二十六年六月二十四日，二十七年六月九日，二十八年六月十四日，二十九年閏六月二日，三十年六月九日，三十一年六月二十五日，三十二年六月四日，並如此制。

〔一〕三年七月三日　以下原爲大字正文，據文意改爲小字注文。

〔二〕

〔一〕三年六月二十四日　以下原爲大字正文，據文意改爲小字注文。

三年（癸丑，一一三三）

1. 六月二十四日，軍頭司引見踈决罪人，大理寺一火一名，臨安府三火三名，杖罪並放。

四年（甲寅，一一三四）

1. 六月二十四日，詔今月二十五日踈决臨安府並屬縣及行在〔一〕大理寺、御史臺、殿前司、馬軍司、步軍司〔二〕見禁罪人，依例差官編排引見。大理寺、御史臺宜差戶部尚書黄叔敖、帶御器械楊沂中，臨安府、殿前司、馬軍司、步軍司宜差吏部侍郎鄭滋、同管〔三〕客省四方館閤門公事韓恕。

〔一〕行在　「在」字原脱，據文意補。

〔二〕步軍司　原脱，據本條下文「馬軍司、步軍司」補。

〔三〕同管　「管」原作「館」，據繫年要録卷九十改。

2. 二十五日，軍頭司引見大理寺、臨安府踈决罪人，有旨放。

八年（戊午，一一三八）

1. 六月三日，臨安府勘到故知閤門事潘永思、幹事人郭壽之私用過錢物情節。内壽之招認，使過錢三千緡，餘七人共認各不下一二千緡。上曰：「既無文約，又別無照據，必是郭壽之〔一〕妄有通攤，豈可抑勒招承？可除壽之外，餘並日下放免。」趙鼎以下退而讚上之聰明。上曰〔二〕：「此一事朕踈决多矣〔三〕。」蓋時方盛暑，已釋初五日踈决〔四〕，故有是言〔五〕。

〔一〕郭壽之 「之」字原脱，據中興小紀卷二十四及上下文補。
〔二〕上曰 「曰」字原脱，據中興小紀卷二十四補。
〔三〕此一事朕踈决多矣 「朕」原作「勝」，據中興小紀卷二十四改。
〔四〕已釋初五日踈决 中興小紀卷二十四作「方涓日踈决」。
〔五〕故有是言 中興小紀卷二十四作「故鼎有是言也」。

孝宗 隆興元年（癸未，一一六三）

1. 六月十九日，上御後殿，録行在諸司繫囚，雜犯死罪已下遞降一等，杖已下釋之。隆興二年六月十六日、乾道元年六月一日、二年六月七日，並同此制。〔一〕

〔一〕隆興二年六月十六日 以下原爲大字正文，據文意改爲小字注文。

乾道三年（丁亥，一一六七）

1. 六月二十三日，上御後殿引見踈决罪人，尋有旨引見例踈放。

四年（戊子，一一六八）

1. 五月二十八日，上御後殿踈决罪人，如二年六月之制〔一〕。

〔一〕二年六月 「年」原作「十」，據輯稿·刑法五之二三改。

2. 六月七日〔一〕，上謂宰相曰：「朕前日見踈决全是文具，可具典故將來。」蔣芾奏曰：「祖宗

朝，皆人主自臨決囚徒，不拘暑月。至景德中盛暑臨決，遂為定制。」上曰：「朕欲依祖宗故事，先令有司具囚情欵，前數日進入，朕親閲之，可釋者釋之，可罪者罪之，庶不為虛文。可降指揮，今後並依祖宗典故。」

〔一〕六月七日　宋史全文卷二十四下、羣書會元截江網卷四皆作「乾道三年」六月七日。

3. 八日，詔自今每歲踈決，依祖宗典故，預行差官，前去御史臺、大理寺、臨安府、殿前馬步軍司編敘繫囚，定其罪目，申尚書省進呈。

4. 七月二十七日，詔：「陰雨未晴，竊慮刑獄淹延，有奸和氣。御史臺、大理寺差梁克家、張說，臨安府、殿前馬步軍司差陳彌作、康湑編敘繫囚，定其罪目，申尚書省取旨，點定名件，擇日引見，臨軒審問，決遣罪人。」

5. 二十八日，詔：「臨軒慮問，決遣罪人，編排引見官差汪大猷、張說、周淙、宋直溫。其日俟進食，後殿特坐引呈，並依踈失罪人體例施行。」

6. 三十日，上特御後殿，臨軒引見決遣罪人，餘依今年五月之制。

六年（庚寅，一一七〇）

1. 閏五月十日，詔：「今歲踈決，御史臺、大理寺差鄭聞、張說，臨安府、殿前馬步軍司差王秬、宋鈞，將見禁罪人編敘繫囚，定其罪目，申尚書省進呈取旨，擇日引見。」

2. 十一日，詔踈決罪人，編排引見，差官汪大猷、張說、姚憲、宋鈞。

3. 十四日，上御崇政殿，踈決罪人，依四年七月之制。

七年（辛卯，一一七一）

1. 六月五日，詔：「今歲疎決，御史臺、大理寺差葉衡、宋鈞，臨安府、殿前馬步軍司差司馬伋、王抃，將見禁罪人編敘繫囚，定其罪目，申尚書省〔一〕進呈，取旨降下，擇日引見。」

〔一〕申尚書省　「省」字原脱，據文意补。

2. 七日，詔疎决罪人，編敘、引見官差王秬、宋鈞、晁公武、王抃。

3. 十一日，宰臣虞允文奏：「皇太子昨至臨安府〔一〕引問公事，内一二輕罪便可疎决，屬吏白之，太子不許，以臨軒疎决在近故也。」上曰：「甚善。」

〔一〕臨安府　「臨」前原衍「臨」字，據文意刪。

4. 十四日，上御後殿疎决罪人，如六年閏五月之制。

八年（壬辰，一一七二）

1. 四月，詔：「今歲疎决，御史臺、大理寺差韓元吉、徐本中，臨安府、殿前馬步軍司差馬希言、龍雱，將見禁罪人編敘繫囚，定其罪目，申尚書省進呈，取旨降下，擇日引見。」

2. 六月七日，詔疎决罪人，編排引見官差鄭聞、徐本中、莫濛〔一〕。

〔一〕莫濛　原作「莫蒙」，據宋史卷三百九十莫濛傳改。

3. 十二日，上御後殿疎决罪人，如七年〔一〕六月之制。

〔一〕七年　原作「十年」，據文意及輯稿·刑法五之一四改。

九年（癸巳，一一七三）

1. 五月二十八日，詔：「今歲疎決，御史臺、大理寺差韓元吉、王抃，臨安府、殿前馬步軍司差馬希言、龍雱，將見禁罪人編敘繫囚，定其罪目，申尚書省進呈，取旨降下，擇日引見。」

2. 三十日，詔疎決罪人編排引見官差沈度、龍雱。

3. 六月一日，上御後殿疎決罪人，如八年之制。

省獄〔一〕

影印本刑法五之一五至四八
大典卷一九九八十

太祖　建隆二年（辛酉，九六一）

1. 六月九日，以旱詔：「東京管内見禁罪人，除惡逆、不孝、刼賊、故殺、放火、官典受枉法贓不放外，其餘雜犯死罪，除同情共犯頭首處死，餘並減一等，配靈武；流罪以下減三等；杖罪已下並放；所有不該釋放罪人，令開封府尹速與疎決。其大名府、滑、衛、澶、鄆、濮、齊、相、磁、邢〔二〕、洺、貝、冀、博、鎮、深、趙、易、定、祁、滄、德、瀛、莫、推、霸州，敕到日並依此處分。」

〔一〕原脱，據天頭舊批「省獄，太祖建隆二年起」補。
〔二〕邢　原作「刑」，據宋史卷八六地理志改。

太宗　太平興國九年（甲申，九八四）

1. 六月八日，遣殿中侍御史李範等八人〔一〕往兩浙、淮南、江南、西川、廣南録問刑獄。先是，登聞院引對婦人李氏，自陳云：「無兒息，身且病，恐一旦溘死，家業委棄，欲未死有所歸。」帝因謂宰臣曰：「此婦人數日前朕已令開封府依所欲裁置之。今復來告訴，稱其父已被繫矣，此是小事，何用禁

繫？京輦之下，尚敢如此。天下至廣，冤枉可知。朕恨不能徧閱天下獄訟〔二〕，親行決斷〔三〕。每見大理寺斷遣諸州刑獄，多為其中有小未盡即却之。今國家封疆廣遠〔四〕，來往動是五七千里，再令勘覆，轉是淹延〔五〕。今後宜令周細詳酌，如不干人命便與斷決，不須重勘。」宋琪等曰〔六〕：「謹奉詔。」即日分遣使焉。

〔一〕八人　宋史卷一九九作「十四人」。
〔二〕朕恨不能徧閱天下獄訟　「閱」原作「闕」，據太宗皇帝實錄卷三改。
〔三〕親行決斷　「親」原作「新」，據太宗皇帝實錄卷三改。
〔四〕今國家封疆廣遠　「疆」原作「彊」，據太宗皇帝實錄卷三改。
〔五〕轉是淹延　「淹」原作「掩」，據太宗皇帝實錄卷三改。
〔六〕宋琪等曰　「宋」字原脫，據太宗皇帝實錄卷三補。

雍熙二年（乙酉，九八五）

1. 八月一日，詔曰：「朕以庶政之中，獄訟為切，欽恤之意，何嘗暫忘。蓋郡縣至廣，械繫者衆，苟有冤抑，即傷至和。今遣秘書丞崔維翰〔一〕等六人分往兩浙、荊湖、福建、江南、淮南逐路按問，小事即決之，大事須證佐者〔二〕，促行之，仍廉察官吏〔三〕勤惰以聞。」

〔一〕崔維翰　「維」，宋大詔令集卷二百作「惟」。
〔二〕大事須證佐者　「佐」原作「左」，據宋大詔令集卷二百改。
〔三〕仍廉察官吏　「廉」，宋大詔令集卷二百作「廣」。

四年（丁亥，九八七）

1. 正月十六日，詔曰：「庶務之中，惟刑是恤。苟獄訟有所枉抑，則和氣為之損傷〔一〕，宜遣右補闕韓援等分往西川、嶺南、江浙等路按問刑獄，小事即決之，大事趣令結絕。事有可斷而官吏故為稽緩者，鞫其狀以聞。官吏臨事彊明，獄無冤滯者，亦以名聞，當行旌賞。見禁人内有命官并合該申奏者，具案以聞。」

〔一〕則和氣為之損傷　「之」字原脫，據宋大詔令集卷二百補。

端拱二年（己丑，九八九）

1. 四月四日，遣殿中侍御史劉丹等八人分録天下刑禁。

2. 五月十九日，詔曰：「昨以炎熱在候，聽覽餘閒，狴牢盡出於繫囚，軒陛躬行於斷決。冀申淹滯，罔憚勤勞，載念方州，實繁庶獄，或官吏不明於詳讞，則縲絏得無於冤沉？是用特遣使臣就令踈決〔一〕，庶洽和平之氣，式昭欽恤之仁。宜差朝官、京官四十人，分十四路，往逐處點檢見禁罪人，流罪已下，如録問無闕違，又非錢穀干繫者，與本處知州軍、通判等約法決遣，不得淹滯刑禁。」

〔一〕是用特遣使臣就令踈決　疑「用」當作「以」。

淳化元年（庚寅，九九〇）

1. 四月五日，以自春不雨，選近臣分往諸處決刑獄。

三年(壬辰，九九二)

1. 五月十六日，以久旱，分遣常參官乘傳往諸路决獄。帝以久愆時雨，憂形於色，謂宰相曰：「亢陽滋甚〔一〕，朕懇禱精至，並走神衹〔二〕，而猶未獲膏澤者，豈非四方刑獄冤濫，郡縣吏不稱職，朝廷政理有所缺乎？」是夕，降雨尺餘。翌日，宰相以時雨應期，相率拜賀。帝曰：「朕孜孜求理，視民如傷，内省於心，無所負矣。而久愆時雨，蓋陰陽之數，非朕所憂。朕所憂者，在政化之未孚，官吏之不稱職耳。」因切責宰相，李昉等慙懼拜伏，退，上表待罪。詔答之。

〔一〕亢陽滋甚 「亢陽」原作「我旱」，據長編卷三十三淳化三年五月己酉改。

〔二〕並走神衹 「神衹」，長編卷三十三淳化三年五月己酉作「群望」。

五年(甲午，九九四)

1. 正月十六日，遣京朝官十七人分詣諸州决遣刑獄，因饑持仗〔一〕刧奪藏粟，止誅為首者，餘悉減死論。

〔一〕持仗 「仗」原作「伏」，據文意改。

至道元年(乙未，九九五)

1. 四月十九日，詔曰：「朕撫臨區夏，勤恤黎元，每夙夜以惟寅〔一〕，庶昆蟲之咸遂，而刑罰未措，獄訟尚繁，適當炎酷之時，慮虧和平之氣，言念於此，良深惕然。是以分命使臣〔二〕，往申寬典，俾

無枉撓，稱朕意焉。宜令常參官乘傳分往諸路，與長吏同決遣刑獄。應惡逆、四殺、官典犯贓、欠負官物見行催理不赦外，其刼盗止誅首惡，餘黨悉杖脊刺面，配本處牢城〔三〕。其餘罪，流以下遞降一等，杖已下放，所至決遣訖，具刑名事狀，附疾置以聞〔四〕。」時命侍御史元玘，職方員外郎李範，戶部員外郎魏廷式，都官員外郎孫紘，比部員外郎直昭文館勾中正，虞部員外郎呂宏之，太常博士直昭文館席羲叟，太常博士李昭素，春秋博士王柄，太常丞劇元吉，殿中丞李居簡、梁正、馬表微，著作郎李通微，太子中舍彭繪，著作佐郎楊士元，直史館趙況，直集賢院趙安仁，大理寺丞張維、樂世隆、李承信等二十二人，殿直陳居爽等十八人，三班奉職崔懿等十二人，凡四十五人分往焉。

〔一〕每夙夜以惟寅　「以」原作「之」，據宋大詔令集卷二百十五改。
〔二〕是以分命使臣　「是以」二字原脫，據宋大詔令集卷二百十五補。
〔三〕配本處牢城　「配」字原脫，據宋大詔令集卷二百十五補。
〔四〕附疾置以聞　宋大詔令集卷二百十五無「附」字。

真宗 咸平元年（戊戌，九九八）

1. 二月五日，詔曰：「朕欽承先訓，嗣守鴻圖，視民如傷，惟刑是恤，言念庶獄，尚多繫囚，或冤枉莫伸，或滯淹未決，感傷和氣，莫甚於斯〔一〕，凡爾庶僚，各宜匪懈。應在京禁囚，已親疎決〔二〕，其西京諸路繫囚〔三〕，限勑到日，長吏晝時決斷〔四〕。如有冤濫，便與申理〔五〕，限三日內畢聞奏〔六〕。若久折官內追證未圓，須對欵者，疾速結絕。老幼疾患不任科責者，流徒罪，準律收贖，杖已下並放。禁囚無食者，量破官米。獄內掃洒潔淨，供給水漿，職官專切物，經赦未放者，並具析申奏，當議除放。

檢校。枷杖輕重，並須一依令式，不得踰越制度。」

〔一〕莫甚於斯　「於」字原脱，據宋大詔令集卷二百一補。

〔二〕已親疎決　宋大詔令集卷二百一作「朕已躬親疎決」。

〔三〕其西京諸路繫囚　「西京」，宋大詔令集卷二百一作「四京」。

〔四〕晝時決斷　「晝」原作「盡」，據宋大詔令集卷二百一改。

〔五〕便與申理　「便」，宋大詔令集卷二百一作「即」。

〔六〕畢聞奏　宋大詔令集卷二百一作「畢具聞奏」。

2. 四月一日，以愆旱，命翰林學士宋湜、王旦，知制誥李若拙疎決三司、御史臺、開封府繫囚。詔曰：「朕道未方古，德罔洽人，致使庶獄尚繫〔一〕，五刑未措。興言及此，良用愧焉。載念黎人，陷於刑辟，或櫝楚之下，痛急自誣；或狴牢之中，苦極難訴〔二〕。感傷和氣，職此之由。是用分命使車，徧詣方郡，申此納隍之意，成予空圄之心，宜遣常參官馳往諸路，疎決刑獄。」

〔一〕庶獄尚繫　「庶」原作「度」，據宋大詔令集卷二百一改。

〔二〕苦極難訴　「難」原作「誰」，據宋大詔令集卷二百一改。

三年（庚子，一〇〇〇）

1. 十月二十三日，命翰林學士王欽若、知制誥梁灝〔一〕為西川、峽路安撫使。仍詔所至録問繫囚，除十惡至死、官典犯正枉法贓至殺人，刼殺、謀殺、故殺、鬭殺並為已殺人不降外，餘死罪徒流，流已下遞降等，杖已下釋之，死罪合該減降情理難恕者，疾置以聞。

〔一〕梁灝　長編卷四十七咸平三年十月丙寅作「梁顥」。

四年（辛五，一〇〇一）

1. 二月十二日，詔曰：「去冬以來，嘉雪未普，今春將半，膏澤尚愆。農事方興，亢陽是懼，偏走郡望〔一〕，精祈上穹，感應未聞〔二〕，祇畏良切。得非郡國之內，獄訟滋彰，狴牢之間，縲繫淹久，或傷和氣〔三〕，乃兆災氛〔四〕。是遣使車，巡行諸路，決其留滯，務盡哀矜。宜令庫部員外郎〔五〕程渥等乘驛分詣諸路，疎理繫囚，杖已下並放，內有公然淹緩刑獄之處，具事以聞。」

〔一〕偏走郡望　「偏」原作「編」，據宋大詔令集卷一百五十一改。
〔二〕感應未聞　宋大詔令集卷一百五十一作「未蒙」。
〔三〕或傷和氣　「和」字原脫，據宋大詔令集卷一百五十一補。
〔四〕乃兆災氛　宋大詔令集卷一百五十一作「或召」。
〔五〕宜令庫部員外郎　「令」原作「今」，據宋大詔令集卷一百五十一改。

六年（癸卯，一〇〇三）

1. 二月十九日，遣朝臣使臣分往京東西、淮南水災州軍賑恤貧民，踈理刑獄。

2. 六月八日，詔陝西諸州踈理繫囚。

景德元年（甲辰，一〇〇四）

1. 正月二十五日，平虜城上言軍營遺火，焚居人廬舍甚衆。遣閤門祇候謝德權乘驛至寧邊軍，會

孫全照同往窮詰其故。軍民謀剽財物者，並按軍令；軍校不知情者，決杖，隸别州員僚直，餘並論如律。

2. 八月十六日，詔曰：「江吳之分，亢暵為災，言念烝民，遘之艱食〔一〕，致嬰法網，或繫圜扉，特命使車，就加欽恤。宜令戶部判官李昉〔二〕、直史館張知白、閤門祗候李守仁〔三〕、侍禁閤門祗應〔四〕郭盛乘驛分詣江南東西路〔五〕疏理繫囚，據見禁罪人與長吏已下勘問，詣實情欵，限三日內依法斷遣。若重罪照證未圓者，亦須催促了當。民間有不便事〔六〕，相度利害，實封以聞〔七〕，名山大川靈祠委長吏精虔祭醮。」

〔一〕遘之艱食 「之」，宋大詔令集卷一百五十一作「茲」。

〔二〕李昉 「昉」原作「防」，據宋大詔令集卷一百五十一改。

〔三〕李守仁 宋大詔令集卷一百五十一作「李仁」。

〔四〕侍禁閤門祗應 原脫，據宋大詔令集卷一百五十一補。

〔五〕江南東西路 「路」字原脫，據宋大詔令集卷一百五十一補。

〔六〕有不便事 「事」字前原衍「者」字，據宋大詔令集卷一百五十一刪。

〔七〕實封以聞 「實封」二字原脫，據宋大詔令集卷一百五十一補。

3. 二十七日，詔曰：「朕臨馭寰區，憂勤政理〔一〕，眷惟遠俗，尤所注懷，慮庶獄之稽留，或齊民之疾苦，是用下詔疏决，命使撫存，特申欽恤之恩，以慰黎元之望。宜令直史館何亮、閤門祗候康宗元〔二〕乘驛往廣南東、西路疏理繫囚，民間不便事，與長吏實封以聞〔三〕。所至父老軍校，犒勞撫問之。」

〔一〕憂勤政理 「政」，宋大詔令集卷二百一作「致」。

〔二〕康宗元　原作「康元」，據宋大詔令集卷二百一、長編卷五十七景德元年八月庚辰改。
〔三〕與長史實封以聞　「封」字原脱，據宋大詔令集卷二百一補。

三年〔一〕(丙午，一〇〇六)

1. 九月五日，以淮南秋旱民饑，命轉運使〔二〕疎理管内繫囚。
〔一〕三年　長編卷六十一景德二年九月庚戌作「二年」，以下三條皆為二年事。
〔二〕命轉運使　長編卷六十一作「詔轉運司」。
2. 二十六日，詔：「給事中董儼、職方員外郎韓國華、知開封府張雍同慮問本府見禁罪人，情理輕者即時決遣；其連逮證勘者，有催督結絶〔一〕，無使留滯。」時府獄禁囚二百餘人，慮其決斷淹延故也。
〔一〕有催督結絶　「有」字疑衍或誤。
3. 十二月二十二日，命鹽鐵判官馮亮、直史館陳堯佐、閤門祗候高維忠〔一〕、侍其振，分詣開封府界提點刑獄〔二〕。
〔一〕高維忠　長編卷六十一景德二年十二月乙未作「高繼忠」。
〔二〕分詣開封府界提點刑獄　「詣」字原脱，據長編卷六十一景德二年十二月乙未補。

大中祥符二年(己酉，一〇〇九)

1. 五月十二日〔一〕，以陝西旱，遣三司鹽鐵判官楊可馳驛往疎決繫囚，除罪至死及官典犯贓外，餘流罪已下遞降一等，杖已下釋之，雜犯死罪情理可閔者奏裁。

〔一〕五月十二日　長編卷七十一大中祥符二年五月壬申，即十八日。

三年（庚戌，一〇一〇）

1. 八月十八日，以淮南旱，詔轉運、提點刑獄官疎理繫囚，並從減等〔一〕。民有盜粟食者量事裁遣〔二〕。

〔一〕並從減等　長編卷七十四大中祥符三年八月甲子作「遞減一等」。
〔二〕盜粟食者量事裁遣　長編卷七十四大中祥符三年八月甲子作「盜穀食者量行論決」。

七年（甲寅，一〇一四）

1. 六月五日，詔曰：「齊民之刑，惟舜猶恤〔一〕。導揚善氣，方屬於豐穰，長養仁風，適當於炎暑。念茲縲紲〔二〕，或有繫淹，特示寬恩，並從輕典。除在京禁囚朕已親疎決外，宜令兩京諸路限敕到，據見禁罪人除重刑外，便仰長吏躬親詳鞫情欵，徒流罪降等決遣〔三〕，杖已下釋之，官典等不得一例減降。管內縣分應係杖罪並就縣疎放。」

〔一〕惟舜猶恤　「惟」，宋大詔令集卷二百十五作「雖」。
〔二〕念茲縲紲　「茲」字原脫，據宋大詔令集卷二百十五補。
〔三〕徒流罪降等決遣　「徒」字原脫，據宋大詔令集卷二百十五補。

天禧三年（己未，一〇一九）

1. 八月十五日，命開封府釋杖已下繫囚。

五年(辛酉,一〇二一)

1. 五月一日,詔曰:「朕撫馭寰區,憂勤旰昃,屬歊蒸之戒候,慮刑罰之滋冤〔一〕。是用祇率舊章,親決庶獄,雖浩穰之地,咸被於矜寬,而溥率之間,豈無於淹繫? 爰申誕告,式洽至仁。應兩京諸路流罪降從徒,徒罪降從杖〔二〕,杖已下並放。內十惡、五逆、官典犯贓、持杖行刼、盜官物、偽造符印、放火等罪,不在此限。」

〔一〕慮刑罰之滋冤　「冤」,宋大詔令集卷二百十六作「豐」。
〔二〕徒罪降從杖　原作「徒杖」,據宋大詔令集卷二百十六改。

2. 是日,帝親疎決京師繫囚,復下是詔。

仁宗　天聖十年(壬申,一〇三二)

1. 三月二十七日,詔曰:「江、淮之間,愆亢為沴,宜示從寬之典,用蘇艱食之民。昨命馬季良〔一〕等體量安撫,候到災傷州軍〔二〕索見禁囚,與長吏訊問。除死罪及情理巨蠹兇惡為民患、官典犯罪不以輕重,並如法外,自餘徒流遞降一等,杖已下並放。雜犯死罪刑名疑慮情可憫者,具事驛奏。」

〔一〕馬季良　原作「馬李良」,據長編卷一百十一明道元年三月丙申改。
〔二〕災傷州軍　「軍」字原脱,據長編卷一百十一明道元年三月丙申補。

景祐二年(乙亥,一〇三五)

1. 五月二十四日,詔逐路轉運使副、提點刑獄、朝臣使臣分於轄下州軍疎決刑獄。

2. 二十七日，中書門下言：「已差府界提舉朝臣、使臣及臺官高若訥、蕭定基等分逐縣疎決刑禁，欲令因便密切體量。逐縣昨經霖雨，收刈不及，夏麥並渰浸，低下秋田分數，具實以聞，不得下司行遣，引惹陳訴。」從之。

3. 六月二日，中書門下言：「今年五月二十五日已降勑令，應諸州軍縣等見禁繫罪人，令轉運、提刑司分頭疎理。所有路、州、軍奏取勑裁公案，欲令法寺看詳，如係五月二十五日已前事發，並依今來疎理施行。」從之。

三年（丙子，一〇三六）〔一〕

1. 七月二十五日，詔：「以興國寺災，見禁人更不根問，並特放罪。三京畿縣見禁罪人，各差官減降疎決，雜犯死罪降從流，流罪從徒，杖已下並放〔二〕。」

〔一〕三年　原脱，据長編卷一百十九景祐三年七月辛丑补。

〔二〕杖已下並放　長編卷一百十九景祐三年七月辛丑作「徒以下釋之」。

2. 八月五日，淮南轉運使言：「準詔，徃轄下州軍疎理見禁罪人，其加役流已下徒役人，乞許依德音例疎放。」詔應係今年五月二十五日以前配到者，並放逐便。

四年（丁丑，一〇三七）

1. 五月十三日，詔：「在京已行疎決，其開封諸縣、西京、南京畿縣見禁罪人，各差官疎決，雜犯死罪以下遞降一等，杖已下放。」

康定元年(**庚辰,一〇四〇**)

1. 六月十一日,詔:「三京疎决刑獄,在京翰林學士王堯臣、天章閣待制宋祁〔一〕、西京侍御史趙及、南京侍御史方偕、開封府界諸縣直史館張子皐、集賢校理胡宿與提點縣鎮公事官員分往疏理,應雜犯死罪降從流,〔二〕徒罪降從杖,杖已下釋之。

〔一〕宋祁 原作「宋祈」,據宋史卷二百八十四改。

〔二〕疑此處脱「流罪降從徒」。

慶曆二年(**壬午,一〇四二**)

1. 十月十四日,詔冬至日近,應在京刑獄,遣使趣令理决,無使淹繫。

三年(**癸未,一〇四三**)

1. 五月四日,帝親録繫囚,命侍御史沈邈等分詣京畿及三京〔一〕,其諸路委轉運使、提點刑獄官親行疎决,雜犯死罪已下遞降一等,杖已下釋之。

〔一〕分詣京畿及三京 「詣」原作「諸」,據長編卷一百四十一慶曆三年五月庚午改。

四年(**甲申,一〇四四**)

1. 六月二十二日,詔:「天下刑禁或多冤滯,況當炎暑,須行疎决。其下三京諸路〔一〕,委長吏

據見禁囚〔二〕，除十惡、四殺、强竊盜、放火、偽印、官典正贓外，雜犯死罪情可閔者，具案騨奏，餘罪遞降一等，至杖並放。侵損於人情難恕者，各依本法科斷訖奏。在京諸縣令開封府依此施行，無得出入人罪。」

〔一〕三京諸路　「路」原作「踈」，據文意及上條改。

〔二〕委長吏據見禁囚　疑「據」當作「録」。

五年（乙酉，一〇四五）

1. 四月一日，帝親録繫囚，雜犯死罪以下遞降一等，杖已下釋之。命監察御史劉元瑜等往三京踈決。以司天監言四月朔日太陽當食而陰晦不見故也。

七年（丁亥，一〇四七）

1. 三月八日，帝親録繫囚，詔天下雜犯死罪已下遞降一等，杖已下釋之。以歲旱故也。〔一〕

〔一〕以歲旱故也　原作小字注文，今改作大字正文。

皇祐三年（辛卯，一〇五一）

1. 五月一日，詔：「恩、冀等州旱〔一〕，其令長吏精虔禱雨，决繫囚，無或淹滯。仍令轉運司體量今年夏税以聞。」

〔一〕恩、冀等州旱　「恩」原作「思」，據長編卷一百七十皇祐三年五月庚戌改。

至和三年（丙申，一〇五六）

1. 正月八日，詔：「開封府畿内及輔郡〔一〕繫囚雜犯死罪以下〔二〕遞降一等，杖已下釋之，鬬殺情輕者仍聽奏裁。」

〔一〕畿内及輔郡 「郡」前原衍「近」字，據文意及下條删。

〔二〕繫囚雜犯死罪以下 「囚」字原脱，據文意及下條「繫囚」補。

2. 八月一日，詔開封府畿内及輔郡繫囚雜犯死罪已下遞降一等，杖已下釋之，鬬殺可憫者聽奏裁。

3. 二日，太平興國寺奉安祖宗神御禮畢，詔：「在京並輔郡見禁罪人，除犯十惡、四殺、官典正枉法贓、監主自盜、僞造符印、放火不赦外，其餘雜犯死罪降從流，流罪降從徒，徒罪已下並放。如鬬殺情理可憫者奏裁。限勑到日，仰長吏已下當面决遣訖，具事狀以聞。」

嘉祐元年（丙申，一〇五六）

1. 八月二十六日，詔開封府繫囚，徒罪降從杖，杖已下釋之。

二年（丁酉，一〇五七）

1. 二月三日，帝親録繫囚，雜犯死罪已下遞降一等，杖已下釋之。三京及輔郡仍遣官踈决。

三年（戊戌，一〇五八）

1. 閏十二月十六日，帝親録繫囚，雜犯死罪已下遞降一等，杖已下釋之。及遣官疎決三京。

六年（辛丑，一〇六一）

1. 十一月十七日，帝親録繫囚，如三年閏十二月之制。

七年（壬寅，一〇六二）

1. 二月三日，詔河北、陝西、京東、京西、淮南、兩浙、荊湖北路災傷州軍，就委官疎決〔一〕。

〔一〕就委官疎決　疑「就」字衍，当删。

英宗　治平元年（甲辰，一〇六四）

1. 三月十一日，帝親録繫囚，十惡、四殺、官典犯正枉法贓、監主自盜、偽造符印、放火論如法，餘死罪降從流，內情理重及鬭殺可憫者，依降刺配五百里外牢城，强盜當死亦依降刺配廣南牢城，情理重者配廣南遠惡州軍，流降從徒，徒降從杖，杖已下並放。命權御史臺推直官向宗道等三人疎決開封府諸縣罪人。

二年（乙巳，一〇六五）

1. 二月十七日，帝親録繫囚，除十惡、四殺、官典犯贓、監主自盜、偽造符印、放火外，鬭殺可憫及劫盜至死決訖刺配牢城，餘犯死罪徒各降一等，杖已下釋之。命權御史臺推直官張公度、群牧判官〔一〕裴煜疎決府界諸縣罪人，京東西、淮南轉運使、提點刑獄疎決災傷州軍罪人。

〔一〕群牧判官　「群」原作「郡」，據文意改。

2. 六月四日，帝親録在京繫囚，除十惡、四殺、官典犯贓、監主自盜、偽造符印、放火不降外〔一〕，餘罪死降從流，流從徒，徒從杖，杖已下放。餘罪情重及鬭殺可憫者，依降決配五百里外牢城，强盜罪死者配廣南牢城〔二〕，情理重者配廣南遠惡州軍〔三〕。命直集賢院王廣淵、秘閣校理錢藻與開封府〔四〕界提點疎決開封府諸縣罪人。

〔一〕放火不降外　「外」字原脱，據文意補。
〔二〕配廣南牢城　「配」字原脱，據文意補。
〔三〕配廣南遠惡州軍　「配」字原脱，據文意補。
〔四〕開封府　「封」字原脱，據文意補。

三年（丙午，一〇六六）

1. 三月十四日，帝親録在京繫囚，除十惡、四殺、官典犯贓、監主自盜、偽造符印、放火不降外〔一〕，餘罪死降從流，流已下遞降之，降在流而情重及鬭殺可憫者，依降決配五百里外牢城，强劫盜罪死配沙門島〔二〕，流者配廣南牢城〔三〕，杖已下放。命尚書屯田郎中徐總、館閣校勘劉瑾、祕閣校理錢藻與開封府界提點分詣諸縣疎決。

〔一〕放火不降外　「外」字原脱，據文意補。
〔二〕强刼盜罪死配沙門島　「配」字原脱，據文意及下條補。
〔三〕流者配廣南牢城　「配」字原脱，據文意及下條補。

2. 六月二十六日，帝親録在京繫囚，除十惡、四殺、官典犯贓、監主自盜、偽造符印、放火依法外，死罪降流，情理重並鬭殺可憫者，各刺配五百里外州軍牢城，强竊盜罪死者配沙門島，流者配廣南牢城，餘罪遞一等〔一〕，杖已下釋之。命都官郎中張公度、屯田郎中范道卿與開封府界提點分詣諸縣疎決。

〔一〕餘罪遞一等　「遞」字下脱「降」或「減」。

治平四年（丁未，一〇六七）

1. 神宗即位，未改元。四月十九日，上親録在京繫囚，除十惡、四殺、官典犯贓、監主自盜、偽造符印、放火依法施行外，應雜犯死罪並降從流，内情理重並鬭殺情理可憫者〔一〕，依減降，決訖，各配五百里外牢城，强刼該死賊人亦依減降決訖配沙門島，罪至流依減降刺配廣南牢城，其餘流罪降從徒，徒罪降從杖，杖罪已下並釋之。仍命集賢校理劉瑾、孫洙往開封府界諸縣，依在京指揮疎決。

〔一〕内情理重並鬭殺情理可憫者　「重」字原脱，據文意及上條「情理重並鬭殺可憫者」補。

神宗　熙寧二年（己酉，一〇六九）

1. 三月二十八日，上親録在京繫囚，命官往諸縣疎決。

三年（庚戌，一〇七〇）

1. 七月九日，詔：「今後疎決或及府界三京，仰中書於初降德音日取旨，仍與在京同日指揮，限勅命到以前應犯罪人權住斷遣，聽候指揮，四京縣更不差官，應犯杖罪並降從杖罪已下，只委本縣依次日所降朝旨施行。」

九年（丙辰，一〇七六）

1. 五月十六日，中書門下言：「在京左右軍巡院、司録司、開封府祥符縣，當此暑月，應有刑獄淹延。」詔遣檢正中書刑房公事張安國計會當職官，疾速結絕以聞。自是歲著為例。

元豐元年（戊午，一〇七八）

1. 三月七日，詔諸路監司覺察巡按〔一〕，結絕刑獄，毋令淹蔓。

〔一〕覺察巡按　「巡按」，長編卷二百八十八元豐元年三月辛巳作「逃案」。

2. 八日，遣檢正中書吏房公事王陟臣、檢正刑房公事范鏜〔一〕同三司、開封府官吏〔二〕了絕見禁獄，疑者申中書、樞密院。同知諫院黃履言：「近遣官禱雨，今又降釋罪囚〔三〕。聞三司罪人七十餘火而免者四，開封府百餘火而免者五。由二者推之，則淹延未決者蓋多矣。乞令隨其罪之輕重，立限結絕，庶乎被澤者眾矣。」

〔一〕范鏜　長編卷二百八十八元豐元年三月壬午作「范鐺」。

〔二〕開封府官吏　「官」字原脫，據長編卷二百八十八元豐元年三月壬午補。

〔三〕今又降釋罪囚　「令」原作「令」，據長編卷二百八十八元豐元年三月壬午改。

3. 十二月四日，詔開封府界提點司、諸路監司分決繫囚，內干照及事理輕者〔一〕先斷遣。

〔一〕事理輕者　「理」字原脫，據長編卷二百九十五元豐元年十二月甲辰補。

二年（己未，一〇七九）

1. 六月三日，命權御史臺推直官盛南仲、權檢正中書刑房公事王修，同催促結絕在京繫囚。

三年（庚申，一〇八〇）

1. 四月十四日，詔：「開封府界、京東西、河北、河東〔一〕、陝西等路久苦旱災，近雖霑潤〔二〕，未至優渥。深慮刑獄或有冤留，上干和氣。可令諸路分委監司，在京遣中書刑房檢正官〔三〕，督遣繫囚。」

〔一〕河東　原脫，據長編卷三百三元豐元年四月丁未補。

〔二〕近雖霑潤　「雖」原作「維」，據長編卷三百三元豐元年四月丁未改。

〔三〕檢正官　「官」字原脫，據長編卷三百三元豐元年四月丁未補。

七年（甲子，一〇八四）

1. 十一月八日，中書言聞開封府大理寺禁繫甚苦〔一〕，詔令監察御史與刑部郎官速往點檢，催促結絕。

〔一〕中書言聞開封府大理寺禁繫甚苦 「聞」字原脱，據長編卷三百五十元豐七年十一月甲辰補。「苦」，長編卷三百五十元豐七年十一月甲辰作「多」。

哲宗 元祐元年（丙寅，一〇八六）

1. 正月三日，詔曰：「久愆時雪，慮囚繫淹留，在京委刑部郎中、御史，開封府界〔一〕令提點司，諸路州軍令監司催促結絕〔二〕。」

〔一〕開封府界 「界」原作「略」，據長編卷三百六十四元祐元年正月壬辰改。

〔二〕催促結絕 「催」原作「摧」，據長編卷三百六十四元祐元年正月壬辰改。

2. 四月五日，以久不雨，詔疎决在京繫囚，雜犯死罪以下遞降一等，至杖釋之。

3. 十二日，詔：「在京並開封府界諸縣見禁罪人，内有根究未見本末，或會問結絕未得者，在京差左司諫王巖叟、開封府界諸縣差監察御史孫升，親往分視獄囚，約法斷遣。」右諫議大夫孫覺言：「聖澤未至浹洽者〔一〕，或有所在。減降之恩〔二〕，雖出聖意，然獄吏治囚，根究未見本末，或會問在遠州縣，候事畢議法〔三〕，始引減降，得從輕坐。臣以為在京左右軍巡司、録司乞差兩制官一員〔四〕，畿内諸縣差諫官、御史一員，分視獄囚。」故有是詔。

〔一〕聖澤未至浹洽者 原脱，據長編卷三百七十五元祐元年四月己亥補。

〔二〕減降之恩 「減」原作「臧」，據長編卷三百七十五元祐元年四月己亥改。

〔三〕候事畢議法 「畢」原作「異」，據長編卷三百七十五元祐元年四月己亥改。

〔四〕乞差兩制官一員 「兩」原作「西」，據長編卷三百七十五元祐元年四月己亥改。

4. 九月十七日，權知開封府謝景溫言：「明堂大赦，乞差推官一員〔一〕，將帶人吏及法司一名，與府界提刑分詣諸縣，催促決遣該赦不合原免公事。如内有久被禁繫，根究未見本末，證佐在遠〔二〕，所犯該徒以上罪〔三〕，令申解赴府斷遣，杖已下即一面結絕。及乞今後每遇非次疎決〔四〕，並冬夏仲季月盛暑嚴寒，在京差官催促結絕之時，本府亦依此施行。」從之。

〔一〕乞差推官一員 「推官」，長編卷三百八十八元祐元年九月癸酉作「推、判官」。
〔二〕證佐在遠 「證佐」原作「正左」，據長編卷三百八十八元祐元年九月癸酉改。
〔三〕所犯該徒以上罪 「上」原作「正」，據長編卷三百八十八元祐元年九月癸酉改。
〔四〕及乞今後每遇非次疎決 「乞」，長編卷三百八十八元祐元年九月癸酉作「迄」。

二年（丁卯，一〇八七）

1. 六月十一日，權知開封府錢勰言：「近制疎決，朝廷差臺官催促諸縣禁囚。慮諸縣懼見點檢，以不圓公事便行申解，遂差推、判官將帶人吏及法司，與府界提刑分詣諸縣催促決遣。本府每遇非次疎決，並盛暑嚴寒，在京差官催促結絕。畿内諸縣禁繫人數不多，近者朝廷添置提刑與提點司係監司兩員，逐時巡按，不容留滯。今本府事多，推、判官每季差出，委有妨闕。欲請凡遇疎決，如不差御史，即本府輪官下縣如故。」從之。

2. 十一月二十八日，詔以雪寒，促決見囚。

三年（戊辰，一〇八八）

1. 八月二十八日，録繫囚，雜犯死罪已下遞降一等，杖以下釋之。開封府界及三京准此。

四年（己巳，一〇八九）

1. 三月二十二日，疎决在京繫囚，雜犯死罪以下遞降一等，至杖釋之。以時雨稍愆也。

2. 二十七日，詔諸路監司，除近便州軍躬親外，餘各於轄下選官分詣諸州軍，將見禁公事與當職官逐一躬親引問，除死罪於法合聽旨及重傷守辜外，餘並疾速斷訖以聞。

五年（庚午，一〇九〇）

1. 二月十二日，疎决四京、府界諸縣繫囚〔一〕，除常赦所不原外，雜犯死罪以下遞降一等，杖以下釋之。其後，又詔疎决應天下州、府、軍、監、縣等繫囚。

〔一〕府界諸縣繫囚　「界」原作「罪」，據長編卷四百三十八元祐五年二月丁未改。

六年（辛未，一〇九一）

1. 六月十二日，詔：「方盛暑，慮刑獄淹繫，除在京府界諸縣已降疎决，其諸路令監司除置司處及鄰近州躬行分詣外〔一〕，其餘州軍選官催促結絕，事理輕者先次斷放。」

〔一〕躬行分詣外　「躬行」二字原脫，據長編卷四百五十九元祐六年六月庚子補。

紹聖元年（甲戌，一〇九四）

1. 四月八日，詔：「時雨稍愆，慮刑獄淹繫，在京委刑部郎官及御史一員，開封府界令提點刑獄，

諸路令監司催結繫囚，事理輕者〔一〕先次斷放訖奏。府界徒以下罪人罪狀顯著不該配及申奏者，雖小節不圓，並決訖以聞。」

〔一〕事理輕者　「理」字原脱，據文意補。

2. 十九日，以時雨稍愆，踈決四京並府界諸縣繫囚如故事。

3. 十二月十一日，詔：「久愆時雪，慮刑獄淹延，在京委刑部郎官及御史一員，開封府界並諸路州軍並令監司按所部結絕，内事理輕者，先次决遣。府界徒以下罪人罪狀分明，不該編配及申奏公事，並斷訖以聞。」

三年（丙子，一〇九六）

1. 五月十六日，詔：「春夏以來，雨澤以時，二麥豐稔。尚慮刑獄滯留，更宜深恤。其諸路州縣委監司分詣逐處〔一〕催促結絕見禁公事。」

〔一〕分詣逐處　「詣」原作「誼」，據宋大詔令集卷二百十六改。

四年（丁丑，一〇九七）

2. 五月八日，詔：「皇太妃近嘗服藥，及雨澤稍愆，農田在望，宜頒恩宥，以導嘉祥。踈決應在京府界並三京及諸縣罪人。」

元符二年（己卯，一〇九九）

1. 三月二十六日，詔：「稍愆時雨，竊慮刑獄淹延枝蔓，在京委刑部郎中及御史一員，開封府界令提點，諸路闕雨州軍令監司催促結絕見禁罪人。」

2. 四月十五日，以時雨稍愆，踈決在京及河南、應天、大名府繫囚，雜犯死罪以下遞降一等，至杖釋之。

3. 七月四日，詔：「以盛暑，在京令刑部郎官、開封府界令提點提舉司、諸路令監司，催促結絕囚禁。內干照人及事理輕者，先次決遣。」

三年（庚辰，一一〇〇）

1. 四月三日，詔：「諸路刑獄慮有淹延，除四京已降德音外，令諸路監司分頭催促結絕見禁罪人。內干照人及事理輕者，先次斷放。如委有事故，親到不遍處，即選官前去，仍具起發及每到處月日並事故因依徑申尚書省〔一〕。如有疾病之人，即仰當職官常切點檢醫治〔二〕。」

〔一〕並事故因依徑申尚書省　「因」原作「囚」，據文意改。

〔二〕常切點檢醫治　「切」原作「窃」，據文意改。

徽宗　建中靖國元年（辛巳，一一〇一）

1. 四月二十九日，中書省勘會，正當時暑，竊慮刑獄淹延枝蔓。詔在京委刑部郎官及御史一員，開

封府界令提點，諸路州軍令監司，分頭點檢催促結絕見禁罪人，內干照人及事理輕者，先次斷決訖奏。其內府界徒以下罪人罪狀分明，不該編配及申奏公事，或雖小節不圓，不礙大情，並許一面決斷訖奏。其府界及諸路監司如委有事故，親去未得，即選官前去，仍具每到處月日事故因依徑申尚書省〔一〕。自是歲著為例。

〔一〕申尚書省　「省」下原有「決」，疑衍，已刪。

崇寧二年（壬午，一一〇二）

1. 正月十六日，詔曰：「臣僚言，天下囹圄見劾治者一百四十餘事，證逮多者五十七人，少者尚二三十人，已慮數千人矣，而縣之獄不與焉。窮冬沍寒，重圍叢棘之中，桁楊接摺之下，寧無向隅而泣者？慮傷陰陽之和，朕甚憫之。可令監司乘驛躬訊，限一月結絕，仍具獄官姓名推治事目報御史臺，令具籍檢察。」

四年（乙酉，一一〇五）

1. 十一月十四日，朝奉郎〔一〕、前提點梓州路刑獄公事王峴劄子奏：「昨在任，每年承尚書刑部符，承中書省勘當，時暑竊慮刑獄淹延枝蔓，詔令諸路監司分頭點檢，催促結絕見禁罪人。然川路遼遠，比至勑命到日，多是過時，囹圄囚人，實未霑恩賜。臣欲乞著為定令，今後路分遠處，更不候降勑，並令監司每年於六月中分頭催促結絕斷放，仍具所到州縣月日徑申尚書省檢察施行，庶使遠人均霑惠澤。」從之。

〔一〕朝奉郎　「奉」原作「秦」，據文意改。

大觀元年（丁亥，一一〇七）

1. 八月五日〔一〕，詔：「京司犴獄屢空，四方郡縣吏，或以微文細故，招摭追逮〔二〕，久繫不决，甚非欽恤之意。可令監司分詣所部〔三〕，慮囚决獄，其或淹延不治，留禁無辜，即按劾以聞。」

〔一〕五日　宋大詔令集卷二百二作「七日」。

〔二〕招摭追逮　「招」，宋大詔令集卷二百二作「窘」。

〔三〕分詣所部　「詣」原作「諸」，據宋大詔令集卷二百二改。

政和二年（壬辰，一一一二）

1. 七月二十二日，臣僚言：「諸路監司歲奉詔旨分部决獄，而承例差官，吏或不虔，徒為文具。乞令監司每被旨決獄，皆依當日親行，若計程旬日未周，方聽差官。」從之。

三年（癸巳，一一一三）

1. 九月九日，都省言：「尚書刑部郎中錢歸善奏，承勑節文，正當時暑，竊慮刑獄淹延枝蔓，在京委刑部郎中及御史一員分頭點檢，催促結絕見禁罪人，内有干照人及事理輕者，先次斷訖奏，杖已下應禁者並與責保知在。委本部員外郎耿良能點檢催促，大理寺等處節次具已結絕名件奏聞外，所有未了公事，見行催促。」詔：「五月恤刑，蓋當炎暑，朝廷所以示寬恕之政，豈可稽留！直至秋深，尚未結

絕，顯屬過期。自今後仰所委官限一月結絕，如取會未圓見行推治公事，自合依條施行。」

六年（丙申，一一一六）

1. 五月十四日，詔：「每歲大暑，差官慮囚，外路限四月，在京限六月行下。」以川、廣路遠，受命多後時，故有是詔。

七年（丁酉，一一一七）

1. 二月二十五日，詔：「諸路監司每年分定州軍巡按決獄，往往不徧，民無所訴，令互察彈奏。」

宣和六年（甲辰，一一二四）

1. 四月四日，臣僚言：「伏望詔有司，根究見今諸路被旨根勘未了公事最久者，顯絀一二，以示慢令之戒。自餘皆責近限，趁令結絕。」詔見禁勘公事，如大情已正，小節未圓，並仰疾速結絕，應干證人並先次疎放。仍令提點刑獄官躬親徧詣所部催促〔一〕，其巡歷不徧去處，選官前去，不管少有淹延刑禁〔二〕。

〔一〕徧詣所部催促　「徧」原作「偏」，據文意及下文改。
〔二〕不管少有淹延刑禁　疑「管」有誤。

高宗 建炎元年(丁未,一一二七)

1. 九月十九日,兩浙福建路撫諭江端友言:「比年以來,州縣刑獄淹滯,臣忝使兩路,欲乞許臣所至州縣,依祖宗遣使法親閲獄訟,或遣提刑司分詣本路。其大節已具、小節未圓者,約法從輕,日下斷遣。其雜犯死罪有疑惑、情理可憫,須上請俟報者,比緣盜賊未平,道路不通,奏章未必得達。兼朝廷多事,或不以時行下,罪人久繫,不幸瘐死〔一〕,則非上請本意,亦乞酌情減降,斷遣訖奏聞。」詔除張換、王燮外,餘撫諭官准此。

〔一〕不幸瘐死 「瘐」原作「瘦」,據文意改。

2. 十一月三日,又言:「臣已遵依詔旨,遍牒兩路州軍〔一〕,不候臣及提刑到州,一面遵依聖旨施行去訖。臣恐一過之後,復循舊弊,欲望聖慈特令今日以後,並依九月十九日已得指揮,候將來盜賊寧息、遞角通行,即依舊法。仍令提刑司常切覺察,有斷獄稽程、淹久不決者,依條劾劾。」詔諸路依此。

〔一〕遍牒兩路州軍 「軍」原作「運」,據文意改。

紹興元年(辛亥,一一三一)

1. 九月五日,詔:「越州見勘軍人黄德等,令刑部郎官躬親往彼,取索公案,看詳審問。如情犯别無蹺異,即依今來指揮斷遣;如或情節可疑,難便處斷,即具奏聞。」先是,越州勘到軍人黄德、陸青、周立、徐青、傅青、吴城,百姓苗貴持杖劫盜,前酒庫人員李成等差出買柴船,殺死四口,各合家淩遲處斬〔一〕。所殺之人,屍不經驗,疑慮奏裁。既詔黄德依斷淩遲處斬,周立、陸青、苗貴並特處斬,徐

青、傅青、吴城並決重杖處死，而又命官録問云。

〔一〕殺死四口，各合家淩遲處斬　疑为「殺死合家四口，各淩遲處斬」之誤。

2. 十月三十日，詔：「致理之體，先德後刑。比來旱既太甚，斯民嗸嗸而望雲霓，深可憫惻。朕惟兢兢業業，祗畏祈禳，未嘗敢自赦也。竊慮刑法失當，獄訟淹滯，怨懟所由生，而和氣消鑠多矣。可令逐路憲臣限指揮到日，日下躬親前去，遍詣諸州縣刑獄，催督結絶施行。如違，當議黜責。」

二年（壬子，一一三二）

1. 五月十三日，詔：「霖雨不止，諸處刑獄竊慮淹延。行在委刑部郎官，在外委提刑，躬親催督結絶見禁公事，具已結絶月日，申尚書省。」

2. 十二月十五日，刑部侍郎章誼言：「近者分遣五使，按行郡縣，親加勅戒，以刑獄為首務。若將命之臣僅能察訟諜之繁詞，按稽緩之小吏，亦何足以仰副惻怛哀矜之惠哉！欲望應制勘事，自贓罪、流罪與夫元降指揮具情犯申奏外，其餘徒杖而下，自非重害不可貸捨，悉許五使酌情斷遣，具按以聞。庶幾使指所臨獄訟即決，遠邇之民，咸被實德。若分鎮去處、四川路分，望委帥臣、監司限日結絶。」詔令劄與諸路宣諭官，其四川令宣撫制置使司、分鎮去處令鎮撫司〔一〕各差官點檢結絶。

〔一〕令鎮撫司　「令」原作「今」；「司」原作「使」，據文意及繫年要録卷六十一改。

三年（癸丑，一一三三）

1. 七月十六日，詔：「浙東路及臨安府、嚴、秀等州，久闕雨澤，竊慮刑獄淹滯，仰兩浙路提刑躬

詣所部州縣，將見禁罪人事小者，監視決遣；事大及合行追逮干照者，疾速催促勾追結絕。如遐遠去處，即仰選差通判、幕職官分詣，仍逐旋具已施行次第申尚書省。」既而，右司諫唐輝〔一〕言：「乞令提點刑獄所到州縣，不得憑案牘、委胥吏，須一一親自引問，聽其言、察其情，無罪者即出之。獄吏高下，嚴寘以法。庶幾冤枉獲伸，感召和氣，其所選官分詣者，亦乞依此。」從之。仍先詣最未得雨去處決遣。

2. 二十二日，詔：「大理寺、臨安府等刑獄已施行外，諸州縣囚禁尚多，其間慮多冤枉淹繫，令臨安府及諸州各遣彊明官分詣諸縣，檢察決遣。」為久闕雨澤，故有是詔。

〔一〕唐輝　據繫年要録卷六十二作「煇」。

四年（甲寅，一一三四）

1. 六月十一日，詔：「大理寺、臨安府並錢塘、仁和兩縣見禁公事，委御史臺官、刑部郎官，諸州縣刑禁委提點刑獄官，並躬親前去務察，催促結絕，如外邑遐遠去處，令提刑司選差官前去。」

五年（乙卯，一一三五）

1. 正月一日，刑部尚書張誼〔一〕等言：「紹興四年十二月二十五日手詔，為正月朔日有蝕之講求闕政、察理冤獄等事。本部檢會今來車駕駐蹕平江，乞委郎官一員，詣本府應刑獄去處點檢見禁，催督結絕施行。」

〔一〕張誼　據繫年要録卷八十三作「章誼」。

2. 五月二十四日，宰執進呈踈決，上問〔一〕：「外路如何？」趙鼎曰：「臣記得每年夏熱時，令提刑司催決獄事，自渡江後不曾舉行。」上曰：「行在大理寺等處，禁繫不多，須行諸路，令無淹延刑禁，庶暑熱時不致罪人疾病。」於是下詔：「正當時暑，竊慮刑獄淹延枝蔓，行在委刑部郎官及御史一員，臨安府屬縣並諸路州軍令監司分頭點檢催促結絕見禁罪人。內干照人及事理輕者，先次斷訖奏。臨安府屬縣，徒已下罪事狀分明不該編配及合申奏公事，或雖小節不圓不礙大情，並許本府一面決斷訖奏。杖以下應禁者，並與責保知在，除行在外〔二〕，有事故不能親行，即選官前去，仍具每到處月日、事故因依徑申尚書省。」自是歲著為例。

〔一〕上問　「問」原作「曰」，據繫年要録卷八十九、宋史全文卷十九中改。

〔二〕除行在外　「除」原作「徐」，據文意改。

六年（丙辰，一一三六）

1. 六月二十八日，刑部尚書胡交修〔一〕言：「奉詔為六日己巳地震，察寃繫、禁苛擾等事。欲乞差委本部郎官詣臨安府並仁和、錢塘兩縣、大理寺、殿前馬步軍司點檢見禁，催督結絕，其諸路州縣及應有刑獄去處，欲委逐路提點刑獄官檢察。」從之。

〔一〕胡交修　「胡」原作「故」，據繫年要録卷一百十二改。

七年（丁巳，一一三七）

1. 七月二十九日，詔：「已降指揮，諸路州縣刑獄官司並令提刑躬親疾速催促結絕見禁公事，僻遠委官前去，逐旋具已結絕過件數申尚書省。仍令諸路提刑遵稟已降指揮，恪意詳審，即不得將不係僻遠去處一例差官前去，須於旬申已結絕公事名件狀內，具無冤濫〔一〕，申尚書省。」以臣僚言乞申戒監司務在詳審故也。

〔一〕具無冤濫　疑「無」前脱「有」字。參見輯稿・刑法五之三七。

八年（戊午，一一三八）

1. 六月十八日，詔曰：「近雨澤稍愆，可令浙西提刑躬親遍詣刑獄官司，催促結絕見禁公事，内僻遠州縣不能周遍，許委官前去。諸路闕雨去處依此。」

2. 十二月四日，大理寺奏：「差官詣諸路結絕滯獄，以廣南東西路地遠，乞就鄰路委官。」上曰：「二廣去朝廷遠，民間冤滯無所赴訴，尤當欽恤，正須本寺官前去。如江、浙近地，苟有冤抑，不患不聞，止令帥司選官。」時大臣咨歎，以思慮所不及。既而有旨，廣南東路差薛倞、西路差朱斐量帶推獄前去，將本路應見禁一年以上未結絕公事，並行勘結，即不得因而却致枝蔓，具刑寺應干合催促結絕逐路公事〔一〕，許長貳條具委付，内有小節不圓不礙刑名公事，許隨宜結絕，餘令逐官具畫一申尚書省。

〔一〕催促結絕逐路公事　「促」字原脱，據文意補。

九年（己未，一一三九）

1. 六月二十五日，詔：「以日近雨澤稍愆，行在〔一〕委刑部官及御史各一員，臨安府屬縣並諸路州軍令監司分頭點檢，催促結絕見禁罪人。内干照人及事理輕者，先次斷放。臨安府屬縣徒以下罪，

事狀分明不該編配及申奏公事，雖小節不圓不礙大情，並許一面斷遣訖申奏，杖以下應禁者並責保知在。如監司有故不能親行，仰選官前去，内僻遠州縣即州委守臣、縣委通判職官，務在恪意奉行，毋致冤濫。」

〔一〕行在　原作「在行」，據文意改。

十一年（辛酉，一一四一）

1. 七月十九日，詔：「旱暵既久，雨未霑足，已差官躬親前去決獄，可丁寧告戒，務要去淹滯、察非辜，無或苟簡，徒為文具。其干連逮捕，先令州縣即時踈放，無令愁歎之聲致傷和氣。」

十二年（壬戌，一一四二）

1. 三月三日，詔：「以日近雨澤稍愆，竊慮刑獄淹延〔一〕，在内委刑部郎官、監察御史，在外委提點刑獄官，躬親逐一慮問，責限結絕。雖小節未圓不礙大情，並免追逮。或有冤濫，即與申理，干連無罪人日下便行責放。各且已檢察斷放過名件聞奏〔二〕。」二十九年三月四日，詔：「自冬及春甚愆雨澤，雖側躬省咎，祈禱未應。深慮内外有獄訟淹延，失於詳平，致傷和氣。可在内委刑部，在外令提刑司，躬至州縣索案結絕。」

〔一〕竊慮刑獄淹延　「竊」原作「切」，據文意及辑稿·刑法五之三十八、四十改。
〔二〕各且已檢察斷放過名件聞奏　「且」當作「具」。

十三年（癸亥，一一四三）

1. 正月十九日，詔：「郴州見勘前知邕州俞儋〔一〕，令大理寺選差寺丞一員，前去疾速根勘結絕，具案奏聞，的具見勘及回報官司的實違滯去處取旨。其湖南北、廣東西路見淹留公事，仰一就取索，催促勘結。其餘路令刑部、大理寺體倣措置催促，月具結絕名件及有無淹延，申尚書省。」以臣僚言「儋在任日，冒請遙郡全俸及路分鈐轄添支，計贓二十四又上〔二〕，及侵欺朝廷買馬錢，元令象州根勘，近因臺臣論列，送湖南提刑司，見付郴州，迄今三年未聞結絕。緣邕管係儋舊治，往往相與圖救，致無辜之人久此拘囚，而巨贓未正典刑，乞詰其住滯之因」故也。

〔一〕俞儋 「儋」原作「澹」，據繫年要録卷一百四十八、中興小紀卷三十、宋史卷三百七十八改。
〔二〕計贓二十四又上 「又」當作「以」。

十五年（乙丑，一一四五）

1. 正月八日，上前一日嘗宣諭曰：「慧星見，朕甚懼焉，卿等可圖所以消弭之道。」秦檜因奏上前太宗、真宗朝嘗緣彗星見踈決獄囚等事。上曰：「可且降詔，以四事為主，避殿、減膳、寬民力、恤滯獄，庶幾〔一〕應天下以實，不以文也。」於是內降詔曰：「太史奏慧出東方，朕甚懼焉。已避殿、減膳，側躬省愆，尚慮征科苛擾，獄繫淹延，致傷和氣，上干垂象，可令逐路提點刑獄官躬親詣所部決獄，具已決遣、未決遣及盡絕月日逐一以聞。應枝蔓干連人日下踈放，仍準備朝廷遣官檢察。其有貪酷官吏〔二〕，並仰按劾，重行黜責。」續詔：「其行在刑獄，令刑部郎官、監察御史躬親逐一決遣。」二十六年

〔三〕七月九日，詔：「太史奏慧出東方，朕甚懼焉。已避殿、減膳，側身省諐〔四〕，尚慮刑獄冤濫，官吏貪殘，致傷和氣，上干垂象。令諸路提刑司官親詣所部州縣〔五〕詳慮決遣〔六〕，將枝蔓干連人日下疎放，務施實惠，以盡應天之實。

〔一〕庶幾　「庶」原作「度」，據文意改。

〔二〕其有貪酷官吏　「其」字前原衍「其」字，據文意刪。

〔三〕「二十六年」以下文字因高宗朝特殊的體例故和上條合在一起。

〔四〕側身省諐　疑「身」當作「躬」。見輯稿・刑法五之三七。

〔五〕令諸路提刑司官親詣所部州縣　「令」、「縣」字原脱，據繫年要録卷一百七十三補。

〔六〕詳慮決遣　「遣」原作「諐」，據繫年要録卷一百七十三改。

2. 十二日，内降制曰：「近降手詔，委逐路提點刑獄官躬親決獄，逐一開具聞奏，仍日下疎放枝蔓干連之人。尚慮不切奉行，委御史臺覺察，按劾黜責，三省擇其稱職者，取旨陞擢。」

二十五年（乙亥，一一五五）

1. 七月三日，宰執進呈疎決文字。上宣諭曰：「行在刑獄皆以審克，外路須令憲臣因疎決旨揮下，躬親詣諸州縣檢斷，庶無冤濫。」

二十八年（戊寅，一一五八）

1. 四月二十七日，三省言：「每歲三伏内聖恩疎決慮囚，其外路委官旨揮同時行下，緣川、廣等路去朝廷遥遠，旨揮到日，已過盛暑，竊慮未稱矜恤之意。伏覩政和六年五月十四日聖旨，盛暑點檢囚

禁，外路限四月下旬預行檢會。欲乞依政和例，預於四月檢會行下。」有旨遵依施行。越三日，上復諭輔臣曰：「踈決減降，蓋念盛暑囚禁，特施恩惠，固當依政和間旨揮施行。至於慮囚，乃是祖宗成憲，似不當拘以時月，宜令有司各舉常職〔一〕。」乃詔諸路州軍，令提刑須於六月初躬親前去點檢催促結絕見禁罪人。內干照人及事理輕者，先次斷放。如提刑闕官，仰監司躬親分頭前去。內僻遠州縣，即州委守臣，縣委通判職官，其所委官點檢催促過刑禁，並仰本路監司復行檢察，如斷放不當，滅裂違滯，即按劾聞奏。」

〔一〕有司各舉常職　「常」原作「嘗」，據文意改。

2. 是年六月一日，詔：「以兩浙東西〔二〕係最近路分，令邵大受、徐康躬親遍詣逐州軍點檢催促，仍依已降指揮，不得多帶人從。」自是歲以為常。

〔二〕兩浙東西　「兩」原作「東」，據文意改。

孝宗　隆興元年（癸未，一一六三）

1. 四月三日，詔：「霖雨為沴，行在委監察御史，外路委監司、守令，催促見禁公事，疾速結絕。事理輕者，先次決放，如有冤濫，從實改正。」

2. 二十三日，詔：「每歲盛暑，合慮囚徒，諸路州郡委提刑於六月內遍詣所部，將見禁公事催促結絕。事理輕者先次決放。內僻遠州縣，即州委守臣，縣委通判職官，各具已施行事件申尚書省。」自是歲著為例。

3. 六月十九日，詔：「以時當盛暑，深慮囹圄淹延，追逮枝蔓。行在所委刑部郎官及御史各一員，臨安府屬縣〔一〕委提點刑獄，前往催促結絕。事理輕者，先次決斷。臨安府屬縣徒已下罪，一面斷遣，自今歲著為例。」

〔一〕縣字以下二十四字原脱，據天頭舊批補。

4. 八月二十四日，詔：「委監察御史一員親詣大理寺及三衙、臨安府並錢塘〔一〕、仁和縣催促見禁公事，疾速結絕。內事理輕者，先次決斷。如有冤濫，從實改正。」

〔一〕錢塘　「錢」原作「前」，據文意及下條「錢塘」改。

5. 十一月二十六日，中書門下省言：「勘會當此雪寒，竊慮刑獄淹延，深可矜憫。」詔委刑部郎官前詣大理寺、臨安府並錢塘、仁和兩縣，催促結絕。

二年（甲申，一一六四）

1. 三月十四日，中書門下省言：「外路州軍每歲盛暑慮囚，四月下旬方檢會行下，竊慮二廣、四川道路遙遠，指揮到日亦已過時。」詔二廣、四川令提刑於六月初〔一〕親詣所部點檢結絕。內僻遠州縣，即州委守臣〔二〕，縣委通判職官，各具已施行事件申尚書省。自是歲著為例。

〔一〕六月初　疑當為「四月初」，参见本条上文「四月下旬方檢會行下」。

〔二〕州委守臣　「守」字原脱，據輯稿·刑法五之三九改。

2. 八月二十六日，詔：「久雨未晴，深慮刑獄淹延〔一〕，有奸和氣，可令侍御史尹穡往大理寺、臨安府決遣。」

〔一〕深慮刑獄淹延　「深」後原衍「採」字，今删。

3. 二十七日，詔浙西、江東霖雨害稼，竊慮刑獄淹滯，可令逐路提刑前往州縣決遣。

乾道元年（乙酉，一一六五）

1. 二月二十四日，詔：「久雨未晴，深慮刑獄淹延，有奸和氣，可令殿中侍御史章服往大理寺、臨安府仁和、錢塘兩縣，兩浙東西路令提刑躬親詣所部州縣決遣。」

二年（丙戌，一一六六）

1. 四月四日，詔：「淫雨為沴，害及禾麥〔一〕，豈刑政失中以致咎歟。可令侍從台諫講究所宜以聞〔二〕。其臨安府並諸路郡縣見禁刑獄立限結絕〔三〕，委官分詣檢察，以稱朕寅畏之意。」

〔一〕淫雨為沴害及禾麥　「沴」原作「冷」，「害」原作「宮」，據宋史全文卷二十四下改。

〔二〕講究所宜以聞　「講」原作「讌」，據宋史全文卷二十四下、歷代名臣奏議卷三百十四改。

〔三〕立限結絕　「限」原作「見」，據宋史全文卷二十四下改。

2. 五日，詔：「久雨未晴，深慮刑獄淹延，有傷和氣。大理寺、臨安府委臺官一員，浙西州縣委憲臣往決遣〔一〕。」

〔一〕委憲臣往決遣　疑「往」前脫「前」字。

3. 六月，中書門下省言：「邇來淫雨為沴，竊慮刑獄淹延，雖委官決遣，尚恐未盡。」詔大理寺、臨安府並三衙及浙西州縣見禁罪人，在內委刑部、御史臺官，在外州委守臣，縣委通判，躬親就獄引問。如大情已正，內鬬殺情理輕並雜犯死罪至徒罪已上，各減一等斷遣，杖罪已下並放。」

4. 九月十二日，詔：「溫州諸邑近被水災，已差掾前往賑恤〔一〕，可就令點檢本州並諸縣刑禁，將杖罪已下先次疎放。如有冤抑，從實改正。」

〔一〕已差掾前往賑恤 「掾」，疑其姓脫。

三年（丁亥，一一六七）

1. 八月二十四日，臣寮言：「積陰久雨，尚未晴霽，深恐州縣之間刑禁淹延。欲望特降睿旨，在內委郎官，在外委提刑，檢察兩浙州郡刑獄，決遣滯囚。」從之。

五年（己丑，一一六九）

1. 十二月十七日，詔：「以雨雪愆期，竊慮刑獄淹延，追逮枝蔓，行在所委刑部郎官，臨安府屬縣委本府通判各一員躬親點檢，疾速結絕，仍各具決斷名件申尚書省。」

六年（庚寅，一一七〇）

1. 閏五月四日，詔：「以久雨未晴，深慮刑獄淹延，有傷和氣，大理寺、臨安府並屬縣、三衙見禁罪人，在內委刑部郎官，在外委通判，躬親決遣，具已斷名件申尚書省。」

八年（壬辰，一一七二）

1. 六月九日，中書門下省言：「行在三衙見禁罪人，已降指揮疎決，其馬軍行司見在建康屯戍，理合一體施行。」詔委戶部郎官淮西總領滕膚躬親前往決遣。

淳熙元年（甲午，一一七四）

1. 十月九日，詔：「陰雨未已，大理寺、臨安府並屬縣、三衙及諸路州縣見禁罪人，杖罪已下並放。在內委臺官，在外委提刑決遣。」〔一〕二年六月、三年八月十月、四年十月皆以久雨，並同此制。

〔一〕以下原为大字正文，据文意改为小字注文。

五年（戊戌，一一七八）

1. 五月八日，詔：「浙西、常州、鎮江府及淮南、江東西州郡有稍愆雨澤去處，竊慮刑禁淹延，逐路見禁罪人，各委提刑決遣，杖已下罪並放。」

十六年（己酉，一一八九）

1. 四月八日，中書門下省言：「外路州軍，每歲盛暑慮囚，除二廣、四川已降指揮外，詔餘路州軍令提刑須管於五月下旬躬親前去點檢，催促結絕見禁罪人。內干照人及事理輕者，先次斷放。如提刑闕官，仰監司躬親分頭前去。內僻遠州縣，即州委守臣，縣委通判職官，躬親分頭點檢催促，應所委官各具所到及點檢日時已施行事件申尚書省。其守倅等點檢催促過刑禁，並仰本路監司復行檢察，如滅裂違滯，按劾奏聞，務在恪意奉行，不致冤濫。如奉行不虔，令御史臺覺察彈劾。」自是歲以為例。

2. 閏五月二十四日，詔：「馬軍行司見在建康屯戍，所有見禁罪人，並依行在踈決減降，仍委淮

西總領躬親前去決遣。」自是歲以為例。

3. 二十六日，中書門下省言：「正當時暑，深慮囹圄淹延，及追逮枝蔓，理合催促結絕。除諸路州軍已降指揮委官點檢外，詔行在委刑部郎官及御史各一員，臨安府屬縣令提刑躬親前去點檢結絕。見禁人內干照及事理輕者先次斷放。徒已下罪事狀分明，不應編配及申奏公事，雖小節不圓，不礙大情，並許一面斷遣訖申奏。杖已下應禁者，並責保知在。如提刑已往別州慮囚或闕官，即令漕臣一員前去，各具所到及點檢日時、已施行訖事件申尚書省，務在恪意奉行，不致冤濫。如奉行不虔，令御史臺覺察彈劾。」自是歲以為例。

4. 九月十九日，詔：「陰雨未晴，竊慮刑獄或有淹延去處，大理寺、臨安府並屬縣、三衙及兩浙諸路州縣見禁罪人，在內委臺官，在外委提刑，躬親即時前去。如路遠去處，分委通判檢察決遣。內杖罪已下並干繫等人，並日下疎放。應臨安府並屬縣見監追贓賞錢及轉廂號令之人，可並日下免追釋放。」

淳熙元年（甲午，一一七四）〔一〕

1. 十月四日，前知柳州趙彥禮言：「伏覩指揮，每歲盛夏慮囚，專委提刑。如提刑闕官仰監司分頭前去，此良法也。臣謂提刑之職，固當慮〔二〕，且以廣西一路論之，所管二十五州，一兩月安能徧歷？孰若令監司分詣，無問提刑闕與不闕。然指揮內既令監司躬親，又謂『內僻遠州縣即州委守臣〔三〕，縣委通判職官』，臣恐監司畏暑重出者，假此為自便之計，雖置司之鄰州近縣，或指為僻遠，悉委之守倅職官矣。夫州縣之獄，正恐州縣官吏不時點檢結絕，致有冤滯，故委監司親慮，不惟可使官吏知畏，不敢淹留，而禁囚冤枉，亦得自伸。若復委之守倅職官，則其間徒有慮囚之名而無實者多矣。乞戒飭監司，每歲各隨置司去處地里遠近分詣所部州軍點檢〔四〕，催促結絕見禁罪人，限五月下旬起發至七月十五日以前巡徧。如屬縣非監司巡歷經由之路，即從監司委官前去，仍各開具所過州縣月日、慮囚名件關白提刑司，類申朝廷。並不許妄以近便州縣僻遠，分委守倅職官。庶幾慮囚之法不為文具。」從之。

〔一〕不合編年之體，疑有誤。

〔二〕固當慮　「慮」字後原作「原空」，疑此缺文當作「囚」字。

〔三〕內僻遠州縣即州委守臣　「州」字原脫，據輯稿·刑法五之四一補。

〔四〕分詣所部州軍點檢　「詣」原作「詣」，據文意改。

2. 七月十四日，詔：「近日雨澤稍愆，竊慮刑獄淹延，大理寺、臨安府並屬縣、三衙及諸路闕雨州縣應見禁罪人，在內委臺官，在外令提刑委官〔一〕，躬親即時前去檢察決遣。內杖罪已下並干繫等人並日下疎放，仍將已斷放過名件逐一開具聞奏。應申奏按狀督責即速依條施行，毋致違戾。」

〔一〕在外令提刑委官　疑「委」衍，當刪。

紹熙元年（庚戌，一一九〇）

1. 十一月二十七日，臣僚言：「縣獄之設，縣官任其責，小則決遣，大則申所屬州郡，非徒文具而已。比年以來，士大夫寓居，多以外邑為便，縣官甫下車則先招問權要聲援〔一〕，往往循習諂媚，互相交結。其為權要聲援者，因縣官之見知，遂假此以恐嚇齊民，或以私忿未決，債息未償，輒將小民拘送縣獄。縣官方承奉之不暇，乃俾老胥猾吏鍛鍊追考，有一人抵罪或至一戶蕩產，甚者根連逮捕以決權門之獄。雖其事可以立談判者，亦必拘囚月餘。如此，則小民被虐者若何而申訴？乞行下諸郡屬縣嚴行戒約，應小民有不因詞訟而輒相寄獄，郡守、監司不行覺察，許經臺省陳訴。」從之。

〔一〕先招問權要聲援　「招」原作「詔」，據文意改。

五年（甲寅，一一九四）

1. 四月十一日，詔雨澤稍愆，竊慮刑獄淹延，差官檢察決遣。

2. 二十一日，中書門下省言：「近日稍闕雨澤，竊慮刑獄淹延，除大理寺、臨安府並屬縣、三衙及兩浙路州縣已降指揮委官決遣外，尚慮江東西、兩淮州縣亦有闕雨去處。」詔：「江東西、兩淮路提刑躬親即時前去，將見禁罪人檢察決遣。內杖罪已下並干繫等人，並日下疎放，如路遠去處，分委通判，仍將已斷放過名件逐一開具聞奏。應申奏案，督責疾速依條施行，毋致違戾。」

慶元元年（乙卯，一一九五）

1. 二月七日詔：「陰雨未晴，有妨二麥，竊恐刑獄淹延，感傷和氣。大理寺、臨安府並屬縣、三衙及兩浙諸路州縣見禁罪人，在內委臺官，在外委提刑，躬親即時前去。如路遠去處，分委通判檢察決遣。內杖罪以下並干繫等人，並日下疎放，仍將已斷放過名件逐一開具聞奏。其諸處申奏案狀督責疾速依條施行，毋致違戾。」

2. 三月十七日，勘會四川、二廣州軍，每歲盛夏慮囚，詔令逐路監司各隨置司去處遠近，分詣所部州軍，限五月下旬起發躬親前去，催促結絕見禁罪人。內干照人及事理輕者先次斷放。至七月十五日以前巡遍。如屬縣非監司巡歷之路，委官躬親分頭前去點檢催促，並仰本路監司復行檢察。自是歲以為例。

3. 四月十三日，勘會外路州軍，每歲盛夏慮囚，除二廣、四川已降旨揮外，詔餘路州軍，令監司依已降旨揮各隨置司去處地里遠近，詣所部州軍，限五月下旬起發，躬親前去點檢催促結絕見禁罪人。內干照人及事理輕者，先次斷放，至七月十五日以前巡遍。如屬縣非監司巡歷經由之處，即令監司委官躬親分頭前去點檢催促，各具所到及點檢日時、已施行事件關牒提刑司，類聚申尚書省。內所委官點檢催促過刑禁，並仰本路監司復行檢察，如滅裂違滯，按劾聞奏。或奉行不虔，令御史臺覺察彈劾。自是歲以為例。

4. 六月十二日，都省勘會，正當時暑，深慮囹圄淹延，追逮枝蔓，理合催促結絕。詔行在委刑部郎官及御史一員，臨安府屬縣令提刑躬親前去點檢，催促結絕。事理輕者先次斷放。臨安府屬縣，徒以下罪事狀分明不應編配及申奏公事，雖小節不圓、不礙大情，並詣〔一〕面斷遣訖申奏〔一〕。杖以下應禁者，並責保知在。如提刑已往別州慮囚或闕官，即令漕臣一員前去，各具所到及點檢日時、已施行訖事件申尚書省。知奉行不虔〔二〕，令御史臺覺察聞奏。自是歲以為例。

〔一〕並詣一面斷遣訖申奏　「詣」當作「許」，見輯稿・刑法五之四二。

〔二〕知奉行不虔　「知」當作「如」，見輯稿・刑法五之四二「二十六日」條。

5. 二十六日，詔：「馬軍行司見在建康府屯戍，理宜一體，並依行在踈決減降，仍委淮西總領躬親前去決遣。自是歲以為例。

6. 十二月八日，詔：「時雪未降，見行祈禱。竊慮刑獄淹延，致傷和氣。大理寺、臨安府屬縣、三衙及兩浙諸州縣見禁罪人，在內委臺官，在外委提刑，躬親即時前去檢察決遣。內杖罪以下並干繫等人，並日下疎決。」

四年（戊午，一一九八）

1. 八月二日，詔：「陰雨未晴，見行祈禱。令大理寺、臨安府並屬縣、三衙各委長官日下躬親檢察決遣，除緊人干繫人外並與疎放。」

開禧二年（丙寅，一二〇六）

1. 三月十六日，殿中侍御史徐柟言：「近年以來，州縣官吏以獄為市，大辟之干連，强盜之證對，縲繫充斥，非法絣訊，任意鍛鍊，極其慘酷。每遇提刑巡歷，責寄廂保，及監司出境而囚繫如初。盛夏之月，恐其蒸欝，故分遣疎決。至於隆冬寒凍，其苦甚於盛夏，良由監司雖於五月巡歷所部平遣囚徒〔一〕，殆與一時經過無異，足跡未嘗一登獄門，囚徒未嘗引問，案牘未嘗閲視，非法收禁者未嘗根究，赴訴責保者未嘗受理，宜乎州縣得以揣摩，罔知畏憚。乞令監司每歲十月下旬躬詣巡歷疎決，一遵盛夏五月下旬慮囚之法。」從之。

〔一〕平遣囚徒　疑「平」當作「决」。

2. 九月十七日詔：「四川、二廣州軍，令逐路監司依每歲所降盛暑慮囚指揮，各隨置司去處地里遠近，分詣所部州軍，限十一月下旬起發，躬親前去點檢，催促結絕。事理輕者先次斷放。至來年正月十五日以前巡遍。如屬縣非監司經由之路，即令監司委官躬親分頭前去點檢催促，各具所到及點檢日時、已施行事件關牒提刑司，類聚申尚書省。內所委官點檢催促過刑禁，並仰本路監司復行檢察，如滅

裂遺滯〔一〕，按劾聞奏。或奉行不虔，令御史臺覺察彈劾。」餘路州軍亦同此制。每歲如之。

〔一〕如滅裂遺滯　「遺」當作「違」。

嘉定五年（壬申，一二一二）

1. 六月二十日，臣僚言：「祖宗立國，以恤刑為急務，每遇祈寒隆暑，必令提刑司分委官於所部州縣慮囚。臣觀廣右州郡，多號『瘴鄉』，司臬事者，憚於衝寒冒暑，深入煙嵐。所委之官非州之倅，則簽與推也。然廣右州軍有倅者未一二，而所委職官間有癃老補攝之人〔一〕，每得臺檄，更不起發，必遲之數月而後至，或有違命托故而規圖改差者，為囚徒者，將何以赴愬。乞行下本路〔二〕提刑司，凡有慮囚決獄，如躬親所不及，必精擇所委，務得其人。無使癃老補攝之人得以淹囚留獄。」從之。

〔一〕癃老補攝之人　「老」原作「者」，據本條下文及文意改。

〔二〕乞行下本路　「行」原作「刑」，據文意改。

六年（癸酉，一二一三）

1. 七月十八日，臣僚言：「乞行下諸路提刑，每遇諸郡踈決，先令兵官責實土牢見禁人數，或不測於未決獄之前，躬至土牢閱視之，其有不應拘繫以至死者，許其戚屬陳告，守與兵官皆當生罪〔一〕。每委官下縣決獄，亦先令尉司吏級審責有無拘繫平民。有非法拘繫者，許人告首，痛懲一二，以革其害，使斯民無抑抳誣告之患。」從之。

〔一〕守與兵官皆當生罪　疑「生」當作「坐」。

十四年（辛巳，一二二一）

1. 六月十七日，臣僚言："今後遇暑慮囚〔一〕，命所差官將臨安府三獄見禁公事，除情理深重常例所不得原者，自合聽候，依法施行外〔二〕，其餘各隨輕重，盡行編排，減降決遣。大理寺、三衙、兩赤縣並照應一體斷決。其今年斷遣未盡者，截自未降停決指揮以前，行下所屬催促，速與減降裁斷，庶縲絏之囚，亟拜實惠。"從之。

〔一〕遇暑慮囚　"遇"前當有"行在"二字，見宋史全文卷三十二。

〔二〕依法施行外　"外"字原脫，據文意補。

2. 七月十五日，白劄子言："刑部見催促諸路累翻積年未決之獄，共四十六件，其間有係八年九年公事，今來已經涉七年，尚未了絕。兼諸路翻異公事，徑行移勘不曾申上者，又不知其幾。淹延刑禁，追逮干連，旁及無辜，或有死亡者，皆因頑囚避罪妄翻，及有元勘失實，遂致興獄不已。乞朝廷照淳熙十四年及紹熙四年已降指揮，令諸路提刑躬親將翻異之獄，與逐州守臣，臨安府即令兩浙運司同守臣更切從公審勘。如罪人情狀明白，別無可疑，委係避罪妄翻，即照刑寺已定斷得旨事理施行。若見得前勘有未盡情節，委涉冤抑、可疑及未經刑寺定斷，並仰具奏取旨施行。其元勘失當官吏並與免一案推結收坐一次，庶幾治獄一清。"從之。

檢驗

影印本刑法六之一至八
大典卷九一四

真宗　咸平三年（庚子，一〇〇〇）

1. 十月，詔：「今後殺傷公事，在縣委尉，在州委司理參軍。如闕正官，差以次官，晝時部領一行人躬親檢驗委的要害致命去處，或的是病死之人，只仰命官一員晝時檢驗。若是非理致命及有他故，即檢驗畢畫時申州，差官覆檢，詣實，方可給與殯埋。其遠處縣分，先委本縣尉檢驗畢，取鄰近相去一程以下縣分内牒請令、尉或主薄，一程以上只關報本縣令佐覆檢。獨員處亦取鄰州縣最近者，覆檢詣實即給屍首殯埋，申報所隸州府，不得推延。」

大中祥符六年（癸丑，一〇一三）

1. 二月一日，詔曰：「京邑至大，閭閻實繁，每有喪亡，重行檢視。或在鬱蒸之候，頗稽藏瘞之期，爰覩奏對，請從簡便。然則民命至重，刑政攸先，官司所陳，固軫盡傷之念。命令將出，彌增欽恤之懷。宜令開封府自四月至八月死亡者，不須覆檢，餘月仍舊施行。」

天禧二年（戊午，一〇一八）

1. 五月十三日，權知開封府樂黃目言：「應有非理致命及諸般殺傷人屍首，如檢驗、覆檢官吏等定奪得致命去處，大事得正，或有小可聲說傷損去處不同，别無妨礙，不係要害致命去處者，只從違制失科罪。如是鹵莽，不切定奪，出入致命去處，即從違制。」從之。先是，本府官司檢定金刃殺傷屍，它官覆檢，則以為箠撻所害。初檢官坐是差繆，從違制，徒三年科罪。至是〔一〕黃目言其刑名頗重，故條約之。

〔一〕至是 「是」字原脱，據文意補。

三年（己未，一〇一九）

1. 九月十六日，詔：「今後三月以後八月以前，應有非理致命公事，只本州縣差官覆檢。九月以後，一依元敕施行。」

仁宗 天聖元年（癸亥，一〇二三）

1. 四月十二日，審刑院、大理寺言：「諸道州縣分每有非理殺傷公事，遇夏月請官覆檢，去鄰縣遥遠之處有所未便。欲望自今應諸處覆檢屍首，不以冬夏，並依咸平三年十月敕施行。其天禧三年九月敕更不行用。」從之。

二年（甲子，一〇二四）

1. 四月十二日，詔：「諸處有病患及非理致命身死者，須候再差官覆檢，方得埋瘞。外州闕官處頗有淹滯，炎暑多致傷壞，因有異同，枉興詞訟。宜令今後所差官須集干連人分明檢驗，具有無他故定上。自四月一日後至九月更不覆檢，春冬依舊制施行。」

三年（乙丑，一〇二五）

1. 十一月，詔：「今後春冬月，在京及畿内縣鎮，除非理致命、事有不明、兩爭並干礙勘照、死刑須合覆檢者，即依前敕差官覆檢外〔一〕，其餘自縊、割、投水、病患諸般致死，事理分明者，檢驗後屍首主別無詞説，即給付埋殯，更不覆驗。」

〔一〕即依前敕差官覆檢外　「依」原作「以」，據文意改。

明道二年（癸酉，一〇三三）

1. 十二月二十七日，河東路提點刑獄〔一〕張仲尹言：「應刑獄司内有要切罪人病患者，乞差不干礙官隔手看驗。」從之。

〔一〕提點刑獄　原作「提刑點獄」，據文意乙正。

景祐三年（丙子，一〇三六）

1. 四月三十日，開封府言：「舊制，公私家婢僕疾病三申官者，死日不須檢驗。或有夾帶致害，無由覺察，望別為條約。」詔今後所申狀内，無醫人姓名及一日三申者，差人檢驗，餘依舊制。

五年（戊寅，一〇三八）

1. 七月二十一日，大理評事林槩言：「伏覩編敕，應殺傷及非理致命公事，在縣委尉，在州委司理參軍，晝時躬親集衆檢驗，委的要害致命去處，申本屬州軍差官覆檢，給與埋殯。縣尉即檢驗訖，于最近州縣有雙員處請官覆檢，受請官不得推避。竊詳諸縣只當於最近州縣有二員處郝官覆檢。今來不明上件敕意，每有非理死傷公事，縣尉檢驗纔畢，多就近移牒本縣令佐便行覆檢〔一〕。欲乞今後縣尉檢驗訖，於別州縣最近處請官覆檢，不得一例移牒。」從之。

〔一〕本縣令佐便行覆檢　「令佐」原作「今佐」，據文意及下條「諸縣令佐」改。

康定二年（辛巳，一〇四一）

1. 二月十七日，詔：「自今諸縣令佐受到諸縣牒請覆檢者，須本縣簿、尉及監當官員闕，縣令獨員在縣，方聽依條免去。」

神宗 元豐八年（乙五，一〇八五）

1. 六月二十四日，知河南府韓絳言：「山陵役兵病死，方盛暑之際，臣權宜與免檢覆。然輒違詔條，自劾以聞。」工部言人命所係，恐致欺弊。詔特依絳所奏，仍赦罪。

哲宗 元祐七年（壬申，一〇九二）

1. 七月十一日，殿中侍御史楊畏言：「在京刑獄奸弊，近開封縣申李寶病癰死，及本臺牒府差官覆檢，乃拷掠致死。其糾察在京刑獄一司，既歸台察，今後若有禁囚死亡，乞從御史臺差官依條檢驗施行。」

徽宗 政和七年（丁酉，一一一七）

1. 十月十九日，詔：「訪聞福建路州縣鄉村委官檢驗、覆檢，多不躬親前去，只委公人同耆壯等。事干人命，慮有冤枉，仰提點刑獄申明條法，行下州縣，違者奏劾，不以赦原。」

宣和六年（甲辰，一一二四）

1. 六月十八日，淮南西路提刑雷壽松奏：「殺人公事，有司推鞫，以驗定致死之因為據。而檢驗官吏多是規避〔一〕，並不即申驗狀，動經旬月。若所驗致死之因不實、不盡，而獄情疑貳未决，或兩詞互有陳論，雖欲再差官覆檢，則其屍已是壞爛，難以辨明，往往遷就挾同結斷。甚者，受賂請托，以時增

改。蓋緣從來未有定申發驗狀條限，今欲乞應驗屍官吏候驗限當日具驗狀申所屬，仍於狀內分明書填驗畢申發日時。如違限，仍乞立斷罪刑名。」詔依所乞，發達限〔二〕，從一百科罪。

〔一〕而檢驗官吏多是規避　「而」原作「兩」，據文意改。

〔二〕發達限　當作「申發違限」，参见上文「定申發驗狀條限」、「申發日時」。

高宗　紹興三十二年（壬午，一一六二）

1. 閏二月六日，臣僚言：「在法，檢驗之官，州差司理，縣差縣尉，以次差丞、簿、監當〔一〕，若皆闕，則須縣令自行。至於覆檢，乃於鄰縣差官。若百里之內無縣，然後不得已而委之巡檢。三尺具在，不可不守。方今州縣之官，視檢驗一事不肯親臨，往往多以事辭免，率委之巡檢。蓋緣巡檢武人，其間多出軍伍，致有不識字畫者，姦胥猾吏因得其便，往往是非曲直，顛倒狥情。乞申嚴檢驗之條。其初驗官須委司理、縣尉、丞、簿，不許以事辭免。至於覆驗，如委無官可差，仰所在州縣選差曉事識字巡檢前去〔二〕。如有不虔，重寘典憲〔三〕。」從之。

〔一〕丞、簿、監當　慶元條法事類卷七十五作「簿、丞、監當官」。

〔二〕選差曉事識字巡檢前去　「檢」字原脫，據輯稿·刑法三之七七補。

〔三〕重寘典憲　「憲」字原脫，據文意補。

孝宗　乾道元年（乙酉，一一六五）

1. 五月二十六日，臣僚言：「近日州縣所差檢驗官，其間多有素昧書畫、庸懦畏避之人。乞今後

遇有差檢驗官，令守令選擇諳曉世務者，內武臣仍差識字有心力人。」從之。

九年（癸巳，一一七三）

1. 十月四日，臣僚言：「諸大辟同案五人及殺人應死而屍不經驗、旁無證佐不應奏者，監司一員審問。如在三百里外〔一〕，則牒鄰州通判，此着令也。其間乃有視爲不急之務，在近固未必躬親審問，而在遠者鄰州通判亦復託故不行，甚至擇主簿、監當無能之人、州郡可輟者充大使，冤濫何所申訴？欲望申敕刑寺檢舉施行。」詔御史臺覺察。

〔一〕三百里外　「里」字原脫，據大典卷九一四補。

淳熙元年（甲午，一一七四）

1. 五月十七日，浙西提刑鄭興裔言：「檢驗之制，自有成法。州縣視爲閑慢，不即差官或所差官遲延起發，或因道里隔遠，憚於寒暑，却作不堪檢覆，或承檢官不肯親臨，合干人等情弊百端，遂使冤枉不明，獄訟滋繁。今措置格目行下所屬州縣，每一次檢驗，依立定字號，用格目三本，一申所屬州縣，一付被害之家，一申本司照會。並依格目內所載事理施行，並繳格目一本，令刑部鏤板，頒下諸路提刑司，依此施行。」從之。

興裔措置格目云：　一、某處於某年某月某日某時據某人狀乞驗屍首，本案人吏某人承行，於某日某時差某人賫牒某處官初檢。本官廨舍至泊屍地頭計幾里，人吏某人押批，本案某官。覆檢亦如之。

一、初檢官某時承受，將帶仵作某人、人吏某人於某日某時到地頭，集耆甲某人保正副某人，及已死人親，如是親兄，即填云親兄； 如是堂兄，即填云堂兄之類。 初檢到〔一〕已死人某人痕損數內致命因依，的係要害致命身死分明，各於驗狀親簽，於當日某時差某人賚初檢單狀，保明申某處，仍於當時對衆入某字號遞〔二〕，具狀繳連格目〔三〕，申本司照會。 人吏某人押批。 初檢官職位、姓名押〔四〕。 一、覆檢官某時承受，將帶仵作某人、人吏某人於某日某時到地頭，集耆甲某人、保正副某人及死人親。 如是親兄，即填云親兄； 如是堂兄，即填云堂兄之類。 覆檢〔五〕到已死人某人痕損數內致命因依，的係要害，致命身死分明，各於驗狀親簽畢。 其屍即時責付血屬，買棺木埋瘞。 若其家貧乏或無主之家，即合勒行兇人陪備，或某人委實又無力可出〔六〕，且令耆保應錢買用，州縣依價給還〔七〕，並不得燒化。 如違令來約束，依前燒化，日後致有詞訴，其覆檢官與保正、耆甲、仵作、人吏必有情弊，定當根究施行，仍於當日某時差人賚覆檢單狀，保明申某處，仍於當時對衆入某字號遞，具狀繳連格目，申本司照會。 人吏某人押批，覆檢官職位、姓名押〔八〕。

〔一〕初檢到 「初」字前原衍「某人」兩字，據慶元條法事類卷七十五刪； 「檢」字原作「撥」，據慶元條法事類卷七十五改。

〔二〕仍於當時對衆入某字號遞 「對衆」原作「對證」，據慶元條法事類卷七十五改。

〔三〕具狀繳連格目 「格目」原作「檢檢目」，據慶元條法事類卷七十五改。

〔四〕姓名押 「押」字原脫，據慶元條法事類卷七十五補。

〔五〕覆檢 「覆」字前原衍「某人」兩字，據慶元條法事類卷七十五刪。

〔六〕某人委實又無力可出 「某人」，慶元條法事類卷七十五作「其人」。

〔七〕州縣依價給還 「州」原作「本」，據慶元條法事類卷七十五改。

〔八〕姓名押 「押」字原脫，據慶元條法事類卷七十五補。

慶元二年（丙辰，一一九六）

1. 十月四日，敕令局以淳熙令、紹熙五年十月四日〔一〕聖旨指揮參酌增潤〔二〕，修立下條：「諸驗屍，州差司理參軍，本院囚別差官或止有司理一員〔三〕準此。縣差尉，闕即差簿、丞，丞不得出本縣界〔四〕臨當官，皆闕者〔五〕，縣令前去。若過十里，或驗本縣囚〔六〕，牒最近縣〔七〕，其郭下縣，皆申州。應覆驗者，並於初驗日〔八〕先次申牒差官，應牒最近縣〔九〕而百里內無縣者，聽就近牒巡檢或都巡檢使，內覆驗應止牒本縣官而獨員者準此，並謂非見出巡捕者〔十〕。右入淳熙重修職制令。以淳熙令並紹熙五年十月十四日聖旨指揮詳定。係衝改元條，乞行下刑部，先次遍牒遵守施行。」從之。以知長寧軍張子震有請故也〔十一〕。

〔一〕十月四日　與本條下文「十月十四日」矛盾。
〔二〕參酌增潤　「潤」原作「閏」，據文意改。
〔三〕止有司理一員　「一員」，慶元條法事類卷七十五、洗冤集錄卷一作「一院」。
〔四〕丞不得出本縣界　「本」字原脫，據慶元條法事類卷七十五、洗冤集錄卷一補。
〔五〕皆闕者　「闕」原作「關」，據慶元條法事類卷七十五、洗冤集錄卷一改。
〔六〕驗本縣囚　「縣」原作「院」，據慶元條法事類卷七十五、洗冤集錄卷一改。
〔七〕牒最近縣　「縣」字原脫，據慶元條法事類卷七十五、洗冤集錄卷一補。
〔八〕並於初驗日　「於」字原脫，據慶元條法事類卷七十五、洗冤集錄卷一補。
〔九〕應牒最近縣　「縣」字原脫，據慶元條法事類卷七十五、洗冤集錄卷一補。
〔十〕並謂非見出巡捕者　「捕」原作「補」，據慶元條法事類卷七十五、洗冤集錄卷一改。

〔十二〕以知長寧軍張子震有請故也　原作小字注文，今改作大字正文。

嘉泰元年（辛酉，一二〇一）〔一〕

1. 正月二十八日，臣僚言：「近日大辟行兇之人，鄰保逼令自盡，或使之説誘被死家，賂之錢物，不令到官。嘗求其故，始則保甲憚檢驗之費，避佐證之勞〔二〕，次則巡尉憚於檢覆，又次則縣道憚於勘鞫結解，上下蒙蔽，欲知省事〔三〕，不知置立官府本何所為。今若縱而不問，則是被殺者反為妻子、親戚乞錢之資，甚可痛也。乞明降指揮〔四〕，凡有殺傷人去處，如都保不即申官，州縣不差官檢覆，及家屬受財私和，許諸色人告首，並合從條究治。其行財受和會之人，更合計贓重行論罪。」從之。

〔一〕嘉泰元年　文獻通考卷一百六十七作「二年」。
〔二〕避佐證之勞　「佐」原作「左」，據文獻通考卷一百六十七改。
〔三〕欲知省事　文獻通考卷一百六十七作「只欲省事」。
〔四〕明降指揮　「降」字原脱，據文獻通考卷一百六十七補。

嘉定四年（辛未，一二一一）

1. 十二月二十二日，江西提刑徐似道言：「推鞫大辟之獄，自檢驗始。其間有因檢驗官司指輕作重，以有爲無，差訛交互，以故吏姦出入人罪，弊倖不一。人命所繫豈不利害。伏見湖南〔一〕、廣西憲司見行刊印正背人形，隨格目給下檢驗官司，令於損傷去處，依樣朱紅書畫橫斜曲直。仍仰檢驗之時唱喝傷痕，令衆人同共觀看所畫圖本，衆無異詞，然後著押，則吏姦難行，愚民易曉，如或不同，許受屈人徑經所屬訴告，乞徧下提刑司徑行關會樣式，一體施行。」從之。既而刑部取索所刊正背人形式樣參酌，大理寺申稱湖南提刑司格式稍爲詳備，乞下諸路提刑司體傚施行。

〔一〕湖南　原作「湖廣」，據宋史卷二百、文獻通考卷一百六十七改。

六年（癸酉，一二一三）

1. 十二月六日，臣僚言：「今縣邑檢驗，偶本縣有嫌，合牒鄰縣委官。鄰縣多不相統屬，或遇移文，不曰所屬官有假故，則曰已差出無人。或預有所聞，則併與緘封不啟。如此數四，往返累日，雖即申聞憲司、州郡，亦非旦暮可畢，暑月腐壞，至不可驗。由是姦胥黠吏因得並緣，不得其情，多基於此。乞下諸路提刑司約束諸縣，遇有檢覆公事合牒鄰縣差官者，即於移牒封題明著某事，有辭避不承、稽違時日者，重與責罰。」從之。

矜貸

影印本刑法六之九至五

大典卷一五〇〇四

太宗至道二年(丙申,九九六)

1. 八月十一日,蜀州言:「捕獲刼賊十人,內文次年十三,其父令持兵器從行,法當死。」帝以其幼騃,特宥之。

真宗 景德元年(甲辰,一〇〇四)

1. 八月八日,知壽州陳堯佐言:「饑民刼窖藏〔一〕粟麥者,凡七十餘人,以彊盜計贓,並合處死。」詔並決脊杖黥面配牢城〔二〕。爲首隸五百里外,餘隸本城。

〔一〕窖藏　原作「害藏」,據長編卷五十七景德元年八月庚申改。

〔二〕脊杖黥面配牢城　「杖」字原脫,據長編卷五十七景德元年八月庚申補。

四年(丁未,一〇〇七)

1. 十一月十一日,有司言:「捕獲象州民盧霜等,嘗以飲食饋賊,已減死決杖,配隸諸州,比類竄

遁者，已散令擒捕，請行嚴斷。」帝曰：「遐方愚民，爲賊所迫，供置食物，乃是常理。」乃揭榜曉諭，並釋其罪。已獲者，令本州量事決責以聞。

2. 二十日，驍騎小校張信棄市，餘配隸外州。信訴指揮使蓋贇御下嚴急，鞭撻過當。陳堯叟曰：「都虞候李繼和言士卒不稟所部，合從軍令。」帝曰：「如罪在士卒，可以嚴斷；若捶楚過當，安可不盡其理耶？」馬知節曰：「太祖朝每命將校，唯取剛方有斷，士卒畏威者。」帝曰：「此蓋彼時所宜爾〔一〕。」即下吏按劾，信款云〔二〕：「贇飲酒後嗷習，決責部下。」信遂以弓俏擁卒四十餘，厲聲曰『我輩終爲指揮使乘醉所鞭殺』，即徑詣馬軍司陳告。」贇云：「雖日飲酒〔三〕，而所鞭士卒，皆有過者。」繼和請斬告者十餘人，餘配沙門島。罰指揮使、都虞候。詔誅信，餘決杖配隸外州，輕者復隸本軍，贇決配許州，其都虞候不能覺察〔四〕，副指揮使不能稗贇，並下本州決罰。

〔一〕此蓋彼時所宜爾　「彼」字原脱，據長編卷六十七景德四年十一月癸未補。
〔二〕信款云　「款」原作「疑」，據長編卷六十七景德四年十一月癸未改。
〔三〕贇云雖日飲酒　原作「贇雖曰飲酒」，據長編卷六十七景德四年十一月癸未改。
〔四〕其都虞候不能覺察　「其」前原衍「員僚直」，據長編卷六十七景德四年十一月癸未删。

3. 十二月六日，釋殿前司虎翼都虞候高鸞，城外都巡檢、步軍副都指揮使王隱罪。初，河南草場遺火〔一〕，隱等集近便營兵救撲，而殿前司上言鸞等非本轄，當俟宣旨，請罪之。帝以救焚之急，又隱以便宜行事。故詔釋之。因戒自今令遵守往制。

〔一〕草場遺火　原作「場火」，據長編卷六十七景德四年十二月戊戌改。

大中祥符五年（壬子，一〇一二）

1. 九月十八日，開封府勘糧料院專勾司〔一〕吏因諸軍批請納賂，罪當徒。帝曰：「此但紙筆之費，累而爲贓，第決杖釋之。」

〔一〕專勾司　原作「專句院」，據長編卷七十八大中祥符五年九月癸未改。

八年（乙卯，一〇一五）

1. 五月二十五日，妖人谷隱黥面配瓊州牢城，遇赦不放還；靳重榮黥面配汀州牢城；靳有方黥面配沙門島。詔解州管内百姓僧道等曰：「先王立法，在妖邪〔一〕而必誅。有國詳刑，亦哀矜而爲務。顧小民之多僻，習左道而相傳，苟用常科，難迯極斷，屈兹彝憲，投寘遠方。惟彼朋徒，合行追捕，特從寬宥，咸許自新。其谷隱下弟子，除係禁勘別行指揮外，其餘干連人並放，仰州縣安撫，各令着業，自今不得傳習。」隱先以罪編管於解州，因用妖術惑郡人，重榮師事之，有方嘗給取〔二〕隱資財甚衆，至是，御史鞫劾而謫之。

〔一〕妖邪　原作「恠力」，據宋大詔令集卷二百十七改。

〔二〕給取　長編卷八十四大中祥符八年五月甲辰作「紿取」。

天禧元年（丁巳，一〇一七）

1. 十一月六日，開封府長垣縣民李遂與其子同盜殺驢，法並坐徒，詔特免其子。

五年（辛酉，一〇二一）

1. 四月十二日，事材場軍士楊勝等三人杖脊、黥面，配沙門島；當宿監官内殿承制石惟清削兩任，贖銅二十斤，勒停；不當宿〔一〕監官内殿崇班、閤門祗候王承瑾〔二〕，供奉官、閤門祗候張惟一並勒停；自餘主典軍校皆決杖、降職有差。坐本場火發，勝等洎惟清，法當處死。特貸之。

〔一〕不當宿　原作「下番」，據長編卷九十七天禧五年四月丁巳改。

〔二〕王承瑾　「瑾」原作「僅」，據長編卷九十七天禧五年四月丁巳改。

仁宗　天聖元年（癸亥，一〇二三）

1. 十一月十二日，知漣水軍、都官員外郎鄧餘慶，永興軍興平縣監酒稅、殿直何承勛，鎮南軍監進賢鎮鹽酒務、殿直易著明，秦州三陽寨主、供奉官、閤門祗候荊信，特貸命，決配遠處牢城〔一〕。餘慶坐受承天院僧惠良銀器，蓦越差充院主。承勛自盗官印印文鈔，并盗官錢。著明偷官錢、酒及截落税錢入己。信將陳米等假借人戸名目作新色斛斗入中，求利入己。並准條合處死，特貸之。仍降詔諸道，今後更有似此違犯，必當依法施行。

〔一〕決配遠處牢城　「遠處」，長編卷一百一天聖元年十一月壬寅作「廣南」。

2. 十一月十六日，寧州民龐張皃特貸死，罰銅百二十斤與龐惜喜家。審刑院斷張皃毆龐惜喜死，當極刑。張皃年九歲，童稚爭鬭，無殺心，特矜之。

四年(丙寅,一〇二六)

1. 二月二十四日,開封府教學人董可道特貸死。杖脊十七,放。可道箠學生死。宰臣曰:「據法合死,然原其情理,教道童孺,不施榎楚,無以訓習,故禮稱家塾黨庠術序,乃閭里就學之所。」帝曰:「情雖可矜,法亦難屈。」知府王臻亦言:「父母無他子,頗甚悲苦。」特有是旨,以慰父母之心。

六年(戊辰,一〇二八)

1. 五月十二日,貸鳳翔府盩厔縣尉孫周翰命,决杖二十,刺面配廣南牢城〔一〕,以决百姓田義至死非辜而恩矜之。

2. 十月六日,貸前滑州觀察支使索希甫死,刺面决配遠州牢城。以希甫受百姓劉興錢銀,斷阿張、劉興聽離,合枉法極刑,特寬常法全之。

〔一〕廣南牢城 「牢城」原作「城牢」,據文意改。

七年(己巳,一〇二九)

1. 五月七日,京兆府民魏太嬌妻趙處死,特給母張錢二十千,米五石,并廩諸縣日食米二勝,終張身奏裁。趙毆太嬌至死,當處極刑。據太嬌母張狀稱:趙有男四人,皆幼小。張年八十六,無的親,恐趙歸法之後,難以自活。府爲具奏,特有是旨。

2. 九月五日,泉州民柯智特貸命,杖脊刺配廣南。智毆養男蔡伯先死,法當棄市。本州言智養伯

先爲子已五年，上請，特矜貸之。

天聖八年（庚午，一〇三〇）

1. 十一月六日，監翰林司、閤門副使郭承祐特貸命，免決刺，除名，配岳州衙前編管。坐盜金銀什物，除罪輕及該赦外，計贓一百四十一匹，監臨主自盜〔一〕，合寘極典，詔從寬宥。儀鸞司指揮使謝演私借壁衣與承祐，翰林司專知官郭顯、勾押官賀吉、前行開元庫子趙達、閔遇知盜不告，及爲承祐取索偷那官物，於曆上私作入庫。長行趙德於衣版内偷藏出官物，事發逃走。八作司典苟潤私借赤白匠與承祐家私使，各杖一百。翰林司庫子蔡贇等六人，藥童長行閻成、庫子董昇、儀鸞司工匠侯昌、金銀庫子張用等四人，翰林司長行李均等一十四人，十將劉和、法酒庫長張嫌並受承祐指揮，盜出官物及借金銀什物等罪，各杖八十。翰林司指揮使丁矩寄藏官酒，合杖九十。比部員外郎郭世隆為男承祐送到手本額外當直長行七人在宅私占及受男將到官物，承祐已坐罪流，合杖八十私罪。翰林司副〔二〕越興、藥童長行王恩知承祐偷盜不告，犯在赦前，合原免。詔演、矩並於外州近下軍分降資安排，興於外州近下軍分安排，丁將、專知官、勾押官等並移近下庫，世隆特勒停。又翰林司監官郭中和於官曆上押字，撥酒供與承祐，合徒一年私罪，監御廚李遵懿，監八作司劉懷懿、徐奎、張永和各不合借工匠與承祐，勾當庖務錢恕不合私差宰手，並從杖八十私罪。同勾當翰林司夏元亨、王守忠各不覺察，杖八十公罪。監儀鸞司劉從應、王克基、何誠用、藍昌裕、林志華各杖六十。詔中和特勒停，遵懿、恕、懷懿、奎、永和、元亨、守忠並衝替，餘兼勾當亦差替，各未得與差遣。

〔一〕監臨主自盜　「監臨主」原作「零監主」，據文意改。

〔二〕翰林司副　「副」字後原空一格，疑缺，待補。

九年（辛未，一〇三一）

1. 七月七日，慶州民楊士廉特貸命，配隸廣南牢城，坐僞刻蒿場印爲輸鈔，計贓應死。特矜之。

2. 八月三日，欝林州民黄晟囊免死，黥面配沙門島，遇赦不還。坐毆蔣公歸死，計贓錢裁〔一〕千五百，法皆死，特矜之。

〔一〕計贓錢裁　疑「裁」當作「財」。

3. 九月二十八日，都官郎中、前知嘉州張約免死，杖脊，黥面配連州牢城。坐受財枉法，計銀千五百兩。法抵死，在降詔約束之前，其後又受銀二百六十兩，法應絞〔一〕，特矜之。初聞約在郡貪瀆，詔轉運使高覿體量其事，且言約越次補牙職，又令教練使楊澄吉恐喝取楊齊古錢，澄吉逃遁，即分遣使搜捕，揭牓許吏民告首。約時以代歸華州，遂委陝西轉運司押領赴嘉州。澄吉亦坐黥面，配商州〔二〕坑冶。

〔一〕法應絞　「絞」原作「綾」，據文意改。

〔二〕商州　「商」原作「啇」，據文意改。

4. 十月三日，渝州民黄添特免死，黥面配隸海島。坐梃殺盗粟人〔一〕程大，法應死，特矜之。

〔一〕坐梃殺盗粟人　「梃」原作「挺」，據文意改。

5. 十一月二十三日，舒州民王翰堂叔昇挾刃殺翰，翰以梃傷昇死〔一〕，詔釋之。

〔一〕翰以梃傷昇死　「梃」原作「挺」，據文意改。

十年（壬申，一〇三二）

1. 正月二十四日，安州刼賊胡參特貸命，黥面配沙門島。參以父命刼孫緒財，法當死，情可憫，特矜之。

2. 二十八日，益州民費進特贖銅百二十斤，婢趙氏配鄰州羈管。坐怒趙索逋錢毆趙死〔一〕，法當死。進年十四，上請，特矜之。

〔一〕坐怒趙索逋錢毆趙死　疑「趙死」與上文「婢趙氏配鄰州羈管」矛盾。

3. 三月九日，真定府井陘令張起免除名，奪三官。坐倍取職田細絹十五匹，法應奪四官，除名，特矜之。

4. 四月十八日，虞部郎中、知州王涉〔一〕特免黥面，配廣南本城，永不錄用。坐冒請官職田，估贓絹百七十匹，法應死，用赦原罪外，有不容佃戶訴災，輸物估贓五十匹，法應加役流除名，特矜之。

〔一〕知州王涉　「知」字後原缺一字，待補。

5. 六月四日，祕書丞、知永興軍興平縣王袞特免除名，授廣南文學。坐受銀估贓絹三十匹，法應加役流，特矜之。

明道二年（癸酉，一〇三三）

1. 正月十三日，廬州言：「州境災歉，有偷掘白殯墓見尸，望貸命決遣。」[illegible]不滿一千如法，豐稔仍舊。

景祐元年（甲戌，一〇三四）

1. 正月二十八日，濠州民王洋奇罰銅一百二十斤，入楚李婆之家，洋奇相爭斫木柴，用鐮斫傷楚李婆致死，合處死。年九歲，上請，特矜之。

2. 三月十七日，西京作坊使、英州刺史、知定州馬洵美特貸命，除名，免決，配連州牢城。侍禁馬慶宗除名。坐以公用酒米等偷糶入己，法應死，特貸之。

3. 七月十三日，密州民劉道明、王真貸命，刺配廣南牢城。毛冣三人決杖十七。道明坐妄諭王真計謀同事夜間聚會，假造劍霞草龍惑衆，準條處死。冣等知妖妄不告，合徒一年半。特詔矜之。

4. 八月九日，濠州民謝象爲李齊打殺母並驚殺孩兒，後却打齊至死，合決脊，情理可憫。詔象特放。

四年（丁丑，一〇三七）

1. 二月七日，洪州別駕王蒙正特除名，配廣南編管，永不錄用。坐私通父婢，前任取受楊澄吉金，故入溫嗣良流罪，合流三千里，特有是命。司理參軍劉渙、主簿鄭照爲從，各徒三年，袁恕虛稱折買，得小池莊，杖八十，並該赦釋放。詔恕、照並勒停，渙衝替。蒙正女從德妻，今後不令入內。兒女見與皇族爲婚者，除已成結，更不得爲親。

2. 閏四月二十七日，武寧軍節度使、真定府路總管夏守恩特貸命除名，配連州編管。坐受軍民錢物，枉法贓六十二匹，合處死。職事官三品，請議。驍武軍士周祚轉遞錢物，事發逃走，捉獲，合處斬。

男内殿承制元吉取受借錢，虚妄上奏，假令其徒上書詐不實，徒二年。本司手分孫素各不取覆，合決杖一百。詔守恩付朝堂，集百官議。據御史臺奏，請依斷處死。詔特貸極刑，周祚貸命，刺配沙門島；元吉等依斷。守恩差使以兵卒三十人監伴前去。

3. 六月三日，六宅副使李士彬殺義男并堂姪女、小兒三口〔一〕，法應死。詔士彬久在邊任，特貸極刑，依舊勾當，今後更有所犯，必行朝典。

〔一〕義男并堂姪女、小兒三口　長編卷一百二十景祐四年五月丁卯作「义男及堂侄女三人」。

4. 八月十九日，太常博士曾易占除名，配廣南衙前編管。坐前知信州玉山縣受賕事發，監察御史裏行〔一〕張宗誼按其罪，法當死。特貸之。

〔一〕監察御史裏行　「監」前原衍「命」字，據長編卷一百二十景祐四年八月戊子删。

五年（戊寅，一〇三八）

1. 五月四日，開封府言殿侍李玉逃歸安州葬母，事訖首身。詔特原其罪。

康定元年（庚辰，一〇四〇）

2. 三月四日，原州乾興寨主、供奉官李繼明，監押、殿直孫佶，並特貸命，決脊杖二十，刺面配沙門島。坐賊圍鎮西堡，不晝時出兵赴堡救援，及改換時辰申報，致官軍敗衂，合比附死罪除名，特矜之。

慶曆四年（甲申，一〇四四）

1. 四月十日，知秀州、祠部郎中、集賢校理錢仙芝特貸命，決脊杖十七，配沙門島，遇赦不還。坐在任遺越枉法贓滿，法當死，特矜之。

英宗 治平元年（甲辰，一〇六四）

1. 四月三日，左侍禁、監溫州商稅〔一〕徐可道令兵典寫編敕，事既發，乃題充公用。法寺斷私罪杖，詔特改爲公罪。

〔一〕商稅 「商」字原作「商」，據文意改。

2. 六月九日，三班奉職和欽貸死，免決刺配福建路牢城。欽貸所部虔州綱錢，贓至絞，特減死。審刑院盧士宗奏欽坐情輕，乞稍寬減。帝曰：「刑故無小，若故而得寬，則犯者滋甚，非刑期無刑之道〔一〕。倘有過誤，貸無傷也。」

〔一〕非刑期無刑之道 「非」字下原脫「刑」字，據宋史卷二百補。

神宗 熙寧七年（甲寅，一〇七四）

1. 十二月二十一日，入内祗候、高班内品黎慶之、梁恭禮，入内高班吳立、張德恭，特免除名勒停。入内副都知、左騏驥使王昭明追兩官，免除名勒停。入内殿頭張球、衛元璉追一官，勒停。慶之誤發内降文字，恭禮白昭明，令立、德恭入内求寵夫人重封印。盜御寶，流三千里。係十惡，除名勒停。球、元璡知所部犯法不舉劾，減三等。特矜之。

九年（丙辰，一〇七六）

1. 五月三日，開封府百姓孫真特杖脊，配沙門島，遇赦不還。勾當皇城司、內侍押班王中正罰銅三十斤〔一〕，守衛人特决杖一百。真造妖言，夜越皇城〔二〕、宮城、殿垣，於法處死，守衛人徒二年半。特矜之。

〔一〕罰銅三十斤　「罰」原作「置」，據長編卷二百七十五熙寧九年五月戊午改。
〔二〕夜越皇城　「夜」字原脫，據長編卷二百七十五熙寧九年五月戊午補。

元豐元年（戊午，一〇七八）

1. 二月二十三日，上批〔一〕：「前安南戰棹都監楊從先等，昨以孤軍深入賊境，大小數十戰，雖無甚斬獲，然官軍亦不至傷敗，而師還繫獄〔二〕，殆將逾年。原其勞於王事，實可矜愍。況昨已經郊赦，宜並釋之。其一行有功將士等第賞錄。」

〔一〕上批　「上」原作「止」，據長編卷二百八十八元豐元年二月戊辰改。
〔二〕而師還繫獄　「而」，長編卷二百八十八元豐元年二月戊辰作「今」。

三年〔一〕（庚申，一〇八〇）

1. 正月二十六日，詔：「勒停人、前梓州司戶參軍姜適狂妄上書，罔上惑衆。特示寬貸，可除籍，郴州編管。」適辟穀，自謂有長年術，館于金明池，其方不驗故也。

〔一〕三年　原作「二年」，據長編卷三百二元豐三年正月庚寅、卷三百三元豐三年四月乙未、卷三百四元豐三年五月乙酉改，以下三條皆為三年事。

2. 五月二十三日，梓夔路鈐轄司〔一〕上瀘州路分都監王宣等所部親兵不救護主將，詔並免死，等第決配，重傷人免杖。

〔一〕鈐轄司　「鈐」原作「鈴」，據長編卷三百四元豐三年五月乙酉改。

3. 七月十二日，詔御史臺見鞫安南宣撫招討司事吳充，諸子有干涉細故，並免根治。

四年（辛酉，一〇八一）

1. 十二月二十三日，宣州觀察使、入內副都知李憲言：「準朝旨，具析擅歸本路因依〔一〕。臣以粮草蹙迫，不可久留，遂迤邐迎接餽運，乞加貸宥〔二〕。」詔憲力圖來效，以贖今罪。

〔一〕具析擅歸本路因依　長編卷三百二十一元豐四年十二月甲戌作「分析未得处分间便擅归本路因依」。

〔二〕乞加貸宥　原脫，據長編卷三百二十一元豐四年十二月甲戌補。

五年（壬戌，一〇八二）

1. 正月六日，環慶路經略司〔一〕言：「涇原路隊將李貴扇搖兵衆逃歸，乞特行法以懲後。」盧秉又言：「貴情非巨蠹，昨以出界兵將上下失律，臣即權宜傳放罪指揮，兼已奏得朝旨，若更追劾〔二〕，恐致驚疑。」詔釋之。

〔一〕經略司　「司」原作「使」，據長編卷三百二十二元豐五年正月戊子改。

〔二〕若更追劾　「劾」原作「効」，據長編卷三百二十二元豐五年正月戊子改。

2. 二月五日，開封府言：「令文：諸老幼疾病犯罪應罰銅而孤貧無以入贖者，取保矜放。本府日決獄訟，應贖者多孤寡貧乏，又無鄰保，不免責廂巡狀，以便取保之文。自今乞從本府審察〔一〕，貧乏直行放免。」從之。

〔一〕自今乞從本府審察　「本府」二字原脱，據長編卷三百二十三元豐五年二月丁巳補。

3. 二月二十一日，桂州張頡言：「昌化軍劾符破結九人犯持杖强盗殺人，罪皆死。緣係捕盗官招誘令解下弓刀，支與酒食，然後擒縛。若從捕獲法，慮致生黎疑懼，將來無以示信。」詔釋之。

4. 五月十三日〔一〕，河東經略司言：「豐州屯駐神鋭指揮因脩葭蘆寨，王安等百餘人鼓動軍衆，擅還豐州，及恐喝指揮使張臻，語言不遜，内已捕斬十六人〔二〕。」詔：「續捕獲人，證佐明者〔三〕，並處斬，餘更不得推究爲首之家屬。應緣坐者，押赴豐州處斬。」其後經略司言，安等已斬，莫知爲首者，而安有母年六十三〔四〕，上特貸之。

〔一〕五月十三日　輯稿·刑法七之一八作「五月十一日」。
〔二〕内已捕斬十六人　「捕斬」，長編卷三百二十六元豐五年五月癸巳、輯稿·刑法七之一九作「捕獲」。
〔三〕證佐明者　「佐」原作「左」，據輯稿·刑法七之一九改。
〔四〕六十三　長編卷三百二十六元豐五年五月癸巳作「六十二」，輯稿·刑法七之一九作「六十」。

5. 十月六日，詔：「涇原路第八將戴嗣良、賈辯免所追官。」先是，嗣良等出師，亡失二分一釐〔一〕，當追一官。既而嗣良自陳，計數不及二分，故詔免之。

〔一〕二分一釐　長編卷三百三十元豐五年十月壬子作「三分一釐」。

六年（癸亥，一〇八三）

1. 十一月十七日，朝請郎蒲宗閔可免劾，爲尚書都官郎中。初詔張汝賢定奪宗閔與郭茂恂互奏事多不當。以茶法推行之初，宗閔能協力職事，不爲異論所搖，故免之。

2. 十二月二十二日，上批：「追官免勒停、衝替人孫諤元犯情爲可矜，又經大宥，可除落衝替。」諤初爲國子監直講，坐受參知政事元絳囑從孫伯虎陞內舍〔一〕，及爲絳請求判監黃履〔二〕以伯虎爲小學教諭，追兩官。諤上書自明，故有是詔。

〔一〕陞內舍 「陞」原作「陛」，據文意改。
〔二〕黃履 原作「黃復」，據長編卷二百八十熙寧十年二月癸巳改。

七年（甲子，一〇八四）

1. 十一月二十二日，詔太府少卿吳安持〔一〕免勒停，差監曹州酒務。先是，安持誣奏宰臣蔡確弟碩，應私罪，徒二年。蔡確言：「安持本緣臣家事，乞特寬赦。」故有詔〔二〕。

〔一〕吳安持 「持」原作「特」，據長編卷三百五十元豐七年十一月丁巳改。
〔二〕故有詔 疑當為「故有是詔」或「故有此詔」。

2. 十二月一日，三班奉職李槩貸死，免除名，追二官勒停，坐毆盜袴遞卒死。大理寺當槩公罪絞，特貸之。

八年(乙丑,一〇八五)

1. 五月二十四日,刑部言趙譽等坐父世居嘗謀不軌,除名、停降、鏁閉,今已十年,乞比類流配人。詔免鏁閉,就僧屋居之〔一〕。

〔一〕就僧屋居之　「僧屋」,長編卷三百五十六元豐八年五月丙辰作「增屋」。

哲宗　元祐元年(丙寅,一〇八六)

1. 閏二月二十二日,刑部言:「乞應該元豐八年三月六日〔一〕登極赦以前雜犯配軍,除元係軍人及宣敕永不放還者,更不移放外〔二〕,其元犯殺人、放火、强盜、僞造符印、謀殺人、持杖竊盜罪至徒,雜犯死罪貸命,并餘罪徒已上情理兇惡者,在京令所屬及開封府步軍司,諸路令轉運使副判官、提刑司,取索元犯,看詳量移。」從之。

〔一〕元豐八年三月六日　原脱,據長編卷三百六十九元祐元年閏二月庚戌補。

〔二〕更不移放外　「外」字原脱,據長編卷三百六十九元祐元年閏二月庚戌補。

2. 四月六日,監察御史孫升言:「知興國軍楊繪、簽書淮南〔一〕節度判官廳公事沈季長,詿誤深刑,情非故冒,嘗居近侍,義難自陳,望特令理訴斷遣所取索元案看詳。」從之。

〔一〕淮南　長編卷三百七十四元祐元年四月癸巳作「揚州」。

3. 五月八日,殿中侍御史林旦言:「熙寧初改議助役法,知許州長葛縣事樂京、知唐州湖陽縣事劉蒙,各因入州會議役法,遂自劾待罪,作擅去官公罪,徒二年,各追一官勒停,情實可矜,願令有司改

正。」又看詳訴理所言：「欒京言，役法不便，自劾待罪，斷徒二年公罪，即與擅去官事理不同，合從寬減〔一〕。」詔欒京特與除落致仕，授承議郎，召赴闕。劉蒙物故，賜帛五十匹，付其家。

〔一〕合從寬減　「寬」原作「末」，據長編卷三百七十七元祐元年五月甲子改。

4. 八月十八日，刑部言：「重法地分刼盜，因按問首告減等，依常法妻子不緣坐，慮有已行編管者，請令遂便。」從之。

二年（丁卯，一〇八七）

1. 二月十六日，奉議郎、前軍器監〔一〕計置材料劉仲昕，前軍器少監蔡碩並貸命，免真決〔二〕。追毀出身以來告敕文字，除名勒停，仲昕送昭州、碩韶州編管。

〔一〕軍器監　「監」原脱，據長編卷三百九十五元祐二年二月己亥補。

〔二〕免真決　「真」原作「其」，據文意改。

三年（戊辰，一〇八八）

1. 四月二十一日，監察御史趙屼言：「元豐敕，重法地分凡刼盜者〔一〕，妻子編管，元祐新敕，一切削去。則前此編管者宜不少，請令從便。」從之。

〔一〕凡刼盜者　「凡」原作「元」，據長編卷四百九元祐三年四月丁酉改。

2. 八月十三日〔一〕，秀州團練副使、本州安置、不得簽書公事沈括賜絹百匹，仍從便居止，以括上編修天下郡縣圖故也。

〔一〕八月十三日　長編卷四百十三元祐三年八月「丙子」，即八月三日。

五年（庚午，一〇九〇）

1. 九月二十五日，詔：「勝如堡使臣執到西賊四人，特免責罰。熙河蘭岷路经略使范育、知蘭州种誼並特放罪。」

八年（癸酉，一〇九三）

1. 九月十五日，詔京東西、河北、淮南路饑民爲盜者，特末減〔一〕。

〔一〕特末減　疑「末」當作「寬」。

紹聖元年（辛亥，一一三一）〔一〕

1. 二月二十七日，中書省言：「聞河東路災傷所被甚廣，慮饑民爲盜，請河東路轉運司災及七分處，盜罪至死減等，杖脊刺配牢城。」

〔一〕紹聖　原作「紹興」，據天頭舊批改。

2. 五月十五日，詔編管黄州蔡碩特放逐便，從其母請也。

3. 七月二十一日，宰臣章惇等奏曰：「前日再謫呂大防、劉摯、蘇轍、梁燾、劉安世并司馬光、呂公著追謚誥贈典，及仆神道碑，既牓朝堂，衆論咸以爲寬。餘人連逮尚衆。陛下許其自新，一切不問，莫不忻悅。」上曰：「據其罪狀甚可誅，然不欲究其事，乃用輕典，聊示懲責爾。」

4. 十一月十六日，開封府民呂安坐斥乘輿，大理寺論當處斬。上批特貸死。再取旨，上曰：「此因醉狂語，與情理悖逆者異。」故貸其死。

二年（壬子，一一三二）

1. 正月十一日，詔：「開封府寄杖未決罪人，悉緣病孕，久縻囚繫。方春發生，推覺大〔一〕。應徒罪情重減從杖一百，情輕減從杖八十，餘罪不以輕重並放。殿前馬步軍司、大理寺准此。」

〔一〕推覺大　疑有誤。

元符二年（己卯，一〇九九）

1. 二月十七日，上御崇政殿，軍頭司引見涇原路擒獲西界統軍嵬名阿埋、妹勒都逋等共二十七人。詔並特貸命釋縛，押赴懷遠驛。

2. 閏九月十六日，詔東頭供奉官、權鎮戎軍平夏城〔一〕監押劉貴〔二〕特貸命，除名勒停，留充本路極邊巡防使喚。坐擅殺斗子李立，以戰功贖罪也。

〔一〕平夏城　「夏」原作「下」，據長編卷五百十六元符二年閏九月乙酉改。

〔二〕劉貴　長編卷五百十六元符二年閏九月乙酉作「劉賁」。

徽宗　崇寧元年（壬午，一一〇二）

1. 二月十六日。詔：「趙諗謀反，從坐者既已伏誅，應曾詿誤人未在吏者勿推，親戚不當緣坐者並釋放。」

2. 五月二十三日〔一〕，詔曰：「昔在元祐，權臣擅邦〔二〕，倡導邪朋，誣詆先烈，善政良法，肆爲紛更。紹聖親攬政機，灼見群慝，斥逐流竄，具正典刑。肆朕纂承〔三〕，與之洗滌，悉復收召，寘諸朝廷，而締交合謀，彌復膠固，唯以沮壞事功〔四〕、報復仇怨爲事，譊譊詆訕，必欲一變熙寧、元豐之法度爲元祐之政而後已。凡所論列，深駭朕聽。至其黨與，則遷敘不次，無復舊章。或竄冗散之中，登殿閣而撫四面。或既殂謝之後，還舊職而加橫恩。撓法惠姦，鮮不類此。稍從屏遠，姑務函容，而言路交攻，義不可遏，迺擇其尤者，第加裁削，以適厥中。尚慮中外詿誤之人，未免反側，盍詳示訓諭，以慰安衆情。應元祐以來及元符末嘗以朋比附會得罪者，除已施行外，自今已往一切釋而不問，在言責者亦勿復輒以爲言。朕言不渝，群聽毋惑。」

〔一〕二十三日 宋大詔令集卷一百九十五作「丙子」，即二十二日。
〔二〕權臣擅邦 「擅邦」，宋大詔令集卷一百九十五作「擅朝」。
〔三〕肆朕纂承 「纂」原作「篡」，據宋大詔令集卷一百九十五改。
〔四〕沮壞事功 「事功」原作「為」，據宋大詔令集卷一百九十五改。

四年（乙酉，一一〇五）

1. 七月二十二日，詔曰：「朕嗣承先烈，夙夜究宣，罔敢怠忽，嘗懼弗及。迺者詢謀逮下，而士輒乘間詆訕，無所忌憚。朕惟父子兄弟之分，於義有害，在法靡容，已屈常刑，止從遠竄。然士流於俗，見利忘義久矣，朕甚憫焉。蓋行法而明教，宥過而示恩，貸其終身不齒之罪，俾之自新。朕之遇士厚矣。

應上書奏疏〔一〕見羈管、編管〔二〕人，可特與放還鄉里，仰州縣長吏同監司取責，親屬保任其身，仍令三省量輕重，具名立法聞奏。」

〔一〕應上書奏疏　「奏」原作「奉」，據續資治通鑑長編拾補卷二十五崇寧四年七月丁巳改。
〔二〕編管　原脫，據續資治通鑑長編拾補卷二十五崇寧四年七月丁巳補。

2. 九月五日，詔曰：「元祐姦黨，詆訕先帝，罪在不赦。曩屈常憲，貸與之生，屏之遠方，固無還理，棄死貶所，豈不爲宜！今先烈紹興，年穀豐稔，鑄鼎以安廟社，作樂以協神明〔一〕。嘉祥荐臻，和氣浹洽；肆頒赦宥，覃及萬方。興言邪誣，久責遐裔；一夫失所，朕尚惻然〔二〕。用示至仁，稍從內徙；服我寬德，其革爾心。應嶺南移荊湖，荊湖移江淮，江淮移近地，惟不得至四輔畿甸〔三〕。

〔一〕作樂以協神明　「明」原作「民」，據續資治通鑑長編拾補卷二十五崇寧四年九月己亥改。
〔二〕朕尚惻然　「惻」原作「測」，據續資治通鑑長編拾補卷二十五崇寧四年九月己亥改。
〔三〕惟不得至四輔畿甸　「至」原作「在」，據續資治通鑑長編拾補卷二十五崇寧四年九月己亥改。

大觀二年（戊子，一一〇八）

1. 四月十三日，開封尹宋喬年奏：「欲乞今後外州軍承開封府移送到强盜不曾殺人、但贓滿或傷人應死者，并同犯人，並許奏裁。所貴萬一有原貸之理，可以廣陛下好生之德。」詔：「强盜贓滿、傷人法所不貸者已衆，及貸于京師而不貸於移送之人，法不一矣，可依所奏。」

政和五年（乙未，一一一五）

1. 十月十八日，詔：「成忠郎〔一〕、監政州清川縣市易務沈希能係宗室女夫，因事下獄，今已一

年，家極貧乏，無以贍給。其宗室女年少，止有一嬰兒外，並無人照管，兼累經赦宥，可特放罪，仍免根勘。」

〔一〕成忠郎　「忠」原作「中」，據文意改。

六年（丙申，一一一六）

1. 四月十三日，詔：「眉州違法開井，本路轉運司已行改正，棧閣了畢，所有令提刑司取勘漕臣指揮更不施行，特與放罪。」

八年（戊戌，一一一八）

1. 六月二十八日，詔曰：「朕惟先王以仁爲恩，以義爲理。仁之施者惟恐其不博，而義之盡者，有所不爲。朕奉承祖宗令緒德澤之美，垂休無窮，稽唐、虞忠厚之政，解漢、唐嚴苛之法，所以惠天下者甚厚。比年以來，内自畿甸，外薄四海，民重犯法，囹圄屢空，而逆亂之謀、謗議之言與夫妖妄嬌誣、撰造非語，不在於鄉閭之小民賤吏，而出於勳臣之世、禁從之間。庠序崇養之士，迭相附會，以僞爲真。朕照知邪謀，俾加驗治，至于旬浹，蹤跡既露，乃命有司，佐以近密，研窮究賾，情犯斯得。尚慮獄詞或出誣伏，詔遣審錄，至於再三，閱實無爽，一聽以法，無加損焉。姚立之、王大年一介賤士，不足比數，劉昺出入禁闥，腹心之臣，王寀儒館通籍勳閥之後，而議論交通，蹤跡往復，詩歌酬唱，辭所連逮者三十人。悖逆不道，謗訕妖訛，載籍所未嘗有，人臣所不忍聞。立之、大年、寀誅止其身，家屬悉原。昺特貸死，長流海外，又聽其子随逐。非故屈法宥奸，蓋所以體天道之貴生，視斯民之覿德。故兹詔示，可出榜朝堂，布告在位，咸使聞之。」

宣和三年（辛丑，一一二一）

1. 五月十五日，通判睦州葉居中特貸命，免真決〔一〕刺配長流瓊州，令所在州軍枷項，差大使臣一員、禁軍二十人、將校二人管押前去，逐州交替。坐部領管下巡尉弓兵同杭、越將兵二千五百餘人收捕凶賊方十三等，致損折軍兵人數甚多，仍被賊徒入城放火。居中自陳有母親陳氏年老見病，別無依倚。又自緣攧損腰脚，見求醫將理待罪，乞賜寬宥。故有是詔。

〔一〕免真決 「決」原作「次」，據輯稿·刑法六之三四改。

六年（甲辰，一一二四）

1. 四月二十一日，責授岳陽軍節度副使致仕李遘可特從寬貸，降充團練副使，依舊致仕，免除名安置。坐令京東窑務監官收買木植並不依價支錢，又支官錢買賣求玉入家。法寺奏除議減外，徒三年，合追見任并歷任兩任文字。詔以遘被遇神考及累立戰功，故有是旨。

七年（乙巳，一一二五）

1. 五月十七日，詔：「昨處分招安河北、京東路群賊，如能出首，應已前罪犯一切不問，並與釋放，各令歸業。訪聞賊徒多有元被驅虜協從入火，已曾作過，後來未經官司招安間先已出火，並已經招安出首歸業後，去失元給公憑者，因而鄉里不敢存住，走竄他處。或投刺充填諸軍之人，既已自新，其

未充軍日前，若作過爲盜等，自合依所降招安前後分處，一切不問，免罪收官。如有見在官司收禁之人，依此施行。」

欽宗　靖康元年（丙午，一一二六）

1. 六月二十一日，詔統制官郝懷、張逵並除名勒停，隨軍自效。以擅離南北關地分，法當斬，河南制置副使解潛有請，特貸之。

2. 八月二十八日，尚書省言：「福州將兵作過，殺守臣柳庭俊，已就招安。緣將副劉政、姚成等先不能彈壓兵衆以致作亂，至南劍州乃能擒捕首惡之人。」詔將官許以功贖過，其餘軍兵並放罪。

高宗　建炎元年（丁未，一一二七）

1. 八月一日，詔余大均、陳仲〔一〕、洪芻各特貸命，除名勒停，長流沙門島，永不放還。張卿才責授文州别駕，雷州安置。李彝責授茂州别駕，新州安置。王及之責授随州别駕，南恩州〔二〕安置。周懿文責授隴州别駕，英州安置。胡思責授沂州别駕，連州安置。以御史鞠治陳仲〔三〕、余大均、洪芻、王及之等，皆在圍城中誘致内人爲妾，及因抄劄金銀，自盜入己，論當棄市。上曰：「王及之等所犯當戮，有司之法如此，但朕新政，重於殺士大夫〔四〕。」故有是命。

〔一〕陳仲　三朝北盟會編卷一百十二、玉照新志卷五、梁谿集卷一百八十、宋史卷二百一、中興小紀卷一作「陳沖」。

〔二〕南恩州　「恩」字原脱，據三朝北盟會編卷一百十二、玉照新志卷五、梁谿集卷一百八十補。

〔三〕陳仲　三朝北盟會編卷一百十二、玉照新志卷五、梁谿集卷一百八十、宋史卷二百一、中興小紀卷一作「陳沖」。

〔四〕士大夫　「大」字原脱，據宋史卷二百一、中興小紀卷一補。

四年（庚戌，一一三〇）

1. 五月二十七日，詔修職郎蔣安義、進武副尉張大任並特貸命。内蔣安義除名，免真決，刺配瓊州牢城。張大任決脊杖二十，刺配廣南遠惡州軍牢城收管。以安義等坐就番人招安投報，從僞命作知州、通判，及出牓賺人入城，被番人虜殺死不可計數，知番人去，依前入城，僞領州事。法當死，故特貸之。

2. 九月二十九日，范宗尹言：「昨日邵諤傳旨，越州禁勘内侍蘇淵子，如無顯然罪犯，即令日下踈放，已依旨施行訖。」上曰：「朕於有功即賞，有罪即罰。犯罪之人未嘗妄貸，止緣其家數人遺骸無人收斂，於人情非所安。儻無顯過，且令其子瘞之。」先是，蘇淵者夜殺其一妻二妾而自裁。上疑二子預知，因付有司。

3. 十月二十九日，臣僚言：「今年春以前福建路提刑林杞擅殺苗傅徒中張政，除名勒停，送連州編管。恐罪罰過重，未蒙施行。」詔林杞放令逐便。

4. 十一月十二日，保義郎劉渙，迪功郎陸寅、趙霔，承信郎〔一〕張椿，承節郎於正，吏部入品令史薛舜民，吏部左選守當官楊澤，楊州助教鄭敳，百姓鄭甄、屠奭。詔劉渙特貸命，除名勒停，決脊杖二十，刺配雷州牢城收管；楊澤、薛舜民、鄭甄、趙霔、陸寅、張椿、於正、屠奭，並依斷。内鄭甄、趙霔、陸

寅除名，展三期敘，張椿勒停，於正降一官，鄭甄決脊杖十七，送五百里外編管，餘依大理寺所申。以渙等僞造尚書省印、吏部印各一顆，僞印官告、差劄等。因臣僚上言，法寺鞫實，薛舜民、楊澤、劉渙並合准條於絞刑私罪上定斷，合契重杖處死〔二〕，鄭甄、陸寅並合於流二千里，私罪上定斷，趙霏合於徒三年私罪上定斷，張椿合杖一百，屠奭合杖八十，並私罪上定斷，故特貸之。

〔一〕承信郎　「郎」字原脱，據文意補。

〔二〕合契重杖處死　疑「契」字誤。

5. 十三日，權知湖口縣孫咸贓罪抵死，貸命，特刺配連州牢城。上曰：「祖宗時贓吏有例杖於朝堂者〔一〕，黥面特配〔二〕，尚爲寬典。」

〔一〕有例杖於朝堂者　原作「有杖朝堂者」，據建炎雜記甲集卷六改。

〔二〕黥面特配　建炎雜記甲集卷六作「黜而特配」。

6. 十四日，詔迪功郎、邵武軍泰寧縣主簿吳明卓特降一資。時本軍百姓頻移出城，而軍期司人吏丁宗賢者〔一〕亦將人口出城，明卓乃虛作知軍訪聞，將宗賢斬首號令，法當死，特貸之。

〔一〕丁宗賢　繫年要録卷三十九作「丁宗」。

紹興三年（癸丑，一一三三）

1. 二月八日，詔選鋒部隊將借補保義郎王福特貸命，除名勒停，決脊杖二十，刺配瓊州牢城。以福有酒〔一〕毆殺㛐，依法合死，緣累立戰功，故特矜之。

〔一〕有酒　疑「有酒」當作「飲酒」。

三年(癸丑，一一三三)

1. 三月十八日，詔左承直郎、池州東流縣令王鮪特貸命，除名勒停，永不收敘，送新州編管，其合追贓錢，令所屬疾速依條追納入官。以鮪節次納苗米例外科納水脚等錢入己，準條於絞刑定斷，特貸之。

2. 四月四日，詔李嗣昌特貸命，除名勒停，永不收敘，送梅州編管，其合追贓錢等，令所屬疾速依條追納入官，餘依大理寺所申。以嗣昌元係保義郎、監汀州寧化縣商稅鹽務，嘗兼受納和糴米，有印給虚鈔、柝價入己〔一〕等罪，故也。

〔一〕柝價入己　疑「柝價」當作「折價」。

3. 十月十八日，江南西路安撫制置大使趙鼎言：「乞將喬信特降官資，免行取勘，或與放罪，責其後效。」詔依奏免勘，特與放罪，令本司責其後效。以信軍馬把截捕殺彭友〔一〕等賊火，徒黨數多，衆寡不敵，是致不能成功；日夕憂疑，不能安職。故貸之。

〔一〕彭友　原作「彭支」，據忠正德文集卷二改。

4. 十一月十七日，詔承直郎、權韶州新化縣張師文特貸命，除名勒停，送韶州編管，餘依大理寺所申，其合追贓錢等令疾速依條追納入官。以師文除罪輕該恩外，法當死，故特矜之。

四年(甲寅，一一三四)

1. 九月一日，詔呂應問特貸命，除名勒停，永不收敘，送化州編管，其合追贓錢等令所屬疾速依條追納入官。以應問知秀州華亭縣，將職田糙米換到苗米入己，并將贓罰庫枋歸湖州修屋，刑部稱應問

於贓罪絞刑上定斷。故也。

五年(乙卯，一一三五)

1. 八月十八日，淮南東路宣撫使韓世忠言：「選差統領官韓彦臣等前往淮陽軍活捉到知軍、成忠郎王拱等並逐人家屬共四十二人(一)。」詔：「王拱等不合從僞，罪當誅戮，緣皆係朝廷赤子，可特貸命，依見今官資並送忠銳軍第五將收管。」

(一)四十二人　中興小紀卷十九作「十人」。

六年(丙辰，一一三六)

1. 正月八日，詔承信郎徐如海特貸命，追毁出身以來文字，除名勒停，決脊杖二十，刺面配化州牢城收管，永不放還。以如海屢往僞齊販賣，因過江來作姦細，至臨安府劄探軍馬起發，法寺鞫實，係情理重，故特貸之。

2. 五月二十六日，詔僞都統華知剛等一十三人，不合從僞，罪當誅戮，緣係朝廷赤子，並特貸命，撥與劉光世收管。以酈瓊捉獲，故矜之。

七年(丁巳，一一三七)

1. 九月二十七日，詔右宣教郎、知溫州永嘉縣李處廉特貸命，除名勒停，送新州編管，餘依大理寺所申，仍籍沒家財。以處廉未赴任間受所部人周知萬錢物，及令人吏代支錢買乳柑不支還；到任受

葉茈、郭浩金銀事，及買到無主船錢并贓罰錢不即書曆，别置私曆；及因林蕡爲公事在官，有女使高十八娘入城，令吴徹顧本人充本家女使，因理斷葉昉與陳褒墳地事，枉法受葉昉等金銀，法寺鞠實，準條於絞刑贓罪定斷，故特貸之。

九年（己未，一一三九）

1. 七月二十七日，詔借補通直郎馮邦傑特免科罪，令臨安府追毁借補文字，差人押出本界。以邦傑上書所陳事言實無根，理不足採，故特矜之。

十六年（丙寅，一一四六）

1. 正月二十一日，詔承信郎全勝特貸命，除名勒停，永不收敘，送宜州編管，仍籍沒家財。以勝前監荊南府石首縣建寧鎮税，坐贓抵法故也。

十七年（丁卯，一一四七）

1. 六月十八日，詔進武校尉李福除名勒停，不刺面配昭州本城收管。以福本太平州駐劄軍，以合伴持杖行刼，法當死，特貸之。

2. 二十四日，詔右從政郎、新建康府司戶參軍張次留除名勒停，永不收敘，送循州編管，仍籍沒家財。以次留前權湖州西安鎮税，坐贓法當死，特貸之。

3. 七月五日，詔保義郎房天倪除名勒停，永不收敘，送廉州編管，仍籍沒家財。以天倪前監江西安

府司〔一〕酒務，坐贓法應死，特貸之。

〔一〕安府司　疑當作「安撫司」。

4. 九月十六日，詔從義郎〔一〕禹珪除名勒停，送萬安軍編管。以珪侵盜管錢，妄投北界，爲泗州押還，法當死，特貸之。

〔一〕從義郎　「郎」字原脱，據繫年要録卷一百五十六補。

5. 十二月二十二日，詔左迪功郎曾巖追毀出身以來告敕文字，除名勒停，送阮州〔一〕編管。以巖前任鄂州管内安撫司幹辦公事，因押經總制錢赴行在，沿路盜貸入己，法當死，特貸之。

〔一〕阮州　疑當作「沅州」。

6. 二十六日，詔武節郎楊林除名勒停，永不收敘，送化州編管，仍籍沒家財。以林權鎮江府駐劄右軍第二正將〔一〕，冒請逃亡事故軍兵錢物入己，爲都統王勝所劾，法當死，特貸之。

〔一〕第二正將　「正」原作「政」，據文意改。

十八年（戊辰，一一四八）

1. 五月二十六日，詔右宣義郎詹宗古除名勒停，送南安軍編管。以宗古監臨安府浙江税，坐贓法當死，特貸之。

2. 六月九日，詔保義郎、太平州指揮使周用特貸命，除名勒停，決脊杖二十，刺配昌化軍牢城收管。以用毆擊妻阿龔，因傷致死，又逼逐阿龔前夫朱明二子出外，且欲將明陣亡恩澤貸賣，至是爲其子所告，法寺鞫實，故有是命。

3. 二十二日，詔保義郎、監潭州南嶽廟趙伯勱特貸命，除名勒停，令臨安府差人押送大宗正司鏁閉。以伯勱乘酒毆擊百姓錢三致死，法寺鞫實，乃有是命。

4. 閏八月二十七日，詔武翼郎魏文除名勒停，永不收敘，送廉州編管。以文前權西和州臨江寨兼管酒税，坐贓，法當死，特貸之。

5. 十一月二十七日，詔武功大夫、京畿第二將、臨安府駐劄廖周弼除名勒停，永不收敘，送惠州編管，仍籍沒家財〔一〕。以周弼管幹修造景靈宫萬壽觀，受贓，法當死，特貸之。

〔一〕仍籍沒家財 「籍」原作「管」，據文意改。

十九年（己巳，一一四九）

1. 三月二十四日，詔武節郎、特添差嚴州準備差使韓展除名勒停，送漢陽軍編管。以展毆妻辜内致死，法當絞刑，特貸之。

2. 六月十四日，詔左宣教郎何柔中除名勒停，永不收敘，送容州編管，仍籍沒家財。以柔中前知廣州新會縣〔一〕，坐贓，法當死，特貸之。

〔一〕前知廣州新會縣 「前知」原作「知前」，據文意改。

3. 二十三日，詔保義郎游伯虎除名勒停，永不收敘，不刺面，配道州本城收管，仍籍沒家財。以伯虎前監潮州惠來場鹽税，犯贓，法當死，特貸之。

4. 七月十日，詔右通直郎、通判遂寧府張括除名勒停，送靜江府編管。以括本廳主管印賣退馬減價欺盗官錢，法當死，特貸之。

5. 十五日，詔右迪功郎、新差監臨安府在城都酒務孟彦康除名勒停，永不收敘，送賀州編管，仍籍沒家財。以彦康前權秀州崇德，犯贓，法當死，特貸之。

6. 八月二日，詔承信郎、建康府駐劄御前選鋒軍使臣張横除名勒停，送饒州編管。以横毆擊百姓馬皐辜内身死，法當絞，特貸之。

二十年（庚午，一一五〇）

1. 二月六日，詔進武校尉、池州、太平州駐劄御前諸軍都統制〔一〕王進下使喚靖皐除名勒停，送南恩州編管。以皐用刃殺百姓蔣臘哥身死，法當絞，特貸之。

〔一〕御前諸軍都統制　「諸軍」二字原脱，據三朝北盟會編卷二百十二、繫年要錄卷一百六十七補。

2. 四月二十五日，詔右承務郎徐滋除名勒停，永不收敘，送廉州編管，仍籍沒家財。以滋前監廉州都鹽倉，坐贓，法當死，特貸之。

3. 六月十九日，詔保義郎竇昷除名勒停，送建州編管。以昷毆擊百姓鄭義致死，法當絞，特貸之。

4. 二十三日，詔右宣教郎吴擇鄰除名勒停，永不收敘，送昭州編管，仍籍沒家財。以擇鄰前知潭州湘鄉縣，坐贓，法當死，特貸之。

5. 二十四日，詔武功郎東文，從義郎馮青、陳全，忠訓郎周寧，成忠郎趙興，承信郎李真，各除名勒停，不刺面，分配逐州軍本城收管。東文韶州，馮青袁州，陳全建州，周寧洪州，趙興建昌軍，李真邵武軍。以文等並持杖刼奪民財，法當絞，故特貸之。

6. 七月四日，武翼郎、御前破敵軍使臣藺宏除名勒停，送邵武軍編管。以宏毆擊百姓李彦致死，法當絞，特貸之。

7. 九月二十一日，詔降授左承事郎、前福建路安撫司主管機宜文字吳元美[illegible]送容州編管。以鄭煒告論元美任太常寺主簿，坐與李光交結，因言章補外〔一〕，心懷怨望，遂[illegible]名，撰造夏二子傳，指斥國家及譏毀大臣，以快私忿。刑寺鞫實，法當死，特貸之。

〔一〕因言章補外 「章」，繫年要録卷一百六十一作「事」。

8. 十二月二十六日，詔右從政郎謝弼除名勒停，永不收敘，送靜江府編管，仍籍沒家財。以弼任普州安岳縣令坐贓，法當絞，特貸之。

二十一年（辛未，一一五一）

1. 四月五日，詔忠翊郎閻溫除名勒停，送潭州編管。以溫毆擊百姓吳二致死，法當絞，特貸之。

2. 十月十九日，詔左武大夫、充御前選鋒第一正將陳忠除名勒停，送萬安軍編管。初，忠緣公毆擊所部軍兵宰宥致死，既而聞宥妻阿崔與其婿米立謀，欲復讎，懼，即令以毒藥殺二人，於法應死，特貸之。

3. 十二月五日，詔成忠郎劉俊除名勒停，送利州編管。以俊謀殺郭漸不克，法應絞，特貸之。

4. 十六日，詔入內內侍省東頭供奉官、寄資武翼郎吳曇除名，以曇主管建康府行宮大內鏁鑰，虛作客人中賣花木，盜錢入己，法當絞，特貸之。

5. 二十二日，詔臨安府徑山能仁禪院僧陸清言，決脊杖二十，刺面配廣南遠惡州軍牢城。以清言撰造偈頌，蠱惑士庶，至有指斥語言，於法應絞，特貸之。

二十二年（壬申，一一五二）

1. 四月五日，詔保義郎邢若思除名勒停，永不收敘，送德慶府編管，仍籍沒家財。以若思前監廉州白石場，坐贓，法當絞，特貸之。

2. 六月十日，詔進武校尉、殿前司策選鋒軍使臣徐朝除名勒停，送饒州編管。以朝毆擊百姓黄五三致死，當絞，特貸之。

3. 八月九日，詔秉義郎、新添差袁州兵馬監押趙不埶除名勒停，令南安軍押送大宗正司鏁閉。以不埶前任本軍兵馬監押，因與管界巡檢張逵宴會，戲謔發怒，不埶毆逵限内致死，法當絞，特貸之。

二十三年（癸酉，一一五三）

1. 三月二十五日，詔右迪功郎鄧衍除名勒停，永不收敘，送廣州編管，仍籍沒家財。以衍前監秀州新城市税，坐贓，法應絞，特貸之。

2. 六月二十八日，詔入内内侍省東頭供奉官、寄資修武郎裴詠除名勒停，送海外瓊州編管，永不放還。其初，詠被旨往盱眙軍傳宣撫問北使，私市北貨，尋被拘收，心懷怨望，有指斥語言，法當絞，特貸之。

二十四年（甲戌，一一五四）

1. 十二月二十一日，詔右通直郎、知明州鄞縣程緯除名勒停，永不收敘，[illegible]，仍籍沒家財

〔一〕。以緯坐贓，法當絞，特貸之。

〔一〕仍籍没家財 「財」原作「則」，據文意改。

二十五年(乙亥，一一五五)

1. 六月二十二日，詔宜州觀察使、殿前司選鋒軍統制、權發遣江南東路馬步軍副總管王升罷從軍，令日下前去之任〔一〕。饒州駐劄、男忠訓郎世雄特貸命，除名勒停，決脊杖二十，不刺面配邕州本城收管〔二〕。初，世雄因赴武舉不第，心懷怨望，撰造平治之書，譏訕朝政，及作詩有指斥語言，爲楊名所告。法寺鞫實，故有是命。

〔一〕令日下前去之任 繫年要録卷一百六十八作「令日下之任」。

〔二〕本城收管 「本城」，繫年要録卷一百六十八作「牢城」。

二十六年(丙子，一一五六)

1. 六月二十五日，詔武翼郎楊暉、承節郎王榮除名勒停，永不收敍。暉送横州、榮送藤州編管，各籍没家財。以暉前權廣南經略司準備將領、監廣豐倉門，榮前任五鎮巡檢，並坐贓，法寺鞫實，當絞，故有是命〔一〕。

〔一〕故有是命 「故」原作「是」，據文意改。

二十七年(丁丑，一一五七)〔一〕

1. 九月十四日，詔前知處州鄒栩特免真決，送吉州編管，仍不收敍。栩乃浩之子，以犯贓，法寺準條合追毀出身以來告敕〔二〕，除名勒停，流三千里。上曰：「所取贓是入己否？」沈該曰：「據案是入己。」上曰：「浩元祐間有聲譽，其子乃爾。既犯贓，法不當赦，可特免真決。」故有是命。

〔一〕二十七年　繫年要錄卷一百七十四、建炎雜記甲集卷六、宋史全文卷二十二下皆作「二十六年」。

〔二〕追毀出身以來告敕　「追」原作「退」，據繫年要錄卷一百七十四、宋史全文卷二十二下改。

三十年（庚辰，一一六〇）

1. 六月十九日，詔忠訓郎、前監永康軍青城縣酒稅王楊特貸命，追毀出身以來告敕文字，除名勒停，送靜江府編管。以楊任內欠本軍酒課，及酒務曆內虛收錢引，及與娼妓踰濫，法寺〔一〕稱除罪輕該恩，準於絞刑，合決重杖處死，又稱楊嘗有戰功，故特貸之。

2. 八月三日，詔右從政郎、前潭州寧鄉縣令呂大壯特貸命，追毀出身以來告敕文字，除名勒停，送韶州編管。大壯在任日，令押錄於縣庫窠名錢內妄作名色支用，及與娼妓踰濫，法寺稱除罪輕，准條於贓罪上斷，合決重杖處死，故特貸之。

〔一〕法寺　「法寺」原作「法守」，據下條及文意改。

孝宗　隆興元年（癸未，一一六三）

1. 正月十六日，詔右朝請大夫、新知永州陸廉特免真決，除名勒停，追毀出身以來文字，不刺面配韶州牢城，仍籍沒家財。坐前知滁州贓汙不法，爲養老軍人經御史臺陳告，大理寺勘鞫是實，故有是命也。

2. 三十日，詔修武郎、閤門祗候、充御前神鋭軍第五將張耘特貸命，除名勒停，追毁出身以來文字，免真決，不刺面配惠州牢城，仍籍没家財。以耘差往漢陽軍屯駐，欺隱樞効槍杖手借請錢米入己，大理寺定斷當絞，特貸之。

3. 五月六日，詔成忠郎、前監秀州崇德縣酒税郭世倫特貸命，追毁出身以來文字，除名勒停，永不收敘，送藤州編管，仍籍没家財。以世倫在任私置文曆，盗用官錢，大理寺定斷當絞，特貸之。

二年（甲申，一一六四）

1. 九月八日〔一〕，詔降授敦武郎、殿前左翼軍權統制魏尚特貸命，免真決，除名勒停，追毁出身以來文字，不刺面配韶州牢城。坐在任減尅軍士錢糧入己，故有是命。

〔一〕九月八日　建炎雜記甲集卷六載孝宗與湯丞相議此事在「九月己丑」，即七日，而降詔在「十月乙丑」，即十三日。

乾道元年（乙酉，一一六五）

1. 正月二十六日〔一〕，詔中衛大夫、貴州刺史、建康駐劄御前後軍統制兼知壽春府䪥遇特貸命，追毁出身以來文字，免真決，刺配吉陽軍牢城。以遇屯兵戍守邊郡，金人未至，棄城逃避，緣嘗被受宣諭司文檄，特貸之。

〔一〕二十六日　宋史全文卷二十四下作「乙亥」，即二十五日。

二年(乙酉,一一六五)

1. 二月六日,詔武義大夫、充殿前司神勇軍訓練官王傑特貸命,追毀出身以來文字,除名勒停,送藤州編管〔一〕。以傑部轄官兵裝發馬草,因問百姓周二借房宿泊,其人不從,傑乃用拳及縱人毆打致周二赴水而死,故有是命。

〔一〕送藤州編管 「管」原作「官」,據文意改。

2. 十二日,詔右宣教郎、新通判盧州龔疇特貸命,追毀出身以來文字,除名勒停,永不收敘,免真決,不刺面,送賀州牢城收管,仍籍沒家財。以疇前任江陰軍簽判,擅支經總制及下綱縻費錢充修造等用,及貸支官錢買和糴銀,及勾牙人擅〔一〕增和糴米價,爲知軍宋藻所發,本路憲司鞫實以聞,故有是命。

〔一〕擅 原作「壇」,據文意改。

3. 十七日,詔降授忠訓郎、前監軍激賞新北酒庫呂安行特貸命,追毀出身以來文字,除名勒停,決臀杖二十,不刺面,配韶州牢城收管,仍籍沒家財。以安行在任收受浮鋪賃屋錢入己,並額外多破柴水夫脚錢,及節次貸借官錢,妄作修葺公廨支遣,送大理寺鞫勘,悉得實,故有是命。

4. 九月四日,詔左從政郎、前建康府上元縣令李允升特貸命〔一〕,追毀出身以來文字,除名勒停,決脊杖二十,刺面配惠州牢城收管,仍籍沒家財。以允升在任日私於廳側置上庫,拘收贓罰錢並諸色雜收官錢,并不附曆,節次盜支入己,大理寺定斷當絞,特貸之。

〔一〕特貸命 「貸」原作「特」,據宋史卷三十三、宋史全文卷二十四下改。

三年（丁亥，一一六七）

1. 二月二十九日，詔右朝議大夫、直秘閣、權廣南東路提點刑獄公事石敦義特貸命，爲癃老免真決，追毀出身以來文字，除名勒停，永不收敘，刺面配柳州牢城。以敦義任廣東提舉日盜用鹽脚贓賞錢等入己，及減尅鹽亭戶鹽本錢買銀入己，贓汚狼籍，爲言者論列，送大理寺勘鞫得實，故有是命。

五年（己丑，一一六九）

1. 五月一日，詔右從政郎、前化州司法參軍趙戢特貸命，除名勒停，追毀出身以來文字，送欽州編管，仍籍沒家財。坐在任受納人戶役錢不書于曆，皆收盜入己。法寺勘鞫諳實，合決重杖處死，特貸之。

2. 同日，詔右朝請郎薛袞特貸命，追毀出身以來文字，除名勒停，決脊杖二十，刺面配韶州牢城收管，仍籍沒家財。坐前任化州及瓊州日，將軍資庫出剩銀錢及樁留買馬錢並撥入犒賞充非泛雜支〔一〕，及收買金珠香物並不還價錢，法寺鞫勘諳實，當贓罪絞，特貸之。

〔一〕撥入犒賞充非泛雜支　「入」原作「人」，據文意改。

3. 九月二十四日，詔右文林郎、監明州昌國買納鹽場兼催煎張廣仁特貸命，追毀出身以來文字，除名勒停，決脊杖二十，刺面配惠州牢城。以廣仁在任增秤亭戶鹽，於亭戶單狀內添寫鹽數，盜請官錢入己，故有是命。

4. 十月十一日，詔右文林郎、前贛州會昌縣令韓元奕特貸命，追毀出身以來文字，除名勒停，送韶州編管，仍籍沒家財。以元奕在任縱容胥吏並緣爲姦，違法科歛民錢入己，私役工匠，不支食錢，數買綿帛，虧減價直，大理寺定斷當重杖處死，特貸之。

六年（庚寅，一一七〇）

1. 五月二十七日，詔右朝散郎、前知潮州曾造特貸命，追毁出身以來文字，除名勒停，送南雄州編管，仍籍没家財。以造在任日贓汚不法，爲曹司所劾，繼而臣僚論列，故有是命。

2. 七月十四日，詔武節郎、前監吉州在城商税〔一〕張綰特貸命，追毁出身以來文字，除名勒停，永不收敘，送韶州編管，仍籍没家財。坐在任受税務諸門津押曆錢及除減官税錢分受入己。大理寺斷當贓罪絞，特貸之。

〔一〕商税 「商」原作「商」，據文意改。

3. 九月十七日，詔成忠郎孫尚特貸命，追毁出身以來文字，除名勒停，決脊杖二十，刺面配廉州牢城收管，仍籍没家財。以尚被差押市舶司麄色藥綱赴行在交納，將胡椒盗拆官封出賣，錢銀等物侵盗入己。大理寺斷合決重杖處死，特貸之。

4. 十月十八日，詔武翼大夫、前權發遣横州皇甫謹特貸命，追毁出身以來文字，除名勒停，決脊杖二十，刺面配梅州〔一〕牢城收管，仍籍没家財。以在任受賂及侵盗官物入己故也。

〔一〕梅州 宋史全文卷二十五上作「梧州」。

七年（辛卯，一一七一）

1. 正月二十一日，詔武翼郎、閤門祗候、建康府屯駐官薛千虎特貸命，追毁出身以來文字，除名勒

停，送連州編管。以千虎用錫板僞造官會行用，大理寺鞫實，當重杖處死〔一〕，以千虎嘗立戰功，特貸之。

〔一〕當重杖處死 「處」原作「虎」，據文意改。

八年（壬辰，一一七二）

1. 九月十七日，詔右從事郎、專一措置處州庫山等處銀場管準特貸命，追毀出身以來文字，除名勒停，决脊杖二十，刺面配連州牢城，仍籍没家財。坐將銀場折合銀收盗入己，銷錢爲銅以應官課，朝廷遣大理寺丞吴淵即處州置勘得實，大理寺定斷，合决重杖處死，特貸之。

2. 十月十六日，詔保義郎孫文亮特貸命，追毀出身以來文字，除名勒停，决脊杖二十，送韶州編管，仍籍没家財。坐任臨安府緝捕使臣，部下捕獲僞造官會人，文亮將特犒設錢收受入己〔一〕，大理寺定斷，合决重杖處死，特貸之。

〔一〕文亮將特犒設錢收受入己 「將」原作「捋」，據文意改。

3. 十一月十二日，詔忠翊郎石永寧特貸命，追毀出身以來文字〔一〕，除名勒停，送潭州編管。以永寧管押臨江軍米綱，從綱稍盗米及自入己，大理寺定斷當絞，特貸之。

〔一〕追毀出身以來文字 「來」原作「身」，據文意改。

4. 十二月三十日，詔忠翊郎趙善諏特貸命，追毀出身以來文字，除名勒停，永不收敘，送南外宗正司庭訓訖鏁閉，永不放還。以善諏因造私酒酤賣，爲所由所捕，乃用斧斫死所由，大理寺定斷當死，特貸之。

九年（癸巳，一一七三）〔一〕

1. 三月二十八日，詔右宣教郎、權知英州吳名世特貸命，追毀出身以來文字，除名勒停，永不收敘，送藤州編管，仍籍沒家財。坐在任收受金銀及詭名請兵士借請入己，大理寺鞫勘得實，故有是命。

〔一〕九年 繫年要錄卷一百八十三、宋史全文卷二十二下皆作「紹興二十九年九月壬午」，即二日。

淳熙二年（乙未，一一七五）

1. 三月一日，臨安府、大理寺奏北界姦細張弼、張禹案。上曰：「可備所招情款牒還對境，彼遣姦細來，爲我所得，曲在彼。今遣還之，使知愧。」宰臣葉衡等奏：「此誠足以示陛下威德，但張弼累次往來刺探〔一〕，罪犯與張禹不同。」上曰：「張弼令依法施行，只張禹牒還。」

〔一〕往來刺探 「探」原作「深」，據文意改。

2. 九月十四日，詔南安軍司戶參軍蔡大廉特貸命，除名勒停，送化州編管，永不收敘。時茶寇自吉州犯南安軍上猶縣界，漕臣錢佃委大廉應辦鄂州都統解彥詳軍馬錢粮，大廉〔一〕以妻產難乞給假，有誤軍期，法當處斬，特貸之。

〔一〕大廉 「大」字原脫，據上文補。

3. 十一月十六日，詔儀鸞司看管官物人石安、王進各特貸命，決脊杖二十，刺面配二千里外州軍。以大內火，石安、王進輪當守宿，法寺奏並當死，緣係積油衣致火，故特貸之。

四年(丁酉,一一七七)

1. 三月四日,詔敦武郎、監通州買納鹽場張孝寬特貸之,追毀出身以來文字,除名勒停,永不收敘,送柳州編管,仍籍沒家財。以提舉鹽事官奏劾孝寬與吏並緣爲姦,盜用官錢入己,鞫得其實,故有是命。

六年(己亥,一一七九)

1. 六月十二日,大理寺奏强盜案内八名當斬,三名當重杖處死。上曰:「三名所坐稍輕,正當大暑,不欲多殺,可貸其死。」

八年(辛丑,一一八一)

1. 五月二十七日,詔平江府司法時亨祖特貸命,追毀出身以來文字,除名勒停,送筠州編管,仍籍沒家財。以亨祖在任兼常平庫,節次資貸常平頭子坊名錢私用,故有是命。

九年(壬寅,一一八二)

1. 正月二十四日,詔軍人詹保特貸命,決脊杖二十,刺面配海外州軍牢城收管,永不放還。保先因毆死葉先,貸命配道州,逃竄歸,庸顧張彦文家。因趙汝諧醉酒,執刀欲殺彦文,保勸止之,併欲殺保,保遂以木檜打汝諧右足致死,法司擬罪當死〔一〕,後省言保冒不測以救顧主之死,本無殺汝諧之心,據其所爲，猶是果義，故貸之。

〔一〕法司擬罪當死　「死」原作「寺」，據文意改。

以侵盗官錢入已故也。

十年（癸卯，一一八三）

1. 閏十一月六日，前知信州鉛山縣蔣億特貸命，除名勒停，免真决，不刺面配惠州，仍籍没家財。

十二年（甲辰，一一八四）

1. 十一月二十二日，南郊赦：「諸路州縣見追積年官贓，并捉獲私茶鹽酒醋匿税商販〔一〕、違禁之物，及應犯罪合追贓備賞并以官錢代充之人，如委實貧乏，或已不存，無可催理，見行監錮家屬并干繫人名下均攤備償，及監司、州縣一時增立若特立賞錢，或已籍没家財外，有追理未足之數，無可送納，或見在配所，除尅請給並特與蠲放，仰州縣多出文榜曉諭。」十五年明堂赦同。

〔一〕私茶鹽酒醋匿税商販　「商」原作「啇」，據文意改。

2. 同日，赦：「應命官本犯係公罪，在任不曾經取勘，及已去官，監司、州軍不驗照去官條法，輒差人追捕拘繫，赦到日並與釋放。」十五年明堂赦同。

3. 同日，赦：「應官員、諸色人犯罪，赦後尚合收坐及猶應勒停、僧道還俗之類，如非情理深重及因事干連、案後收坐、公罪笞杖之人，特依今赦放免。」十五年明堂赦同。

十四年(丁未，一一八七)

1. 三月八日，詔南康軍民婦阿梁特貸命，決脊杖二十，送二千里外州軍編管。刑部尚書葛邲言：「阿梁因與葉勝同謀，殺夫程念二，葉勝身死，在獄今已九年，節次翻異，凡十差官勘鞫，已降指揮處斬。既差官審問，又行翻異，復差江東提刑耿延年親勘。今延年申請程念二元係葉勝殺死，阿梁初不同謀，與前來十勘不同。今若便以提刑司所勘爲據，則十次所勘官吏皆合坐以失入之罪，干連者衆。以一人所見而易十次所勘，事亦可疑；若不以提刑司所勘爲據，則又須別差官再勘。葉勝既以瘐死獄中〔一〕，阿梁得以推託，淹延歲久，追逮及於無辜，委是有傷和氣。竊謂九年之獄、十官之勘不爲不詳矣，而猶有異同，則謂之疑獄可也。夫罪疑惟輕〔二〕，則阿梁當貸死；既不死，則所有前後推勘官吏亦難坐以失入之罪。乞自聖裁。」是故貸之〔三〕。

〔一〕瘐死獄中　「瘐」原作「瘦」，據文意改。

〔二〕罪疑惟輕　「惟」原作「爲」，據尚書・虞書・大禹謨改。

〔三〕是故貸之　「是故」原作「故是」，據文意改。

十五年(戊申，一一八八)

1. 九月八日，明堂赦：在法，違欠茶鹽錢物，止合估欠人并牙保人物産折還，即無監繫親戚填還及妻已改嫁尚行追理之文。昨令戶部申嚴行下，許人戶越訴。訪聞人戶欠負客旅及店鋪價錢，緣係權貨，有已經估籍家産償還不足依舊監繫，及逃亡死絕又行監繫牙保人等，率聯不已〔一〕。可並與除放，毋致違戾。

〔一〕率聯不已　疑「率」當作「牽」。

紹熙元年（庚戌，一一九〇）〔一〕

1. 正月二十八日，詔前知秀州華亭縣劉璧特貸命，追毁出身以來文字，除名勒停，永不收敘，免真決，不刺面〔二〕配贛州牢城收管，仍籍没家財。坐在任盗縣庫錢入己及受部民賄賂，法寺鞫實故也。

〔一〕紹熙　原作「紹興」，據天頭舊批改。

〔二〕不刺面　「刺面」原作「面刺」，據文意改。

2. 六月十四日，詔前知金州秦嵩特貸命，追毁出身以來文字，除名勒停，送潭州編管，仍籍没家財。是日，上御後殿，宰執留正〔一〕等進呈嵩案。上曰：「贓汚實跡如此之多，豈可輕恕！」留正〔二〕等言：「嵩罪在不貸，但向來亦有戰功，例須薄減，然亦當除名編管。」上曰：「如是足矣。」

〔一〕留正　「留」原作「劉」，據宋史卷二百十三改。

〔二〕留正　「留」原作「劉」，據宋史卷二百十三改。

3. 八月十五日，宰執進呈臨安府奏審洪知言斷罪。上曰：「張杓〔一〕欲杖脊、黥配，罪不至此，却以太重，不用蔭，真决編管足矣。」知言本臨安府術士，守臣張杓奏其平日憑特口吻專以欺詐爲生〔二〕，前後過惡不一，乞不以蔭決配故也。

〔一〕張杓　下文作「張杓」異。

〔二〕其平日憑特口吻專以欺詐爲生　疑「特」當作「恃」。

4. 二十五日，宰執進呈知平江府袁説友奏，乞將閻儀貸命。上曰：「罪疑惟輕，既有所疑，豈可

不貸？」先是，說友奏平江府所勘閤儀打死孫十三事，其罪有可疑者故也。

三年（壬子，一一九二）

1. 七月二日，詔前監文思院上界常良孫特貸命，追毀出身以來文字，除名勒停，永不收敘，免真決，不刺面，配萬安軍牢城收管，仍籍沒家財。以良孫在任日節次盜造作金銀入己，因提轄林復覺察，棘寺追勘得實，以家世之故，特貸之。

2. 十三日，詔知嚴州葉籌特貸命，追毀出身以來文字，除名勒停，永不收敘，免真決，刺面配遠州牢城收管，仍籍沒家財。坐在任將公庫錢盜支入己，先是臣僚論列，令浙西憲司勘鞫得實，宰執奏其年老不任真決，上只令刺配。

3. 十九日，宰執進呈成州奏勘到北人王皐爲過界刼盜西和州管下血厚家財物，殺死捕盜人王仲。刑部擬王皐合斬刑上定斷。葛邲奏曰：「且令土牢拘管。」陳騤奏曰：「若此等人，不知拘留爲是，且牒還爲是。」上曰：「令牒還對境，亦示我包容之意。」

四年（癸丑，一一九三）

1. 七月十三日，詔修武郎石大協特貸命，除名勒停，永不收敘，免真決，送潭州編管，仍籍沒家財。以太協添差監建昌軍在城酒稅，因附押牙稅免丁等窠名錢赴行在，沿路盜貸入己。棘寺鞫實，法當死，係陳國大長公主孫，特貸之。

五年（甲寅，一一九四）

1. 二月七日，詔陸材特貸命，決脊杖二十，刺面，配廣南州軍牢城收管。先是，平江府奏劾，有蔭人陸材拈甎還摶從叔父陸濤致死，法寺定以杖死。奉聖旨陸材特貸命，真決，不刺面，配廣南州軍本城收管。既而臣僚繳奏，故有是命。

2. 九月十四日〔一〕，明堂赦：「應命官在貶所物故，可自今赦到日，仰所在州軍勘檢詣實，許令從便歸葬訖，保明具申省部。若元犯事理重者，申取朝廷指揮。」

〔一〕「九月」前原有「紹熙五年」，承前省。

3. 閏十月二十一日，知臨安府袁説友言：「乞將本府見行項固拘鎖之人，如元係配隸者，即押回元配所；如有强壯者，即照淳熙十年五月内本府已承指揮，與分刺屯駐軍。其餘皆連各人家屬，分押出本府鄰州界。庶幾姦盜有自新之路，無終囚之苦。」詔令臨安府將見管賊人各差人管押分送外州軍牢固拘管，月具存在申三省、樞密院。既而有旨，除所犯五次以上并刺配之人仍舊拘管外，餘並放令逐便，不得入臨安府界。

慶元六年（庚申，一二〇〇）

1. 五月六日，中書門下省言：「近日祈禱雨澤，檢會淳熙十四年八月二十六日敕，應諸路州軍一時監司、守臣特判編管之人，並仰逐路提刑取元斷由子細詳覆，除情理重害、應得條法許仍舊外，其他于條不應編管而編管者，並令一面給據踈放，具已踈放人數申尚書省。照得上件指揮行之歲久，近來

州郡全無申到已放人數情節。竊慮奉行不虔，理合檢舉。」詔令諸路提刑司照應已降指揮，常切覺察，或有似此違戾去處，按劾以聞。

嘉泰二年（壬戌，一二〇二）

1. 十一月十一日，起居郎、兼權刑部侍郎林采〔一〕言：「嘉泰改元，一年天下所上死案〔二〕共一千八百一十一人，而斷死者纔一百八十一人，餘皆貸放。夫有司以具獄來上，必皆可議刑之人，蒙陛下貸其罪辜者〔三〕，凡一千六百三十人，豈非細事？欲令秘書省修入日曆，上以示陛下好生之德，下以戒有司用刑之濫。」從之。

〔一〕林采　文獻通考卷一百六十七作「林粟」。

〔二〕一年天下所上死案　「年」字前原衍「全」，據文獻通考卷一百六十七删；宋史卷二百亦為「一全年」。

〔三〕蒙陛下貸其罪辜者　「罪辜」原作「非辜」，據文獻通考卷一百六十七改。

三年（癸亥，一二〇三）

1. 十一月十一日，南郊赦文：「刑獄翻異，自有條法，不得於詞外推鞫。其干連人雖有罪，而於出入翻異稱冤情節元不相干者，錄訖先斷。近來州郡恐勘官到來，臨期勾追遲緩，却將干證人盡行拘繫，破家失業，或至死亡。可並令釋放，著家知在。如違，許被拘留人經監司陳訴。」開禧二年、嘉定二年明堂赦亦如之。

又赦文：「應命官本犯係公罪，在任不曾經取勘及已去官，監司、州軍不檢照去官條法，輒差人追捕拘繫，赦到日並與釋放。」開禧二年、嘉定二年明堂赦亦如之。

開禧二年（丙寅，一二〇六）

1. 五月二十五日，詔韓林係勳臣韓世忠親孫，久在責有可放令逐便〔一〕。

〔一〕久在責有可放令逐便　「責」字后原作「缺」，缺文待補。

三年（丁卯，一二〇七）

1. 三月二十六日，吏部尚書兼給事中陸峻，兵部尚書宇文紹節，吏部侍郎兼直學士院衛涇，工部侍郎兼知臨安府趙善堅，龍圖閣待制〔一〕在京宮觀辛弃疾，吏部侍郎雷孝友，戶部侍郎梁季珌、林祖洽，禮部侍郎兼刑部侍郎史彌遠，大理卿李訦，太常少卿兼權直學士院兼權中書舍人兼樞密副都承旨田澮，大理少卿奚士遜，起居郎趙憂極，起居舍人許奕，侍御史徐柟，戶部侍郎兼刑部郎官費培，左司諫朱質，右正言葉時，監察御史王益祥、喬夢符，宗正丞兼權刑部郎官周震，大理正史厚宗，大理寺丞沈紡，大理評事權丞林大章，大理司直兼評事王益之，大理寺主簿兼評事施槭，大理評事鮑澣之、趙時適、翁潾、鮑華、沈實狀奏：「逆曦就戮，族屬悉當連坐。恭奉聖旨，令臣等集議合得刑名聞奏。臣等竊詳反逆罪〔二〕，父子年十六以上皆絞，伯叔父、兄弟之子，合流三千里，自有正條外，所有十五以下及母女、妻妾、子妻妾〔三〕、祖孫、兄弟、姊妹赦無罪名，律止沒官，比之伯叔父、兄弟之子，服屬尤近，即顯沒官，重於流三千里。蓋緣坐沒官〔四〕，雖貸而不死，世爲奴婢，律比畜產。此法雖存而不見於用，其母女、妻妾、子妻妾、祖孫、兄弟、姊妹合於流罪以上議刑。竊緣上條所載，止謂謀反，疏文云：『臣下將圖逆節者設〔五〕。今來吴曦建號稱元，備極僭擬，反逆已成，上條未足以盡其罪。伏乞睿斷施行。」詔：

「吳曦叛逆，族屬悉合誅戮。朕念其先世，不忍夷滅。除曦妻、男並決重杖處死外，其男年十五以下并女及生子之妾〔六〕，並分送二廣遠惡州軍編管。內女已出嫁者免。親兄弟有官人〔七〕，除名勒停。應吳璘位下子孫並移徙出蜀，分往湖廣諸郡居住，吳玠位下子孫與免連坐，通主吳璘墳廟祭祀〔八〕。令四川宣撫制置司取見服屬官職照應施行訖聞奏。」

〔一〕龍圖閣待制　「待」原作「侍」。

〔二〕臣等竊詳反逆罪　「罪」前原衍「議」字，據文獻通考卷一百七十刪。

〔三〕子妻妾　原脫，據文獻通考卷一百七十及本條下文補。

〔四〕緣坐沒官　「沒」字原作「缺」，表示缺文，據文獻通考卷一百七十補。

〔五〕臣下將圖逆節者設　文獻通考卷一百七十無「設」字。

〔六〕女及生子之妾　「及」原作「反」，據文獻通考卷一百七十改。

〔七〕親兄弟有官人　「官」原作「宜」，據文獻通考卷一百七十改。

〔八〕墳廟祭祀　「墳廟」，文獻通考卷一百七十作「墳墓」。

2. 二十七日，四川都大茶馬吳摠言：「逆賊吳曦不遵臣節，上負國恩，下隳家世。臣與闔室罪當萬坐，謹同男昭等伏闕待罪。」詔吳摠落職放罪，並吳昭等並照應已降指揮，於湖廣州郡居住。

3. 五月二日，權四川宣撫使安丙言：「逆臣吳曦罪當赤族，丙以吳氏三世爲將，其族甚大。吳玠下諸房素與吳挺父子不相往來，雖吳璘下諸子，其間亦有與吳曦絕跡不相交者，若依法一概誅戮，惟有傷聖天子好生之德，恭承詔免〔一〕，其吳曦一門附於逆黨者並加誅戮。其餘協從，置而不問。今具列吳曦一門當行誅斬、其他異居族人當與原免者，各具姓名如後。一、吳曦二子，已斬首號令。一、吳晛係曦之堂弟，受曦僞命，爲侍中兼司農卿。一、吳柄係曦之父挺同胞兄弟。一、吳曉係曦同母弟，曦僭號之後，除集英殿修撰、知興元府、充利州東路安撫使。一、吳暐係曦之親弟。已上六人並已斬首號令，其他婢妾等已分送諸軍嫁與軍兵去訖。一、吳玠委係勳臣，其諸孫與曦〔二〕不協。一、吳挺異母兄吳揔〔三〕舊與挺不和，在孝宗皇帝朝，揔嘗於御榻前稟曰：『以挺之權太重，異時有變，臣乞不坐。』此言中外之所共知。一、吳挺異母兄吳廣已死，廣之妻係宗女，清節凜然。曦僭竊之後，以書召之，斥詈曦所遣人，曦有『親戚畔之』之語。一、吳挺異母弟吳拭已死，拭之妻劉氏聞曦僭號，吼罵曦三日，暮夜號哭，曦遣人扶出，掩門不許再入。一、吳挺異母弟吳拯已死，止有一孫，幼小，素不爲曦所齒。已上五房，雖在法不可免，而其情則可矜，中心昭然〔四〕，欲乞特與原貸施行。」詔除安丙已施行人外，餘並照三月二十六日已降指揮施行。吳揔依舊責授團練副使，特許於湖廣州軍從便居住。

〔一〕恭承詔免　疑「免」當作「旨」，參見歷代名臣奏議卷八十四。

〔二〕其諸孫與曦　「曦」前衍「兵」，據文意删。

〔三〕吳揔　「揔」原作「總」，據上條及本條下文改。

〔四〕中心昭然　「中心」當作「忠心」。

4. 九月十七日，端明殿學士、知沔州、兼四川宣撫副使安丙言〔一〕：「契勘逆曦僭叛，在法當誅夷三族，聖恩寬大，念其先世保蜀之勳，並特貸命，止流徙湖、廣州軍居住〔二〕，所有家産如吳揔、吳拭皆仍令收管合得租利之屬。止是吳挺係曦之父，此一房田業自當籍沒。此外吳璘位下諸房子孫，朝廷雖已降指揮，流徙湖、廣居住，緣其人皆富貴膏粱之久，不辨菽麥〔三〕，一出蜀口，必填溝壑。臣今仰體朝廷忠厚之意，欲乞將吳璘位下子孫田産除吳揔、吳廣兩房俱有子孫可以給付，吳拭妻劉氏見存無子孫俱與免籍沒外，其餘人皆癡庸病風之人，欲乞指揮免行流徙出蜀，止分送潼川府、夔州路州軍居住，依歸朝人體列〔四〕與計口支給廩粟，俾可自存。所有本分田産及諸房應關外四州田，併用招集民兵，止從宣撫司更各人與支給行錢三百貫，令往夔州、潼州路州縣任便居住，庶吳璘子孫免溝壑之患。詔劉氏、趙氏並照已降特免遷徙指揮施行，餘從之。

〔一〕四川宣撫副使安丙言　「安」原作「内」，據上條「權四川宣撫使安丙」改。
〔二〕止流徙湖、廣州軍居住　「徙」當作「徙」，參見本條下文。
〔三〕不辨菽麥　「辨」當作「辨」。
〔四〕依歸朝人體列　「列」當作「例」。

5. 十二月六日，御史中丞雷孝友言：「嘗觀漢誅梁冀，而張綱條其無君之心十五事。以韓侂胄而視冀所爲，其罪惡蓋有加焉。謹條列而言之。侂胄恣情專擅，凡所欲爲，不復奏禀，僞作御筆批出，同列憚其權勢，不敢爭執。此其無君之心一也。廟堂以徐邦憲嘗請建儲，欲召用之，侂胄駕言上怒未已，每輒沮止，不知其意安在。此其無君之心二也。機速房乃軍國要密之地，而輒置於私第，凡所調發與群吏爲密，廟堂不得與聞。此其無君之心三也。金字牌合自御前給降，而擅留于私家，凡所遣發，未嘗關白于上。此其無君之心四也。周筠本侂胄僕厮，乃作恭淑皇后親屬補授，此其無君之心五也。蘇師旦〔一〕乃侂胄書吏，而階銜輒帶隨龍。此其無君之心六也。寢室上下四圍皆用羅木，如木圍之制，此其無君之心七也。諸婢房閤皆官禁之物，各有内中鐫記。此其無君之心八也。搜索其家，有北界牓文三紙，逆曦僞蜀牓文一紙，皆不以上聞，此其無君之心九也。壽慈宫錢物實玩，侂胄皆先用掌記抄錄，擇其所欲，盜歸私第，其餘僞作太皇太后分賜，此其無君之心十也。侂胄罪惡所宜肆諸市朝，與衆棄之。陛下曲爲容貸，俾其全軀，又活其孥，而天下之人但知稱兵首亂、殘民誤國，至其蓄無君之心有如此十事者，或未盡知。乞下臣此章，播告中外，使咸知侂胄負滔天之罪〔二〕，而陛下聖度優容如此，以詔天下來世。」從之。

〔一〕蘇師旦　「旦」原作「但」，據宋史卷四百七十四改。

〔二〕使咸知侂胄負滔天之罪　「咸」原作「減」，據文意改。

嘉定二年（己巳，一二〇九）

1. 五月十三日，詔羅日愿欲狂妄作過，已送有司勘證處斷訖，其奸黨親屬並合照法移徙外，或有詿誤誘脅人〔一〕未發覺到官，更不追究，令尚書省給降黄牓曉諭。

〔一〕詿誤誘脅人　「脅」原作「協」，據綱目備要卷十二改。

三年（庚午，一二一〇）

1. 正月八日，詔：「淮東、湖南、江西三路節次申奏，盗賊作過，皆緣權臣妄開兵釁，科擾頻仍，斷以旱蝗〔一〕，州縣失於存撫，是致姦民倡率嘯聚，貽害縣鎮，良軫朕懷。除非作過賊首合行收捕外，其餘脅從人〔二〕等並從原貸，許以自新，各令復業。仍仰州縣多方賑恤。」

〔一〕斷以旱蝗　疑「斷」當作「繼」。

〔二〕其餘脅從人　「脅」原作「協」，據文意改。

2. 十五日，詔：「楚州、衡、郴〔一〕、吉州、南安軍等處盗賊作過，除賊首合行收捕外，其餘脅從等人〔二〕，如能解散歸投〔三〕，並從原貸，各令復業，許人以自新，仰州縣多方賑恤。」

〔一〕郴　「郴」原作「彬」，據西山文集卷十九、雲莊集卷十二改。

〔二〕其餘脅從等人　「脅」原作「協」，據西山文集卷十九、雲莊集卷十二改。
〔三〕解散歸投　「解」原作「鮮」，據西山文集卷十九、雲莊集卷十二改。

四年（辛未，一二一一）

1. 十一月二十八日，詔：「承信郎王從龍特貸命，决脊杖二十，刺面配泉州左翼軍重役使喚，仍追毁告命。」以從龍招安黑風峒羅孟二等，受賊賄貸以來資給之，及受李元勵書，佯敗而走。法守〔一〕言：「在律合斬，雖皆疎决，非雜犯之比，亦當處以死刑。」詔特貸之。

〔一〕法守　疑當作「法寺」。

八年（乙亥，一二一五）

1. 十二月三日，臣僚言：「邇者畢再遇、周虎、莊松輩盜請錢米銀兩，罪狀顯著，聖心寬怒〔一〕，以其守禦微勞，止從鐫秩，略行追索，僅移所居，旋令自便。昔漢魏尚爲雲中守，厥功茂矣，上功首虜差六級，文帝下之史，削其爵，不少貸。夫再遇等區區之功，何足比魏尚，而尚以私錢饗士，視再遇輩劾士卒錢〔二〕以自私萬萬不侔。文帝用法則如彼，陛下用法止如此。臣知陛下措心積慮，拳拳念功，過文帝遠甚。乞下此章，播告天下，繼今如有贓敗，自從本條，更不爲例。庶幾中外知寬恩不可倖得，成法所宜遵守。」從之。

〔一〕聖心寬怒　疑「怒」當作「恕」。
〔二〕劾士卒錢　疑「劾」當作「剋」。

禁囚

影印本刑法六之五一至七六
大典卷九二一六

國朝獄官令：禁繫皆輕重異處，因家送飲食，獄官檢視，即時付與，無使減節滯留。若囚死罪枷杻，刼賊在禁五人以上，別差軍人及將校日夕防守，婦人及流以下去杻，婦人在禁，皆與男夫別所，仍以雜色婦人伴守。杖罪散禁，若隱情拒抗者，亦加訊。八十以上十歲以下及廢疾、懷姙、侏儒之類，雖犯死罪，亦散禁。

太祖開寶二年（己巳，九六九）

1. 五月十一日〔一〕，詔曰：「扇暍泣辜〔二〕，前王能事。恤刑緩獄，有國通規。朱夏既臨，溽暑方盛，睠茲縲繫，深用哀矜。宜令有司限詔到，其囚人枷械，囹圄戶庭，長吏每五日一次檢視，灑掃務在清潔。貧無所自給者，供飲食；病者給醫藥。小罪即時決遣〔三〕，重繫無得淹滯。」

〔一〕五月十一日　宋大詔令集卷二百作「四月戊子」。
〔二〕扇暍泣辜　「辜」前原衍「等」字，據宋大詔令集卷二百删。
〔三〕即時決遣　「決」原作「次」，據宋大詔令集卷二百、攻媿集卷六改。

太宗 太平興國七年(壬午,九八二)

1. 五月九日,知相州張仲容言:「諸州兵馬監押、郎幕使臣等,或因小事,直送百姓、軍人赴所司禁繫,皆不牒報。欲望自今先具罪犯申本州,詳酌事理禁留。」從之。

九年(甲申,九八四)

1. 四月三日,詔:「自今天下繫囚,依舊例十日一具所犯事因、收禁月日申奏。其間留寄禁店戶將養保明出外知在,並同見禁人數,仍委刑部糾舉。如事理可斷及事有小虛,有禁繫者,本處官吏重行朝典,人吏仍勒停,配重處色役。奏禁人數不以實及淹延日月,當密行察訪,許人告。」

雍熙三年(丙戌,九八六)

1. 二月十二日,左拾遺張素言:「諸州縣繫囚,動經旬月。乞令自今〔一〕諸縣鎮禁繫不得過十日,仍令本州長吏察訪。」從之。

〔一〕乞令自今 「乞」原作「迄」,據文意改。

2. 四月四日,詔:「諸道州府,凡禁繫之所,並須灑掃牢獄,供給漿飲。械繫之具,皆令潔淨。疾者為致醫藥,無家者官給口糧,小罪即決遣,大罪審辯其情,無致淹延。」至是〔一〕,每歲首夏下詔書如此例。

〔一〕至是 當作「自是」。

至道〔一〕三年（丁酉，九九七）

1. 二月，令京城諸司不得專械繫人。

〔一〕至道 「道」下原衍「德」，已删。

真宗 咸平三年（庚子，一〇〇〇）

1. 六月十三日，詔曰：「朕亭育萬方，哀矜庶獄。民或多僻，義在正刑，而方屬炎蒸，深憂繫滯。仍慮理直者不能自辯，情輕者苟或禁留，縲絏之中，飲食失所，時行告諭，當體朕懷。宜令兩京及諸路見禁罪人有罪輕者，不得禁留，旋為疎理； 徒罪以上疾速勘斷，無致淹延。」

四年（辛丑，一〇〇一）

1. 二月二十六日，知黄州王禹偁上言：「病因院每有患時疾者，互相浸染〔一〕，或致死亡。請自今持杖刼賊〔二〕徒流以上有疾，即於病牢將治，其鬪訟、戶婚杖以下得情欵者，許在外責保看醫，俟痊日區分。」從之。

〔一〕互相浸染 「互」原作「牙」，據文意改。

〔二〕請自今持杖刼賊 「今」原作「令」，「杖」原作「伏」，「刼」字下原衍「刼」字，據文意、長編卷四十八咸平四年正月己巳及宋刑統卷一十九改、删。

五年(壬寅,一〇〇二)

1. 八月二十七日,詔四排岸司繫囚無親屬者,量給薪米,仍速裁斷。

景德三年(丙午,一〇〇六)

1. 七月一日,詔曰:「應禁勘盜賊,委長吏鈐轄,無令妄引徒伴,以時飲食,有疾者醫治之,仍分輕重、男女別房禁繫。」時上封者言:「盜賊多緣私憾,妄引無辜,官司因而追擾。又重禁者拲手〔一〕,令小兒哺食,多受饑渴;不問所犯大小,同繫一牢。」帝憫之,故詔誡諸道焉。

〔一〕又重禁者拲手 「拲」原作「拳」,據長編卷六十三景德三年七月辛丑改。

2. 九月二十六日,詔陝西諸州納質院戎人並放遣之。先是,蕃落每為寇盜,既經和解,所在慮其復叛,因置此院,收其子弟,有壯年禁錮至白首者。帝聞而憐之,特有是命。

大中祥符四年(辛亥,一〇一一)

1. 十月三十日,詔:「訪聞天下司理院、州院罪人獄死者,皆司理參軍與州曹官迭差檢驗,慮相庇蓋,自今須選差不干礙刑獄官依公檢驗。」

五年(壬子,一〇一二)

1. 十二月二十八日,河東路提點刑獄張懷寶言:「伏見諸路大辟罪,皆俟旬終報轉運、提刑司,

若旬初路遠即禁囚動經半月，或有情款疑互，審察不及，自今望令即日報兩司。」從之。

六年（癸丑，一〇一三）

1. 十一月四日，詔：「諸州所供禁囚犯由，其命官居禁及責保參對者，悉以所犯別狀申奏。」初，諸道通為一奏，至有命官犯輕讞同於重獄者。帝以非便，命刑寺議，故有是詔。

八年（乙卯，一〇一五）

1. 二月，詔：「開封府命後應命官合該勘鞫〔一〕，未得追禁，奏候指揮。」

〔一〕開封府命後應命官合該勘鞫　「命後」當作「今後」。

2. 五月，詔：「開封府應禁罪人，並置印簿抄上，緣身衣物拘管，候斷放日給付銷簿，獄內不得置紙筆硯瓦。每遇夜有未結絕罪人監送下禁，早晨引領赴府，並差職員部押，緣路不得縱與外人言語，亦不得於店肆暫住。如違，勘罪嚴斷。」

九年（丙辰，一〇一六）

1. 四月二十三日，詔：「三京、諸路大辟罪，獄既具而非理致罪死者，委糾察提點刑獄官察之。」

天禧元年（丁巳，一〇一七）

1. 十一月，開封府言：「左、右軍巡見禁勘罪人，今值冬寒，若不問輕重，須候結案，必恐淹延。

欲望許除大辟罪依舊結案外，其餘流罪以下公事，止依在府勘事體例寫長狀，具劄子繳連録問後送法司定刑名斷遣。」從之。

四年（庚申，一〇二〇）

1. 十二月，詔：「自今每軍巡院禁繫情理兇惡重罪人數稍多，即從府司牒殿前或馬步軍司，逐院選差兵士十五人，員僚、節級各一人，寅夜防護，候斷訖即放歸營。」

仁宗　天聖二年（甲子，一〇二四）

1. 十一月二日，臣僚上言：「御樓賜赦，見禁罪人並於樓前釋放，支賜綿袍、頭巾、麻鞵。今詳釋罪已是厚恩，望別定制。」詔自今後所給衣物，須罪人在禁一月以上，委是貧不濟者即給。

四年（丙寅，一〇二六）

1. 正月，糾察在京刑獄司言：「左軍巡勘咸平縣賊姜則為累行打刼，録問並無翻異。其人手指凍落九指。欲乞今後令當職官吏躬親勒醫人子細看驗，如有疾患瘡病，鈐轄獄子、醫人看承醫療。」從之。

八年（庚午，一〇三〇）

1. 五月，詔：「大辟公事，自今令長吏躬親問逐，然後押下所司點檢勘鞫，無致偏曲出入人罪。

若依前違慢，致有出入，信憑人吏擅行考決，當重行朝典。」時感德軍司理楊若愚不申長吏，考決無罪人駱憲等，加石械上。若愚特追一官，典押、獄卒各刺配。因有是詔。

2. 六月，開封府言：「准律，諸主守不覺失囚者，減囚罪二等。若因拒捍走者，又減二等。皆聽一百日追捕。自來失囚，依條給限監捕，限滿不獲，方行決斷。內有減至杖罪者，若便行斷遣，又礙律文，須至一例給限。伏緣京畿諸縣亦有失囚，若不分重輕，一例監捕，頗復淹延。欲乞自今在京及府界諸縣應失囚，本非固縱，依律減至杖罪以下者，便行決遣，更不給限，所走罪人散行捕捉。」從之。

〔一〕開封府言　「開」字前原衍「詔」字，已刪。

十年（壬申，一〇三二）

1. 正月二十一日，詔：「諸州傳囚，若所過未差捕送人，住日續其口糧，不得過三日。」

明道二年（癸酉，一〇三三）

1. 六月九日，中書門下言：「天下配隸罪人禁奏待報者甚眾，既淹牢禁，亦煩裁決。宜委有司參酌，當取旨者減其等，著為定法，以省奏請之煩。」詔權御史中丞范諷、天章閣待制〔一〕王皞、秘閣校理范仲淹與審刑院、大理寺主判官同詳定以聞。

〔一〕天章閣待制　「閣」原作「問」，據長編卷一百十二明道二年二月壬子改。

景祐元年（甲戌，一〇三四）

1. 五月二十七日，左司諫姚仲孫言：「天下郡縣禁囚，或稱繫死獄中者，請令徑報提刑、轉運省察。」詔諸州軍刑獄禁罪内不因疾患非理致死者，提刑常切體訪覺察，出榜曉示，許人陳告。委是故行殘虐，勘鞫事理不虚，告事人與支賞錢一百千，以係省錢充。公人與轉一資，同犯首告者與免罪，仍轉資、支賞。

慶曆七年（丁亥，一〇四七）

1. 三月七日，河東轉運司言：「近年郡國刑獄中，罪人多是禁繫連月，飲食失所，及拷掠而死，上下隱庇，檢驗時秪以病患為名。欲望令轉運、提刑司每巡歷至州縣，先入刑獄中詢問罪人，其有禁繫人身死，仰畫時具檢驗狀申二司點檢，如情理不明有拷掠痕，立便取索公案，差官看詳，依公施行。」從之。

皇祐二年（庚寅，一〇五〇）

1. 三月二十六日，廣南東路提點刑獄席平言：「準敕職制條，每旬具本州〔一〕及外縣禁繫并隨衙門留保管出外人數，開坐犯由、禁日，次第供提刑點檢。又斷獄條：諸縣每旬具禁數、犯囚斷遣刑名、月日申州點檢，如可斷不斷，小事虚禁，淹延不實，並令舉劾，更不開坐諸縣人數。竊詳二條，職制則具州縣禁數，斷獄則不開人數，未委如何遵守。」詔付法寺。法寺言：「欲依景德四年、景祐四年敕，『每旬具本州』字下去『外縣』字〔二〕，餘如舊條施行。」從之。

〔一〕每旬具本州　「每」下原衍「州」字，據本條下文「每旬具本州」刪。

〔二〕去外縣字　「外縣」當作「及外縣」，參見本條上文「本州及外縣」。

英宗　治平二年（乙巳，一〇六五）

1. 二月七日，開封府言："「軍巡院見禁杖瘡未損逃走軍人，乞責付所轄去處監防執役，依疾病之例，日給口食，内羸瘦未任功役者，亦與口食，委官司鈐轄如法造致供給將理，不得減剋。今後如此類，並乞準例。」從之。以上國朝會要

治平四年（丁未，一〇六七）

1. 十二月二十二日，神宗已即位，未改元。詔："「夫獄者，民命之所繫也。比聞有司歲考天下之奏，而瘐死〔一〕者甚多。竊懼乎獄吏與犯法者旁緣為姦〔二〕，檢視或有不明，使吾元元横罹其害，良可憫焉。其具為令，應今後諸處軍巡、州司理院所禁罪人，一歲内在獄病死及兩人者，推司、獄子並從杖六十科斷。再增一名，加罪一等，至杖一百止。如係五縣以上〔三〕軍州，每院歲死及三人，開封府司、軍巡歲及七人，即依上項死兩人法科罪，加等亦如之。典獄之官，如推獄，經兩犯即坐本官，仍從違制失〔四〕。其縣獄亦依上條。若三萬戶以上，即依五縣以上州軍條。其有司若不依條貫者〔五〕，自依本法。仍仰開封府及諸路提點刑獄每歲終會聚死者之數以聞，委中書門下點檢，或死者過多，官吏雖不科斷〔六〕，更加黜責〔七〕。」

〔一〕瘐死　「瘐」原作「瘦」，據宋大詔令集卷二百二、蘇軾文集卷二十六、宋史卷二百一改。

〔二〕與犯法者旁緣為姦　「犯」原作「奉」，據宋大詔令集卷二百二、蘇軾文集卷二十六改。
〔三〕五縣以上　「上」字原脫，據宋大詔令集卷二百二、蘇軾文集卷二十六補。
〔四〕仍從違制失　「失」，蘇軾文集卷二十六作「失入」。
〔五〕其有司若不依條貫者　蘇軾文集卷二十六作「其有養療不依條貫者」。
〔六〕雖不科斷　宋大詔令集卷二百二、蘇軾文集卷二十六皆作「雖已行罰」。
〔七〕更加黜責　「黜」原作「點」，據宋大詔令集卷二百二、蘇軾文集卷二十六改。

神宗　熙寧元年（戊申，一〇六八）

1. 六月三日，詔：「今後四京及諸路州軍旬禁犯囚，並限一月申發，諸縣申本州者限十日。」

2. 十月二日，詔：「諸處禁繫罪人，慮冬寒有失存恤，在京刑獄司及諸道委當職官吏，應繫人獄房常給柴炭，務令溫煖，製造衲襖袴並衲襪手衣，權給與闕少衣服罪人。及所供飯食，無容司獄作弊，使囚人凍餒，以致疾患。仍委長吏逐時提舉。」

哲宗　元祐七年（壬申，一〇九二）

1. 十二月四日，詔：「應獄死罪人，歲終委提刑司，在京委御史臺取索，具姓名、罪犯報刑部，數多者申尚書省。」

八年（癸酉，一〇九三）

1. 二月五日，中書省檢會元祐五年五月二十五日指揮：「諸路、開封府界提刑司每歲終具諸獄

瘐死〔一〕人數，仍開析因依，申刑部。內數多者申尚書省。在京禁繫委御史臺取索，報刑部看詳。」上件朝旨，即無許分別禁繫人數目。至元祐七年，諸路具到獄死人數，刑部遂分每禁二十人〔二〕以上死一人者，更不開具。即是今後應繫囚處，歲禁二百人，許破十人獄死。深慮州縣獄官公然懈弛，甚非欽恤之意。詔刑部今後更不得分禁繫人數，依元降朝旨，將瘐死〔三〕人數多者申尚書省。

〔一〕瘐死　「瘐」原作「瘦」，據長編卷四百八十一元祐八年二月壬子改。

〔二〕二十人　長編卷四百八十一元祐八年二月壬子作「二十八人」。

〔三〕瘐死　「瘐」原作「瘦」，據長編卷四百八十一元祐八年二月壬子改。

紹聖元年（甲戌，一〇九四）

1. 七月九日，江南東路〔一〕計度轉運副使周之道言：「昨領刑部職事，竊見府界諸路刑獄司見勘命官等公事，自紹聖元年以前尚有二百餘件。乞下府界諸路提刑司具入禁年月日、見禁人數及未結絕者依申刑部〔二〕，依條限舉催，有故留滯者，許奏劾。」詔令刑部立限，過限即奏劾，餘從之。

〔一〕江南東路　「江」字前原衍「浙」字，據浮溪集卷二六周公墓志銘刪。

〔二〕依申刑部　疑「依」當作「具」。

徽宗 大觀二年（戊子，一一〇八）

1. 十二月十八日，上批：「比閱刑書，因考案式，一事不備，則案不如式。然罪有重輕，人有衆寡，人衆罪重，已該極刑，則其輕罪不當追證。如會問逃軍之類，軍狀未至，餘人久繫，不得結斷，是以

輕罪妨重罪，以重罪待輕罪。犴獄之繫，良以此歟？甚非先王欽恤之意。可自今勿俟輕罪，免其追證，庶無留獄。」

三年（己丑、一一〇九）

1. 五月七日，中書省勘會正當時暑，竊慮刑獄淹延枝蔓。詔：「在京委刑部郎中及御史一員，京畿并諸路州軍令轉運、提刑、提舉常平司分頭點檢，催促結絕見禁罪人。內干照人及事理輕者，先次斷訖奏。京畿徒以下罪，事狀分明不該編配及合申奏公事，或雖小節不圓，不礙大情，並許一面結決斷訖奏。杖以下應禁者，並與責保知在。除在京外，有事故不能親行，即選官前去，仍具每到處及月日、事故因依徑申尚書省。」

政和二年（壬辰、一一一二）

1. 二月七日，臣僚上言：「竊聞遠方郡邑，官吏多輕視獄囚，不盡書歷，雖在法有一百之罪，深怨未盡遵承〔一〕，及門留、知在亦多不書，致監司無由檢察，遂成留滯。欲乞州縣獄囚并門留、知在敢不書歷者，除本罪外，量輕重立法，特行黜責。仍先委監司常切檢察，庶無留滯之弊。」詔可令刑部疾速遍牒諸路監司鈐束所部，如有不法去處，即按劾奏，作檢舉申明行下。

〔一〕深怨未盡遵承　疑「怨」字当作「慮」、「恐」等。

三年（癸巳，一一一三）

1. 七月二十三日，大理寺丞郭異求奏：「應刑獄官司寄禁無人供送飯食之人，依正禁人支破或乞減半支給。」詔減半支破。

2. 十二月八日，臣僚上言：「竊見遠方官吏於文法既疎，於職事亦怠，故刑罰失中，民不能無冤。積日累久，得無傷陰陽之和，虧仁厚之政？願委耳目之官，專一分錄所部見禁囚〔一〕，遇有冤抑，先釋而後以聞，歲終較所釋多寡為之殿最。其徼功故出有罪者，論如法〔二〕。」詔依奏，仍令刑部立法。

〔一〕專一分錄所部見禁囚　「專」，宋史卷二百一作「季」。

〔二〕論如法　「如」原作「所」，據宋史卷二百一改。

四年（甲午，一一一四）

1. 八月十七日，權發遣京畿提點刑獄公事林篪奏：「乞應今後獄司取會獄事，其承受官司再催不報，故作不完者，並令獄司除申所屬官司施行外，在京徑申御史臺，在外申提刑司，依法案治。」從之。

2. 十二月十四日，刑部郎中李綍奏：「諸路奏案，凡承勘、結絕、入遞，雖有程限，然州郡尚或因循，淹滯囚繫，至有結絕後數月方入遞者。欲乞今後諸路奏案，並令法寺點檢，如有稽留，摘其甚者，上之朝廷，下之有司，依法勘劾施行。」從之。

五年（乙未，一一一五）

1. 六月二十二日，開封尹盛章奏陳：「御筆，時當大暑，應兩獄繫囚催督，限日近結絶，所有已未上朝廷斷遣公事，欲乞候案上，共限三日斷下。如有續上公事，亦乞依此〔一〕。」詔依奏，限三日斷下，無致鹵莽。

〔一〕亦乞依此詔 「此」原作「比」，據文意改。

六年（丙申，一一一六）

1. 正月二十五日，刑部尚書慕容彦逢奏：「勘會奏案等專條，入遞後，限一日以申奏姓名、日時、引號牒進奏院。如承本院報未到者，别録以聞，仍稱説再申奏事因入遞，牒會依上法。凡此以防遺滯，欲使繫囚早獲决遣。臣竊見諸州從前多不舉行上條，其未到進奏院，亦無文籍拘催。今欲乞諸州不依限牒會，依案申詳覆違限條科罪。仍令進奏院置籍，以時催促，俟别録到房，許勾銷，庶幾有以檢察，不至留獄。」從之。

2. 閏正月二十三日，刑部員外郎李揆奏：「應縣鞫强盜追贓已至罪止或别有重罪不礙刑名者，許先解州結斷，續追餘贓，庶獄無留滯。」從之。

宣和元年（己亥，一一一九）

1. 二月六日，舒州言：「據從仕郎、司兵曹事兼管左推勘公事田泰靖言：竊以禁囚有無人供

食，在法許令官為造給，其間有病患之人，理合改造粥食調理。緣請到官米，多是經年陳次米斛，難以製造粥食，不免旋行兑换新色白米造食供給，仍監勒醫人用藥醫療，乃獲痊安。詢究得以前並不曾如此改造飲食，至於損失人命者，往往緣此。蓋條内别無『許令改换别色飲食』之文，遂致刑獄官司無以遵守，按部之官，亦難檢察。今欲乞申明朝廷，應病不應責出而無人供食者，據應給米兑换新色白米，改换粥食，獄官躬親責給罪人食用。」從之。

二年（庚子，一二二〇）

1. 正月二十六日，尚書右司員外郎翁彦深奏：「伏覩陛下欽恤庶獄，四方大辟，疑者以聞，輒為末減，而州郡不能審克，吏乘為姦，邦刑所加，多貧人子，罕及富民。觀其奏牘之首，脚色纖悉備載而畧其户等高下，不為無意。乞應奏裁，並著等第，察其弊者，顯懲一二。」從之。

三年（辛丑，一二二一）

1. 二月二十三日，詔：「應江東、兩浙路諸州申奏到見禁待報公案，大理寺大案十日，中案、小案限五日；刑部大案限五日，中案、小案限三日上省，候賊平日依舊。其應已申奏公案干證無罪人，如官司遲法留禁，仰監司點檢覺察，按劾施行。」

四年（壬寅，一二二二）

1. 六月八日，臣僚言：「州縣刑禁，本以戢姦，而官吏或妄用以殺人。州郡猶以檢制，而縣令惟

意所欲，淹留訊治，垂盡責出〔一〕，不旋踵而死者，實官吏殺之也。乞依在京通用令，責出十日內死者驗覆如法，重者奏裁，輕者置籍歲考，其不應禁而致死者，亦奏裁。」從之。

〔一〕垂盡責出　疑「垂」當作「棰」。

2. 十二月二十四日，詔：「應在禁罪人，官司避免檢察官點檢，輒私他所者〔一〕，以違制論，許被禁之家越訴。仍委監司、廉訪使者覺察。」

〔一〕輒私他所者　疑「私」當作「移」。

五年（癸卯，一一二三）

1. 六月二十日，刑部奏：「檢會臣僚上言：『伏覩州縣鞫獄，在法不得具情節申監司，及不得聽候指揮結斷。此蓋朝廷欲使州縣盡公據實，依法斷遣〔一〕，不得觀望，且使獄刑無淹延之弊。而比年以來，諸路監司往往狹情偏見，每有公事，必使州縣先具情節申禀，聽候指揮，方得斷遣。稍未如意，即再三問難，必快其欲而後已。臣愚欲乞特降睿旨，補完見行條法。應囚在禁，如監司指揮具情節及令聽候指揮結斷者，州縣不得承受，一面依條施行。如監司見得果有情弊及情理未盡，即別行按劾。』勘會上件事理，刑部每半年一次，檢舉行下，係一時指揮，自合遵守施行。若監司於所部刑獄令承勘官司禀受推鞫，已有政和勑科罪。又近降御筆：囚在禁，如監司指揮具情節及令聽候指揮結斷者，以違制論，仍令監司、廉訪使者互察。既互察，在監司合坐違制之罪，即隨事朝廷自有特旨黜責，不須更行立法。欲下諸路監司、州縣，遵守近降御筆處分施行。」詔依，如違，以違制論。

〔一〕依法斷遣　「法」字原脫，據文意補。

六年(甲辰,一一二四)

1. 正月十二日,提點京東路刑獄公事孟特奏:「準刑部符,承上項敕,本司係專一檢察刑獄稽違,如有情犯可疑,或事干非常,理合要見所犯情由檢察,未審合與不合隨時取會看詳,依條施行。」大理寺參詳,提刑司既係專行檢察刑獄,若實有情犯可疑,或事干非常,理合要見情由檢察,即合隨事取會。尚書省言:「應干禁囚,監司並不合令聽候指揮結斷外,其不許令具情節,謂本司送下公事或干涉逐司妨礙。」詔令刑部申明,遍牒施行。

七年(乙巳,一一二五)

1. 四月十一日,尚書省言:「罷獄子等不行重祿,深惟獄吏切於囹圄,故立重法以馭姦猾。今緣小費開其枉法,合復獄子重祿。罷『諸囚在禁病死、歲終保明』條不行。獄囚在禁而死,政和中以最多、最少立為賞罰,囚不枉濫,合復囚禁歲終保明法。」從之。

高宗 建炎三年(己酉,一一二九)

1. 四月八日,赦文:「應諸路見禁公事,除該今來赦合原放外,内有未結正者,限十日結絕了當。或有合申奏斷遣之人,亦仰疾速依條結案申奏,不得淹延刑禁。」四年二月二十三日德音,紹興正月一日改元赦,九月十八日明堂赦,四年九月十五日明堂赦,七年九月二十二日明堂赦,九年正月五日新復河南州軍赦,十年九月十日明堂赦,十二年九月十三日徽宗梓宫還赦〔一〕,内「申奏」下「不得留滯,其經一年以上未結絕者,令提刑

司限十日根究見住滯去處，申尚書省取旨施行。」十三年十二月八日南郊赦，十六年十一月十日南郊赦，十九年十一月十四日南郊赦，二十二年十一月十八日南郊赦，二十五年十一月十九日南郊赦，二十八年十一月十三日南郊赦，三十一年九月二日明堂赦，並同上制。〔二〕

〔一〕四年二月二十三日德音　以下原爲正文，據文意改爲小字注文，且當移於本條下文「十三年」之前。

〔二〕十三年十二月八日南郊赦　以下原爲正文，據文意改爲小字注文。

四年（庚戌，一一三〇）

1. 二月二十三日，德音：「三省、樞密院淹延刑禁，可限德音到日，令提刑司關牒所部州軍照會，今後奏案並發往行在。」

2. 同日，德音：「鞫獄干證人無罪，依條限當日責狀先放。訪聞州縣多將干證無罪人與正犯人一例禁繫，動經旬月，公然乞取。蓋緣當職官漫不覺察，致平民受弊。自今監司常切覺察按劾，無令蹈習前弊，違例條法。」

3. 十二月二十九日，江南西路轉運判官張匯言：「乞將應係昨因蕃寇潰兵作過之時，若有乘時殺人放火、虜奪財物者，如首領人已經捉獲，依法斷罪外，其餘徒黨元係脅從本無他意者，委州縣詳度虛實，方許受理。所有緣此見禁勘公事，既大情已正，小節未完，並許結斷。」詔仍委提刑司專切點檢覺察，即不得將作過正賊妄作脅從之人，一例不行受理。其見禁公事，限半月結絕。

紹興二年（壬子，一一三二）

1. 七月十五日，刑部言：「據臣僚奏請，縣囚在禁病者，流罪以下〔一〕情款已定，皆許如在京一

司法，責保知在。緣依條『犯罪徒以上送州，情款方定』，即是在縣別無流徒罪情款已定禁囚外〔二〕。看詳在京法，係謂『病囚困重非兇惡者，許責保在外，損日追斷』。紹興法『杖以上囚〔三〕在禁病者，止係量病勢聽家人入侍』，即無該載『困重者，許責保在外』之文。今若依臣僚所乞，諸州病囚困重者，不問徒流，並依在京法。緣在京病囚依法即時申所屬并刑部、御史臺，日具醫治加減文狀，困重者申所屬，差不干礙官押醫看驗有無他故，及責囚得病所由連報，雖犯徒、流罪而情款已定非兇惡者，方許責保在外，損日追斷。其在外州軍即別無關申所屬檢察去處，若不委官看驗，又慮別生姦弊。今欲乞諸州病囚比附在京法，即時申知、通，有監司處申監司，各常行檢察，日具醫治加減文狀。困重者仍即時申州，差不干礙官押醫驗有無他故，及責囚得病所由連報〔四〕，雖犯徒、流罪而情款已定非兇惡者即行責保知在，州委元差押醫每三日一次看驗，如委實病損，即時申所屬，却行勾追赴獄，聽候斷遣。」從之。

〔一〕流罪以下　慶元條法事類卷七十四作「杖以下（品官流以下）」。
〔二〕即是在縣別無流徒罪情款已定禁囚外　疑「外」字衍，當刪。
〔三〕杖以上囚　「上」原作「下」，據慶元條法事類卷七十四、宋刑統卷二十九、輯稿・刑法六之五二改。
〔四〕責囚得病所由連報　「囚」原作「困」，據慶元條法事類卷七十四及本條上文改。

2. 十二月二十六日，臣僚言：「乞自今已後，令州縣月具繫囚存亡之數，長吏結罪保明申提刑司，歲終舉行斷罪之法，仍每路比較一州一縣死囚最多之數，具當職官吏姓名，取旨黜責，其最少處亦乞量行褒賞。」詔令敕令所重別刪修增立刑名申尚書省。三年三月五日敕令所增修到條法，已入紹興重修敕令及重修斷獄令。

四年（甲寅，一一三四）

1. 三月六日，御史臺言：「訪聞臨安府捉事使臣等多私置禁房，收繫罪人，一面追呼搔擾，非理鍛鍊，動經旬日。解所屬推治，又與當勘推獄等往還行賕，要從元初鍛鍊，規圖厚賞，致無辜之人枉被刑禁，深可矜恤。乞詔有司嚴立法禁，許人陳告。仍下臨安府檢察，如有私置禁房去處，責令日下去拆，其捉事人并推獄情弊，常切覺察，重作施行。」從之。

五年（乙卯，一一三五）

1. 閏二月十二日，尚書省言：「州縣治獄之吏，專事慘酷，待其垂死，皆託以疾患殺之，亦未嘗依條視驗醫治。庶有歲終計分斷罪條法，並不奉行，理合申嚴。」詔：「諸路去年分合依條計數，至今未見具奏，除已行約束外，令諸路提刑司將管下諸州禁囚病死人數，遵依條敕計分斷罪。仍疾速比較聞奏，不得容庇違滯。仍候指揮到，限十日專差人賫赴行在。」於是，五年，宣州上收禁三百五十五人，即無病死人數，以最少去處，當職官各轉一官。婺州武義縣七十二人，雖死過四人，即不及六釐。最少處：衢州六百一十八人，不曾死過人數，內衢州當職官各轉一官。福州即無死損人數，當職官與轉一官。六年，江陰軍七十四人，病死過四人。最少：臨安府一千六百三十四人，病死無，臨安府當職官與轉一官。七年，福州六百八十二人，病死無，福州當職官與轉一官。五年，舒州宿松縣七人內一名病死，計死一分，當職官特降一官。惠州病死二分六釐以上，當職官特降一官。六年，洋州一百二十二人，病死一十二人，當職官特降一官。七年，汀州武平縣四十人，死損二人，紐及五釐，汀州武平縣當職官展一年磨勘。

十二年（壬戌，一一四二）

1. 九月十三日，赦文："勘會禁囚貧乏，無家供送飯食，依法每名官給鹽菜錢五文〔一〕。即今物貴，行在可增作二十文，外路增作一十五文，仍令當職官常切檢察，毋令減剋作弊。"

〔一〕鹽菜錢五文　"五文"，晝簾緒論·治獄篇第七作"十文"。

十三年（癸亥，一一四三）

1. 十一月八日，南郊赦："勘會禁囚無家，依法官給飲食。訪聞近來州縣多不預行樁備，取給公吏，因而掊剋，致多瘐損〔一〕。仰逐州守臣斟量每月預行樁備應副，毋得減剋作弊。"

〔一〕致多瘐損　"瘐"原作"瘦"，據文意改。

十三年（癸亥，一一四三）

1. 六月四日，詔："今後應諸官司送下見禁取會未完并患病罪人，赴在城巡檢司知管，責保人並與依臨安府見禁罪囚例，支破飲食，內病患者差醫人醫治。"尋詔諸路州軍依此。

十四年（甲子，一一四四）

1. 五月二十九日，臣僚言："刑辟之間，禁繫為重。其罪當禁者，有歷以書之，應書不書，具有成法。比來州縣或避滯留之責，更不附正歷，輒置單子以為私記，使案察者無以稽察，淹抑者無所訴告。欲望申飭有司，檢坐前後條令，嚴行禁止。」從之。

二十一年(辛未，一一五一)

1. 三月二日，詔：「今後命官犯罪逃亡，如勘得干繫人已供情犯分明，即據招先次結斷，案後根捉，候獲日依已斷干繫人數供具案申奏。」以成都府路提點刑獄司有請，從刑部看詳。

2. 閏四月二十六日，臣僚言：「紹興令，諸囚在禁病者，官給藥物醫治，大理寺醫官二員輪日宿獄。緣官中不曾支給藥物，又無合破官錢，或遇疾疫，名有醫而實無藥，法意幾為虛設。望明詔有司，行下內外之獄，量支官錢，修合湯藥，所費甚微，而所利甚大。」上曰：「可令戶部依紹興令措置，官給藥物，酌度合支錢數申尚書省。」尋詔戶部措置到每歲殿前馬步軍司各支錢五十貫文，大理寺一百貫文，京府、節鎮一百貫文，餘州六十貫文，大縣三十貫文，小縣二十貫文，置歷收支。若歲終餘剩錢數，即充次年支用。

二十七年(丁丑，一一五七)

1. 十一月二十七日，詔：「諸路見禁公事，所犯人約係死罪，即仰州軍具單狀二本，申提刑司檢察，本司繳連一本申刑部點檢勾銷。如後來勘得，却是大辟公事，亦具情節供申，其單狀並依旬具禁狀條式施行。」熙寧四年七月御史陳乞如上件，至是，臣僚乞檢行故事，從之。

二十八年（戊寅，一一五八）

1. 十月二十三日，南郊赦文：「勘會在獄病囚，官給藥物醫治，病重責出，自有成憲。竊恐州縣循習苟簡，致有瘐死〔一〕，誠可憐憫。仰諸路監司、守倅檢察，毋致違戾〔二〕，即不得在職醫官料差醫僧及貨賣藥人直獄，恣行追擾，啟倖生事，以致淹延。」三十一年九月二日明堂赦，同此制〔三〕。以上中興會要

〔一〕致有瘐死 「瘐」原作「瘦」，據文意改。

〔二〕毋致違戾 「毋」原作「母」，據文意改。

〔三〕三十一年九月二日明堂赦，同此制 此句原爲大字正文，據文意改爲小字注文。

孝宗 隆興元年（癸未，一一六三）

1. 十一月二十六日，中書門下省言：「勘會大理寺、臨安府獄囚，近緣雪寒，已降指揮，除破糧食外，更給柴炭，貧者假以襖袴手衣之類，其外路州軍亦合一體施行。」

二年（甲申，一一六四）

1. 正月二十七日，尚書省言：「福建諸州軍間有地震之處，已令本路帥臣、監司條具民間利病，措置賑恤。竊慮刑獄冤濫，禁繫淹延，理合催促。」詔本路監司取索所部州縣見禁罪囚，一一推究所犯，以時結絕。如故作淹延，具守令姓名申尚書省。

2. 六月八日，臣僚言：「比來州縣獄囚率多死亡，蓋由禁繫猥眾，牢戶不清，當此蒸溽，易成疾

疫。欲望嚴申敕守令，將見禁罪囚除有罪犯深重速行勘結外，其餘所犯稍輕并枝蔓干證人，並日下決遣疎放。」從之。

3. 同日，臣僚言：「訪聞州縣之獄，率多滯留不決，致前後死亡不一。伏望申敕諸路監司，察所部守令，如有貪虐昏謬，尚敢故作淹延，以致在獄多死之人，即具姓名按劾，重寘典憲。」從之。

乾道元年（乙酉，一一六五）

1. 正月一日，大禮赦：「勘會在獄病囚，官給藥物醫治，病重責出，自有成憲。竊恐州縣循習苟簡，致有瘐死〔一〕，誠可憐憫。仰諸監司、守倅常切檢察，毋致違戾。」三年十一月二日，六年十一月六日，九年十一月九日大禮赦，並同此制〔二〕。

〔一〕致有瘐死 「瘐」原作「瘦」，據文意改。

〔二〕三年十一月二日 以下原爲大字正文，據文意改爲小字注文。

2. 同日，赦：「訪聞州縣多以私意將不應禁人寄獄，皆不書禁歷，或遇按察官到，盡責付公人在外看守，候按察官過，却行收禁，動經歲月，雖有約束，竊慮尚循舊弊，仰監司覺察，按劾以聞，當議重寘典憲。」

3. 十二月二十九日，新知潮州黃昭祖言：「竊見潮州近奏，海陽縣見禁獄囚盜取獄内器仗奔逸〔一〕。契勘州縣每獲盜賊，其贓仗並寘獄内，以備估值定罪。歲月淹延，不復防閑。故時有投隙破械、直取器仗而出者。欲乞明敕州縣，自今遇獲凶盜，秖留贓物在獄照看，其器仗並寄收甲仗庫。」從之。

〔一〕盜取獄内器仗奔逸 「仗」原作「伏」，據本條下文改。

六年（庚寅，一一七〇）

1. 二月二十二日，左諫議大夫陳良翰言：「竊見州縣囚禁，往往不即與決，非特有正禁之繁，又且有寄禁之濫，疫癘一作，多殞非命。契勘禁囚自有日限，具載甲令，不許淹延。欲乞特降指揮，應州縣之獄，仰守令依限決遣。」從之。

2. 十一月十六日，大理少卿周自强言：「乞自今監司、郡守按察官吏，如遇差官勘鞫，內合有干證，止許追緊切人。或有泛濫追逮，淹延囚禁，致多瘐死者〔一〕，並令提刑司按奏。」從之。

〔一〕致多瘐死者　「瘐」原作「瘦」，據文意改。

七年（辛卯，一一七一）

1. 六月十日，刑部言：「準批下臣僚劄子，乞令諸州長吏每旬同當職官慮問州院、司理院禁囚，諸路監司每季親詣所部州縣，將見禁囚徒逐一慮問。照對上項申請，乾道重修令該載甚備，今乞申嚴行下。」從之。

八年（壬辰，一一七二）

1. 五月一日，刑部侍郎鄭聞言：「竊見州縣獄囚，方當盛暑，漸染時氣，或致疾病，雖有醫者療治，多不留意，遂致死亡相繼。乞下諸路提刑司，將州縣醫人姓名籍定，務在加意診視，不得滅裂。」從之。

2. 十月九日，工部侍郎兼臨安府少尹莫濛言：「乞自今將州郡徒以上囚人禁及三月者，令提刑司類申刑部置籍〔一〕，立限催促。如或稽程，繩治如律，庶幾獄囚不致久繫。」從之。

〔一〕令提刑司類申刑部置籍　「令」原作「今」，據文意改。

九年（癸巳，一一七三）

1. 三月二十二日，詔：「刑部長貳、郎官并監察御史，每月通輪一員，分作兩日，往大理寺、臨安府親録囚徒，仍具名件聞奏。」以上乾道會要

淳熙元年（甲午，一一七四）

1. 正月八日，詔：「諸路禁囚有不得其死或人數稍多，獄官、令佐、守倅悉坐其罪，不以去官赦原。」以大理寺卿周自强言廣西獄囚死於凍餒、笞掠者甚衆，故有是命。

三年（丙申，一一七六）

1. 四月二十七日，知潭州李椿言：「乾道新書，諸强盜囚在禁，每火死及五分以上，依囚在禁病死歲終通計及一分〔二〕法。蓋防獲盜之人徼求功賞，誣執平人計數，坐獄身死之弊。然假如强盜二人，一名偶死，便成五分，坐一歲通比及分〔二〕之罪，可謂不幸。敕令所看詳，欲於上條『每火』字下添入『謂三人以上』五字為注文。如死及五分以上，合依强盜五分法科罪外，若强盜二人以下，在禁病死，止用諸囚在禁病死法，歲終通計分數科罪施行。」從之。

〔一〕通計及一分法　華陽集卷十四作「通計所禁人數死及一分」

〔二〕通比及分　疑當作「通計及一分」，參見本條上文。

2. 十一月十二日，南郊赦：「應諸色人犯罪在禁，雖已未結正，見得合該赦原，止因元係指揮准勘，合具情犯申省，有司不敢一面原放，申會待報，可並直依今赦施行。」六年、九年、十二年、十五年赦同〔一〕。

〔一〕六年、九年、十二年、十五年赦同　此句原爲大字正文，據文意改爲小字注文。

3. 同日，赦：「見禁公事有合結正者，限十日結絕。有合申奏者，亦疾速申奏，不得淹延刑禁。在外委提刑司，在内委御史臺，常切察覺。」六年、九年、十二年、十五年赦同〔一〕。

〔一〕六年、九年、十二年、十五年赦同　此句原爲大字正文，據文意改爲小字注文。

八年（辛丑，一一八一）

1. 五月二十三日，詔：「縣獄如州兩獄例，以常平或義倉米支破糧食，歲上繫囚饑寒瘐死〔一〕於獄者為吏殿最。」以臣僚言縣獄不支糧，多有饑死，故有是命。

〔一〕饑寒瘐死　「瘐」原作「瘦」，據文意改。

十二年（乙巳，一一八五）

1. 十一月二十二日，南郊赦：「州縣囚糧合以係省米充。訪聞諸縣不即依時支撥，止取給於吏卒，可令監司常切覺察，毋致違戾。」十五年明堂赦同〔一〕。

〔一〕十五年明堂赦同　此句原爲大字正文，據文意改爲小字注文

十三年（丙午，一一八六）

1. 十月八日，前權知德慶府趙伯逷言：「每遇盛暑之月，其守倅等點檢催促結絕刑禁，仍仰本路監司復行檢察，如滅裂違戾，按劾聞奏。而遠方州縣所謂慮囚者，實為文具。守臣去郡獄不遠，尚有親臨決遣者，至於通判、職官，或畏冒暑，或憚遠涉，往往秖令人下縣取索，而供報上司，却云某日某時躬親起離。諸路州縣如慮囚敢不親行，許令監司、守臣覺察，奏劾施行。」從之。以上孝宗會要

紹熙元年（庚戌，一一九〇）

1. 七月十二日，臣僚言：「州縣獄必有歷，凡有罪而入禁者，必書其月日，以時檢舉結絕，無致淹延。此法意也。往往不能仰體朝廷欽恤之意〔一〕，疚心獄事。公事到官，付之吏手，不問曲直，將干連無辜之人一例收禁。獄犴常滿，不上禁歷，號為寄收。乞取厭足，旋行踈放。乞申飭諸路提點刑獄常切覺察，自今後分上下半年，從本司印給赤歷，下州縣獄官，以時抄轉所禁罪人，不得別置寄收私歷。州委司法，縣委佐官，五日一申，隨即檢舉，催促結絕。巡歷所至，索歷稽考，如輒將干證無罪之人淹延收繫，及隱落禁歷不行抄上而別置歷者，按劾聞奏，官吏重寘典憲。」從之。

〔一〕往往不能仰體朝廷欽恤之意　疑「往往」前脫漏主語。

2. 十月二十五日，臨安府言：「已降指揮，依倣開封府，其三獄直司并錢塘、仁和兩縣公事所隸台察，罪囚禁歷日申臺部，即無漏落，比之外郡隸提刑司，事體不同。若一概從提刑司出給禁歷，委官檢舉，催促結絕，不唯禁曆在路，恐有洩漏，兼慮委官一節於臺部，實有相妨。乞遵從御史臺已降指揮

施行。」從之。

二年（辛亥，一一九一）

1. 三月二十四日，刑部言：「大理寺參詳臣僚奏請，州縣之間諸案，知在人數多少、歲月久近，莫得而知，乞委提刑分上下半年，從本司印給赤歷下州縣，凡逐時諸案知在之人，並令抄轉在歷，催促結絕。臨安府申，本府三獄直司及錢塘、仁和縣公事所隸台察，今來令置知在人歷〔一〕，其臨安府并錢塘、仁和兩縣難以從提刑司，一概同外郡給歷。今看詳，欲委自本府詳照臣僚所奏，別給知在人歷，分上下半年印記發下三獄直司并錢塘、仁和兩縣，遵依已降指揮，將諸案應知在人抄轉施行。若臺部官每遇點檢刑獄，許從一就取索按驗。」從之。

〔一〕今來令置知在人歷　「令」原作「今」，據文意改。

2. 十一月二十七日，南郊赦：「在獄病囚，官給藥物醫治，病重責出，自有成憲。深慮州縣循習苟簡，不與救療及不照條責出，因致死亡，仰監司、知、通常切覺察。」

四年（癸丑，一一九三）

1. 七月二十五日，知臨安府袁説友言：「遵承舊制，凡盜賊累犯，其人桀黠難制，與已斷逐而復回者，項筒永遠拘鎖外，縣寨日給糧食〔一〕。惟是積日既久，拘囚數多。罪固可嫉〔二〕，情亦可憫。在法〔三〕，羈管、編管，各有年限，蓋未嘗終其身而拘囚也。乞將本府見行項筒拘鎖之人，如元係配隸者，即押回元配所。如有强壯者〔四〕，即照已承指揮，與分刺屯駐軍，其餘分押出本府鄰州界。」詔令臨

安府將見管賊人各差人管押，分送外州軍牢固拘管，日具存亡申樞密院。以上光宗會要

〔一〕縣寨日給糧食　東塘集卷十無「寨」字。

〔二〕罪固可嫉　「固」，東塘集卷十作「故」。

〔三〕在法　「法」原作「發」，據東塘集卷十改。

〔四〕如有强壯者　「强壯」原作「疆肚」，據東塘集卷十改。

紹興五年（乙卯，一一三五）〔一〕

1. 九月十四日，明堂赦：「勘會在獄病囚，官給藥物醫治，病重責出，自有成憲。深慮州縣循習苟簡，不與救療及不照條責出，因致死亡，仰監司、知、通常切覺察。」自後郊赦並同。

〔一〕紹興　疑當作「紹熙」。

慶元六年（庚申，一二〇〇）

1. 五月六日，詔令大理寺、臨安府並屬縣及三衙、諸路闕雨去處，見禁囚徒並仰即時點檢看視，其間稍有病患，即遵守見行條法施行，毋為文具〔一〕。

〔一〕毋為文具　「毋」原作「母」，據文意改。

嘉泰元年（辛酉，一二〇一）

1. 正月七日，臣僚言：「乞令諸路提刑司檢坐應禁、不應禁條法，出給版牓，大字書寫，行下逐州縣，委自通判、縣丞各於獄門釘掛曉示。被禁之人如因罪入獄，仰就取禁歷，書寫所犯并月日、姓名，著

押歷上，以並新收〔一〕。出獄日亦如之，以憑銷落。其有不能書寫者，令同禁人或當日書鋪代書，親自押字。仰通判、縣丞逐時點檢，如遇月終，申發禁歷赴提刑司，從提刑躬親檢察行下。內有不應禁而收禁者，提刑按劾守令以聞。仍許不應禁人或家屬經提刑司越訴，如提刑不為受理，仰經刑部、御史臺越訴，乞從本臺覺察彈奏。仍乞更令提刑司每歲終檢察管下州縣獄空最多並禁人最少者一兩處，具申尚書省，取旨激勸。如因民訟見得不實，坐以妄申之罪。」從之。

〔一〕以並新收　疑「並」當作「憑」，參見下文「以憑銷落」。

三年（癸亥，一二〇三）

1. 十一月十一日，南郊赦文：「在法，禁囚應給飲食，合於轉運司錢內支；其病囚藥物合於贓罰錢內支。訪聞州縣違戾，却將合給禁囚飲食，止令獄子就街市打掠，或取給於吏卒；病囚藥物抑勒醫人陪備。是致禁囚飲食不充，饑餓致病；醫人無錢合藥，病囚無藥可服，多致死亡，誠可憐憫。可自今赦到日，應合給囚糧，並仰守令於轉運司錢內分明取撥，置造飲食。病囚藥物並於贓罰錢內支破修合，各具赤歷收支，不得仍前再令獄子輒於街市打掠，及勒醫人陪備藥物。如違，仰監司按劾以聞〔一〕，重寘典憲。」自後郊祀、明堂赦文並同。

〔一〕按劾以聞　「劾」原作「勒」，據文意改。

四年（甲子，一二〇四）

1. 正月六日，臣僚言：「乞內委刑部，外委提刑，戒察獄司，應非事干人命及重害公事，勿許妄

禁。」從之。

2. 十八日，臣僚言：「竊見縣獄苦無囚糧，而城下之邑尤甚。法許於運司錢內支，往往縣道不敢支破，例多倚辦於推獄〔一〕，私取於役戶，分甘於同禁之人。簞食入獄，攫拏紛然，極可憐憫。乞從諸縣申州，就於常平米內〔二〕支撥，歲終州具實支數申提舉司出豁。」從之。

〔一〕例多倚辦於推獄 「倚」，文獻通考卷一百六十七作「陪辦」。

〔二〕於常平米內 「內」字原脫，據文獻通考卷一百六十七補。

開禧三年（丁卯，一二〇七）

1. 三月二十九日，詔：「應州縣輒將病囚押下巡尉司以致死亡者，許被死之家直經刑部陳訴，仍令提刑司於歲終別項檢察，併行具申，將州縣官重作施行。」以臣僚言：「州縣之獄，遇有病囚，多是不切醫治，聽其自愈。至疾勢稍篤，欲避免在禁死亡之數，則一切付巡尉司交管。彼巡尉司既無醫藥可療，又無飲食可給，拘繫空屋，困頓飢餓，往往至於死亡。」故有是命。

嘉定三年（辛未，一二一一）

1. 四月二十六日，詔：「諸路提刑司歲終擇一路獄囚瘐死〔一〕最多者，必按劾以懲不職，擇一路醫療全活最多者，必薦舉以勸其勤，刑部則總覈之。」從臣僚請也。

〔一〕獄囚瘐死 「瘐」原作「瘦」，據文獻通考改。

七年(甲戌,一二一四)

1. 正月七日,詔:「應州縣除事干人命及重害公事,許照條收禁,提刑司以州縣申到禁歷,須管躬親檢察〔一〕,將不應禁及久囚去處嚴行責罰,毋為文具。」從臣僚請也。

〔一〕須管躬親檢察　疑「管」當作「官」。

八年(乙亥,一二一五)

1. 六月十三日,臣僚言:「夫州縣之獄凡為民害者,朝廷因臣僚奏請,屢嘗戒飭,獨囚糧一事,未見施行。獄戶沈鬱,易於生疾,一有乏食,病輒隨之。州縣但謂之獄瘟發動,而不知其端蓋在於此。江浙州郡皆有囚粮,遠州僻郡大率疎畧。乞令僻遠之州皆視内郡,以見管食米正行支破,縣則以贓罰錢物收糴充數。仍令提刑司免其解發,別置循環曆二本,名曰『囚糧曆』,日具支破姓名,取其著押。不願支者,亦明書何人饋餉,俾随禁歷月申提刑司以備參考。仍乞行下提刑司申嚴見行條法,歲終類申刑部,閱瘐死人數多者〔一〕,將守令量行責罰。」從之。

〔一〕閱瘐死人數多者　「瘐」原作「瘦」,據文意改。

十六年(癸未,一二二三)

1. 八月八日,大理司直朱藻言:「乞行下諸路提刑司嚴戢諸縣,除附郭縣獄許通判寄收罪囚外,凡佐官遇有合收禁人,須具事因申解本縣,遵照條令書上禁歷。如擅自送獄,不許接受。」詔送刑部看詳，申尚書省。已而刑部言：「準都省批下朱藻奏，尋下刑寺看詳。今據本寺申勑『諸囚不應禁而禁者徒二年。當職官知情同罪，失覺察者減二等，許被關留人越訴』。看詳得州縣將不應禁人輒行收禁，自有見行條法指揮。其間縣佐寄收人，多是不曾書上禁歷，非理囚禁。今本官奏請，誠為允當。本部欲從刑寺看詳到事理施行。」從之。

2. 十一月六日，臣僚言：「訪聞安邊所屬官，多不稟命，使長輒將每日送下公事，不問輕重，遇夜寄錢塘、仁和兩縣并諸廂尉司等處，淹繫日久，不即予决。拘囚囹圄，病痛相纏，前後死者不知其幾。乞行下兩縣等處，每日仰官吏具本所有無送下寄收公事申御史臺以憑稽考。如或仍前違戾，許被寄禁人家屬直經本臺陳訴。訪聞得實，將當職官具申朝廷，重賜鐫責，公吏决配。」從之。以上寧宗會要

枷制

影印本刑法六之七七至七九
大典卷五八一一

宋朝獄官令：諸枷大辟重二十五斤，流、徒二十斤，杖罪十五斤。各長五尺以上，六尺已下。頰長二尺五寸以上，六寸以下。共闊一尺四寸以上，六寸已下。徑三寸以上，四寸已下。仍以乾木為之。其闊狹輕重刻志其上。杻長一尺六寸已上，二尺已下。廣三寸，厚一寸。鉗重八兩已上，一斤已下。長一尺已上，一尺五寸已下。鏁長八尺已上，一丈二尺已下。

太宗 淳化二年（辛卯，九九一）

1. 九月，詔：「所置枷，徒、流罪重二十斤，死罪重二十五斤，並用乾木。長、短、闊、厚如令。」

三年（壬辰，九九二）

1. 十月，大理寺丞惠價言：「州縣制枷多不如令，請委逐處知州、通判依令製造稱校，一依等第書字刻訖，各據所犯罪施用。違者，官吏劾罪。不如令者〔一〕一切毀棄。」

〔一〕不如令者 「不如令」原作「不恕令」，據本條上文「多不如令」改。

四年（癸巳，九九三）〔一〕

1. 十二月二十八日〔二〕，太常博士、河北提點刑獄陳綱言：「諸州勘事，杖已下法當令衆，及抗拒不招當枷問者，未有定制。自今請置枷重十五斤。」命法寺參議，如綱奏，從之。仍須情狀頑惡及準條令衆者，方得行用。

〔一〕四年　事物紀原卷十、長編卷六十七景德四年十二月辛酉皆作「景德四年」。

〔二〕十二月二十八日　事物紀原卷十作「五月」；長編卷六十七景德四年十二月辛酉，即「十二月二十九日」。

真宗　天禧二年（戊午，一〇一八）

1. 二月，工部郎中、知制誥盛度言：「請委軍巡使、判官點檢見管枷杻鏁鋜，如有窽稜生澁，修葺錯磨滑易，無致磨損罪人肌膚。如違，獄子乞行嚴斷，官吏重行科罪。」從之。

2. 二月，詔：「開封府將見造到枷並依式樣、斤重刻字為記，令左右軍巡使、判官依元條輕重施用，常切覺察，不得違越。」

仁宗　慶曆五年（乙酉，一〇四五）

1. 三月二十六日，殿中丞田穎言：「伏覩獄官令內大辟以下，枷有三等，獨盤枷之制，不著令式，而天下有司常所用之。縣送徒於州，州送囚於他所，催理官物，督責賦稅，錮身千里之外，荷校連月之間。考其所設，議謂得宜。審其所行，當須定制。今諸處輕者同於無用〔一〕，重者至於太刻。輕重不等，何以為法？且小杖亦立分寸，豈盤枷獨有差殊。欲乞許置盤枷，委有司明立觔數，頒行天下，俾之遵守。」從之。

〔一〕今諸處輕者同於無用　「今」原作「令」，據文意改。

徽宗　政和五年（乙未，一一一五）

1. 十一月十七日，中散大夫、新差提點京畿刑獄公事兼提舉保甲錢歸善奏：「臣檢會政和敕，諸笞杖若諸軍小杖制度違式者，已有斷罪之文，而獨訊囚杖枷杻未有專法。臣欲乞下有司，修立補完，以稱陛下欽恤之意。」詔違者以違制論。

宣和元年（己亥，一一一九）

1. 五月六日，詔：「獄具盤枷，止重十斤，日近官司不究法意，增置斤重過倍。其犯罪編配枷錮，不惟途路苦楚，枉致性命亦皆有之。可檢會政和斷獄條式，行下内外刑獄官司，常切遵守。其見使不依法式者，速令改正。若敢違戾，以杖刑法施行。仰刑部、御史臺覺察彈奏。」

高宗　紹興十二年（壬戌，一一四二）

1. 四月二十六日，御史臺言：「檢會紹興令，諸獄具，當職官依式檢校。枷以乾木為之，長者以輕重刻式其上〔一〕。不得留節目〔二〕，亦不得釘飾及加筋膠之類，仍用火印，從長官給〔三〕。訪聞當職官吏視為虚文，並不依時檢舉，甚失朝廷欽恤刑獄之意。詔令刑部行下内外應有刑獄去處，各仰遵守成法施行。敢有違戾，在內令御史臺，諸路委提刑司，彈劾以聞。仍季具奉行有無違戾申尚書省。本臺今檢點得〔四〕錢塘、仁和縣長枷並大杖各有違戾。內錢塘縣杖直丁貴〔五〕大杖一條，重多五錢半〔六〕。仁和縣第二等長枷一具，重多一斤。第三等長枷二具，輕少半斤。臨安府供到狀，錢塘縣左奉議郎、知縣方懋德，右宣議郎、縣丞蔡純誠，左修職郎、主簿趙彥端，左迪功郎、縣尉陳從易，仁和縣左從政郎、知縣王鞏，左從政郎、縣丞范光，左迪功郎、主簿謝沇，左迪功郎、縣尉劉贄。」詔兩縣官吏各降一官。

〔一〕長者以輕重刻式其上　宋史卷二百、欽定續通典卷一百十四作「輕重長短刻識其上」。
〔二〕不得留節目　宋史卷二百、欽定續通典卷一百十四「不」字前有「笞杖」二字。
〔三〕從長官給　文獻通考卷一百六十七無「長」字。
〔四〕今檢點得　「今」原作「令」，據文意改。
〔五〕杖直丁貴　疑有誤。
〔六〕重多五錢半　疑「五錢半」有誤。

軍制

影印本刑法七之一至三九
大典卷八三四五

太祖 建隆三年（壬戌，九六二）

1. 七月二十五日〔一〕，詔搜索内外諸軍不逞者，悉配隸登州沙門島〔二〕。先是，雲捷逃卒李興偽刻侍衛司印，捕得，斬之，故有是命。

〔一〕二十五日　原脱，據長編卷三建隆三年七月庚辰補。
〔二〕沙門島　此後原作小字注文，今改作大字正文。

乾德三年（己丑，九六五）

1. 十一月四日〔一〕，斬雄武軍卒百人〔二〕。先是，詔諸道籍驍勇兵送闕下，太祖親團結為雄武軍，命王繼勳主之，仍給緡錢，俾娶妻。繼勳縱其軍白日掠人妻女〔三〕於都下，街使不能禁，里巷驚擾，半日方止。帝聞之，大怒，即命捕而戮之。小黄門閻承翰見而不奏，亦杖數十。

〔一〕四日　原脱，據長編卷六乾德三年十一月庚午補。
〔二〕百人　宋史卷一百八十七同，長編卷六乾德三年十一月庚午為「百餘人」。此後原为小字注文，今改作大字正文。

〔三〕妻女　宋史卷一百八十七同，長編卷六乾德三年十一月庚午為「子女」。

四年（癸亥，丙寅，九六六）

1. 閏八月九日〔一〕，搜索殿前諸軍亡賴者，得數十人〔二〕，悉黥配通州義豐監〔三〕。

〔一〕九日　原脫，據長編卷七乾德四年閏八月庚午補。

〔二〕數十人　長編卷七乾德四年閏八月庚午為「十數人」。

〔三〕悉黥配通州義豐監　「黥」原作「黔」，據長編卷七乾德四年閏八月庚午改。

太宗　太平興國九年（甲申，九八四）

1. 二月，釋軍人被鉗者〔一〕。先是，去年冬有軍人夜入人家刼盜，捕之，經時不獲。太宗欲必得之，令厚其購賞，果有告者，乃軍人數輩結約夜踰壘垣而出，盡獲而戮之。因遍索軍中，累有罪罰凶愚無賴者得百餘人，不忍殺，以鐵鉗鉗頸，羈於本軍。至是並釋之，仍各賜錢三千。

〔一〕此後原作小字注文，今改作大字正文。

至道二年（丙申，九九六）

1. 詔自今沿邊城寨諸軍內有故自傷殘冀望揀停〔一〕者，仰便處斬訖奏。

〔一〕揀停　原作「楝停」，據長編卷一百七十五皇祐五年十二月丙辰「揀停」改。

真宗 咸平五年（壬寅，一〇〇二）

1. 五月十四日，詔西路將士臨陣巧詐退避者，即按軍令，不須以聞。

六年（癸卯，一〇〇三）

1. 七月四日，詔陝西振武軍有願依河東廣鋭例，官給價直市戰馬者，聽〔一〕。先是，帝曰：「河東廣鋭元是州兵，官給中金以充馬價〔二〕，其兵各立社，馬亡醵錢同市以補之者，自然用心養飼，官亦為利。陝西振武〔三〕亦可依廣鋭例處分，令立社市馬。」

〔一〕此後内容原作小字注文，今改作大字正文。
〔二〕以充馬價　原作「克價」，據長編卷五十五咸平六年七月壬辰改。
〔三〕陝西振武　「陝西」原作「關西」，據本條上文「陝西振武軍」改。

2. 十八日，帝曰：「累有臣僚言，邇來軍旅之間，若不懔畏都將，盖緣此輩為過犯，自抵科懲，即生怨恨，紀拾論訴，乞行極斷。朕熟思之，便依此行，復有妨礙。如近者繼有論訴本軍人員非理不公，事皆得實，若論者不報，覆加嚴刑，或有他謀，亦不敢告，即所繫大矣。只可降宣命，今後諸軍因人員科責〔一〕，挾恨論事，鞫勘虚妄者，並禁錮取旨。」

〔一〕今後諸軍因人員科責　「諸軍因人員」，長編卷五十五咸平六年七月丙午作「军士因将校」。

景德元年（甲辰，一〇〇四）〔一〕

1. 四月，詔諸軍廂主至員僚，今後各依職，一階一級，全歸伏事之儀，違者處斬。其御前忠佐軍見排陣使總管亦准此。

〔一〕元年　原作「四年」，據長編卷五十六景德元年四月、文獻通考卷一百五十二改。以下三條皆作元年事。

2. 七月三十日〔一〕，如京使何士宗〔二〕言：「詔書條貫，禁軍將士等各依舊等級並行伏事之理〔三〕，違者按軍令。其廂軍將士等未立條制，欲望約前詔減一等定令。」帝曰：「禁衛兵士無他役，唯習戎藝耳，且廩給優厚，欲其整肅，有所懍畏，故設此條禁令。以廂軍約此施行，必恐滋彰，難於經久。況尊卑相犯，自有條律，不行可也。」

〔一〕三十日　原脫，據長編卷五十六景德元年七月壬子補。

〔二〕何士宗　宋史卷一百八十九同。長編卷五十六景德元年七月壬子作「何士寧」。

〔三〕並行伏事之理　「理」，長編卷五十六景德元年七月壬子作「禮」。

3. 是月，詔：北面諸路駐泊兵馬使臣等，自今臨陣之際，能率先用命殺賊者，與賊鬭戰生擒獲賊者，臨陣擒獲賊首領者，偷侵營寨能驚賊令擾亂及擒獲人畜者，諸偏裨下軍士與戎人鬭敵能用命策應殺退賊者，戎人與誘兵翼張、受命掩擊、能破走之者，賊遊騎往來或近大軍、受命掩襲而擒賊者〔一〕，用命深入被傷者，臨陣能用命入賊斫刺其首領、分散其旗鼓者，並賞之。其擒賊首領酋渠者，並奪得旗鼓者，悉加等焉。如賊已敗走，所奪車帳、生口、資財、牛羊什物等，給與立功者，斬獲首級及奪得馬，如前詔給以金帛。仍令都總管等依此條制，差其功伐，或承制遷其資級，或賜以錦袍、銀帶、金帛。內遷職十將已十補置訖以聞〔二〕。副總頭、副兵馬使已下即給牒，以俟朝旨，使臣等亦給文據，仍具功狀來上。若剋日會戰不齊者，夜喧眾者，不俟賊稍前而遙箭亂射者，軍陣既列如都監、軍員、使臣於步騎兵內擅簡取一卒一騎者，欄後馬有犯者，陣既成列而不齊者，旗鎗交錯隊伍者〔三〕，賊兵至可以出軍而不出者，方戰鬭而觀望不救者，兵器不預修理致臨陣不堪施用者，巧詐以避征役者，臨陣先退者，貪爭貲畜而不赴殺賊者〔四〕，當遣入賊境、規避不去既復命言不以實者，被遣斥候而不覺賊來者，臨陣不射賊及有餘箭輒棄之者，遺失鎧甲兵器者，既賊伏降而輒殺者，分佈軍號及傳軍中令不慎密而漏泄者，受命逐賊只至某處而輒過者，總管下衙隊軍員並左右指揮使臣忠佐及隨從當直人等，及使臣、軍員下押前隊員僚軍頭、十將並隨從當直人等，臨陣輒離左右及不受節度者，並斬。

〔一〕受命掩襲而擒賊者　「擒賊」，文獻通考卷一百五十二作「擒殺」。
〔二〕內遷職十將已十補置訖以聞　「已十」當作「已下」，參見本條下文「副總頭、副兵馬使已下」。
〔三〕旗鎗交錯隊伍者　「隊伍」原作「隊仵」，據文獻通考卷一百五十二改。
〔四〕不赴殺賊者　「赴」原作「負」，據文意及文獻通考卷一百五十二改。

二年（乙巳，一〇〇五）

1. 二月，詔開封府：「自今殿前侍衛司軍人合追攝證對公事者，如舊制。其軍人身死，犯杖罪〔一〕，送本司施行。若將校及軍人犯徒罪已上者，未得直牒追攝，奏聞取裁〔二〕。」時殿前侍衛司言：開封府多直行捕逐禁軍兵士，並不關報本司，事恐非便。故有是詔。

〔一〕其軍人身死，犯杖罪　疑此句有誤。
〔二〕此後內容原作小字注文，今改作大字正文。

三年（丙午，一〇〇六）

1. 八月，帝問知樞密院王欽若等曰：「每發禁軍及補戰馬，其數或有異同者，何也？」欽若等對

曰：「騎步諸軍，樞密院但按籍而遣，本軍於在處旋取見數以言。」帝曰：「若然，則不惟有所闕誤，亦且不得的確。可下殿前侍衛馬步軍，自今後據諸班直並禁軍具逐指揮見管將校姓名、所轄人數，內差出者具言見在某處，離營若干年月，何處替回，或是新添配到。內馬軍亦令具逐指揮已有闕馬之數，其營在京者，逐月具實封奏狀於次月五日赴樞密院通進，外處就粮者每兩月一奏，依此分析。仍令逐處各選知次第典級，令密切主掌，非奉宣取索，不得輒供。」

2. 十月，帝宣示御史臺：「所勘神衛率斂，訪聞內外諸軍常有此事，緣條法甚重，朕慮諸軍見此處斷，各懷憂疑，可速降宣遍諭之。自今年十月十日已前，應曾率斂請求者並特放罪。如有率斂物色見在者，並給還本主。今後尚敢踰違，其造意及行用受贓者，並當極斷。人員知情者同坐，不知情者決杖配隸，仍令逐營置版榜示之。」

四年（丁未，一〇〇七）

1. 十二月二十七日〔一〕，詔：「廂軍及諸州本城犯，所部決杖訖，並移隸他軍。內情理重及緣邊隨軍奏裁。」〔二〕先是，法寺言請與禁軍同等，帝以軍秩既有差降，故犯者亦從末減。

〔一〕二十七日　原脫，據長編卷六十七景德四年十二月己未補。

〔二〕此後內容原作小字注文。

大中祥符元年（戊申，一〇〇八）

1. 三月，詔：「應諸道州、府、軍、監廂軍及本城指揮，自都指揮使已下至長行，對本轄人員有犯

階級者，並於禁軍斬罪上減等，從流三千里上定斷；副兵馬使已上，勘罪具案聞奏。廂軍軍頭已下至長行，准勅犯流免配役，並徒三年上定斷，只委逐處決訖，節級已上配別指揮長行上名，長行決訖，配別指揮下名收管。如本處別無軍分指揮，即配鄰近州、府、軍、監指揮收管。內有別犯重者，自從重法。其諸司庫務人員兵士有犯上件罪名者，並依前項廂軍條例施行。」

2. 十一月〔一〕，詔內外諸軍勿得科率部下、盛為軍裝及錦繡之飾。〔二〕初，興元府寧朔戍將課軍中服錦繡以壯戎容，士伍廩給，不充其費，因相與謀亡命為盜。帝知之，故有是詔。

〔一〕十一月　長編卷七十記此事在大中祥符元年十二月。
〔二〕此後內容原作小字注文，今改作大字正文。

三年（庚戌，一〇一〇）

1. 十月，殿前、侍衛親軍、馬步軍等司言分析到諸軍累作過犯員僚、節級、兵士，帝宣示知樞密院王欽若等曰：「俱是無賴不逞之輩，本營畏懼，不敢申陳。然一概行之，失於輕重，可分作四等，一等配海島，一等配遠處牢城，一等降配遠處本城，一等降配〔一〕，並依例刺面，仍中書、樞密院籍之，遇赦不得放還。逐處只在差使，不得諸處屯駐。」

〔一〕一等降配　疑「配」字后有脫文。

2. 是月，皇城司〔一〕奏：「察訪御龍直班院副指揮使呂遇日暮醉歸，馳馬奔逸不能制，百姓石謙為馬踐傷甚。」又言：「常時本班將士無故不出，今不能禁。」帝曰：「可下開封府按問。」因謂王旦等曰：「禁軍將士，無故不令出本班，故每班置市買二人。太祖朝法令嚴肅，無敢犯者。太宗時稍從寬貸，亦安敢醉酒馳馬以歸？」旦等言：「此皆驍勇之士，正當因事誡約。」帝然之。

〔一〕皇城司　「皇」字前原衍「詔」字，據長編卷七十四大中祥符三年十月乙亥刪。

四年（辛亥，一〇一一）

1. 九月十七日〔一〕，詔：「殿前侍衛司、宣徽院、三司軍頭司，自今以請託為名率斂軍士緡錢者〔二〕，其同謀及受贓並處斬，軍校知情者連坐，不知情者決配。」

〔一〕十七日　原脫，據長編卷七十六大中祥符四年九月丁亥補。

〔二〕率斂軍士緡錢者　「士」字前原衍「頭」字，據長編卷七十六大中祥符四年九月丁亥刪。

2. 十月，宣示：「大凡國家詔令，每諭中書、樞密院常須執守施行，無議輕改。朕素聞軍中不便之事，其兵士人員所得戰馬稍良者，則有勢力者及將校等以弱馬豪易之，其有但飲忿含怨，不敢伸理。累降宣命鈐轄〔一〕如敢輒借改易軍員兵士戰馬者，當寘極典，猶有犯者，朕唯貸死而懲之。自三五年來，眾皆為便，人無敢違。數日前，有臣僚自邊上來，言緣路驍捷、驍武兵士腳下鞍馬，復有為人易者。察之，蓋因入契丹界臣僚所給借馬，或有病患，乞於緣路諸軍納換，曾降宣命因其奏，自此緣邊州為朝廷弛禁，傚傚犯之。可降宣命，應差赴契丹界持禮臣僚，並選擇准備馬同行，不得更於沿路州軍輒借回易，仍明以此意曉諭。」

〔一〕鈐轄　原作「鈴轄」，據上下文改。

五年（壬子，一〇一二）

1. 二月七日〔一〕，內殿崇班、閤門祇候錢昭厚言：「河清卒有惰役者，以鎌斧自斷足指，利於徙

鄜州牢城〔二〕，自有此類，望決訖復隸本軍。」從之。

〔一〕七日　原脫，據長編卷七十七大中祥符五年二月乙巳補。

〔二〕利於徙鄜州牢城　「利於」原作「例於」，據長編卷七十七大中祥符五年二月乙巳改。

2. 九月二十七日〔一〕，殿前司言：「諸軍訴本軍校長斂錢飾營舍、仗物〔二〕，數少者望令皷司勿受之。」帝曰：「軍民訴事，有瑣細非切害者，朕常寢而不行。若明諭有司，則下情壅塞，而人有冤滯矣。」不許。

〔一〕二十七日　原脫，據長編卷七十八大中祥符五年九月壬辰補。

〔二〕仗物　長編卷七十八大中祥符五年九月壬辰作「什物」。

六年（癸丑，一〇一三）

1. 三月二十日〔一〕，帝曰：「京師每遇冬至寒節假日，許士庶賭博，其禁軍違犯，一例捨之。可再降宣命曉示軍人仍舊禁。犯者，論如律。」五年，詔一應軍人出九和合而賭錢者與同罪，民伍論如律。〔二〕先是，軍人賭博以違制徒二年，仍降其名次。律有博戲賭博財物者，杖一百。出九和合如之，而無軍人出九條格。鳳州威邊軍健閻晏以己錢借韓興賭戲，州坐興徒，晏第從杖科，因以上言。狀下刑寺，請自今同其罪。從之。

〔一〕二十日　原脫，據長編卷八十大中祥符六年三月辛亥補。

〔二〕此後內容原作小字注文，今改作大字正文。

2. 二月〔一〕，詔隨駕衛、殿前司所管諸班直諸軍，如有過犯情理難原者，並申取樞密院指揮。其行宮內外庫務諸色人等，如公然為非，理重者，申取宣徽使馬知節指揮。仍仰量其所犯嚴行斷遣，內情重者即便斬決，不候勑裁。

〔一〕二月　疑月份有誤，或當在上條前。

八年（乙卯，一〇一五）

1. 三月，詔河北諸州，自今差防送兵士，不得以馬軍充〔一〕。初，河朔州郡每臣僚經由，多以驍武、雲翼軍防送，所給官馬第令其家飼喂而死者幾半。至是，有司上言故也。

〔一〕此後內容原作小字注文，今改作大字正文。

2. 六月，詔：「忠靖六軍〔一〕人員十將，今後不得輒有取受本指揮兵士及諸色配役人等錢物。其執役處並仰置簿，次第均勻差遣，仍各用心部轄，常須齊整，無致別作過犯。如違，許人陳告。勘逐不虛，犯當行決配，被取受却錢物人免罪。陳告人若係忠靖六軍，常與優輕處執役。如是被取受却錢物人並不陳告，致別有彰露，亦當重斷。仍令各置板榜抄録宣念，於本營張掛。」〔二〕先是，以忠靖六軍所軍校〔三〕凡受其貨賂者則優假之，無所賂者則委之重役，頗非均濟，故條約之。

〔一〕忠靖六軍　「忠靖」原作「忠翊」，據本條下文改。

〔二〕此後內容原作小字注文，今改作大字正文。

〔三〕以忠靖六軍所軍校　「所」字疑衍。

3. 閏六月四日〔一〕，詔：「殿前、侍衛軍司，如非時宣取兵士，候見御寶文字，乃得交付。如無，則畫時奏取進止，所降宣命，仍仰本官躬親收掌，不得傳付所司〔二〕，每遇轉遷，遞相交受。」〔三〕先是，宮城遺燼，夕宣詔諸軍，皆即時奔赴。帝以王旅之眾，非時召集，宜有符驗，因條約之。

〔一〕四日　原脫，據長編卷八十五大中祥符八年閏六月壬午補。

〔二〕傳付所司 「傳付」，長編卷八十五大中祥符八年閏六月壬午作「轉付」。

〔三〕此後內容原作小字注文，今改作大字正文。

4. 九月，詔：「諸路轉運司、殿前侍衛馬步軍軍頭司〔一〕、三司、宣徽院、開封府、諸司庫務等處人員兵士等，如內有殺賊得功及諸般使喚得力者，或因官中取索之時具詣實結罪供，申所轄去處，委得詣實，保明申奏，不得更受僥倖虛妄及有隱落。」

〔一〕馬步軍軍頭司 原作「馬步軍頭司」，據宋史卷一百八十九改。

九年（丙辰，一〇一六）

1. 正月二十四日〔一〕，詔樞密院逐月進兵馬總數〔二〕，每季易之。

〔一〕二十四日 原脫，據長編卷八十六大中祥符九年正月己巳補。

〔二〕兵馬都數 「都數」，據長編卷八十六大中祥符九年正月己巳作「總數」。

天禧元年（丁巳，一〇一七）

1. 八月，詔樞密院所録諸班諸軍兵籍，並令整備，無容主史漏泄。

2. 十月十一日〔一〕，詔：「如聞諸班直、諸軍坊監庫務官健，飲博無賴，或部分稍峻，即招誘興訟。仰今後所訴事，並須干己，證佐明白，官司乃得受理，違者坐之。或情理巨蠹，即具案以聞。」

〔一〕十一日 原脫，據長編卷九十天禧元年十月丙子補。

二年（戊午，一〇一八）

1. 十一月，詔：「環、慶、寧三州禁兵犯罪至死者，委本州依條區斷訖，申總管司。罪狀切害者，依舊例。」〔一〕先是，上封者言：「環、慶、寧三州禁兵犯極刑者，獄既具，先以案牘申總管司以俟裁斷，往復近十日，致留滯。」故條約之。

〔一〕此後內容原作小字注文，今改作大字正文。

三年（己未，一〇一九）

1. 五月，詔：「自今放停軍士願還鄉里者，並依大中祥符五年詔，驗認得實即遣之。」〔一〕時編敕止用大中祥符元年八月十三日敕，放停軍士願還鄉者移牒會問其骨肉，仍奏取進止，方遣之，而不録五年敕文。至是知河陽孫奭言不便，乞改用五年敕。故從之。

〔一〕此後內容原作小字注文，今改作大字正文。

乾興元年（壬戌，一〇二二）

1. 五月十二日，詔：「今後差發諸軍人員、兵士赴逐處，本州長吏讀示宣命，不得斂掠錢物與本押使臣、殿侍，仍責知委結罪文狀管係訖起發。如稍有違，因事詈罣，或人陳告，人員都將並當決配，元造意掠錢物人處斬。管押使臣、殿侍只於兵士側近安泊，不得入館驛。」

仁宗　天聖三年（乙丑，一〇二五）

1. 七月，詔：「應有歸遠指揮處，密降約束，自今節級、兵士，內有作過者，本管人員區分後致死，若事不挾情，其人員不得收禁，具事由奏裁。」〔一〕初，象州戍兵譚州歸遠指揮使尹元等，以本營卒莊成喫酒，作決臀杖七十餘，身死，轉運使王湛以成累犯兇惡，奏乞矜免元等。仁宗〔二〕令元無干繫人並特放，故有是詔。

〔一〕此後內容原作小字注文，今改作大字正文。

〔二〕仁宗　原作「太宗」，據上文改作「仁宗」。

2. 十二月，詔：「自今軍人犯私置兵器等，其本路人員連累負犯者，並從杖罪斷遣，即更不等第降職。」

四年（丙寅，一〇二六）

1. 四月，審刑院言：「準敕，軍員節級等因公事情不涉私，行小杖決人十五已上，因而至死者，具奏取裁。自來法寺檢斷，依諸色官員因公事小杖決人杖數過多至死律條，考因數過以致死者，徒二年定斷取旨。緣軍法務嚴，與他官不同，若依上條，似未允當。欲乞自今應軍節級因所管人有過，情理難恕，須合區分，情不涉私，行小杖決十五已上因而致死者，並從律文決罪不如法以故致死徒一年上失減三等，杖八十定斷，仍具情理取旨。」從之。

五年（丁卯，一〇二七）

1. 四月，樞密院言：「諸歸遠指揮係雜犯配軍人揀充，先曾密降宣命，如有賭博、喫酒、刼盜、恐喝，不受約束者，便行處斷。訪聞近日軍伍漸有倫序，慮其間有因輕罪配軍，今來再犯小過，逐處盡從極斷。欲降宣就粮並屯泊州軍，如歸遠節級、兵士不改前非，再作過犯，先詳前犯，如是貸命決配之人又作過者，即依宣命施行。若前罪稍輕，再作過犯者，止依法決斷。仍此宣命不得下司，令長吏慎密收掌。」從之。

七年（己巳，一〇二九）

1. 審刑院、大理寺言：「准敕，定奪軍人随身裝著衣物與軍號法物，立定名目，開坐聞奏。寺司檢會前後條貫，並無諸軍軍號與随身裝著名件明文。尋牒殿前、侍衛馬步軍頭司，會問到諸軍兵士合屬軍號與随身裝著衣物名件〔一〕。殿前司捧日、天武、拱衛、驍騎、驍勝、寧朔、龍猛、飛猛、神勇、宣武、虎翼、衛聖，緋紬衫子。渤海，紫紬衫子。吐渾，紫絁衫子。諸軍指揮，緋小綾卓畫帶甲背子各一領〔二〕，係軍號。請到春冬衣賜製造軍裝，随身裝著衣物，即不係軍號。春衣，馬軍七事：皂紬衫、白絹汗衫、白絹袂袴、紫羅頭巾、緋絹勒帛、白絹襯衣、麻鞋。步軍七事：皂紬衫、白絹汗衫、白絹袂袴、紫羅頭巾、藍黄搭膊、白絹襯衣、麻鞋。冬衣，馬軍七事：皂紬綿披襖、黄絹綿襖子、白絹綿襪頭袴、白娟夾襪頭袴、紫羅頭巾、緋絹勒帛、麻鞋。步軍六事：皂紬綿披襖、黄絹綿襖子、白絹綿襪頭袴、紫羅頭巾、藍黄搭膊、麻鞋。侍衛馬軍司員僚直、龍衛、雲騎、武騎、帶甲剩員〔三〕，紫絁衫子各一領，系軍號。

請到春冬衣賜軍裝，隨身裝著衣物，不係軍號。春衣七事、冬衣七事，與前殿司並同。侍衛步軍司神衛、神衛水軍、奉節、床子弩雄武、飛山雄武，各紫衫。虎翼水軍、虎翼，各緋衫子。諸軍指揮使緋卓盡背子，係軍號。請到春冬衣賜製造軍裝，隨身裝著衣物，不係軍號。春衣七事、冬衣六事，並與殿前司同。殿前司諸班直，馬軍諸班直，殿前指揮使左右班、內殿直、散員指揮、散都頭、散祇候、金槍東西班、鈞容直、長行，舊例，自初伏班時請到例物銀束帶各一條，至出職及轉班，並隨身帶去。內有病死者，亦付本家。若正身犯身該決配已上罪，即例納官。其諸班直錦襖子、背子、銀鞍轡，步人御龍四直渾銀度金腰帶、錦襖子、背子、皂羅真珠頭巾及旗號等，並係儀注物色。寺司看詳，殿前司諸班直、馬軍長行等所有儀注物色，亦合係屬軍號法物。乞自今諸軍兵士將軍號法物轉賣、典當者，並依至道元年並大中祥符七年六月二十四日敕，從違制本條定罪。若將衣賜製造到隨身衣物非時破貨典賣，即依天禧四年四月二十五日敕，從不應為重杖八十上定斷。」從之。

〔一〕名件　原作「名姓」，據本條上文「名件明文」改。

〔二〕各一領　「各」原作「冬」，據本條下文「各一領」改。

〔三〕剩員　原作「剩負」，據文意改。

明道元年〔一〕（壬申，一〇三二）

1. 五月二十二日〔二〕，詔禁軍料錢〔三〕五百犯階級者斬。〔四〕先是，開封府言編敕禁軍料錢〔五〕三百犯階級者斬，刑名太重。故易之。

〔一〕元年　原作「四年」，據長編卷一百十一及輯稿·刑法四之一八改。以下兩條並元年。

〔二〕二十二日　原脱，據長編卷一百十一明道元年五月壬辰補。
〔三〕軍料錢　「料」，長編卷一百十一明道元年五月壬辰作「糧」。
〔四〕此後内容原作小字注文，今改作大字正文。
〔五〕軍料錢　「料」，長編卷一百十一明道元年五月壬辰作「糧」。

2. 七月三日〔一〕，益利路鈐轄司〔二〕言：「自今兩川配隸軍籍之人，其元犯兇惡者，不得放還鄉里。」從之。

〔一〕三日　原脱，據長編卷一百十一明道元年七月壬申補。
〔二〕益利路鈐轄司　原作「益州路鈐轄司」，據長編卷一百十一明道元年七月壬申改。

景祐元年（甲戌，一〇三四）

1. 九月五日〔一〕，「樞密院言：「陝西沿邊戍兵，多為近上將臣選置麾下，及臨行陣而裨將鮮得精兵自随。請自今以全軍隸逐將下，不得擅有占留。」從之。

〔一〕五日　原脱，據長編卷一百十五景祐元年九月辛卯補。

寶元二年（己卯，一〇三九）

1. 十月，臣僚上言：「邊地用兵之際，悉藉全其隊伍，熟其將守，多被帥臣挑揀以為防衛，是致餘殘冗怯之衆，每臨行陣，屢先挫衄。其精擇者，雖驍勇强梁，然而部伍不成，軍分錯雜，既無本轄將領，致使人心携貳。乞今後每差衙隊，只得於全指揮内勾充，不得於逐指揮内揀選抽差。如違，並科違制之罪。」從之。

2. 十一月十五日，范雍言：「今後臨陣有退却走泊妄言賊勢、扇搖軍伍者，只於隨處處斬。」詔如有所犯者，仰押赴經署使，依軍法處置。

3. 是月，韓琦等言：「鎮戎軍昨來戰賊敗狀，雖是主將素不經歷，軍員亦貴部分。其如兵士等，方布行陣，纔被賊兵呼譟來逼，即已不能駐足，一概奔潰。今或只坐主將、軍校之罪，雖有所動，即恐兵士等以法不加衆，向去臨陣戰又即依前退却。且謂自有主將被刑，復免一時鋒刃之害，唯求生路，豈有鬬心。兼聞諸路士卒往往如此，不唯膽勇將佐動為兵衆所誤，深慮軍氣不振，上損國威。欲乞今後主兵官員與賊接戰，手下兵士並令軍員已下至節級依次約束，如有不用命退却之人，便令軍員等於陣前處斬。若軍員不能部轄，致部伍錯亂，却亦令主將即時處斬。所貴士卒畏法，以取勝功。」從之。

康定元年（庚辰，一〇四〇）

1. 八月二十四日〔一〕，端明殿學士李淑等言：「參酌古制，定到銅符、木契、傳信牌〔二〕形制〔三〕及施用條件。銅符之制，上面刻篆字曰：『某處發兵符』，下面鑄虎豹為飾，而中分之。右符五，左旁作虎豹頭四；左符五〔四〕，右旁開四竅，爲勘合之處。又以上面篆文相向，於側畔刻十干字為號。第一符勘『甲己』〔五〕字，第二符勘『乙庚』字，第三符勘『丙辛』字，第四符勘『丁壬』字，第五符勘『戊癸』字。左符全刻十干字半〔六〕，右符止刻『甲己』等兩半字。右五符留京師，左符降逐處總管、鈐轄〔七〕、知州軍官高者掌之。凡發兵，樞密院下符第一至第五，周而復始。指揮〔八〕三百人至五千人，用一虎一豹符；五千人以上，用雙虎雙豹符。下符日，樞密院以右符第一為始，盛以匣，封以樞密院印，差使臣賫宣命同下。宣頭內言：下第一符，發兵若干，本處將佐符勘訖，即發兵與使臣，復封右符付使臣還，仍急遞以聞。本處置簿録下符次第、月日及兵數，不得下司。其木契上下並題〔九〕『某處契』，中剖之。上三枚〔十〕，中為魚形，並題『一、二、三』次第。下一枚〔十一〕，中刻空魚，為勘合之處，左側題云『左魚合』，右側題云『右魚合』。上三枚〔十二〕留總管、鈐轄司〔十三〕官高者掌之。下一枚〔十四〕付諸州軍城寨主掌之。每總管、鈐轄司〔十五〕發兵馬日，千人〔十六〕以上，先發上契第一枚〔十七〕，以皮囊封以本司印，差指使〔十八〕並牒賫往逐處。驗下契與上契合，即發兵，却封上契付去人還〔十九〕，仍報總管、鈐轄司〔二十〕。其發第二、第三契亦如之。掌契司各置簿抄録發契次第、月日及兵數，互照驗之。其傳信牌，中為池槽，藏筆墨紙〔二十一〕，令主掌之。每臨陣傳言語，寫紙上置牌中，持往報兵官，復寫事宜牌中而還，仍臨時密以字號為驗。其字號只令主將旋定，毋得漏軍中。」詔有司製造，仍令淑領其事。

〔一〕八月二十四日　長編卷一百二十九康定元年十月乙未、玉海卷八十五作「十月十三日」。
〔二〕傳信牌　原作「傳言牌」，據長編卷一百二十九康定元年十月乙未、宋史卷一百九十六、玉海卷八十五改。
〔三〕形制　「形」原作「刑」，據長編卷一百二十九康定元年十月乙未、宋史卷一百九十六改。
〔四〕左符五　原作「左符一」，據長編卷一百二十九康定元年十月乙未、宋史卷一百九十六及下文改。
〔五〕甲己　原作「甲巳」，據長編卷一百二十九康定元年十月乙未、宋史卷一百九十六改。
〔六〕十干半字　原作「十干字半」，據長編卷一百二十九康定元年十月乙未、宋史卷一百九十六、武經總要前集卷一十五改。
〔七〕鈐轄　原作「鈴轄」，據長編卷一百二十九康定元年十月乙未、宋史卷一百九十六改。
〔八〕指揮　「指」字前衍「全」字，據長編卷一百二十九康定元年十月乙未、宋史卷一百九十六删。
〔九〕上下並題　「並」字前衍「而」字，據長編卷一百二十九康定元年十月乙未、宋史卷一百九十六删。

〔十〕上三枚　原作「上三㪅」，據長編卷一百二十九康定元年十月乙未、宋史卷一百九十六改。
〔十一〕下一枚　原作「下一㪅」，據長編卷一百二十九康定元年十月乙未、宋史卷一百九十六、玉海卷八十五改。
〔十二〕上三枚　原作「上三㪅」，據長編卷一百二十九康定元年十月乙未、宋史卷一百九十六改。
〔十三〕鈐轄司　原作「鈐轄司」，據長編卷一百二十九康定元年十月乙未、宋史卷一百九十六改。
〔十四〕下一枚　原作「下一㪅」，據長編卷一百二十九康定元年十月乙未、宋史卷一百九十六改。
〔十五〕鈐轄司　原作「鈐轄司」，據長編卷一百二十九康定元年十月乙未、宋史卷一百九十六改。
〔十六〕千人　長編卷一百二十九、宋史卷一百九十六康定元年十月乙未、玉海卷八十五、武經總要前集卷一十五作「百人」。
〔十七〕第一枚　原作「第一㪅」，據長編卷一百二十九康定元年十月乙未、宋史卷一百九十六改。
〔十八〕指使　長編卷一百二十九康定元年十月乙未同，宋史卷一百九十六作「指揮」。
〔十九〕付去人還　長編卷一百二十九康定元年十月乙未、宋史卷一百九十六皆作「以還」。
〔二十〕鈐轄司　原作「鈐轄司」，據長編卷一百二十九康定元年十月乙未、宋史卷一百九十六改。
〔二十一〕藏筆墨紙　原作「藏筆」，據長編卷一百二十九康定元年十月乙未、宋史卷一百九十六、玉海卷八十五改。

慶曆元年（辛巳，一〇四一）

1. 十二月二十一日，中書、樞密院並言：「欲令諸路將帥各置親兵，選有武藝膽勇充，每月特給錢二百。應出師臨敵，援護本官，如陷沒者，親兵並皆處斬。」詔陝西、河東諸路總管許置親兵百五十人，鈐轄百人〔一〕，招討、都監等七十人，餘並如所請施行。〔二〕時陝西用師，或陷沒將官，而麾下大

率以罪不加衆，或援護不謹，故特嚴其制，而有是命也。

〔一〕鈐轄百人　「鈐轄」前原衍「招討」二字，據長編卷一百三十四慶曆元年十二月甲午刪。

〔二〕此後內容原作小字注文，今改作大字正文。

二年（壬午，一〇四二）

1. 二月十四日，詔：「今後與賊兵戰之後，內有兵士在身別無傷損，只是割却耳鼻或遺失器甲、剝脫衣服者，顯是一向怯懦，全不曾鬭敵。仰主將當面驗認委實，集衆處斬訖奏。仍令於教場上曉示知委。」

四年（甲申，一〇四四）

1. 三月二十三日，詔禁軍料錢〔一〕滿伍百有犯階級者，自今毋得作情理可憫奏裁。

〔一〕料錢　「料」原作「科」，據長編卷一百四十七慶曆四年三月癸未改。

2. 十一月十一日，詔：「主兵之官，皆有牙隊帶器械以從護之。其遇賊不用命而致陷沒主將者，自今人雖衆，並以軍法論。苟能顯立功効，亦當優拔之。其令諸路總管司嚴申飭戒〔一〕。」

〔一〕嚴申飭戒　「飭」原作「飾」，據長編卷一百五十三慶曆四年十一月庚午改。

五年（乙酉，一〇四五）

1. 六月二十四日〔一〕，詔：「諸軍將卒，如經戰鬭，敢偽入箭頭在身，欲希功賞者，以違制論。軍中失覺察者坐之。」

〔一〕二十四日　原脫，據長編卷一百五十六慶曆五年六月戊寅補。

2. 是月二十八日〔一〕，詔殿前馬步軍自今内外禁軍非武藝優者，毋得入優輕差遣。

〔一〕二十八日　原脫，據長編卷一百五十六慶曆五年六月壬午補。

3. 十一月二十四日〔一〕，詔河北安撫司：「如聞自保州兵叛，多務姑息，恐軍情益驕。其密諭主兵臣僚常加撫御之。如敢輒犯軍律者，亦聽法外施行。」

〔一〕二十四日　原脫，據長編卷一百五十七慶曆五年十一月乙巳補。

七年（丁亥，一〇四七）

1. 正月十二日，樞密言：「陝西四路兵馬，自來分在主兵官員及都司巡檢下泊外城堡寨防守，當邊上事宜之時，裏外兵馬辛苦頗均。今邊事漸寧，諸將下兵馬絕少出入，比之巡檢下及城寨諸軍，不唯勞逸不同，兼恐漸成慵惰。欲令逐路經畧司，將裏外兵馬定日分作番次，輪牙差撥，務要均一，慣習披帶，定奪聞奏。」從之。

皇祐元年（己丑，一〇四九）

1. 六月二十一日〔一〕，詔管軍臣僚，自今麾下軍士，非有戰功，毋得請遷隸上軍。

〔一〕二十一日　原脫，據長編卷一百六十六皇祐元年六月壬午補。

四年（壬辰，一〇五二）

1. 八月，詔："「川、峽〔一〕四路配軍元犯情輕合揀放者，押送本軍，其不願者，亦聽之。」"

〔一〕川峽　「峽」原作「陝」，據長編卷一百七十三皇祐四年八月丙申改。

英宗　治平元年（甲辰，一〇六四）

1. 二月五日〔一〕，樞密院言："「請河北、河東、陝西就粮禁軍年五十〔二〕以上者，子孫、弟姪、異姓骨肉年三十以下，雖短本指揮等樣一兩指，但壯健任征役之人，許以為代。無親戚即召外人為代，皆不支例物。即雖年五十〔三〕以上，無病樂在軍者，射弓七斗、弩兩石，聽依舊。」"從之。

〔一〕五日　原脫，據長編卷二百治平元年二月辛未補。

〔二〕五十　長編卷二百治平元年二月辛未作「五十五」。

〔三〕五十　長編卷二百治平元年二月辛未作「五十五」。

四年（丁未，一〇六七）

1. 五月三日神宗已即位，未改元，樞密院言："「國家置兵，本備戰守，而主兵之官率多冗占雜使。欲令逐路帥臣、安撫使詳此事節，嚴行約束轄下州郡及主兵之官，今後犯者，奏乞法外重斷，仍每季舉行訖奏。及下本路轉運使、提點刑獄官，每因巡歷，覺察奏聞。庶幾除去宿弊，稍減冗費，邊備、兵政漸有倫理。」"詔每年春首令樞密院舉行此制。

2. 是月，詔：「奉園兵士〔一〕等樣例物請受，即依奉先指揮招置，其諸班違犯及改配等，並合作禁軍。」〔二〕舊制，奉先兵士犯杖以下情輕者斷訖，仍舊犯徒以上及杖罪情理重者，杖訖配千里外牢城。

〔一〕奉園兵士　按下文疑當為「奉先兵士」。

〔二〕此後內容原作小字注文，今改作大字正文。

3. 八月十八日，殿前侍衛馬步軍司言：「准詔，相度知辰州張宗義上言諸軍每年一次造年額簿，上謄録舊簿鄉貫，唯加起一歲。欲乞應係諸軍年額簿，今後開坐軍人投軍時鄉貫、歲數、庚甲，括定年幾，更不別造新簿。當司檢會，准嘉祐編敕，內外諸軍逐指揮置年甲簿二道，抄寫軍員、兵級鄉貫、姓名、的實年幾並投事到營年月日，委總管、鈐轄〔一〕、主兵當職官員點檢印押，一於住營處兵官廳收掌，一付本營指揮使廳封録照使。其新收人數，並依此抄上。若遷補移配入別指揮，即仰互相關報。內軍員、節級仍於補充文字開坐。今勘會在京諸班直、諸軍指揮，久來已有年甲版簿卷曆據，每歲首即不曾飜換。竊慮外州軍有承例每年飜換處，自今並令止絕，敢有違犯，準敕科罪。」從之。

〔一〕鈐轄　原作「鈐轄」，據文意改。

神宗　熙寧元年（戊申，一〇六八）

1. 正月，樞密院言：「諸路州軍，多差兵級營置雜物以助公用，分給官員，及至犒設將士，全然踈簿。蓋緣上下利於供給，致違條貫，所差兵士打柴燒炭，不任重役，往往投賊。兼先有保州燒炭軍員以納課不充逃走，並宜禁止。」從之。

二年（己酉，一〇六九）

1. 九月，審刑院言：「應諸路州軍人犯罪情重法輕難恕者，仰逐處具所犯申本路經略安撫或總管、鈐轄司〔一〕詳酌情理，法外斷遣。」詔無經略安撫、總管司，方許申鈐轄司〔二〕施行。

〔一〕鈐轄司　原作「鈐轄司」，據文意改。

〔二〕鈐轄司　原作「鈐轄司」，據文意改。

三年（庚戌，一〇七〇）

1. 五月十四日，詔諸廂指揮兵士依禁軍例分五都管轄〔一〕。

〔一〕分五都管轄　長編卷二百十一熙寧三年五月癸卯作「分五部法檢治」。

四年（辛亥，一〇七一）

1. 十月二十八日，樞密使〔一〕吳充言：「應雜犯配軍〔二〕所坐不至巨蠹者，每十一月後至明年正月終，並依法斷刺訖，且留於本處工役，候至二月即差人遞送所配州軍。其已配未發，雖遇恩降，並依元斷。如願便之配所者，亦聽。首獲逃軍合遞還本所者，准此。」從之。

〔一〕樞密使　長編卷二百二十七熙寧四年十月丙子作「樞密副使」。

〔二〕雜犯配軍　「配」字原脱，據長編卷二百二十七熙寧四年十月丙子補。

五年（壬子，一〇七二）

1. 閏七月四日，詔諸廂軍係教閱者，不在教閱之上。

2. 十二月，詔：「今後諸路屯戍迴引見，諸軍力曾有功勞，所在不為酬獎或輕重未當功狀者，許於軍頭司自陳，本司抄劄所訴事理，責指實結罪文狀並隨身公據以聞。」

六年（癸丑，一〇七三）

1. 九月二十一日，詔：「自今樞密院降宣差撥諸路州軍役兵，先契勘本州合均定使役人數就差外，有剩合差那者，即先自近及遠差撥。如本州合役人未足，不得分擘應副別州，虛致交互往來。」

2. 十月四日，詔：「諸軍排連長行充節級〔一〕，應取功勞者〔二〕，取兩次以上人。若功勞等，即分先後；先後等，即分輕重；輕重均，即以所傷多者〔三〕為先。」

〔一〕排連長行充節級　長編卷二百四十七熙寧六年十月癸酉作「排聯長行遷節級」。

〔二〕功勞者　「勞」字後原衍「人」字，據長編卷二百四十七熙寧六年十月癸酉刪。

〔三〕所傷多者　「所傷」，長編卷二百四十七熙寧六年十月癸酉作「金瘡」。

元豐元年（戊午，一〇七八）

1. 閏正月一日〔一〕，提舉修閉澶州曹村決口所總管燕達言：「士卒有犯無禮及呼萬歲，乞豁口斬訖以聞。若有扇搖軍人、掠奪財物及叫呼動眾，為首者亦乞處斬，為從者則減等配千里外牢城。」從

之，毋得下司。

〔一〕閏正月一日　原作「正月一日」，據長編卷二百八十七元豐元年閏正月丙子改。

2. 閏正月八日〔一〕，斬內殿崇班、机榔縣巡防地分〔二〕陳嵩，刺配三班差使、机榔縣守把胡清沙門島。坐無故棄城寨也。

〔一〕閏正月八日　原作「八月」，據長編卷二百八十七元豐元年閏正月癸未改。

〔二〕巡防地分　「地分」前原衍「坊」，據長編卷二百八十七元豐元年閏正月癸未刪。

3. 閏正月十四日〔一〕，福建路體量安撫司言：「捕獲廖思〔二〕党龍騎卒李員、楊禪，乞法外重斷，所冀元剌充軍之人有所畏憚，不敢竄走。」上批：「並處斬，梟首示眾。」

〔一〕十四日　長編卷二百八十七元豐元年閏正月庚寅，即十五日。

〔二〕廖思　長編卷二百八十七元豐元年閏正月庚寅作「廖恩」。

4. 三月二十一日，詔應諸軍軍員等與管軍臣僚同姓名者，並令改名。

二年（己未，一〇七九）

1. 十一月二十六日，詔禁軍教閱廂軍，毋得以為作院工匠。

四年（辛酉，一〇八一）

1. 正月九日，詔曰：「韓存寶總領重兵，往討小蠻，不能擒戮首惡，虛有暴露士卒，使忠勇之士無所効命。不候朝旨，輒自退軍，逗撓怯避。韓永式同商量軍事〔一〕，輒敢符同。今遣侍御史知雜事何正臣、幹當御藥院梁從政於軍前告諭存寶、永式罪狀，當正典刑。曉告將校士卒，並由存寶節制，不任退軍之罪。其所立功依例推賞。」

〔一〕商量軍事　「商」原作「商」，據長編卷三百十一元豐四年正月丁酉改。

2. 二十六日，樞密院擬定〔一〕彭遜〔二〕討瀘州夷賊隨行軍兵約束。上批：「彭遜所部多彊人，難繩以常法，須特簡嚴為一約束付遜，令據所犯隨宜處斷，勿令拘制送州縣。」遂詔應所部兵，令彭遜知其甘苦，無令失所，如有罪犯，量輕重行罰。仍令經歷路分轉運司指揮隨處州縣密覺察，如有騷擾，即具以聞〔三〕。

〔一〕擬定　原作「擬令」，據長編卷三百十一元豐四年正月乙卯改。

〔二〕彭遜　長編卷三百十一元豐四年正月乙卯作「彭孫」，此條中其他涉及「彭遜」處同。

〔三〕即具以聞　「即」字原脫，據長編卷三百十一元豐四年正月乙卯補。

3. 六月十六日，李憲言：「准宣發廣勇右二十指揮駐熙河，令臣將之。以往廣勇刱置，未常出軍，乞於宣武、神勇、殿前虎翼差一指揮〔一〕，為臣親兵。」詔改差殿前虎翼右一廂四指揮〔二〕，所乞親兵牙隊，至管軍方許〔三〕劄與憲知管〔四〕。

〔一〕差一指揮　「一」字原脫，據長編卷三百十三元豐四年六月辛未補。

〔二〕右一廂四指揮　「廂」字原脫，據長編卷三百十三元豐四年六月辛未補。

〔三〕至管軍方許　「至」字原脫，據長編卷三百十三元豐四年六月辛未補。

〔四〕劄與憲知管　長編卷三百十三元豐四年六月辛未為「可劄與李憲令知」。

4. 七月六日，經略司〔一〕走馬承受麥時昞〔二〕言：「乞梓、夔兩路入蠻界人夫令轉運司刺其額，如諸將獲首級〔三〕，委官看驗。」詔如入蠻界殺人夫以充首級者〔四〕，其主將重行朝典。

〔一〕經略司　長編卷三百十四元豐四年七月辛卯作「經制司」。
〔二〕麥時昞　長編卷三百十四元豐四年七月辛卯作「麥文昞」。
〔三〕獲首級　「首」字原脱，據長編卷三百十四元豐四年七月辛卯補。
〔四〕以充首級者　原作「以充級」，據長編卷三百十四元豐四年七月辛卯改。

5. 十一月九日，种諤言：「將來諸路兵乘冰渡河，竊慮推突相先，爭奪財貨，將佐不易禁止，乞早降約束。」詔諸路總兵官將來得賊府庫，應當日同有功士卒並主將親檢校均給，如金帛浩瀚，宜量留充將來置帥供饍之用。若賊逋竄，尚有繫顧返據巢穴之心，即焚其所居。

五年（壬戌，一〇八二）

1. 正月二十三日，詔彭遜〔一〕追供奉官趙福，斬訖奏。〔二〕先是，遜、福隨涇原兵進討，隷將下〔三〕。至靈州，粮道斷絶，中路逢賊躡戰，大軍夜相失，潰走。盧秉奏已得旨放罪，福在秉幕下用事，見遜不為禮，遜因以惡語奏福在軍中不殺賊〔四〕故也。

〔一〕彭遜　長編卷三百二十二元豐五年正月乙巳作「彭孫」，本條中其他「彭遜」同。
〔二〕此後內容原作小字注文，今改作大字正文。
〔三〕遜、福隨涇原兵進討，隷將下　長編卷三百二十二元豐五年正月乙巳作「福初隨涇原兵進討，隷孫將下」。
〔四〕不殺賊　原作「不入賊」，據長編卷三百二十二元豐五年正月乙巳改。

2. 二月〔一〕二日，詔環慶路經略司：「昨出界將領官所部兵，除死事及因傷而死外，會計亡失數〔二〕，如及二分，追一官；二分半，二官；三分，三官；三分半，四官〔三〕；四分，五官；四分半，六官。免勒停，差遣依舊。其降官至奉職，各罷將、副差遣。令曾布據出界時分隷將領官所部及失亡數，並應奪官人名位以聞。其鄜延路、涇原路、秦鳳、熙河、河東路取會亡失數，準此。」

〔一〕二月　「二月」原作「三月」，據長編卷三百二十三元豐五年二月甲寅，即二月二日改。

〔二〕會計亡失數　「亡失數」原作「已及數」，據長編卷三百二十三元豐五年二月甲寅及下文改。

〔三〕三分半，四官　原作「五分半」，據長編卷三百二十三元豐五年二月甲寅及上下文改。

3. 十八日〔一〕，詔鄜延路經略司：「聞沿邊防拓將下士卒頗有逃歸者，勘會是實，嚴行收捕。為首人陵遲處斬，餘並斬訖，具人數以聞。」

〔一〕十八日　長編卷三百二十三元豐五年二月庚午，即二月十八日。

4. 五月十一日〔一〕，河東經略司言：「豐州屯駐神鋭指揮千餘人，薛義所部照應修葭蘆寨，至府州百十寨，王安等百餘人鼓動軍衆，擅還豐州，及恐喝指揮使張臻，言不遜。內捕獲十六人，張世規〔二〕已陵遲處斬，其餘人見捕逐。」詔：「續獲人但嘗逼嚇指揮使，出不遜語，證佐明者，並處斬，余更不得推究為首人家屬。應緣坐者，押赴豐州處斬，其同居骨肉依編配法。」其後經略司言安等已斬，莫知為首者，而安有母年六十〔三〕，上特貸之。

〔一〕五月十一日　長編卷三百二十六元豐五年五月癸巳、輯稿・刑法六之一八皆作「五月十三日」。

〔二〕張世規　長編卷三百二十六元豐五年五月癸巳作「張世矩」。

〔三〕年六十　長編卷三百二十六元豐五年五月癸巳作「六十二」；輯稿・刑法六之一八作「六十三」。

5. 六月十六日，詔：「將下諸軍從軍走回，並特免押赴軍前，配逐處本城，人員降一資。」

6. 七月廿九日，詔：「熙河路自今如不用條詔擅役將下兵，毋得應副。」以李浩擅役令般木踏塹故也〔一〕。

〔一〕以李浩擅役令般木踏塹故也　原作小字注文，今改作大字正文。

7. 八月九日，詔：「鄜延路計招納〔一〕歸順蕃部壯人十人、老小婦女四十人，並遷一資。十歲以下不計〔二〕，累遷不得過三資；即不及，與減磨勘一年；不及減年及遷資，止每一壯人支絹四匹，老小婦女一匹。殺降人者，許人告，每人賞錢二十千〔三〕，至百千止〔四〕。告殺五人以上者，仍遷一資；殺降人者斬。」

〔一〕計招納　「計」字原脫，據長編卷三百二十九元豐五年八月戊午補。
〔二〕十歲以下不計　「不計」原作「不許」，據長編卷三百二十九元豐五年八月戊午改。
〔三〕二十千　長編卷三百二十九元豐五年八月戊午作「三十千」。
〔四〕至百千止　「止」原作「上」，據長編卷三百二十九元豐五年八月戊午改。

六年（癸亥，一〇八三）

1. 三月二十六日，上批：「早來擬奏配軍畫一法，內稱『刺充某指揮〔一〕』，恐於上軍稱呼有嫌，可諭修法官改云『某指揮雜役』。」時犯罪法應配流者，其罪輕得免配行〔二〕，盡以隸禁軍營為雜役，然禁卒素憚配法，嘗恥言之故也。上於人情至微，無不曲盡。

〔一〕刺充某指揮　長編卷三百三十四元豐六年三月辛丑作「刺充某指揮配軍」。
〔二〕其罪輕得免配行　「輕得」原作「得輕」，據長編卷三百三十四元豐六年三月辛丑改。

2. 四月二十三日，熙河蘭會路制置司言：「准詔劾李浩罷蘭州猶帶本路鈐轄〔一〕擅奏赴闕罪狀，浩自言雖嘗奏赴闕，未離任。」詔：「浩於法當以擅去官守論，以未離本路及近出塞有功，罰銅二十斤。」

〔一〕鈐轄　原作「鈐轄」，據文意改。

3. 五月一日，涇原路經略司言：「第五將申，熙寧寨硝坑堡巡檢王世隆追賊至水東口戰死，弓箭手十將王和等十四人各傷中。」詔：「世隆擅領兵過壕，又不能築知伏兵，致傷折人衆，如其生全，朝廷必重加責，可更不推恩。其輕重傷人依格，陣亡人依陣不勝例。〔一〕」

〔一〕依陣不勝例　長編卷三百三十五元豐六年五月丙子作「依陣亡不勝例」。

4. 六月十一日，河東經略司言：葭蘆寨巡防兵逢賊，以衆寡不敵陷沒，未敢依陣不勝法施行。詔陣亡人惟將官、使臣等分陣勝、陣負，諸軍用陣勝例，一等推恩。

5. 十四日，彭遜言〔一〕：「涇原路蕃兵皆富有，出入止差顧人僕從軍，蓋舊無正官管轄，遇軍行始差將副〔二〕，人心不相諳，故難指呼。乞差蕃官兩員〔三〕及諳事將官同管轄處置，責皆得素養之兵為用。」詔經略司看詳立法。

〔一〕彭遜　長編三百三十五元豐六年六月戊午作「彭孙」。
〔二〕遇軍行始差將副　「始」原作「即」，據長編三百三十五元豐六年六月戊午改。
〔三〕乞差蕃官兩員　「乞差」原作「及差」，據長編三百三十五元豐六年六月戊午改。

七年（甲子，一〇八四）

1. 正月二十七日，詔：「葭蘆寨居山，形勢嶮絕，非出兵便地，縱賊大至，不過城守。兼本寨城圍止千餘步，步立一人，止千餘人。加倍計之，二千人足矣。經略司都不卹邊費，視朝廷財用輕若泥沙〔一〕，無故輙屯重兵，情不可赦。其王居卿雖已離任，令提點刑獄司追上案罪以聞〔二〕。」

〔一〕輕若泥沙　「若」字原脫，據長編三百四十二元豐七年正月丁卯補。
〔二〕追上案罪以聞　原作「追止按罪以聞」，據長編三百四十二元豐七年正月丁卯改。

2. 六月十一日，乾寧軍〔一〕言：「軍居河流之間，隄防之內，應有違犯，若自大城越至本軍，或自本軍越過河東之類，並依已至越所未渡法〔二〕，併越兩河自依私渡法。」從之。

〔一〕乾寧軍　原作「建寧軍」，據長編三百四十六元豐七年六月己卯改。

〔二〕未渡法　「渡」原作「度」，據長編三百四十六元豐七年六月己卯改。

3. 九月二十一日〔一〕，鄜延路走馬承受李元嗣言：軍士崔皐自截手〔二〕規避出戰。詔〔三〕崔皐配本處禁軍雜役，令劉昌祚體量軍中如此者，斟酌施行。

〔一〕二十一日　長編三百四十八元豐七年九月己未，即二十二日。

〔二〕自截手　長編三百四十八元豐七年九月己未作「自截手指」。

〔三〕詔　原脱，據長編三百四十八元豐七年九月己未補。

4. 十二月十六日，詔諸軍雖非出戍，因差出不宿於家，其妻犯姦，許人告〔一〕。

〔一〕許人告　長編三百五十元豐七年十二月辛巳作「許鄰人告」。

哲宗　元祐元年（丙寅，一〇八六）

1. 四月十八日，殿前馬步軍司言禁軍排連，欲且依熙寧編敕施行。從之。

2. 十月一日，樞密院言：「東南十三將，初未定出戍路分及不隸將兵內有出戍名額少而所轄指揮數多處，未得均當。欲除廣南東、西兩路駐劄三將各專隸本路，及虔州第六將、全永州第九將專備兩路緩急，並免戍他路外，餘八將及不隸將兵，依均定路分輪戍，各聽路分都鈐轄〔一〕司差使，即輪出將兵不隸將兵路分，權撥在京步軍補戍，回日復初。」從之。

〔一〕鈐轄　原作「鈴轄」，據宋史卷一百九十六兵志十改。

二年（丁卯，一〇八七）

1. 二月八日，太師文彦博言：「廂軍舊隸樞密院，新制改隸兵部，其本兵之府〔一〕，豈可無籍？」樞密院言：「官制行，廂軍分隸戶、兵、工三部，於兵、工部置籍揭貼。」詔逐部自今进册〔二〕，以其副上樞密院，仍更互揭貼〔三〕。

〔一〕其本兵之府　「之」原作「部」，據長編卷三百九十五元祐二年二月辛卯改。

〔二〕詔逐部自今进册　「詔」字原脫，「令」原作「令」，「册」原作「用」，據長編卷三百九十五元祐二年二月辛卯補、改。

〔三〕仍更互揭貼　「互」字原脫，據長編卷三百九十五元祐二年二月辛卯補。

三年（戊辰，一〇八八）

1. 正月十八日，詔：「陝西、河東出界總兵官奏功，必具還塞人數，其亡失也必具所因；其不出境即賊退，亦具見數以聞〔一〕。」

〔一〕亦具見數以聞　「見數」，長編卷四百八元祐三年正月丙寅作「見管人數」。

2. 閏十二月十四日，詔：「陝西、河東蕃官蕃兵，三路廣西、川峽〔一〕、荊湖民兵及敢勇、効用之屬，並隸樞密院，兵部依舊主行。其餘路民兵，令兵部依舊上尚書省。」

〔一〕川峽　原作「川陝」，據長編卷四百十九元祐三年闰十二月丙辰改。

四年（己巳，一〇八九）

1. 十一月二十六日，刑部言：「諸軍率衆對本轄官員〔一〕不唱喏法，上軍處斬，下軍及廂軍徒三年，配廣南；　對本轄將校、節級，依犯階級及立告賞法。」從之。

〔一〕本轄官員　「官員」二字原脱，據長編卷四百三十五元祐四年十一月壬辰補。

六年（辛未，一〇九一）

1. 七月十二日，湖北邊事司言：「今後〔一〕馬軍犯罪該配者，並免特刺，充沅州雄略馬軍，不許差出。」從之。

〔一〕今後　原作「自後」，據長編卷四百六十一元祐六年七月己巳改。

2. 閏八月十三日，兵部言：「諸軍指揮各置籍，細開姓名〔一〕。遇有差使，務均勞逸。其因疾病權免者，損日先差〔二〕。若限年合替者，前期檢舉。闕人者，申轉運司於別州應副。不檢舉差人或占留合替人，及妄作名目拘占及妄多過限六十日不差者，各徒二年。每季州委官點檢，具有無不當，申州監司。巡歷復視失當者，按舉。禁軍則知州、通判〔三〕同共點檢。」從之。

〔一〕細開姓名　長編卷四百六十五元祐六年閏八月己巳作「細開將校軍人等姓名、差使、優重次數」。

〔二〕損日先差　「損」，長編卷四百六十五元祐六年閏八月己巳作「豫」。

〔三〕通判　「判」字原脱，據長編卷四百六十五元祐六年閏八月己巳補。

七年（壬申，一〇九二）

1. 十一月四日，秦鳳路經略司言：「近年兵將官與城寨等使臣，因違朝旨及帥司節制以至敗事者，以其嘗立邊功〔一〕，多從寬減，上下玩習，浸已成風。請今後將官及城、寨、堡使臣，應緣守禦〔二〕有違朝旨及帥臣節制，並乞不以邊功寬減，庶幾人知畏懔，紀律稍嚴。」從之。

〔一〕嘗立邊功　「嘗」原作「當」，據長編卷四百七十八元祐七年十一月癸未改。

〔二〕守禦　長編卷四百七十八元祐七年十一月癸未作「戰守」。

紹聖元年（甲戌，一〇九四）

1. 西夏兵入鄜延，破金明寨，經略使呂惠卿遣將張與〔一〕等襲逐，專一其職任，襲逐没，奏至，宰相章惇怒其失主將，欲誅全軍，凡四千人。中書侍郎李清臣曰：「將没亦多端，或先登爭利，或輕身入敵〔二〕。今全軍盡誅，異時亡將，全軍皆降虜矣。」上於是詔惠卿隨宜裁處。後得惠卿奏，所誅牙兵才十六人。

〔一〕張與　宋史卷三百二十八李清臣傳作「張輿」；雞肋集卷六十二、九朝編年備要卷二十四作「張輿」。

〔二〕或輕身入敵　「或」字原脱，據宋史卷三百二十八李清臣傳補。

二年（乙亥，一〇九五）

1. 十月十三日，樞密院言：「接送人應差兵士者，知州及兵官路分都監已上，許差禁軍；　路分

總管、副總管、路分鈐轄〔一〕，仍許差馬軍。差禁軍、馬軍〔二〕通計毋得過三分之一。內文武官係知州、鈐轄〔三〕已上，並貼差近下禁軍〔四〕；通判、都監已上及依通判、都監資序差人者，亦許貼差近下禁軍，毋得過所闕之半，別有廂軍可差而輒差禁軍者，以違制論。」從之。

〔一〕鈐轄　原作「鈐轄」，據文意改。
〔二〕馬軍　「馬軍」後原衍「禁軍」，據慶元條法事類卷十刪。
〔三〕鈐轄　原作「鈐轄」，據文意改。
〔四〕近下禁軍　「近」字原脫，據慶元條法事類卷十及本條下文補。

三年（丙子，一〇九六）

1. 八月六日，樞密院言：「河北第七將狀，按舊法，將兵犯令許將官一面決遣。昨自知州縣同管以來，凡將兵有犯及應干軍事動多牽制。欲依舊條外，諸軍轉補排連、差使窠坐、旬呈給假並隸將司，州縣不得干預。非駐劄處，除轉補排連候將副巡歷施行外，餘委訓練官。」從之。

2. 九月八日，詔：「經署司應軍馬出入，臨時差人部押陣隊者，不及五十人不得過一人，五十人已上不得過兩人，每一百人不得過三人。」〔一〕先是，樞密院言：「日近諸路保明賞功，漢蕃使臣〔二〕部兵止五七十人至百人，有三四員共部一隊者，雖依格計隊內所獲分數各行推恩，比之獨員部人酬獎太優。」故有是詔。

〔一〕此後內容原作小字注文，今改作大字正文。
〔二〕漢蕃使臣　「臣」原作「呂」，據文意改。

四年（丁丑，一〇九七）

1. 九月二十九日，樞密院言〔一〕：「禁軍長行犯杖若徒配，已升軍分〔二〕而無過犯者，並聽排連。」從之。

〔一〕樞密院言　「言」字原脫，據長編卷四百九十一紹聖四年九月己卯補。
〔二〕已升軍分　「已」，長編卷四百九十一紹聖四年九月己卯作「或」。

元符三年（庚辰，一一〇〇）

1. 五月二十六日，知成都府路昌衡奏：「乞精選諳曉軍政之官，以為將副，使之分總教習，各以逐色比較短長，除本習外兼教他藝及擐帶衣甲。應將兵除諳會修泥城壁、吊掛樓櫓板木及補縫衣甲之人，許令存留，仍不妨本等事藝外，有手藝及機織諸色工匠，如年及四十者，並降填廂軍。官司如敢隱蔽，虛占名籍，請受，本將及本州官吏以違制分等科罪。並臣僚上言，禁軍內有會諸作手藝之類，諸處不得久占，妨廢教閱，致武藝隳墮。其別作名目占破手藝人，未有立定條約，及禁軍習學手藝，雖有斷罪之文，即未有移降指揮，致軍人尚敢習學。」詔諸應禁軍處當職官別作名目差占有手藝人致妨教閱者，以違制論。

徽宗　建中靖國元年（辛巳，一一〇一）

1. 二月二十三日，兵部狀：「鄜延路都總管司奏，乞今後有諸色人等輒敢將官軍器、衲襖、披氈

之類質賣錢物，乞嚴立決配斷遣條約。」大理寺修立到下條：「諸軍以軍號、隨身衣服非軍器、法物軍須、衲襖、披氈之類同質買錢物者〔一〕，徒二年。知情質買，若以官給鞍轡質買借人及質買之者，各杖一百，軍號、器物等並追還，質買錢物沒官。」從之。

〔一〕質買錢物者　「買」，據上下文意疑當作「賣」。

崇寧元年（壬午，一一〇二）

1. 九月十七日，尚書省言〔一〕：「臣僚上言：竊以朝廷置兵，本備戰守，約束稍緩，遊藝寢多〔二〕，率以工匠之名影占身役。主兵之官差在本廳，則利於役使；習學之人得預占破，則利於偷安。又其甚者，巡檢土兵占充樂人，有妨巡邏。今欲乞應戰兵除食手泥瓦匠之外，不得招刺諸色匠人，及見今已有工作之人，官員並不得差充白直及諸般名目占破。仍乞將手藝工匠並行降填廂軍，今後不得依前習學，責在本轄兵官常切覺察，依此逐旋降填。如敢隱蔽占破及復招刺者，並科違制之罪。其巡檢土兵依此。」詔尚書刑部遍牒施行。

〔一〕尚書省言　「言」字原脫，據文意補。

〔二〕遊藝寢多　「寢」原作「寑」，據文意改。

五年（丙戌，一一〇六）

1. 八月十六日，詔：「近來官司多有奏請，乞許軍兵投換，遂致軍制隳紊，紀律不嚴。慵墮軍兵巧避征役，公然逃竄，投換往來，借請衣粮，疊支例物，惠奸壞法，莫甚於斯。已許投換去處，並限一月結絕。今後官司輒申請軍兵投換，以違制論。其廂、禁軍逃亡，並係元豐法〔一〕。」

〔一〕並係元豐法　「係」當作「依」。

大觀四年（庚寅，一一一〇）

1. 十月二十八日，樞密院言：「訪聞諸路招軍，殊不以人物年甲幼小、未及等尺爲限，但以敷數塞責而已。往往侏儒、怯弱、童稚之人刺填軍分，計一營之數，十有二三。不唯徒有其數，蠹耗軍儲，竊恐緩急不堪實用。詔諸路帥臣嚴切指揮轄下州軍當職官司，今後每遇招軍，常切子細審驗，不得更似日前鹵莽。仍逐時檢舉招軍條法行下，如敢不依，其當職官必定重行黜責，干繫人亦等第降配。」

政和三年（癸巳，一一一三）

1. 三月三日，樞密院奏：「殿前馬步軍司准批送下梓夔路兵馬鈐轄〔一〕掌民紀等狀，伏覩軍防令，諸軍差赴川峽路〔二〕屯駐者，如曾犯徒並逃亡捕獲不係全軍差發者，所不應差人權移送本州或鄰近以次一等軍分指揮。即不審諸軍元差赴川峽路時不曾犯徒並逃亡捕獲，全軍到川峽路後有犯徒並逃亡捕獲之人，合與不合依舊在川峽路屯駐。殿前馬步軍司相度，契勘自來諸軍遇差赴川峽路屯駐，未曾有本處被犯之人，欲今後諸軍差在川峽路，如有違犯之人，令逐處斷訖不至配降，即發遣赴所屬，依條施行。」從之。

〔一〕鈐轄　原作「鈴轄」，據文意改。

〔二〕川峽路　原作「川陜路」，據本條下文改。

七年（丁酉，一一一七）

1. 三月二十一日，臣僚上言：「近來兵將官或有不能御下，以致兵衆弛慢；或有督責太甚，以致兵衆有言。欲損害兵將官，則因教閱而不唱喏；欲損害州縣官，則因請物而相宣競。並不曾重行處斷。欲乞今後如有上件事，並乞嚴行推治。如是事由兵將、州縣官，即重責官吏；如係兵士驕恣，即乞於階級法外重斷遣。」奉御筆，依奏立法行下。

宣和元年（己亥，一一一九）

1. 六月十八日，陝西、河東、河北宣撫使司奏：「勘會諸邊遇事調發軍馬，其軍人隨身衣甲、器械，悉從官給，事畢還納。比來墮卒闕請器甲、衲襖之類，避免征役，多是逃走，或託疾拖後，並將元請衣甲、器械、衲襖擅行貨易，或典質錢物。自知逃亡罪重，又已破貨器甲之類，理不可還，遂絕自新之意，兵額由此頓闕。臣詢究得，蓋緣典質收買器甲、衲襖之人，罪賞未嚴，亦未有鄰保備償及許覺察、自首、給賞、免罪之法，是以奸弊日增，有害邊方大計。伏望朝廷詳酌立法，庶有以懲革。」奉詔依立法聞奏。

三年（辛丑，一一二一）

1. 四月一日，通奉大夫、新除戶部尚書沈積中奏：「臣竊以今之河北乃古燕、趙之地，自昔號勁兵處。朝廷設置諸將，養兵之費不知幾何，宜其精悍無敵，而乃士氣驕惰，一可用〔一〕。日者，羣寇嘯

聚，纔數十人爾。官軍追捕，動以千計，强弱之勢，固自明甚，而遇敵輒北，至有束手就死者。臣竊怪之，而考其所由來，蓋紀律不明、訓練不精之過也。夫禁軍逃亡，罪亦重矣，然將副則遷就。歲終賞罰之格，軍校則利其每月粮食之入，往往逃亡者並不開落，獲者亦不行法。至有部轄人糾率隊伍公然私竄，其中冒名代充者比比皆是。因循玩習，恬不爲異。至於教閲，則又苟簡滅裂，僅應文具。將佐未嘗朝夕親臨訓以馳射格鬥之事。武勇者無賞，退惰者不懲，而州郡兵官違法占留，率不依次赴教。廂軍小分冗占剩破，乃以禁軍充代差戍，動妨教閲。一旦使之臨敵，是何異歐市人而戰之〔二〕！又況優重不均，廩食不精，而率斂乞索，略不禁戢。凡此皆害軍政之大者。臣愚伏望聖慈明詔帥臣申嚴紀律，號令將佐精加訓齊，其諸積弊悉俾革去，使人人鼓勇，則何獨不若陝、晉士卒之鋭也。且兵在於精，不在於衆。自崇寧以來，增置幾五之一，冗食縣官，未見有補。曷若汰其孱弱者，悉如元豐舊數。稍精其粮廩而教之加詳焉，則備預於不虞，銷患於未萌，誠今日先務也。」奉御筆依。

〔一〕一可用　疑缺文字。

〔二〕是何異歐市人而戰之　「之」字後原衍「故」字，據文意删。

四年（壬寅，一一二二）

1. 十二月六日，臣僚上言：「應今後諸軍減破須及五十以上，實有病在假及百日，看驗委是不堪征役，即申提刑司差官審驗詣實，方行減破。若年未五十而患手足折跌、眼目要害之處，不堪征役，並差官覆實減破。如違，並乞立法，其犯人與看驗官、部轄人等科罪，仍許人告。所貴軍額日有進益，軍人自無規倖之弊。」詔契勘見行條貫申嚴行下。

五年（癸卯，一一二三）

1. 十一月十四日，詔樞密院：「士不用命，亡失，掌兵官即依軍法，不得容貸，有廢紀律。」以臣僚言承平日久，卒惰而驕故也〔一〕。

〔一〕以臣僚言承平日久，卒惰而驕故也　原作小字注文，今改作大字正文。

七年（乙巳，一一二五）

1. 十二月二十八日，詔：「已差諸路統制將兵應援河北、河東，如沿路故作住滯及申請爲名，逗留不進，有悞邊事，仰所至帥臣聞奏，當以軍法從事。其已遣諸路統制兵馬並召募効用、敢勇等，所過州軍合請錢糧、軍器，守令竭力應辦，不得少有稽慢。邊事寧息，當優異推恩，如敢違戾，並行軍法。」

欽宗　靖康元年（丙午，一一二六）

1. 二月二十七日〔一〕，知建州王寶言：「軍興以來，諸處敢勇〔二〕、効用、保甲、弓箭社等帶隨身器甲於經過州縣城內安泊，往往做過，未有明文禁止。檢准政和軍防令：諸全將差發，所由州縣承報，量兵馬標占驛鋪、官私邸舍，各以部分區處取定，仍前期一日以圖報本將。又賦役令：諸丁夫經過縣鎮城市三里外下寨宿止，不得入食店酒肆，有所須物，火頭收買。竊原法意，全將之兵，久經訓練，故經州縣合行標撥驛鋪、邸舍；至於丁夫則不然，本皆愚民，不閑教督，若使持器杖入城邑，千百爲羣，耳目之欲，不勝其求，必致爭亂。今來諸處所起人兵，皆新招烏合之衆，部押兵官素非統轄，縱有不

循紀律，未敢以軍法從事，是以經由州縣例多分擾〔三〕。乞比附丁夫法，並於城外下寨。仍令部押官前期報所過州縣，備合請錢粮，令就倉庫請領或差官於城外支散，庶使平民得以安居。」從之。

〔一〕二月二十七日　「二月」前原衍「二月」，據文意删。

〔二〕敢勇　「敢」字後原衍「用」字，已删。

〔三〕是以經由州縣例多分擾　「分」當為「紛」。

2. 十一月十四日，詔諸州勤王，如敢後時，當職官並以軍法從之〔一〕。

〔一〕當職官並以軍法從之　疑「從之」當作「處之」。

光堯皇帝　建炎元年（丁未，一一二七）

1. 六月十四日，詔：「自今行軍用師並依新法從事，可依下項：一、祖宗法：一階一級全歸伏事之儀〔一〕，敢有違犯，上軍當行處斬，下軍徒三年，配五百里。近來因循，浸失法意，可遵守施行。一、祖宗法〔二〕：禁軍逃亡，上軍處斬，在七日内者，流三千里，配千里，首身，杖一百；下軍第一度，徒三年〔三〕，首身，杖九十。第二度，流三千里，配鄰州本城，首身，徒二年。自今可常切遵守。過七日者，不許自首，許人告捕，每獲一名，賞錢十貫文。一、禁軍出戰，遇賊敵，進前用命者賞，輙退不用命者斬。賊衆我寡，力不能勝，因致潰散，不歸本部、本寨聚集者斬；因而逃歸住營去處及作過者，家族並誅。一、禁軍於行師之際，盜博鬥毆、飲酒至醉、拍擲器甲、藏匿婦人、脅持財物、扇搖惑衆、買物不還價錢，並依軍法。一、統制官、部隊將遇敵怯懦，不能率衆用命者斬。賊攻一軍危急而餘軍不策應者，統兵官當行軍法。賊攻一部一隊，部隊不策應者，部隊將當行軍法。一、統制官明保公狀〔四〕故不實、徇私不公者，當行軍法。一、統制官不能撫御將士，致士卒搖動者，當行竄黜。一、統制官不能用兵，不能乘機取勝，至敗北事理重者〔五〕，當行處斬，事理輕者，編竄遠惡州軍。一、將士卒伍先登陷陣及以弓弩射退賊者，雖不納級亦行推賞。一、全軍勝則全軍推賞，全隊勝則全隊推賞，同退走者盡斬。軍隊雖不勝，其間有能自斬賊級及中傷在前者，自行推賞。一、將士戰沒，五甲將佐親身而非逃亡者，委五甲將佐開具保明，當優恤其家，不得輒以收身不到開落，違者重行編配，許其家陳訴。一、統制官、部隊將所統兵以十分爲率，遇敵接戰，獲級與殺死士卒人數等者，免罪推賞。獲級分數少殺死士卒分數多，比折推恩。不能獲級而士卒殺死衆多者斬。一、統制官不受大帥節制，部隊將、甲正、佐長不遞受節制，跡狀顯著者斬。一、統制以下，因出師輒敢扇搖謀變者，先家族〔六〕。一、將佐卒伍出戰獲功多，緣再下保明，遂致行賞稽滯。夫賞不踰時，欲士卒之知勸也。自今大帥、統軍畫時保明，即行推賞。故不以實，許人告，根究得實，以賞與之。樞密院人吏輒拖延者，編配遠惡州軍。一、守紀律保護其上者賞，違犯者斬。一、守控扼要害處，敵至〔七〕固守不去者賞，棄所守者斬。一、使劫寨，或邀截，或追逐，或設伏，或出奇，或入敵營壘探事，能如令者賞，違戾者斬。一、凡賞，應轉官資或支例物，並軍中畫時給付。一、凡有罪處斬訖，並梟首令衆。率先退走者，家屬盡殺。餘並依將法。」

〔一〕伏事之儀　「儀」原作「議」，據輯稿·刑法七之二改。
〔二〕祖宗法　「法」字原脫，據上下文補。
〔三〕徒三年　「徒」字原脫，據慶元條法事類卷七十五補。
〔四〕明保公狀　「明保」當作「保明」。
〔五〕敗北事理重者　「者」下原衍「者」字，據文意刪。
〔六〕先家族　疑有誤。

〔七〕守控扼要害處，敵至　原作「守控扼要害敵處，至」，據文意改。

2. 十一月十一日，詔：「財用以贍軍兵。其詐冒軍兵姓名、僞造券旁、盜請係官錢粮入已之人，侵耗邦財，有害軍須，情犯深重，可特不用今降赦原免。」

二年（戊申，一一二八）

1. 三月二十一日，詔：「應行在並差出及五軍下出戰軍兵，閃避征役，拋離隊伍，妄通姓名應募他處之人，並招收知情爭占人，並依軍法施行。」

2. 五月八日，詔：「諸路應緣軍事請求，依曲法請求法。」〔一〕以臣僚言，行在五軍並御營司及差出將領等所辟大小使臣例各不公故也。

〔一〕此後內容原作小字注文，今改作大字正文。

3. 二十三日，御營使司言：「都統制王淵稱，兩浙路州府軍兵多不諳軍中紀律，止是扇搖撰造事端，致民間不安，乞差官幾察。」詔王淵依旨。〔一〕時淵契勘「兩浙路軍兵，雖有營房，亦不在營房居住，多與居民雜居，講造言語〔二〕，致民不安。乞將見在街市居住軍兵並遣入營房〔三〕，如有闕營舍去處，許用官錢修蓋。」詔本路提刑司措置以聞。

〔一〕此後內容原作小字注文，今改作大字正文。

〔二〕講造言語　疑「講」有誤，當作「構」、「撰」、「妄」等。

〔三〕遣入營房　疑「遣」當作「遷」。

4. 九月十四日，詔：「今後諸路應係將、不係將軍兵，並聽帥司差撥，應土軍、弓手並聽本路提刑司差撥。如輒敢申請占吝及直行差撥者，並以違制論。」〔一〕其後樞密院言：「已降旨揮，即未曾立定分數，窃慮〔二〕諸路帥臣、監司各不知體國盡數抽差，却妨本處防守。今後如遇差撥，仍不得過見管人數三分之一。」

〔一〕此後内容原作小字注文，今改作大字正文。

〔二〕窃慮　原作「切慮」，據文意改。

三年（己酉，一一二九）

1. 四月二日，詔：「自來將帥行軍，諸軍於軍前犯罪或違節制不用命，自合於軍前處置外，若軍馬已還行在，諸軍犯罪至死，申樞密院取旨斷遣。」

2. 六月二十八日，臣僚言：「軍興以來，鮮有可用之兵。蓋以紀律不嚴，軍政弛翫，每破驛券，多至數倍，每行一驛，必批數日，此冒請之患也；請受之外，須更犒設，此邀求之患也；州縣畏威暴斂，民力重困，此騷擾之患也；迫以軍期，脅以軍法，或執縛縣宰〔一〕，或箠撻公吏，此苛暴之患也；毁撤民居，以爲蒸薪〔二〕，强市飲食不還價直，甚至攫拏財物，誘掠婦女，此剽攘之患也；婦女從行，謂爲老小，將領而下，各有所携，少則一人，多則數輩，上下相蒙，無復鬭志，此老小之患也；功狀冒濫失實〔三〕，廣增俘馘，僥求上賞，公受貨賂，鬻賣官資，此冒賞之患也；空名告劄，以俟賞功，隨意補轉，功重資多，賞不當功，名器實濫，此補授之患也。凡此八者，爲患實大，或見敵而避，或望風而逃。乞下諸將，申嚴紀律，仍委三省、樞密院、御營使副按劾及臺諫覺察以聞。」詔劄與諸將。

〔一〕執縛縣宰　「宰」字原脱，據文意及文獻通考卷一五四補。

〔二〕以爲蒸薪 「薪」原作「新」，據文意改。

〔三〕功狀冒濫失實 「冒」字原脱，據文意補。

3. 八月十九日，詔：「應差往諸路捉殺軍兵，經過州縣，不得直入州縣，止許城外踏逐寺院並空閑官舍安泊。如遇批請買賣物色，仰統兵官據差定人數預報，諸縣給牌號，方許放入，不得經宿。其券驛並據往還合勘請日分支給，不得過數批勘。仍令州縣如遇官兵過往，候起離日，具有無搔擾〔一〕及應副過錢物等數目申尚書省。仍劄與行在諸軍統兵官遵守。」〔二〕以尚書省言昨喬仲福領兵經由饒州，軍馬等直入州城，四散占據民居，擄掠良民妻女作過，故有是命。

〔一〕具有無騷擾 「具」原作「其」，據文意改。

〔二〕此後内容原作小字注文，今改作大字正文。

4. 閏八月十五日，詔：「分擘定防江臣僚：杜充：建康府，王民、孟湞、劉經、顔孝恭、曾玨、郭仲荀，並聽杜充使喚；劉光世：太平州，兼保護池州；韓世忠：鎮江府；辛企宗：吴江縣；陳思恭：福山口；王瓌〔一〕：常州。内劉光世仍聽杜充節制。」

〔一〕王瓌 「瓌」原作「變」，據忠正德文集卷七、宋史卷四百四十七楊邦乂傳改。

5. 二十六日，江南東路宣撫使劉光世言：「受杜充節制有六不可，乞不受杜充節制。」上怒曰：「豈容如此跋扈。」便降指揮言：「杜充除將，出自朕意，令盡護諸將。光世輒敢首拒詔命，恐紊朝綱，候指揮到，却令過江。如尚敢違拒，當寘典憲。」仍令閤門不得收接朝見文字。繼而光世已依指揮，畫時渡江，即喜其遵奉詔令，遣中使以茶藥銀合賜之。

6. 九月二十七日，御營使司言：「訪聞江南東西及兩浙路統兵官，並不鈐束兵衆，致攘奪村民財物，虜掠婦女，拘占舍屋作過，深屬不便。」詔令江南東西、兩浙路防江統制等官，嚴加鈐束，縱令有犯，其統制等官先行軍法，犯人不以多寡，並行處斬。

7. 十五日，詔諸軍擅入川，依軍法。〔一〕以利州路轉運司言：「興州准辛企宗牒，先得旨發送行在，帶領家屬人馬經由本路興、洋等州前去。緣本司不曾承准關報，本官特帶人馬，已入界前來。竊慮陝西將兵援例入川，不唯侵耗歲計，萬一本司應副不前，以致生事。乞立法約束。」有旨令樞密院立法，至是上言。

〔一〕此後內容原作小字注文，今改作大字正文。

紹興元年（辛亥，一一三一）

1. 十二月二十四日，詔：「諸軍出師，並合嚴切鈐束，一行沿路不得秋毫騷擾作過。仍從樞密院採訪覺察大將，大將察統制官〔一〕，統制官察統領官〔二〕，統領官察將副，將副察部隊將、使臣，部隊將、使臣察擁押隊旗頭，擁押隊旗頭察隊下人，如敢違犯之人，並行軍法。家人有犯而知情者，與同罪。若失覺察，別因敗露，其次序合覺察人，並當重寘典憲。所有見在諸處屯泊出師軍馬，令依此遵守，各具知禀聞奏。」〔三〕以右司諫方孟卿上言：「比年草竊蠭起，爲民久害，陛下遣師命將，掃蕩妖氛，然軍政久壞，士無紀律。凡大兵起發，其統制官不各給印歷，付部隊將排日書所過地分、宿食去處，覺察作過之人，便行軍法。更委本處監司、州縣覺察，如有軍兵作過而將佐容縱，即時申大將根究，仍具一般事狀申朝廷檢察。如大將蒙蔽，監司、州縣有失覺察，致朝廷訪聞，或因人陳訴，別乞重寘典刑，嚴行黜責。」故有是詔。

〔一〕大將察統制官　「大將」二字原脱，據中興小紀卷十一及下文補。
〔二〕統制官察統領官　「統制官」三字原脱，據中興小紀卷十一及下文補。
〔三〕此後内容原作小字注文，今改作大字正文。

二年（壬子，一一三二）

1. 四月十一日，詔：「應神武諸軍、御前志鋭軍諸〔一〕將准備差遣使喚使臣不能馬步射者，逐軍統制、將官體量放罷，今後不許吏私借差本軍兵卒。如違，及借之者並科違制之罪。」

〔一〕御前志鋭軍諸　當作「御前忠鋭諸軍」。

2. 閏四月二日，詔：「諸處分遣在州縣守戍官兵並餘統兵官等，元係朝廷遣使，即依將副序位，若止是軍中或帥司一面差委，即與州都監序位，其餘使臣與當部隊將序位〔一〕。如違，並依部内有犯，許令守臣、監司按舉。其兵校於屯駐去處知通並依階級法。〔二〕時軍興，諸處各有分屯守戍將官，與州縣官即無序官統攝，多在州縣欺凌官屬，過數批請，直入倉庫，以至請求犒設，虜掠舟船〔三〕，百端需索。至是，樞密院措置，故有是詔。

〔一〕與當部隊將序位　疑「與當」當作「當與」。
〔二〕此後内容原作小字注文，今改作大字正文。
〔三〕虜掠舟船　「舟」原作「州」，據文意改。

3. 七月十一日，詔：「令諸軍統制官鈐束所部官兵，應有陳訴事務，並須依條次第經由朝廷施行，不得依前隔蓦。如違，其越訴人當議重作行遣。統兵官容縱，亦仰取旨施行。各具依禀申樞密院。」〔一〕以樞密院言：「勘會行在諸軍兵級，凡有陳訴事務，自合經本軍統兵官陳乞。近來諸軍官

兵有陳乞本身恩賞換授之類，往往不由所轄越訴，理宜約束。」故有是詔。

〔一〕此後內容原作小字注文，今改作大字正文。

4. 二十七日，臣僚言：「今來車駕駐蹕臨安府，日近府城遺火，諸軍以救火爲名，持刃乘鬧，公然搶奪錢物。乞今後遇有火，依京城例，止許馬步軍司及臨安府兵級救撲。仍預給色號常切准備外，其餘諸軍並不許輒離本寨。仍委統兵官鈐束，犯人重作行遣。若臨時御前處分，差殿前司官或搭財兵級或神武統制下一軍同共救撲。」從之。

5. 十月九日，兵部言：「乞應今後統領、兵官、使臣等經由州縣，於守倅、令如屯駐法。或輒以請受爲名，執縛笞撻命官，許州郡、監司按劾以聞，重加典憲。州郡、監司庇而不發，因而暴露，例行黜責，乞立法。」詔令限三日立法申尚書省。本部欲依諸軍違犯階級上軍法。州縣監司庇而不發，因事暴露，依律文內諸監主首知所部有犯法不舉劾者，減罪人三等科罪。」從之。

三年（癸丑，一一三三）

1. 三月二十三日，江南東西路宣撫使韓世忠言：「累降指揮，諸軍不得互相招收，及將別人軍兵等一面差人拖拽。欲將諸軍官兵効用已受應告敕、宣劄、文帖，許令本軍統制官於背後批寫某軍，押字用印。仍自今以後如遇後來官兵、効用批勘請受，並仰本軍先次取索出身文字照驗過勘，及令所屬粮料院復驗〔一〕，委無違戾，批曆身訖放行。」詔依。若敢尚習舊弊，互相隱留，主兵官重行黜責，本軍幇書將佐及批勘官並徒二年。內外諸軍、忠銳兵將，並依此施行。

〔一〕及令所屬粮料院復驗　「令」原作「今」，「料」原作「科」，據文意改。

2. 二十七日，臣僚言：「聞軍兵所屯之地，發掘墳墓，鞭尸暴骨，旁亘百里間，鮮有免者。死者銜冤，生者痛哭。又聞自來用兵破敵之後，必以所得者首級多少定賞，其空手無獲與所獲之少者，往往搜攝平人，借取其首以充納級之數。願降詔訓飭諸將，凡軍兵所至，申嚴紀律，令毋得發掘墳墓。凡遇敵乘勝，毋得借取平人首級。」詔劄與都督府及神武諸軍、逐路帥司常切遵守，嚴行覺察禁止。如有違犯之人，取旨重作施行。

3. 四月二十三日，詔：「諸軍棄毀、亡失付身、宣帖之類，今後並依見行條令，所在州保奏施行，即不依前於本軍陳乞，一面出給公據。如輒敢一面出給公據，並從杖一百科斷。其給到公據亦不得收使。令殿前馬步軍司常切檢察遵守。」〔一〕時樞密院言：「諸軍自來棄毀、亡失付身、宣帖之類，依條詔本色保官二人。如係將校，所在州保奏，餘人並報元給官司，出給公憑。近年以來，諸軍亡失宣帖等，並不遵依條令經由所在州保奏，亦不報元給官司出給公憑，止於本軍等處陳乞，一面出給公據，照驗批勘請受。遇有功賞轉補，便作付身擬身轉資級。兼日近諸軍換受前班都虞侯，亦止憑本軍給到亡失公憑〔二〕收使換官。似此不唯有違條令，兼無以驗實，隔絶奸弊，有害軍制〔三〕。」故有是詔。

〔一〕此後内容原作小字注文，今改作大字正文。

〔二〕亡失公憑　「憑」原作「平」，據本文上文「出給公憑」改。

〔三〕有害軍制　「軍制」原作「民制」，據文意改。

4. 十月七日，樞密院言：「訪聞有軍兵持杖踰侯潮門城出外作過，蓋緣兵將官從來有失覺察，理宜禁止。」詔令張俊、楊沂中〔一〕嚴行約束所部官兵，寅夜不得輒出營寨。如違，收捉解赴樞密院，並行軍法。若本軍不覺察，致敗露，其本轄兵將官並重寘典憲。

〔一〕楊沂中　「楊」原作「揚」，據繫年要録卷七十七改。

四年（甲寅，一一三四）

1. 六月二十六日〔一〕，詔：「今後使臣効用軍兵並權住招收，令張俊、楊沂中〔二〕根究，將日近强刺人數並給公據，放令逐便。及約束諸軍，今後不得擅便招人。若更有違犯，其本頭項統制、統領、將佐等一例重作停降。」〔三〕先是，諫議大夫唐暉〔四〕言：「近諸軍遣人於街市擒捉充軍，輦轂之下，人心必搖。乞降約束，不許彊刺。」故有是命。

〔一〕二十六日　「日」字下原衍「二十六日」，已删。

〔二〕楊沂中　「楊」字原作「揚」，據繫年要録卷七十七紹興四年六月甲辰改。

〔三〕此後内容原作小字注文，今改作大字正文。

〔四〕唐暉　繫年要録卷七十七紹興四年六月甲辰、中興小紀卷十六紹興四年四月辛巳皆作「唐煇」。

2. 十二月十五日，權淮東帥臣趙康直言：「劾泰州〔一〕兵官任顥不伏使令，已械送有司，乞行竄責。」上曰：「康直既權帥事，自合施行〔二〕。嘗記朕爲元帥時，有一部將醉入酒家，壞其盆盎，朕捐白金償之而斬部將，梟其首。自此更無一人犯令者。大抵用兵當以威信爲先。」

〔一〕泰州　原作「奏州」，據繫年要録卷八十三紹興四年十二月己丑、宋史全文卷十九上紹興四年十二月己丑改。

〔二〕自合施行　「合」原作「今」，據繫年要録卷八十三紹興四年十二月己丑、宋史全文卷十九上紹興四年十二月己丑己丑改。

五年（乙卯，一一三五）

1. 二月十四日，詔：「朝廷攘却寇盜，皆將帥之力，理須恩威兼濟，使人悦服，竭節效命。自頃戎虜荐至，賴二三大帥能體德意，撫馭士卒，果獲其用。尚慮本軍偏裨將佐不能遵守諸帥約束，非因行軍，用刑過當。自今本將本隊士卒有犯，依條斷遣問當，有官人具情犯申樞密院，量度事因，重行編置，即不得故爲慘酷，因致殺害。務要士卒悦服，庶使主帥仰副朝廷責任事功之意。如遇教閲行軍，合依自來條例施行。」

八年（戊午，一一三八）

1. 正月六日，宰臣趙鼎言：「建康府捕獲盜馬者，事連殿前司兵士，本府已行追究。」上曰：「朕嘗喻楊沂中〔一〕，統兵既衆，其間豈無作過之人，切不可占護。若有所占護，則軍中紀律便不行矣。沂中亦曰大凡軍中占護有過犯者爲非。建康府追逮，沂中必不敢隱而不遣。」

〔一〕楊沂中　「楊」原作「揚」，据上文「六月二十六日」条改。

2. 八月十七日，後殿進呈次，上以諸軍用巨挺捶偏裨有過數而死者，嘗戒殿帥楊沂中〔一〕曰：「平日將士少有違誤，法令具存，不可以一時褊憤，恣爲暴虐，不比在行軍處也。」

〔一〕楊沂中　「楊」原作「揚」，据上文「六月二十六日」条改。

九年（己未，一一三九）

1. 九月十四日，臣僚言：「兵興以來，蓋有不能悉如舊制者，然莫甚於諸軍代名之失也。紹興六年，密院措置空名給據付逐路宣撫司及其餘州軍，許令代名之人赴軍書填，一切不問。舊請給銷鑿元承代某人職次，候立功日改正補轉。此蓋都督視師於外，隨宜措置，以安一時，非良法也。行之至今，自陳承代冒名竊祿者，不知幾人。乞將前降許代名指揮，自今日爲始，更不施行。」詔依，今後不許代名。

十四年（甲子，一一四四）

1. 正月二十四日，宰執言：「領殿前都指揮職事楊存中乞將本軍未刺字人並刺字識認，以防諸處互相招置，仍乞嚴行約束〔二〕事。」秦檜曰：「舊有二法〔三〕，一法招刺軍人〔四〕並從軍法，此太重〔五〕，所以難行；一法立賞，許人陳告，犯人請給計贓坐罪，統制、統領、將佐取旨。今欲依此施行。」上曰：「立法不必太重，貴在必行〔六〕，法必行則人莫敢犯。」

〔一〕楊存中　「楊」原作「揚」，據中興小紀卷三十一紹興十四年正月丙子改。
〔二〕仍乞嚴行約束　「仍」原作「及」，據中興小紀卷三十一紹興十四年正月丙子改。
〔三〕舊有二法　「二」原作「一」，據中興小紀卷三十一紹興十四年正月丙子改。
〔四〕一法招刺軍人　「一法」二字原脱，據中興小紀卷三十一紹興十四年正月丙子補。
〔五〕此太重　「此太重」三字原脱，據中興小紀卷三十一紹興十四年正月丙子補。
〔六〕貴在必行　「貴」原作「責」，據中興小紀卷三十一紹興十四年正月丙子改。

二十五年（乙亥，一一五五）

1. 十二月二十七日，詔御前諸軍統制可依見行管軍條法，不許出謁接見賓客，內兼州事者依本法。

二十八年（戊寅，一一五八）

1. 正月十一日，宰執進呈臣僚論殿前司强刺人充軍事。上曰：「招軍一節，士大夫往往以爲不切事宜，殊不知除戎器戒不虞，聖人所以思患而預防於無事之時，爲先事之備，豈可但已！今殿司見闕數千人，積之歲月，窃恐〔一〕暗失軍額〔二〕，但當措置約束，無令擾人足矣。」宰臣沈該〔三〕等奏曰：「誠如聖訓。」

〔一〕窃恐 「窃」原作「切」，據文意改；中興小紀卷三十八紹興二十八年春正月壬申作「必至」。

〔二〕暗失軍額 「額」字後原衍「不便」二字，據中興小紀卷三十八紹興二十八年春正月壬申、繫年要録卷一百七十九紹興二十八年春正月壬申删。

〔三〕沈該 「沈」字原脱，據中興小紀卷三十八紹興二十八年春正月庚午及宋史卷二百一十三宰輔表第四補。

三十年（庚辰，一一六〇）

1. 六月二十五日，宰執進呈次，上曰：「如聞諸州軍私役禁軍，兼闕額多不招填，三省可同議，檢會條法行下。如守臣以下非法占破，監司按劾。仍令監司互察。」

三十一年（辛巳，一一六一）

1. 二月一日，後殿進呈乞編修樞密院軍政條法。上曰：「依故事委編修官。」

2. 十一月三日，詔後軍統制官〔一〕韓霖依軍法施行。〔二〕以建康府駐劄御前諸軍都統制〔三〕王權言霖託詐中風不起〔四〕，及差醫官診視得即無病證。諸軍與賊血戰終日，霖獨乘小舟泊於江內觀望，並不入賊故也。

〔一〕後軍統制官　「後」字下原衍「諸」字，據繫年要録卷一百九十四紹興三十一年十一月辛未刪。

〔二〕此後內容原作小字注文，今改作大字正文。

〔三〕御前諸軍都統制　「前諸」原作「馬前」，據繫年要録卷一百九十四紹興三十一年十一月壬申、三朝北盟會編卷二百四十、卷二百四十一改。

〔四〕託詐中風不起　繫年要録卷一百九十四紹興三十一年十一月辛未作「託病不戰」。

3. 九月〔一〕，詔後軍准備將、權正將、武翼大夫季在除名勒停，令本軍自効。〔二〕以江州駐劄御前諸軍都統制戚方令統押人馬渡江，不稟號令，棄離軍馬，先用小舡過江，無人部轄，致渰死五十二人故也。

〔一〕九月　疑當為「九日」。

〔二〕此後內容原作小字注文，今改作大字正文。

4. 十八日〔一〕，詔劉汜貸命，追毀出身文字，除名勒停，送英州編管。令鎮江府日下差使臣一員、兵級十人管押前去。內兵級逐州交替，各具已收管申三省、樞密院。〔二〕以三省、樞密院機速房〔三〕勘會，據諸處申到十一月四日瓜州之戰，首因劉汜退失，理合按軍法施行，故有是詔。

〔一〕十八日 繫年要録卷一百九十四、宋史全文卷二十三上皆在紹興三十一年十一月乙酉，即十七日。
〔二〕此後內容原作小字注文，今改作大字正文。
〔三〕機速房 「房」原作「虜」，據文意改。

5. 二十一日〔一〕，詔：「王權可特貸命，除名勒停，永不收敘，送瓊州編管，月具存在聞奏。令臨安府差得力使臣二員、軍兵二十人押送前去，沿路不得時刻住滯，具已起發申三省、樞密院。」〔二〕先是，臣僚言：「臣謹按〔三〕建康府駐劄御前諸軍都統制王權，沿淮守禦之備，初不經意，及虜人犯淮，得以繫橋，從容而進兵〔四〕，如入無人之境。權亦旋棄廬州，回屯昭關，將士雖有欲戰之心，權領親兵先遁，麾眾使退。及虜騎至尉子橋，始遣姚興一軍迎敵，興戮力血戰，數告急於權，權於仙宗山〔五〕上以群刀斧手自衛，飲宴自若，殊無應援之意。自辰至申，僅遣三百輩往，已無及矣。興勢雖却，然猶殺賊數百人，生擒賊首而回。不意賊假立權幟以誤之〔六〕，興奔而入〔七〕，遂與其眾俱陷，所存者無一二。權往回和州，謂已得金字牌令棄城守江。故自十月二十一日先往采石，放火以燒西門，而城內錢粮、器甲、騾馬盡再委於賊。使軍民奔迸擁入城河及江爭渡，沉溺而死者又三之一。將士怨怒號呼，聲動天地，指船詆罵，皆以權不戰誤國〔八〕負朝廷為言，且恨不食其肉也。其亦不容誅矣。乞明正典刑，梟首江上，使將士聞風，爭先效命，以赴國難〔九〕。」故有是詔。

〔一〕二十一日 宋史全文卷二十三上、繫年要録卷一百九十四紹興三十一年十一月己丑同；三朝北盟會編卷二百四十作紹興三十一年十一月十八日丙戌。
〔二〕此後內容原作小字注文。
〔三〕臣謹按 「臣」字原脫，據繫年要録卷一百九十四紹興三十一年十一月乙酉補。
〔四〕從容而進兵 「容」字原脫，據繫年要録卷一百九十四紹興三十一年十一月乙酉、三朝北盟會編卷二百四十紹興三十一年十一月十八日丙戌補。

〔五〕仙宗山　原作「山宗山」，據繫年要録卷一百九十四紹興三十一年十一月乙酉、三朝北盟會編卷二百四十紹興三十一年十一月十八日丙戌改。

〔六〕假立權幟以誤之　「誤」原作「誒」，據繫年要録卷一百九十四紹興三十一年十一月乙酉、三朝北盟會編卷二百四十紹興三十一年十一月十八日丙戌改。

〔七〕興奔而入　「奔」原作「棄」，據繫年要録卷一百九十四紹興三十一年十一月乙酉、三朝北盟會編卷二百四十紹興三十一年十一月十八日丙戌改。

〔八〕皆以權不戰誤國　「以」原作「已」，據三朝北盟會編卷二百四十紹興三十一年十一月十八日丙戌改。

〔九〕以赴國難　「赴」字原作「副」，據繫年要録卷一百九十四紹興三十一年十一月乙酉改。

刑法八〔一〕

影印本刑法八之一

大典卷九千六十

淳熙十四年(丁未,一一八七)

1. 二月二十七日,詔婺州䕃婦阿徐特送鄰州編管。婺州獄勘,阿徐為顧主楊伷被人力陳山童殺死,山童父陳十六從伷家前經過,阿徐為憤其子殺害顧主,用棒行打陳十六左脇身死,法當絞。刑部奏,以阿徐既能忘身為顧主復讎,即與尋常毆鬭不同,忠於顧主,其節可嘉。故特貸之。

〔一〕天頭舊批:「應歸赦宥類」,考其內容,當入「矜貸」門。

附录：宋會要辑稿·刑法輯佚三條

1. 事物紀原卷十之二四二頁律令·刑罰部：「宋朝會要曰：建隆四年三月張昭請：加役流，脊杖二十，配役三年；流三千里，脊杖二十；二千五百里，脊杖十八；二千里，脊杖十七，並役一年。徒三年，脊杖二十；二年半，十八；二年，十七；一年半，十五；一年，十三。杖一百，臀杖二十；九十，十八；八十，十七；七十，十五；六十，十三。笞五十，杖十；四十、三十，八下；二十，杖七下。」按：此條當屬宋會要·刑法的「刑制」門。

2. 事物紀原卷十之二四二頁律令·刑罰部：「宋朝會要又曰：舊制，杖皆削節目。常行杖，大頭二分七厘，小頭一分七厘；笞杖大頭二分，小頭一分半，皆長三尺五寸。建隆四年張昭等定常行杖。昭請官杖長三尺五寸，大頭闊不過二寸厚，及小頭徑不過九分。小杖長四尺五寸，大頭徑六分，小頭徑五分。今官府常用者，是此蓋其始也。」按：此條當屬宋會要·刑法的「刑制」門。

3. 續資治通鑒長編卷二百七十九熙寧九年十二月庚寅「判司農寺熊本言：蒙朝旨令張諤並送詳定鹽法文字付臣。伏緣所修鹽法，事干江淮八路，凡取會照應鹽課增虧賞罰之類，系屬三司。竊慮移文往復，致有稽滯，兼昨權三司使沈括曾往淮、浙體量安撫措置鹽事，乞就令括與臣同共詳定。從之。」注為「此據會要十二月八日事增入」。按：此條當屬宋會要·刑法的「格令」門。

後　記

二〇〇二年夏季，我於陝西師範大學碩士畢業，又考取了博士生，繼續就教于李裕民先生。是年冬天和李老師商定好，博士論文作宋會要輯稿・刑法的整理與研究，點校是其中的一部分工作。爲了研究的方便，我首先進行了宋會要輯稿・刑法的電子化；同時爲了保證材料的准確性，對其做了校勘。考慮到論文篇幅和結構，將校勘内容精簡爲校勘表并作為附錄。不過，由於重點與時間的關係，當時的校勘尚不完善。二〇〇五年博士畢業後，繼續對此補充、修正。

在我學習、研究宋會要輯稿・刑法的近十年中，始終得到了李先生的悉心指導，同時，亦得到了河南大學苗書梅老師的鞭策和鼓勵。苗老師已經完成了宋會要輯稿・崇儒的點校，而且有志于完成宋會要輯稿整部書的點校。當年，苗老師得知我在做這方面工作，曾打電話給李老師，鼓勵我認真做下去，以期出版。責任編輯陳廣勝老師，以高度的敬業精神認真耐心地幫我校對，指出書稿中的一些錯誤，使我得以及時改正。我的愛人趙廣元曾協助我完成了宋會要輯稿・刑法電子化的全部工作。

在此，把我深深的感謝和深情的祝福送給所有幫助過我的人，祝大家健康幸福。

因能力所限，書中定有不足之處，期待方家批評指正。我的電子郵箱是mahongbo48@yahoo.cn。

馬泓波　於小居安